合肥方言

HEFEI FANGYAN

阙宝林◎著

时代出版传媒股份有限公司
安徽文艺出版社

图书在版编目（ＣＩＰ）数据

合肥方言/阚宝林著. —合肥：安徽文艺出版社,2020.12

ISBN 978-7-5396-6473-6

Ⅰ. ①合… Ⅱ. ①阚… Ⅲ. ①江淮方言－方言研究－合肥 Ⅳ. ①H172.4

中国版本图书馆CIP数据核字(2018)第218363号

出 版 人：段晓静

责任编辑：何 健　　　　　　　　　　装帧设计：褚 琦

出版发行：时代出版传媒股份有限公司　www.press-mart.com

　　　　　安徽文艺出版社　www.awpub.com

地　　 址：合肥市翡翠路1118号　邮政编码：230071

营 销 部：(0551)63533889

印　　 制：合肥创新印务有限公司　(0551)64456946

开本：880×1230　1/32　印张：16.375　字数：460千字

版次：2020年12月第1版

印次：2020年12月第1次印刷

定价：58.00元

凝视方言

王平

一

《合肥方言》唤醒了我童年的记忆。我出生于合肥乡村，十八岁时随姐夫、姐姐到城市里生活。从那时起，我便主动放弃方言，追随城里人讲"普通话"。因为，人们普遍认为，方言好像是"乡下人""土包子"和"没文化"的代名词，说"普通话"是农村人融入城市、融入现代文明的必由之路。如今，我已基本上丢失了我的母语——合肥方言啦。回到故乡，也只能听到六十岁以上的老一辈乡亲说方言。上学读书的孩子们，偶尔冒出几句方言，竟然立刻羞涩地用不太标准的普通话纠正。随着乡音的淡化，我与故乡渐行渐远，对故乡的陌生感日益加深。我凝视着《合肥方言》，仿佛听到了乡音，回到了故乡，缕缕不绝的乡愁，像一滴滴墨汁在清澈的溪流中缓缓稀释，最后完全融合。

衷心感谢《合肥方言》的作者阚宝林先生。

二

合肥历史悠久，先祖馈赠给我们丰厚的、多彩多姿的文化遗产。合肥方言是合肥文化宝库中重要的内容。合肥方言虽然未能以"合肥"二字为标志被列入中国七大方言体系，但是，它历史悠久、地域文化信息丰富多彩、表现力强大是大家公认的。据考证，合肥方言发端于魏晋南北朝时期，当时北方战乱频发，境内的居民背井离乡，迁居到江淮之间。北方移民的讲话自然要受到南方人婉转、温和、轻柔等特点的影响，同时保留着故乡刚劲、短促、有力的发音习惯，因此，"北调南腔"就成为合肥话最明显的特征。

合肥方言仅仅流行在合肥、肥东、肥西、舒城、六安、和县、含山、庐江北部、全椒、定远一带和江南宣城等少数地区，属于江淮官话的范畴。相对于北方方言、吴方言、粤方言和客家方言，地域范围有限。但是，合肥方言曾经辉煌过。合肥坊间有句俗语："会说合肥话，就有洋刀挂。"说的是在清末民初，李鸿章、段祺瑞率领的淮军和皖系部队，其骨干大多是合肥人，合肥话成为当然的通用语言。据说，李、段两位合肥出身的要员，对有求于他们的家乡人特别关照，甚至会慷慨地给予一官半职。这件事可能有点儿水分，不可全信，但是可以从一个侧面说明合肥话在军政界广泛流行是肯定的，其他方言显然没有这等荣耀。

在现实生活中，方言仿佛是人的胎记，是辨识乡亲的密码。前不久，我家住宅小区一位保安兄弟给我送信件，我以中华香烟答谢。他说："这烟好！我拔（抽）的都是 hǎ（便宜）烟。"还有一次，我在车站的座椅上休息，一位老人说："你能 zhài（音债，意挪动）一下吗？""拔 hǎ 烟"和"zhài 一下"是典型的合肥话。一句乡音，便是乡亲。不！一字出口，便是乡亲。

三

"国家全面推广全国通用的普通话"是宪法的规定，这是一个多民族的地域广大、历史悠久的大国政治、经济、科技和外交等工作的需要，其必要性和重要性不言而喻，必须坚定不移地贯彻执行。但是，我们也必须强调，方言是文化多样性的重要标志，是先祖创造的非物质文化遗产，标志着特定时代人们相互之间的交流方式和对事物、对世界的认知水平，是地域文化中最具特色的部分。方言是地方戏曲最重要的载体。试想，如果京剧、沪剧、越剧等地方戏曲用"普通话"道白和演唱，这些戏剧的艺术特色将大打折扣。那些新奇的审美愉悦将不复存在。

我们前进的步伐太快啦！随着现代科技、交通、经济的飞速发展，人类社会进程中的许多重要成果正在被新的成果取代，有的甚至直接消失未留下任何痕迹。这是从20世纪开始的"现代文明之痛"。随着工业化、城镇化和"美丽乡村工程"的快速推进，原汁原味的方言也正在快速衰微。现实告诉我们，一些方言的彻底消亡是历史的必然趋势。任何一种方言和方言诞生发展的过程，都是文化。一种方言的消失，就是一段历史、一种地域文明甚至是一个民族的彻底覆灭。有无数个理由可以说明，保护和传承方言是当代文化工作的紧迫任务，刻不容缓。可喜的是，目前，已有上海、广州等几座城市开始让小学生学习当地方言，杭州、成都和南宁等十多个电视台设置专门的方言频道和方言节目，这种对于方言的官方救赎行为，应该被充分肯定和迅速推广。

四

《合肥方言》是民间救赎方言的典范之作。宝林出生于书香世家，成长于合肥方言的核心区域——肥东县阚集村（现属包公镇），1978年以全乡第一名的成绩考上中等专业学校，毕业后分配到企业工作，先后通过首届公务员招考和县处级领导干部公开选拔，成为行政管理部门领导。他怀着对方言、对故乡的尊重、敬畏和痴情，在繁忙的工作之余，走访乡亲故友，复原儿童时代的记忆，在方志史料和以合肥方言为载体的合肥庐剧、安徽大鼓书、皖西道情和民间歌谣中搜寻、整理、分类、注音、训诂，潜心长达十年之久，终于捧出了这本近五十万字的《合肥方言》。这是一个合肥人献给故乡的一份厚礼，是没有其他礼物可以代替的文化瑰宝，是合肥地方文化宝库中的又一颗珍珠。我相信，这份礼品的文化价值一定会与日俱增。

毋庸讳言，宝林非语言文字学专业出身，但是，《合肥方言》框架的科学性、内容的丰富性和全书的学术水准都值得充分肯定：关于合肥方言语音入声的变异、人称的降格现象、构词与构句规律，按现代汉语的词性确定条目，对虚词的精微的分析，对能、诐、扚、槷、醻、果劲、不彻、百跰子、哈马嗫瑟、称美毫、你讲之、木匠怕漆匠漆匠怕光亮等大量字、词、句的考证等，都具有方言的"源代码"价值。尤其值得肯定的是，书中还收录了大量方言俗语的习惯用法、民俗风情以及劳动号子、唤鸡唤猪的声音，这些都是以前的学者没有关注的内容，是地域文化中最独特、最核心的元素，折射着作者炽热的故乡情怀。我问宝林写此书的原始动机何在，他说"不能眼睁睁地看着祖先留下的非物质文化遗产消亡，我要无愧于、有益于后人"。这是对故乡的一种使命感，神圣、纯粹、心无旁骛，与喧嚣浮华、金钱至上的现实世界无关，于物质利益无关。我惊讶语言文字学专业"圈外人"的阚宝林先生的执着与虔诚。当下，有这种定力的人太少啦。

五

　　虽然《合肥方言》标音用的是标注方言所必须使用的专业国际音标，但是许多读者都只能凝视，无法获得听觉上的享受。给宝林一个建议，邀请一位合肥人用纯粹的合肥话把《合肥方言》说出来，配以特定的器物和生活场景，制作一个音像结合的电视片，这样，合肥话才能真正地回归到合肥人口中，合肥话才能真正地得以保留、传承至永远。由此，《合肥方言》还可以衍生出大量的本土文化产品，丰富合肥人的文化生活。

　　是为序。

　　（王平，历任马鞍山市文化局党委书记、局长，市委宣传部副部长，市政协文史和学习委员会主任、文史研究馆馆长，现任安徽省科学社会主义学会副会长、马鞍山市老科协副会长。）

2020 年 5 月

序

阚宝林

一

历史长河中，几十上百年只是一瞬。大部分时间都是平淡的，但总有一些片段是关键的，是节点。回首往事，人们往往扼腕慨叹，痛惜没有抓住这些关键节点，未在其中有所作为。事物的重要性，经常是几十年后回头看时才恍然感悟。

我们这一代，正目睹中华文明最核心的两个要素——农耕文化与传统人伦关系的嬗变或凋零。而它们是我们民族灵魂生生不息的土壤和避难所，滋养着包括坚韧性格、崇文尚德理念、勤劳节俭习惯等精神元素和民俗、手工艺、方言等文化符号。文化承载主要靠两个支点，一是人，二是语言。方言体现了两者的结合，是民族文化这一最核心资产的密码和温床。

方言源于先人的生产、生活及精神活动，里面遗存的字句、古音隐含着种群迁移、历史变迁、文化与生产力演变的线索，包含了丰富、鲜活、有价值的人文与地域印记。她是活化石，又是活的语言，每个字、每句话都有尊严和生命，蕴含了先民千百年的生活风貌与智慧，每当我们仔细品味，感觉她是那么丰富、细致而又得体。直至今天，在乡叟村妇的话语里，还保留了一些古雅字句与表达方式，让人肃然起敬。方言作为非物质文化遗产，无疑是不竭的精神富矿和灵魂家园。

合肥方言也是如此。此地处江淮之间，古称"庐州"，是南方与北方文化的交会地带。其人兼有北方之坚韧与南方之细腻。诚如元末庐州青阳山余廷心云："吾肥之民，秀者治诗书，朴者服农贾，质直而无二心，勤生而无外慕，强悍而无孱弱可乘之气。"因而"盗不能欺，利不能诱，兵不能怵"。风俗之美犹是。古籍另载："其俗勤于稼穑，不喜商旅，犹有往昔简古风。"

因其处吴楚文化的交会处及几千年来北方人口南迁所经之地，其语言体现了地域特征。作为江淮官话的一支，合肥方言大致可认为是吴方言与北方方言的过渡语言，以今合肥市区、肥东、肥西、长丰南部为方言核心区，辐射面东到含、和，西至六安，北接滁州，南达庐桐，直至江南宣城部分地区，覆盖了皖中大半。她吸收了不少吴方言、赣语、楚语、北方方言的成分，又如沉积的金沙，蕴含了不少古汉语乃至上古时代先民所用的词汇，有的词非常古雅，至今仍活在乡野陋巷，为寻常百姓所使用。因而合肥话具有独特的魅力。

她体现了方言区里人的特性，包含着他们的思维情感方式、生产生活场景，以及丰富的古风雅韵、民风民俗，是该地活的全景剧。就词汇而言，描述人称、物品、动作时，词性丰富，表现手段多样，不同层级、对象、程度或性质的事物、动作及状态都有相应的词表达。而且一个意思可以用多个词表示，一个字或词也可以代表若干意义。尤其是方言的虚词，深邃而奥妙。不少词汇为合肥方言所独有。习语短语亦是如此。

然而，方言又是脆弱的。作为农耕文明的语言，她要靠一定的人口规模、特定的社会与生活环境来支撑。长期以来，由于使用普通话，加之电视、手机等现代电子媒体的普及、人群的广泛流动、乡村人口的遽然减少和快速老龄化，特别是乡土文明与传统生活方式的凋敝，方言正面临前所未有的危机。其在城里，已今非昔比，几乎成了撇腔普通话。唯有在周边农村，六十多岁以上的老人口中还能听到正宗的家乡方言；四十多岁人还能发出稍许地道的合肥音。当今农村孩童极少，且语音已掺杂了普通话的成分，更不用说搬到城里上学的孩子了。即使是农村出来的年轻人，也因学校教育、外出务工或仅仅因为避免沾上"土气"，也说不了家乡话了。这样下去，或许不出十年，合肥人就真的不会说，也听不懂真正的乡音了。词汇和惯用法的遗忘与消失更是迅速而无法挽回。这在与生他养他的传统文化之间，将产生不可逆转的割裂。她，犹如园中各色花朵，正日益枯萎，且因失去土壤，明日更无枝可依。

没有文化自豪感的国度、失去文化特性的民族，是没有前途的。同理，方言消亡了，人们就再也没有了故乡。当我们朝着物质现代化飞奔时，是否正在丢弃灵魂的家园？

当下，对合肥方言而言，就是一个历史节点。

我们这代人目睹了从农耕文明向信息社会剧烈转变的整个过程，笔者又在这一特殊时期"享受"了在乡村和城市"两个世界"生活的体验，对乡土文化和浸淫于社会底层最丰富、本真、微妙的语言有着深刻的记忆和体会。虽然从历史发展来看，方言的衰微是必然的，某种意义上也是时代进步的代价。然而，本着文化传承的使命感，我们决不能眼看着祖先传了千百年的核心资产日渐湮灭而无动于衷，必须将能回忆起的乡音做一记录，努力地抢救，并尽最大能力进行考释。这里所辑的近万条词、习语和短句，以及基本发音，大部分是自己对头脑里根深蒂固、已融汇到血液里的故乡方言的回忆；相当一部分是采撷于日常生活的倾听、关注与访谈。这是近十年的心血，是方言的真实记录。由于历史原因，先辈们文雅的语言没能流传下来多少，不能不说是一大遗憾。本书只求真实全面地记注，努力营造一个故乡语言的"蓄水池"。其中谬误在所难免，但起码能为后世的研究提供线索、"引子"和第一手资料。

二

方言有别于书面语，这也是它的软肋所在。历史上无论是文人著述，还是公告、信函、契据等文书都用正规语言，所谓"雅语正言"。而方言又大都为识字不多的民众所用，含有较多的口语和方言特有的发音，所以用文字形式流传下来的方言少之又少。因此，本书所列条目和所用例句，采用的多为口语化的内容，重在留住乡音。

为准确标音，本书所列方言条目采用国际音标注音。但其比较冷僻、专业化，看得懂的人不多。为雅俗共赏，作者根据"最明白、最方便、尽量表现原字音"的原则，同时采用了一些便捷的标音方法，即混用方言同音字、白字、普通话借音字、现代汉语拼音来标音。凡能找到古音原字的用原字；无法溯源但能找到相近字义的，用其做假借字（词）；找不到的，采用"借音"，即用普通话读音（偶用方言读音）做白字标音；仍与原音有差距的利用汉语拼音标注。由于单字读音在词句里因连读、弱读、轻读、重读等因素造成声母或韵母变化，故实际读音与原字音标偶有出入，在入声字中最为明显。部分条目同时标注旧读音和今音。

在体例上，分名词、动词（单音动词及一般动词）、形容词、虚词（代词、量词等）、语音概述、常用短语与习语等。这种划分是以现代语法的概念来界定的，对于以口语为特征的方言来说，有生搬硬套之嫌，是为深入研究的权宜之计。

条目、例词、例句选择上，为了更全面地收录方言词汇，与普通话表达方式有异的词基本上都予以收进；对与普通话的释义有交叉重叠的方言词语，一般只收录相异的部分。尽可能使用旧音，以尽量记录原始发音、描述事物本身的特点、重现意义场景、展示合肥区域不同时期的社情风貌。在条目顺序上，除了名词部分有关"人"的条目排列按辈分外，其余均按英文字母排。

在条目标注上，记音为主，考释为辅。含借音字的词曰"借音字／词"，句曰"借音句"。为醒目起见，也为今后可能编写字典方便，采取中括号框内列本义字、其后用国际音标注音，后用"读若"加借音字等方式标音。为保持原汁原味，部分条目采用方言发音字（偶用白字代替），条目后用普通话标注本义字。词汇与句式方面，按词性和概念进行分类。为了归纳和语义需要，有时打破词性边境，在语法概念上做稍许灵活处理。为节约篇幅，尽量减少符号的使用，解释性的例词例句，直接放在释义后；引用古典释义，也不着引号，直接以冒号相隔；只有新创独立例句较长时，才用"如"和引号。为方便读者，对于一些方言特有的词句，尽管前面有解释，后面还往往再次将释义放在括弧里。虽稍显啰唆，但便于理解。

为使读者能在头脑里重构一定的虚拟语义"环境"，部分条目的解释和举例显得冗长，少数做加注处理。所举字、词汇、例句为近现代方言区域内人们仍在使用的或普通话里已不常用的语言。为接近方言音，体现语音、词汇的活性，方言特有的发"直、带、带直、哉"等音的虚词与现代普通话对应的"的、地、得、着、了"等词在使用时做灵活对应处理；少数词汇，根据不同场合，采用不同的字，如：这／底、直／之／着／的、得／带、赖／那、毫／坳、块／拐、张／涨等。对那些即将消失的物品、农具和日常用具等，加以简洁描述。尽量追溯、撷取典型的场景语言，表达方式以传统为主，兼收部分现代用法，以体现语言的发展性。兼收一些现代年轻人的语言，包括俚语、戏谑语等，即使有些词句显得粗鄙、难登大雅之堂也不敢遗弃，以求尽可能全面地记录原本的语义脉络。收录的若干民谚与风俗，也是这个意思。

对为本书撰写提供帮助的各位学者、同事，深表谢意。如果说我能取得一点成绩的话，那是我的先辈与家人，所有的乡亲，他们的生产、生活、一言一行，几百年来积累的生存方式、道德、智慧和经验，给了我丰厚的思想与物质土壤。对他们的感恩，非语言所能表述。

限于笔者学识浅薄，粗陋、错误之处一定很多，敬请批评指正。

2020 年春

目　录

卷一　语音概述

　　合肥方言语音的特点是发音基本属于吴音，腔调类似北方话，吐字清晰，少鼻音，无卷舌元音，多入声，语调稍显生硬。

　　严格地说，对于同一个字，方言与普通话在语音学的意义上，极少有完全相同的发音。因此，下面所谈的比较，是以国际音标为标准、以普通话为参照、基于现代汉语拼音的对应比较。这种对应是相对的。

一、合肥方言与普通话的语音比较

　　合肥方言与普通话的差异，不仅表现为声母的差异，更主要的是表现在韵母的差异上，少数字还存在声母与韵母均有不同的现象，存在着音位不同、声调差别等因素，这些都给两者的比较增添了难度。下面试图就一些主要的特点与差异作一概述。

　　1. 合肥方言声母。

　　合肥方言有 21 个声母：

　　p 播、pʰ 婆、m 摸、f 佛、t 德、tʰ 特、l 乐纳、ts 第自既、tsʰ 此起提、s 希似、tʂ 知、tʂʰ 持、ʂ 是、ʐ 日安、tɕ 及、tɕʰ 七、ɕ 习、k 个、kʰ 可、x 和、ø 阿安五有与一。

　　零声母 ø 一般不标。a 、ɑ、ɐ、æ̃、ʅ、õ、i、iŋ、iɯ、u、ʊ、ɯ、əŋ、yn、yĩ、yɐ、 yə、iə、iɤ、uə 等韵母可单独作为零声母字使用。

　　2. 合肥方言与普通话的声母比较。

合肥方言音 （国际音标）	对应的普通话声母（汉语拼音）	例字（以现代汉语拼音声母分类）
[p]	b、m	b：巴布彼本摆笔百帮步败辨笨拔薄白别。m：秘~书
[pʰ]	p、b	p：琶杷捧皮爬蒲排飘盆盘篷旁。b：绊跰鄙庇遍
[m]	m、n	m：马米慢买孟门忙墨蜜蔓芒。 n：泥腻
[f]	f	夫飞反风丰费翻敷凤肥饭父

合肥方言音（国际音标）	对应的普通话声母（汉语拼音）	例字（以现代汉语拼音声母分类）
[t]	d	堵带点多敦跌当搭东，代大电杜达碟宕钝动
[tʰ]	t、p	t：吐他太天推汤铁塔通，台驼途条田屯唐亭同。 p：攀
[l]	l、n	l：路罗赖连轮良龙列辣。n：奴糯耐年嫩娘农捏捺，牛凝虐孽。
[ts]	z、zh、d、j	z：资租灾嘴早赞尊总足则，字在罪鏊赠杂责簪。zh：宅翟迠绉争筝睁摘窄，助骤。 d：低抵底第弟地。j：挤抵际剂鸡儿季，技妓忌
[tsʰ]	c、ch、t、q、z	c：蹭瞅随~他此粗猜崔草仓村葱促，瓷才曹蚕藏存层从造辞词祠侧，厕差册测参策岑。ch：愁撑拆，初楚衬锄愁崇。t：嚏屉悌体替涕，题提蹄。q：妻砌齐脐，企起气，骑棋祁。z：造走族
[s]	s、sh、x	s：私腮赛嫂桑酸孙松速，寺祀随颂俗，所馊飕搜森色。sh：刹牶牸使什瘦，师狮蔬参牛甥虱省士柿事。x：续叙絮西稀洗细，希牺喜戏系
[tʂ]	zh、chu	zh：知猪追朝昼展珍张桌竹，侦斋债庄笊捉盏斩渣，支煮锥招周祝砖真章，苎赵宙阵丈直，寨状栈闸植殖。chu：触[1]
[tʂʰ]	ch、sh、zh、c	ch：超趁畅戳痴宠畜，差吵疮窗插岔，产齿吹抽臭穿春唱充尺绰，潮迟稠缠陈沉茶豺柴巢床，船唇乘垂仇蝉臣常成触[2]。sh：伸鼠殊暑。zh：滞稚秩翟。c：踩（踹）
[ʂ]	sh、ch	sh：傻沙晒衰梢闩霜，水烧收扇身舜商诗叔，社诋睡邵善肾上石熟，神蛇顺绳射。ch：纯唇醇
[ʐ]	r、ø（部分普通话零声母前）	r：绕揉染人瓢闰肉日，荣融容锐。 ø：（部分零声母字前）：按安案暗岸藕欧偶伛沤恶额扼爱矮挨碍恩熬奥拗澳懊奥
[tɕ]	j、x	j：焦酒尖节进将精脊接，聚噍就渐尽匠静集绝，家句骄教检金结江桔，巨具轿旧俭及截杰近捐。 x：校
[tɕʰ]	q、c、ch、x、j	q：蛆娶秋签侵切亲枪清雀，憔潜钱全秦墙情，囚去敲丘欠饮腔却轻曲，渠瞿桥求钳琴勤强。c：藏。ch：吃。x：膝详降祥。j：歼浸

合肥方言音（国际音标）	对应的普通话声母（汉语拼音）	例字（以现代汉语拼音声母分类）
[ɕ]	x、sh	x：小修心想析邪叙袖象寻习席，虾孝休险宪欣香胸，下效嫌觅项匣形匣学雄熊。sh：厦
[k]	g、j	g：歌瓜古改桂勾敢割钢骨柜共 。j：角
[kʰ]	k、g、q、h	k：会括昆葵逵，可夸开亏口坎渴康客。g：瑰跪箍。q：铅蜷去。h：环
[x]	h、k	h：火花呼海毁憨夯霍喝，河华胡孩回厚含活航红秽汇。k：盍
[ø]	w、y、r	w：武尾晚袜乌弯握，我卧五唯皖蜗娲碗。 y：腰鸭拥冤熨约牙眼仰鱼月，有炎芋员云摇油盐用誉阅一。r：容绒荣阿翁

3. 合肥方言韵母。

一般认为有 43 个韵母：

ɿ 鸡词皮思、i 爷姐斜、u 乌、ʯ 与女趣、ʅ 迟是、a/ɑ 耳啊、ia 亚、ua 娃、ɛ 带、iɛ 阶、uɛ 乖、e 杯、ue 威、ye 茄、ɔ 懊、iɔ 腰、ɯ 欧、iɯ 优、ʊ 果多棵、ã 昂帮、iɑ̃ 江、 uɑ̃ 光、 æ̃ 安、uæ̃ 关、yĩ 元、ĩ 善、iĩ 盐、 õ 搬碗专官算₁、ən 本根、 in 因、uən 顺、yn 永、əŋ 红中算₂、iŋ 兄用、ɐʔ 刹扼、iɛʔ 甲、uɛʔ 挖刷、uɐʔ 活落、yɤʔ 脚、yəʔ 育菊、əʔ 直作₁、iəʔ 即、uəʔ 作₂读。

以上 43 个韵母，若加上不常用的 ɤʔ（百）、iɤʔ（鸭）两个韵，则共有 45 个韵母。其中带喉塞音 ʔ 尾、作为入声字韵母的有 11 个。

4. 合肥方言与普通话的韵母比较。

方言音（国际音标）	相对应的普通话韵母（汉语拼音）	例字（以现代汉语拼音韵母分类）
[ɿ]	i、e、ei	i：紫刺斯资次私子字丝词，彼皮离寄戏椅比屁地利饥器姨，里基喜医机岂希衣，师狮士事驶蔽髭厉祭艺刘，蓖批米低弟泥礼挤细鸡系翳姨[1]。e：夜。ei：胚坯

方言音（国际音标）	相对应的普通话韵母（汉语拼音）	例字（以现代汉语拼音韵母分类）
[i]	i、e、ie	i：姨[2]你；e：爷野。ie：借邪谢，谐，泄，液
[ʅ]	i	滞制逝世知池支施是，致迟至示尸置治之齿诗
[u]	u、ou	u：补步堵度奴路祖苏古胡乌，猪除煮书夫父务柱主竖儒，朴浮副富妇负阜兀。ou：否缶
[ɥ]	ü、u、ue	ü：女吕，缕。u：蛆叙举渠虚余，取须句具遇雨剧畜~养蓄欲。ue：靴
[a /ɑ]	a、re、er	a：巴爬马拿岔沙，傻大他那哪阿拉垃罢洒打。re：惹。er：儿尔二而耳
[ia]	ia	家假雅虾夏亚涯崖轧压
[ua]	ua	要瓜夸花洼瓦抓爪挂画蛙话挖划
[ɛ]	ai、e、uai、a	ai：戴胎代耐来灾在腮该碍孩哀带太赖盖害艾拜排埋斋豺骇挨，摆牌买奶钗柴筛矮败迈塞。e：车[1]赊[1]蛇[1]射[1]者赭。uai：踩。a：哪那
[iɛ]	ie	阶界械街鞋蟹嗟椰也冶
[uɛ]	uai	会外乖怪怀坏，拐歪快揣衰帅率
[e]	ei、ui、ie、e、i	ei：杯培每内雷废肺吠碑卑被，悲备眉累垒泪非肥给。ui：推退蜕堆腿队崔罪碎，兑最脆岁嘴随虽醉翠穗。ie：写。e：车[2]赊[2]蛇[2]射[2]。i：使
[ue]	ui	盔灰悔煨绘会缀税鳜卫税，闺桂惠吹垂睡规跪毁委，追锤水龟葵位归魏挥伟慰
[ye]	ie	茄
[ɔ]	ao	保冒刀道脑老早嫂高好袄，包茅闹罩炒巢梢朝超赵邵绕雹
[iɔ]	iao、ue	iao：交巧咬孝校标瓢庙疗焦小骄妖，刁跳鸟料叫窍晓。ue：跃
[ɯ]	ou	兜头楼走勾藕后欧，昼绸愁瘦周收寿柔都肉
[iɯ]	iu	纽柳酒秀九求牛优幽幼

方言音 （国际音标）	相对应的普通话 韵母（汉语拼音）	例字（以现代汉语拼音韵母分类）
[ʋ]	o、uo、ou、u、e	o：波簸破婆磨模摸膜。uo：多拖舵左搓我朵惰糯坐锁果卧火窝祸，昨拃沃做错措。ou：剖谋[1]。u：亩[1]牡[1]母[1]助初锄数幕。e：贺荷哥个何禾可科颗歌蛾河戈棵讹和
[ɑ̃]	ɑng	帮忙党汤郎葬仓桑钢康航，张丈章厂商上瓤方房纺芒邦棒胖港盲
[iɑ̃]	iɑng	娘两蒋墙象姜强香江腔项
[uɑ̃]	uɑng	庄创床霜光广荒汪阳亡网筐王桩窗双矿
[æ]	ɑn	耽贪南蚕感含胆谈篮錾三敢喊，站衫杉凡范泛丹坦蛋难赞散肝看寒安，盼瓣绽铲山栈班慢般叛满反烦饭
[uæ]	uɑn	闩涮鳏顽关环弯晚万
[ĩ]	ɑn	沾[1]粘[1]陕苫[1]闪[1]染[1]搌展缠[1]毡颤忏[1]单软[1]阮[1]赡[1]鳝[1]扇[1]善[1]
[iĩ]	iɑn	减咸陷监岩衔，黏廉尖渐钳俭险盐严，店添甜鲇兼谦嫌艰眼苋奸雁，鞭篇棉便碾连剪浅遣件谚演建言宪，边辫面典田年莲千先[1]坚牵砚现燕恋铅县
[yĩ]	uɑn、iɑn、	uɑn：全选旋卷拳院捐劝元楦冤，犬玄渊癣轩。iɑn：犍仙籼鲜羡弦先[2]
[õ]	uɑn/ong、u、 eng、uɑn	uɑn/ong：短乱暖卵钻酸官款欢碗，完丸钻攒窜蹿，转传砖船幻患。u：母[2]。eng：横。uɑn：软[2]
[ən]	en、un、eng、 ing	en：沉森针沈深任跟垦狠恩，珍陈真神身肾人臻榛肯奔喷盆门粉。un：顿屯嫩论尊村孙轮遵笋。eng：灯腾能曾僧恒，征～录瞪蒸乘胜承仍冷撑生坑衡橙争耕耿喷盆门粉正声成。ing：硬粳
[in]	in、ing	in：品林心金琴音淫贫民邻进新巾银因引斤进欣殷。ing：冰凭陵凝兴鹰行杏荃幸樱，兵平命京庆迎英饼名领并姓劲轻婴赢，瓶铭定丁灵宁青星经形
[uən]	en、un	un：昆捆昏浑闻准春顺纯。en：文问温
[yn]	un、ong、iong、 ing	un：均菌允军群训运永[1]泳[1]。ong：永[2]泳[2]。iong：琼。ing：倾顷

方言音 （国际音标）	相对应的普通话 韵母（汉语拼音）	例字（以现代汉语拼音韵母分类）
[əŋ]	eng、ong、u、ou、an	eng：崩朋烹彭猛棚萌篷蓬蒙，风丰冯梦封捧逢。ong：东通同聋总葱送公空烘红翁冬统农宗宋，隆嵩中虫崇众绒宫浓龙从诵宠重种冲恭恐共弘轰红。u：母³亩²牡²。ou：谋。an：潘盘判，苦²善²扇²沾²粘²闪²染²缠²扇²软³阮²赡²鳝²
[iŋ]	iong、ing、ong	iong：穷雄凶兄。ing：营颖莹。ong：用拥绒融茸容
[ɐʔ]	a、e、ai、uo、ao	a：扎跋发罚伐。e：各渴彻热，格客额鹤恶格扼鸽合磕。ai：核。ao：郝。uo：弱若落¹
[iɐʔ]	ia	夹狭匣鸭轧瞎辖撒灭篾
[uɐʔ]	ua、uo	ua：滑挖刷刮袜。uo：烁
[əʔ]	uo、i、u	uo：夺¹脱¹撮¹托¹铎¹索²。i：蛰涩执湿十质实日直食织掷尺石适，识拾饰只殖值赤斥。u：不没入拂佛缚，朴木扑卜，续¹福目服覆牧沐睦复腹噗仆蹼陆录鹿碌禄俗
[uɤʔ]	uo、ue、ao、o	uo：夺²脱²撮²括阔活，拙说托²铎²落²索²，着酌绰郭廓霍桌戳捉国惑蟈获。ue：橛镢。ao：凿¹勺。o：握
[yɤʔ]	ue、iao、ao	ue：薛绝雪月悦掘越，决缺血穴爵削却学觉确乐。iao/ao：脚药钥
[yəʔ]	u、i	u：恤桔屈域菊蓄育曲局狱浴俗。i：役疫
[iəʔ]	ü、i	ü：律率。i：立集习急揖笔密栗七悉吉一乞逼力即息极翼，劈碧戟逆积席益译壁觅滴踢敌历绩锡击
[uəʔ]	u、ou	u：入突卒骨窟忽术出述秫，物秃读鹿族谷哭屋督毒酷，六肃竹畜缩祝叔熟绿足俗烛束辱褥续²。ou：粥轴
[ɤʔ]	a、ao、e、o、ai、ei、i、u、uo	a：达答搭。ao：凿²。e：得德嘚特肋则塞刻色侧，泽责策摄涉瑟。o：泼沫薄博寞剥驳墨默。ai：百白宅窄麦摘。ei：贼北。i：虱。u：母³拇。uo：作
[iɤʔ]	ie	聂猎接叶劫怯胁业跌碟协挟鳖列杰孽揭歇，铁捏节切屑结噎

二、合肥方言与普通话读音的主要差异

从上面两个表的内容来看，合肥方言与普通话读音的不同，主要表现在以下六个方面。

1. 声母的不同点。

合肥方言 21 个声母中，只有 f、t、z（零声母前除外）与相应的普通话拼音声母形成相对单一的对应关系，其他 18 个声调不同程度地与拼音声母存在一对多的关系，其中 kʰ、tɕʰ、tʂʰ、ts、tsʰ 较为突出，各对应 4 个以上的拼音声母，其中 tsʰ 对应 c、ch、t、q、z 5 个不同的拼音声母。此外，还有 ʐ 声母，l、n 不分，有一个归于零声母范畴的 u 声母，存在若干舌前音等不同点。

（1）ʐ 声母。合肥方言里存在部分零声母前加舌尖后浊擦音 ʐ 形成的字，即普通话里部分零声母的字（如国际音标中的 ɯ、ɛ、æ、ã、ən、əŋ，大致相对应于汉语拼音中的 ou、ai、an、ang、en、eng、ong 等），在合肥方言里要加 ʐ 声母（类似拼音里的"r"中舌音），混同于日母，形成独特的"ʐ 声母 + 元音韵母"字，如：

安、案、岸、藕、欧、偶、沤、额、扼、爱、矮、挨、碍、恩、奥、拗、澳、懊、奥、硬。这样读起来，"安"读若 rān，"熬"读"绕"，"欧"读 rōu，"昂"读"瓤"，"爱"读 rài，"砲"读 rái，"额"读"热"（rè），"硬"读"任"（rèn）。

但是，这种 ʐ 声母只反映了过去的普遍现象，现在已很少有人使用，不久将在合肥方言里消亡。

（2）唯一 l 声母。合肥方言里中古音韵类里的泥母与来母字不分，少数疑母细音字也读若来母。如按汉语拼音来读，鼻音 n 声母与边音 l 声母开头的字不分，如：

牛 — 刘、扭 — 柳、路 — 怒、龙 — 农。

在普通话里，不少声母为 y 与声母 l 或 n 的字，在合肥方言里读音相同，

如：

与—旅、语—女、雨—缕、于—吕、鱼—驴。

（3）有一个 **u** 声母（近似拼音 v）。如：

五、无、务、乌、伍、午、吴、淤、御、舞。可归结到零声母中。

（4）若干具体的声母差异：

①普通话里声母拼音为 j、d，韵母为 i 的字，在合肥方言里多发成 ts（若拼音 z）。如：既、寄、鸡、几、抵、底、第、弟、地。

其中拼音声母为 d 的字，在合肥方言里大部分转成了入声，如：滴、迪、狄、笛。拼音声母为 zh 的字，有不少也发成 ts，如：

助、骤、宅、绉、挣、筝、睁、摘。

②声母拼音为 ch、t、q、z 的，在合肥方言里有不少发成 tsʰ（若拼音 c）。如：

撑、初、楚、锄、崇、屉、悌、体、提、妻、齐、起、骑、造、噪、族。

③声母拼音为 sh、x 的，在合肥方言里很多发成 s（若拼音 s）。如：

生、牲、使、仕、瘦、寿、师、省、柿、事、续、叙、稀、系、西、细、希、喜。

④部分声母拼音为 sh、zh 的词，在合肥方言里发成 tʂʰ（若拼音 ch）。如：

伸、鼠、殊、暑、匙、滞、稚、秩。

⑤部分声母拼音为 c、ch、x 的，在合肥方言里读成 tɕʰ（若拼音 q）。如：

藏、吃、膝、详、降。

⑥部分声母拼音为 g、q、h 的，在合肥方言里读 kʰ（若拼音 k）。如：

瑰、跪、箍、铅、蜷、去、环。

⑦还有下列常用的声母相异字（包括若干零声母字）：

蚤、趱、糙、圾（方言读若"私"）、纯、唇、醇、瞅、走（用作介词时）、毽、肫、鄙、庇、泥、腻、匿、遍、酾、写、使、随、攀、嘱、校、翟、触、屉、蜀、嘱、而、儿、耳、二、尔、旅、吕、履、李、里、已、义、衣、霓、等等。

⑧合肥方言还保留着 k、k^h、x（g、k、h）与 tɕ、tsʰ、ɕ（j、q、x）的不同，形成少量的腭化音，如：

"角"、"敲"、"去"、"家"（近巢湖一带发音）。

2. 韵母的相异。

这种字较多，在合肥方言 45 个韵母中，有 35 个存在着与对应普通话汉语拼音相异的韵母，其中 ɛ、e、ʊ、ən、yn、əŋ、ɤʔ 与普通话的韵母存在较大的差异对应面，它们分别对应若干个汉语拼音韵母，其中 ɤʔ 对应 a、e、o、ai、ao 为、ei、i、u、uo 共 9 个拼音韵母。

①普通话里大量以拼音 i 或 ei 为韵母的字，在合肥方言里以 ן 为韵。如：比、匕、地、第、抵、字、鸡、既、妹、皮、批、其、起、四、似、提、体、胚、坏。

②合肥方言读 ʊ 韵的字，普通话里拼音分别读若：

o（簸、婆、模、摸、膜）、uo（多、舵、搓、我、朵、糯、坐、果、火、窝、昨、捋、沃、做）、ou（剖、谋）、u（亩、牡、母、助、初、锄、幕）、e（哥、可、棵、柯、和、河、个、科、贺、何）。

③合肥方言能区分"官、管、馆、棺、灌、罐、观、冠、贯"与"关、惯"，"搬、半、伴、拌"与"班、斑、版、板"，"盘、判、叛、胖"与"盼、畔、袢、片"，"满、瞒、馒"与"蛮、漫、慢"的韵母不同。前者方言读 õ 或 əŋ（拼音若 ong）韵，后者为 uæ̃（uan）或 æ̃（an）。

④"穿、川、船、串、喘、传、乱、卵、李、峦、暖、钻、攒、纂、窜、氽、酸、算、蒜、欢、缓、换、唤、焕、幻、款、宽、软、阮、端、短、段、断、团、湍"，合肥方言读 õ 或 əŋ（ong）韵，普通话读若 uæ̃（uan）。"完、碗、宛、腕、豌、丸"，合肥方言读 õ，普通话为 æ̃（an）。"横"，合肥方言读 õ，普通话为 ən（eng）。

⑤在"颤、缠、垫、盐、陕、闪、善、扇、沾、粘、展"与"山、衫、占、

产、詹、馋"对照组中，合肥方言中前组读 ĩ 或 əŋ（ong）韵，后组读 æ（an）韵；而普通话两组均作 æ（an）韵；合肥在"减、咸、衔、廉、尖、渐、钳、俭、险、店、添、甜、鲇、兼、谦、咸、艰、苋"中，合肥方言读 iĩ，普通话拼音读 ian。

⑥"全、选、旋、拳、院、捐、劝、元、楦、犬、玄、轩、仙、籼、鲜、羡、弦"与"键"两组里，合肥方言读 yĩ，普通话拼音读 ian。

⑦"朋、彭、猛、棚、萌、篷、蒙、风、丰、封、捧、逢、潘、善、扇"，合肥方言读作 əŋ（ong），普通话拼音读 eng 或 an。

⑧"写、泻、姐、借、谢、卸、斜"、"鞋、蟹"与"契、歇、偕、谐、阶、街、界、届、戒、械、解"3 组韵母发音，和"爷、姨"与"也、冶"两组韵母发音，在合肥方言里均不同，而在普通话里均相同。

⑨前后鼻音 ing 与 in 不分。如"林、临、麟、鳞、粼"与"灵、零、绫、铃、玲"等读音完全相同；"近、进、尽、劲、禁"与"竟、敬、静、净、镜"、"频、贫"与"平、瓶、凭"、"跟"与"耕"亦相同。因此，造成不少普通话里声母、韵母均不同的字音在合肥方言里读音却相同，如"您"与"凌"，"宁、凝、狞"与"拎、淋、霖"等。

上述差异，基本反映在前表中 ɿ、i、u、ʮ、a /ɑ、in、uən、iŋ、e、ɛ、ʊ、ʊ̃、ən、əŋ、yn 等韵母与普通话韵母的"一对多"关系中。此外，入声字、尖团音等因素，也可看作是与普通话韵母的相异处。

3. 声母、韵母均与普通话相异。

列举若干：

泥、腻、提、替、体、鄙、皮、呢、洗、细、西、系、拟、倪、里、李、离、利、秘、吃、膝，继、挤、意、鸡、自、己，踩，续，硬、镶、遍、边、便、撑、拆、楚、锄、初，数、瘦、蔬、虬、刹、撒、藏、酽、角、吓、敲、鹅、讹、俄、颤、尿、怯、劫、蟹、械、瓮、宅、翟、摘、窄、膝、触、鼠、暑、圾、篱ㄙ~、靴、盎、滞、稚、秩，额、扼、锷、鳄、数、绊。

4. 入声字。合肥方言里有不少字仍保留着入声韵。其音高而短促，发声时长较普通话短。以 əʔ 和 ɤʔ 韵最为常见，这两个韵大致分别对应于汉语拼音里的 uo、i、u 和 ɑ、e、o、ɑi、ɑo、ei、i、u、uo 两组韵母。除前表中所列例字外，按韵母分类，还包括下列常用字：

ɐʔ：法、筏、阀、乏、擦、铡、闸、札、哲、折、蛰、浙、辙、褶、蔗、

勒、肋、喝、辣、蜡、腊、落、旯、纳、那、捺、钠、衲、诺、烙、骆、洛、络、捋、乐、嘞、插、察、撤、掣、坼、割、葛、隔、嗝、革、搁、阁、胳、骼、角、黑、貉、喝、吓、嚇、赫、褐、颌、壑、曷、阖、盒、呵、郝、瞌、壳、窠、克、咳、刻、颏、呃、鄂、鳄、愕、颚、噩、萼、腭、锷、遏、轭、遏、谔、婀、厄。

iɐʔ：荚、钾、胛、甲、颊、截、洁、蝎、竭、孑、掐、压、峡、蔑。

əʔ：作、入、突、卒、骨、秃、读、督、毒、鹿、族、谷、六、肃、绿、足、促、俗、勃、渤、瀑、璞、陌、么、莫、茉、穆、弗、幅、福、伏、拂、馥、蝠、氟、辐、茯、匐、的、麓、捋、侄、职、植、炽、帜、挚、这、炙、十、释、室、拾、失、什、矢、蚀、可、恶、鳄、噩、汁、苜、续。

uɤʔ：踱、度、咄、诺、烙、骆、洛、络、乐、作、撮、昨、嗦、卓、啄、琢、灼、茁、着、绰、芍、聒、蝈、呱、括、扩、阔、活、或、获、豁、猾、藿、沃。

yɤʔ：略、掠、虐、疟、角、爵、撅、噘、孓、蹶、倔、诀、攫、蕨、橛、厥、雀、阙、鹊、榷、炔、泄、噱、约、钥、玥、跃、曰、岳、粤、钺、樾。

yəʔ：律、率、倨、橘、掬、雎、锔、焗、鞠、蛐、曲、畜、欲、域、郁、峪、裕、御、驭。

iəʔ：律、率、必、毕、荸、壁、哔、鼻、弼、滗、跸、霹、噼、僻、辟、泌、幂、蜜、汨、迪、狄、狄、嫡、嘀、涤、镝、荻、的、踢、剔、惕、粒、沥、笠、缡、砾、逆、匿、溺、圾、迹、鲫、及、级、极、藉、籍、疾、激、辑、寂、戟、脊、棘、汲、给、缉、笈、屐、亟、瘠、吃、漆、膝、戚、讫、

泣、祈、槭、惜、息、锡、夕、汐、袭、昔、媳、析、熄、晰、隙、晳、翕、
歙、檄、壹、驿、翼、奕、溢、轶、邑、熠、弋、抑、绎。

uə?：独、牍、犊、凸、促、猝、簇、蹴、蹩、夙、速、宿、粟、竺、瞩、
筑、触、搐、黜、鼠、淑、菽、塾、黍、蜀、属、赎、辱、囿、核、握、勿。

ɤ?：伯、柏、帛、脖、膊、啪、拍、帕、泊、魄、抹、陌、麦、脉、末、
漠、嫫、嗒、瘩、跶、靼、褡、耷、塔、踏、塌、答、嗒、搭、遢、獭、榻、
沓、他、脱、托、拓、夺、脱、撮、铎、落、索、匝、砸、杂、咂、则、啧、
责、择、仄、渍、拆、嚓、揀、测、册、厕、恻、撒、嵩、涩、虱、刹、煞、
摄、设、舌、折、霎、慑、疙。

iɤ?：别、瘪、蝙、撇、瞥、叠、蝶、谍、迭、牒、烈、裂、蘗、镍、喏、
蹑、镊、涅、劣、趔、贴、帖、夹、妾、窃、切、恰、挈、惬、楔、歇、撷、
亵、叶、烨、曳、咽、略、掠、虐、疟。

　　这些入声字在实际应用中，往往因连读、弱读等发生音变，在相近的
音位间偶尔产生串用现象，这在ɤə、ə?、ɤ?和iɤ?、iaɁ两组入声字中表现
得较突出。有些字有多种发音，如"落、嘞、乐、络、搦"等字的韵母在
方言里根据区域不同有三种读音，既可读 uɤ?、uəɁ 音，也可读 ɤ ə；"毒、
秃、缩、独、牍、犊、凸、促、猝、簇"等可读 uəɁ 或 əɁ；"略、掠、虐、疟"
可读 iɤ 或 yɤ?；"俗"可读 əɁ、uəɁ 或 yəɁ；"宿"也有三种韵母，分别
为 əɁ、uə? 和 iɯ。有时因两个入声字碰到一起等因素，而产生由入变平现象。

　　5. 助词"直、之、子"音。

　　合肥方言中，"直、之"这两个音用得非常广泛。它似为古音"者、之"
的痕迹，今在合肥方言里，根据前后字音的协调情况，可分别读 [tʂəɁ⁵][tʂə²¹]
或 [tʂə]，在词句中起着普通话的"的、地、得"作用。"子"字在合肥方言
大多数名词中可作为构词后缀使用，在读音中多作为轻声，有时轻微得几
乎辨别不到其读音，只留下音位。但因受普通话的影响，"直、之"的读
音也在逐步向"的"的发音方向滑动。

6. 多使用舌前音。

合肥方言发音的一大特点是发音音位靠前，好用舌前或舌尖音。汉语拼音韵母中用 u 或 ü 的字，在合肥话中都用舌前音，如"吕、旅、绿、雨、于、余、鱼"等。拼音韵母 i，在合肥方言里绝大部分发成舌尖前高不圆唇元音 ɿ；而普通话里只有少数平舌音声母（z、c、s）字，如"资、兹、子、词、此、思、刺、似"的韵母接近 ɿ。合肥方言里有大量的以 ts、tsʰ、pʰ、p、s、m（对应拼音 c、j、m、b、p、t、s、l、z）为声母、以 ɿ 为韵母，包括由零声母 ɿ 构成的字，具有十分独特而清晰的发音特点。这种特殊的舌尖前韵母，产生了大量的普通话里没有的字音，如"其、骑、泥、比、提、鸡、洗、以、理、地、第、弟、李、拟、尼"等字的读音，具有合肥方言最典型的特征。

一般情况下，合肥方言里的尖音与团音不分，如尖 — 肩、箭 — 剑、小 — 晓、亲 — 钦、心 — 欣、千 — 牵等。这也与合肥方言发音舌位多靠前、舌尖前非腭化音多、舌面后腭化音少有关。至今，合肥方言里还有不少字的读音没有完全形成尖音舌面化，尖音 ts、tsʰ、s（近于拼音声母 z、c、s）与腭化团音 tɕ、tɕʰ、ɕ（j、q、x）之间是分得很清楚的。如"七、漆、戚"与"其、期、棋、企"，"怯、茄"与"切、窃、且、妾"，"昔、惜、息、媳、习"与"希、稀、喜、嬉"，在合肥方言里的读音完全不同。

正因为发音部位更靠前，即使与普通话的声母与韵母相同，合肥方言发的音也与普通话有区别。如在"九、酒、揪、就"等字的发音中，合肥方言是圆唇音，嘴唇较前凸，舌叶面更凹折，因而使许多字的发音带有入声的特点。

三、合肥方言的连读、弱读与音声改变

合肥方言虽吐字清晰，但单字读音在词组或句子中，同样有连读、弱读、连弱读混合、变声、变音等情况，造成同一个字在不同的位置往往会出现不同的读音或声调。

1.连读（合音）。

连读一般表现为后一个字的声母发音受前一个字的韵母影响而弱化，或前一个字的声母强势"夺走"后字的韵母。尤其是词组中有些以韵母 ã（若拼音 ang ）结尾的后一个字，往往会失去其声母；有时仍保留其部分音位，有时该声母的音位完全消失。在以"上"发音结尾的某些词，如"早上""锅上"经连读，几乎变成一个字了。在三个字以上的词中，表现为前后音节互相影响；有时因发音便利化而产生变声变音，只保留强势音节或最具代表性的音节。例如下面加下画线的字：

臧（近似借音字，下同）[tsã²¹³]←早上，网[uæ²¹³ ã]←晚上，楼盎[lɯ⁴⁵ ã⁵³]←楼上，权穰[tʂʰa²¹ ã]←权穰，报[pɔ²¹]←不知道（是否），摽（嫑）[piɔ⁵³]←不要，光[kuã²¹]←锅上（锅台上），架[tɕia⁵³]←这下子，箍（奚）[kən²¹/ku²¹u]←功夫（一段时间），一刻宜[iəʔ⁵ kʰɤʔ⁵ kõ²¹]←一刻工夫，褰[kʊ²¹³]←给我（若是我的话），口[kʰɯ²¹³]←可有，浪[lã⁵³]←那样，量[liã⁵³]←那样，迪盎（近似音）[ti⁵³ã]←这样，冇[mɯ²¹³]←没有，男赞[læ⁴⁵ tsæ⁵³]←男子汉，那阿[la⁵³ɑ]←那下子，亚[ia⁵³/iɐʔ⁵]←一下子，洋[iã⁴⁵]←一样，些/兮[sʅ⁵³/ɕiəʔ⁵]←一些、相当，囊（近似音）[ɳ²¹ã]←衣裳，一天阑[iəʔ⁵ tʰiĩ²¹læ²¹]←一天到晚、总是，霞[ɕia⁴⁵]←小伢，表多[piɔ²¹³tʊ²¹]←不晓得有（多少），雀儿[tsʰɿ²¹uæ]←去家，亦包有[i⁴⁵ pɔ²¹ɯ²¹³]←也不知道有（多么的……），肯令[kʰən²¹³ lin⁵³]←肯定。

以上各组词汇，←前面的为口语中表现连读音的借音词，后面为原本的词汇。

2. 弱读（轻声）。

弱读现象主要存在于以下三种情况：

一是作为名词后缀的"子、头、们、个、之、的"，方位词"上、下、块、坳、嘛"和作为助词的"之、直、的"等音节一般读轻声。如：

大桌子、本子、墙拐子、车子、嘴门沿子、腿膊肚子、蚊子，里头、外头、枕头，底（这）坲、地下、那块、这蹦（边）、他们、我们，今个（今天）、麻个（明天）、号个（后天）、两个、三个，穿之、盖之、吃之、用之、讲过之、写得之、搞得之、过得之，他的（之）、我们的（之），累直瘟尿、吓直麻庄、干直漂亮。

这些后缀可以弱读，一般不能省略。在某些情况下，作为后缀的"头"须重读，如：

老头、吃头、想头、口头（最外边）。

二是在两个相同单字组成的词中，如叠音的动词、形容词、副词和亲属称呼，一般第二个相同音节弱读，如：

嘚嘚、嘲嘲、逛逛、转转、捶捶、揉揉、陪陪、看看、问问、慢慢、轻轻、悠悠、样样、爹爹、哥哥、弟弟、舅舅、姐姐、妹妹。

但是下列词的声调变化有所不同，重音落在后一个字上：

潮澌澌 [tʂʰɔ⁴⁵ tɤ²¹ tɤ⁵]（非常潮湿）：第一个"澌"轻读，第二个做入声重读；

湿漉漉 [ʂəʔ⁵ lu⁴⁵ lu²¹]：前后两个"漉"分别读阳平和阴平；

蟢蟢子 [sɿ²¹³ sɿ⁵³ tsə]（小蜘蛛）：前一个"蟢"读第三声，第二个读第四声；

回回 [xuexue⁴⁵/xue⁴⁵ xue⁴⁵]（每一次）的变声有两种情况：一是读"轻声+第二声"，这种读法语气较强；二是读"第二声+第二声"，语气稍弱；

走走 [tsɯ²¹³ tsɯ⁵³]：后一个字变作重读。

三是一些常用的双音节词，第二个音节弱读。如：

明天、明年、春上、中晌、张口、老人、姑娘、舅嬷、亲眷、晓顿、盼望、兴旺、香火、抻朗、指搣（甲）、耳朵、豆腐、被单、吃食、凤凰、屁股、尾八（巴）、冰垚（冻）、烟垚（卤）、芝麻、萝上、千张、下水、荤菜、脸白（庞）、望相。

3. 变音变调。

该现象较为复杂。主要有以下几种情况：

（1）因弱读而产生。前述"连读"和"弱读"两段中所涉及的部分词汇及短语，如"一刻官、一天阑、兮、指撅、舅孃"等词也有变调现象。有时在连读或弱读时，声母乃至前后的字音被省略掉，变音变调成了单个元音。如：

称呃子 [ɐ]（近似借音字，下同）←称一下子 [iə‿ʔ⁵ ɕiɤʔ⁵]，抹呃子 [ɐ] ←抹一下子 [iə‿ʔ⁵ ɕiɤʔ⁵]，吃嗷 [ɔ²¹] ←吃毫子 [xɔ⁵³]（吃一点），非嗷[ɔ⁵³] ←非要 [iɔ⁵³]，我阿大姐 [a] ←我家大姐 [tɕia⁵³]。

（2）方言词读音本身与普通话不同而造成的声母或韵母改变。如：

掰 [pɛ⁴⁵] ←别，张（个） [tʂɑ̃²¹kɐ] ←现在，还~是[xuæ⁴⁵] ←还（读若"环"），被窝 [ʋ²¹] ←被褥，歇 [ɕiɤʔ⁵] ←（一）下子，六步[lə²⁵pu⁵³] ←萝卜，尅 [kʰi⁵³] ←去，指撅 [tʂɭ²¹tɕɤʔ⁵] ←指甲，冰垅 [pin²¹ləŋ²¹] ←冰、冰块，赖 [lɛ⁵³] ←那、哪，烟垅 [iĩ²¹ləŋ²¹] ←烟囱，阿子 [a⁴⁵ tsə] ←儿子，凳 [tən⁵³] ←吨，啊道 [a²¹³ tɔ⁵³] ←耳朵，且天 [tɕʰiɛ⁴⁵ tʰiĩ²¹] ←前天，崔他 [tsʰe⁴⁵ tʰə²¹] ←随他，啊[a²¹³] ←惹，博近 [pɤʔ⁵ tɕin⁵³] ←北京，把病 [pa²¹³ pin⁵³] ←把柄，等光 [tən²¹³ kuɑ̃²¹] ←灯光，底 [ti⁵³] ←这，底毫 / 坳 / 腰子 [ti⁵³ xɔ²¹/ɔ²¹/iɔ²¹ tsə] ←这点、这里，木念 [mə²¹ liĩ⁵³] ←明年，促 [tsʰə‿ʔ⁵ /tsʰuəʔ⁵] ←触¹（用于"接触""触角"）、 触²（用于"接触"）。

还有合肥方言区域读音存在差异的因素。在 əʔ 与 uəʔ、iĩ 与 əŋ、õ 与 əŋ 三对韵母的使用上表现较为明显。如"读、毒、独、秃、作、促、俗"等，合肥南部及城区四周多用 uəʔ，而东部多用 əʔ。在"扇、闪、展、缠、善、闪、颤、粘"等字的韵母选择上，南北部分别倾向于读 iĩ 和 əŋ；而"算、酸、钻、半、搬、卵、暖"等字，南部及城区喜欢用鼻化音 õ，而其他地方则常用 əŋ。此外，韵母漂移现象在 ɐ 与 ɤ 之间较易发生。

（3）因场合不同形成的声调变化。在叠音亲属称谓词中，虽然一般情况下第二个字轻读，但是不同场合的称呼会有声调上的变化。如"爹爹、奶奶、哥哥"三个词，当面喊时第二个字的声调变为阳平，作为第三人称时则一般为阴平。但是"姐姐"的后一个字却是去声。在表示亲昵的语气时，称呼的第二个字往往变成阳平，如：伯伯、舅舅、姑姑、伢伢、宝宝等。有些词本身的声调，因强调与否或词性变化而产生变化。如肚子中的"肚"，可读第三声或第四声，但在"肚子疼"中一般读第四声；"离"字在"离婚"里读第二声，作为介词使用时多读第四声。

（4）因短句内音节的相互影响而产生声调变化。这在短语中较为普遍，如"我"在表示心疼的短语"我心唻"中读第二声；"有之讲之无之"中的"有"，可能因与句中的"无"保持同调，变读作第二声；"儿女心重"中的"女"读作去声 [ɥ⁵³]，若"玉"；"这就叫呆"中的"叫"读作阳平 [tɕiɔ⁴⁵]；"蜈蚣见不得鸡"中的"蚣"读第四声 [kəŋ⁵³]；"像一脬屎"中的"脬"读第二声 [pʰɔ⁴⁵]；"心里头空寥寥"中的两个"寥"字分别读作两个声调 [lɔ⁴⁵]、[lɔ²¹]；"大老粗"里的"老"变作第二声 [lɔ⁴⁵]。

（5）因句子意义的不同而产生相应的声调变化。在句子中的词汇读音拉长，或在不同的部位出现声调变化或重音位置变化，往往产生句子意义的变化，即使是单音句也有这种功能。如：

①啊。读 [a⁵³]（若 à），表示答应，但带有点被动应答，或傻乎乎、不明就里的色彩，亦可用 [ɔ⁵³]（ào）；读 [a⁴⁵]（á），表示不相信，或没听清楚，示意对方再说一遍；读长音 [a：] 或 [æ：]（ā 或 ā-n），表示不同意、不赞成，在推辞别人的好意、谢绝别人礼物和建议时亦常用；读 [a²¹³]（ǎ），表示未听懂、惊讶；读轻声 [a] 长音，多表示不屑、拒绝或无所谓。

②嗷。读若 [ɔ⁵³]（ào），意思是答应（心里有数地）。有时在句中做插入语，构成形式疑问句，表示不相信或"你就能这样做吗"等责备义，如：

·甲："人只要长之胖心就好。" 乙："～，可是喳？"

·"你落难时候，他对你帮助多大！张个（现在）你发之，～，就不睬人家之？"

如果读第三声 [ɔ²¹³]，表示不以为然或恍然大悟。若读 [ɔ⁴⁵]（áo），表示意想不到、讶异，如："～，小东西膀根硬之，连老子都敢撅！"

③吆嚆。该借音句如读若 [iɔ²¹xɔ²¹]（yāo-hāo），表示惊讶、惊慌；读若 [iɔ²¹³xɔ²¹]（yǎo-hāo），为慨叹，或不得不接受某种现实；读若 [iɔ²¹xɔ⁴⁵]（yāo-háo），表示愤怒、警告，意思是"你还跟我搞这一套！"偶作揶揄的前奏短句。

④<u>他会讲两句英语</u>。如"他"字长音，表达了说者的不满；"会"字重音，一般强调的是客观事实；"两句"若是平声，表示他的英语水平尚可；"两句"若为重读，其英语水平较差；重音若落在"英语"上，则可能隐含他的其他方面不怎么样。

⑤ "法""劲"在下列句子中重读：

• "不考勤、不做账，开厂不是底样搞<u>劲</u>之！"

• "我倒看看你怎样个搞<u>法</u>？"

（6）与其他字连用时变音。如下列词组中加下画线的字读音的变化：

鸡<u>蛋</u>→变成第三声 [tsʅ²¹³tæ̃⁵³]（读若"紫"）；芝<u>麻</u>→变为轻声 [mə]；冰<u>冻</u>（冰块）→因弱读而变音成 [ləŋ]（读若"弄"）；虚词"<u>又</u>"→在句中往往变声为 [iɯ²¹³] 或 [iɯ⁴⁵]（读若"有"或"油"）；<u>什么</u>→ [ʂən⁵³]（读若拼音 shòn 或"哄"）；山<u>芋</u>→弱读 [ʐu]（rù）；芜湖→读成"无误"；疑问词"<u>可有</u>"→读作"口"或"狗"；家禽<u>生</u>肠、<u>生</u>蛋→ [sən⁵³]（若"森"之去声）；南<u>边</u>→ [piɪ⁵³] 或 [pəŋ⁵³]（若"便"或"蹦"）；遇<u>到</u>→在强调语气里读成了第四声 [tɔ⁵³]（若"倒"）；<u>个</u>→在句子中一般读 [kə²¹/kə]，但在重读时读 [kʊ⁵³]（guò）；"<u>老头</u>"→两个字有时变成阳平；"<u>飞</u>机、<u>轱</u>辘、<u>手</u>机、<u>纸</u>张、<u>羽</u>纱、<u>脸</u>盆"等→在词组里变成第二声。某些单字如"溪、唆、庸、伀、危、为（介词）"等，无论是单用还是与其他字组成词组，也变成第二声，分别读作 [sʅ⁴⁵]、[sʊ⁴⁵]、[iŋ⁴⁵]、[sən⁴⁵]（sóng）、[ue⁴⁵] （wéi）、[ue⁴⁵]。

（7）因使用者年龄段不同而产生的变音。年轻人在字音上也喜欢标新立异，如对"䟭得之"（走了、跑了）一词中的"䟭"[tsʰʅ²¹]（读若"痴"），多读若[zʅ²¹]（此音在拼音中介于拼音 rī 与 chī 之间）；"输"有时读成[zu²¹]（若 rū）；"彻架"（打架）中的"彻"会因叛逆读成[tʂʰʅ⁴⁵]（若"驰"）或用"尥"。"吃"的派生、借音词词更多，不少含有粗俗成分，如：嘲、撮、酶、扫、劈、吞、榇、吃、尥、带、胀、肿、食送、拯、嗗、咪，等等。

而在年长者口中，一些字词仍保留较古老的读音。如：秘[pᴈ⁵³]（读若"篦"），腻[mᴈ⁵³]（读若"幂"），还~是[xuæ⁴⁵]（读若"环"），润[yn⁵³]（读若"韵"）。还有前述普通话里大量零声母字如"安绕奥偶硬恩昂"等，年长者还习惯于在前面加 z 声母。但这种现象正处于加速衰微的状态，因为年轻人乃至中年人都几乎不用。在"扇闪展缠算酸钻半搬卵暖"等字音的韵母选择上，合肥方言原本分别读 iĩ、ũ 或 əŋ，上年纪的人也大都习惯于此韵，而其他人特别是城里的人则基本上都按普通话用 æ（拼音作 an）了。

（8）入声变化。合肥方言里某些原本的入声字，在词句中因连读、弱读等原因而产生入声弱化现象，在词组或句子里不读作入声，变为阴平，且喉塞音消失，故标音时不标ʔ尾。这种变化一般存在于以下三种情况中（每组箭头后面的加下画线字为原本的入声字及其原标音，箭头前面为变声后的发音及标音）：

①两个入声字相连，其中一个变声，或两个都变声，尤其是在两字前面有一个去声字的情况下。如"步脚迹"中的"迹"，按标准读音为[tɕiəʔ⁵]，但因其前面已经有了一个入声字"脚"[tɕyɤʔ⁵]，最前面还有一个"步"字，故"脚"与"迹"音都弱化成轻声，整个词发音成[pu⁵³tɕyɤtɕi²¹]。还有：

不得歇 [tɤʔ⁵]→[pəʔ⁵ tɤ²¹ ɕiɤʔ⁵]，六谷（玉米）[ləʔ⁵ kuəʔ⁵]→[ləʔ²¹ kuə/lə⁵³ kuə⁴⁵]，触角（两牛相抵）[tsʰəʔ⁵ /tsʰuəʔ⁵]→[tsʰəʔ²¹/tsʰuə²¹ kɤʔ⁵]，的角

四方 [tiəʔ⁵] → [tiə²¹kɤʔ⁵sɿ⁵³fã²¹]，慢跶跶 [tɤʔ⁵] → [mæ⁵³tɤ²¹tɤʔ⁵]，百八耐烦 [pɤʔ⁵] → [pɤ²¹pɤʔ⁵lɛ⁵³fæ⁴⁵]，七七八八 [tɕʰiəʔ⁵ tɕʰiəʔ⁵ pɤʔ⁵ pɤʔ⁵] → [tɕʰiə²¹tɕʰiəʔ⁵ pɤ²¹pɤʔ⁵]，滴直滴沰 [tʂəʔ⁵, tɤʔ⁵] → [tiəʔ⁵tʂə²¹tiəʔ⁵tɤ²¹]，弯木头直木匠 [tʂəʔ⁵] → [uæ²¹məʔ⁵tʰɯ⁵³tʂə²¹məʔ⁵tɕiã⁵³]。

②入声字后跟一个阳平字。如：

入门[zəʔ⁵]→[zə²¹mən⁴⁵]，二门丕门[iəʔ⁵,pɤʔ⁵]→[iə²¹mən⁴⁵pɤ²¹mən⁴⁵]，前捆金后捆银 [kuɤʔ⁵] → [tɕʰiĩ⁴⁵kuɤʔ⁵tɕin²¹xɯ⁵³kuɤ²¹in⁴⁵]，人无土全树无九桠 [səʔ⁵] → [zən⁴⁵u⁴⁵sə²¹tɕʰyĩ⁴⁵ʂu⁵³u⁴⁵tɕiɯ²¹³ia²¹]，人误地一时地误人二年[iəʔ⁵]→[zən⁴⁵u⁵³tsɿ⁵³iə²¹ʂɿ⁴⁵tsɿ⁵³u⁵³zən⁴⁵iə²¹liĩ⁴⁵]，且图三餐夜图一宿[zəʔ⁵,iəʔ⁵]→[zə²¹tʰu⁴⁵sæ²¹³tsʰæ²¹ŋ⁵³tʰu⁴⁵iə²¹səʔ⁵/suəʔ⁵]，三句话丕离本行[pəʔ⁵]→[sæ²¹tsʮ⁵³xua⁵³pə²¹ŋ⁴⁵pən²¹³xɑ̃²¹]，撒泡尿照照 [sɤʔ⁵] → [sɤ²¹pʰɔ⁴⁵se²¹tsɔ⁵³tsɔ⁵³]，搞直踢咚（读若"董"）踢得 [tʂəʔ⁵, tʰiəʔ⁵] → [kɔ²¹³tʂə²¹tʰiə²¹təŋ⁴⁵tʰiə²¹tɤʔ⁵]。

③入声 + 上声。如：

丕得了 [pəʔ⁵, tɤʔ⁵] → [pə²¹tɤ²¹liɔ²¹³]，缺宝 [tɕʰyɤʔ⁵] → [tɕʰyɤ²¹pɔ²¹³]，缺紧（骄傲）[tɕʰyɤʔ⁵] → [tɕʰyɤ²¹tɕin²¹³]，夹袄 [tɕiəʔ⁵] → [tɕiə²¹ɔ²¹³/zɔ²¹³]，惹丕起躲得起 [pəʔ⁵, tɤʔ⁵] → [zɤ²¹pə²¹tsʰɿ²¹³tʊ²¹³tɤtsʰɿ²¹³]，生活水平高 [xuɤʔ⁵] → [sən²¹xuɤ²¹ʂue²¹³pʰin⁴⁵kɔ²¹]，三天丕打上房揭瓦 [pəʔ⁵, tɕiəʔ⁵] → [sæ²¹tʰiĩ⁴⁵pə²¹ta²¹³ʂɑ̃⁵³fã⁴⁵tɕiə²¹ua²¹³]，歪瓜裂枣周正梨 [liɤʔ⁵] → [uɛ²¹kua²¹liɤ²¹tsɔ²¹³tsɯ²¹tsən⁵³ŋ²¹³]，业已归业已 [yɤʔ⁵] → [yɤ²¹ŋ²¹³kue²¹yɤ²¹ŋ²¹³]，光急丕淌汗急死扯卵蛋 [pəʔ⁵,tɕiəʔ⁵] → [kuɑ̃²¹tɕiəʔ⁵pə²¹tʰɑ̃²¹³xæ⁵³tɕiə²¹sɿ²¹³tsʰɛ²¹³ləŋ²¹³tæ⁵³]。

少数情况下，入声字在去声字前也有变化。如：丕遇（不再交往）[pəʔ⁵] → [pə²¹ʮ⁵³]。

四、非常规音

1. 撇嘴音。

读若内吸气的"比",表示责备、不赞同、无奈等情感。其发声原理是:舌沿抵下龈成阻,双唇紧闭,然后内吸气除阻成音。

2. 羾音。

（1）啧音 [l]:非肺部气流、非声带音,舌尖与上龈内面粘连,经分离破擦而形成的、类似"咂"的咂嘴音。表示同意、惊叹、无奈等。

（2）唤畜禽的羾音:

· 唤鸡:[!!!!],为龈后羾音（非肺部气流、非声带音,舌面凹陷,舌叶抵住上内硬腭,舌面四周与硬腭黏合,形成一个小的封闭空间成阻,然后舌面前端与硬腭快速分离发声）,类似于口腔内舌面气流内爆而产生的"召、召"嘚吧声。古用"羾（zhōu）"这个词。

· 唤狗:发若"左"的啧声（发声原理同羾音"啧"）,类似舌叶与下龈面间的内爆音。

· 唤猫:[miɔː²¹³] 发若"喵"（长音）,或如发"喵"后紧接着连续发短促的内吸唇齿破擦音（类似反向发"咪"音）。

3. 其他唤畜禽的声音。

· 唤猪:[aː²¹³lɔ²¹lɔlɔ²¹lɔ],发若"啊—啰啰,啰啰……";

· 唤鸭:[aː²¹³tʂɔ²¹tʂɔtʂɔ²¹tʂɔ],发若"啊（长音）—诏诏,诏诏……";

· 唤鹅:[iː⁴⁵ʊː²¹i²¹ɯ²¹ɯ²¹],发若"意欧（长音）—衣优优……";

· 唤羊:[mɛː²¹³xɛ²¹xɛ²¹],发若"买（长音）—嗨嗨……";

· 唤牛:[ɔː⁴⁵ua²¹],连续发若"嗷（长音）—哇……"。

4. 斥退畜禽声。

· 吓狗:[ˈkɯ⁴⁵] 读若"狗!"（发短促音,伴随手势、跺脚、拿棍或下蹲取石块动作）。

· 驱赶鸡鸭和鸟类:[ˈʂl] 读若"施"（发短促音,伴随手臂前划、甩石头的手势）。

5. 劳动号子声。

发若"嗡哄、嗡哄……"，主要是挑担号子（从鼻子发音，多用于列队挑重担时）；另有"哎（长音）哟、嗨哟……"。

6. 吸气音 [sŋ˥]。

发若从齿间、下舌尖处倒吸气流的"咝"声。发长音时，表示吃惊、为难、犹豫；发短促音时，为身体肌肤受到寒冷、热烫刺激或刺痛下意识发出的声音。

卷二　基本词汇

名词

（一）关于人

1. 上辈

【上人】[ʂã⁵³zən²¹]指父母、祖父母及以上辈分。今俗可包括岳父母。

【祖宗】[tsu²¹³tsən⁵³]高祖父母。

【太太】[tʰɛ⁵³tʰɛ²¹]曾祖父母。

注：当面都喊"太太"，区别在于私底下称"男太太、女太太"。

【爹爹】[ti²¹ti²¹/ti⁴⁵]祖父。

注：祖父辈以上的称谓按其排行定，如：大太太、二太太、老太太，大爹爹、二爹爹、老爹爹等（"老"字是同辈分中年龄最小者的称谓前缀）。母亲一方的祖辈称"外爹爹""外奶奶"，亦按排行称谓。

【奶奶】[lɛ²¹lɛ²¹/lɛ⁴⁵]祖母。

【老百太】[lɔ²¹³pɤ²¹tʰɛ⁵³]老年妇女。一般为尊称。

【伯伯】[pɤ²¹pɤ²⁵]伯父。读若bē-bé。早期在城镇里指"父亲"，似模仿普通话"爸爸"的发音。

注：合肥方言对父辈的称呼，依据父辈在其兄弟中的排行。排行在生父前

的，称"伯（伯）"，如伯伯、二伯（或二伯伯）；比生父年龄小的，称"爷"，如：大爷、二爷、三爷、老爷等。一般依从同一祖父家族里所有同辈的排行来称呼，如自己的父亲在父辈男性中排行老大，也像堂兄弟姊妹一样喊"伯伯"；排行老二，称"大大"（读若dā-dá）或"二爷"；以此类推，若排行最小，称"老爷"。这种规矩，不仅严格用于对嫡堂叔、伯的称呼，也适用于同一房内的上一辈。在家风严格的地区，这种规矩甚至通行于同一家族、整个村庄乃至周边地区的同姓人群内。

【大】[ta²¹]父亲。

注：一般读轻声，且不可当面称呼，只能用作第三人称，如：你大、他大。非正式场合，亦有底层人士跟别人说话时称自己父亲为"老头"或"我家老头"，称别人父亲为"你家老头""他家老头"。

【妈爷】[ma²¹i⁴⁵]母亲。

注：对生母一般都称"妈爷"；唯有自己的生父排行最大时，可称母亲"大

大"（dà-dā）；父亲排行最小时，多称母亲为"老婶"。

【丈嬷老头】[tʂã⁵³məʔ⁵lɔ⁴⁵tʰɯ⁴⁵]岳父、丈人。

【丈嬷娘】[tʂã⁵³məʔ⁵liã⁴⁵]岳母。

【大大】[ta²¹ta⁴⁵]读若dā-dá。二伯或排行居中的父亲。

【大大】[ta⁵³ta²¹]读若dà-dā。（大）伯母。

注：家族中其他上一辈女性称谓还有：大妈爷（大伯母）、二大（二伯母）或二婶（或二嬷），以及三婶、老婶或老婶嬷等。称呼"大"还是"婶"，不取决于其年龄，而是依据自己生父在叔伯中的排行位次，"伯"妻称"大"，"叔"妻称"婶"或"嬷"。

【大姑】[ta⁵³ku²¹]大姑母。姑母亦称姑姑、姑姥、姥姥、姑妈；根据其姊妹排行分别称大姑、二姑、老姑等。

【姑爷】[ku²¹i²¹]姑父。

【大舅】[ta⁵³tɕiɯ⁵³]大舅父。舅舅辈根据其排行分别称大舅、二舅、三舅、老舅等。亦叫娘舅。相应地，舅母分别称大舅嬷、二舅嬷、三舅嬷、老舅嬷等。

【姨娘】[ʅ⁴⁵liã⁵³]姨母。如有几个姨娘，称呼也是以前缀词从"大"到"老"排列。

【娘娘】[liã²¹liã²¹]读轻声。①姨娘。②形容吃不得苦、弱不禁风的人。

【晚大】[uæ²¹³ta²¹]继父。亦称"继父老子"。继母称"晚妈"。这些称呼均不可当面喊。

2. 家族、同辈、下辈

【重山兄弟】[tʂʰəŋ⁴⁵ʂæ²¹ɕiŋ²¹tsʅ⁵³]继父母带来的兄弟。

【重重子】[tʂʰəŋ⁴⁵tʂʰəŋ⁵³tsə²¹]重孙子。

注：后面更小的辈分还有灰灰子（玄孙）、蹦蹦子（比玄孙小一辈，也叫灰直蹦）。

【大头孙子】[ta⁵³tʰɯ⁴⁵sən²¹tsə²¹]第一个孙子。

【嫡堂】[tiəʔ⁵tʰã⁴⁵]亲叔伯、亲堂兄弟姊妹及其关系。亦称嫡亲，多指嫡堂兄弟姊妹，即亲叔伯的子女。

注：昔时，在一个房分、整个村庄乃至一个同姓家族内，对同姓同辈的称呼，以自己的年龄为坐标，对年长者称

哥，对年轻者称名字。

【嫡亲】[tiəʔ⁵tɕʰin²¹]一个家族内血统最近的亲属及其关系。亦称亲房，一般指嫡堂。

【房】[fɑ⁴⁵]亦称"房分"，一般指一个家族内未出五服的分支家庭总称。

【瘝霞们】[kuæ̃⁵³ɕia⁴⁵mən⁵³]受娇惯、宠爱的孩子。亦称瘝伢子、瘝龙宝、瘝宝宝、宝贝龙、龙蛋。"瘝"俗作"惯"。

【家孙子】[tɕia²¹sən²¹tsə²¹]孙子。偶指孙女。

【家之】[tɕia²¹tʂə]①妻子。属第三人称。同义称呼：霞们妈爷、家属。②同房分的亲属。

【老巴子】[lɔ²¹³pa²¹tsə²¹]小女儿。亦称"老疙瘩""老尻丫头"。"巴"字上古指大蛇，后引申为尾巴，再引申为靠后的东西。

【老表】[lɔ²¹³piɔ²¹³]表兄弟姊妹。多指男性表亲。

注：老表分为舅老表（舅舅的子女）、姑老表（姑姑的子女）、姨老表（姨娘的子女）等。但在称呼时，喊大表哥/姐、二表哥/姐，大表弟/妹、二表弟/妹……

【老尻儿子】[lɔ²¹³xæ̃⁵³ɑ⁴⁵tsə²¹]小儿子。南部多称"老窝子"。"尻"读若"汉"。

【娘老子】[liɑ⁴⁵lɔ²¹³tsə²¹]父母。

【妹婿】[mɻ⁵³/me⁵³sʅ⁵³]妹夫。读若mì-sū，

【妹子】[mɻ⁵³tsə²¹]妹妹。读若mì-zē。

【平班】[pʰin⁴⁵pæ̃²¹]同一辈分。

【亲房】[tɕʰin²¹fɑ⁴⁵]一般指血缘关系未出五服的亲属。

【亲眷】[tɕʰin²¹tɕyĩ²¹]家族成员与亲戚。

【孙脚】[sən²¹tɕyɤʔ⁵]借音词。孙女。外孙女称"外孙脚"。"脚"似为"眷"之音变，下同。

【外侄子/女】[uɛ⁵³tʂəʔ⁵tsə²¹/ɻ²¹³]姐、妹的儿子/女儿。

【外甥脚】[uɛ⁵³sən²¹tɕyɤʔ⁵]借音词。姐妹的女儿。

【媳妇】[ɕiəʔ⁵fu⁵³]儿媳妇。

【霞们】[ɕia⁴⁵mən⁵³]借音词。"小伢子"的音变，亦称"霞子""小霞们"。特指自己的儿女，泛指一般小孩。属第三人称，多用于对话中称自己的或对方的孩子；第二人称

一般称"伢子"。该词中"们"读若
"闷"。

【霞们秧子】[ɕia⁴⁵mən⁵³iã²¹tsə]
幼儿、小孩。

【下人】[ɕia⁵³zən²¹]相对于上人
的下辈人。可自称，包括同辈及下
辈。可做集合语。旧时亦指家里的帮
佣、仆人。

【小家伙】[ɕiɔ²¹³tɕia²¹xʊ²¹]在别
人（一般是同辈以上）面前称自己的
孩子。

【小伢】[ɕiɔ²¹³ia⁴⁵]婴幼儿，或家
里最小的十岁以内的孩子。单个小
孩也可称小伢。

【小一班子】[ɕiɔ²¹³iə²¹pæ̃²¹tsə]
小一辈的人，泛指年轻人。

【兄弟】[ɕiŋ²¹tsɿ²¹]弟弟。偶指兄
长。

【伢】[ia⁴⁵]婴幼儿。或称"伢
子"，做第二、第三人称用。

【秧媳妇】[iã²¹ɕiə²⁵fu⁵³]①童养
媳。②受气、谨小慎微的角色。

【一肩挑】[iə²¹tɕĩ²¹³tʰiɔ²¹]连襟。

【一母同胞】[iə²¹mu²¹³/mən²¹³
tʰəŋ⁴⁵pʰɔ²¹]一般指同父同母的兄弟
姊妹。

【长头孙子】[tʂã²¹³tʰɯ⁴⁵sən²¹tsə²¹]
大孙子。

【丈孃丫头】[tʂã⁵³məʔ⁵ia²¹tʰɯ²¹]
女朋友、未过门的新娘。

【招亲女婿】[tʂɔ²¹tɕʰin²¹ɥ²¹³sɿ⁵³]
入赘女婿。

【正脚】[tʂən⁵³tɕyɤ⁵] 借音词。
娘家兄弟的女儿。

【弟媳妇】[tsɿ⁵³ɕiəʔ⁵fu⁵³]弟弟的
妻子。

【弟兄伙】[tsɿ⁵³ɕiŋ²¹xʊ⁵³]弟兄
们、属于弟兄的关系。连读若"纵货
（子）"。

【姊妹伙】[tsɿ²¹³m̩⁵³xʊ⁵³]读若zǐ-
mì-huò。姐妹们、属于姐妹的关系。

【妯娌伙】[tʂuəʔ⁵ŋ̩⁵³xʊ⁵³]指妯娌
及其相互的关系。

3. 人的角色、身体、特征、素质等

【耳道】[a²¹³tɔ⁵³]耳朵。

【阿猫阿狗】[a⁵³mɔ²¹a⁵³kɯ²¹³]
指普通的人或社会地位低者,有贬
义。如："张个照有钱,～都搞个车
子开之。"

【二道毛】[a⁵³tɔ²¹mɔ⁴⁵]发型的

一种。20世纪二三十年代妇女新潮发型，贴耳朵底沿一圈将长发整齐剪掉。50年代后流行于农村。

【二拇指】[a⁵³mɤʔ⁵tʂʅ²¹³]食指。"拇"读若mè。

【二青头】[a⁵³tɕʰin²¹tʰɯ⁴⁵]两分傻、五分愣、三分横的角色。近于"愣头青"。

【二五老头】[a⁵³u²¹³lɔ⁴⁵tʰɯ⁴⁵]旧指五十岁开外男子。亦称"二号老头"。该词中"老"读若"劳"。

【二小】[a⁵³ɕiɔ²¹³]随身仆人。喻指受指使、忙碌、没地位的人。

【二转子】[a⁵³tʂũ⁵³tsə]与外族混血的后代。

【粑粑头】[pa²¹pa²¹tʰɯ⁴⁵]中国妇女传统发型，将头发梳至脑后绾成发髻，用簪子穿别而成。多用纱网罩住。

【败家精】[pᴇ⁵³tɕia²¹³tɕin²¹]义如条目。旧指特别能吃或讲究穿戴、玩乐的人。

【板疙瘩】[pæ̃²¹³kɤʔ⁵tɤʔ⁵]因毒虫、毒蚊叮咬或日晒性皮炎、荨麻疹等引发，在皮肤上起的较大、连片的红色疙瘩。较痒，一般具有爆发性、临时性特点。

【板肉】[pæ̃²¹³zɯ⁵³]肌肉。

【板牙】[pæ̃²¹³ia⁴⁵]臼齿。

【帮人家养的】[pɑ̃²¹zən⁴⁵tɕia²¹iɑ̃²¹³tiəʔ⁵]旧时指女儿。

【棒枪】[pɑ̃²¹³tɕʰiɑ̃²¹]借音词。读若"绑枪"，形容十几二十岁的男孩个子高、身材挺拔的样子。

【宝贝】[pɔ²¹³pe⁵³]独立结构名词短语，熟人间使用。多用于轻贬对方言行不当；有时用于训斥别人的无能、现世。

【包打听】[pɔ²¹ta²¹³tʰin²¹]喜欢探听是非，或喜欢插入别人谈话圈并询问别人谈话话题与内容的人。

【包咾】[pɔ²¹lɔ²¹]①身上因外力击打而起的肿块，或皮肤上起的大疙瘩。②小球状或水滴状物。如：茶壶盖～。亦发声"步鲁"，如：步鲁盖（膝盖）。

【鼻梁骨】[piəʔ⁵liɑ̃⁴⁵kuəʔ⁵]鼻梁。

【鼻子】[piəʔ⁵tsə²¹]鼻涕。今"涕"乃误用。鼻涕古时为"泗"。《诗经》：涕泗滂沱。毛传：自目曰涕，自鼻曰泗。

【瘪食】[piɤʔ⁵ʂəʔ⁵]被捉弄而不

知或不敢抗争的人。源自吴语“吃瘪”，原指认㞞、服输、哑巴吃黄连。后引申指倒霉蛋。一作“鳖食”。

【病猫子】[pin^{53}mɔ^{21}ʦə]经常生病、吃药的人。同义：病恹子、病罐子。

【病歪子】[pin^{53}uᴇ^{21}ʦə]长期患病、身体孱弱的人。

【病恹子】[pin^{53}iɑ̃^{21}ʦə]成天病恹恹、离不开药罐子的人。“恹”读若“秧”。

【半路夫妻】[pəŋ^{53}lu^{53}fu^{21}ʦ^{h}ɿ^{21}]再婚的夫妻。

【半桩子】[pəŋ^{53}tʂuɑ̃^{21}ʦə]（能吃饭的）十五六岁少年。

【步鲁盖】[pu^{21}lu^{45}kᴇ^{53}]借音词。膝盖。亦称“磕勒头”“磕乞头”“乞磕头”。

【菜鸽子】[ʦ^{h}ᴇ^{53}kɤʔ^{5}ʦə]技能差的人。近于“菜鸟”。

【菜鱼精】[ʦ^{h}ᴇ^{53}ɥ^{45}ʨin^{21}]吃菜多或寡（只）吃菜的人。

【叉八嘴】[tʂ^{h}a^{213}pɤ^{21}ʦe^{213}]上下牙均向外鼓而形成的嘴形。

注：合肥方言里形容难看的嘴形的词还有翘巴嘴（因龅牙而嘴唇凸出）、噘嘴（近似“翘巴嘴”）、地包天（下门牙包住了上门牙）、瘪嘴（因牙齿内翘、缺牙、地包天等引发）等。

【柴骨人】[tʂ^{h}ᴇ^{45}ku^{53}ʐən^{45}]肉少骨凸的人。

【产后风】[tʂ^{h}æ̃^{213}xɯ^{53}fəŋ^{21}]旧指产妇因敞风（风寒侵入）而出现的病症，又称月子病。故旧俗坐月子期间十分重视防风、保温。

注：今产后风指产妇在产褥期内，肢体或关节酸楚、疼痛、麻木，与旧名不合。

【产前风】[tʂ^{h}æ̃^{213}ʨ^{h}ĩɪ^{45}fəŋ^{21}]产前子痫。

【长条子】[tʂ^{h}ɑ̃^{45}t^{h}iɔ^{45}ʦə] 身材瘦而高的人。

【朝奉】[tʂ^{h}ɔ^{45}fəŋ^{53}]旧时典当行管事人或店铺的店员。

【痴咕呆子】[tʂ^{h}ʅ^{21}ku^{213}tᴇ^{21}ʦə]呆乎乎的人。亦指一种河塘边反应迟钝、易捕捉、肉多刺少的小鱼，即沙塘鳢。

【虫牙】[tʂ^{h}əŋ^{45}ia^{45}]龋齿。

【丑鬼】[tʂ^{h}ɯ^{213}kue^{213}]①关系亲密者之间的戏称。②谑指自己喜爱的小孩。

【出气包】[tʂ^{h}uəʔ^{5}ʦ^{h}ɿ^{53}pɔ^{21}]让人

生气、丢脸的人。

【出气筒】[tʂʰuəʔ⁵tsʰŋ̍⁵³tʰəŋ²¹³]动辄被人训斥、责骂的人。

【脿货】[tʂʰuᴇ⁵³xʊ⁵³]训斥词，读若"踹货"。笨、蠢、无能、反应迟钝的人。

注：方言里形容人之特点并带后缀"货"的均为贬义词，如屄货、好吃货、懒货、不弄货等等。

【戳包医生】[tʂʰuɤʔ⁵po²¹ŋ̍²¹sən²¹]旧指无相关资质与技能，却敢给人治病并对患者造成损害（尤指造成患者死亡）的人。多指乡村游医。

【船拐子】[tʂʰũ⁴⁵kuᴇ²¹³tsə]旧指跑船的人。亦称"水和尚"。

【气色】[tsʰŋ̍⁵³sɤʔ⁵]面色。

【气汗水】[tsʰŋ̍⁵³xæ⁵³ʂue²¹³]水汽凝结后的细小水珠。

【大白舌】[ta⁵³pɤʔ⁵sɤʔ⁵]说话口齿不清的人，尤指短舌或近于结巴的人。

【大肚汉】[ta⁵³tu²¹³xæ⁵³]能吃、饭量大的男子。

【大骨架】[ta⁵³kuəʔ⁵tɕia⁵³]身材高大的人。

【大胯子】[ta⁵³kʰua²¹³tsə]大腿。

注："小胯子"指小腿。

【大姐】[ta⁵³tɕi²¹]旧时或今农村地区对中年以下女性的尊称，无论其年龄比自己大还是小。

【大老板】[ta⁵³lɔ²¹³pæ²¹³]①做大生意的人。②比较熟悉的亲戚、乡邻对众兄弟中排行老大者的称呼。此为同辈分之间的称呼，一般老大称为大老板，老二为二老板，以此类推，但排行最小的不可称为小老板或老老板。另可用于辈分较高的年少者称呼辈分较低的年长者，以避免尴尬。

【大老好】[ta⁵³lɔ²¹³xɔ²¹³]老实人，尤指性格温顺、易受欺侮的人。

【大路架】[ta⁵³lu⁵³tɕia⁵³]大大咧咧、无意表现出的架子。如："他不是看不起人，一贯是大路架子。"

【大忙人】[ta⁵³mã⁴⁵zən²¹]义如条目。偶用来戏称对方是对己方事务健忘或不关心的人。

【大奓】[ta⁵³pʰɔ²¹]喜欢吹牛、说大话的人。

【大头脑】[ta⁵³tʰɯ²¹lɔ²¹³]大官或某一行业的头面人物。

【大头宝】[ta⁵³tʰɯ⁴⁵pɔ²¹³]侏儒。

【代笔师】[tɛ⁵³piəʔ⁵sʅ²¹]旧时衙门的文书或代写书信者。

【呆不弄】[tɛ²¹pəʔ⁵ləŋ⁵³]借音词。愚蠢、啰唆、反复、低能的人。

【呆山伯】[tɛ²¹ṣæ̃²¹pɤʔ⁵]原指没见过世面的本分山民，引申指憨傻、不会交往的人。

【呆尿】[tɛ²¹səŋ⁴⁵]尿读若sóng，愚蠢、常吃亏或干傻事的人。

【呆头鹅】[tɛ²¹tʰɯ⁴⁵ʊ⁴⁵]形容呆、蠢、一根筋的人。

【呆子】[tɛ²¹tsə²¹]有精神障碍的人。亦指不够聪明或言行于自身不利者。

【呆啰】[tɛ²¹lʊ⁴⁵]借音词。呆子、傻帽。

【道行】[tɔ⁵³xən²¹]读若dào-hēng。①修行功夫。②本事。③偶指家庭背景或活动能力。

【倒散皮】[tɔ⁵³tɕʰĩ²¹pʰʅ⁴⁵]俗称"倒千皮、倒卷皮、倒刺"。手指甲根部、两侧或相邻皮肤因缺乏维生素而纵向裂开或卷起的少量角质、表皮，触之有刺痛感。

【对眼】[tɛ⁵³ĩ²¹³]斗鸡眼。

【堆度】[tɛ²¹tu²¹]个子大小。近义：块头。

【独宝】[təʔ⁵/tuəʔ⁵pɔ²¹³]后代的"独苗"。

【毒手】[təʔ⁵/ tuəʔ⁵ʂɯ²¹³]①精于某项技能。如："他玩电脑（是）～。"②专门且擅长干某事。如："他就是搞是非～。"亦可用作形容词或副词。

【斗】[tɯ²¹³]圆形胴。而"簸箕"形胴为非圆形胴纹。

【肚末脐】[tu⁵³məʔ⁵tsʰʅ⁴⁵]肚脐眼。

【额脑头】[ɐʔ⁵lɔ²¹³tʰɯ⁴⁵]前额。

【发物头子】[fɐʔ⁵uə²¹tʰɯ⁴⁵tsə]一个地方好生事、捣乱或起头惹麻烦的人。

【烦神根】[fæ̃⁴⁵ṣən⁴⁵kən²¹]作为某种烦恼根源的事物或人物。

【凡角】[fæ̃⁴⁵tɕɣɤʔ⁵]普通人。

【风痞子】[fəŋ²¹pʰʅ²¹tsə]体屑。

【朵鸡】[ka²¹³tsʅ²¹]小孩用语，指鸡肉。喻指小男孩生殖器。

【杠子头】[kã⁵³tsə²¹tʰɯ⁴⁵]好抬杠、争论的人。

【胳膊肘】[kəʔ⁵pɤʔ⁵tʂɯ²¹³]手臂肘部。亦称"胳膊拐""手结（胳）

拐"。

【胳肋窝】[kəʔ⁵lɤʔ⁵ʋ²¹]腋窝。亦称"胳肢窝"。

【根本人家】[kən²¹pən²¹³zən⁴⁵tɕia²¹]家业正、家风好的家族、家庭，旧时尤指耕读人家。

【根根袢袢】[kən²¹³kən²¹pʰæ⁵³pʰæ⁵³]植物或其果实的根须、累赘物。喻指人的复杂社会关系。

【跟屁虫】[kən²¹pʰɿ⁵³tʂʰən⁴⁵]成天跟在别人身后的人。多指黏在大人身边的小孩。偶指无原则附和他人者。

【工友】[kəŋ²¹iɯ²¹³]旧时机关、学校里从事烧锅、看门等后勤工作的聘用人员。

【狗屎】[kuɯ²¹³ʂɿ²¹³]形容下三烂的人，或最差的物品。如："托旁人买的东西，～都想要。"

【狗眼】[kuɯ²¹³ĩ²¹³]趋炎附势、媚上欺下的人及行为。

【骨头荏子】[kuəʔ⁵tʰɯ⁵³tʂʰa⁴⁵tsə]亦用"骨荏子"，意指人的身架大小。

【孤踝子】[ku²¹kuE²¹³tsɿ²¹³]脚踝。亦称"孤踝底子"。

【寡汉条】[kua²¹³xæ⁵³tʰio⁴⁵]未娶到老婆的男人。

【寡脸】[kua²¹³lĩ²¹³]拉下的、对人不友善的脸。

【拐枣】[kuE²¹³tsɔ²¹³]形容长得矮小而丑的人。同义：僵头拐脑。

【拐子】[kuE²¹³tsə²¹]人贩子。

【掴头】[kuɤʔ⁵tʰɯ⁴⁵]前凸或后凸的脑壳。分前掴、后掴。俗传"前掴金、后掴银"。

【国脸】[kuɤʔ⁵lĩ²¹³]方脸。

【光蛋】[kuã²¹tæ⁵³]单身汉。年龄较大者亦称"光棍""寡汉条"。

【害人精】[xE⁵³zən⁴⁵tɕin²¹]义如条目。"精"与"货"，一般指在某方面具有显著特点的人，多用作贬义或詈骂词。

【汉条子】[xæ⁵³tʰio⁴⁵tsə]身材。一般用于男性。也叫"个条子"。

【寒毛】[xæ⁴⁵mɔ⁴⁵]借音词。汗毛。

【寒毛管】[xæ⁴⁵mɔ⁴⁵kũ²¹³]借音词。汗毛。如："冷直我～都竖起来之！"

【好家】[xɔ²¹³tɕia²¹]亦说"好人家"，旧指家境殷实、名声好的人家。

【好哭精】[xɔ⁵³kʰuəʔ⁵tɕin²¹]义如条目。

【好吃精】[xɔ⁵³tɕʰiə˧˥tɕin²¹]贪吃的人。合肥话里，"好吃"是个贬义词，再加上"精"字，一无是处也。偶用做谑骂小孩，并无恶意。

【红（人）】[xən⁴⁵]媒人。

【红脸片】[xən⁴⁵liɛ̃²¹³pʰæ̃⁵³]红润的脸庞。

【红（月）】[xən⁴⁵yɐʔ⁵]红人。

【后脑掴】[xɯ⁵³lɔ²¹³kuɤʔ⁵]后脑壳。

【后腰】[xɯ⁵³iɔ²¹]背后的腰部。

【瘊子】[xɯ⁴⁵tsə]疣子。

【喉嗓子】[xɯ⁴⁵sã²¹³tsə²¹]咽喉部位、声音。

【花牙巴】[xua²¹ia⁴⁵pa²¹]因换牙、掉牙而呈豁牙之貌。亦称"豁牙巴"，特指正在换门牙的小孩。旧时，豁门牙的孩子常被戏称"大门下掉了"。有童谣："花牙巴，偷南瓜，一偷偷到丈人家，丈人给他一嘴巴。"

【坏屄】[xuɛ⁵³sən⁴⁵]坏种。

【黄水】[xuã⁴⁵ʂue²¹³]皮肤上创口结痂前渗出的组织液。

【滑头精】[xuɛʔ⁵tʰɯ⁴⁵tɕin²¹]非常滑头、自私的人。

【活肉】[xuɛʔ⁵ʐ̩u⁵³]人的牙龈、舌头等部位的组织。亦指动物口唇、耳朵、蹄尖等部位的肉。

【活老子（祖宗）】[xuɐ²¹lɔ²¹³tsɔ/tsu²¹³tsəŋ⁵³]戏谑称呼，用于抱怨别人（多指自己孩子）做了错事，或陷自己于尴尬境地。亦用"小老子"。

【火色】[xʊ²¹³sɤʔ⁵]面色、气色。偶称"色气"（指脸色）。

【货】[xʊ⁵³]詈骂词。货色。形容人具有某种贬义的特性：懒～、贱～、骚～、不弄～、烂尿～。

【货落子】[xʊ⁵³lɤʔ⁵tsə²¹]贬义借音词。无主见、啰唆、跟在别人后面起哄的人。

【和丈】[xʊ⁴⁵tʂã⁵³]借音词。和尚。

【和丈头】[xʊ⁴⁵tʂã⁵³tʰɯ⁴⁵]发型的一种，即光头。亦称光蛋、光和尚头、光葫芦头等。

【脊梁背】[tɕiəʔ⁵liã²¹pe⁵³]背部。

【脊梁心】[tɕiəʔ⁵liã⁵³ɕin²¹]背部中心位置，特指脊椎骨处。

【急八子】[tɕiəʔ⁵pɤʔ⁵tsə²¹]借音词。讲话结巴的人。

【急性惶】[tɕiəʔ⁵ɕin⁵³xuã⁴⁵]性急之人。

【家班子】[tɕia²¹pæ̃²¹tsə] 同宗

族、同房分的人。一般指男子。引申为同村同姓的人。

【家伙】[tɕia²¹xʊ²¹]人、东西。如："买什么～呢？"

【家伙三】[tɕia²¹xʊ²¹sæ̃²¹/tsʰæ̃²¹]借音词，亦读若"家伙参"。①家伙。指人。②工具、武器。

【诙头鸡】[tɕiɔ²¹tʰɯ⁴⁵tsʅ²¹]狡猾、难缠、耍小聪明、贪小便宜的人。

【搅屎棍】[tɕiɔ²¹³ʂʅ²¹³kuən⁵³]刺儿头，好生事、捣乱的人。同类词：搅裆毛。

【叫勒子】[tɕiɔ⁵³lɤʔ⁵tsə]喜欢不停叫闹且声音很大的人。同类词：叫蛐子、骛勒子、炸嘞子。

【叫蛐子】[tɕiɔ⁵³iɯ⁴⁵tsə]原指蛐蛐。讽指叫闹不止的人。通"叫勒子"。

【疖子】[tɕiəʔ⁵tsə]疖疮。

【肩膀头】[tɕiĩ²¹pã²¹³tʰɯ⁴⁵]肩膀。

【肩膀眼】[tɕiĩʔ⁵pã²¹³ĩ²¹³]肩髎与肩贞穴之间。泛指整个肩部。

【肩架】[tɕiĩ²¹tɕia⁵³]类同"身架"，主要指上身的骨架大小与厚实程度。亦可指家畜的肩宽，用以判断其能长多大。

【精】[tɕin²¹]特别体现或善于表现某种特质的人。如：生意～、好吃～、吵嘴～、是非～。

【精气神】[tɕin²¹tsʰʅ⁵³ʂən⁴⁵]精力。

【精豆子】[tɕin²¹tɯ⁵³tsə]机灵的人。多指小孩或年轻女子。

【贱坏子货】[tɕiĩ⁵³pʰʅ²¹tsə²¹xʊ⁵³]义如条目。

【舅舅屎】[tɕiɯ⁵³tɕiɯ²¹ʂʅ²¹³]婴儿头顶部发根处的积垢。

【脚板心】[tɕiɤʔ⁵pæ²¹³ɕin²¹]脚板中心部分。泛指整个脚掌。

【脚爪】[tɕiɤʔ⁵tsɔ²¹³]脚趾。亦称"脚爪头""脚爪子"。

【绝趣】[tɕiɤʔ⁵tsʰʅ²¹]近视眼。章太炎《新方言》：目不明也……今苏州谓短视为蔑趣眼；趣者，促也。词中"趣"读若"蛆"。

【看相】[kʰæ⁵³ɕiã⁵³]外在相貌。

【靠背】[kʰɔ⁵³pe⁵³]连襟。

【瞌睡虫】[kʰɤʔ⁵ʂue⁵³tʂʰən⁴⁵]旧指能引起人睡意的超自然物质，现多指嗜睡或睡觉时间过长的人。

【眍眼】[kʰɯ²¹ĩ²¹³]眼眶凹。

【胯裆】[kʰua⁵³tã²¹]胯下、裤裆。偶指生殖器部位。

【块头】[kʰuᴇ^{53}tʰɯ^{21}]人的身材。

【奶的们】[lᴇ^{213}tiəʔ^{5}mən^{21}]婚后女子。一称"脘脘""脘嫡们"。

【赖皮精】[lᴇ^{53}pʰʅ^{45}tɕin^{21}]好赖账、耍赖的人。

【男客】[læ̃^{45}kʰɤʔ^{5}]男性宾客。女性宾客为"女客"。

【男赞】[læ̃^{45}tsæ̃^{53}]借音词。"男子汉"的合音连读。指中青年男子。

【烂肚末脐】[læ̃^{53}tu^{213}mɤʔ^{5}tsʰʅ^{45}]肚脐发炎。

【烂脚丫】[læ̃^{53}tɕyɤʔ^{5}ia^{21}]由真菌引起的脚趾部皮肤发炎、溃烂。

【烂老好】[læ̃^{53}lɔ^{213}xɔ^{213}]无棱角、善良可欺的老好人。

【烂脓】[læ̃^{53}ləŋ^{45}]懦弱可欺、无能的人。近义词：脓包。

【烂卵子货】[læ̃^{53}ləŋ^{213}/lʊ̃^{213}tsə^{21}xʊ^{53}]低俗詈骂语。极端无用、碍事的人。常被妇女用来骂无能丈夫，或背下里骂其憎恨的（男）人。

【烂㞞】[læ̃^{53}səŋ^{45}]无能的人。通"烂脓"。

【烂嘴丫】[læ̃^{53}tse^{213}/tsue^{213}ia^{21}]一般指口角炎。

【懒虫】[læ̃^{213}tʂʰəŋ^{45}] 很懒的人。

【懒蛇】[læ̃^{213}ʂᴇ^{45}] 极懒的人。

【懒㞞】[læ̃^{213}səŋ^{45}] 很懒的人。

【孬㞞】[lɔ^{21}səŋ^{45}] 懦弱、不敢面对、不敢负责任的人。

【老鼠窝】[lɔ^{213}tʂʰuəʔ^{5}ʊ^{21}]后脑壳与颈部之间的凹处。此处"鼠"读若"出"。

【老杆子】[lɔ^{213}kæ̃^{213}tsə^{21}]旧指老烟鬼，今指上年纪、有经验的人。

【老疙瘩】[lɔ^{213}kɤʔ^{5}tə^{53}]最小的孩子，亦称"老小"。

【老寡汉】[lɔ^{213}kua^{213}xæ̃^{53}]大龄未婚男子。

【老颈把】[lɔ^{213}tɕin^{213}pa^{53}]颈子背后部位。

【老颈子】[lɔ^{213}tɕin^{213}tsə]颈子。

【老侉】[lɔ^{213}kʰua^{213}]通"侉子"。北方人、讲北方话的人。

【老人精】[lɔ^{213}zə̡n^{45}tɕin^{21}]①戏称学大人做派的小孩子。②经常麻烦别人，占小便宜而又不感激、不回馈的人。

【老人（子）】[lɔ^{213}zə̡n^{45}tsə]老年妇女。

【老实头（子）】[lɔ^{213}ʂ̡əʔ^{5}tʰɯ^{45}tsə]实诚的人。

【老头（子）】[lɔ²¹³tʰɯ⁴⁵tsə]老年男子。

【老小】[lɔ²¹³ɕia²¹³]排行最小。

【老油】[lɔ²¹³iɯ⁴⁵]皮肤、头发或衣服表面长期积累的油垢。

【老油条】[lɔ²¹³iɯ⁴⁵tʰiɔ⁴⁵]世故、懒惰、油滑，对工作等不负责、无所谓的人。偶指老到的人。

【老奘】[lɔ²¹³tʂuã²¹³]年长、资历深、有一定威望的人。近义词：老杆子。

【老几】[lɔ²¹³tsŋ²¹³]某个人、某个特定的人。近义词：家伙。

【肋脯骨】[lɤʔ⁵pɤ²¹kuəʔ⁵]人的肋骨。

【录事】[lɔʔ⁵sŋ⁵³]旧时文书。

【能豆ㄦ】[lən⁴⁵tɯ⁵³tsə²¹]戏讽词。①聪明伶俐的小孩子，尤指学大人做派的小孩。②言语上表现得很聪明的人。

【脸模子】[liã²¹³mʊ⁴⁵tsə]脸庞、长相。

【脸庞子】[liã²¹³pɤ²¹tsə] 长相。"庞"读若"百"。

【脸皮】[liã²¹³pʰŋ⁴⁵]面子，与人交往时的自觉程度。

【两把刷子】[liã²¹³/liæ²¹³pa²¹³suɤʔ⁵tsə²¹]喻指本事、能耐。

【邻家】[lin⁴⁵tɕia²¹/tɕia⁵³]邻居。

【拎灰碗子的】[lin²¹xue²¹uæ²¹³tsə²¹tiə²¹]泥瓦工，偶指建筑工地的壮工。

【黏痰】[liã⁴⁵tʰæ⁴⁵]痰。

【卵蛋】[lən²¹³/lʊ²¹³tæ⁵³]睾丸。

【卵蛋皮】[lən²¹³/lʊ²¹³tæ⁵³pʰŋ⁴⁵]睾丸的褶皱外皮。

【脓耳】[lən⁴⁵a²¹³]化脓性中耳炎。

【脓鼻子】[lən⁴⁵piəʔ⁵tsə]泛指鼻涕，特指因鼻腔内感染而产生的较浓厚鼻涕。

【乱人八参】[lən⁵³/lʊ⁵³zən⁴⁵pɤ²¹tsʰæ²¹]各色人等，众人之无序貌。亦做形容词。

【脶】[lʊ⁴⁵]圆圈形指纹。

【箩窝亲】[lʊ⁴⁵ʊ²¹tɕʰin²¹]幼时由双方父母定的娃娃亲。读若"萝卜亲"。

【女人相】[ɳ²¹³zən⁴⁵ɕiã⁵³]①做事、考虑事情、待人接物过于精细。②小气、放不开、优柔寡断。

【麻鹫】[ma⁴⁵tɕʰiɯ²¹]①麻雀。②戏指小男孩生殖器。

【麻子】[ma⁴⁵tsə]脸上有麻点的人。

【马虾】[ma²¹³ɕia²¹]比喻瘦弱之人。

【茅匠】[mɔ⁴⁵tɕiã⁵³]铺茅草屋顶者。

【毛病】[mɔ⁴⁵pin⁵³]①疾病。②不良性格、癖好。

【毛伢子】[mɔ⁴⁵ia⁴⁵tsə]幼儿。

【猫屁股】[mɔ²¹pʰʅ⁵³ku²¹]形容小孩的脏脸。

【蛮子】[mæ̃⁴⁵tsə²¹]南方人。合肥方言一般指长江以南的人。

【面门】[mĩ⁵³mən⁴⁵]脸面部分。

【面相】[mĩ⁵³ɕiã⁵³]相貌。

【木头】[məʔ⁵tʰɯ⁵³]迟钝、愚笨的人。亦说"木头楔子"。"头"读若"透"。

【闷头驴】[mən⁵³tʰɯ⁴⁵ʅ⁴⁵]不爱说话或肚子里有小九九的人。

【末爪（头）】[mɤ²¹tʂɔ²¹³tʰɯ⁴⁵]借音词。手指。

注：亦称"指末头"。拇指叫大～，二～指食指，小～指小指。

【齆鼻子】[əŋ²¹piəʔ⁵tsə²¹]不通畅的鼻子。

【窝囊废】[ʊ²¹lã²¹fe⁵³]无用的人。

【饿死鬼】[ʊ⁵³sʅ²¹³kue²¹³]形容好吃、贪吃的人。

【攀藤亲戚】[pʰæ̃²¹tʰən⁴⁵tɕʰin²¹tɕʰiə²⁵]远亲、亲戚的亲戚。

【旁人】[pʰã⁴⁵zən⁵³]别人。

【泡大汉】[pʰɔ²¹ta²¹xæ̃⁵³]身材高胖但不太结实的人。

【跑牙】[pʰɔ⁴⁵ia⁴⁵]龅牙。

【胚子】[pʰʅ²¹tsə²¹]身架、品行。一用"坯子"。"胚"读若"批"。

【皮汗】[pʰʅ⁴⁵xæ̃⁵³]疟疾。

【屁股爿子】[pʰʅ⁵³ku²¹pʰæ̃⁵³tsə]臀部的半边。

【屁股头子】[pʰʅ⁵³ku²¹tʰɯ⁴⁵tsə]①臀部。②物体的尾部。如：烟～。

【屁精】[pʰʅ⁵³tɕin²¹]①油头粉面者，多指骗子、痞子。②喜欢撒谎的小孩，也指调皮小孩。

【屁囊骨】[pʰʅ⁵³lã²¹kuəʔ⁵]尾椎骨，有时指髋骨部分。

【痞相】[pʰʅ²¹³ɕiã⁵³]①比"无赖相"稍好一点的望相与做派。②亦说"皮相""皮脸相"，指过于淘气、让大人烦神的小孩的行为与性格。

【清鼻子】[tɕʰin²¹piəʔ⁵tsə]清鼻

涕。

【穷大农】[tɕʰin⁴⁵ta⁵³lən⁴⁵]指曾被划为贫农成分的人，隐指旧时农村好吃懒做、稍带无赖相的人。

【瘸胯子】[tɕʰye⁴⁵kʰua²¹³tsə]腿有瘸疾者。亦称"瘸子"。

【拳头把子】[tɕʰyɪ⁴⁵tʰɯ⁵³pa²¹³tsə]暴力、动粗的。

【热】[zạ²¹]借音词，"人家"的合音音变，读若"人二切"。

【热闹人】[zɤʔ⁵lɔ⁵³zən⁴⁵]喜欢讲话、串门，性格外向开朗的人。偶隐约贬指话多、干扰别人、动辄搞得动静较大的人。

【人】[zən⁴⁵]①我、我们、别人、人类。如："～为你好，你还不觉得？"②大家、每个人。如："～都能理解，就你想不通！"③品貌、才能。如："讲～有～，讲钱有钱，跟他管哄经？！"

【人精】[zən⁴⁵tɕin²¹]（贬）过于精明或在某方面具有超常禀赋的人。

【人家】[zən⁴⁵tɕia⁵³]在不同场合，分别指我、我们、别人。

【人来疯】[zən⁴⁵lɛ⁴⁵fəŋ²¹]①看到有人来管或来帮忙，就开始撒泼的人。②一遇到人多的场合就兴奋、招摇现世的人。

【人任子】[zən⁴⁵zən⁵³tsə²¹]借音词。胎记。该词暂无确定对应字。一曰"人认子"。

【人种】[zən⁴⁵tʂəŋ²¹³]①通"人精"。②（讽）了不起、亏你做得出。

【肉手】[zɯ⁵³ʂɯ²¹³]胖乎乎的手。特指肉乎乎、软绵绵的手。传长着这种手的人性格好、能发财。

注：直接用形容性名词加上身体部位构成名词是合肥方言的特点，如：肉包子手（多肉的手）、面手（正在擀面或和面的手）、泥腿（沾满泥巴的腿）等。

【肉头】[zɯ⁵³tʰɯ⁴⁵]拎不清事理或容易被人敲竹杠的人。

【腮帮子】[sɛ²¹pã²¹tsə]人脸面腮部。

【三朋四友】[sæ̃²¹pʰəŋ⁴⁵sɹ⁵³iɯ²¹³]若干朋友、各类朋友。

【三把抓】[sæ̃²¹pa²¹³tʂua²¹]迅速采取一系列得力、有效措施的能力。如："他有～，干这个事中。"

【三哥】[sæ̃²¹³kʊ²¹]第二人称调侃语。用于对熟人的亲昵戏称。偶暗指对方有点韶道、有点傻帽、不轻易

/page

生气。义近于今日的"二"。

　　注："三"关联词所形容的人在合肥话中，是少受关爱、只能自己玩、时常搞出点动静的角色，如三犟子、三搅子等。俗语也有"新老大、旧老二，缝缝补补是老三"之说。

　　【嗓子眼】[sã²¹³tsə²¹ĩ²¹³]咽喉。

　　【骚疙瘩】[so²¹kɤʔ⁵tɤʔ⁵]人脸面皮肤上的脓痘，俗称"青春痘"。

　　【骚鞑子】[so²¹tɤʔ⁵tsə]①又废又脏的人（多指年轻人、小孩）。同类：骚鞑弄、猪鞑弄。②民俗中划旱船的反派角色，源于广泛流传于江淮民间的元末中秋"杀鞑子"之说。

　　【缩头乌龟】[səʔ⁵/suəʔ⁵tʰɯ⁴⁵u²¹kue²¹]遇事不敢伸头、不承担责任与后果的人。

　　【使丫头】[se²¹³ia²¹tʰɯ²¹]丫鬟、秧媳妇等在家干活的年轻女子。

　　【生相】[sən²¹ɕiã⁵³]面相。

　　【生呆子】[sən²¹tɛ²¹tsə²¹]形容极傻、极愚蠢的人。

　　【生意精】[sən²¹ŋ⁴⁵tɕin²¹]善于做生意赚钱的人。

　　【煽头精】[sæ²¹tʰɯ⁴⁵tɕin²¹]①好吹牛的人。②喜欢摆谱、难为人、看不起别人的人。

　　【上大人】[sã⁵³ta⁵³zən²¹/zən⁴⁵]（贬）喻指需悉心侍候的人。

　　【韶道精】[so⁴⁵to⁵³tɕin²¹]时刻显摆自己、刻意进行外在修饰的人。

　　【绅士】[sən²¹sʅ²¹]旧时乡绅。

　　【神经】[sən⁴⁵tɕin²¹]精神病人。可做形容词，意指"头脑不正常"。

　　【神知子】[sən⁴⁵tʂʅ²¹tsə]（多作贬义）过于聪明、能预知未来的人。原词似为"神祇子"。

　　【身板】[sən²¹pæ²¹³]（较强健的）身材和体质。

　　【身架】[sən²¹tɕia⁵³]身材与骨架大小。

　　【身胚】[sən²¹pʰʅ²¹/pʰe²¹]身材。一用"身坯"。

　　【身上】[sən²¹sã²¹]①身上装钱的地方。②讳指月经。

　　【身上肉】[sən²¹sã²¹zɯ⁵³]喻指自己的孩子。

　　【屎八肚子】[sʅ²¹³pɤʔ⁵tu²¹³tsə²¹]大而凸起的肚子。

　　【屎大赖】[sʅ²¹³ta⁵³lɛ⁵³]无能、无赖之流。偶指讹人、厚脸皮依赖别人的人。

【屎刮子头】[ʂʅ²¹³kuɤʔ⁵tsə²¹tʰɯ⁴⁵]旧时下层百姓的一种发型。即头四周不留头发，顶部及前部留发。

【屎头混子】[ʂʅ²¹³tʰɯ⁴⁵xuən⁵³tsə²¹]糊涂、烧包、势利之人。

【屎头犟】[ʂʅ²¹³tʰɯ⁴⁵tɕiɑ̃⁵³]瞎犟、不明事理且坚持己见的人。

【屎头脑】[ʂʅ²¹³ tʰɯ⁴⁵lɔ²¹³]不明智、昏庸的人。

【手板心】[ʂɯ²¹³pæ̃²¹³ɕin²¹]手掌心。亦称"手门心"。

【手胳子】[ʂɯ²¹³tɕiəʔ⁵tsə]手臂。读若"手结子"。"小手胳子"为前臂。

【手颈（把）子】[ʂɯ²¹³tɕin²¹³tsə]手腕。

【手爪子】[ʂɯ²¹³tʂɔ²¹³tsə²¹]手指。亦称"手爪头""末指头"。

【耍大把戏的】[ʂua²¹³ta⁵³pa²¹³ʂʅ⁵³tʂə]旧时巡演于城乡讨生活的马戏表演者。

【双八子】[ʂuɑ̃²¹pɤʔ⁵tse²¹]借音词。双胞胎。亦称"双子"。

【甩手掌柜】[ʂue²¹³ʂɯ²¹³tʂɑ̃²¹³kue⁵³]将事情都交给别人做的人。偶指没有责任心的人。

【水鼓胀】[ʂue²¹³ku²¹³tʂɑ̃⁵³]因肝、脾、肾等器官病变引起的腹腔积水。

【水和尚】[ʂue²¹³xʊ⁴⁵tʂɑ̃⁵³]巢湖沿岸一带对船员的谑称。

【水色】[ʂue²¹³sɤʔ⁵]肤色。多指女性的脸色。近义：气色。

【水蛇腰】[ʂue²¹³ʂE⁴⁵iɔ²¹]细而长的腰。

注：此为合肥人普遍认为的"懒腰"。先辈的俗语中，含有大量对人相貌的观察与判断，如人长着水蛇腰，懒；（长着）叉八嘴（嘴部突出），好吃；毛眼眨眨（睫毛长而密），洋货（调皮）；黄眼珠，痴；黑眼珠，神；到哪儿眼珠乱转，要么精明，要么邪恶。

【稀客】[ʂʅ²¹kʰɤ²¹]俗作"稀客"。旧时迎接不速之客的用语，意指"极少登门的贵客"。

【细汉条】[ʂʅ⁵³xæ̃⁵³tʰiɔ⁴⁵]身材细长、匀称的人。

【死鬼】[ʂʅ²¹³kue²¹³]死去的人。在旧俗里，该词与亲属称呼连用，表示去世的亲人（一般用在对下辈讲话时）。

【死相】[ʂʅ²¹³ɕiɑ̃⁵³]懒、不主动的样子。

【算盘珠】[sən⁵³/sū⁵³pʰən⁴⁵tʂu²¹]比喻没有主动精神的人，如："他像～一样，不拨不动。"近义：像牙膏一样（不挤不出来）。

【尿】[sən⁴⁵]构成贬义的后缀，指有懦弱、无能、愚蠢、懒惰等特质或有此种表现的人。如：孬～、懒～、呆～、烂～。

【尿包】[sən⁴⁵pɔ²¹]不敢维护自身权益、遇欺侮不敢抗争的人。

【尿相】[sən⁴⁵ɕiã⁵³]令人反感的表现，包括怯懦、落魄、自私、仗势、谄媚、愚昧等。

【尿筋】[sən⁴⁵tɕin²¹]肢体上遇刺激即产生极酸、极麻等不适感的穴位或经络。

【尿样】[sən⁴⁵iã⁵³]①尿包的样子。②不知所措、极端疲劳、落魄、愚蠢、败落等形象。③显摆自己，或（故意）刁难、折磨别人，易使别人产生不适、反感的形象。

【酸相】[sən²¹/sū²¹ɕiã⁵³]①说不出的酸腐相。②吝啬相、故意为难人等让人感觉不爽的样子。

【馊相】[sɯ²¹ɕiã⁵³]通"酸相"。

【台甫】[tʰE⁴⁵fu²¹]旧时询问别人名字时的礼貌用词。

注："台甫"即表字，又称字。今人已不单独用"字"，名、字混一，多不知该词义。该词仅存于乡村少数高龄者口中，多指整个姓名。

【太阳筋】[tʰE⁵³iã⁴⁵tɕin²¹]太阳穴。

【饕相】[tʰã⁴⁵ɕiã⁵³]读若"唐相"。吃东西不顾人，多吃、快吃、生怕吃不到的样子。

【讨饭叫花】[tʰɔ²¹³fæ̃⁵³tɕiɔ⁵³xua²¹]乞丐。

【讨饭相】[tʰɔ²¹³fæ̃⁵³ɕiã⁵³]吃饭时手不拿碗、不扶碗，或手托着饭碗吃饭的样子。

注：合肥地区吃饭时的其他禁忌还有，忌咀嚼食物时嘴巴发出"叭叭"声或其他嗒嘴的声音，因为这与猪吃食的声音相似；忌一手拿筷、一手端杯敬酒；忌站起来攘菜，用筷子在菜碗里乱挑拣、乱拨拉；忌用筷子敲碗、搗碗底，这个被比喻成"搗药罐"，不吉利；忌将碗反扣在饭桌上，这被认为是诅咒和责骂主人，因为服药后的碗才这样放；忌坐门槛，尤其是坐门槛背对门外吃饭，因此举"吃里爬外"，主穷、泄财。

【桃子头】[tʰɔ⁴⁵tsə²¹tʰɯ⁴⁵]小孩发型，只留发顶前段一片桃形头发。

【天王老子】[tʰĩ²¹uã⁴⁵lɔ²¹³tsə²¹]谁也不怕的主儿，最厉害的人。喻指为所欲为、无法无天的人，多指在家里被惯坏了的孩子。

【天生对头】[tʰĩ²¹sən²¹te⁵³tʰɯ²¹]义如条目。

【条干】[tʰiɔ⁴⁵kæ⁵³]原指树木的主干和大枝，喻指身材、物体的架构。《世说新语》："乃命左右悉取珊瑚树，有三尺四尺，～绝世，光彩溢目者六七枚……"

【通关手】[tʰəŋ²¹kuæ²¹ʂɯ²¹³]传说中掌纹连贯、能一掌致人伤残的厚实手掌。

【头百】[tʰɯ⁴⁵pɤʔ⁵]借音词，"头发"的音变。因古无轻唇音，声母f重读成b，故"发"读成方言音"百"，说明该词发音合肥人沿袭的是古音。

【头百棵】[tʰɯ⁴⁵pɤʔ⁵kʰʊ²¹]发根间。

【头家】[tʰɯ⁴⁵tɕia²¹]①刚才经过、看到的户家。②住在头里靠前的家庭。③娱乐游戏中最先出牌的人。

【头皮】[tʰɯ⁴⁵pʰʅ⁴⁵]头屑。

【头子】[tʰɯ⁴⁵tsə]①领头者或单位的领导。②物体的末端：烟～、指末～、扁担～。③不值钱的东西：布～、绳～。

【偷针骨】[tʰɯ²¹tʂən²¹kuəʔ⁵]脸腺炎，即麦粒肿。

【屠户】[tʰu⁴⁵u²¹]杀猪匠。读若"屠雾"。

注：这种读音系受古吴音影响，将h、f声母发成v音，如"芜湖"读若"无误"，"豆腐"读若"豆乌"。

【腿膊肚子】[tʰe²¹³pɤʔ⁵tu⁵³tsə]特指腓肠肌，泛指整个小腿。

【驼子】[tʰu⁴⁵tsə]背驼者。

注：合肥话喜用单字形容词加"子"表示一类人，如瘸子、瞎子、侉子等。

【乌龟爪子】[u²¹kue²¹tʂua²¹³tsə]形容小孩的脏手。

【乌眼鸡】[u²¹ĩ²¹³tsʅ²¹]喻指只在家里狠、擅长窝里斗的人。

【鹜嘞子】[u⁵³lɤʔ⁵tsə]话多声音大的人。

【万筋】[uæ⁵³tɕin²¹]脚后的跟腱。

【望相】[uã⁵³ɕiã⁵³]①人的外表。②事物正在或即将呈现的状态。如："天～要下雨之。"

【鹦蛋】[uã⁵³tæ²¹]（名）读若"望蛋"。①未孵化成小鸡的蛋。②谐音"忘"，喻指记性差的人。③喻指不成器、考不取学校的人。

【胃纳】[ue⁵³lɤʔ⁵]胃的受纳、消化情况。

【味道】[ue⁵³tɔ²¹]①味觉感受、气味。②（贬）人的神情、态度、做派。如："我就看不惯他那个～！"③事物的性质或趋势。如："看这～，事情恐怕要黄。"

【瘟神】[uən²¹ʂən⁴⁵]喻指精神萎靡、让人烦心的人。

【我家】[ʋ²¹³tɕia⁴⁵/tɕia⁵³/a⁵³]　我的家、我的单位。可做形容词性物主代词。

【我家大姐】[ʋ²¹³a⁴⁵/a⁵³ta²¹tɕi²¹³]姐姐。此处的"家"因弱读若"阿"。

【我家哥哥】[ʋ²¹³a⁴⁵/a⁵³kʋ²¹kʋ⁴⁵]义如条目。"哥"读若"锅"，前一个读阴平，后一个读阳平。

【我们家人】[ʋ²¹³mən⁴⁵tɕia²¹zən⁴⁵]①中国人。②（电影里）好人、自己人。

【虾蟆咕嘟】[ɕia²¹mɤ²¹ku⁴⁵tu⁵³]亦称"虾蟆气"，指腮腺炎。此处"虾蟆"指"蛤蟆"。

【下巴颏子】[ɕia⁵³pɤ²¹kʰɤʔ⁵tsə]下巴。

【下床气】[ɕia⁵³tʂʰuã⁴⁵tsʰʅ⁵³]（小孩）睡梦中刚被叫醒时的迷茫与气恼。喻指某人一开始时的无名气。

【下饭小菜】[ɕia⁵³fæ̃⁵³ɕiɔ²¹³tsʰE⁵³]①佐餐小菜。②（经常）被他人当作发泄不良情绪，或取乐、奚落、戏谑的对象。通"出气筒"。

【小八勒子】[ɕiɔ²¹³pɤʔ⁵lɤʔ⁵tsə]在某一群人或组织中地位较低的人。同义：小啰啰、小喽啰、小卒子。

【小肠气】[ɕiɔ²¹³tʂʰã⁴⁵tsʰʅ⁵³]疝气。

注：旧时土法治小肠气，一般采取将盐炒热，放入布囊热敷的方法。

【小大姐】[ɕiɔ²¹³ta⁵³tɕi²¹³]十三四岁至二十岁的未婚女子。有时做亲昵称呼或戏谑称呼，如：①知道了，～哎！（意思是用不着你再讲了）②这小丫头能格格的像～一样。

【小大人】[ɕiɔ²¹³ta⁵³zən⁴⁵]①能帮大人干点事情的小孩。②戏称学大人做派的小孩。

【小公鸡头】[ɕiɔ²¹³kəŋ²¹tsʅ²¹tʰɯ⁴⁵]十来岁的半大男孩，尤指活泼好动不听话的男孩。

【小肚子】[ɕiɔ²¹³tu⁵³tsə]下腹。

【小工】[ɕiɔ²¹³kəŋ²¹]工地上打下手活的劳力。

【小汉仗】[ɕiɔ²¹³xæ̃⁵³tsã̃⁵³]二十岁左右的男青年。"汉仗"原指体貌雄伟，梁章钜《退庵随笔》："选将之法，与选士不同，智勇固在所先，而～亦须兼顾。"

【小尕瘩子】[ɕiɔ²¹³mɤʔ⁵tɤʔ⁵tsə]借音词。小小孩，一般指二至五岁的小男孩。偶指某组织内地位最低的人。

【小年轻】[ɕiɔ²¹³liĩ⁴⁵tɕʰin²¹]通"小青年"，但有时含贬义。

【小痞子】[ɕiɔ²¹³pʰi²¹³tsə²¹]欺压老百姓的流氓、地痞。

【小屁精】[ɕiɔ²¹³pʰi⁵³tɕin²¹]①调皮的小孩子。②流氓、痞子。

【小厮】[ɕiɔ²¹³sɿ⁵³]读若"小四"。小男孩，尤指儿子。《西厢记》："一个～儿，唤作欢郎。"关汉卿《绯衣梦》："俺两家指腹成亲。后来我家生了个女儿……他家得了个～。"

【小尿】[ɕiɔ²¹³se²¹]人尿。

【小月子】[ɕiɔ²¹³yɐʔ⁵tsə]流产。

【小卒子】[ɕiɔ²¹³tsəʔ⁵/tsuɒʔ⁵tsə²¹]小兵、在组织里职位最低的人。

【小贼】[ɕiɔ²¹³ tse⁴⁵]小偷。

【劁猪匠】[ɕiɔ²¹tʂu²¹tɕiã⁵³]旧时阉割公猪的人，一般由老到的杀猪匠担任。

【瞎眼子】[ɕiɤ̃ʔ⁵ĩ²¹³tsə]不注意观察周围的人。如："真是个～，这大一个东西在脚边上都看不见！"

【现世包】[ɕiĩ⁵³sɿ⁵³pɔ²¹]低能、丢人现眼的人。通"宝贝、活宝"。

【心】[ɕin²¹]①心脏。②自家的孩子。通"心肝宝贝"。

【心口】[ɕin²¹kʰɯ²¹³]胸口。亦称"胸门口"。

【心口窝】[ɕin²¹kʰɯ²¹³ʊ²¹]胸口低凹处。亦称"胸门口"。

【心门口】[ɕin²¹mɤʔ⁵kʰɯ²¹³]胸口。

【性子】[ɕin⁵³tsə]①性格、脾气。②某种条件下的生命力。如："泥鳅～长，搁篮子里头两天都不得死。"

【梀】[ɕyĩ²¹³]读若"选"，指戳在肢体或指甲缝里的小刺，如：篾～。《集韵》："所庆切，刺也。"

【血色】[ɕyɤ²¹sɤʔ⁵]人脸或嘴唇的红润程度。

【仙家】[ɕyĩ²¹tɕia²¹]仙人。

【旋】[ɕyĩ⁵³]借音词。头发的旋涡状排列，俗称"发旋"。

【旋鸡的】[ɕyĩ⁵³tʂʅ²¹tʂə]旧指走村串巷，挎内装锋利小刀、针钩、线、小药水的挎包，为人阉割公鸡，现场收取旋鸡费（20世纪70年代一般每只鸡一毛）的人。

【丫头】[ia²¹tʰɯ²¹]女儿、小女孩。

【牙花子】[ia⁴⁵xua²¹tsə]牙龈。

【样子】[iã⁵³tsə²¹]①应有的行事风貌、规则。②相貌。

【腰子】[iɔ²¹tsə]肾脏。

【鸭蛋脸】[iɤʔ⁵tæ̃⁵³lĩ²¹³]亦称"鹅蛋脸"，即长而饱满的脸蛋，在合肥地区被认为是最理想的脸形。

【噎食病】[iɤʔ⁵ʂəʔ⁵pin⁵³]食道癌。

【一大家人】[iəʔ⁵ta⁵³tɕia²¹zən⁴⁵]全家，除特定对象外的全体人员。

【一世上人】[iəʔ⁵ʂʅ⁵³ʂã²¹zən⁴⁵]所有的人。

注：该词语气色彩较强。范围、程度上递减的同类词包括一县人、一村人、一集上人、一楼上人等，如："～都不好，就你好？"

【衣子】[ʅ²¹tsə]胎盘，亦称"衣胞"。

【翳子】[ʅ⁵³tsə]老人眼角长出的会逐渐遮住眼球的胬肉或膜状增生物。

【夜渴】[ʅ⁵³kʰɤʔ⁵]夜里口干的状况。

【夜咳】[ʅ⁵³kʰɤʔ⁵]夜里的咳嗽。

【夜尿】[ʅ⁵³se²¹]夜里排尿行为。

【夜游神】[ʅ⁵³iɯ⁴⁵ʂən⁴⁵]好晚上活动、很晚不归家的人。又名"夜猫子"。

【眼白子】[ĩ²¹³pɤʔ⁵tsə]眼珠白色部分。

【眼蛋皮】[ĩ²¹³tæ̃⁵³pʰʅ⁴⁵]眼睑。

【眼蛋毛】[ĩ²¹³tæ̃⁵³mɔ⁴⁵]睫毛。

【眼拐子】[ĩ²¹³kuɛ²¹³tsə]眼角。

【眼果子】[ĩ²¹³ku²¹³tsə]眼珠。

【眼皮】[ĩ²¹³pʰʅ⁴⁵]①亦称"眼蛋皮"。②喻指人的见识。如：～浅。

【眼涕】[ĩ²¹³tsʅ⁵³]读若"眼自"，眼泪。亦用"眼水"。这也是合肥话所存古音。《诗·卫风·氓》："不见复关，泣涕涟涟。"

【眼底】[ĩ²¹³tsʅ²¹³]眼球与眼睑的缝隙处，有时亦指眼球表面。

【厌角】[ĩ⁵³tɕyɤʔ⁵]烦人、让人生厌的人。

【游魂】[iɯ⁴⁵xuən⁴⁵]不干事、不

知道干什么事的人。

【晕头鸡】[yn²¹tʰɯ⁴⁵tsʅ²¹]晕晕乎乎、干事磨蹭、不在状态的人。

【脏猪】[tsã²¹tʂu²¹]形容肮脏、不爱清洁的人。

【枣核子脸】[tsɔ²¹³xuɤʔ⁵tsə²¹liã²¹³]头尖、下颌尖、中间颧骨高的脸形，为本地区恶之。此处"核"读若"豁"。

【炸嘞子】[tʂa⁵³lɤʔ⁵tsə]话多声音大的人。

【炸泡子的】[tʂa⁵³pɔ⁵³tsə²¹tɤ]旧时行走乡下炸爆米花者。

注：炸泡子者虽面目油黑、"炮"声骇人，却颇受乡村孩童与贫困农妇欢迎。再穷的人家也能匀出半升白米、几捧蚕豆，摸出两角毛票。然后就在人群中耐心排队，急切地守着风箱边炭炉上那转动的黑亮铁炉筒。"砰"的一声巨响后，两手捂住双耳的孩子回过神来，旋即奔向炉尾的长条布笼。弥漫在一阵浓烈白雾烟气中的，是扑鼻的香味。一点点加工费竟使得惯见的谷物绽放异彩，体积更是膨胀了许多倍，可以装满口袋，大口咀嚼。这正是昔时农村母亲能给予孩子的最廉价易得却又珍贵的零食。

【蜘蛛疮】[tʂᴇ²¹tʂu⁴⁵tʂʰuã²¹]带状疱疹。亦称"蛇缠疮""蛇胡疮"。一般发于身体单侧。旧传如疱痘发展到连成环，患者即有生命危险。

【正相】[tʂən⁵³ɕiã⁵³]①端正的相貌。与"邪相"反义。②正面、尊重人的表情。通"正眼"。

【正眼】[tʂən⁵³iã²¹³]正面、直视、对人尊重的表情。

【直眼子】[tʂəʔ⁵iã²¹³tsə]眼光不锐利、常忽视周边情况的人。

【指撅】[tʂʅ²¹tɕyɤʔ⁵]指甲。借音词，亦称"指甲盖"。

【指甲篷】[tʂʅ²¹tɕyɤʔ⁵pʰəŋ⁴⁵]指甲盖。

【指末头】[tʂʅ²¹³mɤʔ⁵tʰɯ⁴⁵]手指。亦称"末爪头"。

【知己】[tʂʅ²¹tsʅ²¹³]好友、知心朋友。

【知心人】[tʂʅ²¹/tʂʅ²¹³ɕin²¹zən²¹]知心朋友。

【中人】[tʂəŋ²¹zən²¹]媒介、见证人、保证人。

【肿毒】[tʂəŋ²¹³tə ʔ⁵/tuə ʔ⁵]皮肤上所生疖、疮、痈疽之类。

【肿眼泡】[tʂəŋ²¹³iã²¹³pʰɔ²¹]眼珠外凸，尤指上眼睑厚重的人。偶指睡眠不足、眼圈明显的样子。

【主劳力】[tʂu²¹³lɔ⁴⁵liəʔ⁵]创造家庭主要收入的人。

【猪大肠】[tʂu²¹ta⁵³tʂʰɑ̃⁴⁵]不求上进、不知羞耻、闻过从不改正的人。

【猪大癞】[tʂu²¹ta⁵³lɛ⁵³]不讲究、不讲理、邋遢、具有泼皮无赖性格的人。亦做形容词。

【猪拱嘴】[tʂu²¹kəŋ²¹³tse²¹³/tsue²¹³]嘴形外凸的人。

【猪头疯】[tʂu²¹tʰɯ⁴⁵fəŋ²¹]①情绪发作起来非常暴烈、不计后果的人。②癫痫病。

【猪头三】[tʂu²¹tʰɯ⁴⁵sæ̃²¹]不讲理、蛮横、不计后果的粗鲁之徒。比猪大癞稍好，但仍时常犯猪头疯的人。

【件头】[tsʅ⁵³tʰɯ²¹]读若"自头"，原指物件的大小。《儿女英雄传》："一个人儿不行，你瞧不得那～小，分量够一百多斤呢！"后引申指人的身架大小。如："人长得还清秀，就是～太小。"

【鸡嗉眼】[tsʅ²¹su⁵³ĩ²¹³]近视眼。
注：旧传人近视与看鸡生蛋有关。由于盼蛋心切，人在母鸡下蛋时，守在鸡屁股旁，久盯其泄殖腔而引发近视。故老人常告诫小孩：鸡生蛋时不要瞅，不然瞅成鸡嗉眼。因忌称"鸡屁眼"，改叫"鸡嗉眼"。别称：觑八眼、疤八眼、四只眼、绝趣、瞎子。

【自家】[tsʅ⁵³tɕia²¹]自己。

【自仅】[tsʅ⁵³tɕin²¹³]借音词。"自己"的方言音变。

【子嗣】[tsʅ²¹³ɕi⁴⁵]读若"子息"。

【人情往费】[zən⁴⁵tɕʰin⁴⁵uɑ̃²¹³fe⁵³]人情及社会交往花费。

【底下人】[tsʅ⁵³ɕiɣʔ⁵zən²¹]旧指仆人，今指手下人。

【嘴白子】[tse²¹³pɣʔ⁵tsə²¹]借音词。口才。

【嘴门沿子】[tse²¹³/tsue²¹³mən⁴⁵ĩ⁴⁵tsə²¹]嘴唇内沿。

【嘴裙】[tse²¹³/tsue²¹³tɕʰyn⁴⁵]借音词。嘴唇。

【嘴丫子】[tse²¹³/tsue²¹³ia²¹tsə²¹]口角部位。

【宗家】[tsəŋ²¹tɕia²¹]本家。

【左国爪】[tsu²¹³kuɣʔ⁵tʂɔ²¹³]左撇子。

（二） 天象、时间节气、方位、居所

【二旁边】[ɑ⁵³pʰɑ̃⁴⁵pĩ⁵³]两旁。

【二边二】[ɑ⁵³pĩ²¹/pəŋ²¹ɑ⁵³]两旁、两侧。

【二面二】[ɑ⁵³mĩ⁵³ɑ⁵³]两侧、两面。

【二四八月】[ɑ⁵³sʅ⁵³pɤ²¹yɤʔ⁵]农历月份，指青黄不接时期。

【二八月天】[ɑ⁵³pɤ²¹yɤʔ⁵tʰĩ²¹]一年中气温变化幅度较大的时段。谚云：～，乱穿衣。

【坳】[ɔ²¹/iɔ²¹]借音词。"这里、那里"的音变后缀。通"毫""毫子"，"坳"应为前两者的弱化音变。

【八百辈】[pɤ²¹pɤʔ⁵pe⁵³]很长的时间。多用于抱怨、讽刺语气。如："照这样搞，我们～子也发不了财。"

【八百年】[pɤ²¹pɤ²¹/pɤʔ⁵lĩ²¹]形容很长的时间。亦多用于抱怨、讽刺语气。

【八百里】[pɤ²¹pɤ²¹/pɤʔ⁵ʅ²¹³]形容很远的距离。

【八月节】[pɤ²¹yɤ²¹tɕiə ʔ⁵]中秋节。又称"团圆节"。

> 注：节日这天，作兴吃月饼、鸭子、石榴、板栗等，夜晚赏月、"摸秋"。合肥人是日吃鸭子，源于"八月十五杀鞑子"的传说。

【背道地方】[pe⁵³tɔ²¹tsʅ⁵³fɑ²¹]看不到、不常走到的地点。一作"僻道地方"。

【背阴】[pe⁵³in²¹]晒不到阳光的地点。

【边坊四转】[pĩ²¹fɑ̃²¹³sʅ⁵³tʂũ⁵³]四周、街坊、临近的村庄。

【边上】[pĩ²¹ʂɑ̃²¹]接近某个时间点。如：年关～。

【冰冻】[pin²¹ləŋ²¹]读若"冰弄"。冰、冰块。

【冰冻挂子】[pin²¹ləŋ²¹kua⁵³tsə]寒冬雪后悬挂于屋檐下的冰凌，状如石钟乳。

【嘣】[pəŋ²¹]借音词，读若bōng，意"边"：这（dì）～、那（nài）～、里～、东～、南～、左～、右～等。

但"旁边""前/后边"的"边"却读普通话，或读第四声若"变"。

【半天】[pəŋ⁵³tʰĩ²¹]较长时间、超过正常的时段。如："到厕所～都不出来。"

【半中间】[pəŋ⁵³tʂəŋ²¹³tɕĩ²¹/tɕʰĩ²¹]一半位置。"中间"有时读若"中牵"。

【半中腰】[pəŋ⁵³tʂəŋ²¹³iɔ²¹]中间位置、山腰。

【财神庙】[tsʰɛ⁴⁵ʂən⁴⁵miɔ⁵³]与土地庙一样，是昔时农村常见的中国本土神庙。庙内供奉关公神像。

【擦黑】[tsʰɤʔ⁵xəʔ⁵]傍晚，天要黑未黑的时段。

【草堆】[tsʰɔ²¹³te²¹]旧时于露天将烧煮燃料或牲口饲料密实垛码成的长方体草料堆。

注：草堆长、宽、高的比例大致为2:1:1.5，顶部渐窄、无顶盖。高度在一丈五以上的称"大草堆"，能容纳三千个（捆）草以上，每个约十斤，一般为穰草堆，多做耕牛饲料；高度一丈以下的叫"小草堆"，能堆两百个左右的草，基本上是各家的柴火堆。码放草料称"堆草堆"

【场（子）】[tʂʰã²¹³tsə]①地方。如："他家那～养羊多。"②空间、面积。如："住新屋称朗吧？～这样大！"③亦可指小的空间。如："床上～那样大，你非要往我这毫子挤！"

【场地（上）】[tʂʰã⁴⁵tsʅ⁵³]打/晒谷场。集体的打谷场叫"大场地"。此处"场"读若第二声cháng。

【柴火堆】[tʂʰɛ⁴⁵xu⁵³te²¹]（临时）堆放柴火的地方，一般在灶间或屋旁，有顶盖防雨。

【冲】[tʂʰəŋ²¹]田野低洼处。

【出场】[tʂʰuəʔ⁵tʂʰã²¹]门前开阔地。

【窗樘】[tʂʰuã²¹tʰã⁴⁵]窗框。偶指整个窗子。

【床肚（底下）】[tʂʰuã⁴⁵tɯ⁵³tsʅ²¹³ɕiɤʔ⁵]床下的空间。

注：合肥方言里的"肚"与家具连用，表示在其下方构件上或其下方的空间。如：桌～（底下）、柜桌～（底下）。

【床头进】[tʂʰuã⁴⁵tʰɯ⁴⁵tɕin⁵³]床头及其周围位置。

【春上】[tʂʰuən²¹ʂã²¹]春天里。

【起初】[tsʰʅ²¹³tsʰʊ²¹]一开始。

【大后天】[ta⁵³xɯ⁵³tʰĩ²¹]后天的第二天。亦名"外后天"。

【大门】[ta⁵³mən⁴⁵]旧时的双扇厚实木制门，为民居建筑中最重要的构件之一。

注：旧时大门由厚板拼接，两外侧边缘上下超出部分制成圆柱状门轴，上投于门楣木框，下置于石制门槛两侧里端的石窝内。门外侧有门钉钉以供上锁，内侧装一至两道门栓。

【大清早】[ta⁵³tɕʰin²¹tsɔ²¹³/tsã²¹³]亦说"清早上"，指清晨。

【大天斯亮】[ta⁵³tʰĩ²¹sʅ²¹³liã⁵³]借音词。天完全变亮的时分。亦可作形容词用，表示天已大亮、时候不早之意。

【当中央】[tã²¹tʂəŋ⁴⁵iã²¹]正中间。近义：腰中间。

【凼】[tã⁵³]小坑、小水洼。同义：窠凼。

【垱】[tã⁵³]小土坝。

【搭步子】[tɤʔ⁵pu⁵³tsə]台阶。也称"踏步子"。

【对过】[te⁵³kʊ⁵³]①对面。②打牌的搭档。

【对直】[te⁵³tʂəʔ⁵]照直的方向。

【这坳（子）】[ti⁵³ɔ²¹/iɔ²¹tsə]借音词。读若dì-āo或dì-yāo。这里。

【这边】[ti⁵³pən²¹]读若"第嘣"。

【这场子】[ti⁵³tʂʰã²¹³tsə²¹]这里、这一带、这一块地方。

【这发】[ti⁵³fɛʔ⁵]这次。

【这拐（子）】[ti⁵³kuɛ²¹tsə²¹]这里。通：这块子、这地块、这格子。

【这毫】[ti⁵³xɔ²¹/iɔ²¹]借音词。①通：这坳。②这一点。如："就～东西啊？"近义：这些、这一毫毫、这一点点。

【这毫子】[ti⁵³xɔ²¹/iɔ²¹tsə]通：这毫。

【这块（子）】[ti⁵³kʰuɛ⁵³tsə]这里。

【这盼】[ti⁵³pʰæ²¹/fæ²¹]借音词。这阵子。亦叫"这番"。

【这一发子】[ti⁵³iɔʔ⁵fɛʔ⁵tsə]这一段时间；近义：这一阵子。

【吊炉子】[tiɔ⁵³lu⁴⁵tsə]旧时对称嵌于锅台灶面上、利用灶膛内辐射余热来加热的水罐。

注：吊炉一般为两只，偶有装4只的。位置在饭锅与炒菜锅之间、靠烟道边。多为铁铸，径约四寸，圆柱体，底呈半球形，装水两升余。利用烟气加热，产

生温水供洗脚、洗脸。也称"吊罐子"。

【东边泛白】[təŋ²¹piĩ²¹/pəŋ²¹fæ̃⁵³pɣʔ⁵] 天快亮的时分。

【冬月】[təŋ²¹yɣʔ⁵]农历十一月。

【冬至】[təŋ²¹tʂɣ⁵³]日短之至、阳气始生日，亦称"冬至节"。

注：昔冬至日作兴食用以久贮老南瓜焐熟加面制作的南瓜糊。亦举行祭祖活动。民间常于此日将"浮厝"安葬，或"拣瘗"（将朽棺中的骨骸拣出，装于瓦罐或坛子深埋）、迁坟。自该日起，开始"数九"。有谚：吃了冬至面，一天长一线。

【多晌（子）】[tu²¹ṣã²¹³/tʂã²¹³tsə] 什么时候。也说"多涨（子）"。

【房】[fã⁴⁵]卧室。

【坟禁】[fe⁴⁵tɕin⁵³] 读若"肥禁"。坟墓。源自"坟禁"习俗，即"坟茔禁步"之简称，也称"禁步"，原指坟墓占地面积的大小。一说为"坟茔"的音变。

【分龙日】[fən²¹ləŋ⁴⁵zəʔ⁵]指农历五月二十。旧传是日无雨则主旱。

【粪堆】[fən⁵³te²¹]农村堆填生活垃圾的地方。

注：粪堆之形成，先是在地上挖一个径三到六尺的浅坑，然后日积月累地填纳各种垃圾，主要是扫地产生的尘土和烧煮产生的草灰，以及少量的腐烂树叶、鱼刺、杂骨等。入冬，堆渐高，常用从塘底挖出的淤泥涂盖其上，使之生热发酵、增强肥效。最后作为"农家肥"撒在田间。从整个生产、生活的链条看，昔时农村是自成体系的生态系统，不施化肥、不用农药，经年累月不制造任何垃圾，所有的"垃圾"都是有用的——人不吃的给畜生吃；人粪和畜肥是高级肥料；秸秆、枯枝、荒草用作燃料，烧后产生草木灰——都积累起来做农家肥料循环利用。而农家肥正是连接起这一良性生态链条的重要环节。

【封门条】[fəŋ²¹mən⁴⁵tʰio⁴⁵]于除夕夜呈交叉状贴在大门门缝处的红纸条。传可锁住一年的财气。

【改天】[kɛ²¹³tʰĩ²¹]近期的某一天。

【高头】[ko²¹tʰɯ²¹/tɯ²¹]物体表面上、上面或上级。亦用"上头"。

注：该词似源于科举考卷，八股文卷上端的空白部分称"高头"。以"头"表示的位置还有：里头、外头、前头、后头。

【跟前】[kən²¹tɕʰĩ²¹]①身边，附近。②临近的时间。

【工夫】[kən²¹fu²¹]一小段时间。

【古历】[ku²¹³liɔʔ⁵]农历。相对词：阳历。

【拐（子）】[kuɛ²¹³tsə]①"块"的音变后缀，与"这""那"等连用，表示这里、那里等。②紧贴着某物体的角落：墙～、门～。

【拐拐角角】[kuɛ²¹³kuɛ⁵³kɤ²¹kɤʔ⁵]角落、每一处角落。"角角"读若"各各"。亦作"拐拐旮旮""拐拐旯旯"。

【拐子里头】[kuɛ²¹³tsə²¹ŋ²¹³tɯ²¹/tʰɯ²¹]角落里面。

【锅洞】[ku²¹təŋ⁵³]旧时锅灶的灶膛。

【锅间】[ku²¹ĩ²¹] [tsɔ⁵³ĩ²¹]厨房。读若"锅烟"。亦称"灶间"。

【锅门口】[ku²¹mə²¹kʰɯ²¹³]厨房靠近锅灶的部位。读若"锅末口"。

【锅台】[ku²¹tʰɛ⁴⁵]灶面上放碗碟的平整部分。

【锅灶】[ku²¹tsɔ⁵³]进行烧煮的灶体。泛指整个厨房。特指灶膛。

【过天】[ku⁵³tʰĩ²¹]将来或另选的某一天。一作"改天"。

【过往】[ku⁵³uɑ̃²¹³]过去。

【毫子】[xɔ²¹/ɔ²¹/iɔ²¹tsə] 亦可变读为"坳（āo）子""坳"或"腰（子）"，特指一个地点。如：这～、那～。

【号个】[xɔ⁵³kə] 借音词。后天。偶读若单字"号"。

【黑月头】[xəʔ⁵yɐʔ⁵tʰɯ⁴⁵]没有月亮的几天夜晚，或晚上不见月光的时段。与其相对应的称"亮天"或"亮月头"。

【黑云】[xəʔ⁵yn⁴⁵]乌云。

【哄场子】[xəŋ⁵³tʂʰɑ̃²¹³tsə]什么地方、哪里。"哄"是疑问词，乃"哄么（什么）"的音变弱读，指"什么、哪里的"。如：～地方、～东子（东西）、～人、～玩意儿。"哄"亦可用"什（shén）"代。

【阃阆】[xəŋ⁵³lɑ̃²¹] 读若"哄浪""空朗"。指中空无物的空间，或物体的空虚之处、建筑物内外的空廊部分，如：鞋～（鞋筒里面）、门～（门与墙的夹角处）、人～（人群里及其空隙）等。

注：除表示空间外，亦引申指时间上的间隙，如：雨～（雨中、下雨的间

隙）等。合肥方言表示空洞的词还有"空阆""崆峒""濂囊"等，这些词发音有些相似，应是同源词。

【后脚】[xɯ⁵³tɕyɤʔ⁵]随后的时间、举动。

【后了】[xɯ⁵³liɔ²¹³]后来、最后（的结果）。

【后手】[xɯ⁵³ʂɯ²¹³]①第二次的行动。②预备的措施。

【户家】[xu⁵³tɕia²¹]指一户人家或其房宅。"户"的本义是一扇门。有时指整个村落。

【户档】[xu⁵³tã²¹]通"户家"。

【横头】[xõ⁴⁵tʰɯ⁴⁵]长形地块、房屋或物体的两端位置，或与说话者成直角的一边。

【集（场）上】[tɕiəʔ⁵tʂʰɑ²¹³ʂɑ̃⁵³]农村赶集目的地或菜市场。为昔时农民集中售卖农产品、野外所获，购幼畜、禽苗、农具和生活必需品的地方。

【集体】[tɕiəʔ⁵tsʰŋ²¹³]旧指人民公社期间的大队、生产队。今义模糊，一般指行政村，偶指村民小组。

【家】[tɕia²¹]构词词缀。在构成村庄名称时，做中缀用，如：阚家

集、王家坝。在称呼较少人口组成的小村庄时，作后缀用，如：胡～、李～。读若"集"。

【家门口】[tɕia²¹mən⁴⁵kʰɯ²¹³]家乡、附近。

【家鱼塘】[tɕia²¹ʯ⁴⁵tʰã⁴⁵]旧时为村里洗菜、淘米用的当家塘。现多指被承包的养鱼塘。

【加工厂】[tɕia²¹kəŋ²¹tʂʰã²¹]大集体时用机器碾制稻米、麦面和磨碎草饲料的作坊。

【将才】[tɕiã²¹tsʰE⁴⁵]刚才。

【阶（个）】[tɕiE²¹kə]今天，为"今"的音变。

【街上】[tɕiE²¹ʂã]在农村指集市，在城镇指市镇的中心商业街区。

【街沿】[tɕiE²¹ĩ⁴⁵]沿街的房屋及其屋檐下的道路。

【进深】[tɕin⁵³ʂən²¹]房屋的宽度或院墙与房屋的垂向距离。

【井缸】[tɕin²¹³kã²¹]旧时装井水的大缸。多圆口、深腹，缸面为黄釉或青釉。

注：一般家庭用"两担缸"（容纳两担水，约200斤）或"三担缸"，偶有容8担水的大缸。

【井台】[tɕin²¹³tʰɛ⁴⁵]石制的井口。多为四尺见方、高约半尺的整块青石凿制，其上仅够一至两人站立打水或放置两桶井水。

【井坛】[tɕin²¹³tʰæ⁴⁵]井台四周以石块嵌砌铺就的圆形地块，一般高出地面数寸，供人打井水洗涤用。

【脚前脚后】[tɕyɤʔ⁵tɕʰĩ⁴⁵tɕyɤʔ⁵xɯ⁵³]前后相差不多的时间。

【开春】[kʰɛ²¹³tʂʰuən²¹]一年中春天的起始时段。

【开间】[kʰɛ²¹tɕĩ²¹]屋的宽度，一般相当于一根檩条的长度。

【开年】[kʰɛ²¹liĩ²¹]一年中的起始时段。多在年底说，指明年一开始。

【阚家集】[kʰæ⁵³tɕia²¹tɕiəʔ⁵]"阚集"旧称。为作者故乡。

注：此为傍山秀美之地，处合肥东乡，北接包公故里，西临石塘桥，南望四顶山，东隔北山口与巢湖清涧相邻，是古合肥县至巢县、南京的中部通道。其东方山脚下为十里北山口古道，曾由长条青石板铺就，昔时两旁古树参天、山泉潺潺、亭榭相望。古道边有伏义山，俗称"庙山"，山顶曾有寺庙，传毁于太平

军手。有尖山，山腰有"仙人洞"；山脚有黑洼、伏义两水库。古道南山顶危耸着宛如天来的"棋盘石"——由数根丈余高大石柱撑起的一块长宽约两丈的巨型石板，成石桌状，传为南、北斗星君对弈所遗。山口靠巢县北峰建有尼姑庵，今已不存。东北部有虎山，又称"太子山"，传曹植曾由八斗岭经此山南下。阚集南临浮槎山，古为佛教名山，称"北九华"。曾有一船型巨石孑立，轻触即晃，若泛舟仙境，曰"浮槎"。北宋欧阳修在《浮槎山水记》中写道："夫穷天下之物，无不得其欲者……至于荫长松，藉丰草，听山流之潺湲，饮泉石之滴沥，此山林者之乐也。"

【坎子】[kʰæ²¹³tsə]凸起的坡。

【寋凼】[kʰəʔ⁵tɑ̃⁵³]路面小坑、地面坑凹处。亦用"寋窨"。

注：同类词有：洼/凹凼（小水坑）、窝/凹窨（更小的圆形坑）、汪寋窨（汪着水的小坑）、坳窨。

【空】[kʰəŋ⁵³]时间、空闲。

【空阆】[kʰəŋ⁵³lɑ̃²¹]空间，时间的间隔部分，也指物体的中空部分。

【空（子）】[kʰəŋ⁵³tsə]①（短暂的）时间。②亏空、不足部分。

【口头】[kʰɯ²¹³tʰɯ⁴⁵]①手头、身体附近。如："把书放～，好拿。"②容器或管状物靠外面或靠近人的部分。如：井～（井内靠井口位置）、坛子～咸菜。

【阔】[kʰuɐʔ⁵]宽度。

【哪百年】[la²¹³pɤ²¹lĩ²¹]形容很久、不着边际的将来。

【哪（一）天】[la²¹³iəʔ⁵tʰĩ²¹]①将来的某一天。②通"改天"。

【曩】[lã⁵³]读若"浪"。以往、从前、过去。《三国演义》第七回：某～日误认公孙瓒为英雄；今观所为，亦袁绍等辈耳！

【曩吭】[lã⁵³xã²¹/ã²¹]那时。借音词。

【曩子】[lã⁵³tsə]那时。为"那吭子"的连读音。

【那坳（子）】[lɛ⁵³ɔ²¹/iɔ²¹tsə]那里。读若nài-āo或nài-yāo。

注：以下以"那"组成的词组均可用"哪"替换，构成疑问代词。"那"读若"赖"，"哪"可读若"乃"，下同。

【那盎】[lɛ⁵³ã²¹]借音词。那时。

【那边】[lɛ⁵³pən²¹]那边、那里。读若"赖嗙"。

【那场子】[lɛ⁵³tʂʰã²¹³tsɔ²¹]那里、那一带、那一块地方。

【那发】[lɛ⁵³fɐʔ⁵]那次。

【那拐（子）】[lɛ⁵kuɐ²¹tsə]那里。通：那块子、那地块、那格子。

【那毫】[lɛ⁵³xɔ²¹/iɔ²¹]借音词。①通：那坳。②那一点。如："～东西哪够吃啊？"通：那些、那一毫毫、那一点点。

【那毫子】[lɛ⁵³xɔ²¹/iɔ²¹tsə]通：那毫。

【那块（子）】[lɛ⁵³kʰuɛ⁵³tsə]那里。

【那盼】[lɛ⁵³pʰæ̃²¹/fæ̃²¹]借音词。那阵子。一作"那番"。

【那一发子】[lɛ⁵³iə²¹fɐʔ⁵tsə]那一段时间。近义：那一阵子。

【那张子】[lɛ⁵³tʂã²¹tsə]那时。

【老家】[lɔ²¹³tɕia²¹]故乡。

【老前个】[lɔ²¹³tɕʰiɛ²¹kə]读若"老茄个"。前天的前一天。

【老人节】[lɔ²¹³zən²¹tɕiəʔ⁵]重阳节。

注：旧时节俗流行登高、戴茱萸(一种黄色野花)、饮菊花酒，以祈长寿。偶有德高望重者，出面请四乡九位最高龄的老人漫步登高，然后依年纪高低坐定，

奉献各家捐赠的蒸面、菊花酒请老人品尝，同吃长寿面。人称"九老会"。

【老往丈】[lɔ²¹³uã²¹³tʂã⁵³]很早以前。亦作"老赖张"。

【老茔】[lɔ²¹³yn⁴⁵]祖坟。读若"老云"。《正韵》：茔，于平切。方言乃循古音。

【老早】[lɔ²¹³tsɔ²¹³]①很早、很久的时候。通"老早八早"。②用于疑问、感叹句，指"这么早的时候"，带语气色彩。

【老宅子】[lɔ²¹³tsə⁵³tsə²¹]读若"老则子"，旧居老宅或宅基地。亦多称"老屋"。

【冷和】[lən²¹³xʊ⁵³]暖和。"冷"乃"暖"的音变。

【冷天】[lən²¹³tʰĩ²¹]冬天、寒冷的日子。

【六疯子】[lɔʔ⁵fən²¹tsə²¹]旧传正月初六如起风，则四时皆有风起，俗谓"六疯子"或"六风子"。

【六月心】[lɔʔ⁵yɐʔ⁵ɕin²¹]农历六月中，即夏天最热的一段时间。

【腊月八】[lɐʔ⁵yɐʔ⁵pɤʔ⁵ɑʔ⁵]亦称"腊八节"，即农历十二月（腊月）初八，俗称"腊月八"。

注：此风俗由煮粥供佛演变而来，后来民间普遍煮食"腊八粥"。制作腊八粥的原料主要是糯米、豇豆、黄豆、绿豆、豌豆、红枣、花生仁、菱角米、莲子等。讲究的人家，还加核桃仁、桂圆肉、葡萄干等。合肥人习惯于腊八节后腌制咸货。

【腊月皇天】[lɐʔ⁵yɐʔ⁵xuã⁴⁵tʰĩ²¹]农历十二月里的时段。

【你家】[li²¹³tɕia⁵³]泛指你们家、你们村、你们单位、你们那里。读若"你驾"。有时做第一人称，指"我们"，带语气色彩。

【连阴雨】[lĩ⁴⁵in²¹ʮ⁵³]义如条目。

【年跟前】[lĩ⁴⁵kən²¹tɕʰĩ²¹]春节前的一段时间（一般指腊月）。

【年三十】[lĩ⁴⁵sæ²¹ʂʮ⁵³]除夕，又叫"三十道"。

【年头】[lĩ⁴⁵tʰɯ²¹]一年之初。对应：年尾。

注：方言中的"头"亦指一段时间的开始。如，春头、夏头、月头等；但有时"头"却表示"尾"的含义，如，1.这日子，哪天才是头啊？2.一眼望不到头。相应的"尾"指一段时间的末尾。如年尾、春尾、月尾等。可说"秋尾"，但一般

不说"秋头、冬头、冬尾"。

【年数】[liĩ⁴⁵su⁵³]即普通话的"年头"。如："你来这毫子（这里）住恐怕不少～了吧？"

【临晚】[lin⁴⁵uæ²¹³]傍晚。

【梁斗】[liã⁴⁵tɯ⁵³]屋的梁檩。

【梁县】[liã⁴⁵ɕiĩ⁵³]今梁园。

注：梁县之得名，源起南北朝时侨置慎县，县治设于今梁园地。南宋绍兴三十三年因避孝宗皇帝赵眘之讳，改为梁县。明洪武初年并入合肥县，始得名"梁园"，清置梁县镇，但旧名"梁县"仍沿用至民初，今仍为极少数高龄老人所用。

【亮瓦】[liã⁵³ua²¹³]明瓦。一般为镶嵌于屋顶的一小块玻璃。

【牛行】[liɯ⁴⁵xã⁴⁵]旧时农村集市上进行耕牛交易的机构和场所。同类词：猪行。

【牛屋】[liɯ⁴⁵uəʔ⁵]晚上拴耕牛的屋子。

【龙头节】[ləŋ⁴⁵tʰɯ⁴⁵tɕiəʔ⁵]昔时合肥地区的一个节日，主题是祈盼风调雨顺。该节日在农历二月初二，俗称"龙抬头"。

注：民间传说龙王主管云雨，它抬头之日，意味自此开始主管人间旱涝。一说龙王不忍生灵涂炭，没有严守玉帝因武则天废唐立周称帝而令其三年不下雨之命，惹玉帝大怒，被打出天宫压于大山之下。而百姓感恩龙王降雨，天天祈祷，最终感动玉帝，于二月初二将龙王释放，于是便有"二月二、龙抬头"之说。一说与古代天象观测有关，因为每年该日夜晚，苍龙星宿始于东方露头，角宿从地平线上显现，随后亢宿（龙的咽喉）也升至地平线以上；近子夜时分，氐宿（龙爪）出现。此谓"龙抬头"。民间视此日为一年春耕起始日，故有农谚"二月二，龙抬头，大家小户使耕牛"。这天，举行"龙踩水"活动，村民敲锣打鼓、踩高跷，将龙王像抬出来沿河堤跑动，表示请龙王察看水情。抬龙王神像之轿落地处，即为当年水位，高则主涝，低则主旱。是日，忌动针、刀剪、锹锄、犁耙。在民间成理发吉日。

【炉栅】[lu⁴⁵sɤʔ⁵]读若"炉瑟"。灶膛里锅底与灰洞之间的栅状铁条，起进风与漏灰作用。方言将"栅"读成"瑟"，似为古音；粤语里也有将"栅"读若"册"的。

【路】[lu⁵³]边、方向。可做形容

词用，表示某个方向的人或事物，范围一般局限在县内。如：南路（南部）、南路人（本乡南边的人）。

【路沿】[lu⁵³ĩ⁴⁵]①路边。②路边的房屋或村庄等。

【路眼】[lu⁵³ĩ²¹³]结冰化冻后，或积雪、泥泞路面上由前面行人踩出的、可供落脚的脚印。

【路路截截】[lu⁵³lu⁵³tɕiə²¹tɕiəʔ⁵]路上的每一站、一路上、整个路程。

【麻个】[ma⁴⁵kə]借音词。明天。

【麻哄张】[ma⁴⁵xəŋ⁵³tʂɑ̃²¹]借音词。哪天、今后某一天。

【忙假】[mɑ̃⁴⁵tɕia²¹³]旧时逢芒种时节而放的假，目的是让学生回家帮忙割麦。有的地方在秋收时也放此假。

【木念】[məʔ⁵lĩ⁵³]借音词，"明年"之音变。

【门担石鼓】[mən⁴⁵tæ²¹ʂəʔ⁵ku²¹³]大户人家门楣上的门当与门两旁的石鼓。"担"应为"当"之变音。

【门槛】[mən⁴⁵tɕĩ⁵³]读若"门见"。

【门口】[mən⁴⁵kʰɯ²¹³]门前的地方。偶指家附近的地方。

【门钉钉】[mən⁴⁵liɔ²¹³liɔ⁵³]连接双扇门、用以上锁的铁制搭扣。

【门拐子】[mən⁴⁵kuɛ²¹³tsə²¹]门后角落。

【门空阆】[mən⁴⁵xəŋ⁵³lɑ̃²¹]门后面的空间。读若"门-hòng-lāng"，通"门拐子"。

【末后】[mɤʔ⁵xɯ⁵³]后来。

【末了】[mɤʔ⁵liɔ²¹³]最后、后来、结果。

【末末了】[mɤ²¹mɤ²¹liɔ²¹³]最后。

【末末秋】[mɤ²¹mɤʔ⁵tɕʰiɯ²¹]借音词。最后，最靠后的排名、位置。

【末末尾】[mɤ²¹mɤ²¹ue²¹³]通"末末秋"。

【末尾】[mɤʔ⁵ue²¹³]最后。可做虚词。

【茅缸】[mɔ⁴⁵kɑ̃²¹]原指厕所里装粪便的缸，泛指蹲坑，也代指整个厕所。

【茅缸板】[mɔ⁴⁵kɑ̃²¹pæ²¹³]旧时担在茅坑上、供落脚的长条石板。

【茅肆】[mɔ⁴⁵sɿ²¹/sɿ⁵³]厕所。也称"茅房""茅厕"等。

【茅草屋】[mɔ⁴⁵tsʰɔ²¹³uəʔ⁵]20世纪80年代前农村的常见民居。也称

"草屋"。

注：茅草屋坡顶以大量干草经铺放拍抹、层层压实，呈现出切割整齐的草跟截面。草顶首选棕红色野生山茅草，小麦秸秆次之，也偶有用芦苇秆的，皆为直茎，以利雨水下沥。草屋顶一般三五年修补一次，十年以上要换上新草。其墙多为土坯砌就。草屋虽陋，冬暖夏凉，曾庇护华夏百姓数千年。

【姥山】[məŋ²¹³ʂæ̃²¹] 读若"猛山"。为巢湖湖中一岛。

注：该岛面积一平方公里多，是巢湖第一大岛，距北岸7里。岛上有南塘、圣妃庙、文峰塔，与古中庙、昭忠祠相望。旁有两座礁岛，称鞋山、姑山（孤山）。传说上古"陷巢州"时，焦姥与女儿急告乡邻逃难，跑丢一双鞋子，终被洪水吞没。鞋化作一对鞋山，女儿化作姑山，焦姥最终化作姥山，母女千年相遥望。故巢湖又称"焦湖"。

【垰子】[pʰæ²¹³tsə]埂、堤、田缺口。

【批厦】[pʰʐ²¹ʂa⁵³]就房檐顺势披搭的单檐小屋。一般用作厨房或柴火堆。

【屁大工夫】[pʰʐ⁵³ta⁵³kəŋ²¹fu]

（鄙俗词）极短时间。

【片场】[pʰĩ⁵³tʂʰã⁵³]地方、场地。

【平顶】[pʰin⁴⁵tin²¹³]屋顶为平整水泥面的方体砖混结构住房。

注：一般为一层或二层，可加盖，流行于20世纪80年代中期至21世纪前十年的农村。

【平乎时】[pʰin⁴⁵xu²¹ʂʐ⁴⁵]平时。

【吃过饭】[tɕʰiəʔ⁵ku⁵³fæ̃⁵³]下午一点钟前后的时间。

【乞巧节】[tɕʰiəʔ⁵tɕʰiɔ²¹³tɕiəʔ⁵]俗称"七巧节"，又称"七夕节""姑娘节"。是农历七月初七的传统节日。

注：传为了让牛郎、织女在天河相会，此日人间喜鹊都飞到天上，互啄下对方颈子上的羽毛架鹊桥，故第二天喜鹊颈部都会少一撮毛。晚上，有不少姑娘、少妇，于僻静处侧耳望月，试图偷听牛郎织女的悄悄话，或取七根针、五彩线，比穿针速度。谁穿得快，即谁"乞"的"巧"多，则来日会有"巧手"，变成"巧姐""巧媳妇"等。

【墙根】[tɕʰiã⁴⁵kən²¹]屋墙的下半部。多用石块或砖块砌成。

【墙拐子】[tɕʰiã⁴⁵kuɛ²¹³tsə]院墙

的角落处。

【前】[tɕʰĩ²¹]前次、一开始。如："～讲不来，张个又讲来！""前"弱读若"千"。

【前个】[tɕʰiɛ⁴⁵kə]读若"茄个"。前天。其前一天为"老前个"或"向前个"。

【清早上】[tɕʰin²¹tsã²¹³]凌晨。"早上"合音读若zǎng。

【秋凉】[tɕʰiɯ²¹liã⁴⁵]秋天。

【热头】[zɤʔ⁵tʰɯ²¹] 一作"日头"。太阳、太阳光线。

【热头恍恍】[zɤʔ⁵tʰɯ²¹xuã²¹³xuã²¹³]上午八九点钟的时光。

【热头偏西】[zɤʔ⁵tʰɯ²¹pʰĩ²¹sɿ²¹]下午两三点时。

【热天】[zɤʔ⁵tʰĩ²¹]夏天。

【肉案】[zɯ⁵³zæ̃⁵³]市场上卖肉的摊子。

【三天】[sæ̃²¹³tʰĩ²¹]喻指时间短。如：三天不到、三天不得到晚。

注：合肥方言的"三"与"两"在表示时间短暂的意义上是一致的，前者更多地表达一种抽象的、较强烈的语气。

【三天年】[sæ̃²¹tʰĩ²¹lĩ⁴⁵]即年三十、正月初一、正月初二。

【三天两天】[sæ̃²¹tʰĩ²¹liæ̃²¹tʰĩ²¹]较短的时间。如："这个事情～搞不好。"

【晒霉节】[ʂɛ⁵³me⁴⁵tɕiəʔ⁵]旧时将书籍、衣物等搬出屋子暴晒去霉的日子，又称"曝书节"和"天贶节"。时间在农历六月初六日。

注：另传为龙王晒龙袍日，忌雨。若天气不佳，龙王会怪罪于月亮，在中秋赏月时起云下雨。故俗语曰：你闹我的节，我闹你的月。

【山畔子】[sæ̃²¹pʰæ̃²¹³tsə²¹]山脚与田地之间的过渡带。

【山半中腰（间）】[sã²¹pɒŋ⁵³tsɒŋ²¹³iɔ²¹/tɕĩ²¹]山坡的中部。

【山根】[ʂæ̃²¹³kən²¹]山脚。

【山坢（子）】[ʂæ̃²¹pʰæ̃²¹³tsə]山坡，尤指山脚的缓坡。

【山头】[ʂæ̃²¹tʰɯ⁴⁵]山顶。

【山凹子】[ʂæ̃²¹ua⁵³tsə]山坳，两山纵向接合部的山脚部分，或山脚的内凹处。

注：合肥地区有不少山村以"山凹"命名，指的是坐落于山间或山坡低平处的小村落，近于南方的"山呑"。

【墒】[sã²¹/ʂuã²¹]田里由沥水沟

分割而成的较小地块。

【上/下垯子】[ʂã⁵³/ɕia⁵³pʰæ²¹³tsə²¹]上/下坡。

【上头】[ʂã⁵³tʰɯ²¹/tɯ²¹]①上面。②上层、上级。

【上祀节】[ʂã⁵³sɿ⁵³tɕiəʔ⁵]旧时的春游踏青日。时间在农历三月初三，亦称"上祀日"。

注：其渊源可溯至周朝时女巫在河边为人们除灾祛病的"祓禊"仪式。是日，众人于河塘畔祭祀，饮其水、洁面，期盼长葆青春。多有庙会、笔会活动。乡绅文士往文庙，祭拜先师圣哲，或信步郊野、赋诗作画、"曲水流觞"。民间又将此日称作"荠菜节"。是日，春光明媚，男女老少，结伴野游，或扛篮带铲，于河畔、山坡、田埂处挖取荠菜等，待回家做成菜包子，既感受人间的愉悦与自然的野趣，又享受到大地的美味，对身心大有裨益，故合肥有谚：三月三，荠菜赛灵丹。

【深】[ʂən²¹]①深度。②房屋宽度间距、街巷的纵向长度。如：房屋进～、巷子十五丈～。

【深山冷凹】[ʂən²¹ʂã²¹lən²¹³ua⁵³]人迹罕至的山坳。

【石塘桥】[ʂəʔ⁵tʰã⁵³tɕʰiɔ⁴⁵]俗称

"石塘"，今石塘镇治所。旧时处合肥至巢县中线古道（经北山口或小岘山口）之必经要冲，为东乡商贸重镇。

注：因此地有三口大塘和一座大石桥，于清乾隆年间得名。民间另传霸王别姬，虞姬自刎，尸首漂至此地桥头，故名"尸淌桥"，后依此谐音得今名。

【十三】[ʂəʔ⁵sæ²¹]农历正月十三，旧俗为杨公忌。是日要吃以米面为皮、以荠菜、干子等为馅的粑粑。

【手】[ʂɯ²¹³]方向。

【树荫凉】[ʂu⁵³in²¹liã²¹]树荫下方的地方。亦称"阴凉窠"。

【熟田】[ʂuəʔ⁵tʰĩ⁴⁵]高产肥沃的耕地。一般指水稻田，尤指育秧苗的肥田。

【塬】[ʂuã²¹]一块田里由较窄的沥水沟分割的长方形地块。现常用"墒"。

【水锅炉】[ʂue²¹³kʊ²¹lu⁴⁵]烧开水供百姓购买的老虎灶或锅炉房。在农村起源于吃大食堂，少量延续至20世纪80年代中，至煤炭敞开对农民供应始消亡。

【水窠凼】[ṣue²¹³kʰəʔ⁵tã⁵³]积水的小坑。

【四方八转】[sɿ⁵³fã²¹pɤʔ⁵tṣũ⁵³]四面八方。近义：边坊四转。

【四转】[sɿ⁵³tṣũ⁵³]①房屋四周。②附近。如："到～看看，搞不好能找到。"

【收冬】[ṣɯ²¹tən²¹]冬天。

【太阳窠】[tʰE⁵³iã⁴⁵kʰʊ²¹]太阳直射的地点。同义：日头窠；反义：阴凉窠。

【塘畔子】[tʰã⁴⁵pʰæ̃²¹tsə]塘边（包括水边洗衣、淘米淘菜的石板、台阶等地点）。"畔"读若pǎn，原义为田亩之界，现引申为边界、某地点及其周围。如：墙畔子、田畔子。

【桃屋】[tʰɔ⁴⁵uəʔ⁵]借音词。堂屋。

【天】[tʰĩ²¹]①时间。如："抓紧腌亳肉晒，到年没有～了。"②天气。如："趁这个～，把花生摊出去照照。"③通：老天、老天爷。

【天把】[tʰĩ²¹pa²¹/ pa²¹³]近一两天。

【天把两天】[tʰĩ²¹pa²¹liæ̃⁴⁵tʰĩ²¹]义如条目。

【（天）麻花亮】[tʰĩ²¹ma⁴⁵xua²¹liã⁵³]天蒙蒙亮。比较：大天斯亮（天完全亮）。

【天之】[tʰĩ²¹tṣə]白天。

注：此处的助词"之"，为名词构词词缀。同理还有"夜之、冬之、夏之"等等。

【田埂】[tʰĩ⁴⁵kən²¹³]田块间作为界线的小土坝。

注：大埂可高至一两米，宽可容两头水牛或板车通行。小埂一般高一尺左右，能让人挑担跨上；宽度尺余，仅供一人行走（然而如此窄埂两人挑担相对而遇，少数身板矫健者也能负重担，以换肩、贴背、斜插、交叉旋转等一系列"高难"动作交会通过）。

【田畈】[tʰĩ⁴⁵kã²¹³]田间道路或田埂，也指广义的田间地头。

【田欿】[tʰĩ⁴⁵tɕʰyɤʔ⁵]田埂的缺口，一般为两个锹口宽，供过水用。浇水、施肥时，再用锹挖土块堵上。

【童庆】[tʰən⁴⁵tɕʰin⁵³]旧时在合肥部分地区流行的给孩子过十二周岁生日活动。

注：传第一个本命年（十二周岁）是孩子的第一道关，过了关，孩子即踏入茁壮成长的少年阶段。所以孩子十二周岁生日当天，要为其置新衣新鞋，做

美味食物。

【头】[tʰɯ⁴⁵]①构成时间性或空间性名词的中心词素：前~、后~、东~、西~、口~。②人体部位或物品的重要部分：肩膀~、屁股~、面~、车~。③某些抽象性名词构词词素，表示该名词关联的价值：讲~、吃~、搞~、气~、由~。

【头把】[tʰɯ⁴⁵pa²¹]第一次、刚才这一回、刚才。

【头进】[tʰɯ⁴⁵tɕin⁵³]借音词。物体的开头部分，最前、最先、靠前的位置，或最靠近某部位的位置。如：床~、路~。

【头门】[tʰɯ⁴⁵mən⁴⁵]旧时官署临街的第一排房。

【头前】[tʰɯ⁴⁵tɕʰĩ²¹]前头、刚才。

【头上来】[tʰɯ⁴⁵ʂã⁵³lɛ⁴⁵]（一）开始。

【头十点钟】[tʰɯ⁴⁵ʂəʔ⁵tĩ²¹³tʂəŋ²¹]上午十点左右。

【土地庙】[tʰu²¹tsɿ⁵³miɔ⁵³]我国本土神庙，供奉土地爷、土地奶奶。

注：庙一般较小，多建在地头，门框上常书有对联，如合肥东乡阚集田埠村西边土地庙对联为：田多黍稷人

多寿，埠有工商室有儒。巧妙地将村名"田、埠"两字嵌入其中。

【雾勒子】[u⁵³lɤʔ⁵tsə²¹]毛毛雨。借音词。

【焐坊】[u⁵³fæ²¹]专业孵化禽苗的作坊。

【五月节】[u⁵³yɛʔ⁵tɕiɔʔ⁵]端午节。时间在农历五月初五日，又称"端阳节"。

注：因音变，五月节被不少文化层次较低的人说成"豆午节"或"豆腐节"。合肥人过此节，早餐南部作兴吃粽子、花糕等，中北部吃小麦面粑粑。午餐南部常吃"三黄"（黄瓜、黄鳝、雄黄酒）。苋菜也是常用的应时菜。传饮雄黄酒可防生疮，苋菜可净肠腹。昔时流行"打香禅"、贴"五符"、悬挂钟馗图、给幼童穿菱形红兜肚、挂香囊；部分地方在小孩的耳朵和屁股上抹雄黄酒。家家户户于门楣上或大门两侧悬挂鲜艾条。靠巢湖一带，常办龙舟竞赛。

【瓦屋】[ua²¹³uəʔ⁵]顶上盖瓦的房屋。一般为砖墙，称"砖墙瓦屋"。

【屋面】[uəʔ⁵mĩ⁵³]屋檐上方铺瓦的部分。

【外后天】[uɛ⁵³xɯ⁵³tʰĩ²¹]大后天。

【外头】[uɛ⁵³tʰuɯ²¹/tuɯ²¹]外面。

【晚莫】[uæ²¹³mɐʔ⁵/pɤ]傍晚、晚上。古代"莫"通"暮"，《诗经·齐风》：不夙则莫。"昏莫"一词，指的也是天晚。合肥话中有时把"莫"读成"八"，乃"古无轻唇音"之遗存。"晚八"亦偶指下午。

【晚莫西】[uæ²¹³mɤʔ⁵/pɤsʅ²¹]接近傍晚的时分。

【晚晌】[uæ²¹³ʂã⁵³]原指吃晚饭的时间，现指天黑到睡觉前的时间段。上床后的时间称"夜之"。一作"晚上"。

【往曩】[uã²¹³lã⁵³]以往、往常。应为"往常"的音变，亦常读若"往丈（子）"。

【往丈子】[uã²¹³tʂã⁵³tsə]"往常"的音变。

【尾子】[ue²¹³tsə]（名）①时间、季节的末端。如：春～。②工作的最后部分、未完成的事务。如：事情～、材料还剩毫～。③大宗庄稼之外的部分、尚未收摘的作物。如：还剩毫山芋～没起、一毫毫棉～没摘。④结余的部分。

【我们家】[ʊ²¹mən⁴⁵tɕia²¹]国家，指中国。但如有外乡人在场，则指本地区，如本县、本乡、本村。

【媳妇节】[ɕiəʔ⁵fu⁵³tɕiəʔ⁵]专为媳妇们设立的节日，时间在正月十七。

注：昔时合肥地区做媳妇的很辛苦，成年累月作为壮劳力，不仅要做田活，还要操持家务，包括浆煮洗刷、服侍上人小孩。只有小年过去，到正月十七这一天，劳作一年的媳妇们才可以歇口气。尽管如此，此地还有俗语戏谑这些稍作休息的女人，如："好吃婆娘望过大年，懒婆娘望过小年""正月十七，老的们（男人们）烧，奶的们（女人）吃。"此节又称作"奶的们节"。

【夏至】[ɕia⁵³tʂʅ⁵³]夏至节，又作"牧童节"。

注：昔时帮工放牛的牧童，夏至日会得到东家发的过夏草帽、汗巾等，还有一大串蒸熟的新蚕豆，如同佛珠，可挂在颈子上，能吃又能玩。夏至日起，开始数九，谚曰：一九加二九，扇子不离手；三九二十七，井水甜如蜜；四九三十六，汗将衣湿透；五九四十五，草帽把头捂；六九五十四，乘凉入佛寺；七九六十三，床头寻被单；八九七十二，早晚穿夹褂；

九九八十一，柴草忙备足。

【下茬】[ɕia⁵³tʂʰa⁴⁵]①下一茬庄稼。②随后的结果。

【下头】[ɕia⁵³tʰɯ²¹/tɯ²¹]下面。

【下沿】[ɕia⁵³ĩ⁴⁵]下面地势较低的村庄。通：下路底下。

【香案】[ɕiã²¹zæ̃⁵³/æ̃⁵³]堂屋正中摆放祖先画像、进香的长案。

【厢屋】[ɕiã²¹u⁵³]与正屋垂直相连的房屋（一般进深较小）。

【向前个】[ɕiã⁵³tɕʰiɛ⁴⁵kə]读若"向茄个"。前天的前一天。同"老前个"。

【小傍中】[ɕiɔ²¹³pã²¹³tʂən²¹]读若"小帮中"，上午十一点前后的时段。

【小池子】[ɕiɔ²¹³tʂʰʅ⁴⁵tsə]旧时农村居所后院远侧靠院墙处挖的小型池塘，可养荷莲、金鱼，也可做洗涮水源用。

【小店】[ɕiɔ²¹³tĩ⁵³]20世纪70年代底至今乡村私人开的小百货店，因区别于前期公家"供销社"而得名。

【小块土地】[ɕiɔ²¹³kʰuɛ⁵³tʰu²¹³tsʅ⁵³]20世纪60年代初至"大包干"前生产队暂划给单个农户用以自行种植蔬菜、杂粮的少量土地，一般依人口多寡每户一至两升不等。也称"自留地"。

【小年】[ɕiɔ²¹³lĩ²¹]元宵节。

【鸭圈子】[iɤʔ⁵kʰuæ̃²¹tsə²¹]水中圈养鸭子的围栏。多以石块码垒，高出水面两尺上下。此处"圈"读若kuān。

【阳沟】[iã⁴⁵kɯ²¹]阴沟。

【阳正年】[iã⁴⁵tʂən⁵³lĩ⁴⁵]元旦。

【阴凉窠】[in²¹liã⁴⁵kʰʊ²¹]太阳晒不到的空地，如树荫下、墙边。

【一度】[iəʔ⁵tu⁵³]曾经，过去的一段时间。如："我去年穷直～无米下锅。"

【一起了】[iə²¹tsʰʅ²¹³liɔ²¹³]一开始。

【一辰】[iə²¹ʂən²¹³]①一段时间的开始。《说文》：辰，农之时也。古代十分重视农时，"辰"本为星名，故星象与农时大有关系。②可做连词。一旦、只要。如："他～来了，要给我信（告诉我）。"

【一程子】[iə²¹tʂʰən⁴⁵tsə]一段时间、一段路程。

【一黑】[iə²¹xəʔ⁵]天色刚变黑的

时分。

【一截子】[iə²¹tɕiəʔ⁵tsə]一段距离。

【一刻（子）】[iə²¹kʰɤʔ⁵tsə]一会。

【一刻官/工】[iə²¹kʰɤʔ⁵kəŋ²¹]一会儿工夫。也称：一刻。"官""工"乃"工夫"之音变。

【一亮】[iəʔ⁵liã⁵³]天刚亮的时分。

【一霎功】[iə²¹ʂɤʔ⁵kəŋ²¹]一刻工夫。

【一时三刻】[iə²¹ʂʅ⁴⁵sæ̃²¹kʰɤʔ⁵]短时间内。

【一世】[iəʔ⁵ʂʅ⁵³]一生、永远。多与"一时"联用，如："骗得了一时，骗不了～""帮得了一时，帮不了～"。

【一阵子】[iəʔ⁵tʂən⁵³tsə]一段时间。

【里头】[ʅ²¹³tʰɯ⁵³/tɯ⁵³]①在某某地点里：厂～、城～、乡～（亦称"乡下"）、单位～、办公室～。院子～，等等。②在某地点的靠里位置：床～（在床的背面）、洞～（洞的更深处）。

【夜黑】[ʅ⁵³xəʔ⁵]晚上的时间。

【夜里头】[ʅ⁵³ʅ²¹³tʰɯ²¹/tɯ²¹]

夜里。

【夜天】[ʅ⁵³tʰĩ²¹]晚上、夜里。

【夜之】[ʅ⁵³tʂə]晚上、夜里。

【盐豆子】[ĩ⁴⁵tɯ⁵³tsə]冰雹。

【烟弄】[ĩ²¹ləŋ²¹]烟筒。

【眼前】[ĩ²¹³tɕʰĩ⁴⁵]跟前、现在。

【郢子】[in²¹³tsə²¹]村子。一般指较小的村落。

注：对于同姓聚居的小村子，合肥地区还有一种以姓氏加上构词后缀"子"的叫法，如：李子、龚子。这里的"子"多读若"集"。

【阴莫天】[in²¹pɤʔ⁵tʰĩ²¹]阴天、阳光微弱的天气。"莫"读成"八"。

【映】[in⁵³]日晕、月晕。

【油坊】[iɯ⁴⁵fã⁵³]专业榨油的作坊。昔日合肥地区油坊榨制的食用油主要是菜籽油、花生油、芝麻油、棉籽油四种。

【月半】[yɐʔ⁵pəŋ⁵³]每月的中间时段。

【月半里头】[yɐʔ⁵pəŋ⁵³ʅ²¹³tʰɯ⁵³/tɯ⁵³]月初到十五的一段时间。尤指后半段。

【月子里头】[yɐʔ⁵tsə²¹ʅ²¹³tʰɯ⁵³/tɯ⁵³]"坐月子"的时段。

【园】[yĩ⁴⁵]①后院菜园。②讳指厕所。

【元宵节】[yĩ⁴⁵ɕiɔ²¹tɕiəʔ⁵]亦称"小年""上元节"。时间在正月十五日，又称"十五"。

注：合肥民间过元宵节，一般从前一日开始。正月十四日俗称"试灯节"，家家张灯结彩，吃糯米面粑粑或元宵。十五早晨，一如春节，点烛烧香、放爆竹。晚上热闹，街上花灯处处、人头攒动。在大的市镇或于农村好的年景，间或有舞狮、玩龙灯、踩高跷、走旱船等民俗娱乐活动。

【云担】[yn⁴⁵tæ̃⁵³]借音词。云彩。

【润气】[yn⁵³tsʰ ɿ⁵³]湿润的空气。读若"运气"。

注：旧时，如孩子从他乡归家遇雨，家里的老人或上人往往说："我家……有～！"以祈福消灾、化解尴尬。

【早八】[tsɔ²¹³pɤʔ⁵]借音词。上午。为何用"八"？似受"晚莫"惯性影响，乃读若"早莫"；"莫"又音变为"八"。

【早晌】[tsɔ²¹³ʂɑ̃⁵³]上午的前半段。俗作"早上"。

【糟坊】[tsɔ²¹fæ̃²¹]酿酒的作坊。

【灶间】[tsɔ⁵³ĩ²¹/tɕĩ²¹]厨房里烧饭的区域。也称"灶披间"。

【灶屋】[tsɔ⁵³uə²¹/uəʔ⁵]厨房。

【宅子】[tsɤʔ⁵tsə²¹]宅基地。"宅"读作"则"。

【张（子/个）】[tʂɑ̃²¹/tʂɑ̃⁵³tsə/kə]亦可读"账"，特指某时间点（段）。如：这～、那～、往～、哪～等。

【榨坊】[tʂa⁵³fæ̃²¹]通"油坊"。

【正中间】[tʂən⁵³tʂəŋ²¹³tɕin²¹/tɕʰin²¹]中间或正中心位置。"间"可读若"签"。

【正屋】[tʂən⁵³uəʔ⁵]与堂屋一排的房屋。

【中间阆】[tʂəŋ²¹³tɕĩ²¹lɑ̃²¹]借音词。中间、中部。

【中晌】[tʂəŋ²¹ʂɑ̃²¹]中午。俗作"中上"。

【中元节】[tʂən²¹yĩ⁴⁵tɕiə ʔ⁵]时间在农历七月十五，俗称"七月半""鬼节""盂兰盆节"。

注：民间这天祭祖坟、祭亡灵。路途不便的，则傍晚在村头、路口烧纸遥祭。昔时常举斋供佛，做"盂兰会""请百客"等活动，请和尚或山人制斋食，办斋祭宴。宴前，焚烧"纸钱"、点放鞭

炮，由和尚道士念经，超度天下孤魂野鬼。祭毕，众人共赴斋宴。餐毕，将餐桌翻倒于地，再放鞭炮。不等爆竹放完，即扫去，俗谓此为"善请恶送"，以免鬼魂缠身。晚间，行盂兰灯祭。灯似莲花，内燃小蜡烛或小油灯，放置河、塘，任其漂流，以祭祀溺死鬼魂。

此节的特点是祭奠所有先人、普度众生。其由来和一则"目连救母"的民间传说及过去普遍的佛教信仰有关。传目连之母青提富而不仁，死后坠入阿鼻地狱；佛陀告诉目连，欲解救其母，须让所有遭罪若此"倒悬"者脱离苦海，连饿鬼都要给饭吃。于是目连于七月十五日建盂兰盆会，借十方僧众之力超度天下亡灵，再让其母吃饱转入人世为狗，又诵七天七夜的经，使她脱离狗身进入天堂。"盂兰"为梵语音译，意即"倒悬"。

此俗现已罕见。中元节忌邻人擅入，有事在门外谈，以免沾晦气。

【猪圈】[tʂu²¹tɕyĩ⁵³]养猪的猪舍。

【猪槽】[tʂu²¹tsʰɔ⁴⁵]喂猪吃食的容器。旧时多为长条形石槽。

【子后时候】[tsɿ²¹³xɯ⁵³ʂɿ⁴⁵xɯ⁵³]借音词。女子年轻育龄时期。

【鸡叫头遍】[tsɿ²¹tɕiɔ⁵³tʰɯ⁴⁵pĩ⁵³]凌晨三四点。"鸡叫二遍、三遍"为四五点至日出前的一段时间。

【鸡笼】[tsɿ²¹ləŋ⁴⁵]亦称"鸡窝"。家鸡晚上回窝、生蛋或生小鸡的地方。一般为竹条钉制，置于屋内。也有在屋外或贴墙用土块、断砖废瓦砌成。

【地场】[tsɿ⁵³tʂʰã²¹/tʂã²¹]地方、地点。有时音变为"地张"。

【地方】[tsɿ⁵³fã²¹]地点。偶指小的地点、位置。

【地脚】[tsɿ⁵³tɕyɤʔ⁵]房屋墙根的底下部分，尤指地下所垒砌的石头或砖块。

【地坪】[tsɿ⁵³pʰin⁴⁵]房屋的地面。

【地身】[tsɿ⁵³ʂən²¹]地脚、宅基地。

【地升】[tsɿ⁵³ʂən²¹]耕地田亩数。

【地下】[tsɿ⁵³ɕiɤʔ⁵]读若"仔歇"，地面。

【底下】[tsɿ²¹³ɕiɤʔ⁵]读若"仔歇"。①下面、下方：板凳～、桌子～、塘畔子～、楼～。②亦指里面：水～、地～、井～、床（肚）～。③（从人在床上的视角看）床下的地方。如：

"冷天早毫上床，在～冻脚。"④指基层、下属、后代等。⑤背后。如："平时在～嘀嘀咕咕，一见到领导就跟龟孙子一样。"

【鮠鰦】[ɑ̃²¹tsə²¹]黄颡鱼。属鲇形目、鲿科，俗名黄昂子、昂刺、昂棘鱼等。李时珍《本草纲目》：黄颡，无鳞鱼也……两须，有胃，群游作声如轧轧。

【粑粑】[pa²¹pa²¹]用面或米制作的圆形半固态饼食。品种按原料主要有小麦面～、山芋面～、糯米～、菜（心）～；按制作方式大致有摊～（贴锅制，锅底放油）、炕～（贴

（三）食品、动植物

锅制，锅底不放或少放油）、蒸～（放菜馅、糖心等。过节讲究的人家还在蒸制前用模具——粑粑揾子将其压上图案，使之大小均匀）。

【粑根草】[pa²¹kən²¹tsʰɔ²¹³]读若"巴根草"。合肥地区生命力最顽强的一种矮伏野草，即狗牙根，形状类似马唐草、牛筋草，较矮。

注：此草贴地而生，根茎发达，踩不死、刮不倒、烧不尽。遍生于荒坡、路边，春夏叶细短、嫩绿，茎粗韧，密密麻麻覆盖于地面；根白须密，随草茎蔓延扎根，发叉处皆有气根入地，深入土中蟠生。细嚼微甜，为猪、牛、鹅喜啃食的青草与饲料之一。作为饲料铲取时，需用锄头略呈平状浅入表土，连根同茎叶成片锄取，再抖落根部沙土，晒一至两天即可。

【宝塔糖】[pɔ²¹³tʰɤʔ⁵tʰɑ̃⁴⁵]驱蛔虫药。

【白菜】[pɤʔ⁵tsʰE⁵³]青菜。

【白瓜】[pɤʔ⁵kua²¹]旧时合肥地区广泛种植的一种菜用瓜，成熟时长约七寸，重两三斤，色白，类似今天的生瓜。

【白米饭】[pɤʔ⁵mɿ²¹fæ̃⁵³]米饭。

【白米粥】[pɤʔ⁵mɿ²¹tʂuəʔ⁵]义如条目。熬煮时不加其他东西。

【白水】[pɤʔ⁵ʂue²¹³]寡水。

【白水元宵】[pɤʔ⁵ʂue²¹³yĩ⁴⁵ɕiɔ²¹]仅用水煮制的元宵，无馅、不加油盐。

【百跘子】[pɤʔ⁵pʰæ̃⁵³tsə²¹]江淮丘陵山区生长的一种野草莓。

注："百跘子"初名应为覆盆子，或借用其名。因声母f古代重读若p或b，故"覆"读若"百"，"盆"音读若"跘"（pàn），方言乃循古音。为多年生草本，属蔷薇科，长于深山乱石之间，五月果实熟透时为鲜红色、扁球形，一厘米大小，颗颗向阳，丛丛点点宛现绿叶藤蔓中。藤枝有细刺，覆地蔓延，绊绊拉拉，恰巧合方言名"跘"义。其踪找寻不易，每每觅见，令人欣喜。采摘时，用剪子沿侧蔓连叶剪下一小"莘茏（丛、挂）"，不伤主蔓。一"莘茏"少则三五颗，多则头十颗，轻放于篮中，翠叶红莓，煞是可爱，是大自然赐予昔时百姓不多的美味之一。其味甜正、性凉，有多种有益人体的功效。然今称"覆盆子"已非古覆盆子，它与百跘子虽极为相似，但多生于塘畔、田埂，被称为"蛇果"，人不食。

【不龙果】[pəʔ⁵ləŋ²¹ku²¹³]合肥乡野常见的草果之一，学名"小果酸浆"。

注：此为昔时乡村孩童于田头、院角遍地可寻的哒嘴野果，今登大雅之堂，成名贵果品。亦名灯笼果、金灯果、挂金灯、洛神珠，还有人叫它菇蔫儿、姑娘儿、灯笼草、狗屎果。为茄科、假酸浆属。方言得此名，似因其形状如球、大小如"包唔"（茶壶盖上的水滴形提手）音变而来。果实外面包着纤维质有棱囊状花萼薄衣。其果初为青色，苦酸，后渐成熟为径向一厘米左右的球状黄色浆果，皮薄而韧，肉酸中带甜，内有细小种子。天凉遗漏野地的不龙果萼皮枯白，果色泛红，味道更好。

【瘪蝠子】[piɤ²¹fəʔ⁵tsə]蝙蝠。亦称"盐老鼠"。

【瘪稻】[piɤʔ⁵tɔ⁵³]籽实不饱满的稻粒。

【瘪子】[piɤʔ⁵tsə]有壳（荚）无实或籽实不饱满的谷粒、果实等。

【菜饭】[tsʰE⁵³fæ̃⁵³]加入剁碎的蔬菜煮制的米饭。

注：昔时粮食金贵，此为节约举措，用同量的米可煮成更大体积的饭，且饭有异香，容易消化。常见的菜饭有芥菜饭、鹅菜饭、萝卜秧饭、莴笋叶饭、南瓜饭。

【菜帮子】[tsʰE⁵³pɑ̃²¹tsə]蔬菜的叶茎连接处。常人不食。

【菜梗子】[tsʰE⁵³kən²¹³tsə]泛指

"菜帮子"，特指细长形蔬菜的茎秆。

【菜秧子】[tsʰE⁵³iã²¹tsə]①蔬菜的幼苗。②小白菜。又称"小白菜秧子"。

【菜粥】[tsʰE⁵³tʂuəʔ⁵]切碎的蔬菜和米一起煮成的稀饭。

【财气酒】[tsʰE⁴⁵tsʰ₁⁵³tɕiɯ²¹³]合肥风俗称瓶中最后斟出的酒。

【草纥勾】[tsʰɔ²¹³kəʔ⁵tɕɯ⁵³]从草堆或一摊乱草中抓绕出的一把或一团草。此处勾读若jiǔ。

【草狗】[tsʰɔ²¹³kɯ²¹³]母狗。

【草稳子】[tsʰɔ²¹³uən²¹³tsə²¹]草末。

【草要子】[tsʰɔ²¹³iɔ⁵³tsə]靠手指及手腕转动，从草（主要是稻草）堆里旋绕出来的粗草绳。用于捆扎干草或临时捆绑松散物体。

【茶】[tʂʰa⁴⁵]旧指早点。

【茶饭】[tʂʰa⁴⁵fæ⁵³]饮食总称。此乃方言雅词，《东京梦华录》：所谓茶饭者，乃百味羹、头羹……洗手蟹之类。

【鲎鲦】[tsʰæ²¹tʰiɔ⁴⁵]又名"鲦鱼""白鲦"，俗名"鲎鲦"，合肥地区河塘里最常见的野生小鱼之一。《埤雅》：鲦鱼形狭而长，若条然，故曰"鲦"也，今江淮之间谓之"鲎"。

【催生蛋】[tsʰe²¹sən²¹tæ⁵³]孕妇临产前吃的红糖溏心鸡蛋，传可以增强产妇气力，助其顺利生产。

【朝花】[tʂʰɔ⁴⁵xua²¹]借音词。葵花籽。有称"二老葵"。

【炒米】[tʂʰɔ²¹³m₁²¹]炒熟的"冬米子"。

【赤版蛇】[tʂʰəʔ⁵pæ²¹³ʂE⁴⁵]赤链蛇。合肥地区常见，被认为是毒性较大的蛇。有谚：赤版赤版，咬之不得到晚（早上被咬，熬不到晚上）。

【鸱鸮】[tʂʰ₁²¹xu²¹tsə]原指猫头鹰。民间贬指长出新牙、对小孩和下人不利的高龄妇女，传说会克祸下人。亦称"魑魂"或"秋姑"。

注：与希腊神话美化猫头鹰不同，我国传统文化把它当作厄运和死亡的象征。民间有"不怕夜猫子叫，就怕夜猫子笑"等俗语，称它为"恶声鸟"、逐魂鸟等。古书中还称之为怪鸱、鬼车、流离等，认为它们啄食同类，为"不祥、不义"之鸟。在商周盛酒器"卣"上常有鸱鸮形、虎吃人形等。产生这种形象和寓意的原因可能是其长相怪异，常睁一只

眼、闭一只眼地养神，偶尔又目光炯炯、发出异样响亮的声音。这都与高龄老人的形象举止有类似处。

【痴咕呆子】[tʂʰŋ²¹ku²¹³tɛ²¹tsə]胍肫鱼。

【臭皮匠】[tʂʰɯ⁵³pʰŋ⁴⁵tɕiɑ̃⁵³]蝼蛄。亦另指一种水中甲虫。

【曲蟮】[tʂʰuəʔʂ̩⁵³/ʂəŋ⁵³][tʂʰʊ⁴⁵ʐən⁵³]蚯蚓。读若"出shòng""传ròng"或"出shín"。"骚出蟮"指粗大蚯蚓。

【槌棒草】[tʂʰue⁴⁵pɑ̃⁵³tsʰɔ²¹³]看麦娘草。麦田里最常见的一种草。高约一尺，色青白、茎直、密生、根根向上，田头、塝沟处最常见。

【糍粑】[tsʰŋ⁴⁵pa²¹]用糯米饭加生姜末炸制而成的长方块状糕点，外焦里软，为合肥地区最常见的早点之一。

【蹄爪】[tsʰŋ⁴⁵tʂɔ²¹³]猪蹄。读若"糍找"。

【剃头匠】[tsʰŋ⁵³tʰɯ⁴⁵tɕiɑ̃⁵³]昔时于野塘水面常见的、一种能利用水面张力高速运动和转向的细腿水黾。

【粗糠】[tsʰu²¹kʰɑ̃²¹]稻谷最外层的大糠，无营养，一般充作枕头瓤子或冬天火坛燃料。亦称"砻糠"。

旧时形容某人无知识，叫"一肚子老～"。

【大稻】[ta⁵³tɔ⁵³]粳稻。与之对应的称"小稻"，为合肥本地的土种。

【大捆爪】[ta⁵³kuɤ²¹tʂɔ²¹³]长有长爪子的淡水大虾。

【大荤】[ta⁵³xuən²¹]营养较高或含油脂较高的荤菜。

【大麦粥】[ta⁵³mɤʔ⁵tʂuəʔ⁵]磨碎的大麦粉熬制的粥。旧时为贫穷人家常见的早晚餐。这种粥因含有一定的麦麸，口感粗糙，常人不喜，但按今天的标准，大麦粥是典型的健康食品。

【大米】[ta⁵³mŋ²¹³]粳米。

【大馍】[ta⁵³mu⁴⁵]馒头。

【大秧柳】[ta⁵³iɑ̃²¹liɯ²¹³]意杨。

【大油条】[ta⁵³iɯ⁴⁵tʰiɔ⁴⁵]油条。

【刀螂（子）】[tɔ²¹lɑ̃⁴⁵]螳螂。

【稻草】[tɔ⁵³tsʰɔ²¹³]稻的秸秆。

注：碾压脱粒后的柔软稻草称"穰草"。

【稻棵桩】[tɔ⁵³ku⁴⁵tʂuɑ̃²¹]读若"稻锅桩"。指水稻收割时留在稻田表面的寸余秸秆及根。

【稻（麦）王子】[tɔ⁵³uɑ̃⁴⁵tsə²¹]稻

(麦)芒。"芒"从古音，读若"王"。

【毒虫】[təʔ⁵/tuəʔ⁵tʂʰən⁴⁵]叮咬人后产生较强不适反应的节肢动物，多指蜈蚣、蝎子以及毛毛虫、臭虫等昆虫。

【冬米子】[tən²¹mʅ²¹³tsə]经冬日阳光晒干、呈粒状散开的糯米饭。为炒米的原料。

【豆腐卤】[tɯ⁵³fu²¹lu²¹³]豆腐乳。

【豆角子】[tɯ⁵³tɕyɤʔ⁵tsə²¹]豇豆。合肥人一般指长豆角。也偶指豆荚较短的四季豆。

【发面】[fɛʔ⁵miĩ⁵³]加入酵母后经过一段时间发酵的面团。

【发物】[fɛʔ⁵uə⁵³]会引发上火、诱发病症、加重炎症的食物。旧传不同的身体状况、病因、病症阶段，有不同的发物。多指高营养、高蛋白或有刺激性的食物，如鱼、虾、鹅、动物内脏、韭菜、葱蒜等。

【饭】[fɛ̃⁵³]一般指米饭，即主食。合肥人所说的饭一般不包括菜。

【饭糁】[fɛ̃⁵³lĩ⁴⁵]饭粒。

【饭头】[fɛ̃⁵³tʰɯ⁴⁵]原指一锅米饭的表面。引申指在其上蒸制的菜肴，尤指咸菜、咸货等。

【饭星子】[fɛ̃⁵³ɕin²¹tsə]沉在泔水里或洒落在地上的少量饭粒。

【媳蛋鸡】[fɛ̃⁵³tɛ̃⁵³tsʅ²¹]正处于生蛋阶段的母鸡。

【放屁虫】[fɑ̃⁵³pʰʅ⁵³tʂʰən⁴⁵]学名为蝽，一种常见的昆虫。合肥地区多为黄斑、黑斑蝽。身扁、头小，长腿三对、触角两根，有臭腺、臭粉，遇攻击时散放强烈臭味，触之奇臭难洗。

【奓奓】[ka²¹³ka²¹³]（小孩用语）肉。亦称"奓肉"。

【鳡丝】[kɛ̃²¹³sʅ²¹]鳡鱼的一种，形似翘嘴鲌，为身体细长、游动迅速的肉食性鱼，味美。

【疙瘩】[kəʔ⁵təʔ⁵]除面糊子外，本地一种最简单的古老面食。主要有三种做法，一种是和成较稀的面，用勺子依次、快速将面糊放入沸水里；另一种是先将面和好搓成条状，再切成小疙瘩入水；第三种是用手指抓撮一小块，简单捏制后入水。一道放入猪油、盐，烧至疙瘩漂起即可。讲究的人家再放入葱和蔬菜。亦称"面鱼、元宝"。山西人叫"猫耳朵""麻食"，古称"馎饦"。《齐民要术》卷九"饼法"中称其"非直光白可爱，亦自滑美殊常"。

【隔顿子】[kəʔ⁵tən⁵³tsə²¹]借音词。学名董鸡。夏天稻田里的一种高腿、长颈野鸟，善藏、奔，求偶时常于稻棵上露出红色或黑色头部，在盛夏空寂的中午发出嘹亮的"隔顿、隔顿"声。此鸟因叫声得名。

【胳蚤）】[kəʔ⁵tsɔ⁵³]跳蚤。亦称"虼蚤"。

【馉饳】[kuəʔ⁵tu⁵³]小面疙瘩或面糊糊。

【骨头骨脑】[kuəʔ⁵tʰɯ⁴⁵kuə²¹lɔ²¹³]①带少许肉的碎骨块。②汤舀完后锅里的剩余骨头、碎肉等，或带骨的残羹。

【牯牛】[ku²¹³liɯ⁴⁵]成年公牛。

【瓜丩子】[kua²¹tɕiɯ²¹tsə²¹]读若"瓜纠子"。刚结出、呈弯曲状的小嫩瓜。《说文》：丩，相纠缭也，一曰瓜瓠结丩起。

【寡饭】[kua²¹³fæ⁵³]无菜之餐。多为主人谦称菜少的客套词。

【寡酒】[kua²¹³tɕiɯ²¹³]无下酒菜之饮酒。亦为主人谦称所用，如："没菜，喝嗽～。"

【寡面】[kua²¹³mĩ⁵³]挂面。

【闲物食】[xæ⁴⁵uə²¹ʂɔʔ⁵]零食。读若"含物食"或"含好（ɑo）食"。

　　注："物食"古指零食，《搜神后记》：从此西行……若饿，取井中物食。至今潮汕人把小吃称作"物食"。一说此名源于寒食节，为纪念割股不言禄、抱木死于山火的介子推，古人在其忌日不生火做饭，但为孩童长身体着想，也偶尔给他们吃点零食点心。寒食节里吃寒凉的"物食"，故得名"寒物食"。

【红花草】[xəŋ⁴⁵xua²¹tsʰɔ²¹³]红/紫花苜蓿。

【红萝卜】[xəŋ⁴⁵lɔʔ⁵/lʊ⁴⁵pu⁵³]胡萝卜。"萝"读lē。

【糊得】[xu⁵³tɤ²¹]①面、饭与菜或汤水烧混到一起。②谦称自己烧的饭菜不成样子。亦用"糊拉（hù—lē）子"。

【糊糊】[xu⁵³xu²¹]读若hù—hū，像面糊一样的食物。旧时穷人常吃，易消化。

【煳饭】[xu⁴⁵fæ⁵³]亦称"煳锅巴饭"。

【胍肚鱼】[xu⁴⁵tu⁵³ŋ⁴⁵]读若"糊涂（dù）鱼"。①一种反映稍嫌迟钝、

易捕捉的小鱼，学名沙塘鳢。亦称
"痴咕呆子、屎姑娘屄"，体短（成
鱼在3寸左右）、身有斑点，头大、鼓
腹、肉多、刺少、味鲜美。②形容呆
傻之人。

注：胍肶原指长着大肚子的东西，
宋祁《宋景文公笔记》：关中谓腹大者为
胍肶——后讹为骨朵。一说由古词"活
东"演变而来，古指蝌蚪，引申指长着蝌
蚪般圆滚滚肚子的小型杂鱼。

【葫芦卷子】[xu⁴⁵lu⁵³tɕyn²¹³tsə]
蘑菇。

【花大姐】[xua²¹ta⁵³tɕi²¹³]彩色
瓢虫。

【花生糖】[xua⁴⁵sən²¹tʰã⁴⁵]用炒
熟的花生米（去衣）扢糖稀制作的糕
点，有时加少量的炒米。

【荒草】[xuã²¹tsʰɔ²¹³]山坡野地
里长的高茎野草，一般指茅草。

【黄个狼】[xuã⁴⁵kə⁵³·lã²¹]借音
词。黄鼠狼。词中"狼"弱读。亦称
"黄狼""乌嘴圈（kuān）"。该动物在
民间被妖魔化，传不能打、不能看，
不然遭灾。

【活食】[xuɐ²¹ʂəʔ²⁵]家禽所食的
鱼虾、昆虫之类的动物性食料。

【灰面】[xue²¹mĩ⁵³]小麦面。

【荤】[xuən²¹]荤菜、猪油。

【荤油】[xuən²¹iɯ⁴⁵]猪油。

【混子】[xuən⁵³tsə²¹]方言中草
鱼与青鱼的统称。实为鲩鱼，俗称
草鱼、黑青鱼。

【欢头】[xʊ²¹tʰɯ²¹/tɯ²¹]用炸的
米泡子和浅色糖稀扢制的球形糕点。
直径约两寸，色白，偶间染彩线、扢
上青红丝，是一种具象征性的喜庆
礼品，一般用于妇女坐月子、小孩过
周、房屋上梁等场合。

【火萤虫】[xʊ²¹³ĩ⁴⁵tʂʰən⁴⁵]萤
火虫。

【家蛇】[tɕia²¹ʂE⁴⁵]寄居在房屋
里的蛇。一般无毒，以鼠为食。

【家鱼】[tɕia²¹ʮ⁴⁵]当家塘里养的
鱼类。一般指水鲢、胖头鱼（鳙）。

【架子猪】[tɕia⁵³tsə²¹tʂu²¹]旧时
指饲养一年左右、重七八十斤的半
大猪。此时，猪即将进入食量增大、
迅速成熟的阶段。

【豥猪】[tɕiĩ⁵³tʂu²¹]读若"健猪"。
《说文》释豥：三岁豕。泛指大猪。

【酱瓜】[tɕiã⁵³kua²¹]一般指酱
菜瓜。

注：酱瓜的制作较简单——向晒酱缸里埋入已剖开去瓤、晒成皮条干的菜瓜等，放屋外阳光下晒两三天后即可随吃随捞。即便端碗来唠门的邻居也可伸筷子入缸夹取无妨。

【江猪】[tɕiã²¹tʂu²¹]江豚。

【焦面】[tɕiɔ²¹³mĩ⁵³]炒熟的糯米面、大小麦面、荞面等干粮。亦称炒面。讲究的炒面里还同时磨有猪油、桂花、芝麻等原料，其香扑鼻。

【叫驴】[tɕiɔ⁵³ʮ⁴⁵]草驴。

【精肉】[tɕin²¹zɯ⁵³]瘦肉。

【筋筋祥祥】[tɕin²¹tɕin²¹pʰæ̃⁵³pʰæ̃⁵³]肉食的零碎、不规整部分。

【金牡花】[tɕin²¹mən²¹³xua²¹]石蒜，又名"彼岸花"。

【金鱼】[tɕin²¹ʮ⁴⁵]鲫鱼。也指金鱼。

【金枣果子】[tɕin²¹tsɔ²¹³ku²¹³tsə]油炸面果子，外裹砂糖，大小如枣，口感香、甜、酥脆。

【颈口肉】[tɕin²¹³kʰɯ²¹³zɯ⁵³]猪颈子周围的肉。因聚集淋巴、血管，被认为是品质较差的肉。

【腈子肉】[tɕĩ⁵³tsə²¹zɯ⁵³]一般指猪大腿上的肉。质量较好，旧时常

用瓦罐煨烂，给老人、病人或坐月子的妇女食用。

【猳猪】[tɕyɤʔ⁵tʂu²¹]读若"厥猪"，即公猪。《说文》：猳，牡豕也。

【厥子苔】[tɕyɤʔ⁵tsə²¹tʰE⁴⁵]野生蕨菜。趁其抽嫩芽时上山采摘、晒干。配五花肉烹制，清香可口。

【圈气】[tɕyĩ⁵³tsʰɿ²¹]①家畜或生肉上的膻腥味。②形容倔强的脾气。

【空心菜】[kʰəŋ²¹ɕin²¹tsʰE⁵³]蕹菜。

【苦老八】[kʰu²¹³lɔ²¹³pɤʔ⁵]山芋干酒，昔时最低档次的一种散装酒。

【柯拉】[ku²¹lɤʔ⁵tsə²¹]读若kūo-lē。常规荒草、穰草、秸秆以外的细枝、杂草、荆棘等。又称"柯落子"。

【癞癞蛄】[lE⁵³lE⁵³ku²¹]癞蛤蟆。亦称"癞瘩呱（gū）""癞癞猴"。

【男猫】[læ̃⁴⁵mɔ²¹]公猫。母猫称"女猫"。

【烂饭】[læ̃⁵³fæ̃⁵³]水放过多而煮成的稀软米饭，也叫"淖饭"。

【烂腌菜】[læ̃⁵³ĩ²¹³tsʰE⁵³]已被细菌分解成流质的腌菜。

注：有的烂腌菜封存十余年，已呈液态，仍是蒸制豆腐的绝佳配料。虽烂可食，亦臭亦香，令人叹服祖先饮食的

智慧与奇妙。

【老雕】[lɔ²¹³tiɔ²¹]鹰。

【老鸹】[lɔ²¹³kuɐʔ⁵]乌鸦。

【老蝴】[lɔ²¹³xu⁴⁵]蜻蜓。亦称"蜻蜻"。

【老鸡】[lɔ²¹³tsɿ²¹]老母鸡。

【老门鸡】[lɔ²¹³mən⁴⁵tsɿ²¹]借音词。老母鸡。

【萝卜鲞】[ləʔ⁵pu⁵³ɕiɑ̃²¹³]萝卜干。"鲞"今读若"想",原指剖开晾干的鱼,泛指成片的腌腊食品。今台湾宜兰一带将熏干的鸭子称为"鸭赏",实乃"鸭鲞"也。

【六谷】[ləʔ⁵kuə²¹/kuəʔ⁵]玉米。亦称"苞萝"。

【六谷槌】[ləʔ⁵kuə²¹tʂʰue⁴⁵]玉米棒子。

【肋条】[lɐʔ⁵tʰiɔ⁴⁵]猪肋骨部分的肉或带肉肋骨。

【两根面】[liæ²¹³kən²¹mĩ⁵³]喻指所下的少量面条。昔常为招待客人的谦辞。

【料】[liɔ⁵³]精饲料。

【(料)包子】[liɔ⁵³pɔ²¹tsə²¹]给生病、产前产后耕畜增加营养的特制草料,里面包有米、黄豆等谷物。

【料子】[liɔ⁵³tsə²¹]较高档的衣服面料。尤指毛料布。

【鲇胡子】[lĩ⁴⁵xu⁴⁵tsə]鲇鱼。

【零嘴】[lin⁴⁵tse²¹³/tsue²¹³]零食。

【浓水】[ləŋ⁴⁵ʂue²¹³]借音词。泔水。

【卤粉】[luɯ²¹³fəŋ²¹³]用炒米、肉末、香干丁、葱姜等调味品熬制的粥状食物,类似北方的辣糊汤。

【糯米圆子】[lu⁵³mɿ²¹³yĩ⁴⁵tsə]用糯米(多加肉末、姜葱、盐、酱等)炸制的丸子。

注:圆子是合肥人办大事与节庆餐席中必不可少的一道菜肴,具有吉庆义,一般置于宴席中央。糯米圆子是该地区圆子的主要品种。用其他原料做的圆子还有山芋圆子、藕圆子、南瓜圆子、豆腐圆子、荠菜圆子等。

【芦柴】[lu⁴⁵tsʰ ᴇ⁴⁵]芦苇。

【芦粟】[lu⁴⁵su⁵³]高粱。亦称"秫秫"。

【马牯牛】[ma²¹³ku²¹³liuɯ⁴⁵]天牛。

【马朴】[ma²¹³pʰəʔ⁵]马勃。一种黄色真菌,又称马屎菇、马粪包。成熟时如球形,大小不一,外有一层薄膜状菌衣。若刺破,会飞迸出无数粉状孢菌，有如黄色烟雾。

【马文得】[ma²¹³uən⁴⁵tɤʔ²⁵]借音词。蚂蟥。

【马如菜】[ma²¹³ʐu⁴⁵tsʰE⁵³]马齿苋。亦称"马如苋（读hàn）"。

【麻饼】[ma⁴⁵pin²¹³]合肥名点，一种甜馅饼。用冰糖、桂花、青梅、橘饼、青红丝、麻油制馅，精面粉制外皮，表面密拉芝麻，形似月饼。麻饼与烘糕、寸金、白切，并称合肥四大名点，为昔时走亲访友的常见礼品。

【麻球】[ma⁴⁵tɕʰiɯ⁴⁵]油炸中空糯米球，外层拉芝麻，大小如拳。

【猫鱼】[mɔ²¹ʮ⁴⁵]供猫吃的少量小杂鱼。

注：旧时赶鱼、罟鱼者上岸或在鱼摊旁，遇老人讨要此鱼，一般都会从鱼篓里抓一把送给对方。时有极贫农妇借此讨点"猫鱼"回家给孩子熬点小鱼汤。

【茅草鱼】[mɔ⁴⁵tsʰɔ²¹³ʮ⁴⁵]湖鲚。又名毛鱼、凤尾鱼、刨花鱼等，为巢湖一带主要的鱼干原料之一。

【茅娘】[mɔ⁴⁵liã⁵³]借音词。狗尾巴草新抽的茎穗。味甘可食，常被小孩圈成硬币状入口咀嚼。

【麦麸子】[mɤʔ²⁵fu²¹tsə]麦麸。为猪的精饲料，也是闹饥荒时人求之不得的食物。

【麦秸子】[mɤʔ²⁵tɕiE²¹tsə]麦子秸秆。

注："秸子"即秸秆或茎干，如：油菜秸子、朝花（葵花）秸子、黄豆秸子等。有时又称"秆子"，所以，又有朝花秆子、芝麻秆子等称呼。但水稻的秸秆叫稻草，割过稻穗留在田里的叫稻棵桩，棉花的茎秆叫棉柴。

【泥鳅南瓜面】[mȵ⁴⁵tɕʰiɯ²¹læ⁴⁵kua²¹mĩ⁵³]以挂面、南瓜和泥鳅为主料，加生姜、辣椒等作料煮制的食品。可做主食，亦可作菜肴，为合肥人夏季的一种时令佳肴，具有鲜美、爽口、解馋、降火等特点。

【泥鳅煮挂面】[mȵ⁴⁵tɕʰiɯ²¹tsu²¹³kua²¹³mĩ⁵³]合肥人春季食用的一道招牌菜。也是昔时农村待客、解馋的时鲜菜。

【米蚴子】[mȵ²¹³iɯ⁴⁵tsə]存放时间较长的谷物尤其是陈米、陈面里长出的黑色或褐色小昆虫。学名米象，亦称"蚄子"，属鞘翅目象虫科

【腻虫】[mȵ⁵³tʂʰəŋ²¹]方言读若

"秘虫"。指一种能在蔬菜上密集下卵且黏附极牢的小蚜虫。一称"蜜虫"。

注：被腻虫下卵或咬过的菜叶被称为"腻巴得之"。此处"腻"亦读若"mì"。合肥方言中不少声母为"n"的字读作"m"，如"泥"读若mí，"匿"读成mì。

【面】[mĩ⁵³]一般指挂面。昔时一般只有过节或来客人时才吃。

【面疙瘩】[mĩ⁵³kɤʔ⁵təʔ⁵]见"疙瘩"。

【面鹘突】[mĩ⁵³kuəʔ⁵tu⁵³]本为"混沌"之转，或称"糊涂"，取食物与汤水浑然一体之意。近于"馄饨"。

【面头（子）】[mĩ⁵³tʰɯ⁴⁵]做发面的酵母。

【棉子】[mĩ⁴⁵tsə]棉花。

【蠓虫】[məŋ²¹³tʂʰəŋ⁴⁵]比蚊子小的能飞昆虫。

【木头】[mətɯ/məʔ⁵tʰɯ⁵³]木料，主要指松木、杉木。

【鹅菜】[u⁴⁵tsʰE⁵³]一种类似莴笋叶子的嫩叶菜。

【褥单】[u⁵³tæ²¹]床单。读若"卧单"，亦称"褥单叶"。

【丸药】[u⁴⁵yɤʔ⁵]读若wó—yuè，药品，特指呈片、粒、丸状的成药。《史记·扁鹊仓公列传》：即令更服～，出入六日，病已。合肥该词乃为古音。

【碗】[ũ²¹³]菜的道数：八大～、十大～。

【碗盏】[ũ²¹³tʂæ²¹³]用于盛饭、盛菜的餐具总称。

【碗底子】[ũ²¹³tsʐ²¹³tsə]粘在碗边或碗里所剩的一点点饭菜。

【爬海】[pʰa⁴⁵xE²¹³]借音词。螃蟹。

【啪啪果树】[pʰa⁴⁵pʰa²¹ku²¹³ʂu⁵³]借音词。一本土树种，结绿豆大小的白色种子。因其籽实圆硬，可装在用竹片剖缝制作的"枪"里，用手捏挤压发射，发出"啪啪"声，故得名。

【泡子】[pʰɔ⁵³tsə] 爆米花之类的膨化食品。

【泡囊子】[pʰɔ²¹lã²¹tsə]猪身上肥泡肉、淋巴结之类的东西。

【凤头鸡】[pʰəŋ²¹tʰɯ⁴⁵tsʐ²¹]读若"潘头鸡"。一种头顶上长有一丛蓬松冠状羽毛宛如凤头的鸡，善产蛋。"凤"读若"潘"，乃又一古无轻唇音之体现。

【胖头】[pʰã^{53}/pʰɤʔ^{5}tʰɯ^{45}]鳙鱼。偶读若“拍头”。

【泡子糖】[pʰɔ^{53}tsə^{21}tʰã^{45}]用炒米或炸出的米泡子拉制的糖。

【皮糠】[pʰɿ^{45}kʰã^{21}]细糠。为鸡、鹅的辅助饲料，猪的主要精饲料。

【皮蒳】[pʰɿ^{45}lɤʔ^{5}]蔬菜的一种，其瘤状根茎可食用。

【蒲秋】[pʰu^{45}tɕʰiɯ^{21}]荸荠，亦称“荸秋”。

【潽蛋】[pʰu^{21}tæ̃^{53}]近似蒸鸡蛋。

【吃食】[tɕʰiəʔ^{5}ʂəʔ^{5}]食物，有时指小孩零食。

【吃嘴】[tɕʰiəʔ^{5}tse^{213}]零食。

【千量】[tɕʰĩ^{21}liã^{21}]借音词。即千张。

【钱串子】[tɕʰĩ^{45}tʂʰʊ̃^{53}tsə^{21}]指粉丝。又名“银链条”，为食物的吉祥叫法。

【翘嘴鲌】[tɕʰiɔ^{53}tse^{213}pɤʔ^{5}]生于河塘的一种肉食性凶猛鱼类，鳞小、多细刺，因下颌坚厚、口裂近于垂直而致头部上翘得名。肉白而细腻，味美少腥，宜清蒸或白煮，放少许猪油，盛盘前加葱白或小葱，清香扑鼻，是合肥地区一道高档的鱼类菜肴。

【切糖】[tɕʰiɤʔ^{5}tʰã^{45}]交切。为花生与芝麻拉制后，切成的薄片。

【蛐蛐】[tɕʰyəʔ^{5}tɕʰyəʔ^{5}] 蟋蟀。方言读若“秋秋”。

【雀子】[tɕʰyɐʔ^{5}tsə]鸟。

【艾】[ʐᴇ^{53}]艾蒿。

【穰草】[ʐã^{45}tsʰɔ^{213}]干稻草。尤指经碾压脱粒的稻草。

【硬饭】[ʐən^{53}fæ̃^{53}]水放得过少而煮成的米饭。也指平常的干饭（相对于老年人常食用的稀饭而言）。

【硬扎东西】[ʐən^{53}tʂɤʔ^{5}təŋ^{21}sɿ^{21}]同样体积但营养含量较高的食物。对于老年人或生病久食流质食物的人来说，也指普通的干饭。

【日月】[ʐəʔ^{5}yɐ^{21}]生活（主要指饮食）。

【桑果子】[sã^{21}kʊ^{21}tsə]桑葚。

【骚狗子】[sɔ^{21}kɯ^{213}tsə^{21}]野生狐狸。

【臊猪】[sɔ^{21}tʂu^{21}]（低俗）多为妇女间互骂语。

【臊子】[sɔ^{21}tsə^{21}]俗称“骚子”，指动物的睾丸、禽类的尾尖即法氏囊至泄殖腔部分。如猪～、鸭～等。而禽类臊子俗称"屁股"，如鸡屁股、鸭屁股等。

【虮虱子】[sɤʔ⁵tsʅ²¹³tsə²¹]虱子卵。色白、椭圆形，约四分之一芝麻粒大小。旧时常见于人的头发里和篦子齿上。读若"色紫子"。

【生肠】[sən⁵³tʂɑ̃²¹]禽类肠子，特指生殖部分的肠子。"生"读若 sèⅢ。

【生鸡】[sən²¹³tsʅ²¹]借音词，读若"笋鸡"。接近成熟的、约一斤半重的鸡。

【牲口】[sən²¹kʰɯ²¹]一般指毛驴。偶泛指其他牲畜。

【孙子】[sən²¹tsə²¹]喻指动植物的幼苗或嫩果：鱼～、瓜～。

【随茶便饭】[se⁴⁵tʂʰa⁴⁵piɪ̃⁵³fæ̃⁵³]招待客人时，形容自己所备饭菜简陋的谦虚之词。

【随茶淡饭】[se⁴⁵tʂʰa⁴⁵tæ̃⁵³fæ̃⁵³]（谦称）便饭。

【山和尚】[ʂæ̃²¹xʊ⁴⁵tʂɑ̃⁵³]灰喜鹊。比喜鹊小，性吵闹、善捉虫，合肥地区一种常见鸟，为安徽省鸟。

【山里红】[ʂæ̃²¹ʅ²¹³xəŋ⁴⁵]野山楂。

合肥四乡沿山一带百姓入秋偶尔进山采摘的野生果品，其叶可炒制成茶，利降糖、消化。

【山芋饭】[ʂæ̃²¹ʅ⁵³fæ̃⁵³]在煮制米饭快收汤时放上山芋而烧成的饭。

注：这是旧时江淮人家最常见的主食，年长者对此饭都留有深刻记忆。山芋本来是用来喂猪的，但在粮食匮乏年代也是人的主食之一。烧煮时，锅内所放山芋和米的比例一般对半。家境好一点的，米多山芋少；而穷家锅底一般只煮一点点米饭，填饱肚子全靠饭上的山芋。虽能抵饱，久食之胃泛酸水，因而农民对山芋是既感激又厌之。此处"山芋"亦发音"傻芋"。

【山芋面粑粑】[ʂæ̃²¹ʅ⁵³ miɪ̃⁵³pa²¹pa²¹]将山芋干磨碎，用面篮（一种细筛）筛出极细的粉，和成面团，于盖饭锅（即煮饭过程中米汤快烧干时停止烧煮片刻再续烧的环节）时，用手抟成圆饼状，贴在锅边或放入箅子上蒸制而成。色棕灰晶莹，味微甜，口感细腻、软糯而有韧性，是旧时百姓用粗粮制作的美味家常食物之一。

【山芋楔】[ʂæ̃²¹ʅ⁵³ɕiɤʔ⁵]山芋干。或作"山芋屑"。初冬将鲜山芋削成3

至5毫米厚芋片，撒在田头犁翻的干土上，或于门板、席子上晒干的片状食物。削薄片易晒干，但芋干不甜，且凸翘、易碎、占体积；切厚难晒易上霉，却能锁住糖分，煮饭粥加入后口感面而甜。

【山芋楔饭】[ʂæ²¹ɤ⁵³ɕiɤʔ⁵fæ̃⁵³]用稻米加山芋干或其碎屑煮成的饭。米和山芋干一同入锅，比例（按体积）在3∶1左右。

【山芋楔面粥】[ʂæ̃²¹ɤ⁵³ɕiɤʔ⁵miĩ⁵³tʂuəʔ⁵]用磨碎的山芋干加少量米煮成的稀粥。

【山芋楔粥】[ʂæ²¹ɤ⁵³ɕiɤʔ⁵tʂuəʔ⁵]用稻米和山芋干熬煮的稀饭。有时将芋干捣碎再煮，以节省燃料。

【山芋粥】[ʂæ̃²¹ɤ⁵³tʂuəʔ⁵]山芋与少量米一起煮的粥。这也是粮食短缺时期百姓常见的中晚餐主食。

【舌条】[ʂɤʔ⁵tʰio⁴⁵]猪舌头。

【树】[ʂu⁵³]树、树料。合肥地区将树料与木料分得很清楚。

【树丫杈】[ʂu⁵³ia²¹tʂʰa²¹]树枝，也称树丫子。

【树丫巴】[ʂu⁵³ia²¹pa²¹]树的枝干分叉处。

【蔌菜】[ʂu⁴⁵tsʰE⁵³]读若"熟菜"，指蔬菜。蔬本为蔌，而蔌为早期蔬菜的总称。《尔雅·释器》：菜谓之蔌；郭注：蔌者，菜茹之总名。

【蔌菜饭】[ʂu⁴⁵tsʰE⁵³fæ̃⁵³]平时百姓的中晚餐。因旧时农民的菜肴基本上都是蔬菜而得名，亦谦指招待客人的饭菜缺少荤腥。

【水鬼】[ʂue²¹³kue²¹³]旧时广为流传的在水塘里专门拖人下水溺毙的精怪，亦称"水猴子"。

注：传此鬼日涉三十六口塘、夜过七十二塘，多穴居于偏僻水塘埂边枯柳根的树洞里，因而孩童每每单独经过塘边，都十分惧怕。应是野生水獭，今日已不见，可见生态之变。水鬼之说，也有大人吓唬小孩不可随便下塘洗澡之效。

【水鸡】[ʂue²¹³tsʅ²¹]类似牛蛙的大型田蛙。重者可达一斤，色浅青，叫声高亢而沉稳；皮有刺状凸起，剥之可蒙制小鼓。

【狮子头】[ʂʅ²¹tsə²¹tʰɯ⁴⁵]一种半个拳头大小、表面有较深斜切褶皱、外酥里软味香的油炸面食。为地方名点之一，亦称"狮狮头"。

【喜蛋】[ʂʅ²¹³tæ̃⁵³]昔时妇女坐月

子期间，忌外人进房，友人来贺，通常于堂屋请吃红糖喜蛋，四只方为喜蛋。另指回赠月子礼者的煮熟染红鸡蛋。

【喜蟢子】[sŋ²¹³sŋ⁵³tsə²¹]细小蜘蛛，又名"喜子""蟢子"，学名"蟏蛸"。其结在室内的网类似八卦图，有喜兆，故亦称"喜子""喜蛛"。

【死面】[sŋ²¹³miĩ⁵³]未加酵母的面团。

【四脚蛇】[sŋ⁵³tɕyɤʔ⁵ʂE⁴⁵]蜥蜴。

【松蜜】[sən²¹miəʔ⁵]昆虫在马尾松针叶上所下的蜜，色白、碎米大小，黏附叶上，甘鲜如饴。

【松塔】[sən²¹tʰɤʔ⁵]松果球。往昔秋冬之季山坡上到处是裂开的松果，百姓扒拾，只做燃料，却不知松子的价值。

【素油】[su⁵³iɯ⁴⁵]菜油（包括菜籽油、花生油、棉籽油）。

【糖熻蛋】[tʰã⁴⁵tu⁵³tæ⁵³]糖水荷包蛋。"熻"读若"跺"。

注：昔时老人常言：吃白水元宵、糖熻蛋能养人。类似的饮食经验还有：萝卜、大麦粥能通气；经常吃毫（点）腥气（鱼虾）可以长力气；小厮（男孩）要多吃点猪肝；吃菠菜不要把根去掉，菠菜根补血。

【糖果】[tʰã⁴⁵ku²¹³]以炒米、炒花生、芝麻、姜末等为原料，以山芋糖稀等为黏合剂和甜味剂，家庭自制的节日糕点。一般腊月扢制，切成方片，贮入密封容器。商店卖的带糖纸的糖果被称为"小糖"或"洋糖果子"。

【糖稀】[tʰã⁴⁵sŋ²¹]用山芋等原料熬制的膏状原糖，是制作其他糖果及含糖糕点的主要成分和黏合剂。

【溏心元宵】[tʰã⁴⁵ɕin²¹yĩ⁴⁵ɕiɔ²¹]有糖馅的糯米元宵。一般以白糖或红糖为馅。

【烫饭】[tʰã⁵³fæ⁵³]将剩饭加水煮开即成，是一种最省燃料的做饭方式。类似泡饭。大致分两种，一种不加油盐，食之需佐以小菜；另一种放油盐，还可加入小白菜等。

【田鸡】[tʰiĩ⁴⁵tsŋ⁵³]青蛙。

【土鳖子】[tʰu²¹³piɤʔ⁵tsə²¹]地鳖，亦名土元虫。

【土公蛇】[tʰu²¹³kən²¹ʂE⁴⁵] 长江短尾蝮。为合肥地区主要毒蛇之一，常见于田野沟溪、乱石墙根处。毒性较强，谚曰：土公土公，咬之不得到中（早上被咬，挨不到中午）。

【豚猪】[tʰən⁴⁵tʂu²¹]小猪，亦指母猪。

【乌鱼】[u²¹ʮ⁴⁵]乌鳢。亦称"黑鱼"。

【乌嘴圈】[u²¹tse²¹³kʰuæ²¹]黄鼠狼。"圈"读若"宽"。

【歪歪】[uɛ²¹uɛ²¹]借音词。生长在河塘水底的淡水蚌。

注：此蚌一般口朝上栖伏于淤泥中，少数藏身于岸边石缝里。味寒、不易煮烂。过去人基本不食，只是夏时摸来掰开喂鸭。此外黄鳝、螃蟹也不上席，今天却成稀罕物。

【歪死缠】[uɛ²¹sʮ²¹³tʂʰiĩ⁴⁵]学名"苍耳"。一年生草本，菊科。生于山坡、草地、路旁。其种子为卵形，比花生米稍大，形如蓖麻子，表面长倒刺和密生细毛，钩刺长约2毫米，好粘钩在人衣服或动物毛上，借以播散种子。有毒，可用作草药。

【稳子】[uən²¹³tsə²¹]草屑、谷壳、稻米芒子等，泛指细碎草末。如：草～、麦～、稻～等。民国《续修盐城县志》：稻秕稃聚者谓之稳；《玉篇》："稳"字训"蹂谷聚"，今谓稻中秕稃扬之使聚者曰稳子，又曰偃子。

【虾蟆咕嘟】[ɕia⁵³mɐʔ⁵ku⁴⁵tu⁵³]蝌蚪。

注："蝌蚪"从古至明清亦称"活东"，合肥话中"咕嘟"契合古音"活东"，也高度关联以下词汇，鹘突、骨朵、馉饳、榾柮、鹘读、胍肵、鹘苍、馄饨、囵囹等，它们都形容一块块、圆滚滚或混沌、笨拙的东西。"咕""嘟"是自然界许多动物都能发出的音，也是人类幼儿最早发出的单音之一。因而在人类语言文明的早期，用相似音表示某一类相通的事物是有可能的。而这些表音词很可能源自更早的、用来修饰或形容事物的叠音拟声词，如：汩汩、毂毂、榾榾、噜噜、嘟噜、哆哆等。

【下水】[ɕia⁵³ʂuɛ²¹]动物体内可食的内脏。也叫杂碎，如猪心肺、肚肠、腰子等。

注：旧时农户所养的家畜请人屠宰，下水一般归屠户所有。

【香头】[ɕiã²¹tʰɯ²¹/tɯ²¹]少量增加香味的菜肴配头。多指葱、蒜、芫荽等具有强烈起香、祛腥效果的蔬菜。

【香油】[ɕiã²¹iɯ⁴⁵]菜油。包括菜籽油、花生油。偶指麻油。

【浇之】[ɕiɔ²¹tʂə²¹]借音词。读若"消直"，稀薄、容易消化的食物，如稀粥、面条、各种糊糊等。

【小菜】[ɕiɔ²¹³tsʰE⁵³]咸菜。

【小菜饭】[ɕiɔ²¹³tsʰE⁵³fæ⁵³]（谦称）便饭。通"薪菜饭"。

【小炒】[ɕiɔ²¹³tʂʰɔ²¹³]炒菜。一般含有肉丝、肉片。

【小红稻】[ɕiɔ²¹³xəŋ⁴⁵tɔ⁵³]合肥地区20世纪六七十年代栽种的一种红米稻，产量低，煮饭松软、香糯，早年为贡米。

【小麦粥】[ɕiɔ²¹³mɤʔ⁵tʂuəʔ⁵]用小麦面熬煮的糊状食物。旧时农村小麦粥原料一般为二次臼碾的小麦粉，含少量麸质。

【小米】[ɕiɔ²¹³m̩²¹³]籼米、早稻米。

【小糖】[ɕiɔ²¹³tʰã⁴⁵]在商店里购买的工业品糖果。

【小炸】[ɕiɔ²¹³tsɤʔ⁵]读若"小哲"，一种用薄面皮折叠成小方块经油炸而成的，具有香、脆、酥特点的小食。

【心】[ɕin²¹]馅。

【心肺汤】[ɕin²¹fe⁵³tʰã²¹]猪肺炖制的汤。味鲜，传可下心火（降火）。

【心裹子】[ɕin²¹kʊ²¹³tsə²¹]动物的心脏，如：猪～、鸡～。"裹"俗作"果"。《玉篇》：裹，包也。《韵会》：指所包之物。故用"心裹"，亦用"心包"。合肥方言里，凡可食用的动物心脏均称"心裹子"。

【鲜气】[ɕin²¹tsʰ̩²¹]俗称"腥气"，泛指鱼、虾等水产品的腥臭气味，方言也可引申指鱼虾等水产品。《说文》释鲜：鱼臭也，从鱼生声。

【咸货】[ɕĩ⁴⁵xʊ⁵³]冬天腌晒的肉类、鱼类。咸肉类合肥地区一般以腌肋条、腌猪后座臀为上品；少数人家还将猪肝、肚肠、排骨、蹄爪等加以腌制。禽类主要是咸鸡（腌旋鸡为主）、咸鸭（一般为公鸭）、咸胗，偶见咸鹅。鱼类的咸货多为腌家鱼（鲢鱼），腌鲩子（青鱼）是较高级的品种。鲫鱼、茅草鱼等小杂鱼平时一般鲜吃，春夏吃不完时也多腌晒。

【血盅】[ɕyɐʔ⁵xuã⁵³]一种菜肴原料，用动物血烃制而成的、成半凝固状的血块。"盅"读作"晃"。

【旋鸡】[ɕyĩ^{53}tsɿ^{21}]阉割过的公鸡。较一般鸡肉味鲜，多于除夕日炖食或冬日腌制。

【丫杈】[ia^{21}tʂʰa^{21}]亦称“桠槎”，树及其他植物的分枝。

【牙狗】[ia^{45}kɯ^{213}]公狗。

【洋拉子】[iɑ̃^{45}la^{21}/lɐʔ^{5}tsə^{21}]毛毛虫。一读“洋刺子”“洋蜡子”，为一种树上的毛毛虫，人触之剧痒。

【秧】[iɑ̃]处于幼小阶段的动植物。如：菜～子、鱼～子、霞们～子、～媳妇。

【秧把子】[iɑ̃^{21}pa^{213}tsə^{21}]用一根穰草扎在一起的、供均匀抛撒至稻田各处的水稻秧苗。“把”读第三声。

【秧草】[iɑ̃^{21}tsʰɔ]绿肥。

【洋柿子】[iɑ̃^{45}sɿ^{53}tsə^{21}]番茄。人称“西红柿”。

注：传明时经菲律宾传入，最早作为观赏植物在安徽和县种植。最初人不敢食，以为有毒，称“狼桃”。直至20世纪70年代本地农村人仍不习惯食用，也少有种植。然研究表明，其近亲品种小西红柿西汉前中国南方就有栽培。80年代初，成都北郊凤凰山一汉墓出土的几粒种子，经温室里栽培，长出红色小卵圆形西红柿。此后，又在云南、四川、广西山区找到了更古老的中国西红柿野生远祖。

【腰脢肉】[iɔ^{21}me^{45}ʐɯ^{53}]脢肉、里脊。今人多用“梅”，实为“脢”。《说文》：脢，背肉也。《易》：咸其脢。

【腰臊】[iɔ^{21}sɔ^{21}]猪腰子。

【腌菜】[ĩ^{21}tsʰᴇ^{53}]亦称“小菜”。多用芥菜腌制，亦可以白菜、萝卜秧为原料。历来是穷人家常菜谱，也为人喝粥、下饭之佐餐小菜。

【一团脔】[iəʔ^{5}tʊ̃^{45}lɑ̃^{21}]一块肉、一口饭菜，或形容团块状、短小的东西。方言读若“一同啷”。脔，原义指切成方块状的肉，《正字通·肉部》：脔，块割也。《淮南子·说林》：尝一脔肉而知一镬之味。后又引申为筷子可搛起的一团块状食物。可做形容词，指缩作一团的东西。

【一小叨】[iəʔ^{5}ɕiɔ^{213}tɔ^{21}]筷子所夹起的菜量，喻指很少的一点饭菜。

【一小嘴】[iəʔ^{5}ɕiɔ^{213}tse^{213}/tsue^{213}]很少的一点饭菜，比“一小叨”多，比“小半碗”少。如：“我喝之不少酒，盛～饭就够之。”

【营汤】[in^{45}tʰɑ̃^{21}]粥上面的浓汁

米汤。

注："营"这里有滋补、保养之义，故取此名。传说有孝女，将锅内的厚稀饭留给母亲吃，自己只喝营汤。久之，母亲瘦，自己却越发白胖，邻以为其虐母。真相大白后，有了营汤比米更有营养的说法。

【雁鹅】[ĩ⁵³ʋ⁴⁵]长得像大雁的鹅。为野雁驯化而来，羽毛密实、毛色灰黑白相间、性凶猛、体型壮硕，能长至二十斤。

【油荤】[iɯ⁴⁵xuən²¹]动物类食品。特指动物油，偶泛指包括植物油在内的油脂。

【油水】[iɯ⁴⁵ʂue⁵³]读若"油税"。①本指食物中的脂肪量，泛指营养含量。②喻指收入、外快。

【油香】[iɯ⁴⁵ɕiã²¹]油炸的稀软糯米面饼，偶带萝卜丝馅等。

【鱼冻子】[ʮ⁴⁵təŋ⁵³tsə²¹]呈果冻状的冷冻鱼汤。偶指冷冻了的、含少量鱼汤的剩鱼。食用时一般不加热。

【鱼花子】[ʮ⁴⁵xua²¹tsə²¹]刚孵化的鱼苗。稍大一些的称"鱼孙子"。

【药鸡】[yɐʔ⁵tsʮ²¹]乌骨鸡。传其有药效得名。

【圆子】[yĩ⁴⁵tsə²¹]重要场合餐席上必备的，用肉、糯米、生姜等原料，经混合摅拌、抟搓、炸制而制成的丸子。可用豆腐、山芋、藕、萝卜等原料取代部分糯米，分别做成豆腐圆子、山芋圆子、藕圆子、萝卜圆子等。

【元宵】[yĩ⁴⁵/iɯ⁴⁵ɕio²¹]用糯米粉搓制的、置水中煮食的丸形食品。偶读若"油宵"。

【灶马】[tsɔ⁵³mɤʔ⁵]一种见于锅台、残垣间，性警惕、爬行转向极快的昆虫，读若"灶末"。

注：灶马原指一种直翅目穴螽科昆虫，但合肥方言中的"灶马"是借词，实际上指的是神出鬼没、活跃于灶台的蟑螂。后者属于蜚蠊科，更为常见、生命力也强。

【鲊面】[tʂa²¹³mĩ⁵³]用磨碎的炒米制成的鲊粉。用以蒸鲊肉、排骨等。与现今店卖袋装鲊粉不同，过去鲊菜、姜末、五香、八角、酱等配料是鲊制前才放入原料里的，最后再抆上纯鲊粉。

【鲊茄子】[tʂa²¹³tɕʰye⁴⁵tsə]将蒸熟于饭锅上的茄子捣烂，加盐、猪油，拌上蒜泥即成。

【鲊肉】[tʂa²¹³zɯ⁵³]蒸鲊的猪肉。

【鲊蕨菜】[tʂa²¹³ʂu⁴⁵tsʰE⁵³]鲊制的蔬菜。主要是鲊茄子。

【柘刺】[tʂE²¹³tsʰʅ⁵³]一种坚硬粗长的刺。常被用作临时藩篱，拦在院墙入口或菜园墙头。又名"奴柘刺、小柘树、构棘"。此处"柘"读zhǎi。

【胀锅饭】[tʂɑ̃⁵³kʊ²¹fæ̃⁵³]新筑锅台煮的第一顿饭。这顿饭以尽量多煮、多吃为善，以祈求来日食物丰盛。

【针头鱼】[tʂən²¹tʰɯ⁴⁵ɣ⁴⁵]针鱼。一种头部长着突出针状物的细长小鱼，又叫针嘴鱼，刺少、味鲜美。

【斋蛛】[tʂE²¹tʂu²¹]蜘蛛。

【隻】[tʂəʔ⁵]番鸭。又名"豚鸭"，是外形介于鹅、鸭之间的一种禽类，行动较缓、肉较多。

【纸烟】[tʂʅ²¹³ĩ²¹]香烟。

【扭果子】[tʂɯ²¹³kʊ²¹³tsə²¹]麻花。"扭"方言读若"肘"。

【猪獾子】[tʂu²¹xũ²¹tsə²¹]獾。

【猪头领】[tʂu²¹tʰɯ⁴⁵lin²¹³]猪前肩以上、剔除猪头骨的猪脸、猪耳朵

部分。一般用来做卤菜，其中肉厚的部分又称"猪头肉"。亦称"猪头脸""猪领巴子"。

【猪下跩】[tʂu²¹ɕia⁵³tʂuE²¹]猪下腹肉。

【猪心肺】[tʂu²¹ɕin²¹³fe⁵³]猪肺。

【粥糊子】[tʂuəʔ⁵xu⁵³tsə²¹]剩余的少许粥渣、溅在衣物上已干的粥汤印迹。

【机面】[tsʅ²¹mĩ⁵³]筒子面。

【鸡鹅鸭只】[tsʅ²¹ʊ⁴⁵iɣ²¹tʂəʔ⁵]主要家禽的总称。

【鸡拐】[tsʅ²¹kue²¹]一种含淀粉的山间植物根茎，小指大小，味似山芋但质硬。

【地沓（皮）】[tsʅ⁵³tɣʔ⁵pʰʅ⁴⁵]地衣，雨后长于地面、树皮上的藻类真菌共生体。

【眉子】[tsʅ⁵³tsə²¹]瓜果连接藤枝的部分，如人的肚脐。

【衣子】[ʅ²¹tsə²¹]果实等外壳内壁或果仁外包的薄皮。偶指部分野果的萼。

【座子】[tsu⁵³tsə²¹]猪的腿部肉。分座臀（"臀"读若dēn，又称后座）、前座。

（四）衣饰、器具、一般物质

【耳锅】[a²¹³kʊ²¹]锅沿有耳朵般提环的炒菜用小锅。

【耳丝子】[a²¹³sๅ²¹tsə²¹]耳坠。

【耳挖子】[a²¹³ua²¹tsə²¹]掏耳屎的小勺子。亦称"耳耙子"。

【二五大氅】[a⁵³u²¹³ta⁵³tʂʰɑ̃²¹³]短大衣。

注：合肥话里，"二五"除了指"二百五"外，还有"不着调、不伦不类、不上不下"义。故该词似隐含此样式衣物刚出现时受到的讥讽。

【粑粑搦子】[pa²¹pa²¹tʰɤ²ʔⁱsⁿ²ⁿtsə²¹]做粑粑等饼状食物的木制模子，多刻有吉祥图案。

【耙】[pa⁵³]一种将犁开的土划碎弄平的农具。长六尺、宽三尺左右，硬木制，框形，两主档下方每隔尺许嵌装一根约半尺长耙齿，共装十余根齿。耙由牛拉，人站上面驱使。

【笆斗】[pa²¹tɯ²¹³]用杞柳条编制的圆口、无耳、不穿绳的箩形容器。一般装三五十斤谷物，供一人

搬扛。

【笆斗帽】[pa²¹tɯ²¹³mɔ⁵³]旧式柳编或竹编的安全帽。圆顶，有平展檐口，类似凉盔；内隔空装帆布条衬里；较之塑料安全帽，遮阳、隔热、透气，抗击打性能较强。工间休息可充作小板凳。

【芭枝叶扇】[pa²¹tʂๅ²¹iɤ²ʔⁱsⁿ²sⁿⁱⁱ⁵³]老式芭蕉叶扇子。

【把手】[pa²¹³sɯ²¹³]扶手。

【把子】[pa⁵³/pa²¹³tsə²¹]①瓜果的果实与茎相连处的部分，亦称"疙蒂"。②器具（尤其是容器）的鋬子。③工具上能握住的把柄：镢头～、锹～。③抽象意义上的把柄，如：话～（能让人攻击、利用的话题）。④拜把兄弟，喻指关系很铁的人。如："他俩是～。"

【板车】[pæ̃²¹³tʂʰE²¹]人力牵拉的货车。主要构件为车板、车厢板（车架）和车头。车板连同车把长一丈左右，宽约两尺半，用硬木杂树制成；车把两侧钉有肩拉车带，车

板中部两边各有两插口以插装车厢板或车架。装运大宗泡货如柴草等一般用车架，以防货物与车轮摩擦。车头为两橡胶车轮（亦称“板车轱辘”），由一直径寸许的钢制车轴连接，置于车板重心位置。板车是20世纪七八十年代农民最重要的自有运输工具，除较昂贵的车头花钱购买外，其余部件均是自制或请木匠打制。其载重量从五百斤到三千斤不等。

【板担】[pæ̃^{213}pæ̃^{53}/tæ̃^{53}]凳子。亦读若bǎn—bàn。种类有大板担（长条凳）、房面板担（中等长度条凳）、小板担（一人坐矮小板凳）等。

【绑身】[pɑ̃^{213}ʂən^{21}]棉坎夹。

【褓被】[pɔ^{213}pe^{53}]正方形的婴儿盖被。可用来与围腰（一种长布条）一起包裹婴儿，以驮在背上外出行走、下田劳作或操持家务。

【褓帔】[pɔ^{21}pʰɿ^{21}]类似大头巾的包婴儿的厚布，亦称褓袱皮。

【被单】[pe^{53}tæ̃^{21}]被子。

【被单叶】[pe^{53}tæ̃^{21}iɤʔ^{5}]被面。亦称“被单面”。

【被单里】[pe^{53}tæ̃^{21}ɿ^{213}]被里。

【被单筒】[pe^{53}tæ̃^{21}tʰəŋ^{45}]被褥及其里面的空间。亦叫“被窝筒”。

【被褥】[pe^{53}ʊ^{21}]被子。读若“被窝”。

【弊病】[pe^{53}pin^{21}]读若“背病”，不足、不利之处。如：“折叠伞好是好，～是容易坏。”

【背搭子】[pe^{21}tɤʔ^{5}tsə]夏天穿的背心。

【本子】[pən^{213}tsə]笔记本、练习簿。

【扁担绳】[pĩ^{213}tæ̃^{53}ʂən^{45}]与扁担配套的用以挑稻把、草等需要捆扎货物的麻绳。20世纪90年代后，多用尼龙绳或塑料编织绳。亦可统称一副扁担及其配套的绳子。

【扁担樨子】[pĩ^{213}tæ̃^{53}tʂᴇ^{53}tsə^{21}]扁担末端扣住绳索的突出物。“樨”读若“寨”。扁担主要分木、竹制两种。为防止担子的绳索滑落，一般竹制扁担的两端留宽少许，在与绳索接触处形成径向卡角；而木制扁担则在两端打眼，每端离末梢一两寸位置插两至三根圆榫，露出的寸余部分，称～。

【蹦蹦车】[pəŋ^{53}pəŋ^{53}tʂʰᴇ^{21}]20

世纪80年代至21世纪初乡镇及小城市常见的拉客机动三轮车。因其开起来发"蹦蹦"声、行驶时颠簸晃"蹦"而得名。亦名"大野鸡"。

【蹦蹦蹦】[pəŋ²¹pəŋ⁴⁵pəŋ²¹]同"蹦蹦车"。

【簸子】[pu⁵³tsə²¹]风中用畚箕扬谷时用以承接谷物的圆形、浅口、篾编容器。直径约两尺五寸,有寸余高沿口以供把握。臂长力大者可端起以簸扬谷物。平时多用于晒制各种物品。

【菜锅】[tsʰE⁵³kʊ²¹]炒菜的小锅。

【擦皮】[tsʰɤʔ⁵pʰɿ⁴⁵]橡皮擦。"擦"读若cào。

【撮锨】[tsʰɤʔ⁵ɕĩ²¹]读若"拣锨"。铲拣东西的大铁锨。

【草扒子】[tsʰɔ²¹³pʰa⁴⁵tsə²¹]用以扒集碎草、草末的竹制农具。

【草纟勾】[tsʰɔ²¹³kəʔ⁵tɕiɯ⁵³]通过粗略的手腕转动或搓扭,使乱草绞绕成可抓取的一把、一条、一团状。"纟勾"字指草,是很古老的用法,古籍上有"询于纟勾荛"一词,意广询博问。

【草绕子】[tsʰɔ²¹³iɔ⁵³tsə²¹]读若"草要子"。单手用草(多为稻穰草)旋转绕结制成的疏松简陋的粗绳,用于捆草。

【焯子】[tsʰe²¹tsə²¹]烧水壶。

【碜】[tsʰən²¹³]读若第三声的"村",①身上的泥垢。②灰尘、沙土、麦芒、草末等易致人皮肤发痒的细小脏物。亦做形容词,表示撒娇、发嗲。

【撑筋】[tsʰən²¹tɕin²¹]骨架、衬里。

【撑劲】[tsʰən²¹tɕin⁵³]支撑物(如伞骨)的张力、物体的强度与刚度。

【车轱辘】[tsʰE²¹ku⁴⁵lu⁵³]车轮子。

【车屁股】[tsʰE²¹pʰɿ⁵³ku²¹]车子的尾部。一般来讲,车前部叫"车头"(但板车的车头为车轮轴),车厢或车子主体叫"车身"。

【茶缸】[tʂʰa⁴⁵kã²¹]一般指圆柱体的搪瓷缸。

【权穰】[tʂʰa²¹zã²¹]用于叉、拢草料的木柄铁制农具。长约六尺,两微弯铁叉齿长约七寸,叉口间宽约五寸;齿粗约一厘米,末端扁尖。

【柴刀】[tʂʰE⁴⁵tɔ²¹]用于居家劈柴,山间削砍树枝、荆棘的砍刀。刀背厚重，刀身长约尺半，宽两寸，于末端成弯曲倒钩状；木柄长八寸左右，微翘，与刀身不在同一平面。

【铲子】[tʂʰæ²¹³tsə²¹]农村田间栽培作物幼苗、采挖蔬菜、铲除少量杂草的铁制工具。可单手握持，又名"小铲子"。形如小型叉口铁锹，长三寸，铲口宽两寸余；木柄长约八寸，顶端垂直装一根三寸长握把。

【耖】[tʂʰɔ⁵³]耙田后将土壤梳耙得更细更平的小型耙。一般赖手力，人不站其上。

【嗤花】[tʂʰɻ̩²¹³xua²¹]魔术弹之类的烟花。

【绸子】[tʂʰɯ⁴⁵tsə²¹]丝绸质织物。亦称绸子布。

【臭蛋】[tʂʰɯ⁵³tæ⁵³]指樟脑丸。

【戳子】[tʂʰɤʔ⁵tsə²¹]印章。

【捶棒】[tʂʰue⁴⁵pã⁵³]旧时洗衣时捶打衣物的木制工具。棒身扁圆，握柄圆细上翘，长约一尺半。

【矗网】[tsʰɻ̩²¹uã²¹³]读若"磁（轻音）网"，捕鲦鱼的粘网。

【起子】[tʂʰɻ̩²¹³tsə²¹]螺丝刀。

【算子】[tʂʰɻ̩⁵³tsə²¹]用木条或竹条扎制、架在锅内壁以蒸制食物的器具。读若"气子"，又名"锅叉子"。

【刺篱子】[tsʰɻ̩⁵³lɤʔ⁵tsə]荆棘、灌木，或刺手、不好割、不好烧的杂草。也称"柯落子"。

【大字】[ta⁵³tsɻ̩⁵³]毛笔字。

【裪冷裍裤】[tsʰɯ⁴⁵lən²¹³kua⁵³kʰu⁵³]旧时棉衣、外衣与内衣之间的衣服，类似今日的秋衣和薄毛衣。"裪"方言读若cóu。

【粗碗】[tsʰu²¹ũ²¹]低档瓷制或陶制侈口圆腹浅圈足大碗，多素釉无图案，或描绘简单纹饰。

【大板凳】[ta⁵³pæ²¹³pæ⁵³/tæ⁵³]与大桌配套的长条凳。

【大氅】[ta⁵³tʂʰã²¹³]大衣。

【大肚盒子】[ta⁵³tu²¹³xɤʔ⁵tsə]旧式驳壳枪。又称"二十响"。

【大皮】[ta⁵³pʰɻ̩⁴⁵]板车、自行车等轮胎外皮。

【大笤帚】[ta⁵³tʰiɔ⁴⁵tʂu⁵³]细竹梢用铁丝编扎于竹竿上的、需双手握柄运作的大扫把。读若"大条住"。主要用作收拢晒谷场上谷物、扫收细枝草末，或日常清扫较大面积的地块。昔时可被小孩子用来捕捉蜻蜓。现多为环卫工人扫街用。

【大踊皮鞋】[ta⁵³ĩ²¹pʰ⁴⁵ɕiɛ⁴⁵]大皮鞋、深筒皮鞋。"踊"此处读若"烟",原指古代受过刖刑(砍脚)者所穿的"义鞋"或假腿。《左传》:踊贵屦贱。章太炎《新方言》注:踊为刖者所箸,贯胫而下无跗,踊之言通也;凡贯胫骨者皆得此语;今人谓鞾靿贯胫处曰鞾踊……后人言深雍鞾,雍壅皆即踊字。故合肥方言中"大踊"即指"深筒"。

【大烟土】[ta⁵³ĩ²¹tʰu²¹³]鸦片。

【大桌】[ta⁵³tʂuɣʔ⁵]堂屋中间靠香案旁摆放的方形桌子。一般三尺三寸见方,用硬木树制作,以枣树板为上品,偶见由紫檀等名贵料打制。

注:大桌是农村家庭最重要的家具,无论是一日三餐,还是节日团聚、红白喜事、议事定夺、招待宾客、搓麻娱乐,均离不开它。大桌方正稳重,是一个家庭堂屋的脸面和灵魂,故旧时税赋纠纷、搬走人家大桌是一个非常有效的警告手段,涉事家庭无论如何也要设法将其夺回或赎回。能否打出一张严丝合缝、四平八稳的大桌,也是旧时木匠学徒可否出师的评判标准。一般配四只长条凳,坐八人,也叫作"八仙桌"。

【大字本】[ta⁵³tsʅ⁵³pən²¹³]小学生练习书法描红的本子。

【大野鸡】[ta⁵³ia²¹³tsʅ²¹]读若"大雅机",20世纪80年代起遍布城乡拉载短途客人的人力或机动三轮车。

注:野鸡喻指旧时站街拉客的妓女,引申为未办执照、四处"打游击"的低等营生。因此种三轮车不少为无照经营,或因车况、宰客、城市创建等原因经常被交警、城管追撵查扣,多做"游击"式生意,故得此名。

【单】[tæ̃²¹]普通睡床及其上的垫褥总称。

【单鞋】[tæ̃²¹ɕiɛ⁴⁵]鞋帮不夹棉絮的浅口布鞋。

注:昔时百姓冬季穿棉鞋;夏季赤脚或穿草鞋,早晚穿靸鞋,雨天赤脚、穿胶鞋或木屐;其余季节均穿单鞋。大致分圆口、方口两种。

【单衣】[tæ̃²¹ŋ²¹]①没有夹棉花的衣服。②可用作形容词,表示衣着单薄。

【掸帚】[tæ̃²¹³tʂuɯ²¹³]过去常用的用羽毛制作的拂尘工具。

【铛刀布】[tã⁵³tɔ²¹pu⁵³]礕刀布。

昔时剃头匠用以铔磨刮胡子刀片的长条状厚布。

注：铔刀布长期使用后，呈油黑发亮状，故过去形容小孩衣裳之脏，常说"像～一样"。

【倒头饭】[tɔ²¹³tʰɯ⁴⁵fæ⁵³]合肥人吃饭，讲究规矩。忌将筷子插进饭碗里，类同祭祀鬼神，此称为"倒头饭"；或吃完饭将筷子横担在空碗上；亦不能用一支筷子吃饭。这些行为均被视作不吉利。

【稻箩】[tɔ⁵³lʊ⁴⁵]用于挑运谷物的竹制容器。底方口圆，箩高、口径均两尺左右；有麻绳自底部交叉，沿箩壁框架处系束，于口沿上方形成两根作为提手和挑运受力索的长约两尺的绳环。

注：稻箩大致分两种，一是以竹丝编制，单箩盛谷约八十斤；一种稍大，以篾片编成，较皮实，称"筚（bí）稻箩"，能装稻谷百斤。除装挑稻谷、麦子、菜籽等谷物外，稻箩平时还是临时盛放、挑运一般散货的主要工具。逢集、赶集时，悠悠扁担下的空箩里一头装着小孩，一头载着小猪、小鸭、日用杂货，也是寻常风景。

【碓窝】[te⁵³ʊ²¹]旧时舂制稻米的石器。其上有半球形的石窝盛放被舂稻谷。

【碓嘴】[te⁵³tse²¹³/tsue²¹³]与碓窝配套的石锤。重十余斤，有孔与木柄相连。

【掇桶】[tɤʔ⁵/tuɤʔ⁵tʰən²¹³]矮而粗的桶，其壁厚而结实，常用来捣制食物或盛猪食。合肥方言读若"得桶"。一作"柮桶"。

注："掇"的本义是用双手端、拿，因此桶无拎把，使用时只有双手端着。另凡字带"叕"偏旁、读音类似或其音转的字多表示短促之意，如古吴语称短物为毲，《广韵》释短头为頰；今谦称短浅见识曰拙。故此矮壮木桶应写作掇桶。该词还可用来比喻人，说人"像掇桶一样"，一是比喻小孩长得垛实、抱起来较沉；二是讽刺某人懒惰，坐在一个地方既不干事、又不让人。

【褡裢子】[tɤʔ⁵liĩ⁵³tsə²¹]（名）旧时随身扎带的装钱长条布口袋。偶指布纽扣或背心。

【褡襻子】[tɤʔ⁵pʰæ⁵³tsə²¹]用布条搓盘而制的纽扣或搭扣。

【搭头】[tɤʔ⁵tʰɯ²¹]零头。过去

商家称量商品时额外给顾客的少量优惠。

【灯草席子】[tən²¹tsʰɔ²¹³ɕiəʔ⁵tsə]用灯草（蔺草）编制的席子。与纱帐、芭蕉叶扇一道，是旧时夏季床铺的标配。

【灯草绒】[tən²¹tɔ²¹³zəŋ⁴⁵]灯芯绒。读若"登到绒"。

【囤子】[tʰən²¹tsə²¹]围拢存放粮食的长条席子。亦用"篅"。同"苫子"。

【铫子】[tiɔ⁵³tsə]炖东西用的砂锅。

【吊吊灰】[tiɔ⁵³tiɔ⁵³xue²¹]悬飘在屋顶和墙壁上，星星点点呈团条或絮状的陈年积尘。

【屌尻】[tiɔ²¹³kʰɔ²¹]（粗俗词）钱。如："一个～没有，这事有什么干头？"

【电灯】[tĩ⁵³tən²¹]指手电筒。

【垫之】[tĩ⁵³tʂə]垫褥、垫絮、垫单等。

【丁丁子】[tin²¹tin²¹tsə]很小的一小块（团）东西。

【顶顶子】[tin²¹³tin⁵³tsə²¹]顶针。

【叮啷子】[tin²¹lɑ̃²¹tsə]铃铛。

【钉耙】[tin²¹pʰa⁴⁵]昔时农民用以耙碎土块或耙拢肥料的铁齿状工具。

【兜兜】[tɯ²¹tɯ²¹]小孩穿的兜肚。

【垛柜】[tʊ⁵³kue⁵³]一种较矮的柜橱，用以存放棉絮、衣物等。

【多宝格】[tʊ²¹pɔ²¹³kɤʔ⁵]放古玩、珍宝的有许多格子的架子或柜。亦称"多宝橱"。

【饭箕子】[fæ̃⁵³tsʰ˩⁵³tsə]用捶熟的草密实编成，或用稻草捶揉搓绳编制而成的圆筒状容器。有盖，主要功能是使饭菜保温一段时间。因与外面空气流通被基本阻断，饭锅、菜碗放入其中不会快速变凉。

【饭焙子】[fæ̃⁵³u⁵³tsə²¹]通：饭箕子。

【纺车】[fɑ̃²¹³tʂʰɛ²¹]由竹片、线绳、锭针、摇柄和木架制成的旧式纺车。用以纺织粗布的棉锭，也称"纺棉车"。

【扉子】[fe²¹tsə²¹]（用于排队或结算的）票号。

【粪桶】[fən⁵³tʰəŋ²¹³]置于屋内供人解手和于屋外挑运人粪的木制

容器。圆桶状，口稍大，直板箍制。现多为塑料制。用一根以火育成三脚架形状的竹片作提手。

【坌箕】[fən⁵³tsə]读成"奋子"，俗作"粪箕"或"畚箕"。 撮纳屋内外地面灰尘、垃圾的容器（"坌"的本义指灰尘）。旧时多为铁皮制，无把、易锈蚀。使用时弯腰单手持后壁，以迎合扫帚动作扫灰入箕。现多为塑料制，加装手把，直腰便可撮脏。

【浮靛】[fu⁴⁵tin⁵³]读若"浮定"。蓝藻。

【盖之】[kɛ⁵³tsə]被褥。

【杆网】[kæ̃²¹³uã²¹³]亦称"赶网"，一种渔网与两根竹竿相连接的捕鱼工具。详见动词部分"赶鱼"条目。

【钢盛锅】[kã²¹tʂʰən⁴⁵kʊ²¹]"钢精锅"的音变。

【钢骑车】[kã²¹tsʰʅ⁴⁵tʂʰɛ²¹]自行车。又名：钢轮车、脚踏车。

【杠子】[kã⁵³tsə²¹]两人以上抬起重物的工具。功能类似扁担，由胳膊粗毛竹制成。

【高掌帽】[kɔ²¹tʂã²¹³mɔ⁵³]借音

词。20世纪初流行的圆檐礼帽。

【割刀】[kɤʔ⁵tɔ²¹]割炬。

【角子】[kɤʔ⁵tsʅ²¹³]读若"各籽"。硬币。

【纥绖】[kəʔ⁵təʔ⁵]绳、线的打结或不平顺处。

【纥勼】[kəʔ⁵tɕiɯ⁵³]一团、一丛线状物，如：草～。

【圪壁】[kɤʔ⁵piəʔ⁵]读若"搁鳖"，垫圈状物。

【褂子】[kua⁵³tsə]外衣。

【光脸纸】[kuã²¹lĩ²¹³tʂʅ²¹³]一种表面光洁、平整细腻的纸张，常用来裁订本子。

【锅】[kʊ²¹]一般指铁锅，规格以"张"计。五张（五口人使用）以上为煮饭用大锅。

【锅叉子】[kʊ⁴⁵tʂʰa²¹tsə²¹]蒸东西用的算子。

【锅洞】[kʊ²¹təŋ⁵³]旧式锅灶的锅膛。

【锅烟灰】[kʊ²¹ĩ⁴⁵xuɛ²¹]锅底因一段时间烟熏火燎而结的灰渣积碳。

【锅烟圈】[kʊ²¹ĩ⁴⁵tɕʰyĩ²¹]亦叫"锅圈灰"，将烧了较长时间的铁锅倒扣在地，铲除上面积碳而在地面形成的黑圈。旧传此黑灰圈不能跨，不然走夜路会怕。

【管子】[kũ²¹³tsə]日常攞米工具之一。由竹筒或铁皮制成，柱形，半升容量。

【磙子】[kuən²¹³tsə²¹]用以打场、脱粒、磨粉等的石制工具。其两端凿寸余深圆孔、插入木轴以实现转动碾压。特指用牛拉的、打场脱粒用的石碾磙。

注：其中大磙子为圆台体，长两尺余，大头径约一尺八寸，小头径尺半，重约八百斤，在场地上作圆周运动。小磙子一般为圆柱体，做直线运动，用于少量庄稼脱粒、压实场地等辅助压碾活动，长两尺余，直径一尺，重三百斤左右。

【镢头】[kuɤ²¹tʰɯ²¹]锄头。读若"国头"。

【海碗】[xɛ²¹³ũ²¹³]盛饭用的大碗。口大底小，低圈足；多为青花白瓷，或白胎薄釉，仅于口沿外简单描一到两圈青色线条。

【汗褂子】[xæ̃⁵³tɤʔ⁵tsə²¹]夏天穿的中式背心。

【汗衣裳】[xæ̃⁵³ʅ²¹ã²¹]①贴身衣物。②夏天指换洗衣裳。

【黑墨】[xəʔ⁵mɤʔ⁵]墨锭。泛指墨汁、墨水。

【烘栏罩】[xəŋ²¹læ⁴⁵tʂɔ⁵³]用竹片、铁丝编制的，架在火坛上烘烤尿片、衣物的罩架子。

【猴子】[xɯ⁴⁵tsə²¹]骰子。

【胡琴】[xu⁴⁵tɕin⁵³]二胡。读若"胡进"。

【豁子】[xuɐʔ⁵tsə²¹]裂口、缝。

【豁阆】[xuɐʔ⁵lã⁵³]缺口。

【灰板子】[xue²¹pæ²¹³tsə²¹]一种类似大号乒乓球拍的撮灰用具。木制、长方形、短柄、微曲；与灰扒子一起，用以从锅膛里扒撮烧过的草木灰。

【灰扒子】[xue²¹pʰa⁴⁵tsə²¹]亦称"褪灰扒子"。一种木制掏灰工具，由一块四寸长、三寸宽的方形木板与一根三尺左右的木柄垂直卯接而成。

【灰碗子】[xue²¹uæ²¹³tsə²¹]瓦工所持盛泥浆的碗状敞口小桶。"拎～之"指泥瓦工。

【回力鞋】[xue⁴⁵liə²¹ɕiɛ⁴⁵]带海绵垫的老式胶底运动鞋。

【火】[xu²¹³]货物买卖中容器、外包装或其他非买者所需的重量。

注：将这部分重量计算入总价格的情形叫"连火"，如：连火30斤；不计入的称"去火"或"除火"。

【火表】[xʊ²¹³piɔ²¹³]电表。

【火叉子】[xʊ⁴⁵tʂʰa²¹tsə²¹]烧锅用的铁制拨火棍。一般长三尺余，前端呈"Y"形分叉，柄末段打成钩环。

【火钩】[xʊ²¹³kɯ²¹]亦称"抓钩"，昔时消防工具。由抓杆（三到五丈）和铁制弯钩（两到三齿）构成，重约五十斤。平时悬置于大户人家屋檐下。遇房屋失火，由数位壮汉操持，及时扒下屋顶着火的茅草、芦席，以免火势蔓延。

【火钳子】[xʊ²¹³tɕʰĩ⁴⁵tsə]夹持煤饼、煤球的铁制工具。因其状如长刃剪刀，亦称"火钎子""火剪子"。

【火锹子】[xʊ²¹³tɕʰĩ²¹tsə]褪炉渣的铁铲子。

【火坛子】[xʊ²¹³tʰæ⁴⁵tsə]旧日冬时的一种陶制取暖器。为钵状物，口大底小，口径约一尺，深半尺，有铜拎把，一般内放粗糠作为燃料缓缓焖烧，可持续数小时。

注：旧时人们三五一群，冬阳下坐在门口，脱鞋或连鞋将脚垫架于火坛口，边取暖，边纳鞋、抽烟、聊天，是寻常风景。谈兴正浓时，常有人惊呼"鞋底炕煳之！"才告一段落。此时，围着大人东窜西跑的小孩，胆大者往往会趁人不备，偷偷将蚕豆、花生等埋入火坛里烧着吃。有时，孩子们玩忘了，直到大人们闻到煳味才知道火坛里的秘密。

【荷包】[xʊ⁴⁵pɔ²¹]衣服口袋。

【换洗衣裳】[xũ⁵³sŋ²¹ŋ²¹ʂã²¹/ã²¹]一般指内衣、外套。

【枷钩】[tɕia²¹kɯ²¹]打井水和挑水时钩住水桶提手的钩子。分铁制和木制两种，长约一尺，一端拴在井绳上。铁制枷钩重约半斤，近绳端绞成麻花状，有穿绳环；木制钩多截取树丫杈的自然分叉打制。

【家私】[tɕia²¹sŋ²¹³]一件家具或家具总称，有时表示贵重衣物等。如：置一件家私。

【嫁妆箱】[tɕia⁵³tʂuã²¹ɕiã²¹]旧时的陪嫁箱。

【架子床】[tɕia⁵³tsə²¹tʂʰuã⁴⁵]有床顶、立柱、围板，雕刻精美的高档床。昔时为寻常家具，几乎家家都有。大致分拔步、踏步架子床两种；根据床前浅廊及楣檐数目，又分单檐、双重檐、三重檐等，最多时达四进、五重檐。高档架子床多为贵重木材打制，各部位特别是楣、檐、围板处均有精美雕刻。所雕刻内容多为纳福迎祥、读书及第、孝悌忠义、戏剧娱乐、多子多福等传统题材。有的在床柱上刻有楹联，如"鱼水千年合、芝兰百世昌""喜见红梅多结子、笑看绿竹又生孙""喜今宵双星巧会、贺来年贵了飘香""雪满山中高丄囙、月明林下美人来"等吉祥词句。床前大都配有恭桶柜、脚搭子（床前脚踏矮几）。讲究的在床内侧上方、围板内侧及浅廊两边还分别镶挂有书阁、点心格、镜子、玻璃烫金花鸟画、首饰或脂粉抽柜等。旧时大户人家床廊里空间较大，可坐、睡侍奉主人寝寐的下人，如通房丫头等。

【酱色】[tɕiã⁵³ʂɤʔ⁵]咖啡色。

【夹袄】[tɕiəʔ²¹ɔ²¹³/zɔ²¹³]薄棉袄。

【跻栏】[tɕĩ⁵³læ̃²¹]碗橱。读若"见栏"。

注：其方言发音在很多地方都相近，有叫"盖橱""盖栏"，还有叫"盖廊"或"廯廊"的。应为"跻栏"。"跻"（jiē）

字，古有存放食物场所之意。

【镜箱】[tɕin⁵³ɕiã²¹]昔时陪嫁品，类似今日的梳妆盒。为长尺余、宽七八寸、高半尺左右的一种木制彩绘小方箱，有铰链、搭扣、鋬子；翻盖内面镶镜子；内装梳妆打扮的各种用品，如簪子、梳子、篦子、脂粉、针线纽扣等，便于携带，是妇女居家旅行的必备物品。

【碱】[tɕĩ²¹³]指液体中所含或容器内壁所结的垢。如：茶～、水～、尿～等。

【子子子】[tɕyɤʔ⁵tɕyɤʔ⁵tsə²¹]方言读成"脚脚子"，指食物（尤指汤中）的残渣，或水中的污垢，亦指细小、仍可利用的东西（如草末），以及容器里的剩余物。"子子"两字通常合用，原指井中蚊子幼虫，似引申为"小的、剩余的物质"。

【卷子】[tɕyĩ⁵³tsə²¹]借音词。毽子。

【酒盅】[tɕiɯ²¹³tʂəŋ²¹]旧式陶制酒杯。

【酒壶】[tɕiɯ²¹³xu⁴⁵]斟酒壶。

注：旧时合肥地区的酒壶多为陶制，紫黑色居多，形如小茶壶，装酒四两

左右，可用来温酒。

【囤子】[kʰã⁵³tsə²¹]储藏稻麦的土瓮或仓壁。偶指用干土贮藏鲜山芋的部位，如墙角或床底下。

【壳子】[kʰɤʔ⁵tsə²¹]套在外面的东西：信～、书～。亦说"壳落子"。

【筷箸】[kʰuɛ⁵³tʂu⁵³]放置筷子的容器。旧时多为透雕陶器或砖雕。

【褡子】[kʰue⁵³tsə²¹]布纽子、绳结。

【裤带】[kʰu²¹tɛ⁵³]系裤子的布质绳带。今指皮带。

【裤腰】[kʰu²¹iɔ²¹]裤子口袋（尤指装钱的口袋）。如："出门～要揣两个钱。"亦称"荷包"。

【拉子】[la²¹tsə²¹]①船厂里应用撬棍和螺杆螺帽运动原理拉紧外壳板与骨架间隙的自制工具。②偶指花兰螺丝。

【拉斯】[la²¹sɿ²¹]借音词。垃圾。

【篮子】[læ⁴⁵tsə²¹]手挎、手拎的竹制器皿，是昔日城乡随处可见的重要日常用具。

注：篮子种类较多，主要有：①猪头篮。篮子中最大的一种，口大、把粗、鼓腹，多圆口，径约五十厘米，连把高约

六十厘米；由剖开的细竹竿或带皮细竹条编制，极为皮实；平时装运蔬菜、猪草等大宗物品，挂上枷钩可当作小箩担物，也可用以淘洗山芋。②提篮。细篾片编，长近两尺，宽一尺，深七寸左右，用于手提携带较轻且贵重的东西，如挂面、鸡蛋、鱼肉等，是上集、走亲戚的必备工具。③淘米篮。一种由篾丝编制、在篮底形成比米粒稍小缝隙（刚好滤出细砂）、口径一尺许的半球形篮子，用于淘米。④面篮。筛小麦面等粉状食品的细筛子。⑤猫叹气。装鱼肉等食品、能吊起来以防猫偷吃的带盖篮子。

【老布】[lɔ²¹³pu⁵³]昔时农户用自纺棉线织出的粗布。

【老吊】[lɔ²¹³tiɔ²¹]吊车。

【老套筒】[lɔ²¹³tʰɔ⁵³tʰəŋ²¹]老式汉阳造步枪。

【淖泥】[lɔ²¹³mɿ⁴⁵]路面上因雨雪后行人践踏而形成的烂泥。偶指河塘底的淤泥。

【笠子】[liəʔ⁵tsə²¹]旧时斗笠。

【力士鞋】[liəʔ⁵sɿ²¹ɕiɛ⁴⁵]橡胶底球鞋。也称"回力鞋"。

【凉床】[liã⁴⁵tʂʰuã⁴⁵]竹片制作、缝隙较小的床。

【亮格柜】[liã⁵³kɤʔ⁵kue⁵³]无门，通透，放置装饰品、糖盒等小型物品的柜架。

【醸子】[liã⁵³tsə²¹]打水小桶。"醸"原义"酿酒"，后引申为一次酿制的量，再引申为容器。《前汉·食货志》：一醸用粗米二斛，曲一斛，得成酒六斛六斗。

【裂子】[liɤʔ⁵tsə²¹]裂缝、小伤口。如：手给刀剜（割）个小～。

【零之】[lin⁴⁵tʂə]零钱、小面额的钱。

【拎包】[lin²¹³pɔ²¹]手提包。

【尿碗】[liɔ⁵³uæ²¹³]旧时搲尿和粪肥的瓢子，俗称"尿碗子"。以短窄木板拼箍，碗形、直壁、长柄。后期基本上都用塑料制作。

【镰刀】[liĩ⁴⁵tɔ²¹]割草、割麦子的铁制工具。长约六寸，柄箍处宽寸半，外端收窄，装于尺余长的木柄一端，手握处翘弯。

【连枷】[liĩ⁴⁵tɕiɛ²¹]读若"连阶"，脱粒工具。由六至八根竹片的侧面扎成长近两尺、宽约半尺的长方形枷头，用一短轴与约六尺长木柄垂直活络相连。农民挥动连枷柄一次，枷头则转动一圈击打在秸秆谷穗上。

【纽子】[liɯ²¹³tsə²¹]纽扣。

【牛桊】[liɯ⁴⁵tɕyĩ⁵³]牛鼻桊，一种穿在牛鼻子上的牵牛工具。木制，长约三寸，大体为圆柱状，一端呈锥形有孔以穿牛绳，锥底比桊身稍粗。这样穿入牛鼻后不致脱落。

【牛屎粑粑】[liɯ⁴⁵ʂʅ²¹³pa²¹pa²¹]将牛屎糊在墙上晒干而成的牛屎饼。为昔时少数农民冬天的一种辅助燃料。因其能缓慢焖燃，主要用来煮粥。方法是将米烧开后，架上两三块牛屎饼继续焖烧熬煮。这样熬出来的粥非常香，故有谚：牛屎煮稀饭，又香又好干。

【龙头】[ləŋ⁴⁵tʰɯ⁴⁵]指自行车把。

【箩筐】[lʋ⁴⁵kʰuã²¹]顾名思义，是一种形状与体积都介于箩与筐之间的装运土、粪的藤制穿绳圆筐状容器。口径尺半余，底径稍小，深约二十厘米。比屎筐子大一倍，一般由两人抬运。

【马虎帽】[ma²¹xu⁴⁵mɔ⁵³]一种覆盖头颈、只在脸面开个口子的帽子。

【帽招子】[mɔ⁵³tʂɔ²¹tsə]帽檐。

【猫尿】[mɔ²¹se²¹]贬指酒。

【沫洛子】[mɤʔ⁵lɤʔ⁵tsə²¹]浮在液态物表面的泡沫状杂质。

【末末子】[mɤʔ⁵mɤʔ⁵tsə²¹]指无甚价值的剩余物、碎屑。通"沫洛子"。

【木屐子】[mə²¹tɕiə²¹tsə]旧时木质高底雨鞋。鞋帮一般以细麻绳编成，可不脱布鞋穿之。

【门单】[mən⁴⁵tæ²¹]以门板和长条凳搭成的临时床铺。

【门钉钉】[mən⁴⁵liɔ²¹³liɔ⁵³]装在门中心、用以锁门的铁制搭扣。

【门栓子】[mən⁴⁵ʂuæ²¹tsə²¹]门闩上的木制插销。

注：一般大门装两道门闩，后门及房门装一道闩。少数手巧的木匠能在栓子前端设置机关，使家人能于门外拨开门，而外人无从下手。

【泥揭子】[mɻ⁵³tʰɤʔ⁵tsə²¹]瓦工用的抹泥刀。与瓦刀、灰碗一起称为瓦工的三件标志性工具。"泥"读若"密"。

【篾笆子】[miɤʔ⁵pa²¹tsə²¹]用竹条横向钉在木档上制成的竹床板。

【篾席】[miɤ²¹ɕiə²⁵]竹篾编的席子。

【面糊】[miĩ⁵³xu²¹]糨糊。

【面篮】[miĩ⁵³læ²¹]一种直径约四十厘米、深约十厘米的细筛。主要用于筛选小麦面等细粉状食物原料。

【棉车】[miĩ⁴⁵tʂʰE²¹]同"纺车"。

【棉柴】[miĩ⁴⁵tʂʰE⁴⁵]冬天摘过棉花的棉秸秆。

【棉盾】[miĩ⁴⁵tən⁵³]借音词。夹絮厚棉背心。

【棉夹子】[miĩ⁴⁵tɕiəʔ⁵tsə]夹袄。特指较薄的夹絮棉背心。

【棉袍】[miĩ⁴⁵pʰɔ⁴⁵]棉袄。

【棉衣】[miĩ⁴⁵ɻ²¹]装上棉絮的衣服，如棉袄、棉裤、夹袄之类。

【摩托卡】[mʊ⁴⁵tʰɤ²¹kʰa²¹³]摩托车。

【孟】[məŋ⁵³]借音字，读若mòng，咸菜坛里咸水表层或酱油、醋表面长出的白醭霉衣。

【笿笿】[mʊ²¹mʊ²¹][məŋ²¹məŋ²¹]旧时小孩用的竹碗，古称"竹筥"。该碗巧妙地利用竹节部分的中隔做底。

【蒙褂子】[məŋ⁴⁵kua⁵³tsə²¹]棉袄外面的单层衣服。其作用是罩护住棉袄。

【𧛔裆裤】[mən⁴⁵tã²¹kʰu⁵³]不开裆的裤子，昔时四五岁以上的小孩始穿。"𧛔"读若"蒙"，带有此偏旁的多有覆盖、遮隐之意。《新方言·释言》：今浙江谓物无窍穴为𧛔。

【瓮子】[əŋ²¹tsə²¹]用熟泥掺搋稻草抟盘糊制的容器。圆口、鼓腹。大瓮高五尺、口径三尺左右，小瓮高三尺以下。一般用来装谷物。

【箄】[pʰɛ⁴⁵]竹排筏子。

【绊绊籍籍】[pʰæ̃⁵³pʰæ̃²¹lɤ²¹lɤʔ⁵]借音词。喻指荆棘、藤状物等品质较差的植物燃料。可做形容词，意为绊手绊脚。

【襻子】[pʰæ̃⁵³tsə²¹]布纽扣，鞋的提拔部位：纽～、鞋～。亦称搭～。

【鋬子】[pʰæ̃⁵³tsə²¹]用具的提手、家具的搭扣：桶～、门～。

【皮】[pʰʅ⁴⁵]指皮棉。偶贬称制服。

【皮夹子】[pʰʅ⁴⁵tɕiəʔ⁵tsə²¹]钱包。

【皮线】[pʰʅ⁴⁵ɕĩ⁵³]电线。

【披风】[pʰʅ²¹³fəŋ²¹]帔。

【箄稻箩】[pʰʅ⁴⁵tɔ⁵³lʊ²¹]读若"皮稻箩"。用篾片编制的较大稻箩。

【屁股】[pʰʅ⁵³ku²¹]泛指物体的后部，如车～、船～、香烟～（烟蒂）。

【屁股兜子】[pʰʅ⁵³ku²¹/ʰku²¹³tu²¹tsə]幼儿穿在开裆裤后面御寒的夹絮围襟。

【瓶梓子】[pʰin⁴⁵tsʊ⁴⁵tsə²¹]瓶塞。

【（船）篷】[pʰəŋ⁴⁵]船帆。昔时船家忌"翻"的谐音，故用"篷"字。

【盘缠】[pʰəŋ⁴⁵tʂʰəŋ⁵³/tʂʰiɪ⁵³]路上花费。

【卡】[tɕʰia²¹³]读若qiā。①菜肴里鱼、家禽的刺或小骨头。②形容菜里没有多少肉。③比喻人极瘦。

【枪铜】[tɕʰiã²¹tʰəŋ⁴⁵]子弹壳。

【铅角子】[tɕʰiĩ²¹/kʰæ̃²¹kɤʔ⁵tsə]硬币。亦读若"看各子"（kān-gé-zī）。同义：角子。

【青气】[tɕʰin²¹tsʰʅ²¹]植物叶子的原味。

【缺齾】[tɕʰyɤʔ⁵ia²¹]读若"缺丫"，容器口沿的残缺处。古通"憩"。《说文》：憩为伤创。《新方言》：故引申为残缺……齾𡮉音义并同，今人谓物缺处为缺憩……亦名为额……江东呼额为讶。今俗作"阙垭""缺丫",指一般的豁口、空缺,也指在田埂上挖开一小段供放水的缺口。

【热瓶】[zɤʔˀpʰin⁴⁵]热水瓶。

【绒绒子】[zəŋ⁴⁵zəŋ⁴⁵tsə²¹]能飘在空中的碎棉绒、花絮等细碎物。

【写字台】[se²¹³tsʅ⁵³tʰE⁴⁵]书桌、办公桌。

【随身衣裳】[se⁴⁵səŋ²¹ŋ̩²¹ʂã²¹/ã²¹](出门所带的)换洗衣服。

【靸鞋】[sɤ²¹ɕiɛ⁴⁵]拖鞋,又名拖子、靸子、靸板子、跋板子。

注:靸鞋旧时多为自制,鞋底早期由木板锯成,后多用旧板车皮;鞋襻子先后由布条、麻绳、电线等充任。20世纪70年代起泡沫底靸鞋始流行。

【纱褂子】[ʂa²¹kua⁵³tsə]粗棉线织成的上衣。

【纱裤子】[ʂa²¹kʰu⁵³tsə]粗棉线针织的裤子,保暖效果如今日之薄羊毛裤。

【筛子】[ʂE²¹tsə²¹] 一种竹制用具。通过以前后方向为主、侧向回旋为辅的反复平面运动,将谷物中的沙粒、灰尘等滤筛掉。根据竹丝编成的筛眼大小,分粗筛、细筛两种。

【山镢】[sæ²¹kuɐʔ⁵]窄口重镢。形如锄头,窄而重,用于刨掘树根等。

【升子】[ʂən²¹tsə²¹]旧时量谷具,四方棱台形,口长六寸余,深约三寸,中有隔板,隔为两个半升,底略收。

【屎叉子】[ʂʅ²¹³tʂʰa²¹tsə²¹]撮取单泡狗屎、猪粪的齿状工具。叉头铁制,长约四寸,宽约三寸,由五至八个微弯铁齿组成。木柄长约三尺,与叉头呈直线连接,使用时向外叉取。

【屎刮子】[ʂʅ²¹³kuɐʔ⁵tsə²¹]撮取单泡畜粪的铁制铲状工具。铲身与木柄呈垂直状,使用时向内铲取。

【屎筐子】[ʂʅ²¹³kʰuã²¹tsə]比箩筐小的一种挑运筐子。虽因装运猪屎、牛粪等肥料而得名,旧时却多用于挑运工具。

【苫子】[ʂĩ⁴⁵/ʂən⁴⁵tsə²¹]用以围囤粮食的长条形芦席或草编、竹编席子。读若shīn-zī,亦名"苫子"。

【手巾】[ʂɯ²¹³tɕin⁵³] 读若"手净"。①毛巾。有时指手绢。②头巾(亦称"扎头巾")。

【手擦子】[ʂɯ²¹³tsʰɤʔ⁵tsə²¹]手帕,一称"手缲子"。

【手绨子】[ʂɯ²¹³liə²⁵tsə²¹]手绢。读若"手立子"。"绨"原指古代妇女出嫁时所系的佩巾，故出嫁又称"结绨"。

【寿材】[ʂɯ⁵³tsʰE⁴⁵]棺材。

注：据《合肥市志》，昔时七十岁以上古稀老人去世，被视为寿享天年，是"白喜事"。许多家庭，上人一入暮年，即准备寿材，既表孝心，又让老人放心。传此举能保上人免灾、安康长寿。置办寿材，不兴讲价。富裕人家所办之寿材，讲究料整材厚，多取上等木材加工成"十圆""十二圆"；经油漆后外观红亮，于内屋存放，内有细纱布护衬，外覆红绸布。

【寿衣】[ʂɯ⁵³ʅ²¹]亦称"老衣"，即老人死后所穿之衣。面料为棉布，称作"生布"。颜色多为黑色，衬里为白色或红色。件数成单，男为长袍和棉裤，女为斜开襟棉袄和棉裤，不钉纽扣。老衣忌皮毛质地。鞋为毛口、不绲边。早年间还为亡者冠戴瓦楞道士帽加飘带。

【熟铁】[ʂu²¹tʰiɤ²⁵]钢。

【水鳖子】[ʂue²¹³piɤ²⁵tsə]借音词。水壶。尤指小口、有盖、能随身带的水壶。

【水车】[ʂue²¹³tʂʰE²¹]古名"翻车"。旧时提水灌溉的木制工具。为长方形笼，内成回路般装有数十块方形叶板。泵水时，将其倾斜放置，一头入水，一头置于过水的沟渠上方，由两到六名壮汉，通过用连杆快速摇动车头的曲轴，或踩动踏板的协同动作，驱动叶板持续循环汲水、戽水。

【水筹】[ʂue²¹³tʂʰɯ⁴⁵]昔时事先购买、用于在"水锅炉"打开水的筹码。20世纪70年代中期一般两分钱一筹。多用长三寸、宽半寸、厚约两毫米的竹片烫字制成。

【水枪】[ʂue²¹³tɕʰiɑ̃²¹]昔时一种自制的、能喷射水的儿童玩具。

注：水枪的制作流程，取一尺许一头带中隔的竹竿，在中隔上钻一个小孔；再用筷子一头裹扎棉布，使其成为刚好能塞进竹筒，并能通过抽与推的动作完成吸水、射水的活塞，水枪由此制成。

【水桶】[ʂue²¹³tʰəŋ²¹³]昔时从井里打水的木桶。

注：水桶为直木板条用铁环箍制，

底部略收，上方有提梁。少数鼓腹。一般装水五十斤左右。

【水舀子】[ʂue²¹³iɔ²¹³tsə]从水缸里取水的工具。一般水舀子容积两升左右。

【西抹油】[sʅ²¹mɤ²¹iɯ⁴⁵] 借音词。旧时一种头油。

【四片瓦】[sʅ⁵³pʰĩ⁵³ua²¹³]过去一种棉鞋式样。其接缝在鞋面正中。

【洗衣裳板】[sʅ²¹³ʅ²¹ã²¹pæ²¹³]搓衣板。

【细碗】[sʅ⁵³ũ²¹]细瓷碗。

【死不丢】[sʅ²¹³pəʔ⁵tiɯ²¹]一种用以装卸钢板、木材的夹具。因为重力线落在夹舌上，使得咬合点实现自锁而夹紧钢板或箍住钢丝绳。

【嗦嗦子】[su²¹su²¹tse]流苏。

【絮】[sʮ⁵³]亦叫"棉絮、棉花絮"，被套里的棉絮胎。以斤论厚薄，一般冬盖厚絮重八斤以上，薄絮重五斤以下。

【虚头】[sʮ²¹tʰɯ²¹]夸张的部分。

【须须子】[sʮ²¹sʮ²¹tsə]物体表面的线状、须状部分，如玉米须、流苏等。

【台】[tʰE⁴⁵]夏天在屋外搭的、供乘凉和晒食品的架子。

注：昔时部分有木料和壮劳力的人家，寻空旷平地打四根高桩，于一人高位置绑扎两根或四根横撑，上铺篾笆、门板，一个"台"就搭成了。可供白天晒酱、鱼干、干豆角、被絮等；晚上一家人在上面乘凉、睡觉，既避暑热又可防狼。

【抬秤】[tʰE⁴⁵tʂhən⁵³]过去大户人家和油坊、糟坊等处常备，集市上猪行、柴草行、米店等商号使用，称量较重物品的一种大秤。其上有一到两个穿"抬杠"的铁环，需两个或四个人抬起过秤。其秤星起始点多在三五十斤，能称四五百斤重。比它小一点的叫"大秤"，一到二人可操作，一般可称重百斤上下。称重三十斤以下、能一个人一手提重一手抹动秤砣线的为"小秤"，秤星可精确到半两；部分商店的秤精确到"钱"。一般家庭只用到小秤。

【炭】[tʰæ⁵³]煤炭。

【耥耙】[tʰã⁵³pa⁵³]一种轻型耙。

【溏鸡屎】[tʰã⁴⁵tsʅ²¹sʅ²¹³]鸡拉的稀屎。

【膛灰】[tʰã⁴⁵xue²¹]旧时灶膛里的草木灰。又名青灰。

【塘泥】[tʰã^{45}mɿ^{45}]塘底的淤泥。

【踏板】[tʰɤʔ^{5}pæ̃^{213}]床前供上下床落脚、放鞋的木制矮脚长条踏步。

【挑子】[tʰiɔ^{21}tsə^{21}] 借音词。勺子。又名“挑挑（子）”。

【笤竺】[tʰiɔ^{45}tʂu^{53}]一般指家庭扫地所用的短柄笤帚、扫帚。旧时多以高粱糜子茎秆用麻绳细密扎制。也有用干扫帚苗、椰棕丝为材料制作。

【铁环】[tʰiɤ^{21}xuæ̃^{45}/kʰuæ̃^{45}]昔时孩童用于“滚铁环”游戏的铁箍玩具。多取自废弃的水桶、尿桶。

【铁瓢子】[tʰiɤ^{21}pʰiɔ^{45}tsə]从锅里掠取稀饭等液态食品的半球形长柄大勺。20世纪70年代底前多为铁制，后渐用铝制勺。

【通子】[tʰəŋ^{21}tsə]通煤球炉子的J形细铁棍或粗铁丝，用以使氧气进入炉底的在燃煤球层，或掏落煤渣灰烬。

【头绳】[tʰɯ^{45}ʂən^{45}]毛线。也偶指粗棉纱彩线。

【头绳褂子】[tʰɯ^{45}ʂən^{45}kua^{53}tsə^{21}]用毛线或粗棉纱线针织的上衣。

【土锹】[tʰu^{213}tɕʰiɔ^{21}]挖坑、揞泥用的直锹。不漆、有脚蹬。

【土子】[tʰu^{213}tsə^{21}]过去盖屋砌墙用的干土坯。一般长尺余、宽八寸许、厚两寸、重约十斤。

【唾沫星子】[tʰu^{53}mɤʔ^{5}ɕin^{21}tsə^{21}]飞溅的唾沫。

【杇头】[u^{21}tʰɯ^{21}]一种在水稻生长早期使用的长柄木制除草工具。圬本指泥瓦匠用的墁抹子，因杇头除了有齿外，外形及大小都类似“圬”，故得名。器头长约一尺五寸，宽约五寸，用两片弯形木条，中撑三根横木，上钉十余根方形铁钉或竹齿制成。尖头张尾，形如船底。农民用长竹竿做柄，用它于浅水秧棵间来回推拉，将细小野草连根扒除，晒枯后清除。

【瓦钵子】[ua^{213}pɤʔ^{5}tsə^{21}]旧时百姓广泛使用的陶制侈口薄壁高圈足宽唇大碗。又名“窑锅”。多素胎烧制。之所以不说“陶钵”而说“瓦钵”，盖因“瓦”古时指一切烧制的器物。《说文》：瓦，土器已烧之总名。合肥方言仍循古义。旧时此钵多用于饭锅内蒸制菜肴。

【瓦刀】[ua^{53}tɔ^{21}]读若“洼刀”。

瓦工工具，用于断砖、砌墙。

【（瓦）罐子】[ua²¹³kũ⁵³tsə²¹]陶制烧水器，高约七寸，上部柱形，下部鼓腹，沿口外展，有收敛三角卷边槽口，配盖子。在烧煮前置于灶膛内，一般放三到四只，每只可装水约五斤，利用膛内余热辐射烧热罐内的水供饮用、洗脸洗脚，水有青灰味。偶有家庭将腱子肉、猪蹄等放入瓦罐焖烧，揭盖后香味扑鼻，为昔时坐月子农妇或病人的珍贵食物。

【瓦扎】[ua²¹³tʂɤʔ⁵]碎瓦片。

【歪歪油】[uɛ²¹uɛ²¹iɯ⁴⁵]蛤蜊油。早年农村里用来搽脸、搽手的主要护肤品，用蛤贝包装。后亦有用塑料纸包装成拇指大小的圆柱状，故又多被小孩称作"榾柮油（俗作钴辘油）"。

【围襟】[uɛ⁴⁵tɕin⁵³]围裙。昔时农村妇女成天系于腰下身前的一块方形布，作日常烧煮洗刷时的搪灰、保暖、挡油渍之用。围襟缝有两根布条（有时搓成布绳），系在腰后。

【围领】[uɛ⁴⁵lin²¹³]围巾。

【围腰】[uɛ⁴⁵io²¹]长近两丈、宽尺余的布条，能将婴儿兜住屁股、绑在大人背后以便干活。亦称背腰、驮腰子。

【围嘴子】[uɛ⁴⁵tsɛ²¹³/tuɛ²¹³tsə²¹]小孩围脖。

【卫生衣】[uɛ⁵³sən²¹³ʅ²¹]内里有绒的厚棉织衣裤。

【温酒器】[uən²¹tɕiɯ²¹³tsʰʅ⁵³]陶制酒具，葫芦形，双层，外层装热水以温酒。旧时三四两装的小酒壶（形如小茶壶），亦可同时充作温酒壶。

【温汤水】[uən²¹tʰã²¹ʂuɛ²¹³]温热的水。

【五升坛】[u²¹³sən²¹tʰæ⁴⁵]昔时常见的能腌制十斤咸菜的小咸菜坛。

【香】[ɕiã²¹]①烧香用的线状香火。②香脂之类的护肤品。

【香脂】[ɕiã²¹tʂʅ²¹]带香味的护肤品。一般搽脸用，常见的是内盖封有锡纸的小圆扁铁盒包装。

【鞋袼褙】[ɕiɛ⁴⁵kɤʔ⁵pɤʔ⁵]鞋底、鞋面的内衬及鞋样材料（用碎布糊制晒干而成）。

【鞋闶阆】[ɕiɛ⁴⁵xəŋ⁵³lã²¹]鞋内的空间。

【鞋襻子】[ɕiɛ⁴⁵pʰæ⁵³tsə]过去布鞋的搭扣或后跟的提手。

【小肠皮】[ɕiɔ²¹³tʂʰɑ̃⁴⁵pʰʅ⁴⁵]板车、自行车等车胎气门芯上的细软胶管。

【小铲子】[ɕiɔ²¹³tʂʰæ²¹³tsə²¹]通"铲子"。

【小刀】[ɕiɔ²¹³tɔ²¹]一般指削铅笔的折叠小刀。

【小钢炮】[ɕiɔ²¹³kɑ̃²¹pʰɔ⁵³]迫击炮。

【小褂子】[ɕiɔ²¹³kua⁵³tsə]衬衫。

【小画书】[ɕiɔ²¹³xua⁴⁵ʂu²¹]连环画、小人书。

【小火轮】[ɕiɔ²¹³xu²¹³lən⁴⁵]旧时称以蒸汽机为动力装置的小型内河机动船。后期多指拖斗（拖船）。

【小攘子】[ɕiɔ²¹³lɑ̃²¹³tsə²¹]匕首。

【小票子】[ɕiɔ²¹³pʰiɔ⁵³tsə²¹]小面额的纸钞。

【孝幛】[ɕiɔ⁵³tʂɑ̃⁵³]吊挽用绸布被面。

【吸铁石】[ɕiəʔ⁵tʰiɤ²¹ʂəʔ⁵]磁石。

【惜字篓】[ɕiəʔ⁵tsʅ⁵³lɯ²¹³]昔时放置字纸的篓子。

注：先人有告诫，字纸要保管好，不能乱甩，否则亵渎字神。故旧时全社会敬畏写了字的纸片，善加保管。部分地方有"惜字会"雇人收集字纸埋入"惜字冢"，或入"纸惜炉"焚烧。

【楔子】[ɕiɤʔ⁵/ɕyɤʔ⁵tsə²¹]一头厚、一头薄的木楔。主要起撑垫作用，或打进锄头、斧头卯孔与手柄之间的缝隙（有时夹杂破布增大摩擦力），以使铁器与木柄之间的结合更紧密牢靠。偶读若"穴子"。

【小宝车】[ɕiɔ²¹³pɔ²¹³tʂʰE²¹]小轿车。

【小划子】[ɕiɔ²¹³xua⁴⁵tsə²¹]舢板之类的小木船。

【现帑】[ɕĩ⁵³tɑ̃²¹³]读若"现党"。指现金或现金交易。

【薪金】[ɕin⁴⁵tɕin²¹]工资。

【枚】[ɕĩ²¹]木锨，旧时撮铲、堆拢谷物或扬场的木制工具。枚头为尺余见方的微曲薄板，装于一人高木柄上。明徐光启《农政全书》：枚，臿属，但其首方阔，柄无短拐，此与锹臿异也……

【信壳子】[ɕin⁵³kʰɤʔ⁵tsə]信封。

【信瓤子】[ɕin⁵³zɑ̃⁴⁵tsə]信封内的字纸。又名"信纸"。

【信子】[ɕin⁵³tsə²¹]鞭炮等爆炸品的引信。亦指爬行动物的舌头。

【袖筒】[ɕiɯ⁵³tʰəŋ²¹³]衣袖内的

空间。亦偶指护袖。

【伢窝】[ia⁴⁵ʋ²¹]摇篮。又称"伢窝子"或"摇窝子",简称"窝"。

【压岁钱】[iɤʔ⁵se⁵³tɕʰĩ²¹]过年时长辈发给晚辈的寓含吉祥祝福避祸之意的钱币。

注:传压岁钱可以压住邪祟。"岁"与"祟"谐音,而"祟"是一种黑身白手的小妖,专在除夕夜出来摸睡熟孩童的脑门,孩子被摸后会发高烧说梦话,退烧后也会变得痴癫。故长辈夜晚不敢合眼,曰"守祟(守岁)",并用红纸包八枚铜钱放在孩子枕边。传小孩把玩铜钱不易犯困;即使睡着,铜钱之光泽也会吓退"祟"妖。故长辈要在除夕晚,将事先准备好的压岁钱分给晚辈,以祈其平安度过一岁。昔时亦有人家于孩子熟睡后,将压岁钱放在其新衣、新鞋内,或另加一点方片糕,暗祝孩子来年"步步高"。

【鸭铲子】[iə²¹tʂʰæ²¹³tsə]放鸭的工具。铲头如缩小版的土锹,稍内曲,长约四寸,宽约两寸,装于三尺长的木柄上。用于铲起少量泥土抛向远方水面,以驱离鸭子或赶鸭群上岸。

【样把】[iã⁵³pa²¹]堆铲谷物的木制工具。样把头口长两尺,开单刃,中宽半尺,两端收窄;木柄长约四尺。

【洋灰】[iã⁴⁵xue²¹]旧指水泥。

注:过去合肥地区不少货品以"洋"字冠名,这种情况盛行于19世纪末,至20世纪70年代前后淡出。如:洋布(相对于"老布"的细布)、洋钉(铁钉)、洋火(火柴)、洋机(缝纫机)、洋铁(白铁皮)、洋线(缝纫机线)、洋油(煤油)等。

【洋机子】[iã⁴⁵tsʅ²¹tsə²¹]缝纫机。

【洋机线】[iã⁴⁵tsʅ²¹ɕĩ⁵³]缝纫机线。亦称"洋线"。

【洋锹】[iã⁴⁵tɕʰio²¹]盾形新式铁锹。上漆、无脚蹬。多用于铲挖松软土壤、石子、黄沙等。

【洋线】[iã⁴⁵ɕĩ⁵³]缝衣服的线。亦指缝纫机线,偶指毛线。

【洋油灯】[iã⁴⁵iɯ⁴⁵tən²¹]煤油灯。

【窑锅】[io⁴⁵ku²¹]类同"瓦钵"的陶制大碗。盛、蒸菜用,锥柱体,沿口以下约两厘米为圆柱体,多施青釉。

【腰】[io²¹]口袋。特指身上、衣服里放钱的地方。

【腰子盆】[io²¹tsʅ²¹³pʰən⁴⁵]一种

长约四尺、宽约两尺、水线面呈椭圆形的桶状微型木船。主要用于河塘近岸下网捕鱼、捕虾。能坐两人。

【舀子】[io²¹³tsə]水瓢。多指从缸里向外舀水的带把水舀。

【烟屁股】[ĩ²¹pʰ1̩⁵³ku²¹]烟蒂。

【印蓝纸】[in⁵³læ⁴⁵tʂ1̩²¹³]复写纸。

【油漏子】[iɯ⁴⁵lɯ⁵³tsə²¹]装油的漏斗。

【油伞】[iɯ⁴⁵sæ²¹³]旧时的长木柄油纸面撑伞。又称"油纸伞",伞骨竹制,伞面用皮纸涂桐油制作。高档伞绘有花卉、吉鸟、蝴蝶等图案。

【雨蓑子】[ɥ²¹³su²¹tsə²¹]蓑衣,旧时雨披。用茅草、苇叶等编制。

【药水】[yɤ²¹ʂue²¹³]农药。

【脏】[tsã²¹]①垃圾、身上的污垢。一般指每天从地面扫起来的尘土。②不在其所的废弃物、无用之物。如:a.牙缝卡个～。b.嘴高头(嘴唇上)落个～。

注:昔时农家清扫之"脏"和草木灰等生活垃圾一起倾倒于粪堆里,冬天糊上塘泥,经发酵与人粪、畜粪、绿肥、塘泥共作为主打传统肥料还施于田,十分生态环保。实际上,昔时农耕文明并

不产生任何现代意义上的"垃圾",一切皆有用处,万物皆可循环。

【嘴子】[tse²¹³/tsue²¹³tsə²¹]容器上作为排放通道的突出部分,或可以用来与凹形器物匹配的凸出物。如:碓～、茶壶～。

【砟】[tʂa²¹]土块。

【扎花】[tʂɤʔ⁵xua²¹]扎染粗布。

【站柜】[tʂæ̃⁵³kue⁵³]立橱。

【站桶】[tʂæ̃⁵³tʰəŋ²¹³]旧时放置尚不能完全站立或行走婴儿的木桶。婴儿在内可手扶其边缘蹦跶,练习站立、走动等动作。

【盏子】[tʂæ̃²¹³tsə²¹]浅口小碗。

【帐子】[tʂã⁵³tsə²¹]蚊帐。

【笊篱】[tʂo²¹³ɥ⁵³]读若"找玉"。从油锅里捞出炸制食品的网孔状铁勺。

【针鼻子】[tʂən²¹piəʔ⁵tsə]针眼。

【针箍】[tʂən²¹ku²¹]顶针。

【针窟】[tʂən²¹kʰuəʔ⁵]插放衣针用的物件。贫民家庭多以马蜂窝代替。

【枕头胆】[tʂən²¹³tʰɯ²¹/tɯ²¹tæ̃²¹³]枕芯。亦名"枕头瓢子"。

【枕头搪】[tʂən²¹³tʰɯ⁴⁵/tɯ²¹tʰã⁴⁵]

枕巾。

【味子】[tʂɯ²¹³tsə²¹]读"肘子",指器物上的把子、按钮等突起物。

【猪屎蛋】[tʂu²¹ʂʅ²¹³tæ̃⁵³]旧时指手榴弹。

【桌拐】[tʂuɤʔ⁵kuɛ²¹]桌子的四个尖角。偶指桌子的角落。

【字纸】[tsʅ⁵³tsʅ²¹³]印有文字的纸头、书页。

【鸡栅子】[tsʅ²¹tʂa⁵³tsə]用竹条编的、可以收放的关鸡栅栏。大致呈圆锥或穹顶状,上面开小圆口,下端豁开。

【自来水笔】[tsʅ⁵³lɛ⁴⁵ʂue²¹³piəʔ⁵]钢笔。

【衣裳拐子】[ʅ²¹ɑ̃²¹kue²¹³tsə]衣角。

【锯镰】[tsʅ⁵³liɛ̃⁴⁵]割稻的工具。弯刀状,短木柄,重量轻,刃部锋利,且单面锉成锯齿状。

（五）抽象名词及其他

【耳刮子】[a²¹³kuɤʔ⁵tsə²¹]耳光。

【耳性】[a²¹³ɕin⁵³]记性。

【板眼】[pæ²¹³ĩ²¹³]主意、本领。

【白迹子】[pɤʔ⁵tɕiəʔ⁵tsə²¹]白色印记。多指用锤子、凿子等在石头等硬物上打、凿,反弹后只在硬物表面留下的一点点白色印记。

注：方言"迹子"可泛指在物体表面留下的印迹或少许颜色。

【弊病】[pe⁵³pin⁵³]缺点、隐疾。"弊"读若"被"。

【秘宝】[pʅ²¹pɔ²¹³]贬指某人所拥有的自以为了不起、秘不示人的东西。如："他把那手机当～,旁人碰都不给碰。"合肥方言里"秘"读若bì。一作"祕宝"。

【鼻子】[piəʔ⁵tsə²¹]物件有孔、可提起的部位。

【别别窍】[piɤ²¹piɤʔ⁵tɕʰiɔ⁵³]窍门,一般人不知道的秘诀。

【边坯（子）】[piĩ²¹pʰʅ²¹tsə]从正品上切削下来的边角料,不值钱的东西。

【边梢】[piĩ²¹ʂɔ²¹]印象、皮毛、把握。如："摸不到～"(意指完全不了解、无从下手)。

【财气】[tsʰɛ⁴⁵tsʰʅ⁵³]这是一个抽象而广泛的概念，一般指能带来财富的瑞气、彩头、场合、际遇。

【猜宝猜】[tsʰɛ²¹pɔ²¹³tsʰɛ²¹]猜谜游戏。

【差池】[tʂʰa²¹tʂʰʅ⁴⁵]差错、闪失。如："此事要紧，不容有一毫毫～。"

【拆烂污】[tsʰɤʔ⁵lɐʔ⁵uʔ²¹]读若"厕蜡污"。低劣的人或物。

【冲劲】[tʂʰoŋ⁵³tɕin²¹]①物体的动能。②酒的较高度数。

【丑话】[tʂʰɯ²¹³xua⁵³]不好听的话。

【丑事】[tʂʰɯ²¹³ʂʅ⁵³]不好听、见不得人的事。

【出司】[tʂʰuəʔ⁵ʂʅ²¹]"出息"的音变。①本事、成就。如过去常见上人鼓励下人：霞们都要好好念书，要有～，考学校，出来工作，吃国家粮、干国家事。②收成、成效。如："今年天干，花生、豆子没多大～。"

【挫劲】[tsʰu⁵³tɕin²¹]后坐力。

【大队】[ta⁵³/ta⁴⁵te⁵³]20世纪50年代底至80年代中期农村的基层组织和生产核算单位，大致相当于现在的行政村。

【大路货】[ta⁵³lu⁵³xʊ⁵³]一般的东西。

【大面子】[ta⁵³miĩ⁵³tsə]①能顾及别人、合乎情理的做法。如："他虽然对领导的做法很不满意，但～上还是能维护其权威。"②大体上。如："尽管活动有不少缺陷，但～上能讲得过去。"

【大谱子】[ta⁵³pʰu²¹³tsə²¹]大致的情况、总体的把握。

【大数】[ta⁵³su⁵³]数量的主要部分。

【大约莫】[ta⁵³yɐ²¹mɤʔ⁵]粗略估计、大概情况。

【呆子数】[tɤ²¹tsə²¹su⁵³]二百五十。

【队上】[te⁵³ʂã²¹]旧指生产队，今指村部。

【道道】[tɔ⁵³tɔ²¹]事物的机理、逻辑，做事的步骤、技巧。近义词：名堂、路数。

【到地之话】[tɔ⁵³tsʅ⁵³tʂə²¹xua⁵³]说到位、讲到底的话。

【趸头】[tən²¹³tʰɯ⁴⁵]整数、累积的数额、整钱。如："零头聚个趸头。"

【趸头话】[tən²¹³tʰɯ⁴⁵xua⁵³]不

考虑对方感受、不周全的话。

【这样那样】[ti⁵³iɑ⁵³lɛ⁵³iɑ̃⁵³]各种各样的东西、不断提出的要求。词中"样"既可读去声，也可读成阴平。

【翻墙尸】[fæ̃²¹tɕʰiɑ̃⁴⁵ʂ̩²¹]旧传人或动物死而复活后的现形。

【份】[fən⁵³]面子。丢面子曰"跌份"。

【法子】[fɐʔ⁵tsə]办法。

【搞劲】[kɔ²¹³tɕin⁵³]搞法、做法。如："这事不是这样～之！"

【搞头】[kɔ²¹³tʰɯ⁴⁵]做某事的价值。

【狗肉账】[kɯ²¹³zɯ⁵³tʂɑ̃⁵³]难以算清、难讨要的零碎账。

【工程】[kəŋ²¹tʂʰən²¹]程度、地步。

【孤拐点子】[ku²¹kuɛ²¹³tĩ²¹³tsə²¹]奇怪的或不正当的刁钻主意。

【古话】[ku²¹³xua⁵³]古人讲的话，尤指有道理的话，或谚语、成语等。亦称"老古话"。

【寡话】[kua²¹³xua⁵³]不断重复的废话、不会兑现的话。

【鬼门道】[kuɛ²¹³mən⁴⁵tɔ⁵³]花招、办法。

【龟席】[kue²¹ɕiə²¹]宴席中不慎将座位排列如龟形的座席。

注：昔时乡间饮酒，讲究席位座次。如客人无意成"二二、一一"对坐状，如乌龟的首尾及四爪，则为"龟席"。此时主人说"坐活了"，客人便会意一笑，重坐一番。

【掴镏】[kuɤʔ⁵liɯ⁵³]勾起手指用指关节对别人（一般为小孩）脑壳的叩击。被认为是轻度体罚。

【掴劲】[kuɤʔ⁵tɕin⁵³]巴掌的击打。旧时大人常威胁调皮的小孩：再不听话，我给你一～。

【过节】[kʊ⁵³tɕiə⁵⁵ʔ]心里的芥蒂、误会，与某人的积怨。

【瑕货】[xa²¹³xʊ⁵³]读若"哈货"。质量较差的东西。

【毫毫（子）】[xɔ²¹xɔ⁴⁵tsə]一点点、少量。如甲："还剩好些啊？"乙："就～子。"

【好多】[xɔ²¹³tʊ²¹]很多。通：许多。多用于否定句。如："没剩下～/许多"。

【吭不郎当】[xɑ̃⁴⁵pəʔ⁵lɑ̃⁴⁵tɑ̃²¹]七股八杂、全部。此词来源不明，在苏州话中有这个词，蒙古语中也有此发音，语意略同。

【洪福】[xəŋ⁴⁵fu⁴⁵]好福气、大福气。旧谚曰：霞们（小孩）有十年～。

【虎气】[xu²¹³tsʰɿ⁵³]做事的声势、号召力。

【虎劲】[xu²¹³tɕin⁵³]做事有劲头、有声势，不达目的不罢休的样子。

【虎声】[xu²¹ʂən²¹]话语的号召力、威慑力。

【糊涂心思】[xu⁴⁵tu⁵³ɕin²¹sɿ²¹]非分之想、愚蠢的欲望。

【花花点子】[xua²¹xua²¹tĩ²¹³tsə]形形色色的想法、方法。多用作贬义。

【花花肠子】[xua²¹xua²¹tsʰã⁴⁵tsə]易生花花点子的头脑，或易拈花惹草的本性。

【花经】[xua²¹tɕin²¹]轻浮、不靠谱的言行，敷衍、哄骗、不负责任的行径。亦名"花头经"。

【花水】[xua²¹ʂue²¹]借音词。花费。

【花生米子】[xua⁴⁵sən²¹mɿ²¹³tsə]喻指子弹，亦称"枪子"。

【话把子】[xua⁵³pa⁵³tsə]话题、话柄。

【话茬】[xua⁵³tsʰa⁴⁵]义如条目。

【回笼觉】[xue⁴⁵ləŋ⁴⁵tɕiɔ⁵³]起床后睡意仍浓，接着又睡一场的觉。

【会】[xue⁵³]旧时一种互助机制。入"会"者每人定期从收入中拿出一笔钱，待凑起较大数额时按顺序给某人集中使用。以此循环。

【贺百岁】[xu⁵³pɤʔse⁵³]婴儿出生百天，带银手镯、银锁的仪式。

【讲章】[tɕiɑ²¹³tsɑ⁵³]说法、规矩。读若"讲仗"。原指八股文讲义。

【狡理】[tɕiɔ²¹³ɿ²¹³]歪理。

【觉头上】[tɕiɔ⁵³tʰɯ⁴⁵ʂã⁵³]睡得正香的时候。

【架势】[tɕia⁵³ʂɿ⁵³]①趋势。②现在的情况。③劲头、姿态。

【讲法】[tɕiã²¹³fɤʔ⁵]①典故。②规矩。

【讲头】[tɕiã²¹³tʰɯ⁴⁵]说话、谈话的必要性或内容。一作"谈头"。

注：以"头"后缀的名词，强调的是事物或动作的价值或效用。如：搞～、吃～、讲～。

【接葫芦】[tɕiə²¹xu⁴⁵lu⁵³]①改革开放初期合肥地区农村能人闯城市

的一种方式。起初多是在工厂里接修理起重葫芦等杂活，亦由此得名。此后逐步发展到承接起重机械等大型设备的修配，以及某些小型工程的外包。最初从事此营生的人后来不少开起了机械加工厂、汽车修理厂、4S店等。②另喻指轻微的坑蒙拐骗营生。

【劲】[tɕin⁵³]①欲望、动机。②与形容词、动词一起用，表示某种样子、劲头、能力：清光～、嚼舌头～、吃苦～，等等。③方法。

【进账】[tɕin⁵³tʂɑ̃⁵³]收入。

【看法】[kʰæ̃⁵³fɤ²¹]意见、不太好的评价。

【看头】[kʰæ̃⁵³tʰɯ⁴⁵]值得看的地方。

【炕气】[kʰɑ̃⁵³tsʰʰ²¹]干热、能使水分快速蒸发的空气与环境。

【口腔】[kʰɯ²¹³tɕʰiɑ̃²¹]①方言音调。②口气、腔调。

【口声】[kʰɯ²¹³ʂən²¹]若有若无透露出的意思。通：声口。

【口谈】[kʰɯ²¹³tʰæ̃⁴⁵]①谈话的行为、水平。②口气、口头禅（粗俗词）。③通：口声。

【苦情】[kʰu²¹³tɕʰin⁴⁵]苦处、悲情。近义：苦水。

【窟窿】[kʰuə̃ʔ⁵lən⁵³]①裤裆与两腿之间的空间。②其他孔隙。③亏空、捅下的娄子。

【哭丧脸】[kʰuə̃ʔ⁵sɑ̃²¹lĩ²¹³]受委屈、求帮助、令人生厌的样子。

【阔】[kʰuɐʔ⁵]宽。

【难过话】[læ̃⁴⁵ku⁵³xua²¹]抱怨或不服气的话。

【郎当】[lɑ̃⁴⁵tɑ̃²¹]构成词尾的后缀。①贬指"……的样子"：二五～。②表示"……多岁"：三十～岁（三十岁出头）。

【老古话】[lɔ²¹³ku²¹³xua⁵³]通"古话"。

【老话】[lɔ²¹³xua⁵³]过去人讲的有道理的话、俗语、谚语。通"古话"。

【老底子】[lɔ²¹³tsʐ²¹³tsə²¹]①原本的面目。②家底。③内幕。

【雷公老爷】[le⁴⁵kən²¹lɔ²¹³i⁴⁵]神话中的雷神。

注：关于雷公老爷的传说较多，如打雷时不能笑，因为雷公老爷长得丑；人不能缺德，不然雷要打。合肥东乡盛

传两个故事。一是过去有不孝的下人，上人病重卧床不闻不问。上人要一碗冷水喝，下人竟骂道："给你水喝？我给你尿喝！"后来此不孝之子给雷打死，雷公老爷还在他脊梁后头批几个字，说他不孝敬上人，该遭雷打。第二个故事说，过去有一孝子，服侍上人很周到。他家烂腌菜坛里头藏着一条赤版蛇。一天，孝子正准备伸手进坛掬腌菜，雷公老爷一个炸雷，把坛子炸碎，赤版蛇也被炸死了。这叫善有善报。因而合肥人坚信：下人要孝敬上人，家里头上人就是活菩萨。

【两个】[liæ²¹³kə²¹]①若干、相当（大）的数量。②你们（碰到两个在一起的熟人时用）。如："～穿这么漂亮，可是去相亲啊？"③他们（背地下称对方也熟悉的两个人）。

【两半过】[liæ²¹³pəŋ⁵³ku⁵³]读若liǎn-bòng-guò，两个半个部分。

【两手】[liæ²¹³ʂɯ²¹³]本领。如："他开厂有～。"

【两天】[liæ⁴⁵tʰĩ²¹]两三天、短时间。如："借我毫钱，～就还你。"可作副词。

【莲花闹】[liĩ⁴⁵xua²¹lɔ⁵³]莲花落。一种后一句话接前一句末尾字的顺口溜。

注："莲花闹"一般两人说唱，先慢后快，变化无常，考验人的词语组合能力与反应速度。结尾处如相声的"包袱"，抖开时常戏弄对方，引起哄堂大笑。如流行于合肥地区的下面一段说词，先是甲步步进逼，造成乙暴露了在词语上的无知可笑；不料最后，被逼急了的乙却以意想不到的粗俗方式，用谐音词给了甲"致命"一击：

（甲）山上一个柴。（乙）榾柮榾柮滚下来。（甲）什么柴？（乙）干柴。（甲）什么干？（乙）萝卜干。（甲）什么萝？（乙）稻箩。（甲）什么稻？（乙）籼稻。（甲）什么籼？（乙）神仙。（甲）什么神？（乙）麻绳。（甲）什么麻？（乙）苎麻。（甲）什么苎？（乙）台柱。（甲）什么台？（乙）井台。（甲）什么井？（乙）屙屎给你顶！

【年成】[lĩ⁴⁵tʂʰən⁵³]农作物的长势与收获。亦说"年头"。

【拢屎劲】[ləŋ²¹³ʂʅ²¹³tɕin⁵³]喻指全身力气、全部本事或家当。

【路数】[lu⁵³su²¹]规矩、方法。如说某人"冇～"，指的是他行事不上道道、不合常理，因而被人瞧不起。

【木业组】[mɤ²¹iɐ²¹tsu²¹³]大集体时大队的木工作坊。

【面子账】[miĩ⁵³tsə²¹tʂã⁵³]照顾对方面子的行为或姿态，不重要但必须过的程序，意思意思的敷衍行为。

【墨水】[mɤʔ⁵sue²¹³]喻文化水平。

【门道】[mən⁴⁵tɔ⁵³]方法、门路、别窍。

【讹错】[ʋ⁴⁵tsʰʊ⁵³]①出入。②差别。如："加一件风衣，～不少（暖和多了）。"

【绊子】[pʰæ̃⁵³tsə²¹]伸脚绊人的动作。

【旁之】[pʰɑ̃⁴⁵tʂə]别的事。如："～不讲，就这件事你看看干之可混账？"

【旁声】[pʰɑ̃⁴⁵ʂən²¹]风声、传言。

【屁】[pʰʅ⁵³]虚无的、无价值的东西。如："他算个屁！"

【谱子】[pʰu²¹³tsə²¹]标准、把握性。

【吃饭家伙】[tɕʰiəʔ⁵fæ̃⁵³tɕia²¹xʊ²¹]借以谋生的工具或手段。

【吃口】[tɕʰəʔ⁵kʰɯ²¹]饮食情况。尤指病人、老人的胃口状况。

【吃头】[tɕʰiə²¹tʰɯ⁴⁵]①食物本身的营养价值。②"吃"动作本身的意义。

【七股八杂】[tɕʰiəʔ⁵ku²¹³pɤ²¹tsɤʔ⁵]杂七杂八东西的总称。通"吭不郎当"。

【七个八个】[tɕʰiəʔ⁵kə²¹pɤʔ⁵kə²¹]①各种各样的东西、事情。②指别人不断地提出的这样那样的要求，或反复地骚扰。通"七个三八个四"。

【七七八八】[tɕʰiə²¹tɕʰiəʔ⁵pɤ²¹pɤʔ⁵]各种各样的事情，加在一块的东西。通"七个八个"。

【七事八事】[tɕʰiəʔ⁵sʅ⁵³pɤʔ⁵sʅ⁵³]杂七杂八的事情、想不到的事。如："～，一早晌就过得之。"

【前后眼】[tɕʰiĩ⁴⁵xɯ⁵³ĩ²¹³]预知的能力。

【睛福】[tɕʰin²¹fəʔ⁵]俗作"清福"。

【缺泛】[tɕʰyɐʔ⁵fæ̃⁵³]缺点、不足。

【而干】[zɤʔ⁵/zɑ²¹³kæ²¹]借音词。即"若干"，意指少量的事物。少数人读若"日尔干"。"而、若"两字与"女、你、汝、尔"古音同属"日母"，在人称代词上同义通假。如《史记·陈涉世家》：若为佣耕,何富贵也。《左传》：余知而无罪也。故合肥旧时方言读"若干"为"而干",乃循古音。

【硪数】[zɐ⁴⁵su⁵³]固定的数额,不必算、不会有差错的数字。

【硪账】[zɐ⁴⁵tʂã⁵³]不会有出入的数额,明摆着的事实、结果。如："你再磨嘴皮子也不管经,他就是要卡你,这不是～吗?!"

【让劲】[zã⁵³tɕin²¹]物体的弹性、遇压遇阻会回缩的特性。

【瓢子】[zã⁴⁵tsə]①瓜果内瓢。②内装物：信～、枕头～。

【人情往费】[zən⁴⁵tɕʰin⁴⁵uã²¹³fe⁵³]义如条目。

【骚客气】[so²¹kʰɤʔ⁵tsʰʅ⁵³]过分或虚假的客气劲。

【色气】[sɤʔ⁵tsʰʅ⁵³]颜色。

【使费】[se²¹³fe⁵³]用费。"使"读若sěi。

【声口】[sən²¹kʰɯ²¹]口气、意思。如："听她～,不怕是还想要一对耳丝子?"通：口声。

【胜利大逃亡】[sən⁵³ʅ⁵³ta⁵³tʰɔ⁴⁵uã⁴⁵]昔时孩童玩的一种游戏,简称"胜利",亦称"抓俘虏"。

注：此游戏的玩法是在平地两丈见方的区域画上迂回贯通的直线与半圆线,分成"敌我"两方阵营,有出口和半圆形暂留区。双方分兵守住沿线位置,采取声东击西、虚张声势、佯装攻击、趁隙偷袭、推拉拽操等手段,趁对方站立不稳、力量不足、虚弱或注意力不集中时,单个或鱼贯冲出"敌"方重围到界外。先全部冲出来的一方算赢；其间把对方从其阵地抓拽出来也可得分。

【生产队】[sən²¹tʂʰæ²¹³te⁵³]又名"小队",昔时人民公社期间大队下面的最小结算单位和基本生产单位。其规模大致相当于现在的村民小组。

【生活】[sən²¹xuɐ²⁵/ ʂɑuɐ²¹nes]①借以谋生的工作行为。②劳动强度。③饭菜的质量。

【势子】[ʂʅ⁵³tsə²¹]架势、做派。

【拾垃圾】[ʂə²¹la²¹³sʅ²¹]读作"拾哪斯"。原意是捡破烂,至20世纪七八十年代演变为农村不愿种田者到城里抱团盲目闯荡的代名词。

注：其中只有一部分人真正拾收破烂,大部分游走于城市生活的边缘,干城里人不愿干的苦累脏活；另有一小部

分人干偷铁割铜、窃贩二手自行车等违法勾当。

【屎棋】[ʂʅ²¹³tsʰʅ⁴⁵]下的一手蠢棋。

【屎着子】[ʂʅ²¹³tʂuɤʔ⁵tsə²¹]愚蠢的主意。

【收破烂】[ʂɯ²¹pʰʊ⁴⁵læ⁵³]由"拾垃圾"发展而来的一种职业和社会现象。至20世纪末，已演变成一大产业。主要有三个层次：一是骑电动三轮车走街串巷，吆喝着"高价"回收旧报纸、纸箱、各类旧家电的人；二是在臭气熏天、日晒雨淋的垃圾填埋、堆放场上孜孜不倦、终日埋头扒拉破塑料袋等的底层人群；三是守着磅秤，捺着计算器，一边与三轮车主讨价还价一边电话忙着联系大货车及厂家的收购大户。他们，尤其是前两种人，才是中国环保链无人关注，不享受一分钱投入，却产生最大贡献的无名功臣。

【说道】[ʂuɤʔ⁵tɤ⁵³]说法、名堂、道理、风俗。

【洗三】[ʂʅ²¹³sæ²¹]婴儿出生第三天，用艾叶煮水洗澡，以祈求其平安健康的仪式。

【死钱】[sʅ²¹³tɕʰĩ⁴⁵]指工资。亦称"死工资"。引申为无其他外快的固定收入，或不进行投资增益的沉淀资产。

【事经】[sʅ⁵³tɕin⁵³/tɕin²¹]事情。借音词。

【送财歌】[sən⁵³tsʰɛ⁴⁵kʊ²¹]旧时除夕，常有吟游者手拿五福、财神像等吉祥物，到人家门口吟诵，以讨要钱财。

【谈头】[tʰæ⁴⁵tʰɯ⁴⁵]说话、谈话的必要性或价值。

【谈丈】[tʰæ⁴⁵tʂã⁵³]一个人的成绩，受人称誉的资本。

【汤头】[tʰã²¹tʰɯ⁴⁵]事物的实质，事情的内幕、内在情况。

【天大人情】[tʰĩ²¹ta⁵³zən⁴⁵tɕʰin⁴⁵]极大的人情。多用于讽刺，如："只是帮我个小忙，就当作～。"

【偷生鬼】[tʰɯ²¹sən²¹kue²¹³]民间旧传取走一周内婴儿性命的鬼。

【头把饭锅】[tʰɯ⁴⁵pa²¹³fæ⁵³kʊ²¹]煮米饭的第一道程序。

注："头把饭锅"的进度标志是用铁锅煮饭收汤后稍squeeze片刻，再以猛火烧煮，从而首次产生大量蒸汽喷溢出锅盖的现

象。稍候，再弱火慢烧而又产生蒸汽的过程叫二把饭锅。再稍后，可再简单烧一下，以饭不烧煳为准，称"三把饭锅"。这样煮出来的米饭松软而香，带又厚又焦脆的锅巴。参见"动词——盖饭锅"。

【头巷】[tʰɯ⁴⁵xɑ̃⁵³]门路、关系。读若tóu—hàng。

【头路】[tʰɯ⁴⁵lu⁵³]办法与门路。疑为"头绪"与"门路"之合用。

【头绪】[tʰɯ⁴⁵sʅ⁵³]①着落。②门路。③思路。④该有的但尚未出现或落实的计划、权益、成果等。⑤情人。

【土话】[tʰu²¹³xua⁵³]方言、俗话。

【跎啰事】[tʰʊ⁵³lɔ²¹sʅ⁵³]麻烦事、说不清道不明的事。

【五阎王】[u²¹³ĩ⁴⁵uɑ̃⁵³]阎王。

【外花】[uɛ⁵³xua²¹]花销。

【外水】[uɛ⁵³ʂue²¹]外快。

【弯弯绕】[uæ̃²¹uæ̃²¹zɔ⁵³]①暂无定论的方法、诀窍。②忽悠人的话。

【玩要头】[uæ̃⁴⁵iɔ⁵³tʰɯ⁴⁵]诀窍、权力、本事。

【王法】[uɑ̃⁴⁵fɐʔ⁵]法律、家规、家长权威。

【忘丈心】[uɑ̃⁵³tʂɑ⁵³ɕin²¹]痴心

妄想。

【味份】[ue⁵³fən⁵³]威信、信誉、脸面、人情。如："屁事都要领导去打招呼，搞之我们一点～都冇！"该词似由"威风"音变而来。

【下数】[ɕia⁵³/xa⁵³su²¹]心里掌握的情况、言行的方寸。

【想头】[ɕiɑ̃²¹³tʰɯ⁴⁵]让人思念、回味、盼望、回头的东西。

【相】[ɕiɑ̃⁵³]①相貌：生～、长～。②举止、动作或外在气质：福～、吃～、站～、睡～、馨～、女人～、小家子～、没出气（出息）～、屁～、猪～、不顶龙～、可怜～等。

注：由"相、劲、精"三字做后缀组成的名词，在语气程度上构成递进关系。

【小刀戏】[ɕiɔ²¹³tɔ²¹sʅ⁵³]庐剧。又名"倒七戏""稻季戏"。

【小九九】[ɕiɔ²¹³tɕiɯ²¹³tɕiɯ²¹³]小算盘、个人利益。

【歇】[ɕiɤʔ⁵]借音词。"一下子"的合音。通"合子""呃子"。

【歇手】[ɕiɤʔ⁵ʂɯ²¹]①清闲、休息时间。②农忙时的短暂休息。

【闲话】[ɕĩ⁴⁵xua⁵³]背后不好听、不利于某人的话。如："不能这样做，不然人家讲～。"

【羡头】[ɕyĩ²¹tʰɯ²¹] 读若"轩头"。商家称重时给顾客的少量优惠、甜头。

【仰八叉】[iã²¹³pɤʔ⁵tʂʰa⁵³] 四脚朝天、仰倒在地上的样子。

【样】[iã⁵³] 样子、面貌：猪屎～、好吃～、尿～。通"相"。

【腰里头】[iɔ²¹ɻ²¹³tʰɯ²¹/tɯ²¹] 身上装钱的地方（如口袋、布褡子等）。如："他～有两个（他相当有钱）"。亦称"腰包"。

【一板脚】[iəʔ⁵pæ²¹³tɕyɤʔ⁵]用脚板攻击别人的动作。喻指一次愤怒的惩罚，如："我火起来给你～"。

注：为何不说"一脚"，非要加上"板"呢？一说"板"是旧时笞刑刑具，以竹篦为之，大头径二寸，小头径一寸五分，长五尺五寸，重约二斤。其亦为用刑时的计数单位，古戏中常有"拖下去打×大板"的喝令。故"板脚"被借代指惩罚坏人的堂上大板，让动作施行者在释放打人快感的同时，还沾上一点正义的意味。一说"板"通"反、侧"。脚板原是朝下，变成打人的"板脚"使脚板心变了向，"一板脚"实乃抬脚一蹬或反身

一脚之踢。"板"的"反侧"义在古籍中是常见的，《康熙字典》：又板板，反侧也。其所释为《诗经·大雅》里的内容：上帝板板，下民卒瘅，出话不然，为犹不远。

【一大堆】[iəʔ⁵ta⁵³te²¹]①较多的烦琐事务、庞杂的大堆物品。②令人厌烦、絮絮叨叨的大段话语。如："他周五正六跟我讲之～。"

【一大郎当】[iəʔ⁵ta⁵³lã⁴⁵tã²¹]①一大堆凌乱的物品或事情。②好一大会儿工夫。如："等你等之～（时间）"。③一大队人马。如："他家亲戚～跑来，坐都坐不下。"

【一捆劲】[iə²¹kuɤʔ⁵tɕin⁵³]用劲打的一巴掌。一作"一刮劲"。

【一尕尕】[iəʔ⁵kɤ²¹kɤʔ⁵]一点点。多为小孩用语；"尕"方言读若"格"。亦做形容词。

【一毫毫】[iəʔ⁵xɔ²¹xɔ⁴⁵]一点点、少量。同义：毫毫。

【一家伙】[iəʔ⁵tɕia²¹xʊ²¹]一次、一下子。亦指方向明确的猛然一个动作与行为，如：给他～（突然对他一击）、吃～算～（像逮不到似的大吃一顿）。

【颜色】[ĩ⁴⁵sɤʔ⁵]脸色、教训。如："给你几分颜色，你就上天了。"

【影（渣）子】[in²¹³tʂa²¹tsə]喻指细微的机会或结果、极模糊的残存记忆。如："他这样吊儿郎当，想提拔～都没有。"

【依仗】[ŋ²¹tʂɑ̃⁵³]作为依靠的人、靠山、钱物、资源。

【灶心土】[tsɔ⁵³ɕin²¹tʰu²¹³]旧时土灶壁里经长期烘烤过的土，可以治急性腹泻。

【整之】[tʂən²¹³tʂə]整钱。

【种】[tʂən²¹³]①专种或长期种植某类作物的田地。如：三分花生～、四合芝麻～。②种植面积。如：两分～（两分地）、三升～（三亩地）。

【重话】[tʂəŋ⁵³xua⁵³]批评、责备语气较重的话。

【主脑】[tʂu²¹³lɔ²¹³]主见、头脑。

【桌】[tʂuɤʔ⁵]一桌饭菜。特指招待客人的菜肴。

【几大天】[tsŋ²¹³ta²¹tʰĩ²¹]没几天的工夫。"你来才～那，你哪晓顿？"

【几个大钱】[tsŋ²¹³kə²¹ta²¹tɕʰĩ⁴⁵]没有多少钱。一般用在讽刺语句中。

【几个大人】[tsŋ²¹³kə²¹ta²¹zən⁴⁵]没有多少人。

【做周】[tsu⁵³tʂɯ²¹]举行"抓周"的仪式。

【钻劲】[tsən²¹/tsũ²¹tɕin²¹]做（争取）某件事的执着劲。

二、单音动词

【饵】[a²¹³/za²¹³]① 以诱饵捕获。②招惹、惹是非。如：a."别～他，他是个猪头三。"b."臭腌菜～苍蝇。"偶读若rā。

【粑】[pa²¹]借音字。粘、爬在表面上。

【巴】[pa²¹] ①希望：～望、～不得。②照顾：～家。

【把】[pa²¹³/pɤ²¹]① 守卫：～门。②处于某种位置：～边、～两头。③给：把人（嫁女儿）。④需要用力且平衡地把握、牢牢地把持：～住单位管人管钱的权力、～好（自行车）龙头、（鞋子）～滑。⑤读若"白"。使：他～她气死之。

【把】[pa²¹³]①以双手和胳膊夹住、托起幼儿的屁股与腰腿，使其撒尿、拉屎。②夜间使耕牛在固定时间、地点撒尿。

【摆】[pɛ²¹³]①显摆。②摆弄。③在衣服、用具等方面过于讲究、反复变动。④缓慢地做某种动作。

【扳】[pæ²¹]掰。①折断（树枝）、往回用力扳动。②争论、争回公道、讲清道理。③将别人的某种习惯或事情的态势扭转过来。④砍价。

【板】[pæ²¹³] 借音字。①读若bǎn。用脚蹬、踹。尤指出其不意地用脚板蹬踹别人。②面孔紧绷，现严肃、冷淡、不悦的外表。

【㪱】[pæ²¹³] 读若"板"，亦用"拌"。扔、丢掉。《广雅·释诂一》：㪱，弃也。《方言》：拌，弃也；楚凡挥弃物谓之拌。

【办】[pæ⁵³] ①办事、采买、置办酒席等。②治罪、整人。

【帮】[pã²¹] ①帮助。②（在物体侧面或四周用衬板等）捆绑加强。

【绑】[pã²¹³] ①连带。②（硬性、勉强地）要求别人一起行动。如："他非要～我一块去。"③以某物做赌资、抵押打赌。如："你可敢跟我俩～一条烟（打这个赌）？"

【包】[pɔ²¹]①无牙的情况下勉强地吃东西。②用现金做人情赠予。③负责、承担全部义务。④掩盖、包庇。⑤紧密地裹贴于物体表面。

【抱】[pɔ⁵³]①抱养。②拥抱、收拢植物秸秆、拿被子等用双手抱持的动作。

【焙】[pe⁵³]缓慢加热以炕干锅内食品。

【备】[pe⁵³]①准备、预备。②以一定资财为代价。通"派"。

【奔】[pən²¹]①急走、逃跑。此为合肥方言遗存的古字之一。《墨子·非攻》：奉甲执兵，～三百里而舍焉。《穀梁传·隐公五年》：伐不逾时，战不逐～。②现亦指闪人、溜走。通跰、踣。③踢打。

【擘】[pɤʔ⁵]（用手指）掰开、剖裂。其本义指大拇指，引申以大拇指来掰开物品。通掰、擗、捭。唐《柳毅传》：乃～青天而飞去。～、扳、搧、披、擗、捭等同声母单音动词，似同源，均有"断、分、击打"等义。

【诐】[pe²¹]读若"悲"。乱讲、编造谎言，或以不实论据强辩、以欺骗

言论图谋私利。俗作"掰"。如："别跟我瞎～，你哪来之钱入股？"《说文》：～，辩论。《孟子》：～，辞知其所蔽。今合肥话中还存有～、贼～、别跟我瞎～等说法，词义已弱化，多用以训斥、揶揄下辈或熟人间的一般谎话。

【背】[pe²¹]拖累、分担。如："他一个人就～之几十分。"

【毕】[piəʔ⁵]借音字。躲在一旁，紧挨或贴近某物体。俗用"逼"。

【滗】[piəʔ⁵]（使用工具或通过倾斜等方法）将容器里的液体排出来，同时又不倒出所盛之物。

【摽】[piɔ²¹]借音字。标着别人、盯着干。

【儦】[piɔ²¹]走掉、溜掉。《说文》儦，行貌，甫娇切。今义为非正式说法。

【表】[piɔ²¹³]通过发汗等方法将体内的寒气、内热或毒素散发出来。

【瞟】[piɔ⁵³]读若biào。①用眼睛余光快速一瞥。②通"摽"。盯着、较劲。

【别】[piɤʔ⁵]①插入片状物，用

撬、垫等方法小幅度改变两物体的相对位置。②同"扳"。③（利用手段）强使别人不得不去做某事。④（采取计策）使别人干不成事。⑤身位姿势或用力方向不顺：～直身子、～直劲。

【边】[pĩ²¹]借音字。参与、凑上来。

【揙】[pĩ²¹³]弯曲、折断（以手指之力将物体向一个方向弯曲，用力小）；比较：扳（以手、臂之力将物体弯曲，用力大）。通"揙"。

【搬】[pəŋ²¹]①编造谎言。②搬弄是非。通"贩"。

【蹦】[pəŋ⁵³]生气、折腾，因不满而上告。

【簸】[bu²¹³]通过上下扬动、前后摆动的动作，利用物体轻重不同、其落点和降落时间也不同的原理，打时差先接取谷物，再后缩，让糠秕、草末等落于簸前地面，从而扬米去糠、扬谷去瘪。

【布】[pu⁵³]点播、补种。

【睬】[tsʰE²¹³]理睬。

【蹭】[tsʰã⁵³/tsʰɔ⁵³]读若cáng或cào。①碰擦、摩擦。②通"擦"，因碰擦而沾染。③用脚底来回�踏、摩擦地面。如：～痰。

【造】[tsʰɔ⁵³]读cào。①软磨硬争地获取某东西。②生事、无事生非：～事。

【嘈】[tsʰɔ⁴⁵]①烦扰，尤指小孩烦扰大人。如：～心、～人。②因食物粗糙造成不舒服的感觉。如：～胃。

【揀】[tsʰɤʔ⁵]读若cē。托扶、向上托劲。如："扁担先上肩，我来帮你～把劲。"

【撮】[tsʰɤʔ⁵/tsɤʔ²¹]①读若cē，向上托扶。通"揀"。②读若zē，几根手指捏住衣物局部搓洗。③通"�"，铲起。如：～狗屎，～脏（扫起垃圾）。④撮合。

【促】[tsʰəʔ⁵/tsʰuəʔ⁵]①迫近、紧紧抵住。②（牛等）抵角，通"触"。③挑拨。同义：拆、戳、捣。

【焠】[tsʰe²¹/tsʰue²¹]（快速地）烧水。

【撑】[tsʰən²¹]读若cēn。①撑开。②相当于：一碗饭～三碗粥。③吃饱了还硬吃。④帮忙、帮人应付、支把力：～场子、～面子。

【蹲】[tsʰən⁴⁵] 读若cén。①坍塌、下沉。②（因伤病、虚弱得）坐下、倒下就起不来。

【瘆】[tsʰən²¹³] 读若cěn，借音字，或作"矜"。故意撒娇、扭捏、烦扰别人。

【差】[tʂa²¹]（抽象动词）欠。

【蹅】[tʂa²¹]①（在不得不下脚的地方如雪地、淖泥、菜地里）踩、踏。②（无意）踩上。偶指肆意踩踏。

【吒】[tʂa²¹/ tʂa²¹³]猪吃食。亦贬指人吃东西时的不雅相。

【搽】[tʂa⁴⁵] 用手在脸上、身上涂抹化妆品、药膏等。

【叉】[tʂa⁵³] 进入。如：他～进去一股。

【诧】[tʂa⁵³]①（不着题地）插话、乱讲。②故意岔开话题。如："他瞎～，霸霸不往那意思高头讲。"

【铲】[tʂʰæ²¹³]水平方向铲切蔬菜、撮起泥土等。

【操】[tʂʰɔ²¹/tʂʰɔ⁵³] 读若"超"。①在水的表面浅浅地舀一点水。②捞取水面上的浮起物。

【吵】[tʂʰɔ²¹³]①吵嘴、吵架。近义：争、拌、翻。②噪声大、吵闹。③吵要权益。

【车】[tʂʰE²¹] 借音字。①歪斜、对不齐，又开一点。通"磋"。②（非正式）走、溜号。③用水车提水。④喻指快速地盛饭、吃饭。

【扯】[tʂʰE²¹³/tʂʰe²¹³]①用力撕扯：～布（买布）。②聊天、拉呱、谈及。③抽、吸、拉拽。④带头。⑤造谣、哄骗，背地里（用消极语言）议论、攻击别人。⑥植物的幼苗开始长出茎蔓，沿地面或援其他物体向四周或上方攀爬：～秧子。

【彻】[tʂʰɐʔ⁵]借音字。底层所用的非正式方言。①打架。②战胜、完成。如："他太鲁，我们～不过他。"

【称】[tʂʰən²¹]买（食品）：～肉、～糖。

【秤】[tʂʰən⁴⁵] 俗作"沉"。本义是五谷的重量，引申为作物果实等下垂，呈沉甸甸状。

【成】[tʂʰən⁴⁵]借音字，将被面、被里与棉絮一起缝制成被子的动作。亦说"～被子"。

【銍】[tʂʰʅ²¹/ʐʅ²¹]①悄悄走，引申为跑、逃、溜号等义。今为底层非正式语。亦形容快速行进，如：直

～。②一捆或一个整体中的物品因摩擦力不足或捆扎不牢而往外溜脱。读若chī或rī。

注：今普通话不少以zh为声母的字，在方言里声母读若ch，如：滞、秩、稚。

【嗤】[tʂʰ˩²¹] 借音字。①支人上当。②喷射。

【跐】[tʂʰ˩²¹] 读chǐ。①脚下滑动。②快速滑动。③喻溜号、悄然离开。

【抶】[tʂʰ˩⁴⁵] 读若"迟"。责打。原意是用杖、鞭打。《庄子·则阳》：然后～其背，折其脊。通"笞"。古为雅字，今沦为孩童嬉闹语。

【剚】[tʂʰ˩⁴⁵] 读若"迟"，古汉语音义指剖、割开鱼、畜的肚子。初为"治"，《说文》：剚，楚人谓治鱼也，读若锲。"剚"为晚出用法，《字汇》：～，～鱼。后引申为用剪子或刃具剖开管状物，或用刀刃直线划开片状物体。现特指剖开家禽肚子、鱼腹等以除杂碎。

注：一作"胣"。原指"（剖肚后）拽肠子"，《汉语大字典》袖珍本：胣，刳肠、裂腹。《庄子外篇·胠箧》：昔者龙逢斩，比干剖，苌弘胣，子胥靡。

【潲】[tʂʰə̝ʔ²⁵]借音词，读若"尺"。湿冷物体接触皮肤。如："潮衣裳能把人～出病之。"②用冷手突然冰别人，亦用"寒"。《说文》：～，幽湿也。

【舂】[tʂʰən²¹] 旧时以碓窝杵臼加工食物原料的一种方法。主要用途：①用碓嘴在碓窝里反复砸碾稻谷等谷粒，以破壳；②用碓嘴将碓窝中已去壳的谷物杵捣成粉状。

【冲】[tʂʰən⁵³]借音字，读若chòng。①斥责。②可作介词。对、向：他是～着钱来之。③人的身体或物品因外力或突然加减速而脱离原来位置。④形容男子的外貌英气逼人。⑤与他人的属相、年龄等相克。⑥俗借代"充"，读chōng，液体向下喷流：～开水。⑥抛、甩、砸。⑦瞬时用强力或通过中间媒介将困在、卡在管状物内部的东西挤压出来：～脓鼻。

【搥】[tʂʰən⁵³]①（非正式）打人。如：不听话，看我不～你！②打架。

【蹖】[tʂʰən⁵³]读若chòng，(小孩)走路前倾、不稳。如：走得一～一～之。《康熙字典》：～，音钟，行不正貌。

【抽】[tʂʰɯ²¹] 借音字。①骂人。

②打人。③从钱财、时间中拿出一部分。④抽烟。

【杵】[tʂʰu²¹]读轻声。①（用棍子等）捣、捅。②插进别的物体里。③（乱）塞给别人钱物。④言语讥责、羞辱别人。

【处】[tʂʰu²¹³]与人交往、处对象。

【搋】[tʂʰuE²¹/tʂʰuE⁵³]俗作"揣"。①揉压面团的动作。②（非正式）拳击别人。

【拟】[tʂʰuã⁴⁵]冲撞别人，或抓住人剧烈摇晃，或通过上下往复的动作，使水和物体与容器内壁产生撞击，以清洗物体或容器。如：～山芋（洗山芋，即将整个篮子里山芋通过在水里的互相撞击来洗净，而不是单个拿出来清洗）、～尿桶（用水在桶内剧烈涤荡来清洗尿桶内壁）。

【踹】[tʂʰuE²¹³]踩。

【出】[tʂʰuəʔ⁵]①时鲜现市、庄稼出苗、昆虫破卵出蛹。②（能）产出：～米（稻谷产米率高）、～活（做事时效率明显）。③行礼钱：～情。④出牌。⑤制作。⑥出殡。

【戳】[tʂʰuɤʔ⁵]捣乱、生事，怂恿、制造矛盾，搬弄是非，破坏事态的发展。近义：捣、挑、搬、翻、贩、促、戳搅、七戳八搅。

【吹】[tʂʰue²¹]①恋爱关系靠吹。②对某事的努力没有结果、失去了指望。③吹牛。

【捶】[tʂʰue⁴⁵]打。

【穿】[tʂʰũ²¹]行礼钱，一般指上辈给下辈包红包。该词源于古时用绳子穿起铜板的做法。

【起】[tʂʰʅ²¹³]读若cǐ。①产生、凸起、显现。如：～皱、～包、～疙瘩。②以挖掘方式收获长在地下的农作物：～花生、～山芋。③摊派，通"提"。如："村里头修谱，一个人头上～20块钱。"④支取、取出先前存储在某处的款物。⑤(因某行动而使事物)呈某种形状、态势；使食物产生某种特性：～鲜、～酥。⑤掀开。如："挖沟之前，要把石板～走。"⑥拔起：～钉子。⑦启动、开始：～锅（揭开锅盖，取出锅内蒸、炸制的食品）、～菜（开始上菜）、～肩（扁担上肩，准备挑运）。

【气】[tʂʰʅ⁵³]该词有两层意义，一是主动的，表示自己"气别人"，如："她把他～之啊貒啊貒。"二是因别人的行为而使自己"生气"，如："他大～他年把年都不回来看看。"

【裯】[tsʰɯ⁴⁵] 读若cóu，在内外衣之间再添加保暖衣服。

【瞅】[tsʰɯ²¹³] 读若cǒu。①仔细看。②找、抓住适宜行动的时机。③帮忙照看。

【走】[tsʰɯ²¹³] 读若cǒu，从某人处拿、借东西，从某处经过、中转做某事。

【掐】[tsʰɯ²¹³] 读若cōu。①从下方往上托把力。亦用"撑把力""凑把劲"。②催促、唆使，通"趣"。如："～他搞快毫子。"③将就、屈就或迎合别人。

【趣】[tsʰu⁵³] 读若"醋"，催促、唆使、怂恿。《吕氏春秋·音律》：～农收聚，无敢懈怠。《墨子·非儒下》：知人不忠，～之为乱，非仁义之也。通"蹙、蹴"。

【搓】[tsʰu²¹] ①搓揉衣服，引申为洗衣。②双手搓下麦粒等。③搓绳。

【磋】[tsʰu²¹] ①（应该对齐的两边）未对齐。《齐民要术·养牛马驴

骡》：齿，左右～，不相当，难御。②相互走岔了路。通"道"，《说文》：道，迹～也，仓各切。

【餈】[tsʰʊ⁴⁵] 读若cuò，俗作"嘬"，（聚餐）大吃。

【打】[ta²¹³] ①出钱、消费的行为：～车票、～饭。②制作、收集的行为：～水（一般在家井）、～桌子、～凳子、～糨糊、～猪草、～地单。③（风风火火、突然地）赶到。如："这些人一家伙都～到老三那块，他搞不彻饭（来不及准备饭）"。④脱粒：～场、～麦。④到某个地点加工、购买：～开水、～糖（到糖坊制作炒米糖等）、～油。

【逮】[tɛ²¹³/tɛ⁵³/tiə ʔ⁵] ①捉、抓住。逮与捉的不同在于，逮多是去抓处于自由状态的东西。如：～泥鳅、～鱼、～人；而捉多是去抓有一定约束且处于特定位置的东西。②喻指以某种事务或责任套住某人。如："你不要在这蹲，给他～到，你事干不完。"③沾染、污染。如："脚指头破了，不能～水。"④通过欺蒙、设局、敲诈等手段，或利用显性、潜性规则获取别人的钱财、利益；或要

弄手腕使别人不得不破费。通：捉、捉鳖。⑤被传染上疾病。⑥读若dǎi，给、把、抓。⑦读若dì，逮住。⑧通"扚"，用指尖摘取。《说文》：～，撮取也。

【唻】[tɛ⁵³] 借音词。读若"带"。①吃得快且多。如：一～三大碗。这个词现已粗俗化，多为小孩或低层次人群使用。表示"吃"的非正式词还有：扫、干、酾、㞒、肿、扛、饠、扒、㧬等。偶读若dǎi。②盛饭：～饭。③打。多用于威胁小孩子。④形容酣畅地睡觉：一觉～到天亮。

【带】[tɛ⁵³] ①代买。②抚养。③往回拉。④允许。⑤带有某种特征。⑥沾染。⑦装、容纳。

【待】[tɛ⁵³] ①保持、处于某种状态：～暖和毫子、～晚。②命令语气，表示"要听从我的话"的意思：～我听清楚之、～我好好做作业。③容忍：～得住、～不得事、～不住话。

【汏】[tɛ⁵³] 读若dài。在水里通过快速甩动，辅以纱拧、敨展等动作洗净衣物等（类似漂洗）。《吴下方言考》：吴中以略浣为汏。

【呔】[tɛ⁵³] ①熟人之间或对地位较低者的随便招呼语。类同：喂、哎。②（贬义）说、评论。

【担】[tæ²¹] ①支起，将条状或板状物置于支点上。②肩挑，将物体提升到一定高度。

【扰】[tæ²¹] 读若"单"。在整个身体悬空或未站稳的状态下，因别的部位受到压力，而使作为支点的腰部或肢干被矼伤。

【掸】[tæ²¹³] ①简单接触即脱离：掸一下火（用火燎一下）、掸眼一看、掸绒（家禽交配）。②裹拉、沾染、占便宜。喻指迅速地从别的物体上拉取、攫取一部分。③描色：脑门～毫红。④掸尘，用掸子拂去或手简单弹掉灰尘。

【荡】[tɑ̃⁵³] 借音字。①将刃具在磨具上摩擦以使其锋利。通"鐋"。②喻指（大胆地）试一试、比一比。如："我就拿一百块钱～一～，看手气怎样。"③读若"汤"。接触、碰撞。一用"趟"。

【叨】[tɔ²¹] ①禽类啄。亦读若"得"。②用筷子夹菜。

【倒】[tɔ²¹³/tɔ⁵³] ①读若dǎo，倒

闭、倒台。②读dǎo，人晕倒、病倒。③读dào，铸造。④读dào，丢弃、倾倒食物或垃圾。

【㨃】[tɔ²¹³] 通"戳"。

【䳷】[tʂʔ⁵] 理睬。

【嗒】[tʂʔ⁵] 尝尝、小吃。

【搭】[tʂʔ⁵] ①（贬）在外交往。②搭讪、勾引。③帮人撑点力：～上肩、～把劲。④盖。如：～肚子（睡觉时用毛巾、被角等盖住肚子）、搞毛巾把（切开的）西瓜～之。⑤加上。如：～他，一共10个人。⑥掺入：（饭里）～毫山芋楔子。⑦带有某种特点：半生～熟。

【跶】[tʂʔ⁵]读若"得"。①喻指附着物的跳动、甩动。②慢走，悠跶。③跌倒：～个跟头。《广韵》：失足跌倒貌。④猛然坐下。通"沰"。⑤用力甩下纸牌等（以形成的气流翻动落点附近的其他纸牌）。

【对】[te⁵³] 对待。如："你这样～她，她会讲你好？"

【兑】[te⁵³/te²¹³] 读若dèi或děi。①读若dèi。灌入。②读若děi。（成本与收益等）相抵掉：它～它（无收益、无变化，还是老样子）。③读děi。

（打牌、赌博等博弈行为的）平局。④读dèi。掺入其他成分。⑤汇兑。

【沰】[tʂʔ⁵/tuʂʔ⁵] 读若dè或duō。①砸下。②猛然落下。如：一屁股～到地下（底面上）、～直生疼。③雨落下、淋雨。④（贬）喻指某人久据一位置不动：～在那毫子像一泡屎一样。

【掇】[tʂʔ⁵/tuʂʔ⁵]①握持散乱的条状或片状物，通过碰撞某平面而使其一端平齐，如：把一沓纸～齐。《昭明太子集序》：降贵纡尊，躬刊手～。②通过晃动、撞击地面等动作，使容器内的散装物更密实、占空间更小。③借、转。如："从你手头～两个钱周转下。"

【剟】[tʂʔ⁵/tuʂʔ⁵] ①刺、啄。尤指针状、鸟喙状物体短促、快速地啄击。通"叨"。如："这鹅真果劲，～人一～一块青。" ②引申为批评。如："她一天到晚嘴～在他身上讲。"

【裰】[tʂʔ⁵] 缝补。现一般指用机器缝。

【趸】[tʂʔ⁵] 读若"得"。（头、肢体）下垂状。如："头～落，肯定是哪地块（身上某部位）不抻朗（不舒服）"。《广韵》：～，下垂貌。今中医观人体貌，凡人之～者，垂首倾斜，为懈惰病弱之态。

【蹲】[tən²¹] ①（一段时间）住、生活在某个地方。②待着、等着。如："烧东西人要～旁边～着，不然容易出事。"

【墩】[tən²¹] 将东西重重地往下放。如"把米袋子～～，多装一些。"

【顿】[tən⁵³] 读若"凳"。放置、贮藏。《增韵》：贮也，宿食所也。《弟子规》：置冠服，有定位，勿乱～，致污秽。一作"囤"，《说文》：本作笔，篅也。篅判竹圜以盛谷也。

【扚】[tiəʔ⁵] 读若dí。一用"摘、摘"。①（用手指尖紧捏物体的一小部分）往上提、往外拉：～稗子、～茅娘（一种可食草茎）、～白头发。②摘取植物的一小部分叶茎。通"逮"。③盯着。④督促、逼迫。如："他是猪大肠，干什么事都要～直他耳朵。"

【掉】[tiɔ⁵³] 丢失。

【点】[tĩ²¹³] ①点播农作物：～花生、～豆子、～油菜。亦可引申为播撒：～小麦。②表面上当众简

单提及，但只有当事人才知其中真正的含义与分量。近于英语的dog—whistle。

【叠】[tiɤʔ⁵] 收拾，将东西摆放整齐：～衣服、～被子、～屋。

【丢】[tiɯ²¹] ①丢失。②将人或物品有意留在某地。

【踮】[tĩ²¹]不打招呼地走了，喻溜号。

【垫】[tĩ⁵³]①代为垫付，先支付一部分。②简单吃点东西。

【澱】[tin⁵³]沉淀、淀清。

【铤】[tin⁵³]读若"定"。①（对准某一点）砸、刺。②（非正式）威胁打某人。

【钉】[tin⁵³]读若"定"。（贬）猛吃。

【短】[tən²¹³] 差欠、尚不足。

【动】[tən⁵³] ①引发：～火。②扰动：～胎气。③开始、开启、行动：～身、～筷子。④整人。⑤用、启用。

【断】[tən²¹³/tũ²¹³]读若"懂"或duǒng。①停止。如：～奶。②堵住、截住。

【堆】[te²¹]①在碗里过量盛饭。

②在平地上码放：～土子、～草堆。③堵、占据过多空间。如："把浪（那样）多衣裳～在床上，叫我讲（怎么）睡？"

【兜】[tɯ²¹]①从下方承接，如："树上打枣子，用围襟～之。"同义：张。②全拿出来、讲出来。③可作介词。对着、朝着：～胸一捶。

【抖】[tɯ²¹³]喻指突然发达起来，并兼有"跩、显摆、暴富后得意"等意义。

【斗】[tɯ⁵³]①拼凑：把碎片～起来。②连接：把两根绳子～成一根。③玩耍：～鸡、～象棋。④人口中无牙或少牙时用舌头摸索着吃东西。

【逗】[tɯ⁵³]轻度哄骗、耍弄人。

【度】[tu⁵³]①渡过难关。②于荒年或危急时期救济别人、勉强过关。如："过关时候，是舅奶奶给之一捆干山芋藤（春碎熬稀糊）把一家人～过来之。"

【垛】[tu⁵³]①放置物体并使其底面与地面等形成较大面积的平稳接触，如：把茶杯～在桌子高头，把桶～搁地下。②将一个物体放置在另一个物体上。③整齐码放。

【炖】[tu⁵³/tə ʔ⁵]①读若"剁"。（余火）烧、文火慢慢烧煮：～毫洗脚水。方言读音合于《集韵》：待可切，音舵，烛余也。或作"燂"。②音变读"嘚"，小火苗慢烧，使食物烧开后以小火维持其较低程度沸腾状。如："粥烧开了，再给它～一刻工夫把它～化之。"但该词现多表示长时间地烧。如："烧水家里要蹲人，不然时间长之～干之容易失火。"③烧水，煮荷包蛋。

【发】[fɛ ʔ⁵]①植物长出新苗、迅速生长。②（加入酵母）使面团发酵。③食物等变得蓬松。④产生、发展。⑤发财。⑥疾病产生、复发。通"犯"。

【翻】[fæ²¹]①与人吵闹、冲突。②翻脸、断绝关系。③挑拨。通"贩"。③翻过去老账、隐秘的事。④（房屋）翻修、重建。⑤田间翻土、将正在晒的谷物等抄翻一下。

【反】[fæ²¹³]借音字。责备、批评小孩：～霞们。比较：讪（严厉责骂、威吓小孩）。

【疲】[fæ⁵³]恶心欲吐。

【犯】[fæ̃⁵³] 生病、犯毛病、疾病复发。

【媷】[fæ̃⁵³] 鸡生蛋。

【贩】[fæ̃⁵³] 乱传话、搬弄是非。通"搬"。

【放】[fɑ̃⁵³]①跟在散放畜禽后面照看。②扩大原来的尺寸、规格、重量等，或在原来的规格或数量上加点余量。③发放。④挖开、挑破堤坝、外皮等，使内部的液态物流淌出来。⑤打开栅栏、圈门等碍卡，使关在里面的生物出来自由活动。⑥乱说。

【费】[fe⁵³]（超过正常程度的）耗费：～工、～时、～料。但这种损耗程度逊于"伤"。

【粉】[fən²¹³] 用泥浆在砖、土坯等表面覆抹，以形成相对平整的墙面，偶指给墙刷石灰等涂料。

【封】[fən²¹]①行礼钱。②抓人衣领。

【疯】[fən²¹]忘情地玩耍、肆意地嬉闹。

【凫】[fu⁴⁵]游泳、浮于水上。一用"洑"。

【孚】[fu⁴⁵] 借音字。受得住。似

亦可用：服、伏。

【扶】[fu⁴⁵] 搀扶、拉起。

【赅】[kɛ²¹] 差、欠。

【该】[kɛ²¹] 相干：～你哄么事？

【干】[kæ̃⁵³]①做事、做某种动作：～事、～架、～活、～人。偶指努力地做某事，如："再不～，麻（明天）连三本都考不取。"②打人、整人。③（非正式）吃饭。④被逮捕：他～起来之（主动形式下的被动义）。⑤玩牌时出"炸"：（把它）～得之。

【赶】[kæ̃²¹³]①将大块的软质物体，用圆柱体工具滚压成平的、薄的片状物，或将其凸起的、厚的部分向平凹的、薄的部位碾抹。通"擀"，另见"衦"。②将散状物（如谷粒）铺平或向某个方向推平。③驱逐（动物）。④追求。⑤赶上、相当于、等于。⑥追赶。⑦赶巧、碰上。⑧通"拢"，驱赶。

【衦】[kæ̃²¹³] 读若"感"。原意是用手将衣物的皱纹摩抹平展。《说文》：若今熨衣使展也。现今将片状物弄平展倾向于用"擀"，如：擀面。

【唝】[kəŋ²¹³/kɑ̃²¹³]借音字。①

读若"拱"，钻、咬、挤、推。尤指虫子通过拱动头部或身躯来运动，如："茅缸里头蛆直～。"可引申为人在人群里挤身前行。②读若"港"，虫子从谷物、瓜果内部食蚀。

【矼】[kã⁵³] 读若gàng，被石子或看不见的坚硬物硌伤。通：杠、磕、担。

【掆】[kã⁵³] ①抬起。②借音字。行走：～家（回家）。通：赵。③垫起、卡住。《西游记》：呆子慌了，往山坡下筑了有三尺深，下面都是石脚石根，～住耙齿。

【搞】[kɔ²¹³] 原本是"搅"字，是抗战时期的生造字，现已成了万能词。主要义有：①使、变：～小之、～歪得之，人～多之、场子～大之。②到：～哪去之？③争取、寻找、准备：～钱、～票、～吃之、～水喝。④吃喝、操作：～饭、～酒。⑤经营、玩弄、舞弊、做下三烂的事：～人、～脏、～糟、～女人、～滑头、～假。⑥动作的结果：～砸之、～好之。⑦跟人斗、整人：～人。⑧丢失：～～得之。⑨服侍、照应：～老之（照顾上人）、～霞们。⑩从事某

营生，尤指猎获或阶段性的工作：～卤鸭（制卖卤鸭）、～黄鳝（钓、逮黄鳝）、～蕨子苔（上山采摘新鲜蕨菜，回来晒干或出卖）。⑪找来使用：晚上睡觉要～毛巾把肚子搭之。⑫对付、相处：这个人很难～（很难处，很不容易说服、打发或收买）。⑬造事、喜欢开玩笑、折腾人。如：他很能～（很幽默，很会拿别人取笑）。⑭偷偷摸摸地拿走、运走，盗窃。如："（从）这个矿坑，日本人～走多少矿石？"⑮拥有：张个年轻人一人～一个车子开。⑯整理、修饰、治疗：～头发、～牙、～颈子。⑰购买、消费：我～一碗粥就中之。⑱临时占用、使用：你自（从）哪～辆车子在骑？⑲出现一种非同寻常的结果：a.他～死得之哎。b.他～直跟她不讲话。⑳造成某种结果、形成某种印象：～累很之、～像逮不到样之。

【搁】[kɤʔ⁵] ①放在某位置。②收（藏）起来。③放入：煮粥多～毫水。④（含虚词作用）以某某/某个时段的角度、地位看事情或处理问题：～我（如果是我）、～张个（放

在现在）。⑤留话（以待验证）：撂一句话～这块～之。

【敆】[kɤʔ⁵] 读若"各"，把板状物拼到一起：～缝、～材（旧时打制棺材）。《说文》释"敆"：合会也，古悲切。

【给】[ke²¹³] 付钱。

【跟】[kən²¹] ①嫁人、与某人生活在一起。②适应、迎合：～脚、～将。③搭乘车辆。

【佝】[kɯ²¹] 弯曲腰肢、头向前倾。

【够】[kɯ⁵³] 伸出肢体或细长物去触及目标物。

注："够"的本义是"聚集、多"，为何衍生出现在的意义？似因它的同音字"句"而起。《说文》：句，曲也。段注：凡曲折之物，侈为倨，敛为句。后转换成动词意"弯弓"，契合另一同音字"彀"。《说文》：彀，张弩也。又引申为射箭的距离。《孟子·告子上》：羿之教人射，必志于彀。因而，"够、句、彀"三字在某种程度上是通用的。《水浒传》第八回：林冲起身谢道：大官人，不必多赐，只此十分彀了。故"够"因"彀"的"箭头落点距离"之意而辗转引申为"尽力去

触及"义。

【箍】[ku²¹] ①将物件用带状物套紧。②将散落的东西圈起来。③缠绕，蛇缠住人的肢体。④用胳膊圈住或卡住别人的脖子。⑤网鱼。

【罟】[ku²¹] 读若"箍"，用网捕鱼。通"罢"。

【咕】[ku²¹] 大口饮。如："这一碗酒他一口就～得之。"

【刮】[kua²¹³/kuɤʔ⁵]①读若"寡"。用筷子等将食物向某个方向扒拉。②读若"国"。表面刮削、刚剔。

【挂】[kua⁵³]①张贴、挂起。②挂念、焦虑：一心～两头（同时操着两边的心）。

【拐】[kuɛ²¹³] ①转向。②拐卖。

【怪】[kuɛ⁵³]责怪。

【归】[kue²¹] ①属于。②回来。

【掼】[kuæ̃⁵³]①甩打、砸、投掷、扔、撂、抛弃、将物体猛地放到某表面上、将人或物体抛起后用力甩到地上。②摔跤、摔倒别人。③将东西或人放在某处（不管）。如："底（这）哪家把霞们～底坳子（这里）一天有人问？"

【掼】[kuæ̃⁵³]身体失衡摔倒。如：

"路滑，他来的时候～之一跤不轻。"

【瘝】[kuæ̃⁵³]宠溺、放任（孩子）。俗作"惯"。《新方言》：～，病也，引申凡爱怜曰痛，亦谓之～，～亦作矜……扬州安庆曰～读如贯。

【横】[kuã⁵³] 读若guàng,俗作"光"。①（用瓦刀、抹泥刀）将泥浆等湿软材料揾入墙缝并抹平。②刮胡子、毛发。③（用油漆等）上漆、上色。④引申喻批评：～胡子、把他～一顿。

【滚】[kuən²¹³] ①水、粥等烧开状。现多说"开"。②沾染上：～之一身上溏鸡屎。同"扨"。

【绲】[kuən²¹³]衣物等绲边。

【聒】[kuɤʔ⁵] 这是一个典型的合肥方言词，原义是声音吵闹、频繁地说话。《说文》：～，欢语也。王安石《答司马谏议书》有：虽欲强～，终必不蒙见察，故略上报。今义为谈天、聊天。

【掴】[kuɤʔ⁵] 打。《唐韵》：掴，批也，打也。①（用突出物）惩罚性地叩击人，一般是弯起中指或食指关节敲打人（多为小孩）脑袋。②用尖锐物以抛物线运动方式扎东西。

如：～泥鳅、～黄鳝等。③形容脑壳向前或向后突出：前～、后～。

【㧖】[kuɤʔ⁵] 读若"掴"。①用山镢或锄头挖坑、刨出树根或植物根茎。②（用锄头通过往回拉的动作）齐根或稍带一层表土铲除矮草。

【裹】[kʊ²¹³] ①包在嘴里吮吸。原指婴儿吮吸乳汁，引申指老人嘴里无牙而勉强吃东西之动作。②抆粘：～之一身灰。

【过】[kʊ⁵³/kʊ²¹] ①动物（主要指哺乳类）产仔。②传递：～手（交接）、～底。③（正式地）过一遍程序：～筛（筛取谷粒、面粉等的精华部分）、～水（让水流经过、田里漫灌、新衣服浸水简单清洗）、～秤（交货时验明重量）等。④火熄灭。⑤读guō轻声。过期，时间超过。⑥生活。如：单过。⑦等一段时间。⑧用菜等抵消过辣、过咸的口感：～嘴。

【管】[kʊ̃²¹³]借音词。①关涉。②起作用。

【哈】[xa²¹]借音词。①哈气、挠人痒。②做事不实，应付人。

【海】[xɛ²¹³]吹牛、说大话。

【害】[xɛ⁵³]①生某种疾病：～

疮、～虾蟆咕嘟（腮腺炎）、～病、～小肠气（疝气）。②（背地下）损害别人。③拖累、给别人造成麻烦。如："给他～直我饭到张个（现在）都没吃。"

【喊】[xæ²¹³]①打招呼。一般指年龄小的或身份低的人向年长者或身份高的人的问候。②带上某人。

【寒】[xæ⁴⁵] 用冰冷的手突然冰别人。

【熯】[xæ⁵³] (用很少油、加少许水)半焖半炒剩饭。

【焊】[xæ⁵³] 旧时以熔化锡等金属焊料来补锅碗裂罅。

【夯】[xã²¹]①用力向下砸。②喻指喘气、干号。③用重物砸击。喻指打人。偶指棍打。

【吭】[xã²¹³] 喘。

【薅】[xɔ²¹]①用力、大把地拔草。《说文》：薅，拔去田草也，呼毛切。②引申为大把抓拔线状物。

【嚎】[xɔ⁴⁵] 大声哭。

【哼】[xən²¹]①因痛苦而发"哼哼"声。②引申为通过叫苦、缠磨而获取额外利益。

【哄】[xəŋ⁵³]①与不三不四的人往来。②起哄。

【候】[xɯ²¹³] 等待。

【呴】[xɯ²¹] 因气管毛病喉咙里发出类似哮喘的声音。

【睺】[xɯ⁴⁵] 借音字。怒目而视。

【猴】[xɯ⁴⁵] 借音字。①往上爬。②像猴子一样蹲、猫在某处。③赖在人身上、纠缠。

【寤】[xu²¹] 读若"呼"，睡觉。《说文》：～，寐觉而有言曰寤。一说小睡，《广韵》：～，睡一觉，呼骨切。方言读法合古音。现多认可"寤"乃寐不多时即醒。

【烀】[xu²¹] 大火猛煮或长时间烧煮：～猪头、～山芋、～猪食。喻只求（大锅）煮熟食物，而不讲究口感的粗劣烹煮，如："食堂的菜都像～出来之。"

【糊】[xu⁴⁵]①读若hú。敷衍应付、将就。②读hú。蒙骗。③读hú或hù，在物体表面抹上一层东西。④读hù。(被动)沾染。⑥读hú。通"搰"，搅浑。

【护】[xu⁵³] 保护、偏袒、包庇。

【花】[xua²¹]①（贬义）在外交往、善交际。②哄骗、在外面做不太正经的事。③将物体在液态物中简单拨拉。如："元宵煮滚后要～呃子，不然粘到一块。"④时间过得快。如："一～又到年跟前了。"

【徊】[xuɛ²¹] 读若huǎi。①摇动、晃动、在两者之间摆动。②慢慢走、摇摇晃晃地走。近义：晃、甩手。

【豗】[xue²¹] ①猪用嘴拱土、寻食，或一边吃、一边拱、糟蹋猪食的样子。②喻指人的挥霍、浪费行为。

【贿】[xue⁴⁵] 俗称"回"，相应地回赠、赠送。昔时某家办大事，如需借别人家大桌、板凳、稻箩之类，归还时往往随赠少量食品。"贿"古有回赠之义，《左传·宣公九年》：孟献子聘于周，王以为有礼，厚～之。

【回】[xue⁴⁵]①回答、反驳、回赠礼物。②食物回饧。

【晃】[xuã⁵³]①慢慢走。②不干事、东游西荡。

【阿】[xʊ²¹] ①读若"货"（阴平）。巴结、攀附、奉承、顺从之意。如："他当这个官，全是杵钱（贿赂）～出来之"。"阿"本义含"角落、曲隅"，引申为弯曲，又引申为逢迎、不正直。古有阿谀、曲学阿世

（迎合世俗）、阿意（曲意附和他人心意）等说法。《孟子》：污不至阿其所好。《韩非子》：法不阿贵。②屈从、弯曲、躬耸着：～腰、～背。

【撮】[xʊ²¹³] 读若"伙"。①通"戽"，双手（将容器里的水等）往外用力倒掉。②通"㧒"，用力扔掉。③把堆积物铲推到别的地方。④洒落、漏掉。

【和】①[·xʊ²¹/xʊ⁵³] 读轻声。将不同的东西放置、搅和在一起。如："嫑把男女衣裳～到一块。"② 读若"货"。用水等冲调或搅拌粉状物：～奶粉喝、～面、～水泥。

【掍】[xʊ̃²¹] ①读若hōn，把几种东西放在一起混合。②混淆：别把大家买之东西搞～得之。

【唤】[xʊ̃⁵³] 唤动物。

【激】[tɕiəʔ⁵]液体、软性物质因受挤压而冒出。

【架】[tɕia⁵³]①将条状物相互支撑、连接，以形成通透的立体状结构。②将物品搁置于一定高度。③（客套或虚伪地）恭维某人。④处于冲突边缘的境地：～上了。⑤因自身虚荣或别人恭维、蛊惑而处于某种

"高处"下不了台：～上去就下不来。

【讲】[tɕiã²¹³] ①说到、从某个方面说。如："～人冇几个人，～扁担冇几根扁担，这么多稻讲（怎么能）挑？"②找对象。③批评。如："不是我～你嗷，你这样搞下去冇一个人帮你！"④推荐、帮忙。⑤可做虚词。如何：～搞？

【焦】[tɕiɔ²¹] 思虑、担心。如："他在外打工，还--着家里的霞们跟田。"

【诐】[tɕiɔ²¹³] 烦人、缠人。俗作"搅"或"狡"。本义是多言，引申为通过多言、缠搅而获取额外利益。《荀子·富国》：则必有贪利纠～之名，而且有空虚穷乏之实矣。王注：纠，收也；～，读为拘，取也；言贪利而收取之也。

【绞】[tɕiɔ²¹³]简单地将两个片状物（多指布）缝在一起：～两针。

【搅】[tɕiɔ²¹³] ①阻止、妨碍别人的事。②播种是非。

【噍】[tɕiɔ⁵³] 咀嚼。

【夹】[tɕiəʔ⁵] ①妨碍。②挤入。③昆虫等蜇咬。④借音字。不讲理、多话、嚼舌。

【接】[tɕiəʔ⁵] ①在食物方面能接续、维持到某个时段。如："剩的粮能～到麦。"②从下方接取上面落下的东西。③传导、接纳：～热、～火。④助词，表示"多"。如：一辆～一辆车子、一拨人～一拨人等。

【袺】[tɕiəʔ⁵]（张开衣襟等）兜着。《诗·周南·芣苢》：采采芣苢，薄言～之。采采芣苢，薄言襭之(～，以衣贮之而执其衽也；襭，以衣贮之而扱其衽于带间也)。

【结】[tɕiəʔ⁵] ①结算：～钱、～粮。②于软的、液态物体表面产生硬壳状物质：结冰、结壳。③夹带、沾染。

【鑿】[tɕiəʔ⁵]读若"结"，碾制稻米、麦面，夹碎饲草等。古读若"砸"，《说文》：粝米一斛舂为九斗曰鑿，从毇臬声，则各切。古通"毇"，原指精米。《康熙字典》：凿与毇义本同，但音别耳……毇米较精。又《集韵》：卽各切，音作。

【摡】[tɕiɛ⁵³] 读jiè，通"揩"。洗擦、（用毛巾等）往复擦洗后背。《周礼·天官·世妇》：帅女官而濯摡～。

【械】[tɕiɛ⁵³] 读jiè，（用条状物）

打。

【解】[tɕiɛ²¹³/ɕiɛ⁵³/tɕiɛ⁵³]①读若jiě，解除饥渴等感觉：～渴、～饿。②读xiè，理解。③读jiè，锯树、梭板子。④读jiè，打。多用于威胁小孩子。

【㨪】[tɕĩ²¹]①夹菜。②端起菜碟向碗里划菜，同"刮"。

【拣】[tɕĩ²¹³]选。

【间】[tɕĩ⁵³]均匀、有间隔地摘（铲）取蔬菜、拔出麦苗、油菜嫩叶等，使其不至于过密，亦可让同一墒田能持续地提供蔬菜。

【见】[tɕĩ⁵³]①看得见、有见识。②呈现、感受、含有某种因素：～晴、～荤、～青、～油、～盐。③一遇机会就展现某种态势：～风长、～风就是雨。

【烃】[tɕin²¹³]读若jīng，①简单烧一下（以除去水分等）。②在灶上再用微火加热或保温一会儿。

【进】[tɕin⁵³]①添、购：～人、～货、～财。②能吸纳、体现：～盐、～油。

【浸】[tɕin²¹]（水、汗水、奶水等）溢出、渗出。

【静】[tɕin⁵³]借音字。（油、鱼汤等）经冷却变半凝固状。

【纠】[tɕiu²¹]①通"绞"，把潮湿衣物中的水分通过绞、扭的动作挤压出来。②同"撮"，洗衣物的局部。③读若"肘"，弯曲、缠绕。④旋扭物体中的一部分。⑤扭动身体。

【揪】[tɕiu²¹]将物体的一小部分旋扭下来。如："不听话，把你头～下来！"

【跔】[tɕiu²¹]读若jiū，遇寒抽筋、手足不能伸：～成一团。或作"勼"。

【鬏】[tɕiu²¹]头发盘结。

【丩】[tɕiu²¹]缠绕、纠结。

【就】[tɕiu⁵³]①尽量靠近、迎合；如："我要～这头，就顾不到那头。"②凑合、将就。如："没有单（床铺），我们倒腿一晚～～。"

【噘】[tɕyɤʔ⁵]①骂人。②因生气噘起嘴唇。③猪用嘴拱。

【卡】[kʰa²¹³]①翻过来。②骗。一说用"盖"（kǎ）。③刁难、阻止、压制。

【开】[kʰɛ²¹]①裂开：桌面～得了。②开掘：～石头、～沙。③开除。

【揩】[kʰε²¹] ①（用毛巾、纸等）擦拭、洗抹。②（用手等）擦、抹眼泪。③便后擦屁股。

【炕】[kʰɑ̃⁵³] ①热气熏人。②微火慢热烤炙。

【看】[kʰæ̃⁵³] ①从局部观察整体：勤懒～手、邪正～眼。②局部决定全体：一年～春、一天～晨。③根据、依据不同情况。如甲："这个法子好不好用？"乙："～人"。④预示：从小～大、三岁知老。⑤重视：战略家～趋势、政治家～形势。⑥检查。⑦观察、等待。⑧看病。

【敲】[kʰɔ²¹]读若kāo。①用棍棒、石块等打击。②骗人、害人、折腾人、使人破费请客。③杀狗。④敲打芝麻秆以脱粒。

【靠】[kʰɔ⁵³] ①在经济方面依赖某人。②小睡。同类词：歪、眯、冲。

【焅】[kʰɔ⁵³]干炕猪油、肥肉等，使其稍许出油；或加少量水，以小火烤炙食物。

【克】[kʰɐʔ⁵] ①相克、战胜。②从物体上用力捋、刮一部分下来，如：～扣。③通"刻、搭"，被线状物勒住。④属相、生辰八字不合；天生妨碍。

【敤】[kʰɐʔ⁵] ①通"搕""磕"，通过敲打有空腔物体，或以其碰磕地面等方式，来垛实内装物、震掉附着物或将内里东西清除掉：把稻箩～～、把鞋闶阆～～。②被硬物所磕。

【去】[kʰe⁵³] 读若kì，"去"字上古音属鱼部溪母，《韵会》：口举切。今方言音留存了古声母。①前往某个地点、回家。②形容极快地花费、消耗，如："一家伙就～得好几百！"除以上两种用法外，"去"今已多读若cù。

【剋】①[kʰe⁴⁵] 读若kí。①打、打架。如：～你、～架。②训斥、责骂。③口语上的夸张、猛烈动作，多为年轻人用，如：～饭、～酒。

【空】[kʰən⁵³] 读若"控"。①腾空容器。②欠、亏空。

【抠】[kʰɯ²¹] ①以某一点理由反驳别人，或阐述、坚持自己的主张。如："法律规定人人都有选举权与被选举权，我就～他这点，为什么不让我参选？"②挖、挤。如："脸上起的东西不能乱～。"

【绔】[kʰua⁵³] 读若kuà，绊挂、

撕绊、用尖锐状或钩状物去刺、拉、钩。如："腿给刺～几个裂子。"

【圈】[kʰuæ²¹] 读若kuān。①用木条、石头等做的圈栅饲养家禽。②喻指用事务、责任等套住、羁绊住某人。如："今年忙直够呛，给厂里头改制（这件事）～住了。"

【蜷】[kʰuæ²¹] 读若kuán。缩在一旁、角落里。

【摜】[kʰuæ⁵³] 读若kuàn。①（胳膊弯起来）挎住东西：～篮子去买菜。②指束缚。如："穿那么多衣服～在身上难受。"③偶指肩背上驮载物品。

【框】借音字。①[kʰuã²¹/kʰuã⁵³]用框、柱等盘绕线状物。②读kuàng，通"摜"，过多的衣物等穿、驮挂在身上。

【柯】[kʰʊ²¹] 借音字，读若kūo。①通"剞"。嗑瓜子等。②伐除树的多余枝丫。

【拉】[la²¹] ①养育、将小孩拉扯大。②动作上的拉扯、推让。③将旧屋顶换掉，引申指将房屋等建筑物拆除。④将表皮剥离掉。⑤贬指乱说话。

【剌】[la²¹] 读若"拉"，划伤、撕裂：手给～了个口子。《说文》释"剌"：戾也；从束、从刀；刀者，刺之也。带"剌"的词多给人以粗粝感：粗～～、毛～～、洋～子。

【拿】[la⁴⁵] ①收入、取、领用。②出钱（认捐，资助）。

【来】[lɛ⁴⁵] ①归来。②吸引。③购买、点菜。④产生：望直他气就～之。⑤埋怨、讽刺别人的标志性行为复萌：你看他就～之！

【赍】[lɛ⁴⁵]收外来赠予。

【扨】[lɛ²¹³] 借音字，读若"乃"。用力拉拽、拔除，尤指用整个手掌抓住植物茎秆往上连根拔除。如：a.到田里～亳菜。b. ～棉柴。c.她一家伙把他头发～住。

【爁】[læ²¹³] 读若lǎn。①（因火势猛烈、火苗乱窜）而烧到别的东西。②烤。③用大火急炒，以使蓬松的蔬菜在锅里的体积迅速变小。

【囊】[lɑ̃⁴⁵] 借音字，读第二声。中部下垂。该动词源于古时建房对屋脊与房顶瓦坡面的控制。其方法是用三股线麻绳，一头定在大脊上，一头置于屋檐；先将绳拉紧，再放长一成左右，产生一个自然垂度（凹坡度），称"囊势"，亦称"出囊"。一般正房出"囊"一成一（十分之一），其他房瓦面出"囊"半成六以内。后人们将这种下垂的过程和结果称作"囊"。其本字应为"纕"，《集韵》：纕，乃浪切，音囊，宽缓也。

【荡】[lɑ̃²¹³] 方言读若"攮"，冲洗。《说文》：～，涤器也；段注：～，凡贮水于器中，摇荡之，去滓……～者，涤之甚者也。此释义契合方言的涮、洗涤之意。后主要指用水在容器内壁洗涤、冲荡。通"扨"（在稍大容器内荡涤）。"荡、扨、浪、荡、漾"等均有用水洗刷义。

【攮】[lɑ̃²¹³] ①用尖锐物件捅、刺。通"戳"，词义稍强。②喻指一头冲向某物、急赶至某地。

【晾】[lɑ̃⁵³]读若"浪"。阴干、简单晒一下，或在阳光偏弱时晾晒。

【捞】[lɔ²¹] ①指买豆腐。如："去集上～（买）两厢豆腐。"②从液体中择取某种东西。如："从锅里～毫元宵。"

【唠】[lɔ⁵³] 谈、聒。

【淖】[lɔ⁵³] 将液态物涂于物体表面，尤指在身上涂抹药膏等。

【录】[ləʔ⁵] 借音字，读若方言"六"。用手指弯成环状从某条状物体上用力捋下一部分。通"捋、撸"。原意是采集，指用拇指和食指捏住或箍住谷粒、叶子等，从茎秆上纵向捋下。如：～稻（将稻粒从茎穗上捋下）、～树叶子（将树叶从细枝上捋下来）、～稗子等。《集韵》：一曰采也。

【搦】[ləʔ⁵/luɣʔ⁵] 读若lē。①用手抓住并用力挤压，一般指将蔬菜、瓜果中的汁液或水分挤出。通：搭、搋、摘。②从经手的事务中赚取部分利益，或贪取、克扣一部分。俗作"落"。

【落】[ləʔ⁵] ①遗失。②剩下。如歇后语：茶壶打掉把子，只～个嘴。③赚取。④从别人的利益克扣或从某件事上捞点好处。如："他底个人太贪，哄（什么、任何）东西经他手都要～两个。"④姑且获得一点其他利益。如："我不能出去赚钱，倒～一个清闲。"

【勒】[le²¹/ləʔ⁵] 刮削、刻凿、勒抑。《玉篇》：抑，勒也；又刻也。今此字在合肥方言里有两种读音。一是读若"擂"（轻声），指用窄口凿子之类的刃具、仅凭腕臂力量向下前方施压，以铲除某物表面的顽固附着物，或于其上刻凿出槽状凹陷。《礼》：物勒工名，以考其诚。现有"勒石为碑"以宣示主权之说。二读若"乐"（方言中快乐之"乐"音）或"录"。意"抑勒、勒紧"。《说文》：～，马头络衔也。现方言可说：绳子把手～疼死之、围巾～着人老颈子难受。此处"勒"又通"刻、克、搭"，可互用。

【捺】[lɐʔ⁵] ①按压住（使不动）。②对着某一点而动作。③强迫某人干某事。

【耒】[le²¹]借音字，读若"擂"（轻声）。向前猛挤、一个劲往前走：往前直～（低头往前猛走）。"耒"的本义为犁上的弯曲木架，耒耜合一统称"犁"。后用作动词，似引申指如犁田般向前开掘、挤进。

【攂】[le⁴⁵] 同"擂"，通"耒"。①往前猛走。②使劲研磨。③引申为击打。通"擂"，斥责。

【愣】[lən⁵³] 犹豫、耗费时间、耽搁。

【依】[ŋ²¹] 依从、放纵。

【医】[ŋ²¹] 整治、矫正。如："这霞们不～～，麻以后要上天（今后没人管得了）。"

【离】[ŋ⁴⁵]离婚。

【蠹】[ŋ⁵³] 磨损、朽坏。①虫蛀木。②衣物搁置时间长而致纤维脆弱易破碎。同义：勖。

【勖】[ŋ⁵³] 通"蠹"。

【沥】[lieʔ⁵] 使附着在容器表面、纺织物纤维内或沟渠里的积水自行滴落或渗干。

【褛】[liĩ⁴⁵] 缝在一起。

【燎】[liɔ²¹³] 简单过火、简单烧一下。

【敹】[liɔ²¹³] 简单缝合。通"绞"。如："在衣裳高头～几针"。

【尥】[liɔ⁵³] （牛等牲畜）行走。

【撂】[liɔ⁵³]甩掉。

【拈】[liĩ²¹]①捡拾：～稻（穗）、～麦（穗）、～狗屎、路上～到钱等。《广韵》：指取物也。方言合古义。②选择：～三拣四、～阄子。

【撵】[liĩ²¹³]驱赶、追赶。

【捻】[liĩ²¹³]①用手指搓、揉搓：

～棉子、～麻绳。又意"捏、揉、塑"，北方有"捻粉"，合肥有"捻疙瘩"。②使变细。

【拎】[lin²¹] 提起。

【扭】[liɯ²¹][tʂɯ²¹³]①用手指夹住并扭动别人皮肉以造成疼痛。②读若"肘"，旋转、拧、扭动：～螺丝、～开关、～颈子。

【捋】[lʊ²¹³][ʈʂʅ²¹³]①读若"虏"，通过手掌垂向沿某物体表面做快速平面移动，以尽可能多地抓取上面的东西或附着物。多指顺着桌面或其他平面将物品一下子抹握、抓起。②通"录、撸"，采集谷粒、树叶的动作。③读若舌前音"与"，理齐、使平直光滑，顺着某个方面抚摸。古通"旅"。

【能】[lən²¹/lən⁴⁵]读若"农"的第一声或第二声。①凑合将就。如a.《中庸》：天下国家可均也，爵禄可辞也，白刃可蹈也，中庸不可～也。其中的"能"为糊弄、将就的意思，"不可能"即"不可以敷衍、忽略"。b.《红楼梦》第四回：他两家的房舍极是便宜的，咱们先～着住下，再慢慢的著人去收拾，岂不消

停些。再如第三十七回：这绢包儿里头是姑娘上日叫我作的活计，姑娘别嫌粗糙，～著用罢。今合肥方言可说："今晚冇菜，搞毫小菜～呃子。"②拖延应付、挨日子。③勉强用力。

注：该字的渊源难以考证，但其音其义在前人古籍中多有体现，只是采用了不同的借音字：一作"农"。《醒世姻缘传》第七十五回：……农著过了门，慢慢的你们可拣著心爱的做。一作"脓"。《金瓶梅词话》第四十一回：姐姐，你知我见的，将就脓着些儿罢了，平白撑着头儿逞什么强！

一作"浓"。《醒世姻缘传》第八十四回：大家在外面浓几年，令亲升转，舍亲也或是遇赦，或是起用的时候了。

又作"哝"。《海上花列传》第二十四回：耐搭俚相好仔三四年，也该应摸着点俚脾气个哉；稍微有点勿快活，耐哝得过就哝哝罢。

【拢】[lən⁴⁵/lən²¹³]借音字。①读第二声，一作"挵"。通过夸张的手势、挥舞棍棒、喊叫、砸石块等动作驱离家畜家禽或野兽野雀。②读第二声。拢聚家禽。③读第三声，收拢

之意。

【咙】[ləŋ²¹³] 借音字，读第三声。①屏息使劲：～劲、～屎。②费很大劲（才勉强做某事）。如："他～直半天也拿不出一个钱来。"

【跈】[ləŋ⁴⁵]（老人或幼儿）勉强站立、跌跌撞撞、步态不稳地慢慢走。

【笼】[ləŋ⁴⁵] 将双手插进袖筒里。如：～手（将手插进袖筒取暖）、～袖（插袖取暖、光看不干事）。

【码】[ma²¹³]整齐地码放物品。相较"垛"，"码"的动作一般比较细心；而"垛"虽有码放之义，还有邋然坐下、猛地落在某表面的含义。

【矕】[mæ²¹]斜眼看。动作含不高兴、看不惯、看不起人之意。

【忙】[mã⁴⁵]工作、生活、从事某项活动。

【揾】[mən²¹] 读若"门"之轻声。用拳头击打别人。

【焖】[mən²¹]①盖住锅盖慢火加热。②微火慢烧。

【昧】[mən²¹/mŋ²¹] 读若"门"之轻声。①贪昧，采用隐蔽手法将公物或别人的利益据为己有。②无意

义地花费。③诓骗、假冒。如："他黑～是什么大官？狗屁！"④读若"咪"。蒙蔽、掩藏、私自把东西贪为己有。如："上面的征地款讲搞（为什么）到老百姓手里头就这一毫毫（这一点点），肯定给大队干部～得之。"⑤喻指将某人贿赂好。如："不把他～好，你的提拔定下来不中。"

【懑】[mən⁵³]气、埋怨。指尚未达到痛恨程度、又难以公开发作的一种心理状态。一般指生己方人员的气。

【卯】[mɔ²¹³]借音字。遗漏。一说"卯"的本义是报到，因旧时官署一般在卯时开始点名报到，俗语有"点个卯""应个卯"之说。未打卯即为漏项之人，久之取其反义。

【霉】[me⁴⁵]借音字，批评。原字似为"攂"，该动词在方言里有击打、斥责的喻义，且现今不少普通话里以n、l作声母的字，在合肥方言里的声母为m,如：泥、腻、匿等。一说用"诲"。

【寐】[mŋ²¹]读若方言"秘"，俗作"眯"。①闭眼。②小睡。如："我有这个习惯，中晌要～一刻。"

注：该词部分留存了古意，古时的"寐"指今天的"睡"，如《说文》：～，卧也。《孟子·告子下》：吾闻之喜而不～。而"睡"古指打瞌睡，类似今日的"寐"，如《说文》：睡，坐寐。《史记·商君列传》：孝公既见卫鞅，语事良久，孝公时时睡，弗听。古今义几乎对换。今普通话里不少读若"妹"音的字，在合肥地区仍读其古音[mɿ²¹]，如：妹、昧。

【湎】[mɿ²¹]小口饮。俗作"咪"。

【墁】[mɿ⁵³]方言读"米"的去声。其本意是"泥"，引申为涂泥状物于物体上。如："搞毫水泥把锅台～一～。"《康熙字典》释"墁"：涂也。

【呡】[min²¹³]读若"敏"。①通"湎"，小口饮、略微喝一点。②无牙老人或婴儿吃东西之状。

【冞】[min²¹³]使对接无缝。段注《说文》：～合者，合之泯然无迹，今俗云吻合者当用此字。

【满】[məŋ²¹³]读若mong，轻声。①小孩溢奶。②漫溢出来。③通"澫"，水回流溢出。

【摸】[mʊ²¹]①接触。如："他没～过车。"②慢吞吞地做事、磨蹭。近义：嚤、晕、磨。③摸索走动、寻找。④或读若mè，抚摸、按摩。⑤在黑暗中摸索，在封闭的空间里寻摸，在水里摸索着捉鱼、逮泥鳅、寻河蚌等。

【嚤】[mʊ²¹]借音字。缓慢地做某事、拖延。

【谋】[məŋ⁴⁵]读若móng。谋求、追求、指望，以一定代价期望得到某种利益。如：～一个职位、～人家老子有权。叶圣陶《抗争》：～到一个位置不容易，怕把它丢了。

【磨】[mʊ⁵³/mʊ⁴⁵]借音词。①读若mòu，扯谎、诓骗。②读若mòu，转身、挪动：～屁股就走、～下让人过。③读若móu，慢慢下功夫去做某事、纠缠别人以达到目的。

【派】[pʰE⁵³]借音词，介于动词与虚词之间。①准备、计划、预计承受某种成本：～3桌（饭菜）招待客人、～三百块钱输。近义：备。②估计、以为。如："～他不来之，哪晓顿又来之。"③舍弃，同"拚"，通"拼"。如："我～命不要之，也要争个理！"

注："派"似为"备"之音变。

【排】[pʰE⁴⁵]①点种蒜瓣等。②

排序。③（非正式）打。

【嘭】[pʰã²¹]（贬义）乱扯、夸口、说大话：瞎～、黑～。

【搒】[pʰã²¹]读若pang轻声，用棍子打。

【跑】[pʰɔ⁴⁵]①走。如：a.让你大热天～一趟。b.话没讲完，你别～唉！②逃逸。③作状语。已走了、不在这里了：车子开～之。④做某种职业性的动作：～田埂、～码头。⑤钻营、争取：～条子、～批文。⑥随意地来、去。如："他～来，就是吃个饭；吃过嘴一抹，又～得（dài）之。"

【奅】[pʰɔ²¹]读若pāo轻声。说大话、做不靠谱的事。一作"訰"。

【拍】[pʰɤʔ⁵]拍马、奉承、贿赂。

【批】[pʰ̩²¹]借音字。①液体快速冒渗、漫溢。②（非正式）打。③盖披厦。④批示。⑤去批发市场采购较大量的物品，多指果蔬。

【擗】[pʰ̩²¹]将条状物扳断、裂开。喻打人。

【劈】[pʰiəʔ⁵]①垂向砍切。②喻打人，尤指打耳光。③喻指吃。

【骗】[pʰ̩⁵³]读若舌尖前音"屁"。①隐瞒。②骗（人）。

【剺】[ʰ̩²¹³]作"片"。读着"痞"①平切肉、豆腐干等食材。②有选择地削取大块食物上的一小部分。一作"劙"。

【漂】[pʰiɔ²¹/pʰiɔ⁵³]①事情无着落、无眉目。②无正式工作及居所。如："霞们张还在外头～之。"③在染料、水中涮一下。

【撇】[pʰiɤʔ⁵]①分出来、选择。②小心去除液态表面的浮起物（如泡沫）。③借音字。有选择地从大块肉上割取一部分（瘦肉）。

【攀】[pʰæ²¹/tʰæ⁵³]①手抓着东西向上爬。"攀"在合肥话里有两个声母（拼音分别为p与t），在"攀爬"中为p，在"攀登"中为t。②枝蔓援爬、蔓延到其他物体上。如："葡萄秧子开始～藤之。"③与地位高的人结交：～附、～亲。

【襻】[pʰæ²¹]用线状物通过圈绕而形成一束，或用穿插、结扣等方式来编构成不同图案、样式。

【跘】[pʰæ⁵³]阻碍脚步、使摔跤。读若"盼"。

【盘】[pʰən⁴⁵]①把玩、摩挲

如："不要～猫，不然～直它肚子大、一肚子气。"②耗时、折腾。如俗语：豆腐盘成肉价钱。③长时间经营、对付、周旋。

【碰】[$p^{h}əŋ^{53}$]①迎头相逢。原字为"逢"，因古无轻唇音，现声母f古时多发为b或p。章太炎《新方言》：逢音转字变作髼。《说文》：髼，忽见也，蒲浪切，俗作碰。②聚在一起简单商议一下。③试试看。④遇到。⑤以较小面积的接触点触碰到其他物体的表面。通：贴、靠。

【狛】[$p^{h}u^{21}$]读若pū，嘴喷出粗气。

【噗】[$p^{h}u^{21}$] 借音字。用口喷水成雾状。

【潽】[$p^{h}u^{21}$] 借音字。①粥、奶等液体受热溢出容器。②蒸制蛋羹。

【挧】[$p^{h}u^{21}$]铺开。《康熙字典》：亦展舒也。

【酺】[$p^{h}u^{45}$] 读若pú，聚合饮宴、外出大吃之意。

注：现代年轻人喜欢把"外出聚餐"说成"～一顿"或"嘬(zuō)一餐"，殊不知此"酺、嘬"两字已各有两千年的历史。一作"餔"。《说文》：餔，日加申时食也。段注：引申之义，凡食皆曰餔。故亦可用"哺、脯"。

【诵】[$p^{h}u^{45}$]（贬义）夸张地说。通"奅"。《新方言》：大言震人为诵；《说文》：诵，大言也，读若逋，今读若铺……一曰小儿未能正言也。

【吃】[$tɕ^{h}iəʔ^{5}$]读若"乞"。①吃饭、吃东西。但合肥方言里的"吃"字及物词不包括流体食品，如茶、酒等；一般也不含稀饭，但对于较稠厚的粥可以说"吃"。②借音字。愣住、猝住。③借音字。闪了腰。

【抲】[$tɕ^{h}ia^{21}$/$tɕ^{h}ia^{213}$/ka^{21}]俗作"掐"，亦读若"卡"。①（用手指）抓住、捏住。②掐、扼：～脖子、～腰。③掐取植物叶茎的嫩尖。通：搯、抲。④严厉地强迫某人做某事。同义：～颈子。⑤恰好踩准时间去做某事。⑥偶读若qiǎ，因鞋子过小而卡脚、紧脚。

【卡】[$tɕ^{h}ia^{21}$/$tɕ^{h}ia^{213}$/ka^{213}]插进、阻塞于狭小空间。如："牙缝里头～个脏（饭粒、菜叶等）。"

【跨】[$tɕ^{h}ia^{53}$]读若qià。①跨越。②喻指事业、职务上的进步，或计划上的进展。如："我常跟霞们讲，步子不要一下～直太大之。”

【鸽】[tɕʰiĩ²¹] 读若"千"。鸟啄。

【园】[tɕʰiã⁴⁵]读若"墙"。躲藏、收藏不让别人看见。亦作"宆"。《说文》：～，藏物。《苏州府志》：藏物曰～。

【抢】[tɕʰiã²¹³] ①极力争取。②抢时间做某事，尤指抓紧时间收割、种植庄稼：～天、～场、～墒、～先、～（收）花生、～麦、～油菜。

【戗】[tɕʰiã⁵³]①（在方向、效果上）逆着、对着、不协调：～风、～雨、～水、～色。②冲突：讲～之。

【蹡】[tɕʰiã⁵³]①头朝下栽跌，或突因头晕、腿软、脚滑等原因而改变原行走或站立状态，欲跌而未倒。②走路不稳，呈现一冲一冲状。《正韵》：～，七亮切，同跄，行不正貌。

【缲】[tɕʰiɔ²¹] 读若"翘"轻音。把布边内卷后，不现针脚地缝合。如：～边（裤脚拷边）。

【乔】[tɕʰiɔ⁴⁵]借音字。物体（主要指片状物）的一部分翘起变形。

【瞧】[tɕʰiɔ⁴⁵]认真地察看、核实、看病、诊治疾病。偶指简单地尝试。

【翘】[tɕʰiɔ⁵³]①骄傲起来。②

（贬）死掉。

【切】[tɕʰiɤ⁷²⁵]①用刀垂直切削：～菜、～豆腐。②用指甲掐压。

【请】[tɕʰin²¹³] ①购买作为神祇的画像、雕塑。②临时聘用有一技之长的人来家干活：～木匠、～裁缝。

【顷】[tɕʰin⁵³/kʰən⁵³]读若"庆"或"铿"（kèn）。低头、下落状。如：～头～脑。《说文》：～，低头也。

【煀】[tɕʰiɯ²¹]借音字，读若"秋"。①烟熏、小火焖烧。②烟雾或气体刺激眼睛。③（上眼睑紧张状态下的）眯眼。

【赇】[tɕʰiɯ²¹³]借音字，读若"球"。①（小孩）烦人、缠求大人做某事。②逼迫、促迫。《说文》：～，迫也。③读qiǔ，打、揪、抓住。

【趥】[tɕʰiɯ⁵³/tɕʰiɯ⁴⁵/tɕʰiɯ²¹]①读qiù，通"凑"，凑近。②凑合、敷衍。③读qiú，悬挂在物体上，或拖在其下方或后面。④通"跔"，读qiū。蜷曲不伸腿。⑤读qiù。窝在一个地方不动。如："二十多岁了，一天到晚～在家里头，也不出去找个事干。"或通"糗"。⑥磨蹭、费时间。

【觑】[tɕʰʮ^{21}]①（因近视）眼睛眯成缝。②凑近看。

【屈】[tɕʰyəʔ^{5}]①对人不公。如：“拿不到奖不～他，是他平时事情没做好。”②委屈。如：“细皮嫩肉之，干这个粗事有毫～他。”

【捱】[ᴇ^{45}/ʐᴇ^{45}/ʐᴇ^{53}]①读若ái。熬时间。②读ái或rài。拖拉、拖延，动作慢腾腾。《集韵》：又俗谓延缓曰捱。

【挨】[ᴇ^{21}/ᴇ^{53}/ʐᴇ^{53}]①斜靠着某物体。②简单触碰、沾染、接近。通：碰、摸、粘。如：“赌钱～都不能～，一粘上裤子都要输当得之。”

【硙】[ʐᴇ^{45}]①研磨：～墨。②稍稍移动。

【嚷】[ʐɑ^{21}]借音字，读若rā或ruā（轻声）。乱吵、无效果地哇哇讲。

【安】[ʐæ̃^{21}/æ̃^{21}]昔时读若rān轻声。①强加污名、罪名。②（在庄稼茬口空当）栽种。如：“今年天气好，还能～一茬花生。”③安装：～门、～牙。④安排。如：给他～一个虚职。

【㸚】[ʐɑ̃^{213}/ɑ̃^{213}]用碎草、粗糠等慢燃、闷烧。

【撩】[ʐɔ^{213}]读若“扰”。手挥动、抚动。

【绕】[ʐɔ^{53}]拐弯抹角、有导向性地讲，试图忽悠人。

【认】[ʐən^{53}]①亲属间相认并走动。②只认可、适应特定的人或事物：～人、～生、～床、～上之。

【踅】[ʐʅ^{21}]读若rī。到、前往、溜号。现作为非正式词，多为年轻人使用，如：“他俩～到韩国玩之一家伙。”

【融】[ʐəŋ^{45}]借音字。拖沓，让事情慢慢自然消失。

【肉】[ʐɯ^{53}]借音字。①态度不明、行动拖沓。②亦读若“悠”，理睬、买账。多用作否定义。

【怄】[ʐɯ^{53}]昔时读若ròu。心里郁闷、气愤：～气、～肠子（通：胀肠子）。

【沤】[ʐɯ^{53}]昔时读若ròu。①通“怄”，生闷气、憋闷。②沤制肥料，将粪、绿肥等通过堆积、沤泡以发酵成肥。③将原木压沉到水底数年以清除树木内的虫或虫卵。

【洒】[sa^{213}/səʔ^{5}/ʂa^{53}]①无意义地散发：钱乱～。通“撒”。②读若

"色"或shà。泼洒、液体流出、漏出。如：a."酒酾慢毫子，不然搞～得之。" b."手爪头给剡淌血之，血直～。"c."端汤时候走慢毫子，防止汤～到身上。"也指细碎物体如沙、谷粒等从容器里漏出。

【散】[sæ⁵³] ①分发：～烟、～糖。②无谓地花钱、散财。③背后说别人的坏话：～名声。

【操】[sã²¹³]猛推。

【摁】[sɛ²¹]通"塞"。①塞入缝隙。②塞东西给人。③喻指打人。

【扫】[sɔ²¹³]①喻指打人（嘴巴）。②喻吃得多而快。

【潲】[sɔ⁵³]读若sào。斜雨随风刮入门窗内，或刮到（使用雨具的）人身上。

【飆】[sɔ⁵³]读若sào。薮风迅疾，冷风刮扫人的皮肤。

【撒】[sɤʔ⁵]①洒、漏掉。②撒尿。③放。如：～手。

【鞥】[səʔ⁵]原读若"沓"，意是小孩所穿有面无后帮的鞋，《说文》：～，小儿履也，从革及声。后用作动词，读若"色"，指穿鞋不拔起后跟，踩着鞋后帮子走，即"趿拉着鞋"。《六书故》：～，今人以履无踵直曳之者为～。一作"趿"。

【刹】[sɤʔ⁵/ʂəʔ⁵]①读若"色"。刹车。②读若"摄"。用一根绳子，捆绑稻把、荒草等成垛，并紧扣于扁担头或牢靠地绑缚于板车上的动作。

【欶】[səʔ⁵/suəʔ⁵]读若"色"或suō。吮吸。一说通"嗍"。

【生】[sən²¹/sən⁵³]①读若sēn，人及哺乳动物的生育。②读sēn，植物发芽。③读sèn，禽类、水生类动物下卵、生育。

【酾】[sɛ²¹³]读若sěi，若方言"写"。斟酒。吴地读若"筛"：～酒、～茶。《说文》：～，下酒也，一曰醇也，所绮切。《广韵》：～，分也，所宜切。

【使】[sɛ²¹³]读若sěi，若方言"写"。①使用（劳力、畜力等）。②花费。③随礼。

【剐】[ʂa²¹]借音字，读若"沙"。用刀口以纵向运动形式在某物体上割取一部分，或划开口子。《说文》：～，锐利也。从刀，炎声。《前汉•贾谊传》：剡手以冲仇人之胸。《注》：剡，利也，又斩也。今天合肥人说"～

肉"，即是从大块肉上切下一块；"～直手"或"手～个裂子"表示手被锐器割了个口子。

【撒】[ʂa⁵³]①读若shà。通过摇晃而漏出杂质等。如："淘米的时候要果劲漾，把砂～出来。"《六书故》：～，山戛切，音煞，掷也。②古通"撒"，读若"色"，洒落之意，主要指细小物体在运动中从容器中撒漏的现象，如："把袋子口扎紧了，不然米要～出来。"

【骟】[ʂɿ̃⁴⁵]读若shín。阉割牲口。

【苫】[ʂɿ̃⁴⁵]读若shín。用长条芦席或篾席圈屯谷物。

【扇】[ʂəŋ²¹/ʂɿ²¹]①扇风。②用手掌打：～嘴、～他一巴掌。③人因腿力不足而在站立或负重时双腿筛动，或梯子、桌腿等强度不够而导致其在承重受力时晃颤。

【讪】[ʂæ̃²¹]吹牛、显摆、看不起人。

【伤】[ʂã²¹]①过于损耗：造纸太～水、做这个样子衣裳～布。②有害于：～身体、～感情。

【绱】[ʂã⁵³]将鞋面纳在鞋底上。

【上】[ʂã⁵³]①到特定的地点去：～东头（到村子的东边去）、～园（到后园）。②前往神圣、庄严的地点：～庙去、～教会；或到比居住地更繁华的地方去：～街、～合肥。③对准某物，与之连合、装配在一起。如：～门（将门轴放置于上下门楣框及门槛的孔窝内）。④恭谨地递送物品或将某物置于某处：～香、～灯。⑤施肥、施加某种东西。

【烧】[ʂɔ²¹]①行事张扬、高调，烧包。②烧煮食物。

【杀】[ʂɤʔ⁵]①缓解、消除：～馋、～渴。通"解"。②炒菜时使蔬菜在体积上迅速减小。

【折】[ʂɤʔ⁵]①折耗、亏损：～本、～秤。②数量、规模、水平下降。如："干旱塘水～得不少。"

【侈】[ʂɿ̩⁴⁵]骄慢、显摆、自吹、夸张。如：侈言（夸大其词）、侈口（夸口）、侈谈、侈论（华而不实的言论）等。义近于"讪"。

【闪】[ʂɿ²¹³/ʂəŋ²¹³/ʂæ̃²¹³]瞅准机会立即离开或悄悄溜走。

【收】[ʂɯ²¹³]①收获庄稼等。②娶媳妇。③收回原先放在外面的东西。④开始收缩或改变原先的理念、部署。

【甩】[ṣuɛ²¹³]①丢弃。②将东西放在某个地方（暂时不管不问）③打：～手一巴掌。④说出推脱、驳人面子或较伤人的话：～过来一句。

【搠】[ṣuɤʔ⁵]①抽、打：一棍子～过去、一巴掌～到脸上。②（非正式）吃。

【刷】[ṣuɤʔ⁵]①喻指打人。②快走、赶路：一个小时～到合肥。③淘汰：给～下来之。④因食用粗糙、无营养的食物而亏待身体。⑤洗刷。⑥通"涮"。

【涮】[ṣuæ̃⁵³]①将物体在水中来回快速摆动（以简单冲刷清洗之）。如：～尿桶、把菜在水里头～～。今人吃"涮羊肉"，也隐含这个动作。②被批评、耍弄了一回。

【顺】[ṣuən⁵³]①整理。②移动。③喻指偷窃。

【说】[ṣuɤʔ⁵]批评。

【肆】[sɿ⁵³]借音字。①人顺杆、绳往上爬。②蛇虫等贴着墙壁、树干等物体表面向上爬行。③水汽、潮气向上渗浸、蔓延。通"渗"。该词古有"扩展、延伸"义。

【竦】[sən²¹³/sən⁵³]①上跳、翘起。如："一竦身，抓住那根树枝。"②踢打。③读第四声，指在鼻腔内吸气把鼻涕吸回去。

【餸】[sən²¹³]原指下饭的菜。后有"饿餸"一词，形容只吃菜不吃饭、不顾人的样子。再引申为"吃"贬义词。如："这个东西干事不中，饭倒能～。"同义词（皆贬义）：肿、吞。

【送】[sən⁵³]贿赂，赌博时输钱，无谓地消耗、浪费。

【梭】[su²¹]借音字。①（把）树木锯成木板。②身体部位被利器划切了小伤口。③（非正式）打。

【睃】[su⁴⁵]快速看一眼。

【嗦】[su⁴⁵]读若suó。原义是使犬声，现意为"促使、唆使、怂恿"。如："他阴，尽～旁人跟我搞。"通：唆、趣。

【诩】[sʅ²¹]夸张地说。《说文》：～，大言也。通"诉"，俗作"虚"。

【虚】[sʅ²¹]（门）开小缝、虚掩。

【絮】[sʅ⁵³]借音字（读舌尖音）。①慢慢吃、舔、品尝。尤指吃鱼、骨头、螃蟹之类需要细心对待、品味的食物。②通过舌、齿、手的协调将嘴里食品中的细小鱼刺、骨头小心剔出来。

【叙】[sʅ⁵³] 慢慢详谈。

【抬】[tʰE⁴⁵]抬举、增色。

【贪】[tʰæ̃²¹]贪污财物、贪图感官快感。

【摊】[tʰæ̃²¹]①将散状物品均匀平放在一定的平面上。②轮到、放到某人身上。③分摊。④平均到某个数量单位。⑤用少量油炕制面饼等。

【谈】[tʰæ̃⁴⁵] 谈对象。

【搪】[tʰɑ̃⁴⁵] 抵挡、阻隔：～饿、～风、～脏。

【淌】[tʰɑ̃²¹³] ①流动：河水往西边～。②溢出。如：a.井缸快满了，再挑就要～出来之。b.汤端稳了，别端～得之。③溅。如："甭戳蜘蛛玩！不然毒水～到脸上要生羊胡疮。"

【趟】[tʰɑ̃⁵³] 借音字，通"荡"，读若"汤"。①试试看。②触碰。

【耥】[tʰɑ̃⁵³] 用耙在稻田里细耙。

【蹚】[tʰɔ⁵³] 读若"套"，在烂泥里践踏、行走。

【掏】[tʰɔ²¹] ①用手轻击别人。②用手伸进容器里或伸到一堆物体里往外拿东西。如："在坛子里～碗腌菜。"③猪、鸡用嘴或爪子在草堆旁、垃圾堆或土里刨寻细碎食物。

【謞】[tʰɔ⁴⁵] 小孩淘气、惹人烦神。本义指"小儿未能正言也"。

【讨】[tʰɔ²¹³] ①去特定地点取、拿主观上认为应该能得到的东西。如：～奶、～工资、去家～被单。②招致：～冲、～打。

【托】[tʰɤʔ⁵] ①托付、请别人代为办事。一作"讬"。②摸母鸡屁股以探知是否有鸡蛋。③托扶、托举。

【脱】[tʰɤʔ⁵] ①脱衣。②失误、失去(机会)：～了班车。③短暂的脱离。如："一～手，它就跑得之。"

【諁】[tʰɤʔ⁵] 不停地乱说。如：随嘴～。

【搨】[tʰɤʔ⁵] ①用模子制作土坯：～土子。②褪去污垢等。如：搨垢子子(搓去身上泥垢)。③用指尖抠一点香脂、药膏等半流质物质点在脸或身上，再进行局部涂抹。④用泥搨子等工具前端，将泥浆、混凝土等先填塞进物体的缝隙或表面，再抹实刮平。

【挑】[tʰiɔ²¹/tʰiɔ²¹³]① 从田里挖

取蔬菜、小苗。②用勺子搲取。③读若tiǎo，搬弄是非、挑拨别人关系，挑起争端。通"撨"。

【调】[tʰiɔ⁴⁵]①逗弄、戏耍别人。②调换。

【焯】[tʰiɔ⁵³] 读若"跳"。①把冷油烧滚热。②将咸菜等在热油锅里快速炒一下。

【揚】[tʰiəʔ⁵] 挑拣、将不同质或规格不合的东西挑出来。通"剔、摘"。

【贴】[tʰiɤʔ⁵] ① 补助。② 赔本。③偏爱。④巴结。⑤相较于"碰、靠"，一个物体能较大面积地接触另一物体的表面。

【添】[tʰiĩ²¹] ①增加。②生育。③再盛饭。

【搽】[tʰiĩ⁵³] 读若tìn。①拨动灯芯去除其结焦，以使火苗更明亮。②添油加醋、挑拨离间。

【听】[tʰin²¹] ①遵循、照办。如："不能～他的，～他我们裤子都要当掉(输个精光)。"②听从、服从：～人劝、～人吩咐。③留心、关心。通"打听"。如："你帮我～着，有合适的给他们撮合撮合。"

【通】[tʰəŋ²¹] ①破：袜子～得之。②破成洞：头～得之（头皮破了）。③曝光。如："事情一家伙搞～了，两人都尴尬。"④捅下炉底的炭灰，让氧气能通达燃烧的煤球层。

【捅】[tʰəŋ²¹³] ①短距离移动。如："这边太挤直，往那坳子（那边）～毫子（移一点）。"②因故调整位置。如："我（把摊子）～到西头（到街西边去）炸（油条）。"

【推】[tʰe²¹] ①剃头。②促使、强迫。③推托、顶着不办、拒绝。④推卸责任给别人。

【煺】[tʰən⁵³] 读若tèn。宰杀畜禽后刮、拔其毛发的动作。

【褪】[tʰən⁵³] 读若tèn。①向后移动。②脱衣、蜕皮。③缩回。④（从洞状空腔里）掏东西：～黄鳝。⑤推迟、走在后面：～后。

【投】[tʰɯ⁴⁵] 塞、封、纳、掩。如：～被子。《增韵》：～，纳也。

【敨】[tʰɯ⁵³] ①抖搂、展平包卷着的东西。②把新衣、布匹等在水里过一下。③简单照一下阳光或让风吹晾一下。

【抟】[tʰəŋ⁴⁵/tʰũ⁴⁵] 把（食品等）

搓成团状或圆球形。

【拕】[tʰu²¹] ①艰难地抚育。如："靠她一人把霞们～大之。"②累赘。如："～着一大堆人跟后面要饭吃。"③恶劣条件的磨砺。如："这种车子经～。"④置之不理、拖延。

【馱】[tʰu⁴⁵] ①用围腰背小孩，用身体的肩背部位来背负重物。②喻拖累。如："给这小伢～死之，一刻尿、一刻尿。"

【扝】[u²¹] 读若wū，（手抓物件呈旋转状）抡起来（打）。《说文》：～，动也，从手亏声。

【圬】[u²¹] 读若"污"。用耘耙在稻秧棵间除草、松土。

【御】[u²¹³] 读若"舞"。做事、干活、招待等。作为基本动词，其义较广。现多为有教养的年长者使用，尤其是待客时用。年轻人已不用，甚至不知其义。然而，这是合肥方言中极古老的一个雅词，"御"字可追溯到甲骨文时代，脱胎于"卸"，方言读若wū。甲骨文、金文中常见"卸事"一词，如："辛巳卜贞，令众卸事"（《合集25》）。"畯正厥民，在于卸事"（《大盂鼎》）。"卸事"即接受政务差事。

逌至周代，"御"有了"侍奉""招待"之义，《诗·小雅·六月》：饮御诸友，包鳖脍鲤。《孟子·梁惠王》：以御于家邦（赵注：御，享也）。该字在皖赣区域不少方言中都含有"办事、勤劳"之意，是个万能动词，犹如英文的make和do。主要有以下意思：①请人做事情、劳作。如："难为你帮我把这个事情～一下。"②准备饭菜。如："你们在忙，我去～饭。"③持家。如：他家～直好、她～霞们～直好。

注：该字源自上古，虽仍顽强地"活"在合肥方言里，但久远时光模糊了它的身世。长期以来，方言虽保留了其原声原义，却不知其原字为何、出自何处。

一说用"舞"，因《儒林外史》有此用法，如第二回众人商议闹龙灯一事：你们各家照分子派，这事就舞起来了。第三回写范进中举后发了疯：众邻居一齐上前，替他抹胸口，捶背心，舞了半日，渐渐喘息过来，眼睛明亮，不疯了。故章太炎《新方言·释言》中采用这一说法：庐之合肥，黄之蕲州，皆谓作事为舞。

然而，"舞"字，在甲骨文中为，为一大人手挽两小孩舞蹈之形，在金文、小篆里像人执牛尾而舞，是按一定节奏转动身体表演的各种舞蹈姿势，与做事、服务之词义相去甚远。故用"舞"字稍显牵强。"御、舞"只是发声相近而已，吴敬梓用了借音字。

【鹜】[u²¹/u⁵³]读若vū或vù。乱奔之貌。如："要不管的话，节假日公车都在外头～，要费多少钱？"通"鹜"。原指疾驰状。

【焐】[u⁵³/u²¹³]①用棉被或衣物保暖。如："睡觉时候一定要把肚子～好。"②用较热的身体部位或物品给易感寒冷的部位加热保暖：～耳朵、～手。③孵化家禽：～小鸡、～小鹅。

【摡】[ua²¹³/ua⁵³]古同"擓"。①读若wà。向上够物。《类篇》：吴俗谓手爬物曰～。但该字向上"够物"义今已扩大，用媒介物向上、向下、往远处够取物品均可用此字。②读wǎ，用瓢、碗等从更大的容器里舀水、取米等。

【歪】[uE⁴⁵/uE²¹³]借音字。①读若wái，讹人、纠缠。②读wǎi，耍赖、讹诈。③读wǎi，（有点纠缠地）指望、依赖某人。④半钻半卧，喻指小睡。

【偎】[uE⁴⁵]读若wái，身体部位（通常是臀、背部）侧压。如："晚上睡精神毫子，别把霞们～之。"

【韙】[uE²¹³]读若wǎi，慢慢走。

【崴】[uE²¹³]扭伤脚踝。

【弯】[uæ²¹]①转向。②中途特地去某地拐个弯。

【挽】[uæ²¹]读若"弯"。弯曲直的东西，或将弯的东西育直。

【玩】[uæ⁴⁵]①游玩、旅游。②玩弄、摆弄、操纵别人、诈取利益。③耍手腕、搞阴谋。如：～人、他～不过他。④通过吃喝、娱乐、共同兴趣爱好等与人交往。⑤耗费财物干某种事情：～钱、～车、～收藏。⑥轻率地对待事务。

【望】[uã⁵³]①盼望、希望：～厂子兴旺、～你好。②在程度、规模上的迅速、可见变化：霞们～直～就长高了、～直就过年了。③把别人当作、希望别人变成某种样子：～人呆（把别人当傻瓜）、～人好（乐见别人好）。④看见：～到就够之、

～到他就厌。⑤临时照看。

【绾】[uõ²¹] 挽成结。

【萎】[ue⁵³] 借音字。读若wì。纺织品等因年久经纬松散毁败。

【扷】[uən²¹³] ①在身体或物体的表面沾、抹上某种粉状物质。②用糖稀、炒米泡子、花生、芝麻等扷制糖果。③沾染、弄脏。如："这霞子太费，这个碗摆到那个碗，吃一个饭要～三四个碗。"

【问】[uən⁵³] ①可做介词。向：～他要钱。②管、挂念。如："霞们丢搁上人那块子就共统（从此、完全）不～之。"

【搂】[ʋ²¹] 读若"窝"。①将东西握攥在手里。如："什么书到他手里都是一～，没有一本不卷边的。"②将某表面上的东西，不经整理就一下子窝拢、兜抔起来。

【屙】[ʋ²¹] 拉屎。

【讹】[ʋ⁴⁵] 读若wó。①少、差错、在规模或数量上有一定的差距。如："我俩～三岁。"②（在斤两上故意）出差错：～人秤。③赖、纠缠、讹诈别人：～人、～钱。④因一种条件变化引发另一种情况的改变。

如："年龄大了，茶饭～多之。"

【揾】[uɐʔ⁵] 读若wé。①同"握"。②挖（土等）。喻指一次盛很多的饭、很能吃。③用杠杆原理撬动。④因重量不平衡造成杆状物在支点的一端上翘。⑤因动作不平衡造成身体部位（主要指腰肢）扭伤、磕伤。通"担"。⑥喻指拳打：～皮锤。

【踒】[uɐʔ⁵] 读若"物"（wé），关节软组织受伤。如：踒直气。

【完】[uõ⁴⁵] 完成、上缴粮棉征购、税赋、徭役等：～粮、～棉、～土方。

【閜】[ɕiɑ²¹] 读若"虾"。原指裂开，《说文》：大开也。①漏开缝隙：把锅盖～毫缝。②引申为门开着缝。通"闸、閉"。

【虾】[ɕiɑ²¹] 借音字。①弯腰、弯曲、下榻。②伤了腰椎。

【下】[ɕiɑ⁵³] ①栽种：～小秧、～黄豆种子。②下雨（雪）。③退休、退居二线、失去职务。

【镶】[ɕiɑ̃²¹] 原义是一种金属嵌入或包覆于另一种金属上。①引申为紧贴、贴近。如："甭～在这毫～着，一身味道臭死人！"②亲脸、吻嘴。

【相】[ɕiã⁵³]①不干事、耗时间。由古词"相羊""相徉"缩略而来。意徘徊、盘桓、彷徨、彷徉。《楚辞·离骚》：折若木以拂日兮，聊逍遥以相羊。《康熙字典》注：逍遥，相羊，皆游也。后引申指无所事事、徒耗时间、东张西望。②凝视、仔细观察。

【劁】[ɕiɔ²¹] 读若"消"。阉割家畜。

【吸】[ɕiə ʔ⁵]凹进去。

【楔】[ɕiɤ ʔ⁵] ①（垂向）砸、劈。②把（木楔）捶进榫眼等缝隙。③喻指打。通"挈"。

【歇】[ɕiɤ ʔ⁵] ①休息。②住宿。③断绝关系。④活动、事业停止。④时间上的空当起始。

【邪】[ɕi⁴⁵] 故意不讲理、造事。亦指小孩纠缠、吵闹。

【㿹】[ɕiĩ⁵³] 读若"现"，一说通"胴"，疾病表现在体表的征候。如："牙痛在下巴颏～个包。"

【兴】[ɕin²¹/ɕin⁵³] ①读xìn，提倡、容许、流行。如："张个不～拜师收徒弟。"通"作兴"。②读xīn，种植。

【行】[ɕin⁴⁵]①（无偿、近于乞讨）向别人借点东西。②请人帮活。如：～人、～人犁田。③行礼钱。通：出、穿（串）、包、封、扎。④偶读háng，同"兴"，意提倡、时兴。

【讻】[ɕiã²¹] 责骂。俗作"熊"。

【修】[ɕiɯ²¹] ①建设。②因功德或祈福而得到的福分。如："他家之（妻子）又贤惠又漂亮，他要着她是前世～来之。"

【昫】[ɕyə ʔ⁵] 借音字，读若"蓄"。热浪熏人、热气逼人。通"煦"。

【蓄】[ɕyə ʔ⁵]头发过多、过长地堆在头上。尤指厚重头发搭在额头上。

【谖】[ɕyĩ²¹] 夸大事实，发出夸张的声音。如："你看他～直，碰下子不得了。"《说文》：～，诈也。

【捋】[ɕyĩ⁵³] ①大把拔除草叶或禽畜毛发的动作。一说在热水中拔毛用"烊"。②一把拽住别人的毛发、衣服。

【旋】[ɕyĩ⁵³] ①（为达目的，迎合式地跟在别人后面）周旋。②欺骗、忽悠。③扭、扳、旋转旋钮、螺栓等。④到某个地方（快速地）转一圈。如："大清早他已经到公园～之一趟。"

【镟】[çyĭ⁵³]①从较大的物体上剜除一部分，削皮。②阉割公鸡。一作"线"。

【汯】[çyĭ⁵³]借音字。顺烧热的锅内壁加一点水，以产生焖烧或蒸制食物的蒸汽，或抵销因烧过头而产生的食物煳味。

【熏】[çyn²¹]简单加热。

【寻】[çyn⁴⁵]读若"行"。赚钱。

【巽】[çyn⁴⁵]读若xún，因劳作时间过长而致身体变得无力、瘫软。

【闸】[ia⁵³]读若"呀"。对门进行开关的动作。昔时大人常告诫小孩子："不要乱～门，不然夹着手！"《说文》：～，开闭门也，从门甲声；段注：谓枢转轧轧有声。通"閜"。

【揠】[ia²¹]借音字，一说用"丫"。①插队、硬挤入。②塞入、硬塞给别人东西。③（贬义）过量地吃、硬吃。③通"闸"，使门窗等张开小缝。

【映】[iã²¹]借音字，读若yāng。一说作"泱"。①婴儿因吃得过多而)从嘴里冒出奶水等。②因食物油腻而吃不下。

【怏】[iã²¹]读若yāng。①强劝人吃喝。②着力要求或劝说别人（和自己一起）做某事。或作"央"。

注：一说作"鞅"，《新方言》：鞅，俜强也，《广雅》：詇，告也，今谓人所不愿而强请之为詇求，詇之言鞅也。

【扬】[iã⁴⁵]借助风力、器械或人力，在场地上将稻麦等谷物向空中斜向抛洒，以择取饱满谷粒。原理是利用好谷较瘪谷或草末比重大的特点，方法主要有二：一是用枚（一种长柄阔口方形木锹）转身定点迎风（稍偏风向）远抛，越饱满的谷粒抛得越远。此法多在微风或无风时，用于扬大宗谷物，如扬稻、扬麦。二是在风力较大时，用畚箕等撮起谷物，立地举至头肩位置，缓缓倾泻到地面，反复以往，则好谷落在近处，杂质被吹到稍远处。此法适用于少量谷物的扬晒，如扬米、扬芝麻等。

【漾】[iã⁵³]①液体溢出。②（在水中通过晃动）清理上浮的杂质。如：～米（一种淘米的动作）。

【样】[iã⁵³]①量度。②比较。

【压】[iɤʔ⁵]①强迫。②负担一下子涌来。

【野】[i²¹³]（贬）在外面狂奔不羁、打闹呼号等。多指小孩子在户外长时间地贪玩。

【敳】[ĩ⁵³] 读若方言"厌"。在患处覆撒细粉状药粉，或小面积敷、点膏状或液状药品。或通"壅"。

【掩】[in²¹³/ĩ²¹³] ①门半闭，或闭而不栓。②用栅栏等将开的门道挡住，以防畜禽进入。

【洇】[in⁵³] 读若"印"。水慢慢浸渗，墨水着纸蔓延、渗透。通"湮"。

【胤】[in⁵³] ①延种、繁殖：～种。②引火。③疮、疹子等在体表扩散、传染。

【壅】[in⁵³] 读若"应"。用土、炭渣垫潮湿之地。

【頀】[yɤʔ⁵] 俗称"约"，对所购的物品，换秤重新称量。

【悠】[iɯ²¹] ①甩动。②（非正式）打。③以抛物线轨迹抛射物体。

【油】[iɯ⁴⁵] 油漆。

【余】[ʮ⁴⁵] 节省下、储蓄。如："他节省，一年能～一万块钱。"

【与】[ʮ²¹³] 借音字。理睬、买账。

【缕】[ʮ²¹³] 衣服纤维散破。

【遇】[ʮ⁵³] 与人交往。本义为"对待"，《汉书·陈汤传》：窃恐陛下……庸臣～汤。《史记·刺客列传》：范中行氏皆众人～我，我故众人报之；至于智伯，国士～我，我故国士报之。后引申为"交往"。如："在外头～人，荷包里要装包烟（以备敬烟）。"

【育】[yɤʔ⁵] 似通"挽"或"郁"。① 通过手扳、敲打、火烤等方法来将细长弯曲物体加工成直的，或将直的条状物加工成所需的形状。②纠正（孩子）不良行为。③以文火炙烤方式，使竹片的局部表面纤维变形、失去弹性，以固化成人们预想的形状。如：～尿桶把子，～草耙齿。通"燠"。

【圆】[yĩ⁴⁵] ①找依据、证据，以使所说的话完整、可信。②（把事情）抹平，假话讲得如真。

【晕】[yn²¹] 磨蹭、慢慢吞吞。亦作形容词。

【栽】[tsɛ²¹] ①栽培。②喻指遭遇大的挫折。③摔倒。

【载】[tsɛ²¹³] 借音字。（手里）拿着、揪着。

【趱】[tsæ²¹³] 读若zǎn。往前走。《说文》：进也，斩声，藏监切。

【灒】[tsæ⁵³] 溅。同义：炸。

【鏨】[tsæ⁵³] ①物体之间的碰撞，包括坚硬物与人体（包括人的头、肘、膝盖）的碰撞。②迎面碰见：迎头～。③形容人多得摩肩接踵：街上人直～。④形容动物多而聚集：～腿（水里鱼多）、～脸（蚊了多）。

【謷】[tsɔ²¹] 读若"糟"，严词责骂或用粗俗语言讽刺、骂人。如："她还是个小丫头，你哪能这样～（嘞）她？"《集韵·铎韵》：謷，罾也；疾各切。

【糟】[tsɔ²¹] 浪费、践踏、粗暴或不负责任地对待。

【作】[tsɤʔ⁵/tsuɤʔ⁵]①无事生非、招事惹事。②自作自受，使事情向不利于自己的方向发展。③产生某种结果、引起（某种行动、感觉、后果）。④天气等引起，酝酿、欲现未现的动作。如：a."我之腰就好～天阴。" b."底天～之恐怕要下（雪）。"该字既可以单用，也可作词组。以"作"为动词组成的词组较多，

大多可做形容词，多表示消极意义，如：～干、～咸、～渴、～翻、～打、～秃、～贱、～厌、～怪。

【啧】[tsɤʔ⁵] 啧嘴。

【撮】[tsɤʔ⁵/tsuɤʔ⁵]洗衣服的局部。

【捽】[tsəʔ⁵/tsuəʔ⁵] 借音字，读若"卒"，一说用"祝"。①读若"则"，筑挡水的坝子。②塞住洞状空隙或缝隙。亦指鼻子、胃等有塞堵感。③贬称"吃"，喻指塞给别人东西或贿赂钱物。④读若"卒"，乱放、藏东西（以至于别人或自己以后找不到）。⑤鞋小夹脚。⑥喻以拳摁人。

【挣】[tsən²¹/tsən⁵³] ①读若zēn，撑开袋状物的上口边沿（以利装货）。②读若zèn，将线状物拉紧，挣脱、挣钱。

【奓】[tʂa²¹/tʂa⁵³/tʂʰa²¹³] ①读zhā。张开状：～膊弄胯（坐下时无所顾忌地伸展着四肢）。②通"占"，读zhà。占着空间（不作为）。③读chǎ。向外突出：～口瓶、～八嘴。④读zhā。手、脚闲置、外张：手～着（无所事事、无所适从）。通"挓、揸"。

【鮓】[tʂa²¹³]用碾碎的炒米粉、

面粉等加盐和其他作料，与食材拉拌后蒸制菜肴：～肉、～排骨。也有不加米粉、面粉，直接放饭头上蒸的蔬菜：～茄子。

【诈】[ʈʂa⁵³]①（以虚假话题、捏造事实等方式）套取对方的意图与实情。②骗、恐吓。

【炸】[ʈʂa⁵³]①溅：水～一身。②衣服缝线断裂。通"绽"。③高声叫、大声吵闹。④炸锅、反应十分强烈。如："你这样跟他们讲，那不～得之。"⑤人群十分喧嚣、拥挤。

【栅】[ʈʂa⁵³/ʈʂɛ⁵³]罩、拦起来。

【侧】[ʈʂɛ⁵³]①读若zhài。倾斜：～着眼、～着肩膀。②读zhē或cē，表示"侧着（身）"。一作"踌"。

【踌】[ʈʂɛ⁵³]读zhài。脚跛走不稳。

【聑】[ʈʂɛ⁵³/ʈʂɤʔ⁵]读若"寨"或"哲"。竖起耳朵（听）。

【斩】[ʈʂã²¹]借音字，读若"詹"。（以斩劈动作）切肉、剁骨头。一作"劃"，《嘉定县志》：俗谓切肉细碎曰劃。《集韵·愿韵》：劃，断也，刍万切；刀剁肉。

【粘】[ʈʂən²¹/ʈʂɿ²¹]①黏合。②（简单）触碰、沾染、接近。一作"沾"。

【张】[ʈʂã²¹]①露面：～个卯。②瞥一眼。③在下面接着。通：袺、接。"张"有罗取之义，《公羊传·隐公五年》：百金之鱼，公～之。④巴望、等着（利益）。

【掌】[ʈʂã²¹³]①昔时加灯油。②把关、掌管。如："我今个上街买电视，请你帮我～～眼。"③支撑。如："小伢才生下来太小，颈子～不住（头）。"

【胀】[ʈʂã⁵³]①生气：～人、～气。②（贬）猛吃。

【招】[ʈʂɔ²¹]①招引、招惹。②片状物的边内翻、招边。

【找】[ʈʂɔ²¹³]①找关系。②找对象。③赚钱。④交涉、说理、报复。

【照】[ʈʂɔ⁵³]简单晒一下。如："稻没干透，等天好要铺出去～～。"

【罩】[ʈʂɔ⁵³]①用篮筐等容器反过来卡住。②保护、控制。

【赵】[ʈʂɔ⁵³]走、回家。通：抈、剚（读若kì）。

【炸】[ʈʂɤʔ⁵]读zhé。①油炸。②（尿液、化肥等）未加水稀释即施洒，以致将蔬菜、庄稼"烧"坏。

【折】[tʂɤʔ⁵]将东西集中放在一个容器里，或将一个容器里的东西转放到另一个容器里。

【扎】[tʂɤʔ⁵]行礼钱。一般指不同家庭之间逢大事行赠礼金。

【纼】[tʂən²¹³]读若"诊"。拧掉潮湿毛巾或衣物中水分的动作。

【震】[tʂən⁵³]用抖动的方式将附着的东西剥落下来。

【填】[tʂən⁵³]读若"振"。把（地基等）垫高。《说文》：～，塞也，从土，真声。

【支】[tʂʅ²¹]①架起来。②引开。③支取、预先领取：支钱、支米。

【炙】[tʂʅ⁴⁵]读若"直"。用猛火烤。

【治】[tʂʅ⁵³]惩治、给穿小鞋。

【置】[tʂʅ⁵³]置办衣物、家具等有较高价值的物品。

【肿】[tʂən²¹³]借音字。（贬）吃。

【扭】[tʂɯ²¹³/liɯ²¹³]①读若"肘"。用力扭动、旋拧。如：把瓶盖～开。②读"肘"。招摇、卖弄、摆弄人。③读若"柳"。揪住。《康熙字典》：手转貌，今俗谓手揪为～；一曰按也。

【拗】[tʂɯ²¹³]读若"肘"。①使弯曲：～断树枝。②跟人反着来：～

头摭颈。

【主】[tʂu²¹³]决定、预示某种命运。如：a.鼻子大～财；b.女人贤惠，～贵（对一家之主来说）；c.农谚：青蛙叫得早，必定～春涝。

【煮】[tʂu²¹³]锅里放水较长时间地烧煮：～饭、～粥、～山芋、～泥鳅。

【抓】[tʂua²¹]皱起、收缩。如：眉～着（皱眉、不高兴）。

【装】[tʂuã²¹]①假装。②扮演。③（往容器里）装入物品：～水（比较：冲开水）、～饭。④拐走、绑走、押走。

【壮】[tʂuã⁵³]借音字。①增加数量或重量，以凑齐整数，达到某种标准、程度，或尽量利用容器的空间。如：a.再捉两个小鸭，～三十。b.多装毫山芋，～一篮子（以装成一整篮）。②陪衬、捧场：～门面。

【撞】[tʂuã⁵³/tʂʰuã⁵³/tʂʰuã⁴⁵]①撞击。②读若"创"。相撞。③读若"床"。用力摇晃、戗动，使容器内的散装物更密实。

【跩】[tʂuE²¹/tʂuE²¹³]①行动慢：～弄（磨蹭、笨拙地做事）、～功（耽误工夫）。②借音，读第三声，可作形容词。变得发达、有钱了；在装备、设施等方面已经或突然变得较充足；有开始显摆的倾向。

【拽】[tʂuɛ⁵³]①拔。②通过拉手臂等动作扶起。

【锥】[tʂue²¹]①昆虫叮咬、蜇人。②刺。

【捉】[tʂuɤʔ⁵]①到市场上购买或在家抓逮幼小畜禽。②手拿着。如："他手里头～一个六谷（玉米棒）在啃。"③拿稳。如："把东西～好了，�搞掉得。"④欺骗、敲诈：～人上当。通：逮、着、支。

【滋】[tsɿ²¹]渗、冒，喻指挣脱而滋生出来。"滋"与"孳"音义皆通。

【吱】[tsɿ²¹]（贬）发声、说话。

【泚】[tsɿ²¹]毛发贲张：～毛（发怒）。

【抵】[tsɿ²¹³]①相当于。②通"牴"，盯着、比着、摽着别人。如：a.其他人～着，我们也不敢开口子。b.真拿她冇法子，硬～着那几家人，非要一样多拿补偿费。②压住、撑起。

【钻】[tsən²¹/tsũ²¹]①专注于某事。②钻营、找门路、想法子。③躲

藏。如："你～哪去了？到处找不到！"④消失。如：a.蛋炒饭等饭热了再打蛋搁里头炒，不然会烧～得之。b.这样烧肉会把味道烧～得之。

【蹱】[tsəŋ⁵³/tsũ⁵³]跳跃，感觉到小幅度强烈跳动。如：a.牙齿一～一～地疼。b.胎儿在肚子里～来～去。

【诌】[tsɯ²¹]读若"邹"，编造谎言、骗人：胡～、～经。

【走】[tsɯ²¹³]①走动、交往。如："吵架以后，两家不～之。"②跑漏：～气、～风、～油。③位移。④味道变淡。

【蹙】[tsu²¹]读若"租"。皮肤、布匹、纸张等不平、起皱。通：皴、皱。

【阻】[tsu²¹³]堵。如："今早合肥～车很厉害，搞之到家好迟。"

【聚】[tsʮ⁵³]①聚集、一起吃饭。②积攒、保存。

三、一般动词

【扒草】[pa²¹tsʰɔ²¹³]用耙子搂集碎草。

【扒河】[pa²¹xʊ⁴⁵]旧时兴修水利时挑河，即挑挖人工河道。又称"挑河埂"。

【扒泥鳅】[pa²¹mɿ⁴⁵tɕʰiɯ²¹] 夏时在河塘沟渠底的泥淖里用手扒寻泥鳅，或冬春时节在半干的稻田、红花草田里找寻气孔，挖出泥里冬眠的泥鳅。

【巴家】[pa²¹tɕia²¹] 一般指出嫁了的女子恋娘家、补贴娘家。可作形容词。

【巴望】[pa²¹uã⁵³]指望。

【把家】[pa²¹³tɕia²¹] 嫁人。亦称"把人家""把人子"。

【把牛尿】[pa²¹³liɯ⁴⁵se²¹]旧时夜里将耕牛牵到牛屋的指定地点撒尿。

【把人子】[pa²¹³zən⁴⁵tsə²¹]嫁人。

【耙田】[pa⁵³tʰĩ⁴⁵] 用耙将田里犁过的土块划碎、弄平。

注：犁、耖、耙、耖是旧时水稻栽秧前准备水田的四项主要农活。

【摆平】[pɛ²¹³pʰin⁴⁵] 将纠纷或复杂事务平息、解决。

【拜年】[pɛ⁵³lĩ⁴⁵] 亲戚、邻里间于春节期间相互走动，互致问候。特指正月初一的拜年。

注：新年第一天上午，亲属、邻居、同村老少均着新衣，互相串门祝福。年长者、德高望重者一般端坐堂屋等着别人前来拜年。串门拜年者，视对方与自己的关系疏密情况，有的在门口拜拜，即到下一家；有的要入屋叙谈。停留时间短的三五分钟，长则半个多小时。早期行拱手礼，故称"拜"；现作兴握手。一般同村邻居不带礼物。进门先喊家主夫妇的尊称，送上口头祝福，如："二爹爹、二奶奶，新年好啊！新年身体结茁（健康）啊！"待家主答谢还礼后，再逐一问候主家的其他下辈。此时，主人先递烟给每一位男访客，对方一般边回应"在手（嘛）"，边接烟。女主人常会塞给

来访的小孩方片糕、小糖、瓜子等。再引客人入座，给访客中的每位大人斟茶。堂屋大桌上大多摆上炒米糖、交切、炒花生、炒葵花子等。大人们饮茶、嗑瓜子，谈天说地。小孩子们如活泼一些的，会很快融入陌生环境，与主家的孩子比玩具、玩游戏、看小人书、寻门口未响的鞭炮炸着玩；内向些的则紧偎父母，怯生生地盼着早早离开。拜至亲长辈的年要携带礼物，早期多为两三包以马粪纸包装成棕形、用棉线扎捆的红糖，现在主要是烟酒茶。亲戚间，月半以内的走动都可称为拜年，又称"走人子"。合肥民间有"初三拜母舅，初四拜丈人"的规矩。亲戚之间拜年也要带礼物。

拜年能加深亲情、敦睦邻里、巩固家族纽带，在一定程度上还能消除隔阂、缓和平时累积的矛盾。拜年在过去以家族自治、"熟人社会"为特征的农耕文明里，是非常重要的社会学行为。昔时有些老人，会在年初一早晨，进寺庙敬佛、抽签问卦，或在所谓神树、神石、神洞前烧香祈祷。

【败家】[pɛ⁵³tɕia²¹] 由于挥霍、投资或行为不当而销蚀家产。

【败色】[pɛ⁵³sɤʔ⁵] 衣物等掉色。

【败味】[pɛ⁵³ue⁵³] 使人没有食欲。

【办事】[pæ̃⁵³sʅ⁵³]（给儿女）成亲。

【办席】[pæ̃⁵³ɕiɔʔ⁵] 举办、筹办宴席。

【扳价】[pæ̃²¹tɕia⁵³] 砍价。

【扳虾子】[pæ̃²¹ɕia²¹tsə] 用竹竿呈十字形撑起纱网（内悬炒米等香饵）捕捉河、塘里的虾子。

【板等】[pæ̃²¹³tən²¹³] 在原地长时间硬等。如："我们脱了（没赶上）火车，只好在车站～下一班。"

【帮腔】[pã²¹tɕʰiã²¹] 帮着某人说话，话语中向着某人。偶指火上浇油。

【帮穷】[pã²¹tɕiŋ⁴⁵] 帮助穷人。

【绑小脚】[pã²¹³ɕiɔ²¹³tɕyʔ⁵] 旧时妇女的缠足行为。

【包贬】[pɔ²¹pĩ²¹³] 批评。

【包弹】[pɔ²¹tæ̃²¹] 批评、责怪。读若"包掸"。

注：一说此词源于包公，他任监察御史时，经常弹劾朝臣官员，受到包公弹劾的，称"有包弹"；行无瑕疵未受弹劾的，曰"没包弹"。

【包袒】[pɔ²¹tʰæ̃²¹] 原谅、担待。

【包钱】[pɔ²¹tɕʰĩ²¹]行人情钱，旧时一般指逢年过节时给别人家小孩的红包。同义：穿（串）钱、穿（串）情。

注：今该词内涵已大为扩展，指包括亲属在内熟人间遇重大事件的礼金赠予行为，涵盖婚丧嫁娶、孩子升学、生日、开业、生小孩等。

【宝嘴】[pɔ²¹³tse²¹³/tsue²¹³]亲嘴。又称"疼嘴"。

【保险】[pɔ²¹³ɕĩ²¹³]保证。同义：保管。

【本着脸】[pən²¹³tʂə²¹lĩ²¹³]绷着脸。

【拔烟】[pɤʔ⁵ĩ²¹]吸烟。

【剥味】[pɤʔ²¹ue⁵³]用加水或加原料等方法使菜肴过咸、过浓的味道变淡一些。

【剥盐】[pɤʔ²¹ĩ⁴⁵]在原有菜肴里加部分其他原料，以抽剥部分盐分、冲淡咸味。

【不出活】[pəʔ⁵tʂʰəu²¹xuɐʔ⁵]工作效率较低，同样时间干不了多少事。

【不生】[pəʔ⁵sən²¹]人不生育或植物种子不发芽。

【不粘】[pəʔ⁵tʂĩ²¹/tʂən²¹]不交往。

【不遇】[pəʔ⁵ɥ⁵³]不再交往。

【不快活】[pəʔ⁵kʰuE⁵³xʊ²¹]对某人不满意、反感。

【毕毛】[piəʔ⁵mɔ⁴⁵]畏惧。

【毕手毕脚】[piəʔ⁵ʂuɤ²¹³piə²¹tɕyɤʔ⁵]轻手轻脚（显畏惧状）、放不开手脚。

【别不过】[piɤʔ⁵pəʔ⁵ku⁵³]拗不过。

【变天】[pĩ⁵³tʰĩ²¹]天气开始变阴、下雨。

【补气】[pu²¹³tsʰ˞⁵³]食用据说能"补气"的东西（如萝卜等）后，对身体气血方面产生滋补。同类词还有：补眼、补血、补脑子等。

【搬嘴】[pən²¹tse²¹³/tsue²¹³]讲闲话、搬弄是非。同义：搬嘴搬舌、翻舌、嚼舌头根子。

【拌嘴】[pən⁵³tse²¹³/tsue²¹³]争辩、轻微争吵。

【步踹】[pu⁵³tʂʰuE²¹³]步行。

【步脚迹】[pu⁵³tɕyɤʔ⁵tɕi²¹]踏着某人的足迹、学着某人的榜样而行动。

【采耳】[tsʰE²¹³a²¹³]掏耳朵。

【猜宝猜】[tsʰE²¹pɔ²¹³tsE²¹]最初为一种两人玩的游戏：将东西藏在

手心里握住，同时挥拳、跺脚、猜喊对方东西的名称，喊对的为胜。类同"石头、剪子、布"游戏。偶泛指猜谜语。

【惭念】[tsʰæ⁴⁵lĩ⁵³] 怜悯、同情。一作"惨怜"。

【懆心】[tsʰɔ⁴⁵ɕin²¹] 使人心烦意乱。

【嘈胃】[tsʰɔ⁴⁵ue⁵³] 因胃部炎症，或食用粗糙、不易消化的食物而使胃部不适。

【嘈人】[tsʰɔ⁴⁵zən⁴⁵] ①食物粗糙致使人不适。②噪音、言语或事务烦人。也指因小孩纠缠而烦心。

【造蛋】[tsʰɔ⁴⁵tæ⁵³] 捣乱。此处"造"读若cào。

【造话】[tsʰɔ⁴⁵xua⁵³] 无话找话，挑起话头或争议。亦称"秒话"。

【造事】[tsʰɔ⁴⁵sɿ⁵³] 无事找事，肇事、挑起事端。读若càosì，偶读chàosì。

【触角】[tsʰəʔ⁵/tsʰuəʔ⁵kɤʔ⁵]（牯牛）抵角。读若"促革"。

注：旧时在农村，牛触角是一件很吓人的事。两公牛相抵，先是牛角剧烈碰撞，发出骇人声响；稍后牛角相抵、

牛头摆旋，死力将对方向后推。角力的同时估摸、消耗对手的实力，都想用角尖从侧方突进刺穿对方。纠缠中如不分上下，则两牛头都向前怒抵，誓不退让，至牛眼通红、颈筋突暴，纵使十余壮汉也拉拽不开。大牯牛在昔时农村是重大财产，农民生怕牛受伤，只有抱起一堆稻草，在牛头下方烧火，方可驱散蛮牛。即便如此，也经常导致一牛先跑，另一牛满场满村狂追的恐怖情景。此时，路人急避，家家户户紧闭门户，以防"疯"牛闯进。

【拣脚】[tsʰɤʔ⁵tɕyɤʔ⁵] 阴刁刻薄，暗中捣乱。亦说"促掐、拆角、镟掐、撮整脚"。

【撮屎】[tsʰɤʔ⁵ʂɿ²¹³] 撮起婴孩拉在地上的屎，一般先将炭灰、草灰等覆在屎上，再扫进铁锹或畚箕里撮走。也指在野外捡拾狗屎等畜粪。

【撮脏】[tsʰɤʔ⁵tsɑ²¹] 用扫帚将地上的灰尘等垃圾扫进畚箕里。

【撮走】[tsʰɤʔ⁵tsɯ²¹³]通过背后运作或其他手段将自己的对立面或不喜欢的人从本单位挤走。

【磣人】[tsʰən²¹³zən⁴⁵]"磣"读若cěng，原指物品里掺入了沙子。《集

韵》：磣，楚锦切，参上声，物杂沙也。后引申为因沙土等细小颗粒进入人衣服里，或因草末、毛发等细小物的刺激而造成皮肤发痒等不适感。

【猝住】[tsʰəʔ⁵/tsʰuəʔ⁵tʂu⁵³] 一下子认不出对方、想不起对方名字，或想不起平常熟悉的事物。一说"蹙住"。

【焠水】[tsʰe²¹/tsʰue²¹ʂue²¹³]烧水。特指在炉子上快速、少量地烧点开水。

【叉伙】[tʂʰa²¹xu²¹³]①合伙做某事。如："房子是我俩～买的。"②一起享用、做某事。如："这锅饭我两个～吃。"

【叉墙】[tʂʰa²¹tɕʰiɑ̃⁴⁵] 用铁叉将搋（踹）好的泥，连同粳稻草做筋，一层层垒起土墙。

【诧白】[tʂʰa²¹pɤʔ⁵] 乱插话、讲不对的话。

【搽香】[tʂʰa⁴⁵ɕiɑ²¹] 涂抹香脂。

【岔气】[tʂʰa⁵³tsʰ̩⁵³] 饭后疾走或跑步中容易产生的短时间右下肋内疼痛，停步、缓步或过一会可自行缓解。又称"小肚子疼"。

【唱蛋】[tʂʰɑ̃⁵³tæ⁵³] 母鸡下蛋后长时间发出"咯嗒、咯嗒"声。旧时人们谑称鸡唯恐主人不知其生蛋，一边报功，一边夸示鸡蛋"可大？可大？"。

【抄近】[tʂʰɔ²¹tɕin⁵³] 走捷径。

【超头】[tʂʰɔ²¹tʰɯ⁴⁵]①先行一步。②快走并超过前面的人。

【吵嘴】[tʂʰɔ²¹³tse²¹³] 剧烈争吵。比较：抬杠（一般争论）、拌嘴（争论）、对嘴（一来一往地争吵）、争嘴（同"对嘴"）、吵架（激烈争吵甚至打架）。

【秒话】[tʂʰɔ⁵³xuɑ⁵³] 搬是非、无事找话。通"造话"。

【车水】[tʂʰE²¹ʂue²¹³]①旧时灌溉或排水时，用水车通过其众多叶片的连续刮戽、推送，从河塘或大田里往上泵水入沟渠。②喻指人多吃饭消耗得很快。

【扯布】[tʂʰE²¹³/tʂʰe²¹³pu⁵³] 买布。

【扯淡】[tʂʰE²¹³/tʂʰe²¹³tæ⁵³]（粗俗语）胡扯、说不靠谱的话。

【扯呼】[tʂʰE²¹³/tʂʰe²¹³xu²¹] 打鼾，又叫打呼。

【扯能】[tʂʰE²¹³/tʂʰe²¹³lən⁴⁵]逞能。

【扯连阴】[tʂʰE²¹³li̅ĩ⁴⁵in²¹]下连阴雨。

【扯水】[tʂʰE²¹³ʂue²¹³]借音词。水禽交配。陆禽交配曰"掸绒"。

【扯头】[tʂʰE²¹³/tʂʰe²¹³tʰɯ⁴⁵]发起、引领某项行动。

【扯秧子】[tʂʰE²¹³/tʂʰe²¹³iã²¹tsə²¹]藤蔓类植物（如山芋、豆类等）开始蔓延攀爬长藤子。引申喻小孩开始长个子。

【扯诌】[tʂʰE²¹³/tʂʰe²¹³tsɯ²¹]胡说、编谎话。

【彻架】[tʂʰɤʔ⁵tɕia⁵³]（非正式）与人打架。

【成被子】[tʂʰən⁴⁵pe⁵³tsə²¹]借音词。将被面、被里与棉絮缝在一起。

【称肉】[tʂʰən²¹ʐu⁵³]买肉。

【抻懒腰】[tʂʰən²¹lã²¹³iɔ²¹]伸懒腰。偶喻指懒惰、不伸手干活。

【抻手】[tʂʰən²¹ʂɯ²¹³]帮忙。

【抻头】[tʂʰən²¹tʰɯ⁴⁵]①露面。②出面解决问题。③带头。同义：扯头。

【成龄】[tʂʰən⁴⁵lin⁴⁵]①顺利抚养小孩长大成人。②（树木、家禽等）生长成林、喂养成熟。

【成功】[tʂʰən⁴⁵kən²¹]事情做完。

【黐住】[tʂʰʮ⁵³tʂu²¹]油脂等因过于厚腻、冷却而不流动。

【涪干】[tʂʰɔʔ⁵kæ²¹]借音词，读若"斥干"。用身体的热量将潮湿的衣物、被单焐干。

【冲凉】[tʂʰən²¹liã⁴⁵]用冷水冲澡。喻简单洗个澡。

【冲鼻子】[tʂʰən⁵³piəʔ⁵tsə²¹]冲鼻涕。

【冲脓鼻】[tʂʰən⁵³lən⁴⁵piəʔ⁵]同"冲鼻子"。

【充水】[tʂʰən²¹ʂuə²¹³]从烧水壶往水瓶里装开水，或在热水龙头下面接开水。

【春鸡】[tʂʰən²¹tsʅ²¹]昔时农民因不想再孵化鸡苗，而通过恐吓作法阻止母鸡抱窝的一种行为。即将想抱窝或抱窝成性的母鸡放入碓窝里，用碓嘴佯砸，轻触鸡毛即止，反复几次。传以此可以吓阻母鸡的抱窝本能。散放母鸡孵化天性爆发时，会到定点下蛋草窝找寻以前下的蛋，寻蛋不着，也会成天趴在窝里"空孵"，不食。此情形不仅导致其停止下蛋，而且日渐消瘦，故主人只好作法吓鸡，以图其恢复正常。

【春窝】[tʂʰən²¹ʊ²¹] 通"春鸡"。

【铳砟】[tʂʰən²¹tʂa²¹] 用土块、瓦片等互砸并闪躲。此为旧时孩童间的一种"战争"游戏。

【抽屄怪弄】[tʂʰɯ²¹pʅ²¹kuE⁵³ləŋ⁵³]（粗俗语）骂骂咧咧。

【抽人】[tʂʰɯ²¹zən⁴⁵] 骂人。又名"撅人"。

【抽条】[tʂʰɯ²¹tʰiɔ⁴⁵] 小孩或树苗快速长高。

【酬客】[tʂʰɯ⁴⁵kʰɤʔ⁵] 请客。

【楚挞】[tʂʰu²¹³tʰɤʔ⁵] 读若"处踏"，当众责备别人、给人难堪；或用言语挖苦、损毁别人。其原意是杖责，《后汉书·曹世叔妻传》：夫为夫妇者，义以和亲，恩以好合，～既行，何义之存？一说用"蹴踏"，义同"糟蹋""糟践"。

【黜责】[tʂʰu²¹³tsɤʔ⁵] 通"楚挞"。

【出阁】[tʂʰuə²¹kɤʔ⁵] 出嫁。原指皇子出就封国、阁臣出任外职或公主出嫁，后作为一般女子出嫁的代称。

【出红毛】[tʂʰuə²¹xən⁴⁵mɔ⁴⁵] 散养麻鸭长到45天左右、重约1斤的时候，其膀根与颈部的绒毛处开始显现绛红色羽毛尖。此时，是鸭子最活泼、食量剧增、生长迅速的阶段。

【出劲】[tʂʰuəʔ⁵tɕin⁵³] ①拿出力气、努力地做事。同"下劲、下力"。②在人力、财力等方面做一份贡献。

【出力】[tʂʰuəʔ⁵liəʔ⁵] 通"出劲"。

【出来】[tʂʰuəʔ⁵lE⁴⁵] 瓜果等应时上市。如："一到梅雨季节，桃子就～了。"

【出笼】[tʂʰuəʔ⁵ləŋ⁴⁵] 散放家禽早晨走出禽舍外出觅食。

【出钱】[tʂʰuəʔ⁵tɕʰĩ⁴⁵] 一般指众人筹资、合作办理某项事务时，作为个人拿出那一份钱的行为。

【出情】[tʂʰuə²¹tɕʰin⁴⁵] 因别人家的大事而赠予钱物。

【出头】[tʂʰuə²¹tʰɯ⁴⁵] 出面或牵头应对某项事务或某种情势。

【戳搅】[tʂʰuɤʔ⁵tɕiɔ²¹³] 小孩吵闹，或在外吵架、制造事端。

【戳包】[tʂʰuɤʔ⁵pɔ²¹] 在外制造麻烦、做错事或做冒险事。

【扴山芋】[tʂʰuã⁴⁵sæ²¹³ɥ⁵³] 清洗较多山芋的方法。即用"猪头篮"装上山芋，在河、塘水里上下快速抖动，辅之以左右晃动，通过山芋间本身的撞击、摩擦而清除泥垢。此清洗法虽快，但洗出来的山芋面相不佳，表面红皮亦多伤破斑驳。

【踹泥】[tʂʰuɛ²¹mŋ⁴⁵] 制作土坯的前道工序，即挖好泥块，加水搅和后，人赤脚反复在里面踩，有时用水牛踩，直至将泥巴踩得"融熟"为止。此为熟土，可以脱坯。

【吹弹鼓轧】[tʂʰue²¹tʰæ⁴⁵ku²¹³ia⁵³] 用各种乐器演奏。旧时泛指戏班平时操练或正式演出前在后台热身的行为。

【睇理】[tsʰŋ²¹ŋ²¹³] 读若方言"期以"。着手、整理。

注："睇"在巢湖东北乡至无为一带，至今有"看一眼"的意思。

【葺理】[tsʰŋ²¹ŋ²¹³] 修理、摆弄。

【鬎嘴】[tsʰŋ²¹tse²¹³] 亲嘴。读若"磁（轻音）嘴"。

【起槽】[tsʰŋ⁴⁵tsʰɔ⁴⁵] 原指狗之间的追逐、交配，贬喻指众人的起哄、打闹。

【起菜】[tsʰŋ²¹³tsʰɛ⁵³] 开始上菜。

【起场】[tsʰŋ²¹tʂɑ̃²¹³] ①将打场过后的秸秆先划拨到一边，再撮拢碾下或打下的谷物。②用草杈收拢晒干了的稻麦秸秆。

【起锅】[tsʰŋ²¹ku²¹] 揭开锅盖，取出锅内蒸、炸制的食品。尤指将蒸好的食物盛出，释放满屋蒸汽的过程。一般用于正式场合或不寻常的食物（如高档菜肴、麻花、馒头、扠制的糖果等）。平常居家基本上不用这个词。

【起花生】[tsʰŋ²¹xua⁴⁵sən²¹] 拔出、收取地里的花生。

【起袼褙】[tsʰŋ²¹kɤʔ⁵pɤ²¹] 将晒干的、糊在门板或其他平面上的袼褙揭下来。

【起肩】[tsʰŋ²¹³tɕĩ²¹] 扁担上肩、准备挑运。

【起来】[tsʰŋ²¹lɛ⁴⁵] ①起床。②站稳脚跟、发展。如："给它一点资金，这个企业就～了。"

【起钱】[tsʰŋ²¹³tɕĩ⁴⁵] ①到银行取存款，或到单位、包工头处领取较长一段时间的工资。②俗作"提钱"，为某项事业按人头提取一定钱财。尤指农村逢涉及全体村民的大事，如修谱、修祠堂、修路等，由专人组织，按人头平均收取每人须交纳的一定金额。另以各人威望大小、有无正式工作、在外事业规模为参考，收取数额不等的、超过平均数额的摊派。

【起欠】[tsʰʅ²¹³tɕʰĩ⁵³] 惹事。

【起山芋】[tsʰʅ²¹³ʂæ̃²¹³/ʂa²¹³ʯ⁵³] 收获田里的山芋。

【起酥】[tsʰʅ⁴⁵su²¹] 通过特定工序或添加剂，使食物（尤其是炸制食品）的口感变得酥脆。

【起鲜】[tsʰʅ⁴⁵ɕyĩ²¹] 通过特定工序和调味品，使菜肴的口感更鲜美。

【起夜】[tsʰʅ²¹³ʯ⁵³] 夜晚起床解小便。

【起阵】[tsʰʅ²¹³tʂən⁵³] 夏天傍晚蚊子开始成群飞舞、嗡嗡叫，似聚起列阵攻击人类。

【起早待晚】[tsʰʅ²¹³tsɔ²¹³tɛ⁵³uæ̃²¹³] 义如条目。

【提荤点素】[tsʰʅ⁴⁵xuən²¹tĩ²¹³su⁵³] 出题目给别人做，厚着脸皮乱出主意。

【裯冷】[tsʰɯ⁴⁵lən²¹³] 在内衣和外套之间添加帮助保温的衣服。"裯"读若cóu。

【瞅空】[tsʰɯ²¹³kʰən⁵³] 等有空、找空闲或合适的时间。

【惣恫】[tsʰən²¹tɔ²¹] 方言读若"匆道"。会内外活动，找关系与门路来办事，获得利益。如："他会～，家里头搞直越来越好。"该词原意是奔走、钻营。

【去家】[tsʰʯ⁵³tɕia²¹][tsʰʯ⁵³ia²¹][tsʰua²¹]回家。该词可连读成一个字若ciuā。

【锄草】[tsʰʊ⁴⁵tsʰɔ²¹³]（用锄头）清除田间杂草。用"锄＋作物名"结构，表示锄除该庄稼苗棵间的杂草，如"锄山芋、锄黄豆、锄棉"。

【锉牙】[tsʰʊ⁵³ia⁴⁵] 睡觉时牙齿相磨。

【打耙】[ta²¹³pa⁵³] 耙田。如："过去霞们懂事早，十六七岁就要犁田～。"

【打坝】[ta²¹³pa⁵³] 阻止。

【打八叉】[ta²¹³pɤʔ⁵tʂʰa⁵³] 侧身翻，做劈叉动作。

【打百架】[ta²¹³pɤʔ⁵tɕia⁵³] 打很多次架、连续打架。有时表示一种决心，如："就是～，我有（也）不能让他！"

【打暴】[ta²¹³pɔ⁵³] 夏天下（雷）

暴雨。

【打饱嗝】[ta²¹³pɔ²¹³kɯ⁵³] 因吃饱等原因打嗝。嗝读若"够"，俗作"嗝"。《黄帝内经》：嗝咽，谓食饮入复出也。

【打草鞋】[ta²¹³tsʰɔ²¹³ɕiE⁴⁵] 编织草鞋。作为制鞋原料的粳稻草，在搓编前需反复捶打。

【打草要】[ta²¹³tsʰɔ²¹³iɔ⁵³] 用稻草单手绕制捆草用的简易粗绳。

【打糙】[ta²¹³tsʰɔ²¹] 干粗活。主要与名词连用，表示"用于做粗活的物品"，如"～衣裳"。

【打岔】[ta²¹³tʂʰa⁵³] ①干扰别人的言行。②岔开话题。③阻止。

【打场】[ta²¹³tʂʰɑ̃²¹³] 在场地上用连枷拍打或石磙碾压，使谷粒脱离其秸秆。亦叫"轧稻""打麦"等。

【打春】[ta²¹³tʂʰuən²¹] 即立春。

注：旧时讲究立春时日，认为它能兆示年景丰歉。谚曰：春打五九尾，家家啃猪腿；春打六九头，家家卖耕牛。立春日作兴吃春面、春卷等。在部分乡村，为了祈祷耕牛健壮、不偷懒，还于是日举行"打春牛"仪式。

【打春牛】[ta²¹³tʂʰuən²¹liɯ⁴⁵] 昔时，合肥农村于立春日，围绕耕牛而举行的劝勤祈福风俗活动。通常由老人扮装成"芒神"（植物神），在锣鼓伴奏下，将耕牛赶到场地上，一边持缠上彩纸的春柳枝条（春条）不断抽打牛身，一边吟唱：春交六九头，春条打春牛，打得春牛下田去，今年丰收不用愁。传此举可打掉耕牛的懒气。为讨吉利，时有城镇的商人店主携带子女，来农村观看此仪式，或摸春条、触牛腿。有谚曰：摸了春条，百事做得；又曰：摸摸春牛脚，甚钱都赚得。

【打弹子】[ta²¹³tæ̃⁵³tsɿ²¹³] 为昔时孩童普遍玩耍的小球弹丸游戏。

注：弹（读若"谈"）子小部分是买自货郎担的玻璃球，曰"真弹子"，虽两三分钱一只，但多数人买不起，拥有一两个黄澄澄、青幽幽，透亮崭新的玻璃弹子是孩子们的奢望。大部分为小孩自制，有的跑到塘埂下偷偷掏挖黄泥巴，躲在无人处的石板上使劲搋掼，使之变熟土，搓成泥丸晒至半干，再趁大人不备或由自己烧锅时，将泥球放入锅洞烧制成陶球，此法对泥质、泥球干湿程度与火候都有讲究，掌握不好么烧生了，

要么烧炸了（开裂）；有用柏油烤软搓制，但玩起来没有玻璃弹子的手感和小球撞击时的听觉享受；还有的偷偷将家里不知传了多少代的茶壶盖上的包咾头（提手）砸下，再花好几天慢慢磨制的。弹子的玩法主要是"上老虎洞"，即在地上画线并挖三五个仅容一球的小洞，最后一个为"老虎洞"。在线外将球放入大拇指与食指、中指弯曲围成的小窠白里，手背贴地，间或悬空，用大拇指盖瞄洞发力将球弹出。先进第一洞者可酌情进击下一个洞，或以攻下的洞口为据点，用自己的球击退别人的球。最先将球弹击到"老虎洞"者为胜。

【打稻】[ta²¹³tɔ³²]使稻谷脱粒。旧时方法有用手掼、用连枷打、使牛拉石磙轧等。偶见以脚踏脱粒机打稻。

【打迕】[ta²¹³tən²¹³] 一次性（给予）。

【打短】[ta²¹³təŋ²¹³]一用"打顿"。①耽搁、阻止。②委婉阻止。③等一会儿。

【打（个）花】[ta²¹³kə²¹xua²¹] ①鱼靠近水面露出影子、摆动头尾产生涟漪。②人到某个场合露个面就走。近义：点个卯。

【打个等】[ta²¹³kə²¹tən²¹³] 通"打顿"。

【打鬲顿】[ta²¹³kɤʔ⁵tən⁵³] ①通"打嗝溜（liù）"。②说话不连贯。

【打鬲溜】[ta²¹³kɤʔ⁵liɯ⁵³] 因吃饱或受凉而打嗝。

【打滚放赖】[ta²¹³kuən²¹³fɑ̃⁵³lE⁵³]小孩赖在地上号哭不起以逼迫大人让步。也喻指某人采取泼皮无赖手段，获取额外利益或逼使对方让步以实现自己的目的。

【打会】[ta²¹³xue⁵³] 在一定人群范围内进行的自助储蓄集资。聚集的钱款总数，轮流供个人一次性支取使用，有时因会内的成员急需用钱而临时调整支取顺序。它实际上是民间自发形成的一种无利息的零存整取互助行为。又名"请会"。

【打糨（面）糊】[ta²¹³tɕiɑ̃⁵³/miĩ⁵³xu²¹]用面粉等原料熬制糨糊。

【打惊】[ta²¹³tɕin²¹] 使人吃一惊。

【打瞌晽】[ta²¹³kʰɤʔ⁵tʂʰən⁵³] 打瞌睡。

【打狼】[ta²¹³lɑ̃⁴⁵] 召集多人，用很大劲头，闹出很大声势去做某事。

如："就这毫事，搞那么多人去感事（干什么）？像～一样！"

【打浪】[ta²¹³lɑ̃⁵³] 借音词。整理、洗净食物。尤指剖开并清洗鱼禽内脏的动作。偶谑指清理房间、清洗身体。

【打老粗】[ta²¹³lɔ⁴⁵tsʰu²¹] 凭力气吃饭、干粗活。

【打流】[ta²¹³liɯ⁴⁵] 昔时凡不在家种田、不侍奉父母上人，又没有正经手艺、营生的人，均被称为"不落路"。"打流"者归属于"不落路"范畴，特指不务正业、在外厮混。语义扩大亦包括在外扛包、拉车、诈骗、贩毒、赌博等。

【打麦】[ta²¹³mɤʔ⁵] 在场地上使麦子脱粒。旧时特指用连枷拍打麦穗脱粒。

【打皮汗】[ta²¹³pʰŋ⁴⁵xæ⁵³] 患疟疾。一称"打脾寒"。

【打票】[ta²¹³pʰiɔ⁵³] 买车票。

注：关于为何用"打"字，很可能先民们虽有身份地位上的尊卑与次序意识，但一旦权威、等级缺位，同等地位的人在一起就没有了协商、排队等现代意义的秩序自觉。故与此字有关的动作似

都带有"抢"的色彩，如：打水、打饭、打秧草等等。

【打漂漂】[ta²¹³pʰiɔ²¹pʰiɔ²¹] 打水漂。以近于水平的方向向水塘、河湖的表面扔抛瓦碴儿、瓷片等，使其在水面上漂蹦。

【打枪铜】[ta²¹³tɕʰiɑ̃²¹tʰən⁴⁵] 20世纪六七十年代孩童用步枪子弹壳作为工具和"战利品"的游戏。

注：主要有三种玩法。一是将子弹壳呈一排立于远处，用大号铁垫圈抛掷平铲，铲倒的算赢，收归囊中。有的地方用硬币代替子弹壳，变成了小赌，甚至吸引成人来玩。二是先抓阄或通过"猜宝猜"定出顺序，每个人先抛出弹壳，先手者则用自己的弹壳去掷碰。碰到算赢，取一个弹壳，同时还有权利紧接着去赢取下一个，直至打空为止。一旦碰不到，则停在原"弹着点"，由第二个人用其原抛出的弹壳，站在原"弹着点"去赢取先手者打剩的弹壳。以此往复。这个游戏要求抛掷者根据对方"弹着点"的远近、位置、能否一击命中等因素来确定自己的抛掷方式、力度和角度。如有把握，一般会轻轻瞄投，以提高准确性；如无把握，则会采取平砸或用力猛然滚推的方

法，这样，即使碰不到，自己的筹码也会离对方的远一些。第三种玩法，是离砖墙或石头墙二三米处画一道"U"形线，与墙角形成一方形区域。先是各自将弹壳砸向墙面，以其反弹离墙最远、离线最近者为第一个"收获者"。此后的规则同第二种玩法，直至"战利品"都被赢走，或一回中每个人都赢了一把。然后再起一轮。这些玩法规则，孩童们一听就懂、一玩就会。常见孩子们在"打枪铜"的过程中为程序的公平、"弹着点"与边线的远近、击打到别人的弹壳与否、结果的公正性等争论不已，最后都能通过树枝、草秸、手拃测量或仲裁、协商解决。这几种游戏均可多人参与，对于培养小孩子对规则、竞争与公平性的意识，提高其身手眼的协调性、判断力、注意力均大有裨益。

【打嚏喷】[ta²¹³tsʰʅ⁵³fən²¹] 读若"打气愤"。打喷嚏。

【打食】[ta²¹³ʂəʔ⁵]禽类在野外觅小虫等活食。通"打野"。

【打闪】[ta²¹³ʂʅ²¹³/ʂəŋ²¹³] 天空放出闪电。

【打水】[ta²¹³ʂue²¹³] ①从水锅炉处买开水。②通"打井"。③用机械从低处往上泵水。亦指用水桶从井中提水。

【打梭罗】[ta²¹³sʊ²¹lʊ²¹] 抽陀螺。

注：玩法是用一根以木棍、布条制成的鞭子裹缠自制木陀螺上半部的圆柱体部分，拇指抵住其顶端中心，其余手指轻扶使之处于垂直平衡状态，然后猛然抽离布条，使陀螺获得初始旋转动能，再用布鞭于侧平向快速抽打陀螺，则其遍地旋转而不倒矣。陀螺多为孩童自己砍削，高两三寸，径约2寸，下半部为圆锥体。

【打踢】[ta²¹³tʰiəʔ⁵] 即打"√"，表示认可、选择。

【打听】[ta²¹³tʰin²¹/tʰin⁵³] 探听、帮忙留意。如："我家侄女已经不小了，托你帮我～着，有合适之给我个信。"

【打通关】[ta²¹³tʰəŋ⁴⁵kuæ²¹] 饮酒时对在座的每一位都敬酒。

【打头子】[ta²¹³tʰɯ⁴⁵tsə] 赌博时东家收抽头钱。

【打喔信】[ta²¹³uɐʔ⁵ɕin⁵³] 借音词。恶心、欲呕吐。"喔信"似为"恶心"之音变。

【打香禅】[ta²¹³ɕiã²¹tʂʰæ⁴⁵] 昔日

合肥部分人家在过年或过端午节时的一种卫生习俗。即烧红一盆木炭，在上面喷洒食醋，以形成带香味的醋雾，在室内拐拐角角处熏蒸。传此香雾可灭菌消毒、净化空气。有的地方端午"打香禅"，还要贴"五符"于门上，另在堂屋挂钟馗捉鬼图，传此举可驱邪免灾。

【打汪】[ta²¹³uɑ̃²¹] 炎热季节家畜躺在泥淖中打滚。通"偎汪"。

【打鞋底】[ta²¹³ɕiE⁴⁵tsʅ²¹³] 旧时手工做草鞋，将鞋底编织得很紧密的一道工序。

【打哑片】[ta²¹³iɑ²¹³pʰĩ²¹] 出谜语给人猜。

【打秧草】[ta²¹³iɑ̃²¹tsʰɔ²¹] 割铲野地青草以做绿肥。

【打野】[ta²¹³i²¹³] 家禽等驯养动物被放出去后自己找寻食物。

【打悠秋】[ta⁴⁵iɯ⁴⁵tɕʰiɯ²¹] 荡秋千。

【打圆场】[ta²¹³yĩ⁴⁵tsʰɑ̃²¹³] 以缓和语气、岔开话题、特定行动等形式，缓解、化解紧张气氛，或促成某种合适局面。

【打张口】[ta²¹³tʂɑ̃²¹kʰɯ²¹] 打哈欠。

【打张咽】[ta²¹³tʂɑ̃²¹ĩ²¹] 通"打张口"。

【打战】[ta²¹³tʂʅ²¹/tʂʰʅ²¹] "颤"读若zhìn或chìn，因冷而颤。

【打猪草】[ta²¹³tʂu²¹tsʰɔ²¹³] 割、铲青草、野菜等新鲜植物喂猪，或晒干后贮存待繫碎后用作猪饲料。

【逮鱼】[tE²¹³ʮ⁴⁵] 捕鱼。一般指用手抓鱼。

【带蛮】[tE⁵³mæ⁴⁵]硬干、不讲道理地强力推进某事。

【带日子】[tE⁵³zəʔ⁵tsə²¹] 订婚。又叫"定日子"。

注：旧时男女婚姻大事，经媒妁之言、父母之命谈妥，即可谈及婚期，俗称"定亲"，又称"带小日子"。后由男方家宴请媒人和女方家长，初谈婚期及女方家彩礼等事项。谈妥后由男方家写成期帖，连同彩礼通过媒人转达、告知女方，曰"下期单"，或"下日子""带大日子""起红""对月礼"等，名称不等，以便让女方家庭办备嫁妆。旧日从相亲到结婚，讲究的还有"三茶六礼"一说。

【带伢】[tE⁵³ia⁴⁵] 照顾、看管小孩。

【带礼】[tE⁵³ʮ²¹³] 送彩礼。

【带晚】[tɛ⁵³uæ²¹³] 做事、学习到较晚的时辰。

【掸尘】[tæ²¹³tʂʰən⁴⁵] 拂去屋内（尤指屋顶、房梁、墙壁上）灰尘、蛛网。

注：掸尘一般安排在腊月二十三以后，是春节前的一次大扫除。工具多为在长竹竿上绑上掸帚，简单一点的绑上扫把或一团草来扫拂。

【掸灰】[tæ²¹³xue²¹] ①用毛掸子等拂去灰尘。②衣服沾染灰尘。

【掸火】[tæ²¹³xʊ²¹³] 被火苗点着。偶指用火简单地燎一下。

【掸眼】[tæ²¹³ĩ²¹³] ①极快速地一瞥。②（虚词）极短时间：～工夫人就没有影子。

【担床】[tæ⁵³tʂʰuɑ̃⁴⁵] 将门板等作为床板支在床架上。

【担待】[tæ²¹tɛ⁵³] ①负责某项事务。②谅解别人。

【担门单】[tæ⁵³mən⁴⁵tæ²¹] 卸下门板担在长条凳上构成临时床铺。旧时夏季，门单是多数家庭傍晚在门口喝粥、纳凉、睡觉的主要用具。

【担（人）情】[tæ²¹zən⁴⁵tɕʰin⁴⁵] 欠人情。尤指因帮别人忙而欠第三人的人情。

【担台】[tæ⁵³tʰɛ⁴⁵] 旧时夏天在户外埋桩搭起一人高的框架，在上面铺上门板等，以纳凉睡觉。

【单过】[tæ²¹ku⁵³] 分家生活。

【单睡】[tæ²¹ʂue⁵³] 一个人睡一张床。偶指分开睡。

【单溜】[tæ²¹liɯ²¹]（不让别人知道）单独外出。

【掸绒】[tæ²¹³zəŋ⁴⁵] 陆禽（主要指鸡）中公禽追逐母禽，骑压到其身上得手后，鸽住母禽头颈羽毛交配的动作。

【挡三挡四】[tɑ̃²¹³sæ²¹tɑ̃²¹³sʅ⁵³] 通"挡事"，语气稍强。

【挡事】[tɑ̃²¹³sʅ⁵³]在别人工作的地点碍事，或物品（放置）位置不当阻碍人行动。

【到园】[tɔ⁵³yĩ⁴⁵] 喻指上厕所。

【倒毛】[tɔ²¹³mɔ⁴⁵]禽类换毛。

【倒巧】[tɔ²¹³tɕʰiɔ²¹³]占到便宜、碰巧有利、走小运。也指用便利的方式做事。

【倒人巧】[tɔ²¹³zən⁴⁵tɕʰiɔ²¹³] 占别人便宜、利用别人获取利益。

【捣鼓】[tɔ²¹³ku⁵³] ①摆弄、修

理。②戳捣、挑拨、怂恿。同义：鼓捣、鼓弄。

【捣人尻】[tɔ²¹³zən⁴⁵sən²¹] 有意无意地说别人坏话、坏别人事。简称"捣尻"，近义：戳整脚。

【捣腿】[tɔ²¹³tʰe²¹³] 借宿并与对方同睡一张床。

【叨咕】[tɔ²¹³ku⁵³] 絮叨、说坏话。

【叨菜】[tɔ²¹tsʰE⁵³] 攈菜，俗称"夹菜"。

【倒胃口】[tɔ²¹³ue⁵³kʰɯ²¹] 败坏食欲。

【倒脏】[tɔ⁵³tsɑ̃²¹] 将扫进畚箕里的垃圾倾倒在粪堆上。

【得济】[tɤʔ⁵tsŋ⁵³] ①儿女长大对家庭有贡献。②受到济助。如："他能进机关工作，是得了他舅舅的济。"③帮忙、起作用。

【得劲】[tɤʔ⁵tɕin⁵³] ①钉子、螺丝等能咬合上力。②身体某部位功能正常。③起到作用。也说"得上劲"。

【得力】[tɤʔ⁵liɔʔ⁵]肢体或支架承受负荷。如："我这腿没好清，还不能～。"

【搭茬】[tɤʔ⁵tʂʰa⁴⁵] 接别人的话说。近义：接茬、搭腔。

【搭界】[tɤʔ⁵ka⁵³] 读若dēgà。有关系。

【搭脉】[tɤʔ⁵mɤʔ⁵] 切脉。

【搭理】[tɤʔ⁵ŋ²¹³] 理睬。

【搭跳】[tɤʔ⁵tʰio⁵³] 搭脚手架。亦指在停泊的船之间或船与码头之间搭跳板。

【跶跶】[tɤʔ⁵tɤ²¹] 散步。

【跶跟头】[tɤʔ⁵kən²¹tʰɯ²¹] 翻跟头。

【跶花人】[tɤʔ⁵xua²¹zən⁴⁵] 一种用扑克牌赌博的方式。

【哒欯】[tɤ²¹sɤʔ⁵] 借音词，读若"得瑟"。开人玩笑、作弄。如："你在拿我～（你在调侃我）！"

【哒嘴】[tɤʔ⁵tse²¹³/tsue²¹³] ①尝一尝，偶尔吃一下。②因吃得津津有味等原因而发出声响。

注：在合肥，平时吃东西哒嘴、"欯（因音变读sē, 意唧）"筷子或只顾自己猛吃，都会被人讥为"唐相"，是社交场合的不雅举动。

【挞唠】[tɤʔ⁵lɔ⁵³] 不断地责备、批评某人。如："女的不贤惠，一天到晚把嘴搁在男之身上～。"

【嗒粥】[tə²¹tʂuəʔ⁵] 借音词。稀饭煮沸后用微火继续加热，使粥维持最低程度的缓慢翻滚或局部翻腾状态，以达到浓稠效果。

【褡鞋垫】[tʵʔ⁵/tuʵʔ⁵ɕiE⁴⁵tĩ⁵³] 用缝纫机做鞋垫。

【堆草堆】[te²¹tsʰɔ²¹³te²¹] 将用作燃料或饲料的草料集中垛码存放。

注：堆草之前先"打草要"(绕制粗草绳)，再将晒干的草划拢于腿前，手腿并用，单腿跪压，用"草要"将干草紧实捆扎成10斤左右的一摞（称为"一个草"）。最后由经验丰富的老农将一摞摞的草码垛成草堆。一个合格的"堆"者仅凭码放，便可使整个草堆紧凑压实，数年内不漏、不陈、不腐。草堆好坏，也与此后从堆中取草方法是否合适密切相关。

【堆土子】[te²¹tʰu²¹³tsə²¹] 码土坯。

【对得】[te⁵³tʵ²¹/tʵʔ⁵] 对付、凑合。如："粮食不够，多吃毫山芋还能～。"

【对嘴】[te⁵³tse²¹³/tsue²¹³] 与人争辩。多指下人对上人、下级对上级。

【兑水】[te⁵³ʂue²¹³] 加水。

【洓潮】[tʵ²¹tʂʰɔ⁴⁵] 被雨水打潮湿。

【提溜】[tiəʔ⁵liɯ⁵³] 读若"的六。"①提、拎。②催促、盯着。

【掉魂】[tiɔ⁵³xuən⁴⁵] 旧传人因惊吓、鬼怪缠绕而出现昏睡、失去意识与反应等现象。

【点灯】[tĩ²¹³tən²¹] 旧时特指点煤油灯。

【点个卯】[tĩ²¹³kə²¹mɔ²¹³] 报个到、露个面，一会儿就走。近义：张个猫。

【点麦】[tĩ²¹³məʔ⁵]在田里点播、撒播麦种。"点"有播种义。同类词组还有:点花生、点油菜等。

【扚着】[tiəʔ⁵tʂə] 盯着、督促某人做某事。

【刁蛋】[tiɔ²¹³tæ̃⁵³] 通"糙蛋"，意刺头捣蛋。

【蹲班】[tən²¹³pæ̃²¹] 按排好的固定次序值班。偶指就业时间、地点较为固定的上班。

【蹲倒】[tən²¹tɔ⁵³] 蹲下。

【顶缸】[tin²¹³kɑ̃²¹] 冒顶他人承担责任。

【顶杠】[tin²¹³kɑ̃⁵³] 冲突、争吵。一说为"顶犟"。

【顶牛】[tin²¹³liɯ⁴⁵] 跟人争论，不服对方的观念与指示。

【顶真】[tin²¹³tʂən²¹] 较真、认真对待。

【顶枝】[tin²¹³tʂɿ²¹] 过继给无子嗣叔伯，或在家谱上名列某位没有子嗣的上辈之后，以示继嗣。

【垫呵子】[tĩ⁵³ə²¹tsə] 临时吃点东西垫肚子。也说"垫呵肚子"。

【垫饱】[tĩ⁵³pɔ²¹³] 随便吃点东西，吃饱为算。偶指吃能抵饿、耐消化的食品。

【垫补】[tĩ⁵³pu²¹³] 贴补。

【垫底】[tĩ⁵³tsɿ²¹³]① 通"垫呵子"。②兜底。③名列最后一名。

【叠床】[tiɤ²¹tʂʰuã⁴⁵] 整理床铺。

【叠柜子】[tiɤʔ⁵kue⁵³tsə²¹] 收拾柜橱。

【叠屋】[tiɤ²¹uəʔ⁵]收拾、打扫房间、房屋。

【叠衣裳】[tiɤʔ⁵ɿ²¹sã²¹][tiɤʔ⁵ŋã²¹]收叠衣物。类似的"收叠、整理"义词组还有：叠被子、叠床单、叠帐子。

【跌倒】[tiɤ²¹/tiɤʔ⁵tɔ⁵³] 摔倒。

【跌四方】[tiɤʔ⁵sɿ⁵³fã²¹] 初生牛犊落地后挣扎着站立的动作。

注：传刚出生的小牛犊需经过四次分别面向不同方向的颤抖站立、跌倒、又站立动作，方可站立、行走，又名"拜四方"。

【跌相】[tiɤʔ⁵ɕiã⁵³] 丢面子、显示穷酸相，或做与身份不符的事。可做形容词。

【丢手】[tiɯ²¹sɯ²¹³] ① 放下手头的事情。②将事情交给别人，通"甩手"。③可做副词，意为"一旦……马上就……"。通"脱手"。

【东扯西拉】[təŋ²¹tsʰE²¹³sɿ²¹³la²¹]无主题、无意义、长时间地说话。偶指说话者故意转移话题。

【东拉西拽】[təŋ²¹la²¹sɿ²¹tʂuE⁵³]本义是到处拉人做某事，喻指在原本条件不合格时，采取放大已有因素、借用别的条件或放宽上下限等手段，以达到勉强达标之目的。

【断奶】[təŋ²¹³lE²¹³]通过母子不见面、逐步饲喂其他食物等方法使婴孩不再吃母乳。"断"读若dǒng，下同。

【断路】[təŋ²¹³lu⁵³] 拦住、抢劫。

【断嘴】[təŋ²¹³tse²¹³/tsue²¹³] 因忌口而不吃某种事物。

【动粗】[təŋ⁵³tsʰu²¹] 采取肢体接触、殴打等暴力手段。

【动火】[təŋ⁵³xʊ²¹³] 因吃了上火的食物而生内火。

【动筷子】[təŋ⁵³kʰuɛ⁵³tsə] 攃菜。该词组也是宴席上主人劝客人吃菜的俗语。

【动弹】[təŋ⁵³tæ²/tʰæ²¹] 活动。

【动头】[təŋ⁵³tʰɯ⁴⁵] 事情开了头。

【冻实冻】[təŋ⁵³ʂəʔ⁵təŋ⁵³] 酷寒季节前一天所结的冰未化（完），又结上新的冰。

【斗份子】[tɯ⁵³fən⁵³tsə²¹] 凑份子。

【逗猴】[tɯ⁵³xɯ⁴⁵] 耍弄人，拿别人开心。

【赌咒】[tu²¹³tʂɯ⁵³] 发誓。一般指发誓不好的事不是自己干的。

【发汗】[fɐʔ⁵xæ⁵³] 通过加盖棉被、裹厚衣服等方法出汗。传此举可以帮助治疗风寒感冒。

【发浑】[fɐʔ⁵xuən⁴⁵] 近通"犯浑"。①头脑发糊涂了。②警告、威胁对方的短语。

【发棵】[fɐʔ⁵kʰʊ²¹] 庄稼植物分蘖。偶可指庄稼苗情良好。

【发冷】[fɐʔ⁵lən²¹³] 感觉冷。尤指人发烧时畏寒。

【发馍】[fɐʔ⁵mʊ⁴⁵] 用发酵过的面团蒸制或贴锅炕蒸馒头。

【发热】[fɐʔ⁵zɤʔ⁵] 发烧。

【发散】[fɐʔ⁵sæ⁵³] 分发。

【发怵】[fɐʔ⁵tʂʰuəʔ⁵] 畏缩，对难事感到棘手。近义：怕丑、不出头、头皮发麻。

【发毛】[fɐʔ⁵mɔ⁴⁵] 发脾气。

【发旺】[fɐʔ⁵uã⁵³] 植物长势很好。亦喻家庭兴盛。

【发屎】[fɐʔ⁵sən⁴⁵] ①筋疲力尽。②遇烦扰、难事等，被搞得没有办法。③表示"认输"。

【（鱼）翻白肚】[fæ²¹pɤ²¹tu²¹³] 喻指鱼快死或已死。

【翻白眼】[fæ²¹pɤ²¹nĩ²¹³] 不同意、气愤。

【翻鼻弄眼】[fæ²¹piəʔ⁵lən⁵³nĩ²¹³] 跟人争吵、耍脸色，或当面顶撞。

【翻脸】[fæ²¹lĩ²¹³] 跟人争吵、搞坏关系。

【翻舌】[fæ²¹ʂɐʔ⁵] 搬弄是非。

【翻屎】[fæ²¹sʅ²¹³] 提对方或相互间的丑事、旧账，或互揭对方的旧丑。

【翻塘底】[fɛ̃²¹tʰɑ̃⁴⁵tsʅ²¹³] 夏季因天闷热、气压下降等因素致使鱼塘里的鱼将头露出水面。

【翻（之）天】[fɛ̃²¹tʂəʔ⁵tʰĩ²¹] 形容下属、小孩不服管教。多为警告用语，如："这霞们自小不听话，长大还不～？""你去告！怕你～？"

【翻鞋】[fɛ̃²¹ɕiɛ⁴⁵] 绱好鞋帮后，用手工将鞋面翻过来。

注：对于手劲小的妇女来说，翻鞋是勉为其难的，所以多数求助男子帮忙。

【烦神】[fɛ̃⁴⁵ʂən⁴⁵] 劳神、处于困境。近义：伤脑筋、烦心。

【返春】[fɛ̃²¹³tʂʰuən²¹] 春天时天气不好，尤指维持低温阴雨状态。

注：传说春天天气如何与立春当日的天气有关。俗语有：立春下雨要返春，淅淅沥沥到清明。对立春时辰也有说法：春交六九头，春条打春牛；春打五九尾，家家啃猪腿；春打六九头，家家卖耕牛。

【反掁】[fɛ̃²¹³te⁵³] 对立、不和。

【犯踌躇】[fɛ̃⁵³tʂʰɯ⁴⁵tʂu⁵³] 犹豫、为难、不好意思。

【犯疑惑】[fɛ̃⁵³ʅ⁴⁵xuɛʔ⁵] 迷茫、怀疑。

【犯悔】[fɛ̃⁵³xue²¹³] 后悔。

【犯冲】[fɛ̃⁵³tʂʰəŋ⁵³] 原为风水师术语或算命先生口中常说的生辰八字相克之说，引申为人与人之间，尤其是夫妻间脾气、性格天生不和。

【犯六冲】[fɛ̃⁵³ləʔ⁵tʂʰəŋ²¹] 亦叫"对冲""六冲"。旧时国人以十二地支和与之相对应的动物来循环标记十二属相，有该年生人与对应动物特性相关联，进而关乎人的能力、品性与命运的说法。据此，夫妻之间属相相互影响。民间有谚：白马怕金牛、羊鼠一旦休；蛇虎如刀错，兔龙泪交流；金鸡怕玉犬，猪猴不到头。传负面影响最大的属相为六对动物，用相应的六对地支表示，即为"六冲"——子午冲、丑未冲、寅申冲、卯酉冲、辰戌冲、巳亥冲。故俗传年龄相差六岁的男女不宜婚配。反之，则为正面的"六合"，即子与丑、巳与申、寅与亥、午与未、辰与酉、卯与戌。

【犯神经】[fɛ̃⁵³ʂən⁴⁵tɕin²¹] 精神病人发病。喻指别人言行出格、不合情理。此处"犯"可作"发"。

【犯/发结石】[fæ̃⁵³/feʔ⁵tɕiə²¹ʂəʔ⁵]
犯不讲道理、不可理喻的毛病。

【犯/发猪头疯】[fæ̃⁵³/feʔ⁵tʂu²¹tʰu⁴⁵fəŋ²¹]
变得疯狂、歇斯底里，谁也不敢惹、
什么都不顾。

【犯痧】[fæ̃⁵³ʂa²¹] 中暑。

【犯胃】[fæ̃⁵³ue⁵³] 胃部有难受、
作呕的感觉。

【犯疡】[fæ̃⁵³iã⁴⁵] 处于半死不
活状。尤指捕上来或养起来的鱼类。

【防办】[fã⁴⁵pæ̃⁵³] 防范。"范"
之所以读成"办"，是因现代读[f]的
声母音，多是从中古的[p][pʰ]音演变
来的。方言"办"乃古音读法。

【纺棉子】[fã²¹³miĩ⁴⁵tsə²¹] 昔时
家家户户用棉车纺制用于织粗布的
棉线。

【放岔子】[fã⁵³tʂʰa⁵³tsə²¹] 乱插
话、说不着边际的话。

【放倒】[fã⁵³tɔ²¹³] 原指锯倒树
木，现多喻指通过某种手段整、搞
掂别人，如打架时摔倒别人，喝酒
时将对方喝醉，交往时将他人贿赂
到位等。

【放鸽子】[fã⁵³kɤʔ⁵tsə] 不守诺
言、欺骗别人。多指通过虚假婚姻
骗取钱财后溜走。该词应源于养鸽
时经常发生的现象，即家鸽放出去，
过一段时间往往能带回别人家养的
鸽子。

【放赖】[fã⁵³lE⁵³] 原指小孩采取
躺地不起等方法纠缠大人以达到吃
零食、买玩具等目的。引申指：①试
图赖掉职责、承诺、债务等；②通
"放瘫"。

【放老鸭】[fã⁵³lɔ²¹³iɤʔ⁵] 旧时饲
养蛋鸭。

注：这种放鸭方式，指除定时饲喂
外，多数时间由养鸭人跟放，即将散养
母鸭赶到野外，边游走边寻吃野食的散
养。在野地里，鸭子主要吃小鱼虾、小水
蛇、青蛙、螺蛳、脱落的谷粒等。母鸭群
内一般配有一两只公鸭。

【放晴】[fã⁵³tɕʰin⁴⁵] 天开始变晴。

【放水】[fã⁵³ʂue²¹³] ①一个组织
内由于某个人的单独行动而破坏掉
整体的计划。②背后说人坏话。

【放树】[fã⁵³su⁵³] 砍伐、锯倒
树木。

【放瘫】[fã⁵³tʰæ̃²¹] 因主观品质、
能力或客观原因，某人呈现"我什么
都不管、不在乎，你们爱咋咋的"状

态，完全放弃职守、不守承诺、不负责任。

【放羊】[fã⁵³iã⁴⁵] 对该自己负责管理的事或人放任不管，逃避或放弃责任。

【分锅分灶】[fən²¹ku²¹fən²¹tsɔ⁵³] 兄弟分家。

【逢集】[fəŋ⁴⁵tɕiəʔ⁵] 昔时由乡绅议定、官府批准颁布，百姓自发携带自产的物品，于约定的日期到固定的地点交易的社会经济活动。

注："逢集"约定俗成，长期不变。为便民，临近各乡开集日一般错开排定，使得周边每天都有市场开集。开集日以农历每旬的个位日数表示，如逢三、五开集，即初三、十三、二十三、初五、十五、二十五都是赶集的日子。人口越兴旺、经济及人际交往越活跃的地区，逢集日就越多。如十天开四集的有阚集（一、六、四、九）、王铁（三、五、八、十）、梁园（二、四、七、九）；十天两集的有响导铺（一、六）、八斗（四、九）；每天都开集的有六家畈、长临河、山王集、龙塘、桥头集。北乡的庄墓、陶楼、陆桥等乡镇农历每旬初一、四、六、九逢集，杨庙、高塘、朱巷、邵集、隆兴等二、

五、七、十逢集，下塘、五十头、罗塘、双墩等三、五、八、十逢集。方言边缘区的水家湖每天开集。

逢集制度为农耕文明时期的小农自然经济提供了十分重要的发展平台。在此，信息、资本、农产品、生活用品、初级工业品、农业生产资料（包括种子、禽苗、铁制农具）得以顺畅交易，各种要素在此平台实现自我补充与循环，最简单的以物易物方式亦可实现。集市由乡绅、商会或有信誉、有实力的商号管理，以农民为主体，倡导诚信与服务，交易机制较为完备灵活，高度自治，是商业民主与市场经济的雏形。逢集日也是在家族权力主导下的社会里人员交流、交往的必不可少的场合。集上还有地方美食、地方戏曲、娱乐把戏与民俗文化表演等，是农耕文明一个重要的传承与彰显窗口。

【服侍】[fəʔ⁵ʂʅ⁵³] 照料别人。多指照顾上人。

【盖饭锅】[kɛ⁵³fæ̃⁵³ku²¹] 大灶铁锅煮米饭时，通过掌握火候与烧煮时间、运用锅内蒸汽，使米饭透熟松软并结出锅巴的一种技巧。具体方法是：煮饭过程中，在锅内水米烧

开一会后，揭锅盖见米汤快烧干（曰收汤）时，盖上锅盖停烧，几分钟后再烧，待锅盖边缘喷出剧烈蒸汽（曰上气），再停烧（称盖头把饭锅）。待蒸汽不冒时稍候两分钟再烧（此时火候应小），直至闻到轻微的煳味再停烧（称盖二把饭锅）。以此反复。性子急的，一个循环即"盖"好头把饭锅片刻后即可揭锅盖食用米饭；讲究一点的，待"盖"二把，甚至三把饭锅后开锅盛饭。一般在第一次揭开锅盖时，可在饭头上或在算子上放茄子、咸货、烂腌菜豆腐等，再盖上锅盖蒸鲊。盖饭锅，以盖（烧）头把饭锅为首要，二、三把饭锅辅之。"盖"好了，米饭口感好，并有喷香、焦脆的厚实锅巴。反之，火力差、气不足则饭夹生或煮"僵"了；火过猛、用时短则易烧成煳锅巴饭。

【盖屎盆子】[kɛ⁵³ʂʅ²¹³pʰən⁴⁵tsə²¹] 诬陷，诿过于他人。

【盖屋】[kɛ⁵³uəʔ⁵] 建房。

【赶集】[kæ̃²¹³tɕiəʔ⁵] 在固定的逢集日前往开集的市场交易。

【赶热哄】[kæ̃²¹³zɤʔ⁵xəŋ⁵³]（贬义）凑热闹、一起秒事、制造麻烦。

近义：夹（热）哄。

【赶上】[kæ̃²¹³ʂɑ̃⁵³] 等同于跟得上。

【赶鱼】[kæ̃²¹³ʮ⁴⁵] 昔时渔翁用杆网在浅塘里进行的捕鱼动作。主要装备为杆网、斗笠、胶皮裤、腰挎鱼篓等。杆网为双手所持之细眼渔网，下端附网坠，有两根丈余长竹竿穿扎于两端，并连接有两把手杆。捕鱼时渔翁将把手杆后端架在肩部与上臂之间，手把杆的后中部，运动有如今汽车雨刮器，用网杆呈扇形由外及里线状击打水面，将鱼虾赶至正前方水面下狭小区域，而后挽后杆于腋下，双手握牢前杆倏然起网，杆梢弯沉、水珠飞溅处，泥鳅或糊涂鱼等俱已活蹦惊跳于网底矣。

【感情】[kæ̃²¹³tɕʰin⁴⁵] 以言语、钱物等去感谢别人对自己的帮助与恩惠。

【干吭】[kæ̃²¹xɑ̃²¹³] 为达自己目的，（胡搅蛮缠地）干哭。近义：干号。

【干看】[kæ̃²¹kʰæ̃⁵³] 眼看着没办法。

【干事情】[kæ̃⁵³sʅ⁵³tɕʰin²¹] 做事、

劳动。

【干架】[kæ⁵³tɕia⁵³] 打架。

【搞吃】[kɔ²¹³tɕʰiə⁷⁵] 准备吃的。如："这霞子太懒，饿一天也不会自己～。"

注："吃"字在中国有特殊的意义，在此，"吃"当作名词使用。类似的用法还有：搞不到吃、一肚子都是吃（成天想着吃）。

【搞到】[kɔ²¹³tɔ⁵³] 通过手段、努力而获得。

【搞饭】[kɔ²¹³fæ⁵³] 准备饭菜招待来客。

【搞酒】[kɔ²¹³tɕiɯ²¹³] 饮酒、准备喝酒，或跟别人斗酒。

【搞人】[kɔ²¹³zən⁴⁵] ①整、打击、诬陷别人。②通"玩人"，琢磨人事，通过拉拢、升迁、奖惩、挑拨、分治等手段进行操纵。

【搞上】[kɔ²¹³ʂã⁵³] 获取某种资格、职位、利益。

【搞脏】[kɔ²¹³tsã²¹] 原指小孩跟大人哭闹。引申为捣乱、用下三烂手段公开坏别人的事情。近义：糟搞。

【膈应】[kɤʔ⁵in⁵³] 因不喜欢、厌倦而不舒服，或因食物不洁等产生类似呕吐的感觉。喻指讨厌。

【敆材】[kɤʔ⁵tsʰE⁴⁵] 制棺材。

【给人家】[ke²¹³zen⁴⁵tɕia²¹] 通过媒妁嫁女儿。

【跟人】[kən²¹zen⁴⁵] 嫁人或跟男人生活在一起。常用于男方家境况优于女方，或女方二婚的情况。

【跟猪】[kən²¹tʂu²¹] 亦称"放猪"。跟在后面照看临时散放的家养猪。

注：昔时农村家家户户都喂养猪一至三头不等，傍晚时分，在喂食前后，将猪放出圈，任其在路边、塘畔、田埂旁，寻觅、拱食枯果烂叶或泥沙中的矿物质。此时，多由一孩童手执树枝、细鞭，或远或近地跟在后面，防止其乱窜或啃食庄稼，故名"跟猪"。晚饭前，再将猪赶回猪圈。唯有猪可"跟"，其他家禽家畜，如牛、鸭、鹅等，则用"放"。至于鸡，散放是其特权，故不"跟"，也不"放"。

【佝腰】[kɯ²¹iɔ²¹] 腰肢佝偻着。

【勾缝】[kɯ²¹fəŋ⁵³] 用水泥将砖缝、石块砌的墙缝填塞。又叫"搨缝"。

【顾人】[ku⁵³zəŋ⁴⁵] 知道帮助、照顾别人。尤指吃饭时留点给别人吃。

【罟鱼】[ku²¹ɣ⁴⁵] 读若"箍鱼"。多指腊月里，雇请专业捕捞人，用粗眼围网在当家塘进行的大规模人工起鱼（捕鱼）行动。

注："罟鱼"往往是全村围观的重大活动之一。起获的家鱼均为野生，平时食用水草、淘米水等，并无饲料投放。罟上来的多为水鲢、胖头（鳙鱼）及少量"混子"（青鱼），按大小排摆于塘畔，每家分领大鱼一两条，小鱼三四条。拎回家后大多腌晒成咸鱼，偶尔现煮小鱼，鲜美无比。罟鱼日，分鱼后家家户户于塘边"打浪"鲜鱼，处处飘着鲜腥味，也是家猫的好日子。

【估堆】[ku²¹³te²¹]按堆、按大致体积估价。喻指贱卖。

【寡吃】[kua²¹³tɕʰiəʔ⁵] 吃饭时没有菜，或不吃饭净吃菜。

【寡手】[kua²¹³ʂɯ²¹³] 空手（不带礼物）。

【呱脸】[kua²¹³lĩ²¹] 拉着脸、给脸色。一用"寡脸"。

【挂老龙】[kua⁵³lɔ²¹³ləŋ⁴⁵] 谑称小孩淌鼻涕。

【挂水】[kua⁵³ʂue²¹³] 打吊针。亦说：吊水、吊盐水、挂盐水。

【挂相】[kua⁵³ɕiã⁵³] 脸色显不悦状；同义：寡脸。

【刮油】[kuɐʔ⁵iɯ⁴⁵] 因菜里没有油水而使肠胃产生不适感。

【拐弯】[kuɛ²¹³uæ²¹] 转弯、调解矛盾、使某人思想上转弯子。

【掼稻】[kuæ⁵³tɔ⁵³] 双手抓住稻把，在硬物上甩打稻穗以脱粒。

【掼麦】[kuæ⁵³mɣʔ⁵] 动作同"掼稻"。

【掼跤】[kuæ⁵³tɕio²¹] ①摔跤。②摔倒。如："路太滑，这一跤掼直不轻。"

【逛趟子】[kuã⁵³tʰã⁵³tsə²¹] 闲逛。

【横胡子】[kuã⁵³xu⁴⁵tsə²¹] ①刮胡子。②批评。读若"光"去声。

【横脸】[kuã⁵³lĩ²¹] 理发时刮净脸上胡须。

【光油】[kuã⁵³iɯ⁴⁵] 上清漆。后也指广义的油漆动作。此处的"光"读若"逛"。

【归家】[kue²¹tɕia²¹] 回家。多指从较远的地方回来，或离家较长时间后回家。偶指家养散放畜禽傍晚回舍回笼。

【归宁】[kue²¹lin⁴⁵] 又称"回门"。

新婚夫妇于婚礼第三天，携带礼物回女方娘家看望父母（岳父母）。另称"看三""接姑娘回门""接生亲"。是日，娘家设宴款待新女婿夫妇，并邀至亲长辈作陪。

注：此日，底层人家在娘家的宴席上偶有戏耍新姑爷（女婿）的风俗，如邀来作陪的人往往乘其不备，向女婿碗内加饭加菜，或故意将过辣、过咸的菜叨到他碗里。一旦进碗，新姑爷必须吃掉，吃不了，剩饭剩菜则倒进新姑爷衣袋，曰：吃不了兜着走。还有将胭脂、红墨水等强抹于新郎脸上，不让其洗掉。此类做法，表面上是看新女婿失态逗乐，实际上是暗合旧俗，即给男方一个下马威，使自家姑娘在夫家不至于受欺负。民间久有习俗，姑娘回门，一般不在娘家过夜。若往返不便者，夫妻不在女方家同床共枕。

【滚铁环】[kuən²¹³tiɤʔ⁵kʰuæ⁴⁵] 在门前、村口或沿马路滚动铁环并使之不倒的一种玩耍方式。铁环多为取自废旧木桶上的铁箍，钩子为孩童自制，即用粗铁丝于手把顶端弯成"U"形，再垂向弯制即成。

【聒谈】[kuɐʔ⁵tæ⁵³] 俗作"刮蛋"。

叙谈、聊天、非正式的谈话。

【聒聒】[kuɐʔ⁵kuɐʔ⁵][kuə²¹kuə²¹] 聊天。一般指谈非紧急重要的事务。

【聒经】[kuɐʔ⁵tɕin²¹]（贬义）谈话。多指又谈及老一套的话题。

【聒人空】[kuɐʔ⁵zən⁴⁵kʰəŋ²¹] 背地里批评人，讲人坏话、坏人事。

【聒絮】[kuɐʔ⁵sʅ⁵³] 谈话、唠叨。《聊斋志异·巧娘》："华姑益怒，～不已。"

【刮鼻子】[kuɤʔ⁵piɐʔ⁵tsə²¹] 批评、斥责。通：横、横胡子。

【搁泥鳅】[kuɤʔ⁵m̩⁴⁵tɕʰiɯ²¹] 用"针搁子"夜间扎逮泥鳅。

注："针搁子"的自制方法，是将十余根粗缝衣针烧红，分两至三排烫进废旧牙刷或其他载体里，再绑在一根四五尺长的竹竿前端即成。

【搁田鸡】[kuɤʔ⁵tʰiĩ⁴⁵tsʅ²¹] 用"针搁子"扎逮青蛙。

注：抓青蛙的另一种工具是将废弃塑料拖鞋底绑在竹竿上，或直接用一根较厚实的竹片来拍击青蛙。青蛙夜间遇手电光不知逃避，被拍昏后四肢张开，捡到袋子后不一会儿又多会醒来在里面"咕咕"欢唱。

【镢草】[kuɤʔ⁵tsʰɔ²¹³]"镢"读若"捆",用锄头铲草皮,以作饲料、燃料。

【镢山芋】[kuɤʔ⁵ʂa²¹³ʮ⁵³] 用锄头起(刨开并收获)垄里的山芋。

【镢树根】[kuɤʔ⁵ʂu⁵³kən²¹] 用镢头、山镢等刨取树根。

【过兵】[kʊ⁵³pin²¹] 战乱年间兵马通过家门口。

【过场】[kʊ⁵³tʂʰã²¹³] 过一下程序、应付一下。

【过秤】[kʊ⁵³tʂʰən⁵³] 称重、交货时验明重量。

【过饭】[kʊ⁵³fæ⁵³] 吃菜以下饭。

【过房】[kʊ⁵³fã⁴⁵] 过继。

【过功】[kʊ⁵³kəŋ²¹] 通过、过关。

【过关】[kʊ⁵³kuæ²¹] 渡过饥荒。同义:饿饭。

【过花】[kʊ⁵³xua²¹]种牛痘以防生天花。

【过肩】[kʊ⁵³tɕĩ²¹] 挑担人不歇肩将担子转移到另一人的肩上。亦指挑担时换肩。

【过年】[kʊ⁵³lĩ⁴⁵] 过春节。节期统指腊月三十、初一和初二,称"三天年""大年"。特指过初一,又称"大

年初一"。

注:宽泛的春节概念从腊月二十三一直到正月十六。自古至今,合肥民间都将过年作为一年中的头等大事来准备。主要习俗有祭祖、贴春联、吃年饭、包压岁钱、守岁、开大门、放爆竹、打香禅、挨户拜年、送年、走人子(走亲戚)等环节。在丰收年景,往往还有玩龙灯、踩旱船、唱戏等活动。只要有一点点物质条件和自由支配的权利,百姓自会安排并享受好自己的生活,其生命力、创造性及其蕴含的文化内涵无不令人惊叹。他们一年到头辛劳,平时舍不得吃穿,早早即为春节积攒着食品和用品,图的是起码在过年这几天让家人过得舒坦一些,更有尊严一些。

因而民间过年,以酿造和祈求喜庆气氛为要,其间尤其是大年初一有不少禁忌,包括忌扫地(传扫地会扫走财气)、忌动土,忌在地上泼水、倒垃圾(会得罪土地老爷),忌讲"杀""死"或其他不吉利词语,忌动刀剪针线、吃稀饭(不然主穷、且年内多雨涝)。合肥南部地区还传,正月头七日先后为鸡、狗、猪、羊、牛、马、人日,故初一到初六,分别忌杀这些禽畜,初七忌用刑。

【过门】[kʊ⁵³mən⁴⁵] 出嫁到夫家。

注：昔时女子受聘过门前，有"三茶六礼"之说，"三茶"的内容已模糊，可能指订婚"下茶"、结婚"定茶"、同房"合茶"；"六礼"为纳采、问名、纳吉、纳征、请期、亲迎。经过这些程序，方可称为明媒正娶。

【过清明】[kʊ⁵³tɕʰin²¹min²¹]旧指过寒食节，今主要指祭祀祖先。清明节前一两日，逢寒食节。古时，为纪念介子推，家家户户不生烟火，只吃寒食或甜食，称"寒物食"。但这一习俗在合肥地区早已变通，不再食冷寒食物。现俗主要是在清明节祭扫祖坟，俗称"上坟"。

注：祭奠祖先，是本地民间头等大事之一，因而逢此节，散居各地的宗亲一般都赶回故乡祭拜列祖。祭祀活动后，有的村庄往往将所有同姓人员集中在一起午餐。为辟邪有悬插柳枝之习俗。有的妇女、孩童还将柳枝插于头上，或将细柳叶编成柳冠戴上。有谚曰：清明不插柳，死后变黄狗。

【过情】[kʊ⁵³tɕʰin⁴⁵] 赠送礼情的行为。也指过重的情礼赠予。

【过三十】[kʊ⁵³sæ²¹ʂəʔ⁵] 过除夕。

注：除夕又称"三十""年三十""三十道"。旧时该天过节气氛渐达高潮。店铺只开早市；其他做手艺买卖的，午后也关门收拾工具、贴好对联回家。在他乡谋生的，都要在天晚前赶回家吃年饭。除夕上午，家族同至祖坟焚香、烧纸、放爆竹祭拜。合肥不少地方中午不吃正餐，而吃一年中难得一见的炖咸肉、猪蹄爪、（镟线）鸡等，辅以先前炸制的圆子、元宵垫底。午后以小麦面熬制面糊，贴门对、福字；然后挂灯笼、摆放桌凳、酒具、碗筷，燃放烟花鞭炮、吃年饭。年三十一家团圆，是每一个人心中的大事，俗语曰：有钱无钱，回家过年；父子相会，夫妻团圆。

【过嘴】[kʊ⁵³tse²¹³/tsue²¹³] ①喝点东西润润嘴。②喝点水以冲淡药味或齁咸的味道。③简单漱洗口腔。

【过筛】[kʊ⁵³ʂE²¹] 筛取谷粒、面粉等其中的精华部分。亦指粗略地筛弃货物中的杂质。

【过手】[kʊ⁵³ʂɯ²¹³] 财货、物品经过别人，或经过一道手续来传递、送达、交接。偶指练武者简单试一下对方的功夫。

【过水】[ku⁵³ṣue²¹³] ①让水流从自家田边的沟渠经过。②让庄稼田漫灌一次。③布料、新衣服等浸水、简单清洗。

【过宴】[ku⁵³ĩ⁵³] 叨菜吃。为旧时席间劝人吃菜的客套话。

【过重】[ku⁵³tṣəŋ⁵³] 通"过秤"。

【过底】[ku⁵³tsʅ²¹³] 交代底牌。

【裹奶】[ku²¹³lɛ²¹³] 指婴儿紧含着母亲的乳头吮吸奶汁。"裹"的本义是"包",《庄子•大宗师》：裹饭而往食之。婴儿未长新牙而裹奶,由此"裹"又引申出老人满嘴无牙时吃东西之意。

【管经】[kũ²¹³tɕin²¹] 有用、起作用。反义：不～。

【哈嗓子】[xɑ²¹sɑ̃²¹³tsə²¹] 咸货、含油脂类食品,因时间过长变味或变质而让人吃了产生对嗓子有刺激的感觉。

【哈痒】[xa²¹iɑ̃²¹³] 先在手上哈气,再故意挠别人痒,同时模仿被"哈"者将要发出的"咯啾啾"声,以取笑娱乐。又称"哈格啾啾"。

【嗨之哈之】[xɛ²¹tṣə²¹xa²¹tṣə] 言语上敷衍别人。

【害病】[xɛ⁵³pin⁵³] 生病。

【害伢子】[xɛ⁵³ia⁴⁵tsə²¹] 怀孕。尤指妇女怀孕初期旁人能看出来的妊娠反应。

【喊魂】[xæ̃²¹³xuən⁴⁵] 同"叫魂"。也指引起别人反感的大声呼叫其名字的行为。如："你～啊？我不在这块吗?!"

【喊苦】[xæ̃²¹³kʰu²¹³] 叫苦叫累。

【喊人】[xæ̃²¹³zən⁴⁵] ①以对方的尊称起头跟人打招呼。尤指小孩对大人的问候、打招呼。②叫人来做某事。

【寒唬】[xæ̃⁴⁵xu⁵³] 畏惧。

【寒念】[xæ̃⁴⁵lĩ⁵³] 可怜、同情某人。通"惭念"。

【寒人】[xæ̃⁴⁵zən⁴⁵] 用冰冷的手或物体突然触摸别人的皮肤。

【煥饭】[xæ̃⁵³fæ̃⁵³] 用少量的水放入冷饭中,半焖半炒以加热。

【薅草】[xɔ²¹tsʰɔ²¹³] 用手大把拔除田间杂草。亦偶指用耘耙或锄头去除田里的草。

【号上】[xɔ⁵³sɑ̃²¹] 盯上。

【哼哧哼哧】[xən²¹tṣʰʅ²¹xən²¹tṣʰʅ²¹] 剧烈喘气。喻指没怎么做事就叫累。

【哼叽哼叽】[xən²¹tsʅ²¹xən²¹tsʅ²¹]
不舒服、不高兴。

【黑昧】[xəʔ⁵mən²¹]"昧"读若
"门"。诓骗、假冒、蒙混过关、昧
良心讲大话。如："别在底块跟我
俩～，哪个不晓顿你？！"

【黑诌】[xəʔ⁵tsɯ²¹]瞎编造。

【烀山芋】[xu²¹ʂa²¹³ʮ⁵³] 烧煮山
芋的一种方法。将洗过的山芋倒入
锅内，舀入井水基本覆盖，烧滚后再
简单加一把草，利用余热焖10余分
钟即可。是昔时农民的主食之一。掇
碎后加水拌糠，也是猪食之一。

【糊袼褙】[xu⁴⁵kɤʔ⁵pɤ²¹]旧时将
碎旧布头用面糊分几层糊在门板上。
糊好抹平整后半晒半阴干，揭开后
可剪成鞋帮样、鞋底样，同时可用作
鞋的内衬。

【糊秤】[xu⁴⁵tʂʰən⁵³] 缺斤少两，
在秤上玩手脚。

【糊鬼】[xu⁴⁵kue²¹³] 糊弄别人。
一般用在反义诘问句中。如："你～
啊？"（你糊弄谁？）

【糊佯】[xu⁴⁵iɑ̃⁴⁵] 应付、糊弄、
假装、怠工。同义：糊佯工。

【糊口】[xu⁴⁵kʰɯ²¹³] 干维持生

计的工作。尤指以劳力、手艺仅能勉
强维持生活。如："他毕业后没找到
正经事干，只好摆摊～。"该词原指
以粥果腹，引申寄食别处。《左传•隐
公十一年》：而使糊其口于四方。

【糊嘴】[xu⁴⁵tse²¹³/tsue²¹³]通"糊
口"，所得收入仅够维持生计。多用
作和别人谈及自己工作、收入时的
谦辞；亦常见于上人出于谦虚，或
屏蔽对下人的可能骚扰，而对自己
孩子事业的贬称。

【护脓】[xu⁵³ləŋ⁴⁵] 借音词。开
始化脓。

【护头】[xu⁵³tʰɯ⁴⁵] 受到责打或
遇到危险时用手臂护住头部。

【护窝】[xu⁵³ʊ²¹] 母鸡对刚孵化
出雏鸡的本能而强烈的护卫行为。
喻指对家人或身边人的包庇。

【护卫】[xu⁵³ue⁵³] 向着、保护。
同"卫护"。

【护霞们】[xu⁵³ɕia⁴⁵mən⁵³] 袒护
孩子。尤指家长一方惩罚孩子、另一
方袒护孩子的行为。

【护痒】[xu⁵³iɑ̃²¹³] 阻止别人对
自己挠痒取乐的动作。亦指形容词
意义上的"怕痒"。

【怙权】[xu⁵³tɕʰyĩ⁴⁵] 依仗、不舍权力。

【花誷】[xua²¹ʂæ̃²¹]善于在外面交游、搞关系、吹牛。

【搲拳】[xua²¹tɕʰyĩ⁴⁵] 猜拳行令。俗称"划拳"，昔时饮酒助兴的一种方式。

注：其规则一般为两人同时出拳，在两拳接近的瞬间，各自搲拳或伸出一到五根手指（分别表示从零到五），并同时喊出从零到十的数字作口令。如果自己喊出的数字，与两人伸拳所"报"数字之和相等，则算赢了一拳，对方须干一杯；若对方也猜对，算平手。有时采取"三拳两胜"，败者饮。多出拳或喊口令稍慢一拍，算"赖皮"；如自己所喊与所伸出的手指数目在数字逻辑上明显不符，如喊"不出"时自己却伸出一根以上的手指，或喊"七巧"而只出一根手指，则为"臭拳"，要罚酒。

"搲拳"玩法，似两军对阵，往往口令急亢如阵前断喝，伸指迅疾如利剑封喉；算法须快如闪电、出拳像惊雷掠地，绝不拖泥带水，非体魄强健、思维敏捷者不能搲之。此过程中，口令、指法交织碰撞，搲者意气风发，观者眼花缭乱。柔中带刚、文里有武，体现了中华酒文化的莫名意境。出拳有一伸拳出指、两伸拳出指的；最多不超过三次伸拳，必出指。

口令一般为三字，也可简略成两个字，甚至单字，或扩展成四个字。并非是单纯喊数字，如搲拳一般喊"不出"或"宝不出"；一喊成"一定""一会手""一心敬你"或"一定恭喜"；二喊成"两好""两家好""哥俩好"；三喊"三星高照""三状元"；四喊"四喜""四美""四季财""四季发财""四红四喜"或"四喜来财"；五要喊"五魁""五福""五魁首""五子登科"；六喊"六顺""六六顺""六六大顺"；七喊"七巧""巧七""七个巧""巧到七"；八喊"八福""八大仙""八匹马""八马双杯""八福同享"；九喊"九快""九大运""快喝酒"；十则喊成"十满上""满堂红""十全齐到"或者"全来到"等。

搲拳口令中含有深厚的中国传统文化。如"三星高照"中的"三星"指的是福、禄、寿三星；"三状元"即古时乡试头名解元、会试头名会元、殿试头名状元。其他如"四喜"、"五魁"、"五福"、"六顺"（君义、臣行、父慈、子孝、兄爱、弟敬）、"七巧"（乞巧）、"八福"等，均各有典故出处。

【晃趄子】[xuã⁵³tã⁵³tsə] 随意轻松地散步。俗作"晃趄子"。

【还篮】[xuæ⁴⁵læ⁴⁵] 借音词。还原、自圆其说。偶指恢复原状。

【还情】[xuæ⁴⁵tɕʰin⁴⁵] 回赠此前别人曾对自家出过的情礼。一般数额不能少于对方。

【惚住】[xuɐʔ⁵tʂu⁵³] 一下子想不起来、反应不过来。通"蹙住"，近义：猝住、懵住、蒙住。

【回潮】[xue⁴⁵tʂʰɔ⁴⁵] 因湿气致使墙壁、廊柱等凝结细小水汽，衣物、纸张等因吸收潮气而不好使用。

【回门】[xue⁴⁵mən⁴⁵] 同"归宁"。

【回饧】[xue⁴⁵ɕin⁵³]"饧"读第四声。①已晒干的东西因受了潮气而变湿软。②原来酥脆的食品变皮、变软。近义：回潮。

【回嘴】[xue⁴⁵tse²¹³/tsue²¹³] 辩解，或用言语抵触、对骂。

【坏事】[xuɛ⁵³sʅ⁵³] 破坏、坏某人的事。偶指事情搞砸了。

【呵卵脬】[xʊ²¹ləŋ²¹³pʰɔ²¹]（粗俗语）奉承、巴结。

【呵脬】[xʊ²¹pʰɔ²¹] 通"呵卵脬"。

【戽鱼】[xʊ²¹³ɥ⁴⁵] 旧时在一段沟溪或一口浅塘里用泥块做坝，将封闭在内的水用盆、桶往外戽干后，在里面逮小鱼、扒泥鳅。"戽"读若"火"。

【伙吃】[xʊ²¹³tɕʰiəʔ⁵] 分着吃、一起吃。

【贺百岁】[xʊ⁵³pɤʔ⁵se⁵³] 指新生儿满百天生日时，至亲好友前来送礼祝贺，主人家备办酒席款待来客的系列活动。其间，殷实人家要给婴儿佩戴银项圈、银锁、银手镯，并穿红兜肚等，喻此可保婴儿福气被"锁住""拴住"，以后命大福大、长命百岁。此外，还要由祖父母给婴儿起名字。

【搰彩】[xʊ⁵³tsʰE²¹³] 起哄、捣乱。"搰"读若"货"，有搅浑、扰乱义。

【横叉竖舞】[xʊ̃⁴⁵tʂʰa²¹ʂu⁵³u²¹³] 手脚乱动、动作夸张。尤指小孩恣意攀援、蹦跳、翻滚等动作。

【换肩】[xʊ̃⁵³tɕin²¹] 挑担途中将扁担从一侧肩膀换到另一侧肩膀。

【祭灶】[tsʅ⁵³tsɔ⁵³] 农历腊月二十三祭灶王爷。亦称"送灶"。

注：灶神在夏代就已被民间供奉，传为玉皇大帝所封"九天东厨司命灶王府君"，合肥方言称之为"灶烟菩萨"，负责管理灶火，是每家的保护神。因而各家于灶间的东面或北面设灶王龛，或将灶王神像贴在墙上，两旁贴上"上天言好事，下界保平安"联。一般于送灶前，取稻草秸切成寸余秸秆，加少许炒熟黄豆，拌和以作草料，供灶神"坐骑"用。送灶时，一家人先向灶王爷敬香，供上用饴糖和面做成的糖果与纸马、草料。有时，边用糖果封住灶王爷的嘴，边念念有词：请灶烟菩萨对玉皇大帝多讲我家的好话、少讲坏话。过后，可将神像揭下，和纸马、草料一起烧掉"升天"。还有边念叨，边在灶间至大门外，向空中抛撒"马料"的。是日，合肥旧俗家家户户拉糖（自制炒米糖）。除夕吃年饭前，迎灶神回民间过年。

【加杠】[tɕia²¹kɑ̃⁵³] 使事态扩大。通：上杠子、加楔子。

【加楔子】[tɕia²¹ɕiɤʔ⁵tsə²¹] 原义是在缝隙间打入木楔。现主要语义为：①扩大矛盾；②插队；③在铁制工具与木柄的结合处缝隙间打入木楔，以增加摩擦力使两者牢固结合。

【假马】[tɕia²¹³ma²¹³] 假装或虚张声势地干某事。

【架上】[tɕia⁵³ʂɑ̃⁵³] 被人戴上高帽子，或在情面、责任、能力等方面虽不济，但被引上或诱入某职位、局面，处于上去了下不来的尴尬地步。

【架手】[tɕia⁵³ʂɯ²¹³] ①武术较量中刚接上手、刚交手；②可做形容词，意害怕。

【架住】[tɕia⁵³tʂu²¹/tʂu⁵³] 经得起。

【架不住】[tɕia⁵³pəʔ⁵tʂu⁵³] 经不起、受不了。

【架相】[tɕia⁵³ɕiɑ̃⁵³] 为别人争光、补台、捧场。

【犟嘴】[tɕiɑ̃⁵³tse²¹³/tsue²¹³] 与人（尤指长辈）顶嘴、争论。

【讲家】[tɕiɑ̃²¹³tɕia²¹] 谈婚姻对象。

【讲经】[tɕiɑ̃²¹³tɕin²¹] ①说故事。②骗人。③挑剔。

【讲空】[tɕiɑ̃²¹³kʰəŋ²¹] 讲大话，讲没有用的东西，以不着边际的好处忽悠人。比较：糊得人。

【讲亲】[tɕiɑ̃²¹³tɕʰin²¹] 通过媒人撮合婚姻。

【讲人】[tɕiɑ²¹³zən⁴⁵]（一般指男子）找婚姻对象。

【讲玩】[tɕiɑ²¹³uæ⁴⁵] 开玩笑、轻微骗人。比较：讲之快活。

【讲笑】[tɕiɑ²¹³ɕiɔ⁵³] 开玩笑、耍骗。通"讲玩"。

【讲仗】[tɕiɑ²¹³tʂɑ̃⁵³] 讲究、考究。

【讲喋喋理】[tɕiɑ²¹³tʂʅ²⁵tʂʅ²⁵ʅ²¹³] 读若"讲哲哲理"。讲大道理、讲不切实际的规矩。

【交运】[tɕiɔ²¹yn⁵³] 碰上好运气。

【交底】[tɕiɔ²¹tsʅ²¹³] 告诉实情、底牌。

【搅槽】[tɕiɔ²¹³tsʰɔ⁴⁵] 互相打闹干扰。

【搅屎】[tɕiɔ²¹³ʂʅ²¹³] 搬弄是非、寻衅滋事、不服管理。

【较劲】[tɕiɔ⁵³tɕin⁵³] 较量、闹别扭。

【较效】[tɕiɔ⁵³ɕiɔ⁵³] 灵验、有显著效果。

【叫魂】[tɕiɔ⁵³xuən⁴⁵] 昔时一种近于巫术的魂魄复苏招引方法。

注："叫魂"主要有两种，一种是若婴儿、孩童受惊吓而出现目光呆滞、不喝奶、无反应等"掉魂"状体魄异样，须当场烧香、烧冥纸，或将其生辰八字写在红纸上，置于灶台，纸上放一碗水，点香烛祷告；或点火寻觅两三个蜘蛛；或将孩子衣服在火焰上方前后摆动，手拿菜刀或剪刀，在地上拍响，将米粒撒向四方。由母亲高呼孩童之名，并不断重复："回来吧！"有时一个人叫，另一个人应答："回来了！"同时选孩子的一件衣物（首选红色），在口袋里放入红枣，在喊答时象征性地一张一合，以期魂魄被系住。另一种是在人迷路、失踪、重病或死后，其家人在高处、远处，或后院、水井等地点呼唤，希望使之复苏、康复、归来。

"叫魂"与不吉事件相关，因而合肥人对别人不停地（高声）叫喊自己的名字，多会感到厌烦，有时会回一句："你～（喊魂）啊！"

【叫唤】[tɕiɔ⁵³xũ²¹] 大声喊叫、哭号。因此词也可以指动物的叫声，所以一般用作贬义、斥责义。

【叫嘴】[tɕiɔ⁵³tse²¹³/tsue²¹³] 使唤。

【揭锅】[tɕiəʔ⁵ku²¹] 揭开锅盖。指代饭煮好了可以开始吃饭。

【接茬】①[tɕiəʔ⁵tʂʰa⁴⁵] 前后两个

事物能连接、延续上。②接话。③前后收获的两茬庄稼能使口粮衔接得上。

【接火】[tɕiəʔ⁵xʊ²¹³] 给人点烟或相互点烟。亦用"对火"。

【接上茬】[tɕiəʔ⁵ʂã⁵³tʂʰa⁵³] ①接上头，后一个事物能顺利衔接、延续上前者。②余粮能够坚持到新粮成熟。③能讲得上话。

【接谈】[tɕiəʔ⁵tʰæ⁴⁵] 与人接洽、交谈、应酬。

注："接谈"在合肥被认为是衡量一个年轻人是否成人、有无基本社交能力和水平的重要标志。

【接亲】[tɕiəʔ⁵tɕʰin²¹] 男方去女方家接娶新娘。

注："接亲"多在天蒙蒙亮时出发，寓意"越走越亮"。昔时，男方家于婚礼之日请来媒人，带禽、鱼、肉、烟、酒等彩礼(俗称"四副挑子")、花轿、迎新童男童女等，雇吹鼓手一路吹拉，喜气洋洋地前往女方家。女家闻知男方接亲队伍来到，即点放爆竹以示欢迎。但此时，新娘房门却往往紧闭不开，因为还要男方或媒人从门缝向内塞礼钱（亦称"门缝钱"）。此礼钱名目繁多，有"梳头钱""爆竹钱""开面钱"等，迫使门外的人三番五次地塞钱。非折腾一番，新娘房门不会轻易打开。这种习俗形式，表明新娘是有一定身价的，不是随随便便就能娶走的。世俗的解释是，强索"门缝钱"是女方向男家索财的最后机会。

【接灶】[tɕiəʔ⁵tsɔ⁵³] 与"送灶"对应的民俗活动。传"送灶"一周后的年三十晚，灶王爷便带着给某家人的吉凶祸福，与其他诸神一道来到凡间。诸神过年后再度升天，唯有灶王爷长驻灶房。为此须换上新灶灯，在灶龛前燃香，故称为"接灶"。

【鏺草】[tɕiə²¹tʂʰɔ²¹³] 读若"结草"。加工猪草饲料。

【鏺稻】[tɕiəʔ⁵tɔ⁵³] 读若"结稻"。加工稻米。

【夹杠】[tɕiəʔ⁵kã⁵³] 乱插嘴。

【夹哄】[tɕiəʔ⁵xəŋ⁵³] ①跟着别人一起起哄。②别人忙时还造事打岔。近义：夹打螺蛳。

【结壳】[tɕiə²¹kʰɤʔ⁵] 身体上的疮、疱、皮疹、脓包等小创口愈合结痂。

【结钱】[tɕiə²¹tɕʰĩ⁴⁵] 领结欠的工钱，收应得的账款。

【结亲】[tɕiəʔ⁵tɕʰin²¹] 两个家庭

间因子女婚姻而结成亲戚。

【解树】[tɕiɛ⁵³ʂu⁵³] 锯树、梭锯板材。"解"读若"介"。

【解手】[tɕiɛ²¹³ʂɯ²¹³] 上厕所。

注：一说用"解溲"。解大小便，分别称"解大小手"。可由"上园""出更""办大事""出恭"等词代替。在合肥东乡，拉肚子曰"跑腿"。

【见饭】[tɕĩ⁵³fæ̃⁵³]同样多的米能煮出较多的饭。对比：不见饭。

【见事】[tɕĩ⁵³ʂʅ⁵³] 能看到未显现的事情，观察、预见力强。比较：望到事。

【见情】[tɕĩ⁵³tɕʰin⁴⁵] ①领别人的情；②别人显示对自己的情谊。

【见不得】[tɕĩ⁵³pəʔ⁵tɤʔ⁵] 不能容忍、看不惯。

【见外】[tɕĩ⁵³uɛ⁵³] 把关系看疏远了。

【剪鞋样】[tɕĩ²¹³xiɛ⁴⁵iã̃⁵³] 用袼褙剪出鞋底或鞋帮的底样。

【拣稻】[tɕĩ²¹³tɔ⁵³] 在收割并挑过稻把子的田里拾稻穗。也指从稻谷里拣掉沙子等杂质。

【拣殡】[tɕĩ²¹³tɕin²¹] 迁坟时捡拾人的骸骨重新安葬。《诗·小雅》：

尚或殣之。"殣"假作堩，传为路冢，一曰埋也。又与"瑾"通。

【拣麦】[tɕĩ²¹³mɤʔ⁵] 在麦田里捡麦穗。亦指在麦粒中拣弃沙子、麦稳子等杂物。

【拣米】[tɕĩ²¹³mʅ²¹³] 从米粒中拣出沙子、稻稳子、未去壳的稻粒等杂质。

【矜物】[tɕin²¹uɛ⁵³]读若"精卫"。自夸、自美，看不起人、刁难人。

【进九】[tɕin⁵³tɕiɯ²¹³] 冬季时令进入以"九"记日的阶段。

注：对此，民间流传多种版本的"九九歌"，举一例：一九二九难伸手，三九四九冰上走，五九和六九，河边看杨柳，七九六十三，行人把衣担，八九燕归来，九九加一九，遍地耕牛走。

【究竟】[tɕiɯ²¹tɕin²¹]在意、讲究、花心思、搞明白。如："穿衣裳以自己抻朗（舒服）为主，哪个又去～你穿着的是不是名牌？"两字均平声轻读。

【就就】[tɕiɯ⁵³tɕiɯ⁵³] ①让步、妥协：两～。②将就、凑合。

【聚财】[tsʅ⁵³tsʰɛ⁴⁵] ①聚敛财富并发家。②可做形容词，能发财并能守住财富的特质。如："你这肉手能～。"

【聚聚】[tsʮ⁵³tsʮ²¹]在一起饮酒、吃饭。

【嘁人】[tɕyɐʔ⁵zən⁴⁵] ①骂人。②使别人尴尬。如："你不收这个礼，不是～吗？"

【卡饭】[kʰa²¹³fæ̃⁵³]旧时宴客时偶见的一种整人手段，即趁客人不注意时往其碗里倒扣一碗饭。

注：米饭金贵，不容浪费，饭入碗，一般必须吃掉。这对于已吃饱的人确实难办。"卡饭"一般非宴席主人所为，多为同桌客人或主家的其他人所做，表面上是慷慨，实质是起哄和让人下不了台。中国饮宴与待客文化博大精深，其中也含有一些腐朽的、没有道理的负面因素。有的是菜肴制作走极端至奢靡程度、过于铺张浪费；有的是故意让客人难堪，如劝人饮酒非要将人喝醉等，隐约可见未脱离物质与精神贫乏之不理性。

【开大门】[kʰɛ²¹ta⁵³mən⁴⁵]正月初一日开启正屋大门的仪式。初一晨，全家穿新衣，聚于堂屋，各人吃少许方片糕。家主点烛焚香，先拜祖先与诸神牌位，然后向大门三拜，开启大门（封门条亦随之断开，非刻意撕去）。开门第一眼所见与气氛，即为新年气象。接着男人们各点着香烟，先放"开门炮""冲天炮"，再放手甩大爆竹、"双响炮"、长串小鞭炮等；女人们多躲在众人身后，捂着耳朵观看。早时小爆竹都系在长竹竿一端，由大人点着、小孩挑着放，噼里啪啦响半天；现在则药性较烈，多盘放于地或舒展成长条状，点着后迅速炸开，纸屑遍地成"满地红"，声势甚为壮观。爆竹放得响、冲得高，预兆开门大吉、新年好运。放完鞭炮，一家人大门敞开，围坐堂屋吃新年第一顿早餐，多为挂面，用昨日所炖肉汤下就，面里往往加炸好的圆子、糯米面元宵、麻花等。此时，如亲属邻里携带小孩上门拜年，家主等会放下碗筷、递烟、让座、互贺新春、寒暄座谈，等等。

注：合肥部分地区有迟开大门的习惯。有的人家昔时开大门时，还会口中念念有词："开门大发财，元宝滚家来；滚进不滚出，滚到三路屋……"有的开门后，要再次于门外、路口、井坛等处烧香，供奉各路神灵。

【开冻】[kʰɛ²¹təŋ⁵³] 化冻。

【开膗】[kʰɛ²¹³xʊ²¹] 聚餐。

【开镰】[kʰɛ²¹lĩ⁴⁵] 开始收割稻麦等。

【开亲】[kʰɛ²¹³tɕʰin²¹] 通过儿女联姻成为亲家。通"结亲"。

【开山】[kʰɛ²¹³ʂæ²¹] ①对应于"封山"，开始砍山草。②开山石，或开山脚的沙场。

【开食】[kʰɛ²¹ʂɔʔ⁵] 小鸡开始吃食，一般喂碎米。偶指小鹅开始喂食。

【开涮】[kʰɛ²¹ʂuæ⁵³] 用语言戏耍、批评某人。

【开味】[kʰɛ²¹ue⁵³]戏谑，拿某人开玩笑。

【开秧门】[kʰɛ²¹³iɑ̃²¹mən⁴⁵] 每年第一次栽秧。

【揩脸】[kʰɛ²¹lĩ²¹³]洗脸。因"洗"与"死"在合肥方言里同音，故旧时多将"洗"字换成其他字，如：抹澡（洗澡）、揩身上（擦洗身体）等，待客时尤其如此。

【揩屁股】[kʰɛ²¹pʰɿ⁵³ku²¹] 擦屁股。

【砍草】[kʰæ²¹³tsʰɔ²¹³] 割草。

【砍山】[kʰæ²¹³ʂæ²¹] 砍山草。即合肥东乡沿山一带农民自古延续至20世纪90年代中期的、于秋季开展的一项"史诗般"的山草突击抢割行动，其劳累程度甚于"双抢"。

注：每年秋分前后，各户分得一块山地，上面的荒草便是一年的主要燃料和零星家用来源，"砍山"也成了这头十天所有村民的头等大事。天麻麻亮，男女老少便扛着扁担绳，带着㸘山芋和水壶，冒着晨凉、踏着露水上山，抢割那长了一年的半人高茅草。老人或小孩在家做饭，中午送饭上山的孩子也会加入砍草队伍。此时，燥热的秋阳下，山顶山凹回响的全是匆忙割草的"嚓嚓"声。日头偏西，人们纷纷捆草刹担、屏气上肩，义无反顾地蹚入最折磨人的挑草时段。不一会儿，条条狭窄的山间小道上缓缓移动的便是一个紧挨一个的草担，容不得一人歇脚。翻山越岭，挑过一个山头又是一个山头。此时最怕天变脸，哪怕滴小雨，肩头的担子也会变得越发沉重，分分秒秒挑战人的生理极限。孩童挑三五个草（每个草一捆，约十斤），妇女八九个草。男人们肩头的草刹得像一座小山，高过头、拖到地，人整个地埋在

草垛里，一担能刹上十七八个草。他们从嗓子里发出的、一步一声低沉的、有如呻吟又如号子般的、有节奏的"哼哼"声，以及从压弯了的扁担里挤出的"吱吱"声，像大山发出的交响曲，魔力般驱动着各路挑草队伍负重爬坡，颠踬前行，在山顶会成浩荡大军，又一路向山下数里外的村庄进发。少数人家有板车在山脚接应，大多数人则是肩压重担一直撑到家门口。回到家的人基本上累散了架，拿起水舀能"咕噜"下半脸盆井水。与挑草大军反向前进的是下路村庄的人，他们没有山地，只好擦黑带着绳筐草耙，等砍草的人走了，再风卷残云般地把剩漏的草末耙搂干净，因为即使是山上荒茅草的末穗子，也比穰草经烧。他们像刮胡子般把座座山坡搜刮得铁青，根本用不着山林防火。唯有江淮分水岭一带的人，既有北方人的强悍，又有南方人的勤快与坚韧，才"砍"得了山，吃得下"砍山"的苦。"砍山"凸显了底层百姓生命的顽强与张力。如今，农民用上了液化气，人们都往城里跑。山草没人砍了，走山路的人越来越少，两旁挑草小径早已踪迹难觅，路上青石板也几乎被撬盗殆尽。

【看场】[kʰæ²¹tʂʰɑ̃²¹³] 照料、看管打谷场上的在晒谷物，也指看管工地。

【看山】[kʰæ²¹ʂæ̃²¹] 看护、巡视山场的草木。

【看水】[kʰæ²¹ʂue²¹³] 看护沟渠里正在放的水，防漏防偷。

【看塘】[kʰæ²¹tʰɑ̃⁴⁵] 看管塘里放养的鱼，或干旱时节看护塘里的水不被偷放。看塘人一般在塘埂上搭建一个岗哨小屋，供白天歇息或晚上值守。

【看透】[kʰæ⁵³tʰɯ⁵³] ①终于了解某某的品行、目的。②看破红尘。

【扛锅铲】[kʰɑ̃⁴⁵ku²¹tʂʰæ̃²¹³] 自己不烧饭菜，跟着别人后面去赴宴。

【扛皮】[kʰɑ̃⁴⁵pʰ⁴⁵]喻指忍着饥饿、烟瘾等。

【扛头】[kʰɑ̃⁴⁵tʰɯ⁴⁵] ①仰着头。②领头。

【敲（得）人】[kʰɔ²¹zən⁴⁵] 耍弄人，使人吃亏上当。"敲"读若kāo，下同。

【敲芝麻】[kʰɔ²¹tʂʅ²¹mə²¹] 用槌棒轻敲成熟了的芝麻秸，将芝麻震落于下面张着的簸箕等盛器里。

【考较】[kʰɔ²¹³tɕiɔ⁵³] 讲究、认真对待某事物。

【考究】[kʰɔ²¹³tɕiɯ⁵³] 通"考较"。

【揹头揹脑】[kʰən⁵³tʰɯ⁴⁵kʰən⁵³lɔ²¹³] 低头行走、思考、做事。

【去家】[kʰe⁵³tɕia²¹] 回家。"去"读若kì。同义词：赵家、抈家。

【空欠】[kʰəŋ²¹tɕʰĩ⁵³] 欠账、有一定的亏空。

【哭嫁】[kʰuəʔ⁵tɕia⁵³] 旧俗，女子出嫁当日，上轿前必面对父母痛哭，以示感恩上人养育、不愿轻易离家。

注：讲究的家庭，哭嫁早在婚前十余天就开始了，在婚礼前一天和当天达到高潮，并有一整套的礼仪和"歌词"。除了"哭父母"外，还有"哭兄嫂""哭媒人"等。在表达对长辈的孝心、对哥嫂和亲朋好友帮助的感激之情外，哭词更多的是含有对家乡和在家做姑娘时的熟悉生活的不舍，以及对陌生新生活来临的迷茫与不安，偶尔夹杂着倾泻对婚姻的不满、对媒人乱点鸳鸯的痛恨等情绪。

【苦钱】[kʰu²¹³tɕʰĩ⁴⁵] 通过辛苦、卖苦力挣两个钱。

【亏欠】[kʰue²¹tɕʰĩ⁵³] 欠某人的账、对不起某人。

【圈院墙】[kʰuæ²¹yĩ⁵³tɕʰiɑ̃⁴⁵] "圈"读若"宽"，用石块垒砌或用熟泥撅稻草秸扙制院墙。偶指垒建住宅墙。

【拉草】[la²¹tsʰɔ²¹³] 从草堆里拽出一捆草。

【拉风】[la²¹fəŋ²¹] 很炫、引人注目。

【拿劲】[la⁴⁵tɕin⁵³] 通"拿翘"。

【拿钱】[la⁴⁵tɕʰĩ⁴⁵] 旧指有正式工作并定期取得工资收入。泛指过着拿薪金的生活。

【拿乔】[la⁴⁵tɕʰiɔ⁵³]（因自己的地位、技能等优势因素）装腔作势、故意卡人、吊人胃口、为难别人。近义：拿唐、拿大、拿腔（作势）、拎劲、拿劲、尥蹏。

【拿骚】[la⁴⁵sɔ²¹] 尥蹷子、卡别人、装腔作势、假客气。

【拿唐】[la⁴⁵tʰɑ̃⁴⁵] 通"拿乔"。

【拿住】[la⁴⁵tʂu⁵³] 通过药物等使病情暂时停止恶化。

【来家】[lɛ⁴⁵tɕia²¹] 回来。"来"字具有丰富的情感色彩，与"家"结合产生巨大的精神感召力。

【来瑟】[lɛ⁴⁵sɤʔ⁵]（贬义）越来

越起劲。

【来尿】[lɛ⁴⁵sɛ²¹] 尿床。一说为"赖尿"。

【擓花生】[lɛ²¹³xua⁴⁵sən²¹] 借音词。收获花生的方式。亦叫"起花生"，即连同茎叶一起将整株花生秧拔出，经简单日晒、抖落泥土，再"摘花生"——用手将花生果从根须上捋下来。摘下来的果须再晒三五天，直到花生仁焦干、花生衣两指一搓可轻易褪去时方可装袋。

【擓棉柴】[lɛ²¹³mĩ⁴⁵tʂʰɛ⁴⁵] 冬季将棉花茎秆拔出。棉柴因其经烧，是昔时农村的优质燃料。

【赖皮】[lɛ⁵³pʰɻ̩⁴⁵] 不守信、不认账。

【拦（他）头】[læ⁴⁵tʰɯ⁴⁵] 阻止。同义：打等、打他短、打拦头板。

【捞豆腐】[lɔ²¹tɯ⁵³fu²¹] 买豆腐、从缸里取出养在水中的豆腐。

【老之】[lɔ²¹³tʂə²¹] 老人去世。

【闹房子】[lɔ⁵³fã⁴⁵tsə²¹] 婚礼当晚穿插的、针对新郎新娘的骚扰恶作剧。

注：如同"摸秋"一样，闹房是昔时底层民众少有的放纵时机。此闹剧大都上演于婚宴之后，此时新人，尤其是新娘，是众人（多为同辈或晚辈的男人）竞相作弄逗嬉的对象。一般点到为是，图的是个热闹。但在层次不高的村落，也有十分粗俗的闹房现象，其间，对新娘之苛难无所不至其极，有时动手动脚，近于公开调戏。旧时习俗，即便难堪难为，也不可生气；新郎此时不能护新娘，不然，会在邻里传出没出息的名声。所以，新郎多半是稍作护驾，便乘机开溜，留下她成任人宰割的羔羊。殊不知，面对如此"险恶"的阵势，新娘却是做了最"薄弱"的准备——按惯例，在临上轿的头一天，她就得停止进食，因为照旧俗她这天（一说是三天）不能上茅厕。她唯一能做的是事先穿四套内衣，每条都紧系一根裤带，把上衣抄在裤腰里。

一番闹腾，必有女性长者出面拿一包烟，让新娘给众人发烟。"无赖"们经常会要最后一赖，非要新娘亲自点火。点火时，大家还故意摇头摆尾，折腾新娘半天也点不着。而此时，乍来此陌生环境、颠簸一路、没吃没喝、早晨"哭嫁"了半天、前夜又大多未眠的新娘，多半已成了瘫软的绵羊。往往点烟未完，众人的脸又凑上来了，争相要新娘来摸。

据说这一天新娘的手指头很灵验，摸哪"发"哪。虽闹，亦有禁忌，主要忌寡妇、属虎者、孕妇、产妇、坐月子以内的人、戴孝者或生辰属相与新郎新娘相同相克的人在场。闹房后，新人圆房，一天一夜，忌生冷食物。

闹房因不合正礼，大户及"根本"人家一般不屑；即使稍涉及，也很收敛。它虽近于粗野，但鉴于旧时男女婚姻多为包办、授受不亲，此举初衷或许是促使新人感情升温，并尽快熟悉亲友乡邻。现代婚礼多在酒店举行，现场与新人住所不在一处，闹房习俗今非昔比，但仍有少许遗风存在，只不过变成现代的形式，如：摘光棍帽、解同心结、啃苹果、扮新娘等。

【闹心】[lɔ⁵³ɕin²¹] ①烦心。②胃不适。

【唠门（子）】[lɔ⁵³mən⁴⁵tsə] 串门。多指昔时吃饭时端着饭碗到邻居家边吃边聊。同义：唠、唠唠、骚咾（贬义）。

【纳鞋底】[lɐʔ²⁵ɕiɛ⁴⁵tʂʅ²¹³] 旧时手工做鞋的一道工序，即在鞋样上，覆上多层旧布、棉絮以缝制鞋底。纳线时讲究针脚与走线方式，须用力均匀，线脚细密、排列整齐，不可走样。纳好的鞋底须平顺、没有扭曲。

【捺/揞着（他）】[lɐʔ²⁵tʂə²¹tʰɐʔ²⁵]强迫某某（干某事）。

【捺手膄】[lɐʔ²⁵ʂɯ²¹³lʊ⁴⁵] 按手印。

【落脚】[lɤʔ²⁵/luɤʔ²⁵tɕyɐʔ²⁵] ①下脚。②暂住。

【落囊】[lɤʔ²⁵/luɤʔ²⁵lã⁴⁵]表音词。房梁等中间部位下垂。

【落色】[lɤʔ²⁵/luɤʔ²⁵sɤʔ²⁵] 掉色。同义：败色；比较：上色、饿色。

【落瑟】[lɤʔ²⁵/luɤʔ²⁵sɤʔ²⁵] 落魄、寒酸。表音词，疑为"邋遢"之音变。

【落水】[lɐʔ²⁵/luɐʔ²⁵ʂue²¹³]布料过水。

【落枕】[lɤʔ²⁵/luɤʔ²⁵tʂən²¹³] 睡觉时颈部扭伤。亦称"扭（zhǒu）着颈子"。

【轮换转】[lən⁴⁵xũ⁵³tʂũ²¹³] 轮流。

【腻味】[ŋ⁵³ue⁵³] 使人厌恶、失去兴趣。

【里戳外捣】[ŋ²¹³tʂʰuɐʔ²⁵uɛ⁵³tɔ²¹³]里外都挑拨、作乱。

【料理】[liɔ⁵³ŋ²¹³] 操持、料理家务。

【尥脚】[liɔ⁵³tɕyɐʔ⁵] 走。如："霞们大之，我张出去玩，～就走（小孩都长大了，我现在出去旅游，说走就走）。"同义：尥腿、拿脚。

【尥俏】[liɔ⁵³tɕʰiɔ⁵³] 凭着自己的本事、资源或关键位置等而抬高身价、价码，或有意为难别人。类同：拿乔、尥蹶子。

【尥腿】[liɔ⁵³tʰe²¹³] ①走。②同"尥蹄子"。

【尥蹄子】[liɔ⁵³tsʰɿ⁴⁵tsə] 撒手不干、放弃职责。通"尥蹶子""撂挑子"。

【尥跷子】[liɔ⁵³tɕʰiɔ⁵³tsə] 同"尥蹄子"。

【撂挑子】[liɔ⁵³tʰiɔ⁵³tsə] 同"尥蹄子"。

【了掉】[liɔ²¹³tiɔ⁵³] 完成、了结掉。

【捏骚】[liɤʔ⁵sɔ²¹] 假客气、故作姿态、为难人。

【捏直鼻子】[liɤʔ⁵tʂə²¹piəʔ⁵tsə] 不吱声。

【拎劲】[lin²¹tɕin⁵³] 通"拿乔"。

【念祷】[lĩ⁵³tɔ⁵³] 俗作"念叨"，常提起某人，常常为某人祈福。

【捻疙瘩】[liĩ²¹kɤʔ⁵təʔ⁵] 做面疙瘩。

【拈呃叠之】[liĩ²¹ə²¹tiɤʔ⁵tʂə] 收拾衣物、整理房间、家具等。

【拈稻】[liĩ²¹tɔ⁵³] 捡稻穗。

【拈阄子】[liĩ²¹tɕiɯ²¹tsə²¹]抓阄。

【拈麦】[liĩ²¹mɤʔ⁵] 捡麦穗。

【炼油】[liĩ⁵³iɯ⁴⁵]①炼猪油。②亦指将菜油烧热。

【拢劲】[ləŋ²¹³tɕin⁵³] 憋气使劲。

【拢屎】[ləŋ²¹³ʂɿ²¹³] 憋气解人便。

【笼手】[ləŋ⁴⁵ʂɯ²¹³]将手笼进袖子里取暖。喻指不伸手帮忙、观望、不干事。

【笼袖】[ləŋ⁴⁵ɕiɯ⁵³] 通"笼手"。

【乱晃】[ləŋ⁵³/lũ⁵³xuã⁵³] 到处无目的地闲逛，或引人反感地频繁出没于别人眼前。

【弄送】[ləŋ⁵³səŋ²¹]借音词。批评、讽刺、作弄人。一作"弄尿""弄耸"。《儒林外史》第四回：就是他的佃户，商议定了，做鬼做神，来～我。

【卤粉】[lɯ²¹³fən²¹³] 读若"搂粉"。以炒米粉、香干、肉丁为主料，加生姜、酱、醋等作料，用小火熬制成一种香味、口感俱佳且易消化的半流质食品。

【露白】[lu⁵³pɤ⁷⁵] 亦用"现白"，公共场所显露钱财。

【买安】[mE²¹³zæ̃²¹] 花钱买个平安、安稳。

【抹脸】[mɤʔ⁵lĩ²¹³] 洗脸。同义：揩脸。

【抹面子】[mɤʔ⁵mĩ⁵³tsə²¹] 不给某人面子。

【抹鱼】[mɤʔ⁵ʮ⁴⁵] 摸鱼。

【抹纸牌】[mɤʔ⁵tʂʅ²¹³pʰE⁴⁵] 打扑克牌（赌博）。

【抹澡】[mɤʔ⁵tsɔ²¹³] 用绗过后不滴水的毛巾在身上揩抹。亦指洗澡。

【埋地雷】[mE⁴⁵tʂʅ⁵³le⁴⁵] 昔时小孩要弄别人的一种游戏。先在地上挖个坑，众小孩往里面屙屎、撒尿，再用若干细小树枝担在坑口，上面铺纸或树叶，再覆盖细土，以至于与平常路面无异。最后就是引诱他人来踩这个"地雷"。

【谩讲】[mæ̃⁵³tɕiã²¹³] 俗作"慢讲"，不要讲、不要那样讲。如："你～不给钱，就是付了钱也不敢讲马上拿到货。"

【矕眼】[mæ̃²¹ĩ²¹³] 斜眼看人（显不屑、愤怒相）。"矕"读轻声。

【忙饭】[mã⁴⁵fæ⁵³] 准备饭菜。

【忙家】[mã⁴⁵tɕia²¹] 做家务、经营家庭。

【忙吃】[mã⁴⁵tɕʰiəʔ⁵] 准备饮食。

【忙上人】[mã⁴⁵ʂã⁵³zən²¹] 服侍长辈。

【忙田里】[mã⁴⁵tʰĩ⁴⁵ɻ²¹] 在田里劳作。

【忙霞们】[mã⁴⁵ɕia⁴⁵mən⁵³] 为孩子劳作、积累财富，或为孩子的某项事务如婚事等奔忙。

【忙嘴】[mã⁴⁵tse²¹³] 准备吃的，收入仅够糊嘴。

【瞀鼓】[mɔ⁴⁵ku²¹] 心绪烦乱。

【毛估带猜】[mɔ⁴⁵ku²¹³tE⁵³tsʰE²¹] 义如条目。

【卯带（之）】[mɔ²¹³tE⁵³tʂə²¹] 漏掉、忘掉了。

【焖饭】[mən⁵³fæ⁵³] 锅底加少许水，用小火加热剩饭。

【满奶】[məŋ²¹lE²¹³] "满"字借音，读若mong轻声。指婴儿吃奶时嘴角溢奶。

【摸秋】[mʊ²¹tɕʰiɯ²¹] 中秋节旧

俗，主要指节日夜晚偷摘别人瓜果。

注：是日晚，青年男女或孩童在举着火把奔游后，往往乘兴偷摘别人家田里的少量瓜果，按风俗不受谴责和惩罚。因"南"字与"男"字谐音，"蛾眉"代表美女，有时还可将"摸"来的南瓜、扁豆等送给盼望生育的夫妻之家。此俗也见于日本，称"月见小偷"，该国农户认为中秋这天祭月供品芋头或团子等被小孩偷走是预示丰收的吉兆，而偷供品的孩子也将成为有钱人，且连偷七家最吉利。

【嚰蛆】[mʊ²¹tʂʰʅ²¹] 形容动作慢。

【爬起来】[pʰa⁴⁵tʂʰʅ²¹³lɛ⁴⁵] 起床。特指因事不得不起床。

【爬骚】[pʰa⁴⁵sɔ²¹]动物（尤指狗）交配。

【怕丑】[pʰa⁵³tʂʰɯ²¹³] 害羞。

【排蒜】[pʰE²¹³səŋ⁵³/sũ⁵³] 点种蒜子。

【襻花】[pʰæ̃²¹³xua²¹] 两人合作玩耍的游戏，用线状物通过圈绕、穿插、结扣等方式，编构成不同样式的平面或立体结构。

【攀亲】[pʰæ̃²¹³tɕʰin²¹] 与某家庭结亲。该词潜含"高攀"义。

【攀谈】[pʰæ̃²¹tʰæ̃⁴⁵] 主动和人说话。

【攀枝】[pʰæ̃²¹³tʂʅ²¹] 藤蔓植物开始攀缘生长。

【跑不得】[pʰɔ⁴⁵pəʔ⁵tE⁵³] "跑得之"的反义词。①责任、后果逃脱不了。②功劳、收益不会被忽略、抢走。如："不要慌之跟他们争之先结（账），钱～。""得"读若"带"，下同。

【跑得之】[pʰɔ⁴⁵tE⁵³tʂə²¹]漏掉、忽略掉。

【跑反】[pʰɔ⁴⁵fæ̃²¹³] 逃避兵祸。

【跑红】[pʰɔ⁴⁵xəŋ⁴⁵] 走红运。

【跑栏】[pʰɔ⁴⁵læ̃⁴⁵] 母猪发情。

【跑腿】[pʰɔ⁴⁵tʰe²¹³] ①帮人跑办事务、打下手。通：跑跑腿。②患痢疾、频繁上厕所的雅词。

【拍巴掌】[pʰɤʔ⁵pa²¹tʂã²¹] 鼓掌。

【陪衬】[pʰe⁴⁵tʂʰən⁵³] ①捧场。②弥补、包涵。

【披厦子】[pʰʅ²¹ʂa⁵³tsə²¹] 沿大房子的一侧屋檐顺势搭建单檐小屋。多用来做厨房或堆放柴火等杂物。

【谝磨】[pʰʅ⁴⁵mʊ⁵³] 读若"皮募"。说谎、骗人。

【（鱼）漂头】[pʰiɔ²¹tʰɯ⁴⁵] 夏天因气压低、河塘水中缺氧，致使鱼类露头。偶指鱼死或濒死，通"翻白肚"。

【撇腔】[pʰiɤʔ⁵tɕʰiɑ̃²¹] 模仿别的语言不精，成"夹生饭"，或生硬学说某种语言但让人不入耳、反感。

【撇汤】[pʰiɤʔ⁵tʰɑ̃²¹]同"撇腔"。

【剖柴】[pʰʊ⁵³tʂʰE⁴⁵] 劈柴。

【碰面】[pʰəŋ⁵³mĩ⁵³] 会面、偶尔碰到。

【碰头】[pʰəŋ⁵³tʰɯ⁴⁵]在路上相逢，临时聚集商量事情。

【碰磕】[pʰəŋ⁵³kʰɤʔ⁵] 产生小摩擦。

【潽蛋】[pʰu²¹tæ̃⁵³] 蒸鸡蛋。偶指将鸡蛋打好搅匀后，快速放入沸水里烫（烧）成蛋花。

【吃大食堂】[tɕʰiəʔ⁵ta⁵³ʂ̩²¹tʰɑ̃⁴⁵] 20世纪50年代后期至1962年发生的要求所有农民到集体食堂集中定量吃饭的行为。

【吃大烟】[tɕʰiəʔ⁵ta⁵³ĩ²¹] 旧时抽鸦片。

【吃亏】[tɕʰiəʔ⁵kʰue²¹] ①上当。②请人帮忙时，客气地表示对方受累了。

　　注：相关词组：吃呆亏、吃闷亏、吃霞们亏。

【吃劲】[tɕʰiəʔ⁵tɕin⁵³] ①螺丝、钉子等能与客体紧密咬合。②能受力，起支撑作用。③起作用，受到尊重。

【吃年饭】[tɕʰiəʔ⁵liɛ̃⁴⁵fæ̃⁵³] 亦叫"吃年夜饭"，指除夕晚，一家人聚齐团圆、围坐一桌饮酒吃饭的一系列活动。

　　注：吃年饭前要清扫屋内外、倒尽污水、挑满井缸。一番停当后，即祭神拜祖，先于堂屋香案前点烛焚香，上茶、饭躬拜。再于灶间、门外、路口、井栏等处，分别点香祭拜灶神、门神、土地爷、井神。再放爆竹，然后正式吃年饭。这是一年中最后一次也是最重要的正餐。年夜饭菜肴多为十样（十大碗），少不了鸡、鱼、肉、圆四样，其中"鱼"寓意"有余"、圆子暗指"元宝"。一般还有粉丝（称"钱串子"）、青菜豆腐（寓"青菜豆腐保平安"），或"马茹菜"（即马齿苋，又称"安乐菜"）。合肥西部有的地方吃年饭时，有意在碗底留点剩饭，称"留仓底"。有的烧好的鱼不吃，要留待年后动筷子，以祈"年年有余"。传吃年夜饭胃口好，则预示来年身体健壮。年饭后，发压岁钱，然后燃放烟花、贴封门条、守

岁，静待年初一"开大门"，迎接新的一年。

【吃猛子】[tɕʰiəʔ⁵məŋ²¹³tsə²¹] 扎猛子。

【吃食】[tɕʰiəʔ⁵ʂəʔ⁵] 一般指动物吃东西。

【吃胀锅饭】[tɕʰiəʔ⁵tʂɑ̃⁵³kʊ²¹fæ̃⁵³] 昔时新垒锅灶（曰"支锅"）后，邀请众人吃新灶所煮第一锅饭的仪式。传此餐如饭煮得多、吃得好，则可保佑今后饮食无忧、家庭兴旺。

【吃住】[tɕʰiəʔ⁵tʂu⁵³] 通"猝住"。为借音词。

【吃之腰】[tɕʰiəʔ⁵tʂə²¹iɔ²¹] 伤了腰肌。

【七戳八捣】[tɕʰiə²¹tʂʰuɐʔ⁵pɤʔ²¹tɔ⁵³] 好捣乱、挑拨是非。

【七讲八讲】[tɕʰiəʔ⁵tɕiɑ̃²¹³pɤ²¹tɕiɑ̃²¹³] ①不间断地讲。②到处讲。③有一搭没一搭地讲。

注：这种词组结构中的"七、八"可分别被"东""西"代替，意义基本相同。如：东拉西拽、东借西借。

【七拉八拽】[tɕʰiəʔ⁵la²¹pɤʔ⁵tʂuɛ⁵³] ①提携、帮扶亲朋。②（为达到某一目的）勉强拼凑。

【七諞八諞】[tɕʰiəʔ⁵ʂæ̃²¹pɤʔ⁵ʂæ̃²¹] 显摆、吹牛。

【抢场】[tɕʰiɑ̃²¹³tʂʰɑ̃²¹³] 赶在下雨前，或突然下雨时抢收打谷场上此前正在晒的谷物或稻草、麦秸等。

【抢花生】[tɕʰiɑ̃²¹³xua⁴⁵sən²¹] 抢种或抢收花生。

【抢墒】[tɕʰiɑ̃²¹³ʂɑ̃²¹] 趁天气和土壤墒情合适时抓紧栽种。

【抢天】[tɕʰiɑ̃²¹³tʰĩ²¹] 趁天气晴好或雨水凑巧时，抓紧收割、晾晒或栽种。

【园猫子】[tɕʰiɑ̃⁴⁵mɔ²¹tsə²¹] 读若"墙猫子"。捉迷藏。

【瞧病】[tɕʰiɔ⁴⁵pin⁵³] 看病、治疗。

【清叫唤】[tɕʰin²¹tɕiɔ⁵³xũ²¹] 使劲叫喊。

【清嘶】[tɕʰin²¹sʅ²¹] 尖叫、声音凄厉地喊叫。

【清嘶鬼叫】[tɕʰin²¹sʅ²¹kuɛ²¹³tɕiɔ⁵³] 通"清嘶"。

【清坐】[tɕʰin²¹tsʊ⁵³] 干坐。如："让你～之半天，一口水也没喝。"比较：枯坐。

【謦咳】[tɕʰin²¹kʰɤʔ⁵] 干咳、轻

度咳嗽。

【戗色】[tɕʰiɑ̃^{53}sɤʔ^{5}] 色调不调和。

【呛声】[tɕʰiɑ̃^{53}ʂən^{21}] 因呛风、气管受刺激等原因而发不出声音，或声音变形。偶指受威胁、惊吓而未能完全发出声音。

【鹐架】[tɕʰĩɪ^{21}tɕia^{53}] 公鸡之间为争地盘互啄。

【鹐人】[tɕʰĩɪ^{21}zən^{45}]（家禽）啄人。

【求屁】[tɕʰiɯ^{45}pʰɿ^{53}] 央求别人。

【缺场】[tɕʰyɐʔ^{5}tʂʰɑ̃^{213}] 合肥话"怯"读若"缺"，原本为"怯场"，指在公开场合产生言行畏惧等不适心理。同义：怵场、醋场。

【确记得】[tɕʰyɐʔ^{5}tsɿ^{53}tə^{21}] 很清楚地记得。一作"切记得"。

【权愿】[tɕʰyĩ^{45}yĩ^{53}]情愿。

【挨个】[zᴇ^{21}kʊ^{53}] 按顺序一个接一个地做某事。

【硙墨】[zᴇ^{21}/ᴇ^{21}mɤʔ^{5}]研磨墨汁。

【碍手碍脚】[zᴇ^{53}/ᴇ^{53}ʂɯ^{213}zᴇ^{53}tɕyɤʔ^{5}]妨碍别人。

【安排】[zæ̃^{21}pʰᴇ^{45}] 主要指安排座次。

【安牙】[zæ̃^{21}ia^{45}] 装假牙。"安"有安装义。相关词组：安门、安窗、安灯等。

【安罪】[zæ̃^{21}tse^{53}] 罗织、强加罪名。

【熬糖稀】[zɔ^{45}tʰɑ̃^{45}sɿ^{21}]熬炼在拉制糖果、糕点中起黏合作用的糖稀。亦称"熬糖"。方言多指熬制山芋糖稀。

注：山芋糖稀的做法，是先把洗干净的山芋放到锅里加水烀熟，去皮、搦碎，放纱布上，边沥边用力挤，渗出纱布的汁水再放到锅里，先大火、后小火慢慢熬，边熬边搅，既防粘底，又不会煳。锅中糖水越熬越黏稠，到了颜色变成深棕，用筷子蘸起不滴，而是拉成一条线（类似蜂蜜），山芋糖稀就熬好了。然后放缸中或钢精锅里冷却贮藏，以待拉制炒米糖、花生糖、交切等"糖果"。

【懊糟】[zɔ^{53}/ɔ^{53}tsɔ^{21}] 懊恼、烦神。

【耀眼】[zɔ^{53}ĩɪ^{213}] 读若"绕眼"。光线太强晃得眼睛睁不开、看不清。

【热贴】[zɤʔ^{5}tʰiɤʔ^{5}] 使劲巴结某人。

【认床】[zen^{53}tʂʰuɑ̃^{45}] 离开平时睡惯了的床睡不着。

【认得】[zɛn⁵³tə²¹/tɤʔ⁵]①认识。②领教了某人的品行。③"得"重读。记住某某，定要跟他算账。

【认个门】[zɛn⁵³kə²¹mən⁴⁵]喻指携带礼物第一次到某人（尤指比自己身份高者）家里拜访。

【认脚】[zɛn⁵³tɕyɤʔ⁵]鞋分左右，不能换着穿。偶指穿某双鞋习惯、舒服。

【认人】[zɛn⁵³zən⁴⁵]①婴儿开始识别人。②看人行事。

【认上之】[zɛn⁵³ʂã⁵³tʂə²¹]①盯上了（报复的对象）。②认可了某人、某品牌，不会轻易变化。

【认生】[zɛn⁵³sən²¹]婴儿不让面生的人喂、抱、逗。

【认怂】[zɛn⁵³səŋ⁴⁵]认输、服软。

【认屋】[zɛn⁵³uəʔ⁵]感觉住在某间房屋里舒服。

【彳蹦】[zʅ²¹pəŋ²¹]俗作"日蹦"。（谑）走、跑了。

【嚅咕】[zuəʔ⁵/zəʔ⁵ku²¹]口中嘀咕、心里不服。

【嚅咕倒灶】[zuəʔ⁵/zəʔ⁵ku²¹tɔ²¹³tsɔ⁵³]口、心均不服，埋怨。

【嚅咕倒呲】同"嚅咕倒灶"。

【日弄】[zuəʔ⁵ləŋ²¹]借音词，读若"褥弄"。表示反复、无效率地做某事，或长时间地摆弄、犹豫。语气比"跩弄"强，稍显粗俗。该词应与北方方言"肏攮"有关联，后者原义是随便、姿态不雅地吃东西，《红楼梦》第四十回刘姥姥说道：……这蛋也小巧……我且肏攮一个。引申为胡乱、随便地做某事。偶指作弄人。

【口白】[zuəʔ⁵pɤʔ⁵]扯谎。

【怄气】[zɯ⁵³tsʰɿ⁵³]生闷气。

【怄人】[zɯ⁵³zən⁴⁵]使人生气。

【沤肠子】[zɯ⁵³tʂʰã⁴⁵tsə]使人怄气、生（闷）气。

【散板】[sæ̃²¹³pæ̃²¹³]①箍的桶、盆等因铁环、腻子、桐油等朽坏、脱落，致使镶板松脱、散架。②喻指家庭因重大变故而解体、离散。

【散扯】[sæ̃²¹³tʂʰE²¹³/tʂʰe²¹³]乱讲，没根据、漫无边际地瞎讲。

【散称】[sæ̃²¹³tʂʰən²¹]零称购买。

【散捣】[sæ̃²¹³tɔ²¹³]不按正规途径、程序去行动，瞎捣鼓、赚小钱等。如："他买个摩的，在外头～，一月能搞千把块。"

【散架】[sæ̃²¹³tɕia⁵³]①物体因

结构腐坏或失效而散落、颓圮。②形容人因极度劳累或疾病而脱形。

【散丑】[sæ̃⁵³tʂʰɯ²¹³] 散播或谣传别人的坏名声。

【散名声】[sæ̃⁵³min⁴⁵ʂən²¹] 通"散丑"。

【散票子】[sæ̃⁵³pʰiɔ⁵³tsə]通"散丑。"

【散钱】[sæ̃⁵³tɕʰĩ⁴⁵] ①分发、赠送钱财。②浪费钱。

【散是非】[sæ̃⁵³ʂʅ⁵³fe²¹] 通"散丑"。

【散糖】[sæ̃⁵³tʰɑ̃⁴⁵] 分发糖果。常见于结婚、上梁、过节时。

【散烟】[sæ̃⁵³ĩ²¹] 敬烟、分发香烟。

【三请四邀】[sæ̃²¹tɕʰin²¹³ʂʅ⁵³iɔ²¹] 义如条目。

【骚调】[sɔ²¹tʰiɔ⁴⁵] 逗人胃口、讲空话、虚而不实。

【骚客气】[sɔ²¹kʰɤʔ⁵tsʰʅ⁵³] 客气过分、假客气。

【扫地下】[sɔ²¹³tsʅ⁵³ɕiə²¹] 扫地。

【扫嘴】[sɔ²¹³tse²¹³] 打耳光。

【臊刮】[sɔ⁵³kuɐʔ⁵] 羞辱性地批评或背后指责。该词似由"謑诟"音

变而来。

【潲雨】[sɔ⁵³ɣ²¹³] 潲读若sào。雨斜着刮进窗内、屋里，或随风淋到裤脚上。

【朔人】[sɔ⁵³zən⁴⁵] 朔读若sào。朔风凛冽，侵刮皮肤。

【撒把】[sɤ²¹pa²¹³]放开车刹、让板车等自由下坡。

【撒气】[sɤʔ⁵tsʰʅ⁵³] 拿别人或物品出气。

【撒酒疯】[sɤ²¹tɕiɯ²¹³fəŋ²¹] 亦用"耍酒疯"，借酒劲胡搞。

【撒急】[sɤ²¹tɕiə²ʔ⁵]急躁、发脾气。

【撒歪屎】[sɤʔ⁵uE²¹³se²¹] 自己做错事，却把后果责任推向别人；扣屎盆子。

【使牛】[se²¹³liɯ⁴⁵] 驾牛耕作。"使"读若sē。

【使威】[se²¹³ue²¹] 抖威风。

【生拉硬拽】[sən²¹³la²¹zən⁵³tʂuE⁵³] ①硬拉某人干某事。②牵强地达到某种标准。

【生孟】[sən²¹³məŋ⁵³] 借音词，"孟"读若mòng。咸菜、酱油、醋等表面长出薄薄一层白醭霉菌。

【生气】[sən²¹tsʰŋ⁵³]旧指母鸡伏在窝上不下蛋，只生"气"。亦指母鸡孵小鸡天性爆发，找寻前期下的蛋，寻蛋不着，伏在窝上"空孵"的行为。

【杀渴】[sɐ²¹kʰɤʔ⁵]解渴，逞一时口舌之快。

【杀馋】[sɐ²¹tsʰæ⁴⁵]解馋、过瘾。

【杀聐】[sɐʔ⁵kuɐʔ⁵]批评燥刮。

【刹稻把子】[sɤʔ⁵tɔ⁵³pa²¹³tsə²¹]将稻把子捆扎在扁担两端下方。此动作的关键是将每一抱的稻把匀称压实，使担子的重心落在正中位置，不然在挑动过程中稻把子会滑激出来，严重时整个担子的一头会散落开来。

【刹担子】[sɤʔ⁵tæ⁵³tsə²¹]用手臂、膝盖抵压，将稻草等用扁担绳紧密捆扎在扁担两端下方。刹担子的要点是最后对绳子的抽拉要用力，将套在扁担一端的最末一环紧紧地反扣在原先的绳子与扁担聑子间。刹紧了的担子即使在挑动过程中不断晃动也不致散架。

【晒酱】[sE⁵³tɕiɑ̃⁵³]昔时百姓家庭做酱的最后一道工序。

【晒霉】[sE⁵³me⁴⁵]每年梅雨期过后，家家户户于屋前将衣物、书画等摆在门板、桌凳上，以六月的毒辣阳光消除可能产生的霉菌。

【闪人】[sæ̃²¹³/sən²¹³/sĩ²¹³zən⁴⁵]快速离开、悄悄溜走。此处，"闪"有读若shǎn、shǒng、shǐn三种读法。

【谝矜】[sæ̃²¹tɕin²¹]显摆、不可一世。"谝"有"煽动、欺骗"义，"矜"有"夸耀、骄傲"义。

【上班】[sɑ̃⁵³pæ̃²¹]旧时特指到公家单位工作。

【上灯】[sɑ̃⁵³tən²¹]通"点灯"。

【上饭】[sɑ̃⁵³fæ̃⁵³]①盛饭。②小孩成长期间或人病愈恢复阶段饭量增加。

【上坟】[sɑ̃⁵³fən⁴⁵]到祖坟祭祀先祖的仪式。

注：祭祖仪式在清明节前后三天上午进行均可。之前，要给坟茔培土、加固，并在坟头上加盖两块碗状土块（小端对接），谓"坟帽子"，有的在两"土碗"间压一红纸条；准备草纸"纸钱"（讲究的用铁模冲压，形成凹凸铜钱图案）、冥币、香、炮仗等。传统祭祀，要在坟茔前摆放祭品，通常为酒食、果品等；旧时富裕家庭摆放猪、羊、鸡、鱼等

物（过后多拿走分给家丁、雇农）。一般情况下，猪羊等多数以纸扎品代之。祭祀仪式以焚香、焚烧“纸钱”、冥币、纸扎祭物始，然后依辈分分别鞠躬三拜或磕头跪拜，最后鸣放鞭炮。细心者，在仪式后，仔细挑动纸片，促其尽快燃尽，以免引发山火。旧时禁忌：由外地返往故里上坟的，通常先祭悼，然后再往亲属家里，所带祭物需放置门外，以免给人招惹不吉。

【上工】[ʂã^{53}kən^{21}] 旧时参加生产队的集体出工。

【上火】[ʂã^{53}xʊ^{213}] ①人体内产生内火。②生气。

【上赶】[ʂã^{53}kæ̃^{213}] 高攀某人或某家族。

【上杠子】[ʂã^{53}kã^{53}tsə] ①进一步加担子、增添责任。②挑拨离间。

【上集】[ʂã^{53}tɕiəʔ^{5}] 农民于逢集日到固定集市上卖自产的蔬菜、家禽、蛋、瓜果、花生、豆类、杂粮，少量稻麦主粮、自制小食品，以及在山坡野地砍的荒草、柴等初级产品，买肉、鱼、铁制农具、炊具、碗筷、陶器、幼畜、禽苗、布匹、针线、帽子、毛线、糖果等副食品、部分生产资料和手工业制品的行为。上集还可以看戏、会友、相亲，富裕一点的可下馆子改善生活。

【上架】[ʂã^{53}tɕia^{53}] 套上牛轭开始耕作。

【上劲】[ʂã^{53}tɕin^{53}] 给某人戴高帽子，或怂恿某人做某事。

【上烂药】[ʂã^{53}læ̃^{53}yɤʔ^{5}] 背后说某某坏话，坏某某的事。

【上老虎洞】[ʂã^{53}lɔ^{213}xu^{213}təŋ^{53}] 一种弹子玩法。见“打弹子”。

【上脸】[ʂã^{53}lĩ^{213}] ①因饮酒、吵架等而脸红。②受到夸奖而忘乎所以。偶指相反意思。

【上梁】[ʂã^{53}liã^{45}] 亦称上大梁。指日出前，将缠有红布（写有吉词）的脊桁安置于屋脊上。基本程序是：放鞭炮、唱赞喜词、上梁、撒糖果，亲友贺喜、喝上梁酒。

【上笼】[ʂã^{53}ləŋ^{45}] 家禽晚上回到笼舍。

【上茅肆/缸】[ʂã^{53}mɔ^{45}kã^{21}/sɿ^{21}] 上厕所。

【上门】[ʂã^{53}mən^{45}] 将门轴放置于上下门楣框及门槛孔窝的动作。偶指关门。

【上气】[ʂã⁵³tsʰʅ⁵³] 米饭煮制过程中，米汤刚刚收干时产生大量蒸汽的情状。

【上山】[ʂã⁵³ʂæ²¹] 合肥东乡一带讳指出葬。

注：据旧俗，老人去世，遗体在家停放三日即盖棺出葬；若逝者上辈健在，则停放两日。入殓以干石灰垫棺底，铺棉被，其上放七枚"垫背钱"，周围多塞以逝者衣服及若干石灰包。盖棺前，亲属要围棺与死者作永诀。封棺后，棺材由室内移至门外两条长凳上，捆扎好后，由八名抬棺人（称"八大仙"）抬运（称"抬重"）。起抬棺材时，逝者子孙等要跪拜，垫棺的板凳随即被踢倒，并摔碎烧纸的瓦钵，鸣放鞭炮，焚烧铺草。棺材上路，其子须麻衣跣足，媳妇等皆披麻戴孝，一路啼哭护送逝者"上山"。沿途，女婿每经一岔路口放一串炮仗，并抛撒纸钱，传可打发孤魂野鬼；众子孙则手持用彩纸扎制的引魂幡、丧棒随后。幡棒愈多，则子孙愈兴旺。富贵人家，常以火把、乐器吹奏前导。沿途住家，亦在画好的白石灰圈内烧纸，一俟抬棺队伍经过，即将纸钱灰烬向外扫去；抬棺众人亦以急促的"噫、嚯嚯"啸叫声回应。

棺材抬至坟地、落坑后，先由逝者长子用衣襟兜土向棺上覆第一抔土，其余亲属每人再向棺上捧覆一抔土，然后堆土成坟，再烧纸放炮祭悼。返回时，要将幡、棒等物弃于坟墓。进家门前，从燃烧的草火堆上跨过，传以免将"秽"气带进屋内。出葬过程有诸多禁忌：哭悼死者，忌将泪水滴落遗体，俗传此会招致其不忍离去而无法再转投胎。对在外死亡者，忌将其尸、棺抬回家中，非抬回不可，只抬至家门之外，短暂停放后即出葬。忌戴孝的人擅入他人家门。

【上手】[ʂã⁵³ʂɯ²¹³] ①工具、贵重物品等接到、拿到手里。②很快适应、熟悉工作。

【上窝】[ʂã⁵³ʋ²¹] 家禽家畜回到笼舍。

【上心】[ʂã⁵³ɕin²¹] 记在心里、认真去办事。

【上眼药】[ʂã⁵³ĩ²¹³yɤʔ⁵] 提醒、整治某人，或在背后打某人小报告。

【上园】[ʂã⁵³yĩ⁴⁵] 到后园上厕所。

【上脸】[ʂã²¹liĩ²¹] 饮酒脸容易红。

【伤人】[ʂã²¹zən⁴⁵] ①因工作负担、烦恼等原因，身体、精神受到损害。②言语刺激、侮辱人。

【伤食】[ṣã^{21}ṣəʔ^{5}] 积食、消化不良。通“伤胃”。

【伤胃】[ṣã^{21}ue^{53}] ①粗糙、过冷、过辣食物对胃产生刺激。②吃多了导致消化不良。亦称“伤食”。“伤”字也可转化成形容词、副词等做状语，意思是因过度而厌烦，如：a.给他搞伤之。b.这程子山芋吃伤之。

【赏进】[ṣã^{213}tɕin^{53}] 赞赏、褒奖。

【绱鞋】[ṣã^{53}ɕiᴇ^{45}] 旧时手工做鞋的一道工序。即用粗棉线将鞋面缝在纳好的鞋底上。但此时是鞋里子朝外，因此还有一道较难的工序——翻鞋。翻好鞋帮后，再经过楦鞋，一双新布鞋即告完工。

【烧包】[ṣɔ^{21}pɔ^{21}] 显摆、臭美，或因此而显愚蠢相。亦作形容词。

【烧包子】[ṣɔ^{21}pɔ^{21}tsə^{21}] 泛指上坟祭祖。特指在坟前焚香、烧纸钱等祭奠行为。

【烧锅】[ṣɔ^{21}kʊ^{21}] 烧制食物。

【烧锅捣灶】[ṣɔ^{21}kʊ^{21}tɔ^{213}tsɔ^{53}] 家居烧煮行为。

【烧荒】[ṣɔ^{21}xuã^{21}] 冬季小孩在田埂、山坡偷烧荒草。偶指垦荒。

【烧钱】[ṣɔ^{21}tɕʰĩɪ^{45}] 费钱、浪费。

【烧陵】[ṣɔ^{21}lin^{45}] 旧俗为祭悼逝者，于第五个“七”日，焚烧纸扎的屋宇等（亦称“灵库”）的仪式。

【烧纸】[ṣɔ^{21}tʂʅ^{213}] 在祭祀日于坟前或路边烧纸钱以祭奠或遥祭先人。

【烧煮洗刷】[ṣɔ^{21}tṣu^{213}sɿ^{213}ṣuɤʔ^{5}] 家务活动统称。

【韶道】[ṣɔ^{45}tɔ^{53}] ①过分客气。②标新立异，做了节外生枝的事。

【顺杆爬】[ṣuən^{53}kæ̃^{213}pʰa^{45}] 迎合、顺着别人的意思、指令，加码做进一步的行动，以获取私利。

【蚀本】[ṣɤʔ^{5}pən^{213}] 亏本。读若“杀本”，亦用“贴本”。

【折秤】[ṣɤʔ^{5}tʂʰən^{53}] 货品称量时因损耗而使重量变小，或分批零称时总计重量减少。

【折耗】[ṣɤʔ^{5}xɔ^{53}]物品重量、数量或体积的损耗、下降。

【深讲】[ṣən^{21}tɕiã^{213}] ①深谈。②讲重话、严肃地讲（批评）。

【识相】[ʂʅ^{45}ɕiã^{53}] 知趣、识时务。

【扇小扇子】[ṣəŋ^{21}/ṣĩ^{21}ɕiɔ^{213}ṣəŋ^{53}tsə] 奉承、出坏主意。

【收蛋】[ʂɯ²¹tæ⁵³] 主人拿走母鸡下的蛋。

【收叠】[ʂɯ²¹tiɤʔ⁵] 在家庭里清扫整理、收拾物品。

【收功】[ʂɯ²¹³kəŋ²¹] 收场。偶指疮溃等创口的愈合。

【收浆】[ʂɯ²¹³tɕiã²¹] 山芋等经过冬天的贮藏而变甜。

【收口】[ʂɯ²¹kʰɯ²¹³] ①不再讲话。②伤口开始愈合。

【收脓】[ʂɯ²¹ləŋ⁴⁵] 皮肤表面溃烂化脓处开始收敛、好转。

【收亲】[ʂɯ²¹³tɕʰin²¹] 娶亲。

【收晴】[ʂɯ²¹tɕʰin⁴⁵] 天放晴。

【收水】[ʂɯ²¹ʂuɛ²¹³] 身体创口或溃烂处趋于好转，不再渗出黄水等组织液。

【收汤】[ʂɯ²¹³tʰã²¹] ①煮饭时米汤已基本上被吸收、蒸发。②事情收场。

【收媳妇】[ʂɯ²¹ɕiəʔ⁵fu⁵³] 儿子娶妻。此处的"收"与"把人"中的"把"，映射了旧时中国文化中女性的从属地位。

【收心】[ʂɯ²¹ɕin²¹] 义如条目。

【收阴】[ʂɯ²¹in²¹] 天气开始转阴。

【涮人】[ʂuɛʔ⁵zən⁴⁵] ①读若"刷人"。因粗糙饮食而感觉肚子里的油水减少，并由此产生不适感。②责备、耍弄或取笑别人。

【涮油】[ʂuɛʔ⁵iu⁴⁵] 读若"刷油"。因吃素食或低营养食品而使人感觉肚子里的油水变少。

【甩手】[ʂuɛ²¹³ʂɯ²¹³] ①事务交给别人。②通"丢手"。③不负责任。④乱晃、不干事。

【甩秧把子】[ʂuɛ²¹³iã²¹pa²¹³tsɔ] 将小捆秧苗甩到插秧处。

【随嘴拉】[se⁴⁵/tsʰe⁴⁵tse²¹³la²¹] 说话不经过大脑。也说"随嘴搨""随嘴唱""随嘴呔"。

【思谟】[sɿ²¹mɤʔ⁵] 独自暗想。《尔雅》：谟，谋也。

【洗旱澡】[sɿ²¹³xæ⁵³tsɔ²¹³] 不用或用很少的水擦抹身体。

【洗脚】[sɿ²¹³tɕyɤʔ⁵] 讳称"洗下身"。

【洗三】[sɿ²¹³sæ²¹] 婴儿出世三天，用干艾叶或金银花煮水给婴儿洗身。俗传以此可去胎毒、祛痱防疮，利于新生儿皮肤。

注："洗三"后，女婿向岳家报喜，

后者在婴儿出生第九天前来贺喜。贺礼一般为产妇坐月子期间所需的老母鸡、腿子肉、鸡蛋、挂面、红糖等，以及婴儿褓被、衣物或尿布。月子里，亲戚亦来礼贺，所送多为肉、蛋、糖等食品，大同小异，俗称"送月礼"。回赠物品为染红的熟鸡蛋。

【洗澡】[ʂɿ²¹³tsɔ²¹³] ①用澡盆清洗身体，或到澡堂里沐浴。②昔时亦指到河塘里游泳，兼清洗身体。

【送夫子】[sən⁵³fu²¹tsə²¹] 昔时徭役中的出劳力行为，特指挑运苦工，亦称"挑夫子"。

【送奶】[sən⁵³lɛ²¹³] 劳动着的母亲工余或抽空到婴儿存放处哺乳。

【送老】[sən⁵³lɔ²¹³] 送终。

注：老人临去世，家人应赶来与其见最后一面。据《合肥市志》，旧时老人即将咽气时，应由别家人将其从床上移至地铺，曰"睡铺草"，头朝内墙，脚朝门外。然后卷起床铺，撤掉蚊帐（传死者若咽气于铺草，其亡灵返家时，就找不到原睡床，不致阴魂不散；不然，须毁弃死者咽气所睡床铺）。老人一去世，即将其所用床褥、蚊帐等，抱至屋外焚烧。给死者象征性修剪指甲、洁面净身，穿

上"老衣"，并头枕一砖、脚垫一土坯，曰"顶天立地"。身盖一白布，与铺草相连，曰"铺金盖银"。另在其脸上蒙一张黄表纸，免其羞见天皇。在其脚前还要置一盏米饭，上加一煮鸡蛋，插上竹筷一双，曰"倒头饭"。身边点油灯一盏，置瓦钵一只，不断于钵内焚烧纸钱，朝夕奠之，以供亡灵去途打发各路小鬼纠缠，使得黄泉之路无阻。老人断气后，立即通知至亲好友，称"报丧"。接报后，至亲好友、四邻八舍，纷往至正屋客厅所设灵堂吊唁，向死者行跪拜，或鞠躬、作揖礼。其孝子则以三磕跪拜礼答谢，媳妇、女儿等则号啕恸哭。祭悼后，多劝慰丧家节哀。若有情礼相送，应在三日内，即死者出葬或火化前送达；出葬后，禁忌再补赠丧礼。

【送年】[sən⁵³lĩ⁴⁵] 送年日是正月初四。传统程序是：早起、点香、祭拜祖宗神灵、放爆竹送年。送年后，务工经商的正常秩序又开始恢复。

【送亲】[sən⁵³tɕin²¹] 俗称"把人子"，指娘家送女儿出嫁的礼仪。

注：送亲过程较繁复、讲究，婚礼当天，新娘沐浴、梳妆、更衣，每一程序

均由福寿齐全的亲人为其诵祷祝福。房门开启后，新娘由其兄弟背出上轿，以免沾上娘家泥土（寓免带走娘家财气）。待起轿时，要在轿内泣哭，以示舍不得远离父母；其母亦哭泣相送，同表难舍之情，谓之"哭嫁"。起轿后，娘家朝门外泼一盆水，喻"嫁出去的丫头，泼出去的水"，既祝愿自家女儿永如清水纯洁，又期盼她出嫁后贤淑安心、永留夫家相夫教子，而不会被休"退回"、辱没家风，或因种种原因常回来烦扰娘家。兄长护送花轿上路，送至村边路口即返回。陪嫁品如嫁妆箱、绸缎面棉被（讲究的有八床之多）等随花轿之后由送亲队伍挑送。有的地方由新娘舅舅、叔伯和伴娘一起送亲至新郎家，由男方人员迎接后方可进屋。

【送月礼】[sən⁵³yɐ²¹ʅ²¹] 给坐月子的亲戚送贺礼。礼品一般为挂面、腌子肉、鸡蛋、麻花等，上面盖有红纸条。"月礼"多放入稻箩挑运。简单一点的挎一只提篮送礼。

【梭板子】[su²¹pæ²¹³tsə²¹] 将砍伐的树木主干纵向锯成木板。

【数九】[su²¹³tɕiɯ²¹³] 旧时冬日自深寒起始至寒尽春来计算节气的

一种方法。即从冬至日起，每九天一数，共九九八十一天。

注：数九民谚较多，如"一九二九难伸手；三九四九冰上走；五九和六九，河边看杨柳；七九六十三，行人把衣担；八九燕归来；九九加一九，遍地耕牛走"。

【许愿】[sʅ²¹³yǐ⁵³] 主动承诺。

【叙聒】[sʅ⁵³kuɐʔ⁵] 叙话、交谈。

【叙谈】[sʅ⁵³tʰæ⁴⁵] 通"叙聒"。

【抬石头】[tʰE⁴⁵şəʔ⁵tʰɯ⁵³] 众人各出一份钱来聚餐。类似今AA制。

【抬杠】[tʰE⁴⁵kã⁵³] ①各执己见、争论，相持不下。②指责对方钻牛角尖、认死理。

【抬人】[tʰE⁴⁵zən⁴⁵] ①称赞别人、捧场。②衣着等给人增光。

【抬重】[tʰE⁴⁵tʂən⁵³] 抬棺材。

【坍台】[tʰæ²¹tʰE⁴⁵] 失败、丢脸。

【摊粑粑】[tʰæ²¹pa²¹pa²¹] 用少许油炕制面饼或糯米面饼。

【弹花】[tʰæ⁴⁵xua²¹] 弹棉花。

【淌眼水】[tʰã²¹³ǐ²¹³şue²¹³] 流泪、悲伤。

【蹚蹚】[tʰã²¹tʰã²¹] 试试。读若"汤汤"。

【趟田】[tʰɑ̃⁵³tʰĩ⁴⁵] 昔时农村水田犁好后，于耖田前清除杂物、初步将田地耙平整。

【搪灰】[tʰɑ̃⁴⁵xuɛ²¹] 用东西覆盖以防落灰。

【搪门面】[tʰɑ̃⁴⁵mən⁴⁵mĩ⁵³] 为充面子而浮夸、作假。

【躺夯】[tʰɑ̃²¹³lɔ²¹] ①自认搞不过别人而认输。通"认尻"。②不讲义气、逃避责任。通"装死""装尻"。

【掏山芋】[tʰɔ²¹ʂa²¹³ʮ⁵³] 从冬季贮藏的窖中或土堆里取出一餐吃的山芋。

【讨冲】[tʰɔ²¹³tʂʰəŋ⁵³] 招惹责骂。

【讨打】[tʰɔ²¹³ta²¹³] 招惹暴力惩罚。

【讨奶】[tʰɔ²¹³lɛ²¹³] ①向别的产妇讨要奶水。②将婴儿送到在外劳作的母亲处哺乳。

【讨强】[tʰɔ²¹³tɕʰiɑ̃⁴⁵] 跟人吵嘴、争斗时，非要占上风、搞赢，一步不让。

【讨巧】[tʰɔ²¹³tɕʰiɔ²¹³] ①通"倒人巧"，占别人便宜。②基于自身条件等因素，偶然获得省时、省成本等方面的运气。

【讨人】[tʰɔ²¹³zən⁴⁵] 娶妻。

【淘气】[tʰɔ⁴⁵tsʰʮ⁵³] 小孩不听话，令大人生气。

【淘神】[tʰɔ⁴⁵ʂən⁴⁵] ①烦扰别人、让人担心。如："这霞子～之很那！"②烦神、焦虑。

【托蛋】[tʰɤʔ⁵tɛ⁵³] 用手托摸母鸡的屁股下方部位以感知鸡是否要生蛋。

【脱单】[tʰɤʔ⁵tɛ̃²¹] 脱下冬春厚衣只穿单衣。

【脱愣】[tʰɤʔ⁵lən⁵³] 一刹那的停顿、犹豫、耽搁。

【脱手】[tʰɤʔ⁵ʂɯ²¹³] ①脱开手、脱开接触。②极短时间的放手。可做副词，表示"一……就""稍不注意……就"。

【脱形】[tʰɤʔ⁵ɕin⁴⁵] 外貌消瘦或肥胖得让人认不出来。

【搨土子】[tʰɤʔ⁵tʰu²¹³tsə²¹] 将泥踹"熟"后，用木制模具制土坯，一作"脱坯子"。土坯晾干后，即成为可用来砌土墙的"土子"。

【搨脏】[tʰɤʔ⁵tsɑ̃²¹] 通过汗液（或唾液）与手的摩擦在体肤上褪去泥垢。

【推鱼】[$t^he^{21}ʮ^{45}$] 用推网在河塘浅处捉鱼。

【褪黄鳝】[$t^hən^{53}xuã^{45}ṣəŋ^{53}/ṣĩ^{53}$] 用蚯蚓做饵，捉住并拽出洞里的黄鳝。

【褪头】[$t^hən^{53}t^hɯ^{45}$] ①从事态中退出、脱身。②绳结脱头、松开。

【疼嘴】[$t^hən^{45}tse^{213}/tsue^{213}$] 亲嘴。

【添霞们】[$t^hĩ^{21}ɕia^{45}mən^{53}$] 生孩子。

【挑菜】[$t^hiɔ^{21}tsʰE^{53}$] 用小铲子连根挖起蔬菜。

【挑方子】[$t^hiɔ^{21}fã^{21}tsə$] 挑土方。

【挑夫子】[$t^hiɔ^{21}fu^{21}tsə$] 做挑夫徭役。通"送夫子"。

【挑河（埂）】[$t^hiɔ^{21}xʊ^{45}kən^{213}$] 通：扒河。

【挑水】[$t^hiɔ^{21}ṣue^{213}$] 到井里或河塘里担水。

【挑塘】[$t^hiɔ^{21}t^hã^{45}$] 挖塘、挖塘泥。

【跳脓】[$t^hiɔ^{53}lən^{45}$] 创口或感染的皮肤内已化脓到一定程度。

【贴耳朵】[$t^hiɤʔ^5a^{213}tɔ^{53}$] 转移因接触高温物体而产生的皮肤灼烫感。俗传端热东西后，手往耳朵上一贴，就不感觉烫手了。

注：昔时合肥地区还有不少其他口耳相传的生活经验。如：①检验水是否烧开的方法是往地下倒一点水听声音，"扑哧"一声、有"噗"感的是开水；"吧嗒"一声、声音发脆的水则不开。②炒菜或用油炸东西时，或油加热时滴进生水时，往锅内油的边上搁一点点青菜叶子或其他叶、茎等，油乃不炸。③不能喝生水；不要贪凉，多穿点衣裳；夏天不要坐在墙脚底下，不要坐门口石头上，防止毒虫爬；跟伤风感冒的人讲话，不能嘴对嘴；走路不能张着嘴，不然灰落到嘴里头。④睡觉时，肩膀眼跟屁囊骨不能受凉，不然会生病。⑤晚上要扣着吃（少吃点）。⑥肚子痛时，可用大拇指和二拇指（食指）蘸唾沫使劲扭老颈子（脖子）。⑦霞们不能打头，要打只能打屁股。

【贴本】[$t^hiɤʔ^5pən^{213}$] ①亏本。②无收益的补贴行为。

【贴门对】[$t^hiɤʔ^5mən^{45}te^{53}$] 即贴春联。

注：春联又称"门对子"。由村里有文化者裁红纸写就，用自己熬制的面糊于吃年饭前贴在每扇门上。以七言、五言为主，内容多用吉利、励志之词。门对中还包括各类小对联，贴于灶台、橱柜、

树木、牛棚、猪圈、鸡笼等处，内容多为五谷丰登、六畜兴旺、丰衣足食等吉顺意思。

【贴福字】[tʰiɤ²¹fəʔ⁵tsʅ⁵³]节庆期间张贴一种长方形喜庆图案。

注："福字"寓意吉祥，类似剪纸，以较薄红纸成沓刻制，图案以"福"字为主，上面还可镂刻诸如"新年快乐""万事如意"等字样，也时有将"福、禄、寿"三字组合刻制。门头上方、门楣上、窗户上框、灶间是贴福字的主要地点。一般与春联同时贴，且多被门对的横批或短横联覆盖。单个福字也常贴于猪圈、牛栏、鸡笼、树木或门拐墙壁等处。不少人家将"福"字倒过来贴，寓意"福到了！"。

【挺尸】[tʰĩ²¹³ʂʅ²¹]（讽）睡懒觉。

【听讲】[tʰĩ²¹tɕiɑ̃²¹³]听说。

【投被子】[tʰɯ⁴⁵pe⁵³tsə²¹]将棉絮被胎放入被套或缝在被面、被里间。

【头扛】[tʰɯ⁴⁵kʰɑ̃⁴⁵]不服从，看不起人。同类：扭颈子。

【偷人】[tʰɯ²¹zən⁴⁵]妇女有外遇。

【偷寿】[tʰɯ⁴⁵ʂɯ⁵³]昔时合肥民间，在酬谢为丧事出力和前来吊唁的人而置办的酒席"献馔"上流行的一种风俗，即参加者席间将饭碗"偷回"，以期沾点逝者的寿喜。

注：一般情况下，主人对此"偷寿"行为视而不见，还往往特意备办许多碗盖供"偷"。传此俗亦见于做寿（祝寿）活动中。据称参加寿宴后，将所用之碗"偷"入衣袋带回，可蒙蔽阎王，使其不知主人年龄而不来索命，以使寿星老人安然延寿，还可让祝寿众人沾享福寿之气。

【敨气】[tʰɯ⁴⁵tsʅ⁵³]亦说"突气"，透气、呼吸。

【跥啰】[tʰʊ⁵³lʊ²¹]啰唆、优柔寡断、节外生枝。

【拖油瓶】[tʰʊ²¹iɯ⁴⁵pʰin⁴⁵]重新组成家庭的一方带来以前婚姻所生的孩子。

【乌血】[u²¹ɕyɤʔ⁵]借音词。瘀血。"乌"乃"瘀"的方言古音。

【御道】[u²¹³tɔ⁵³]借音词，读若"舞道"。做事、捣鼓、拾掇。

【焐山芋】[u⁵³ʂa⁴⁵ʮ⁵³]昔时农村冬天用泥土贮藏山芋。方法是用取自山芋田里的干土，先在地窖底面或堆放山芋的地面铺一层，码入一层鲜山芋，再覆上一层土，这样逐层码放，最后用土封口、覆盖。用这种方法一般可使山芋储藏一冬而不腐烂。吃时，须小心从储藏处取，曰"掬山芋"。

【焐饭】[u⁵³fæ̃⁵³] 将热饭放在饭焐子里保温。

【焐小鸡】[u⁵³ɕiɔ²¹³tʂʅ²¹] 于焐坊里人工孵化小鸡。同类：焐小鸭、焐小鹅。

【挖根】[ua²¹³kən²¹] 批评语。多吃、滥吃、一直吃到东西没有了为止。如："这霞子吃东西～，大半罐子小糖三天不到晚就给他拿光了。"

【歪厮缠】[uɛ²¹sʅ²¹³tsʰĩ⁴⁵] 一作"歪死缠"。死乞白赖缠着别人。亦可做名词，指苍耳。

【歪想】[uɛ²¹ɕiã²¹³] 乱想、把人想歪了。

【偎汪】[uɛ⁴⁵uã²¹]"偎"读若wái，俗作"歪汪"，亦作"打汪"。猪、牛等家畜夏天里躺在或歪坐在河塘边泥水里晃动、滚动身体，以消暑或清除身上的寄生虫。

【玩猴】[uæ̃⁴⁵xɯ⁴⁵] 冒险。

【玩秤】[uæ̃⁴⁵tʂʰən⁵³] 在秤上做手脚。

【玩钱】[uæ̃⁴⁵tɕʰiɹ⁴⁵] ①不惜耗费财物从事某项活动。②以金钱贿赂开路、谋取私利。

【玩人】[uæ̃⁴⁵zən⁴⁵] 琢磨人、利用人，用利诱、惩戒、玩手腕等方式操纵或统御别人。

【忘世】[uã⁵³ʂʅ⁵³] 忘记。一说用"忘失"。

【忘五失六】[uã⁵³u²¹³ʂə²¹ləʔ⁵] 记性差，拿起这个、忘记那个。

【望呆】[uã⁵³tɛ²¹] 无所事事、东张西望。同义：相、相呆。该词偶有"出神"义。

【望人呆】[uã⁵³zən⁴⁵tɛ²¹] 把别人当傻子。

【望看】[uã⁵³kʰæ̃⁵³] 从表面上看，看起来像。

【望像】[uã⁵³ɕiã⁵³] 看起来像。

【为人】[uɛ⁴⁵zən⁴⁵] 宴请、招待别人。

【卫护】[uɛ⁵³xu⁵³] 关心、保护。如："找丈母丫头，一要通情达理，不能夹舌；二要贤惠，晓得～人。"

【抆灰】[uən²¹³xuɛ²¹] 沾染上灰尘。偶指某物表面容易吸附灰尘。

【抆糖】[uən²¹³tʰã⁴⁵] 用炒米、炒

花生等原料加糖稀扮制成"糖果"。一般在腊月二十三祭灶日，将黏稠半凝固的糖稀在锅中加热，在其成流动状时，加入炒好的冬米、花生、芝麻、姜末等，充分搅拌后出锅，拍平成厚度均匀的糖饼，待冷却后先切成条状，再根据品种和各家喜好切成从一毫米到两厘米厚薄不等的"糖果"。

【问瞧】[uən⁵³tɕio²¹]向某人问一下、问问瞧。如："～他，中午在哪块子吃饭？"

注：此处的"瞧"轻读，为介词。一说作"浇"，短语"问浇之"表示能问的人都问遍了。

【饿饭】[υ⁵³fæ̃⁵³]没饭吃、饥荒。一用"过关"或"粮食艰巨"。

【讹人】[υ⁴⁵zən⁴⁵]义如条目。

【屙肚子】[υ²¹tu⁵³tsə²¹]拉肚子。

【踠气】[uɐʔ⁵tsʰɿ⁵³]读若"物气"。扭伤。

【掐皮锤】[uɐʔ⁵pʰɿ⁴⁵tsʰue⁴⁵]用拳头打架。

【完粮】[ũ⁴⁵liã⁴⁵]昔时交租、完成粮食征购。

【习恨】[ɕiəʔ⁵xən⁵³]（在学习等方面）知耻、下苦功。近义：发狠心。

【习手】[ɕiəʔ⁵ʂɯ²¹³]学习手艺。

【习手艺】[ɕiəʔ⁵ʂɯ²¹³ɿ⁵³]义如条目。

【惜护】[ɕiəʔ⁵xu⁵³]爱惜、卫护。

【嬉吱】[ɕi²¹tɕɿ²¹]撒娇、磨人。近义：作瘆。

【下稻籽】[ɕia⁵³tɔ⁵³tsɿ²¹³]将泡好的稻种撒在经仔细耙耖平整的肥沃秧田泥墒上以育秧苗。

【下黄鳝篓】[ɕia⁵³xuã⁴⁵ʂəŋ⁵³/ʂĩ⁵³ləŋ²¹³]夏天夜间将饵捕黄鳝的竹篓半埋于稻田墒间沥沟的淖泥里。此篓上细下粗，粗端内口有软篾片扎成内锥形排列，形成能进难出的回须；细端有一圆孔由木塞塞紧。篓内置一竹签，上穿粗蚯蚓做饵。黄鳝寻饵味，由粗端进入，则再难出篓矣。

【下火】[ɕia⁵³xυ²¹³]祛除内火。

【下急叉】[ɕia⁵³tɕiəʔ⁵tsʰa²¹]采取紧急的"重手"措施。常指无把握地、捞救命稻草似的应对常规手段不能解决的困境。

【下劲】[ɕia⁵³tɕin⁵³]用力、努力。

【下肩】[ɕia⁵³tɕiĩ²¹]卸担子。

【下脚】[ɕia⁵³tɕyɤʔ⁵] 找地方站。

【下力】[ɕia⁵³liəʔ⁵] 努力、卖力做某事。

【下墙根】[ɕia⁵³tɕʰiã⁴⁵kən²¹] 挖墙基、砌墙根。

【下田】[ɕia⁵³tʰĩ⁴⁵] 到田里劳作。

【下心火】[ɕia⁵³ɕin²¹xʊ²¹] 通"下火"。

【下小秧】[ɕia⁵³ɕiɔ⁴⁵iã²¹] 栽种瓜果菜秧。

【下籽】[ɕia⁵³tsʅ²¹³] 播撒植物种子。一般指点播瓜果的种子。

【下虮】[ɕia⁵³tsʅ²¹³]借音词。昆虫下卵。

【虾膀子】[ɕia²¹pã²¹³tsə²¹] 家禽生病时翅膀蔫巴，呈半张开、歪斜、松懈状。

【镶脸】[ɕiã²¹lĩ²¹³] 碰脸。

【镶嘴】[ɕiã²¹tse²¹³] 吻嘴唇。

【想办法】[ɕiã²¹³pæ⁵³fəʔ⁵] 千方百计。如："一把手看你不顺眼，会～把你撮走。"

【想打】[ɕiã²¹³ta²¹³] 自作、欠揍。

【想方（子）】[ɕiã²¹³fã²¹tsə²¹]（略带贬义）想办法。通"想点子"。

【想家】[ɕiã²¹³tɕia²¹] 一般指未成年人乍出门不适应，急于回家或思念亲人的情绪。通"恋家"。

【想神方】[ɕiã²¹³ʂən⁴⁵fã²¹]（贬、戏谑语）想尽办法、钻牛角尖去思索。

【想人】[ɕiã²¹³zən⁴⁵] 想找对象。

【相呆】[ɕiã⁵³tɛ²¹] 发呆、故意不干事或消磨时间。

注："相"古有"凝视"义；该字在古词中还可组合"相羊""相徉"等词组，表示"徘徊、彷徨"。故方言"相呆"之用可谓精妙。

【消歇】[ɕiɔ²¹ɕiɤʔ⁵] 停止、休息。

【劁猪】[ɕiɔ²¹tsu²¹] 读若"消猪"，指阉割小猪的睾丸，使之去势而长膘。

注：此活昔时由走村串户的劁猪匠完成。匠人随身小包装备整套工具，如劁刀、钩子、缝线及简单消毒器具。

【硝皮】[ɕiɔ²¹pʰʅ⁴⁵] 鞣制皮革。

【晓顿】[ɕiɔ²¹³tən⁵³] 借音词。晓得。

【歇火】[ɕiɤʔ⁵xʊ²¹³]事情失败、团队散伙。

【歇肩】[ɕiɤʔ⁵tɕiĩ²¹] 将担子从肩上临时卸下，或挑担途中小憩。近义：卸肩。

【歇窝】[ɕiɤʔ⁵ʊ²¹] 家禽处于不生蛋期间。

【歇中】[ɕiɤʔ⁵tʂəŋ²¹] 工作午休。

【歇班】[ɕiɤʔ⁵pʰæ̃⁵³] 田间或工作中间休息。"班"偶读若"盼"。

【解不开】[ɕiɛ⁵³pəʔ⁵kʰɛ²¹] 不理解、想不开。"解"读若xiè。

【降人】[ɕiɑ̃⁴⁵zən⁴⁵] 拿东西引诱人。"降"读若xiáng，偶读若"香"。

【邪犟】[ɕi⁴⁵tɕiɑ̃⁵³] 明知不对、没有道理却坚持己见，不讲道理地执拗。

【邪劲】[ɕi⁴⁵tɕin⁵³] 透出邪乎劲。亦指小孩故意撒泼、烦扰大人。

【谢孝】[ɕi⁵³ɕiɔ⁵³] 旧时，在合肥民间，老人过世"五七"之后，孝子须逐一登门对前来吊唁的人叩拜致谢，称"谢孝"，并置办酒席酬谢为丧事出情出力的人，曰"献馔"。亡者寿过六十，亦称"寿酒"。宴毕，各送客人一条白手巾，曰"孝巾"。

【心疼】[ɕin²¹tʰən²¹] ①舍不得。②喜欢。

【现白】[ɕiĩ⁵³pɤʔ⁵] 通"露白"。

【现浇】[ɕiĩ⁵³tɕiɔ²¹] 现场用水泥砂浆浇筑房顶、梁柱等。

【现烧】[ɕiĩ⁵³ʂɔ²¹] 临时开始烧煮。如："～来不及，搞毫饼子垫垫。""现"有临时、应急、采用新鲜原料的诸多意义，类似的词组还有：现杀、现煮、现铺（现铺设床铺）、现烧现吃。

【现世】[ɕiĩ⁵³ʂʅ⁵³] 丢人现眼。

【行情】[ɕin⁴⁵tɕʰin⁴⁵] 读若xíngqíng，因亲朋好友、邻居、同事等家里有大事而赠送礼金、礼物。

【行钱】[ɕin⁴⁵tɕʰĩ⁴⁵] 赚钱。

【行人】[ɕin⁴⁵zən⁴⁵]请人帮忙耕田、做事。

【行死】[ɕin⁴⁵sʅ²¹³] 自杀。

【削山芋屑】[ɕyɤʔ⁵ʂa²¹³ɥ⁵³ɕiɤʔ⁵] 读若"学傻芋协"。刨山芋干。

注：初冬闲暇间歇，将磨得锋利的镰刀平绑于长凳一端，使刀口与板凳面形成三毫米左右的缝隙，手握山芋逆其刃来回迅速滑动，则会刨出一片片山芋屑，出刃口缝隙掉入凳前稻箩或"猪头篮"里，装满则挑至田间，将新鲜芋片铺撒在犁过的干土块上，一边日晒，一边由泥土吸收水分。其间往往还要将芋屑一片片地翻过来。一般经两个日头晒至

屑片稍为翘卷为干燥，于傍晚擦黑收回。在刨削环节，手持一节新鲜山芋刨到最后几片时，须掌握手法、力道，由五指侧抓渐变为两、三个指头撮抓捺压。即便如此，极易削破手指，故操作时大人小孩多戴白棉线手套，充作防护层。

【楦鞋】[ɕyĩ²¹ɕiɛ⁴⁵] 昔时在手工纳制的新布鞋做好后，穿前须用木制的人脚模型（楦），分几块胀入鞋筒，放置一两天以成型。

【喧泛】[ɕyĩ²¹fæ²¹] 小孩在大人面前撒娇。

【学徒】[ɕyɐʔ⁵tʰu⁴⁵] 习手艺。

【镟鸡】[ɕyĩ⁵³tsɿ²¹] 阉割公鸡。一作"线鸡"。

【捋草】[ɕyĩ⁵³tsʰɔ²¹³] 手抓住草旋转着拔起的动作。"捋"读若"旋"，如：捋一把小菜秧、捋人头发。

【捋毛】[ɕyĩ⁵³mɔ⁴⁵] 拔除禽类的羽毛。

【揶裆】[ia²¹tã²¹] 插队。

【揶队】[ia²¹te⁵³] 插队。

【揶饭】[ia²¹fæ⁵³] ①强行往客人碗里添饭。②（贬）吃、多吃。

【揶钢】[ia²¹kã²¹] 本义是打铁时在刃具的刃口里夹入钢料，以提高

其刚性与韧性。引申指再额外添加一点有利因素，使事情更有成功的把握。如："麻个（明天）给他拎两瓶酒去，再揶毫钢。"

【揶位子】[ia²¹ue⁵³tsə] 放置包、伞等物品来占位子。

【轧场】[ia⁵³tʂʰã²¹³] 在场地上用牛或机械拉动石磙使稻麦等庄稼脱粒。

【轧稻】[ia⁵³tɔ⁵³] 稻谷在场上通过石磙子碾压脱粒。

【轧稻把】[ia⁵³tɔ⁵³pa²¹³] 通"轧稻"。

【轧胡琴】[ia⁵³xu⁴⁵tɕin⁵³] 拉二胡。"琴"读若"进"。

【轧马路】[ia⁵³ma²¹³lu⁵³] 谈对象时的散步。

【轧手爪头】[ia⁵³ʂɯ²¹³tʂɔ²¹³tʰɯ⁴⁵] 手指被门夹住。

【讶议】[ia⁵³tʂʰa²¹] 与上人、上级纠纷、争吵。

【洋讲】[iã⁴⁵tɕiã²¹³] 故意洋腔怪调、邪讲。

【养豆腐】[iã²¹³tɯ⁵³fu²¹] 将磨好的豆腐放在水里储存。需隔几天换一次水。白干子的存放亦是同理。

【扬场】[iã⁴⁵tʂʰã²¹³]用木锨在场上铲起刚碾压出的谷粒，连同灰尘、草稳子等杂物，迎风向斜上方奋力扬撒，抛饱满谷粒于最远处，半饱谷粒和瘪粒于次远处，草末等落在近处或随风飘落侧旁。扬场以晴日微风为最佳。

【样样】[iã⁵³iã²¹]比照、比画，做个姿势吓唬人。

【一把捋】[iəʔ⁵pa²¹³lu²¹³] ①快速、完全、一下子收揽桌面上的钱物。②大小权力、事务全包揽。

【疑惑】[ŋ⁴⁵xuɤʔ⁵ŋ] ①不相信。②以为。如："我～阶（今天）他不来。"

【迎亲】[in⁴⁵tɕʰin²¹] 结婚仪式中，新娘花轿到达，男家将其接到新房的过程。

注：昔时迎亲当日，男方迎候人员见女方送亲队伍远远走来，便点放鞭炮相迎。此时，男方父辈应"回避"新娘，由同村能巧壮汉上自家屋脊抛撒糖果、欢头等。花轿落地，通常由一高龄老太和一年轻美貌妇女揭开轿帘，扶新娘下轿，引其踩着男方家预先摆放的米袋、芦席等铺垫物进门。米袋等循环传递，

不断垫于新娘脚下，寓意"传代"。至堂前先拜天地祖宗，再交拜，后由执烛者导引新人入洞房。少数地方互拜前还要拜父母，然后进洞房饮交杯酒。还有一种情况是，新娘自进男方家门前即步于芦席上，亦叫"卷席"，即走过一张席，立即卷起，放于第二张席的前边，一直卷到新房门口。此时，新娘的脚是不能够沾土的，一直走进洞房不再出来，也不与公、婆见面。直至"闹房"，大家也见不到新娘的模样。

【窨水】[in⁵³ʂue²¹³] 牵着牛等家畜喝水。"窨"或作"饮"，读若"应"。

【与共】[ɥ⁵³kən⁵³] 读若"喻共"。像、相同。如："他就～他伯伯，好赌不顾家。"

【栽秧】[tsE²¹iã²¹] 水稻插秧，又叫"栽稻"。

【趱紧】[tsæ̃²¹³tɕin²¹³] 赶紧。

【趱路】[tsæ̃²¹³lu⁵³] 赶路。

【攒劲】[tsæ̃²¹³tɕin⁵³] ①积聚身体力量。②努力工作、学习等。③积聚力量欲反抗、造事。

【糟诐】[tso²¹pe²¹] "诐"读若"悲"。乱说没有根据的话、在背后乱

说他人的坏话。

注："糟"为今俗用词，本字或为"蹧"，《新方言》：事被蹧蹋则坏，故今谓损坏为蹧……或言蹧蹋。

【糟讲】[tsɔ²¹tɕiã²¹³] 乱讲。同义：糟扯、黑讲、瞎呔、糟呔、闭直眼睛瞎讲。

【糟践】[tsɔ²¹tɕĩ⁵³] ①糟蹋、浪费粮食。②用言语贬损、侮辱别人。

【糟吃】[tsɔ²¹tɕʰiəʔ⁵] 乱吃。

【喷声】[tsʏʔ⁵ʂən²¹] 说话、发声。亦读若"自声"。同义：吱声。

【摘棉籽】[tsʏʔ⁵miĩ⁴⁵tsə] 采摘棉花。

【作瘆】[tsʏʔ⁵/tsuʏʔ⁵tsʰən²¹³] 读若zē-cěng。"作"亦念作圆唇音[tsuʏʔ⁵]，下同。①多指小孩故意撒娇、摆弄大人。或为"作矜"。②因麦芒、毛发等细小物体拭拂、刺激而使皮肤发痒。

【作气】[tsʏʔ⁵/tsuʏʔ⁵tsʰʅ⁵³] ①吃黄豆等食物后腹中不断产生胀气。②让人生气。

【作打】[tsʏʔ⁵/tsuʏʔ⁵ta²¹³] 通"想打"。

【作翻】[tsʏʔ⁵/tsuʏʔ⁵fæ²¹] ①胃不适、有呕吐感：心～，胃～。②令

人恶心。

【作干】[tsʏʔ⁵/tsuʏʔ⁵kæ²¹] 口中产生发干的感觉。近"作渴"。

【作怪】[tsʏʔ⁵/tsuʏʔ⁵kuE⁵³] ①惹是生非。②行为怪僻。

【作贱】[tsʏʔ⁵/tsuʏʔ⁵tɕĩ⁵³] ①暴殄天物，尤指不珍惜粮食。②自作下贱事。

注：合肥地区将糟蹋粮食列为令人不齿的恶行之一，昔时先人曾告诫：一粒米，过三关；三粒米，翻过山。还有一个广为人知的传说：过去天老爷在冬天下的不是雪，而是小麦面、白糖。凡人都过着吃穿不愁的好日子。久而久之，人变得好吃懒动、不知感恩。某日，天老爷化装成讨饭叫花子，到一户人家门口讨饭。这家正在发包子。一个奶的们（妇女）开门，见是叫花子，马上把门关上，还铳（呵斥）道："包子给我霞们（小孩）焐屁股，也不给你吃！"天老爷对于凡界这样忘恩负义很气愤。从那以后，冬天就下冰、下雪了。所以先人讲，日月（生活）再好，也要珍惜粮食；人心肠也不能坏，即使讨饭叫花来，都要给毫（点）东西给人家吃。

【作渴】[tsʏʔ⁵/tsuʏʔ⁵kʰʏʔ⁵] 产生

口渴的感觉，有主动、被动两种状态：①食物过咸使人感到口渴。②人自己觉得口渴。

【作暖】[tsɤʔ⁵/tsuɤʔ⁵ləŋ²¹³/lɯ²¹³] 能产生热量，尤指穿某种衣物或吃某种食物能使人体内产生较为暖和的感觉。如："狗肉是～的。""暖"偶读若"搂"。

【作弄】[tsɤʔ⁵/tsuɤʔ⁵ləŋ⁵³] ①耍弄别人。②糟蹋。

【作韶】[tsɤʔ⁵/tsuɤʔ⁵ʂɔ⁴⁵] 张扬、显摆，做没有必要的事情。偶指对方过于客气。

【作数】[tsɤʔ⁵su⁵³] ①能充数。②起作用、受尊重。如："他混之不照，单位冇人拿他～。"

【作天阴】[tsɤʔ⁵/tsuɤʔ⁵tʰĩ²¹in²¹] 人身体某部位遇天阴下雨则出现酸痛、不适等状况。偶讽喻某人乖戾、为难他人。

【作秃】[tsɤʔ⁵/tsuɤʔ⁵tʰəʔ⁵/tʰuəʔ⁵] ①自找苦吃。②警告、威胁性短语。

【作兴】[tsɤʔ⁵/tsuɤʔ⁵ɕin⁵³] ①流行、喜欢。②允许。③可能，如："西边浪（那样）黑，～要打一暴（下暴雨）。"

【作咸】[tsɤʔ⁵ɕĩ⁴⁵] 吃过某种食物后产生齁咸、口干的感觉。

【作厌】[tsɤʔ⁵/tsuɤʔ⁵ĩ⁵³] 烦人、让人生厌。

【作痒】[tsɤʔ⁵/tsuɤʔ⁵iã²¹³] ①作、无事找事。②威胁、警告别人的短语。如："你皮作痒啊！"

【作脏】[tsɤʔ⁵/tsuɤʔ⁵tsã²¹] ①乱吐乱丢、制造肮脏的环境。②故意制造事端、惹是生非。

【咂嘴】[tsɤʔ⁵/tsuɤʔ⁵tse²¹³/tsue²¹³] ①表示为难。②懊悔。③表示同情。

【墅坝子】[tsɤʔ⁵/tsuɤʔ⁵paˀ⁵³tsɿ²¹] "墅"亦念作圆唇音[tsuɤʔ⁵]，下同。用土块筑小型泥坝。

【墅挡】[tsɤʔ⁵/tsuɤʔ⁵tã⁵³] 在沟溪、低洼处筑小堤坝以排水或存水。

【墅缺】[tsɤʔ⁵/tsuɤʔ⁵tɕʰyɤʔ⁵] 将田埂上的小缺口堵上。

【梓钱】[tsəʔ⁵/tsuəʔ⁵tɕʰĩ⁴⁵] ①送钱贿赂。②喻指无意义的花钱行为。

【炸耳道底子】[tʂa⁵³ɑ²¹³tɔ⁵³tsʅ⁵³tsɿ²¹] 声音过大、震耳欲聋。

【炸筋】[tʂa⁵³tɕin²¹] 躯体局部（主要是肢干）神经产生突发不适与疼痛，造成人身体暂时不能动弹，但过后多半会自动缓解消退。

【炸罍子】[tʂa⁵³le⁴⁵tsə]（和别人一起）一次性喝完大杯子或酒壶里的酒以示豪爽。

【奓巴弄胯】[tʂa²¹pɤʔ⁵ləŋ⁵³kʰua²¹³]坐时双腿随意张开。为不敬、不雅之坐相。

【挓手】[tʂa²¹ʂɯ²¹³]空着手（不干事）。

【劖泥鳅】[tʂæ̃²¹mɻ⁴⁵tɕʰiɯ²¹]用自制的针捆子于夏天夜晚在稻田里扎逮泥鳅。

注：晚上泥鳅遇手电光不动，用针捆子以闪电速度啄击，多半情况下，泥鳅会被钉住，扭动挣扎于针上。此种工具亦可用于刺扎黄鳝，曰"叉黄鳝"。针捆子制法详见"捆泥鳅"条目。

【劖汤】[tʂæ̃²¹tʰã²¹]将瘦肉连同姜末等作料剁成肉末蒸制或烧制肉汤。

【胀肠子】[tʂã⁵³tsʰã⁴⁵tsə]因他人的原因而使自己非常生气。

【胀气】[tʂã⁵³tsʰɻ⁵³]生气。

【胀人】[tʂã⁵³zən⁴⁵]通"胀肠子"。

【胀鞋】[tʂã⁵³ɕiɛ⁴⁵]通"樘鞋"。旧时手工做鞋的一道工序，用鞋楦

子揳进已缉好并翻过来的鞋闳阆里，并用嘴喷上一些水雾晾干，使之按脚的形状胀紧成型。

【张水】[tʂã²¹ʂue²¹³]用盆、桶等容器去接由上方流下的水。

【张鱼】[tʂã²¹ʯ⁴⁵]用张网在田缺、河塘出水口或溪流的下方捕鱼。

【暚猫】[tʂã²¹mɔ²¹]俗称"张（个）猫"，扫一眼、露个面就走。《新方言》：方言凡相窃视谓之暚或谓之贴或谓之占，今音转如张。

【扎花】[tʂɤʔ⁵xua²¹]旧时印染老布（土布）的一种方法，类似"扎染"。

【扎陵】[tʂɤʔ⁵lin⁴⁵]扎制竹质或纸质祭奠明器，在"烧陵"之日用。

【扎情】[tʂɤʔ⁵tɕʰin⁴⁵]遇亲朋好友、邻居、同事家里大事而赠送礼金、礼品。通：出情、串情、包钱、串钱、封钱等。

【扎钱】[tʂɤʔ⁵tɕʰĩ⁴⁵]赠送礼金。通：扎情。

【扎牙】[tʂɤʔ⁵ia⁴⁵]小孩萌出乳牙。

【招訾】[tʂɔ²¹tsɻ²¹]借音词。招引责骂。

【招亲】[tʂɔ²¹³tɕʰin²¹]招入赘

女婿。

【找平】[tʂɔ²¹³pʰin⁴⁵] 对地基等平面进行测量、整平。

【找钱】[tʂɔ²¹³tɕʰĩ⁴⁵] 设法赚钱。通"行钱"。

【找人】[tʂɔ²¹³zən⁴⁵] ①寻求婚姻对象。有时指已婚状态，如：（问）可找之（着）人哪？（答）找之。②找关系办事，尤指乡亲、熟人关系。

【找婆家】[tʂɔ²¹³pʰʊ⁴⁵tɕia²¹] 女子找婚姻对象。

【找邪茬】[tʂɔ²¹³ɕi⁴⁵tʂʰa⁴⁵] 找人岔子和别人争吵。同义：找话吵。

【赵家】[tʂɔ⁵³tɕia²¹] 回家。

【知客】[tʂɿ²¹kʰɤ²ʔ⁵] 请客的客套习俗。即下过请柬或正式邀请后，宴请的当日或前日再次口头邀请或提醒客人。

【支单】[tʂɿ²¹tæ²¹] 用长条凳、门板等架起临时床铺。通"担床"。

【支锅】[tʂɿ²¹kʊ²¹] 新砌锅灶台。亦叫"发灶"。

【指是】[tʂɿ²¹³ʂɿ⁵³] 指望、依靠（别人）。如："这个媳妇懒之很，烧煮都～男之。"

【指仗】[tʂɿ²¹³/tʂəʔ⁵tʂã⁵³] ①通"指是"。②读若"直仗"。以为是、指望。如："她～他带菜回来，所以没烧菜。"

【指之】[tʂɿ²¹³tʂə²¹] 通"指是"。

【置家私】[tʂɿ⁵³tɕia²¹ʂɿ²¹] 置办家具、新购或定做衣服，购买价值较高的电器、用具等。

【掷猴子】[tʂə²¹xɯ⁴⁵tsə²¹] 推牌九时掷骰子。

【肿颈子】[tʂən²¹³tɕin²¹³tsə²¹] 贬指吃饭，尤其指能吃、吃得很多。

【扭颈子】[tʂɯ²¹³tɕin²¹³tsə²¹] 硬犟、不服从或口服心不服。"扭"读着"周"之第三声。

【抓方子】[tʂua²¹fã²¹tsə] 抓药。

【抓头】[tʂua²¹tʰɯ⁴⁵] 形容遇到难事、没有办法。

【抓周】[tʂua²¹³tʂɯ²¹] 本义指婴儿过周岁时随机抓取大人放置在其身边的某样东西，便于他人预测其将来的志向，泛指庆贺孩子周岁生日的仪式。亦称"做周"。

注：昔时做周，主要是外祖父母家亲戚携礼来贺，自家祖父母、叔伯也有礼贺。宴毕，拿来笔、墨、纸、砚、直尺、算盘、秤杆、剪刀、玩具、钱钞，以及糖

果等零食，散放于孩童前，逗其抓取，以其首先抓到的或喜欢抓的物品，来预测小孩的志趣。抓文具预示有文才，为最佳；抓算盘、秤杆表示会经商；抓直尺、剪刀等表示擅长工程、技艺。如专抓吃的东西，则预示长大是个"好吃精"，引得大人哈哈一笑。此俗是饭后开心一刻，众人并不当真。

【踚工】[tʂuɛ²¹³kəŋ²¹] 因做事方法不对，致使工作无效率、事倍功半。

【踚弄】[tʂuã²¹ləŋ²¹] 做事手艺不精、磨蹭、不爽利，方法不当、耗时、无效率。义近于"惜弄""日弄"。

【装饭】[tʂuã²¹fæ⁵³]（船家用语）盛饭。

注：过去跑船的人有很多语言禁忌，避免说与"沉、散、翻、慢"等同音或同义的字。如"盛"说成"装"，"帆"改叫"蓬"，"箸（住）"变成"筷（快）"，"老板（捞板）"则成了"老大"。桅杆因忌避"危"而尊称"将军柱"。昔时逢年过节，船家会在各"将军柱"上贴对联。流行于巢湖一带的典型联面为：大将军八面威风，二将军挂印封侯；三将军协力相助，四将军顺风相送。在艗艠舱门

贴的常用对联有：船头无浪行千里；舵后生风送万程。横批：顺风相送。

【装孬】[tʂuã²¹lɔ²¹]①通"装样"，假装不知情而逃避责任。②通"认屄"。

【装水】[tʂuã²¹ʂue²¹³]将烧开的水装到热水瓶里。

【装死】[tʂuã²¹sʅ²¹³]①通"装孬"。②通"装屄"。③通"装样"。

【装屄】[tʂuã²¹sən⁴⁵]①故意示软、甘拜下风。②故意逃避责任。

【装样】[tʂuã²¹iã⁴⁵]①假装听不见、看不到、不知情，从而故意不关心、不行动、不作为、不管不顾。②搞欺骗行为。

【壮门面】[tʂuã⁵³men⁴⁵mĩ⁵³]撑门面。

【捉鳖】[tʂuɤʔ⁵piɤʔ⁵]（几人联手）耍弄别人，或让其埋单、破费。

【捉急】[tʂuɤʔ⁵tɕiɤʔ⁵] 因经济原因而着急、陷于困境。

【捉小猪】[tʂuɤʔ⁵ɕiɔ⁴⁵tʂu²¹] 到养母猪的人家或集市上购买猪苗。

注："捉"有"买"义，类似词组还有捉小鸭、捉小鸡等。

【转筋】[tʂũ⁵³tɕin²¹] 尚未投胎的

动作状态。同义：溜筋。本地区成人如若形容小孩子年幼无知，常对他说的一句话是："你哪晓顿（晓得）呢？那张（时候）你还不晓顿在哪～呢！""转"读第四声。

【转弯】[tʂũ²¹³uæ²¹] ①迂回、故意不着正题。②通"拐弯"。

【转弯子】[tʂũ²¹³uæ²¹tsə²¹] ①居间调解、缓和某两人的关系。②通过谈话，用迂回方式试图改变某人思想。③（找台阶）自行改变认识、行为。

【转转】[tʂũ⁵³tʂũ²¹] 散步、走走、到某地点看看或打探。

【自作】[tsɿ⁵³tsɤʔ⁵/tsuɤʔ⁵] 义如条目。

【自找】[tsɿ⁵³tʂɔ²¹³] 义如条目。通"自作"。

【渍水】[tsɿ⁵³ʂue²¹³] 浸水、积水。

【抵饱】[tsɿ²¹³pɔ²¹³] ①能充饥。②经饿。

【抵面（子）】[tsɿ²¹³mĩ⁵³tsə²¹] ①当面不好回绝别人。②情势一下子到了是否驳人面子的程度。如："这个事情已经～了，只有答应他。"

【给使】[tsɿ²¹³se²¹³] 读若"子虽"。①供人使役。《墨子•备梯》：禽滑厘子事子墨子三年，手足胼胝，面目黧黑，役身～，不敢问欲。②顶用。如："这东西不～，用不了两下就坏了。"通：抵用。可作形容词。

【砸蛋】[tsɿ⁴⁵tæ⁵³] 借音词。陷入麻烦。读若"自蛋"。

【吱声】[tsɿ⁵³ʂən²¹] 讲话、发出声音。

【叽咕】[tsɿ²¹ku²¹] 小声说话、背后议论别人。

【吱嘞】[tsɿ²¹lə²¹] 借音词，读若"资乐"。（贬）说话、埋怨。

【泚毛】[tsɿ²¹mɔ⁴⁵] 不高兴、发怒。同义：发毛。

【贼诐】[tse⁴⁵pe²¹] 瞎编瞎说、没有道理却强作争辩。如："别在这坳子跟我俩～，哪个不晓顿你？！"

【诌经】[tsu²¹tɕin²¹] 编造谎言、说无边无际的话。

【走气】[tsɯ²¹³tsʰɿ⁵³] 跑气。一般指锅盖不严，烧饭时蒸汽漏逸；或车胎跑气；或装食品的罐、盒、塑料袋等密封不严。"走"的古意即"跑"。

【走人子】[tsɯ²¹³zən⁴⁵tsə²¹] 走亲戚。

【走手】[tsɯ²¹³ʂɯ²¹³]因不注意而失误。

【钻风】[tsən²¹³fəŋ²¹]冬天门缝或被子里钻进冷气。

【坐车】[tsʊ⁵³tʂʰɛ²¹]乘车。

【做花】[tsʊ⁵³xua²¹]形容过分地讲究、耗费时间。

【做结子】[tsʊ⁵³tɕiʔ⁵tsə]借音词。玩手腕、几个人合谋欺骗。该词似为"做局"之音变。

【做酱】[tsʊ⁵³tɕiã⁵³]昔时农村家庭在梅雨前后自制酱品（大多是黄豆酱）。主要工序有泡豆、烀黄豆、发酵、晒酱黄、下酱和晒酱六个环节。

注：泡豆前要清洗豆子，然后浸泡黄豆大半天。烀豆时用大锅煮透，不要煮得糜烂。发酵又主要分三个步骤：①将冷却后的熟豆子沥干，平摊于大簸箕或筛子内；此前根据各家喜好可在豆子冷却到室温时拌入面粉，亦可在豆子上下松散地垫覆一层干净的稻草、麦秸、芦苇等。②置于透气不通风的阴暗处，一般放在床肚下面。③两三天后，待豆子上面开始长满白色或绿色霉菌，移除覆盖物，可把结成饼块状的豆子翻起，

再放六七天左右，待霉菌丝变得茂密、长度寸余时即可。然后是晒酱黄，即取出霉透的黄绿色豆饼块掰碎，平铺于簸箕或筛子内晒干。接着是下酱，将晒干的酱黄放入陶制酱缸、酱盆内，加冷却后的开水，并按两斤水一两盐的比例充分搅拌。最后是晒酱，将下好的酱移于夏日阳光下日晒夜露，每天早上搅动一次。约二十天后，合肥人的主打调味品——黄豆酱制成。

旧时晒酱过程中，农民往往将洗净的新鲜豆角、扁豆、生姜、蒜梗、蒜头以及晒得半干的菜瓜杆入酱缸内，几天后即可边取出食用、边继续晒酱。即使是绿肚苍蝇翻飞，或邻居边吃着粥"唠门"，边用粥筷子深入别人家的酱缸搛"酱菜"，都不计较。但晒酱过程中忌混入油污和生水。可根据黏稠度适当添加冷开水。亦可用蚕豆、面粉为原料制作蚕豆酱、面酱，工序大致相同。

【做七】[tsʊ⁵³tɕʰiʔ⁵]又称"七日祭"，即从逝者去世后第一个七日起，至第七个七日，都要举行祭悼。据《合肥市志》，昔时"五七"为大七，除了要给亡灵烧送纸钱外，还要用酒饮菜肴、烧陵来祭悼。在四十九天

内，逝者子孙不得理发剃须、穿红戴绿、饮酒沾荤，不得外出做客，参加娱乐活动，只有恭谨地闭门守孝。

【做寿】[tsʋ⁵³ʂɯ⁵³] 民间对六十岁以上老人的祝寿活动。一般指逢十的大寿，且对做寿的年纪有讲究。对于男性，曰"做九不做十"，即逢虚岁十大寿的前一年做，如五十九岁生日做六十寿；对女性，曰"做十不做九"。主要做法是：设寿堂、香龛、供寿桃、挂寿画寿联。"寿星"老人接受晚辈、亲朋好友所进献的寿礼，如可口喜吃的食品、衣服等物品。寿庆多为两天，头天众人吃长寿面，生日当天，焚香点烛，"寿星"端坐受拜、接纳祝福，正式设宴庆祝。若寿庆为一天，则中餐吃寿面，晚餐设寿宴。

过去，做寿多为富裕人家，或普通家庭在富裕年景举办。贫困人家，多不做寿；若为之，亦极简。所以有"有钱三十已称老，无钱六十正当时（还要作为壮劳力做田干活）"的说法。如今，部分老年人不愿做寿，主要是想忘却年岁的无情，抑或有其他想法。部分地方由女儿为父母做寿。

【做田】[tsʋ⁵³tʰĩ⁴⁵] ①指职业为农民。②在田里劳作。

【做小】[tsʋ⁵³ɕiɔ²¹³]做人小妾、小三。

【坐小月子】[tsʋ⁵³ɕiɔ²¹³yɐʔ⁵tsə²¹]妇女引产或流产。

四、形容词

【耳道根子软】[a²¹³tɔ⁵³kən²¹tsəzən²¹³/zʉ²¹³/ʐʅ²¹³]没有主见、容易被别人的意见左右。

【二百五】[a⁵³pɤ²¹u²¹] 傻、莽撞。通：二五、半吊子。近义：二白拉子。

【二五】[a⁵³u²¹³] ①同"二百五"。②做形容词，指衣服穿得异样、褴褛、不体面、不合时宜。

【二五趔趄】[a⁵³u²¹³lɑ̃⁴⁵tɑ̃²¹] 俗作"二五郎当"。①指好吃懒动、东游西荡、对一般事情无所谓。《集韵》将"趔、趄"两字分别释为"逸游"，意放纵游乐。②做状语，指衣服穿得凌乱、肥大、不合身。如："他不讲究，经常把衣裳穿之～。"近义词：提溜打挂。

【腌臜】[a²¹tsa²¹] 肮脏。

【安稳】[æ̃²¹uən²¹³]平静、顺利，称心、不再造事或吵闹。

【把滑】[pa²¹³xuɤ⁰⁵] 鞋底不容易滑。

【巴家】[pa²¹tɕia²¹]结过婚的女子仍向着、照顾娘家。特指有向娘家输送物质利益的习惯。

【把稳】[pa²¹³uən²¹³]持重谨慎、可靠。

【板】[pæ̃²¹³]①土壤板结、肌肉结实、物体结构密实。②有原则性但不知变通。表情庄重、不苟言笑。

注："板"原为名词，指板条状物，后指手板（笏）、诏书，引申为不易弯曲、正规、严肃刻板、陈旧等义。可做副词。今方言里有：板板之（严肃的样子）、板等（硬等）、板倒（从此、完全地）等词。

【板笪笪】[pæ̃²¹³tɤ²¹tɤ⁰⁵]结实、厚实。如："这霞子手胳子长直～之。"

【板扎】[pæ̃²¹³tʂɤ⁰⁵] 紧实。

【绑枪】[pɑ̃²¹³tɕʰiɑ²¹] 借音词。高大挺拔（一般指小伙子）。如："这几个霞子个子蹿直多快，站搁一块就像～一样！"

【饱】[pɔ²¹³] 饱满。与"瘪"反义。

【不成器】[pəʔ⁵tʂʰən⁴⁵tsʰʅ⁵³] 没有教养，没有出息、前途。

【不成文】[pəʔ⁵tʂʰən⁴⁵uən⁴⁵] ①做事没章法。②谦称所赠礼品、所备菜肴不合规格、不够档次、拿不出手。

【不成总】[pəʔ⁵tʂʰən⁴⁵tsən²¹³] 不黏结、不聚合、不成整体。多指食物。

【不丑】[pəʔ⁵tʂʰɯ²¹³] 相当漂亮。

【不起眼】[pəʔ⁵tsʰʅ²¹³ĩ²¹³] ①不引人注目。②很普通。近义：不见起。

【不凑手】[pəʔ⁵tsʰɯ⁵³ʂɯ²¹³] ①手头紧。如："我张个～，想问厂子借两个钱。"②在人手、时间等方面不方便。

【不错】[pəʔ⁵tsʰʊ⁵³] 相当好。

【不得动】[pəʔ⁵tɤʔ⁵təŋ⁵³] 形容老迈或懒惰。

【不得了】[pəʔ⁵tɤʔ⁵/tɤ²¹liɔ²¹³]①情势、后果很严重。②了不得、很、非常。

【不得手】[pəʔ⁵tɤʔ⁵ʂɯ²¹³] 没空。如："这程子事多，忙直～到你那块子（你那里）。"

【不得歇】[pəʔ⁵tɤ²¹ɕiɤʔ⁵] 形容某人不得消停，言行比较烦人。如：

"可讨厌！他在这毫子搞直～。"②事物反复、延续、不停歇。如："这雨下直～。"

【不对味】[pəʔ⁵te⁵³ue⁵³] ①菜肴等不对胃口。②人与人之间志趣不相投。

【不对劲】[pəʔ⁵te⁵³tɕin⁵³] ①不正常、不符合常理。②关系不好。

【不对账】[pəʔ⁵te⁵³tʂɑ̃⁵³] ①数目方面的差错、异样。②事物或人的身体、行为等方面异常。

【不顶龙】[pəʔ⁵tin²¹³ləŋ⁴⁵] 借音词。无能、愚蠢、不正常、不起作用。偶指某人做出格的事，或做辜负别人希望的事。多指人，亦指工具等器物不好用、易出问题。此为合肥方言里一个典型词，疑为"不顶用"的音变。

【不关风】[pəʔ⁵kuæ²¹³fən²¹] 缺牙讲话不着音、屋里漏风、口风不严。

【不过硬】[pəʔ⁵ku⁵³zən⁵³] 牙口不行。

【不过意】[pəʔ⁵ku⁵³ʅ⁵³] 对别人给自己的关心照顾等表示过意不去。

【不吓人】[pəʔ⁵xɤ²¹zən⁴⁵] 读若"喝"。数量上不多、情形上无关紧要。

【不划来】[pəʔ⁵xua⁴⁵lɛ⁴⁵] 划不来。

【不见起】[pəʔ⁵tɕĩ⁴⁵tsʰʅ²¹³]外貌不怎么样。多指个子低矮、长相一般。

【不聚肚】[pəʔ⁵tsʅ⁵³tu⁵³] 消化吸收功能差。婉指吃某种食物造成拉肚子。

【不落路】[pəʔ⁵lɤʔ⁵/luɤʔ⁵lu⁵³]指某人不走正道。偶指不守规范，说话、做事出格，为人不靠谱。近义：不上路、冇路数。

【不弄】[pəʔ⁵ləŋ⁵³] [pə²¹ləŋ²¹]借音词。啰唆、反复无常、低能。似由"不顶龙"缩略而来。

【不清头】[pəʔ⁵tɕʰin²¹tʰɯ⁴⁵] 犟、不明白事理，好无理纠缠。通：拎不清。

【不屈】[pə²¹tɕʰyəʔ⁵] 事情的结果对当事人还算公平、是应得的。

【不瓢劲】[pə²¹zã⁴⁵tɕin⁵³] 指某人过劲、较厉害、难对付。偶指物品的价格较高，超过人的预期或承受能力。

【不如式】[pə²¹zu⁴⁵ʅ⁵³] 不合原有的预想、不满意。如："给她介绍之许多（对象），这个又看不上，那个又～。"

【不省事】[pə²¹sən²¹³ʅ⁵³]①好搬弄是非、制造麻烦。②不能忍，易将小事搞大。

【不上路】[pəʔ⁵ʂã⁵³lu⁵³]（行事举止）不合社会规范、不懂某一行当的规矩，或事情做得太过分。

【不上提】[pəʔ⁵ʂã⁵³tsʰʅ⁴⁵]人的品行、资质等方面得不到认可、不足挂齿。

【不上线】[pəʔ⁵ʂã⁵³ɕĩ⁵³] 通"不上路"。

【不识数】[pə²¹ʂəʔ⁵su⁵³] ①对数字、数位分不清或一时犯惑。②不分好歹、头脑不清楚。

【不汤心】[pə²¹tʰã²¹³ɕin²¹] 借音词。不如意。

【不调和】[pə²¹tʰiɔ⁴⁵xʊ⁵³] 身体不适。

【不外】[pəʔ⁵uɛ⁵³] 两人关系不错，话可以直说。

【不稳重】[pəʔ⁵uən²¹³tʂəŋ⁵³] ①言行不严肃、不冷静，行事冲动、欠考虑、不靠谱。②有小偷小摸行为。

【不像样子之】[pə²¹ɕiɑ̃⁵³iɑ̃⁵³tsə²¹tʂə] 品行、质量一般或较差的。

【不咸不淡】[pə²¹ɕiɪ̃⁴⁵pəʔ⁵tæ̃⁵³] 对人态度冷淡、言行轻慢、阴阳怪气，令人气恼。

【不行】[pə²¹ɕin⁴⁵] ①不理想、品行不佳。如："这个人～。"②关系不融洽。如："他俩～。"

【不照】[pəʔ⁵tʂo⁵³] 通：不行。

【不知事】[pəʔ⁵tʂʅ²¹sʅ⁵³]不懂事。

【不中】[pəʔ⁵tʂəŋ²¹] 通：不行、不照。

【不中不晌】[pəʔ⁵tʂəŋ²¹pə²¹ʂɑ̃²¹³] 时间或事情安排上不上不下，不合适。

【不主贵】[pə²¹tʂu²¹³kue⁵³] 事情或物品不合适、不吉祥，不利于相关人的形象或前程。

【不值价】[pə²¹tʂəʔ⁵tɕia⁵³] ①对某种事物不值得采取相关行动。②因做了不符合身份的事而暴露出低劣的品行。如："这哪个人真～，卫生纸都往家拿！"

【不地道】[pəʔ⁵tʂʅ⁵³to²¹] 不靠谱、对人不诚心，有逃避职责、小气、不诚实、不讲真话、说话不算数等品质

上的缺陷。

【不主宜】[pəʔ⁵tʂʰu⁴⁵ɻ⁴⁵]读若"不除宜"。不合礼俗、不利健康之意。"宜"是个会意字，象征屋内俎上有肉，本义是"适宜、合适"。《仓颉篇》：宜，得其所也。《说文》：宜，所安也。该词常用来表示污秽物品放在不该放的地点，或某些容器装上不宜装的东西，如：a.尿桶垛在灶间～。b.即使是新买的痰盂也不能装吃的东西，（这样做）～。

【八辈子】[pɤʔ⁵pe⁵³tso²¹] 前世几辈子留下的（业障）。多修饰消极意义名词，如：吃～苦、倒～霉、受～罪。

注：方言好用"八"来表示多或远，意义多消极。如：绝八代、八竿子打不着。

【八百辈】[pɤ²¹pɤʔ⁵pe⁵³] 表示时间极长。如："等～也轮不到你！"

【八百到五】[pɤ²¹pɤʔ⁵to⁵³u²¹³] 絮絮叨叨、头脑不一当、颠三倒四。

【八百里远】[pɤ²¹pɤ²¹ɻ²¹³yɻ²¹³] 形容很远。

【白不勒滋】[pɤ²¹pəʔ⁵lɤʔ⁵tsʅ²¹] 借音词。菜里因放盐过少而无味、

难吃。

【白踏踏】[pɤʔ⁵tʰɤ²¹tʰɤʔ⁵] 借音词。单纯、单调的白颜色。

【白滋勒威】[pəʔ⁵tsɿ²¹³lɤʔ⁵uɛ²¹]借音词。通：白不勒滋。

【百八耐烦】[pɤ²¹pɤʔ⁵lɛ⁵³fæ⁴⁵]①因不明缘由而表现得没有耐心、坐立不安。多用来训斥小孩缺乏教养。如："这小孩讲搞（为何）这样～，给糖也不中，带他出去玩也不照？"②因内心烦躁等原因对别人的言行不满、动辄责备。如："不要跟他讲话，他今个不晓顿讲搞～之。"该词似来自佛语"百八烦恼"。据佛经，人的烦恼有十缠、九十八结，是为百八烦恼。

【背】[pe⁵³] 耳朵背。偶指昏厥、休克。

【背气】[pe⁵³tsʰŋ⁵³] 休克、昏厥过去。

【背肩】[pe²¹tɕĩ²¹] 两肩高低不平。引申指佝背。

【鼻涕勒乎】[piəʔ⁵tsʰŋ⁵³lɤʔ⁵xu²¹]拖着鼻涕。尤指淌鼻涕乱抹且脸上留痕的样子。亦说"鼻糊勒兹"。

【鼻青脸肿】[piəʔ⁵tɕʰin²¹liĩ²¹³tʂəŋ²¹³]

形容因寒冷被冻得很厉害的脸色。也指因受严厉批评，脸色变得很难看的样子。

【鼻屎大】[piə²¹ʂŋ²¹ta⁵³] 很小的东西或地方。如："这些～大的国家也想欺负我们？"

【毕毛】[piə²¹mɔ⁴⁵] 十分惧怕某人。

【碧清】[piəʔ⁵tɕʰin²¹] 很清澈。主要指水质。

【碧莹莹】[piə²¹in⁴⁵in²¹] 通"碧清"。

【瘪】[piɤʔ⁵] 扁、凹陷、植物籽实（籽、果）不饱满。如：a.法拉利拉风，就是外表太～之。b.一捏把罐头盒给捏～得之。与"饱"反义。

【鳖爬之】[piɤʔ⁵pʰa⁴⁵tʂə] 形容字写得不工整。

【边边拐拐】[pĩ²¹³pĩ²¹kuɛ²¹³kuɛ⁵³]边边角角。

【冰锅冷灶】[pin²¹kʊ²¹lən²¹³tsɔ⁵³]该吃的时候没有吃的。多指一下子没法招待客人，或男子找了个不会体贴人的女人，以至于经常回家吃不到现成的热饭。

【宾服】[pin²¹fəʔ⁵] 服帖。

【病歪歪】[pin⁵³uɛ²¹³uɛ²¹] 义如条目。

【病虾虾】[pin⁵³xa⁴⁵xa²¹] 通"病歪歪"。多指有病且消瘦。偶读"病哈哈"

【病恹恹】[pin⁵³iã⁴⁵iã²¹] 通"病歪歪"。读若"病阳秧"。

【半】[pəŋ⁵³] 形容词构词成分。①指事物的中间、一半状态，如：～中间、～中腰、～大霞们（十四五岁的孩子）、～桩子（能吃饭的半大青年）、月～以内、～～拉拉等。②在表示抽象意义时，喻指不成熟、不靠谱等：～吊子、～呆子、～坛醋。

【半半拉拉】[pəŋ⁵³pəŋ²¹la⁴⁵la²¹]①事情进展到一半的状态。如："这事情搞直～之，哪能说停就停呢？"②通"不弄"，指某人做事不把稳、易反复变卦、打退堂鼓。

【半吊子】[pəŋ⁵³tio⁵³tsə] ①作为成人不太懂事、言行随便、不稳重，或做事不靠谱、有始无终。②知识、技艺不精。通"半坛醋"。

【半路上】[pəŋ⁵³lu⁵³sã²¹] 离婚、丧偶的状态。如："他家之（妻子）是～的。"

【半生搭熟】[pəŋ⁵³sən²¹tɤʔ⁵ʂu⁴⁵] 食物烧煮得半生半熟。

【半坛醋】[pəŋ⁵³tʰæ⁴⁵tsu⁵³] 知识、技能掌握得不全面。特指虽学艺不精却喜欢显摆的做派。

【蹦脆】[pəŋ²¹tsʰe⁵³] ①腌萝卜等咸菜口感脆嫩，炒制类或油炸类食品嚼起来爽脆。②说话、许诺、办事爽利痛快。如："找他拿钱靠之住，我上发（上次）跟他讲他答应～的。"

【补】[pu²¹³] 有滋补功能的。如："吃菠菜～。"

【部实】[pu⁵³ʂəʔ⁵]身体或器物结实。

【菜】[tsʰɛ⁵³] 能力差。词组：～货、～鸽子、～包子。

【惨萎萎】[tsʰæ²¹³ue⁴⁵ue²¹] 凄惨、可怜，或遭受斥责、打击后的萎靡不振貌。

【嘈人】[tsʰɔ⁴⁵zən⁴⁵] 借音词。①烦扰别人的样子。多指小孩。②因粗糙饮食使人产生营养欠缺、胃部不适的感觉。可作动词。

【嘈胃】[tsʰɔ⁴⁵ue⁵³] 粗糙食物使人胃部产生不适的感觉。也可作动词。

【嘈心】[tsʰɔ⁴⁵ɕin²¹] ①使人有烦心的感觉。②通"嘈胃"。

【奜新】[tsʰɤʔ⁵ɕin²¹] 整齐而新。今俗作"簇新"。

【奜崭新】[tsʰɤ²¹tʂæ²¹³ɕin²¹]通"奜新"。如："伯伯给我两张～压岁钱"。

【捒脚】[tsʰɤʔ⁵tɕyɤʔ⁵] ①刁钻。②捉弄人。

【磣】[tsʰən²¹³] 读若cěng。①外物接触皮肤，尤其是因沙粒、末芒、灰尘等进入衣服里而引起的发痒不适感。②食物中有细沙造成沙牙感。

【瘆】[tsʰən²¹³] 读若cěng，借音词。（小孩）撒娇做嗲的样子。

【瘆巴巴】[tsʰən²¹³pa⁴⁵pa²¹] ①皮肤皱的样子。②撒娇发嗲。③不太顾脸面，一心以人所不屑又不好拒绝的姿态、理由来博取某项利益的样子。近义：貅巴巴。

【脆】[tsʰe⁵³] ①蔬菜、水果等食品齿感、口感爽脆不皮。②开水的口感。"脆"也是水在一百摄氏度时之声貌，这是由于旧时百姓常在锅膛内放置瓦罐，利用烧饭时柴草燃烧的辐射和草木灰的余热煨水，若时间短，则煨不开水。因而可用一种土办法，即提起瓦罐往地上倒一点水，听其触地声音来辨别水的温度，如发"噗"的一声，是脆声，为开水；如是沉闷的"吧嗒"一声，水则不开。

【脆蹦蹦】[tsʰe⁵³pəŋ⁵³pəŋ²¹] ①指食物咬、嚼起来脆爽的感觉。②答应别人很干脆。③水烧得很开。通"蹦脆"。

【差】[tʂʰa²¹] 人品不佳、为人差劲。

【差劲】[tʂʰa²¹tɕin⁵³] 不守诺、不履责、自私、贪心、不知感恩、不讲规矩等。如："他这个人～，困难时帮他那么多，等我找他借钱一分不给。"

【潮】[tʂʰɔ⁴⁵] 潮湿。

【潮溚溚】[tʂʰɔ⁴⁵tɤ²¹tɤʔ⁵] 潮湿程度甚于"潮滋滋"，能拧出水来。比较：湿漉漉、水滋滋。

【潮滋滋】[tʂʰɔ⁴⁵tsɿ⁵³tsɿ²¹] 地面或衣物潮湿的样子，几乎能浸出或挤出水。

【彻亮】[tʂʰɐʔ⁵liɑ̃⁵³]借音词。锃亮。

【彻鲁】[tʂʰɐʔ⁵lu²¹³]借音词。厉害、粗犷的样子。

【车】[tʂʰɛ²¹] 借音词。歪斜。如："他把钮子钉～得之。"

【柴】[tʂʰɛ⁴⁵] 形容食物肉质粗硬、不鲜嫩、干巴巴。

【陈】[tʂʰən⁴⁵] 食物时间放长了或已经变质。

【称朗】[tʂʰən²¹lɑ̃²¹] 舒服，生活安逸、清闲，身体放松、舒坦。该词最初似由古吴语"清朗"音变而来，表示身体无疾无忧，引申为无牵无挂、称心如意。一说用"抻朗"。

【秤大】[tʂʰən⁵³ta⁵³] 秤砣比标准重，以致秤杆上所标的重量变小。因对买方有利，常为卖方诟病买方所提供杆秤的用语。

【秤小】[tʂʰən⁵³ɕiɔ²¹³] 秤砣较轻，致使所称的东西标重加大。因对卖方有利，常是买方不满的缘由。

【呈脸上】[tʂʰən⁴⁵lĩ²¹³sɑ̃⁵³] 喜怒形于色。

【黐厚】[tʂʰʅ²¹xɯ⁵³] 读若"痴厚"。很厚，形容液态或半流体状物质的黏稠度很大。"黐"本义是以细叶冬青的茎部内皮捣碎制成的树胶，可以粘雀。同义：笃厚。

【痴】[tʂʰʅ⁵³] 读若chì。傻、愚笨。

【痴咕咕】[tʂʰʅ⁵³ku⁵³ku²¹] 人痴愚、不精明的样子。

【跐】[tʂʰʅ²¹] 读若"痴"。表面滑。

【跐滑】[tʂʰʅ²¹xuɐ̃ʔ⁵] 路面等表面很滑。

【嗤黄】[tʂʰʅ²¹xuɑ̃⁴⁵] 液体呈非常黄的颜色。

【嗤浑】[tʂʰʅ²¹xuən⁴⁵] 液体很浑浊。

【冲】[tʂʰən⁵³] 读若chòng。盛气凌人、讲话不留情面与余地。

【冲气】[tʂʰən⁵³tʂʰʅ²¹] 男子帅气。

【冲人】[tʂʰən⁵³zən⁴⁵] 刺激性气味过于强烈。如："车间汽油味～！"

【冲鼻子】[tʂʰən⁵³piɐʔ⁵tsə²¹] 通"冲人"。

【冲头冲脑】[tʂʰən⁵³tʰɯ⁴⁵tʂʰən⁵³lɔ²¹³] 说话不知委婉、语气太冲，令人难以接受。

【冲头脑】[tʂʰən⁵³tʰɯ⁴⁵lɔ²¹³] 通"冲人"。

【丑】[tʂʰɯ²¹³] ①一般指人外表难看。如："长直好丑。"泛指事物外观、结果不理想。②庄稼果实不佳、收成差。如："今年干，花生很～。"③害羞。④做法不妥、结果不漂亮。如："他这事情做直～，挖我们人又不打个招呼。"

【丑巴巴】[tʂʰɯ²¹³pa⁴⁵pa²¹] ①丑陋的样子。通"丑"。②害羞。通：羞巴巴。

【臭烘烘】[tʂʰɯ⁵³xən⁴⁵xən²¹] 义如条目。

【臭迹迹】[tʂʰɯ⁵³tɕiə²¹tɕiəʔ⁵] 有若隐若现的臭味。似为"臭滋滋"之音变。

【臭滋滋】[tʂʰɯ⁵³tsɿ⁵³tsɿ²¹] 通"臭迹迹"。

【出场】[tʂʰuəʔ⁵tʂʰã²¹³] 敢出头露面与人交往。反义：不出场。

注："出"的本字似为"憷"。合肥方言里，百姓口口相传，时间一长可能将意义用反了。同理参见"出头"。

【出色】[tʂʰuə²¹sɤʔ⁵] 衣服洗得很干净。

【出阁】[tʂʰuə²¹kɤʔ⁵] ①指人或物品形象好、有头面、品位高、能拿得出。②出嫁。

【出格】[tʂʰuə²¹kɤʔ⁵]言行超过常理。同义：过格。

【出头】[tʂʰuə²¹tʰɯ⁴⁵] 不内向，敢于并能够应付社交。

【出之气】[tʂʰuəʔ⁵tʂə²¹tsʰɿ⁵³] 饭锅揭开已久，不再热气腾腾。传吃这种饭不利于胃的保养。

【出汁】[tʂʰuə²¹tʂəʔ⁵]食物烹制过程中味道、营养出来了。

【膗】[tʂʰuE⁵³] 读若chuài。笨、蠢、无能、反应迟钝。一作"膪"。

【齐】[tsʰɿ⁴⁵] 整齐。

【齐卓卓】[tsʰɿ⁴⁵tʂuɤ²¹tʂuɤʔ⁵]借音词。整齐、齐整。通：一扎齐、扎扎齐。

【起】[tsʰɿ²¹³] 油炸食品酥脆、发面食品膨大松软。

【气包狗偃】[tsʰɿ⁵³pɔ²¹kɯ²¹³tɕyɤʔ⁵]生气的样子。

【气包鼓胀】[tsʰɿ⁵³pɔ²¹ku²¹³tʂã⁵³]因受凉、食用豆类等食品或其他原因，体内产生胀气的现象和感觉。

【气道】[tsʰɿ⁵³tɔ²¹] 有刺鼻味，气味难闻。

【气嘟嘟】[tsʰɿ⁵³tu⁵³tu²¹] ①生气的样子。②小孩长得脸胖、有勇气的样子。近义：虎赉赉。

【气泡】[tsʰɿ⁵³pʰɔ²¹] 性格、行为怪异，与众不同。

【气数】[tsʰɿ⁵³su²¹] 来自吴语，

意指不争气、不像话。

【气心大】[tsʰʅ⁵³ɕin²¹ta⁵³] 形容某人好生气、不容易消气。

【粗墩墩】[tsʰu²¹tən⁴⁵tən²¹] 义如条目。

【粗刺刺】[tsʰu²¹la⁴⁵la²¹] 物体表面粗糙或食物口感粗劣。

【粗手大脚】[tsʰu²¹ʂuu²¹³ta⁵³tɕyɤʔ⁵] ①形容人的外貌。②花钱没有节制。

【粗渣渣】[tsʰu²¹tʂa²¹³tʂa²¹] 食物口感粗糙。

【打秤】[ta²¹³tʂʰən⁵³] 通"压秤"。指物体虽然体积不大，却有较大的重量。

【打底】[ta²¹³tʂʅ²¹³] 某一档数额的上限。如：三十斤～（三十八九斤，接近四十斤）。可作副词。

【大把抓】[ta⁵³pa²¹³tʂua²¹] ①数量很多。②形容有某种资质的人较多、没什么了不起。通：一抓一大把。

【大白舌】[ta⁵³pɤ²¹ʂʅ⁵³] 即"大舌条"，说话不利索、不清楚。

【大补】[ta⁵³pu²¹³] 有较强滋补功能。

【大差不差】[ta⁵³tʂʰa²¹pəʔ⁵tʂʰa²¹] 义如条目。

【大道】[ta⁵³tɔ⁵³] 衣服宽大、得体、大方。

【大肚挺挺】[ta⁵³tu²¹³tʰĩ²¹³tʰĩ²¹³] 形容孕妇或肥胖者肚子大的样子。

【大胍肶】[ta⁵³ku²¹³ta⁴⁵] 读若"大古达"。大的、很大（多为年少者用）。一般指小型动植物中的大者：～黄鳝、～泥鳅、～曲蟮、～梨子、～枣子等。

【大哈哈】[ta⁵³xE²¹³xE²¹] 借音词。没有心机、不计小账的样子。如："他这个人～，买东西找钱从来不看。"

【大概其】[ta⁵³kʰE⁵³tsʰʅ⁴⁵] 大概的数额、大差不差。

【大老好】[ta⁵³lɔ²¹³xɔ²¹³] 很老实、和善、可欺。如："他是个～，人家叫他干什么就干什么。"

【大萝卜】[ta⁵³lʊ⁴⁵pu⁵³] 傻。

【大气】[ta⁵³tsʰʅ²¹] 人及衣物高贵大方。

【大屁冲冲】[ta⁵³pʰʅ⁵³tʂʰən²¹tʂʰən²¹] 本人没什么真本事，却自以为了不得，行事高调、显摆、盛气凌人。

【大天似亮】[ta⁵³tʰĩ²¹sʅ²¹liã⁵³] 天色已完全亮堂，接近太阳欲出时。

如："还在睡，都～之！"

【大相】[ta⁵³ɕiɑ̃²¹] 矜持、看不起人。

【大约莫】[ta⁵³yɐ²¹mə⁷⁵] 大概、大致的。

【呆】[tɛ²¹] 笨、傻。

【呆而不秀】[tɛ²¹a²¹³pə⁷⁵ɕiɯ⁵³]借音词。呆、傻。

【呆咕咕】[tɛ²¹ku⁴⁵ku²¹]呆乎乎。

【呆哄哄】[tɛ²¹xoŋ⁴⁵xoŋ²¹]呆乎乎。

【呆头八兹】[tɛ²¹tʰɯ⁴⁵pə⁷⁵tsʅ²¹]借音词。傻瓜、易受人欺的样子。一作"呆头掴兹"。

【歹怪】[tɛ²¹³kuɛ⁵³] ①形容性格乖僻、阴鸷。②形容行为不合常理，给人以难看的印象。③形容事物不合常规，使人尴尬无措。

【带补之】[tɛ⁵³pu²¹³tsʅ²¹] 形容食物具有滋补功能。

【单撇撇】[tæ̃²¹pʰiɐ²¹pʰiɐ⁷⁵]衣着单薄的样子。

【淡撇撇】[tæ̃⁵³pʰiɤ²¹pʰiɤ⁷⁵] 食物（尤指汤类）口感过于清淡。

【当路】[tɑ̃²¹³lɑ⁵³] 读若"当浪"。正当时、有权势。如："抃抃腿八肚

子你哪能搞过他？他正～呢！"该词的古意也是"当权"，《孟子·公孙丑上》：夫子～于齐，管仲、晏子之功。

【道门】[tɔ⁵³mən⁴⁵] 对某项技能了解、通晓并能应用。通：在行。如："他做田～，犁、垡、耙、耖样样在行。"

【道缺】[tɔ⁵³tɕʰyɐ⁷⁵] 借音词。做事不地道。

【倒板】[tɔ²¹³pæ̃²¹³] 处境潦倒、命运不佳、做事不顺。

【倒瓤】[tɔ²¹³zɑ⁴⁵] 瓜类熟透、开始腐败的状态。

【倒灶】[tɔ²¹³tsɔ⁵³] 把事情做糟了、倒霉。

【到月】[tɔ⁵³yɐ⁷⁵] 足月。

【嗒味】[tɤ⁷⁵ue⁵³] 此为方言典型词。①表示事物的有趣、可爱、好玩、有滋有味。如："那个电影好～！"②表示人不太正常、有意思、令人反感。如：a.这个人真～！ b.讲搞（怎么）这样～哟！

【得能】[tɤ⁷⁵lən⁴⁵] 能力很强。

【得手】[tɤ⁷⁵ʂɯ²¹³] 有空闲。

【搭僵】[tɤ⁷⁵tɕiɑ̃²¹] ①难缠、难

为人。如："这人～之很，申请表交搁他那坳子（交到他那里）望都不望。"②事情进展不顺利。③天气不好。

【笃厚】[tɤʔ⁵/tuɤʔ⁵xɯ⁵³]"笃"读若dé或duó，下同。①有一定厚度。如：～之一沓钱。②液态物质稠度较高。通"厚笃笃"。③关系好。如："他俩关系～"。也说：一笃巴子厚。

【笃定】[tɤʔ⁵/tuɤʔ⁵tin⁵³]有把握、肯定的。

【笃笃定定】[tɤ²¹tɤʔ⁵/tuɤʔ⁵tuɤʔ⁵tin⁵³tin⁵³]①通"笃定"。②因时间等方面的充裕而心情安定。如："早点赶到车站，这样～的。"

【笃悠悠】[tɤʔ⁵/tuɤʔ⁵iɯ⁴⁵iɯ²¹]心里有底而表现出的气定神闲貌。

【笃重】[tɤʔ⁵/tuɤʔ⁵tʂən⁵³]读若"得重"。很重、很沉。如："这凳子看起来轻，搬起来～之。"

【洰】[tɤʔ⁵/tuɤʔ⁵]颠簸。

【耷囊】[tɤʔ⁵lã⁵³]耷拉。如："他给领导克之，头一天都～之。"读若"得浪"。

【毒】[təʔ⁵/tuəʔ⁵]读若dé或duó，下同。①毒辣、阴险、下手狠。②身体器官功能强大，或有较厉害的技能：手～、眼～、～手。③太阳光强烈。如："中午日头太～，不要下田。"

【毒手】[təʔ⁵/tuəʔ⁵ʂɯ²¹³]在某门知识、技能上有超越常人的能力，或在某些事务的办理、应对上有独到经验。如："你别担心，他在这高头（是）～。"

【毒直毒冲】[təʔ⁵/tuəʔ⁵tʂə²¹təʔ⁵/tuəʔ⁵tʂʰəŋ⁵³]讲话语气尖刻严厉、直来直去，让人难以接受。

【独眼臠】[təʔ⁵/tuəʔ⁵ĩ²¹³mæ̃²¹]孤僻凶异。

【堆度大】[te²¹tu²¹ta⁵³]人长得魁伟粗壮。

【对】[te⁵³]正常、合理。

【对光】[te⁵³kuã²¹]合得来。亦称：合把子、对脾气、对上茬、能玩起来。

【对劲】[te⁵³tɕin⁵³]①正确。②正常、符合常识。③关系正常。

【对味】[te⁵³ue⁵³]①食物符合自己的口味。②与某人气味志趣相投。

【的角四方】[tiə²¹kɤʔ⁵sɿ⁵³fã²¹]四方四正。

【滴溜打挂】[tiəʔ⁵liɯ⁵³ta²¹³kua⁵³]

衣饰杂乱无章、附着物多而乱，近义：褴褛。如："他棉袄外头又套个破大氅，～之。"

【滴滴沰沰】[tiɔ²¹tiɔʔ⁵tɤ²¹tɤʔ⁵]①雨雪一直断断续续、不停歇。②做事不彻底。

【滴直滴沰】[tiɔʔ⁵tʂə²¹tiɔʔ⁵tɤ²¹]①通"滴滴沰沰"。雨雪、水滴等间断持续。②断断续续地支出。③做事不彻底。

【刁】[tiɔ²¹] 精明、有点阴坏。

【刁蛋】[tiɔ²¹³tæ⁵³] 好调皮捣乱。

【跌相】[tiɤʔ⁵ɕiã⁵³] 丢脸面。

【顶呱呱】[tin²¹³kua²¹³kua²¹] 好。

【顶龙】[tin²¹³ləŋ⁴⁵] ①能干、管用。

【定规】[tin⁵³kue²¹] 好、已完成。如："不忙～之哪有心思去吃饭。"

【巅】[tĩ²¹]颠簸。

【丢三忘四】[tiuɯ²¹sæ²¹uã⁵³sʅ⁵³]记性差。

【短叕叕】[təŋ²¹³tʂʰuɤ²¹tʂuɤʔ⁵]形容人或物体短促、矮小。"叕"本义为短、不足，《淮南子·人间训》：圣人之思脩，愚人之思～。

【懂情懂礼】[təŋ²¹³tɕʰin⁴⁵təŋ²¹³ʅ²¹³]懂得礼仪与做人道理，待人接物通情达理。

【端正】[təŋ²¹tʂən⁵³] 长相、仪表为正相，合乎美感。

【东抻西参】[təŋ²¹tʂʰən²¹sʅ²¹tʂa²¹]①树枝乱长貌。②房屋、地基等超出规定范围、稍占别人的地界。③人的四肢乱伸。

【抖抖之】[tɯ²¹tɯ²¹³tʂə]形容衣服料子高档。

【嘟曢】[tu²¹lã²¹]借音词。"曢"读第一声。①凸起下垂状。如："他胖之脸肉都～之。"②软性物品冗赘皱褶状。如："被套太大之，盖在床上在絮边上～之不抻朗。"

【多粗之】[tu⁴⁵tsʰu²¹tʂə]（直径）较大。"多+形容词+之"一般置于所修饰的名词之后，多表示规格、长度方面"很、非常、是那么的……"之意，如：路多远之、杆子多长之，等等。

【垛实】[tu⁵³ʂʅ²¹]①物品码放、装载得密实。②人（尤指小孩）长得壮实。

【恶浪】[əʔ⁵lã⁵³]借音词。肮脏、令人作呕。

【发旺】[fɐʔ⁵uã⁵³] ①植物长势喜人，尤指稻麦分蘖状况良好。②植物适宜在此地生长。如："小红稻在此地～。"③事业繁盛。如："他张个生意～之很。"④人口繁育快。如："江南多瘴疠之气，人不～。"

【发之】[fɐʔ⁵tʂə] 发财了。

【反亲】[fæ²¹³tɕʰin²¹] 男女因婚姻缔结而新确立的、相对于其各自亲戚的辈分，与其原有的辈分关系产生混乱，即没有按平辈关系结亲。这种情况一般应予以避免，尤其是近亲戚。但对于非近亲，则不十分讲究。

【烦绪】[fæ⁴⁵sʮ⁵³] ①事情烦琐、使人麻烦。②心情烦躁。③啰唆。昔日农村亲戚间年节走动，一方要赠送礼物，另一方反复推辞时，该词是结束推拉的最常用词。如："你拉来拉去，可～啊？"亦可作动词，意使人烦厌。

【仿佛】[fã²¹³fɐʔ⁵] 相似、相近。如："他俩年纪～。"

【粉得之】[fən²¹³tɛ²¹tʂə] ①（易）变成粉状。②纤维质的东西败坏。近通：殙得之。

【粉嘟嘟】[fən²¹³tu⁴⁵tu²¹]粉嫩。多形容婴孩的可爱脸庞。

【肥腞腞】[fe⁴⁵tɤ²⁵tɤ²⁵] [fe⁴⁵tɤ ʔ⁵tɤ ʔ⁵] 读若"肥嘟嘟"或"肥得得"。①形容小孩长得一身肉、圆胖可爱。②肉食肥腻。③引申为某项事情的收益很可观。《说文》：腞，牛羊曰肥，豕曰腞。段注：人曰肥，兽曰腞，此人物之大辨也。又析言之，则牛羊得称肥，豕独称腞。

【废】[fe⁵³] 借音词。多形容小孩调皮、乱动、不听话。在合肥话中还可形容成人顽皮、行为不检、惹是生非。如："不要在第坲子（这里）瞎～，都是家门口人。"

注：该字源头众说纷纭，据《当涂县志》，小儿顽皮放肆曰"废"。一说为"姶"，《新方言》：方言姑姶也，今山东谓小儿狡诈曰姑姶，音如发坏或如发废，四川谓小儿好游戏亦曰狯音如废。一说通"㛌"，亦可作不及物动词用。现今上海人还在说"㛌（白）相""㛌相人"，《上海县志》：嬉游谓之㛌相。或作"悖""伿"，不一而足。

今合肥地区将十分调皮好动的孩童形容为"铁废"。

【风光】[fəŋ²¹kuã²¹] 义如条目。

【风冷】[fəŋ²¹lən²¹³] 因刮风而使人产生冷的感觉。

【风快】[fəŋ²¹kʰuE⁵³] 刀斧、镰刀等刃口锋利。元曲《陈州粜米》：则俺那势剑如～，你死也应该。

【富态】[fu⁵³tʰE⁵³]（男子）胖、发福。

【富在】[fu⁵³tsE⁵³] 结实、健康。如："床料用直很～。"

【浮而不实】[fu⁴⁵a²¹³pə²¹ʂ̩⁵³] 指人品行、性格轻浮、不实在。

【浮皮潦草】[fu⁴⁵pʰ̩⁴⁵liɔ⁴⁵tsʰɔ²¹³] ①写字不认真。②责任心不强、办事不深入。③敷衍、糊弄一下，处理事情仅触及皮毛。近义：浮皮蹭痒。

【浮皮蹭痒】[fu⁴⁵pʰ̩⁴⁵tsʰɔ⁵³iã²¹³] 应付、浅尝辄止，做表面文章。"蹭"读若"操"之去声。

【干巴巴】[kæ̃²¹pa²¹³pa²¹] ①水分较少。②说话、文章等没有文采或内涵。③形容没有其他外快的工资收入。通"干筀筀"。

【干筀筀】[kæ̃²¹tɤ²¹tɤʔ⁵]读若"干得得"。①（形容液态、半固态物质）较干、没有什么水分。②形容纯粹

的、没有夸张的程度。如："推这场牌九～输之一千。"

【干白得之】[kæ̃²¹pɤʔ⁵tE²¹tʂə] ①败色。②蔬果（主要指叶类植物）在生长过程中因干旱、缺水，或采摘后因久放、日晒等失去部分水分所呈现的状态。如："这萝卜～烧不烂，嚼在嘴里咕吱咕吱。"③喻指人因老或病而枯瘦。

【干焦焦】[kæ̃²¹tɕiɔ⁴⁵tɕiɔ²¹] 食物等缺乏水分。

【干焦苦】[kæ̃²¹tɕiɔ²¹kʰu²¹³] 感觉很苦。

【干爽爽】[kæ̃²¹ʂuã⁴⁵ʂuã²¹³] 读若"干嗓嗓"。干爽。如："床草晒直～，晚上铺搁床上睡直保证称朗。"

【矼牙】[kã⁵³ia⁴⁵]食物里砂粒等杂质对牙齿造成的感觉，即"硌牙"。

【高大马胖】[kɔ²¹ta⁵³ma²¹³pʰã⁵³] 形容人长得又高又胖。

【夋】[kã⁵³] 读若"杠"。意思是颈子直挺、横犟貌。《说文》：直项莽夋貌；从夂从夋；夋，倨也。现引申为好抬杠、认死理。

【疙疙瘩瘩】[kəʔ⁵kəʔ⁵tɤ²¹tɤʔ⁵] 事情进展不平顺，人与人之间的关

系存在芥蒂、时不时闹出矛盾。

【尕尕】[kɤ²¹kɤʔ⁵] 读若"格格"（前字读轻声）。一点点。亦说"一尕尕"。

【尕尕大】[kɤ²¹kɤʔ⁵ta⁵³] ①一点点大、很小。②发誓用语。如："不屁（骗）你，屁你就一～！"一般为小孩语言或大人对孩童所说。

【格式】[kɤʔ⁵ʂ̩⁵³] 形容人（尤其是女人）身材长相好。

【格在】[kɤʔ⁵tʂE⁵³] 正好。如："这个纽子补在褂子高头正～。"

【膈应】[kɤʔ⁵in⁵³] 讨厌、腻味、反感。如："抱个狗到人家唠门，可～哪？"俗作"格厌"。可作动词。

【隔顿】[kɤ²¹tən⁵³]不流畅。

【割头不换】[kɤ²¹tʰɯ⁴⁵pəʔ⁵xũ⁵³] 形容关系铁。

【根本】[kən²¹pən²¹³] 正派、诚实、厚道的家庭或人。如～人家、为人很～。

【跟将】[kən²¹³tɕiã²¹] 读若"耿姜"。①合意、配合、符合预期。如："今年稻不～，一升种（一亩田）只收三百望斤。"②形容小孩听话、争气，多用于否定语气。如："小家伙

不～、不肯干，今年连三本都没考上。"

【跟脚】[kən²¹tɕyɤʔ⁵] 鞋子合脚。反义：夹脚（鞋小）、松脚（鞋大）。

【狗眼】[kuɯ²¹³ĩ²¹³] 媚上欺下、对人不公正、欺负老实人。

【够处】[kuɯ⁵³tʂʰu²¹³] 为人大气、热心、肯帮忙、够朋友。

【够种】[kuɯ⁵³tʂəŋ²¹³]义如条目。

【咕吱咕吱】[ku²¹tʂʅ²¹ku²¹tʂʅ²¹] 原为咀嚼食物时的声音，形容食物烧得不熟。

【孤拐】[ku²¹kuE²¹³] 古怪、乖僻。近义：拐。

【孤零零】[ku²¹lin⁴⁵lin²¹] 孤单、可怜的。

【顾家】[ku⁵³tɕia²¹] 挂念与照顾家庭。若指出嫁女子，则义同"巴家"。

【顾人】[ku⁵³zən⁴⁵] 能照顾别人的利益与感受。旧时，特指吃饭时能让别人先吃或多吃，起码不多吃超出自己应得的份额。其反义是"饕相""不顾人"。

【寡】[kua²¹³] 仅含有某一种成分的、光是这一样的。如：～饭（没

有菜的饭食，也可被主人用来谦指招待客人的菜少）、～酒（没有什么菜肴的酒席）、～汉条。

【寡寡之】[kua²¹³kua²¹³tʂə²¹]①通"寡"。②只有这些。③可作副词，表示缺乏热情、主动性。如："领导叫他买办公用品，他就～买毫纸。"

【寡捞捞】[kua²¹³lɔ⁴⁵lɔ²¹] 菜里无物、无味。近义：清汤寡水。

【怪事】[kuɛ⁵³sŋ⁵³]奇怪、过分了。

【怪偢相】[kuɛ⁵³səŋ⁴⁵ɕiã⁵³] 形容令人反感、厌恶的做派。如："你瞧他那～，生怕人家沾他！"亦常用于夫妻间的揶揄、挖苦。

【光】[kuã²¹] 通"完"，带语气色彩。如："一锅饭吃～之。"

【光荡】[kuã²¹lã²¹] 俗作并读若"光朗"。物体表面光滑明亮。《新方言》：谓平滑修洁为光场，场亦读如荡。

【光荡荡】[kuã²¹lã⁴⁵lã²¹] ①通"光荡"。②什么也不剩。如："他们真能吃，一桌菜扫直～。"

【光（卵）蛋】[kuã²¹ləŋ²¹³tæ⁵³]（底层语）什么都没有了。如："老师教之他忘直～，书白念之！"

【光鲜】[kuã²¹ɕyĩ²¹] 穿着体面。

【滚】[kuən²¹³] 水烧开翻滚。通"开""滚开"。

【滚热】[kuən²¹³zɤʔ⁵]很热很烫。主要指食物、水或容器等刚刚经过烧煮而产生的热烫特征。亦指人发烧的体表反应。反义：冰凉。

【规整】[kue²¹tʂən²¹³]①（品行）规正。②物品的形状周正，摆放整齐。

【规规矩矩】kue²¹kue²¹tsʮ⁴⁵tsʮ²¹]真正的、不掺水分的。如："他是～之中专生。"

【鬼画符】[kue²¹³xua⁵³fu⁴⁵] 形容字写得没有章法、潦草难认。

【鬼寂寂】[kue²¹³tɕiəʔ²¹tɕiəʔ⁵] 行踪隐秘，行事遮遮掩掩，不够光明正大。

【捆掇无情】[kuɤ²¹tɤʔ⁵u⁴⁵tɕʰin⁴⁵]不讲感情、情面。如："跟他还是同学，请一天假就扣我一个月奖金，太～之吧？"

【呱呱叫】[kuɤ²¹kuɤʔ⁵tɕiɔ⁵³] 读若"国国叫"（前"国"字读轻声）。指人表示人品好、能干，指物表示质量高、好用。

【刮气】[kuɤʔ⁵tsʰʮ⁵³] 呱呱叫、漂

亮。

【棍气】[kuən⁵³tsʰ˞²¹]借音词。慷慨、有江湖气，尤指主动承担非自己应担的责任。

【哥哥姐姐】[kʊ²¹kʊ²¹tɕi²¹³tɕi⁵³]嘻嘻哈哈、狎昵懈怠。如："别跟小家伙们～的，搞长之（时间久了）他们不畏惧你。"

【果劲】[kʊ²¹³tɕin⁵³] 俗作"过劲"。该词为典型合肥方言。"果"字古有"决然、果敢"义。《郭店楚简•五行》：肆而不畏强御，果也。《论语》：由也果。苞注：谓果敢决断也。今方言"果劲"似为"果敢""强劲"两词的缩写，也是古词。《三国志》：恪以丹杨山险，民多果劲。现主要有四层意思：①强健、厉害。如："他很～，两三个人近不了他身。"②作副词。尽力、下力气去做。如：a." ～吃，吃饱了好赶路。"b." ～干，学好了麻（明天）考重点大学。"③程度、规模、收益可观。如：a."今年雨水好，稻子～。"b."张个开矿～直很咪。"④性状强烈。如："这酒好～。"

【管经】[kʊ²¹³tɕin²¹] 起作用。偶用"管情"。

【官之】[kʊ̃²¹tʂə] 正当、权威、有约束力的。如："听你的？你讲就～？（意为我不会听你的）"

【瘕】[xa²¹³]①身体虚弱。如："这两年身体～直很。"②手艺、能力低下。③物品质量较差。

注："瘕"读若"哈"第三声，合古音。《唐韵》：乎加切;《集韵》：何加切;《说文》：女病也，又与瑕同。

【哈（巴）】[xa²¹pa²¹] 借音词。咸肉、咸鱼等因存放时间长或气温高而变色、变味。

【哈马】[xa²¹ma] 借音词。通"哈马嘚瑟"。

【哈马嘚瑟】[xa²¹ma²¹³tɤ²¹sɤʔ⁵]借音词，可作副词。不用心、不认真、无所谓的样子。如："他这个人～之。"

【海】[xɛ²¹³] 大的、大号的：～碗、～吹。

【憨】[xæ̃²¹] 慢吞吞、没脾气。

【憨得得】[xæ̃²¹tɤ²¹tɤʔ⁵] 多形容小孩，有点胖、有点笨、不烦人、较可爱。

【憨厚】[xæ̃²¹xɯ²¹/ xɯ⁵³] 与人相处不那么精明，厚道。

【憨么】[xæ̃²¹mɤ²¹] 借音词。亦用"哈马"。对事不重视、拖沓。如："这事怪你～，不然她会跟你吹？"

【憨批】[xæ̃²¹pʰ̢²¹] 通"憨"。

【憨头憨脑】[xæ̃²¹tʰɯ⁴⁵xæ̃²¹lɔ²¹³] 同"憨得得"。

【寒蛋】[xæ̃⁴⁵tæ̃⁵³]（粗俗）伤心、可怜。

【寒念】[xæ̃⁴⁵lĩ⁵³] 很可怜。如："这些叫花子大冬天还赤巴个脚，真～！"

【寒味】[xæ̃⁴⁵ue⁵³] 寒酸、可怜。

【寒味喝瑟】[xæ̃⁴⁵ue⁵³tɤ²¹sɤʔ⁵] 可怜、刁钻、为难人的样子。

【颔】[xæ̃⁴⁵] 读若"函"。卖东西时秤杆往下斜、秤砣尽量后移而使秤尾下沉，以多计斤两。通"秤小"。反义词：羡。

【颔嗷秤】[xæ̃⁴⁵ɔ⁵³tʂʰən⁵³] 卖家称量物品时因秤杆下倾，实际分量给少了。

【汗冒雨淋】[xæ̃⁵³mɔ⁵³ʮ²¹³lin⁴⁵] 大汗淋漓。

【好】[xɔ²¹³] ①天气晴朗。②食物烧煮完成。③疾病痊愈。亦说"好清"。④昔时说"好（家）"，亦指家境好。

【好多】[xɔ⁴⁵/ xɔ²¹³tʊ²¹] 许多。

【好过】[xɔ²¹³kʊ⁵³] 身体感觉舒坦、缓和。如："发过汗，头～多之。"

【好吃】[xɔ⁵³tɕʰiəʔ⁵] 喜欢吃。多指贪吃、偷吃。

注：该词在合肥方言里是一个语气较重的贬义词。如果一个人被说成"好吃"，是非常难受的。

【好吃懒动】[xɔ⁵³tɕʰiəʔ⁵læ̃²¹³təŋ⁵³] 义如条目。也是方言里语气很重的一个词，常用于训斥不争气的子女或社会上游手好闲的人。亦作"好吃懒做"。

【好清】[xɔ²¹³tɕʰin²¹] 疾病痊愈，无后遗症。如："咳嗽～了。"

【好些】[xɔ²¹³sɿ²¹] ①读若hǎo-sī，表示状况"好一些"。②读háo-sī，有两种意思，一是表示"很多"，二是问句"有多少？"。

【合把子】[xɐ²¹pa²¹³tsə] 意气相投、合得来。多用于男子之间。

【合一】[xɐ²¹iəʔ⁵] 很投洽、关系好。通"合把子"。

【合意】[xɐ²¹ŋ⁵³] 符合意愿、满意。

【嚇人】[xɐ²¹zən⁴⁵] ①吓人。②数量、程度上惊人。③（戏谑语）指某人的行为出格、不合常规。"嚇"读若入声词"喝"，下同。

【嚇人八拉】[xɐ²¹zən⁴⁵pɤ²¹la²¹] ①吓人。②形容某人的非正常行为使人惊异、反感。如："别在这坳子搞直～之！"

【黑】[xəʔ⁵] 人或社会贪婪、不公正、不讲理、残酷暴戾。

【黑黢黢】[xəʔ⁵tsʰæ⁵³tsʰæ⁵³] 指人的脸庞黝黑。偶指天色已黑。

【黑得之】[xəʔ⁵tɛ⁵³tsə] ①天色较黑。②天色开始变黑。如："搞飚毫（快点）子，天～。"③脸上或衣着肮脏。如：a.这霞子可怕一个月都没洗脸，脸上～！ b.衣裳太脏，水都洗～！

【黑咕隆咚】[xə²¹ku²¹³ləŋ⁴⁵təŋ²¹] 天色非常黑暗。

【黑龙天】[xə²¹ləŋ⁴⁵tʰĩ²¹]借音词。不得了、了不得、规模很大、无法无天。该词原本似为"黑了天"。

【黑黝黝】[xəʔ⁵tɕʰyə²¹tɕʰyəʔ⁵] 黑暗无光。通：黑乎乎。

【黑不溜秋】[xə²¹pə²¹liɯ⁴⁵tɕʰiɯ²¹]人的长相或物品表面较黑。

【狠直】[xən²¹³tʂə⁴⁵] 依仗某种资格、理由而拥有优先权，或由此而态度倨傲。如："新交规出来后，张个自行车在路上～。"

【狠直很】[xən²¹³tʂə⁴⁵xən²¹³] 很凶、很不讲理。

【红】[xəŋ⁴⁵] 正当红、有权势，处于运势上升阶段。

【红扑扑】[xəŋ⁴⁵pʰə²¹pʰəʔ⁵] 多形容小孩脸色红润。

【蕻】[xəŋ⁵³] 植物繁茂、疯长。如："麦苗长～得之。"

【蕻得之】[xəŋ⁵³tɛ⁵³tsə] 声势很大，吸引很多人观望或参与。如："那边开房展会，搞～。"

【轰】[xəŋ⁵³] 读若"哄"。原意是"群车声"，形容人多、众人趋之若鹜的声貌。

【轰轰之】[xəŋ²¹³xəŋ²¹tsə] 俗作"哄哄的"。人多、热闹、声响很大。

【齁】[xɯ²¹] 食物过于甜、咸而引起的喉部及口腔不适感。一说作"胨"。《吕氏春秋·本味篇》：凡味之本，水最为始。五味三材……淡而不薄，肥而不胨。

【齁咸】[xɯ²¹ɕiɑ̃⁴⁵] 非常咸。

【齁心】[xɯ²¹ɕin²¹] 咸或甜得钻心，令人难以忍受。

【厚】[xɯ⁵³] 与"稀"相对，表示液态物质稠度较高。

【厚笪笪】[xɯ⁵³tɤ²¹tɤʔ⁵] 形容液态物较黏稠。在形容粥里水分较少时意同"干笪笪"。

【厚实】[xɯ⁵³ʂɿ²¹] 指学问、财富储备较富裕，喻指家道殷实。

【猴急】[xɯ⁴⁵tɕiə ʔ⁵] 急吼吼的样子。

【猴脊脊】[xɯ⁴⁵tɕiə²¹tɕiə ʔ⁵] 形象猥琐。

【猴屁股样】[xɯ⁴⁵pʰɿ⁵³ku²¹iɑ̃⁵³] 形容酒后脸红。

【呼呼之】[xu⁴⁵xu²¹tʂə]（轻度贬义）指虽无相应资质、条件，但也能光鲜应付事务，甚至进展得有声有色的状态。

【沍】[xu⁵³] 不清爽，食物与汤融混在一起的样子。

【糊】[xu⁵³] 模糊。读第四声。

【煳】[xu⁴⁵] 烤焦发黑。如：饭烧～得之、衣服烤～之。

【糊大糊二】[xu⁴⁵ta⁵³xu⁴⁵a⁵³] 不靠谱、不诚实、好敷衍塞责。

【糊得得】[xu⁵³tɤ²¹tɤʔ⁵] 形容食物烧得混杂黏糊、不清爽。

【糊糊得得】[xu⁵³xu²¹tɤ²¹tɤʔ⁵] 通"糊得得"。

【糊之糊得】[xu⁵³tʂə²¹xu⁵³tɤʔ⁵] 通"糊得得"。

【虎赉赉】[xu²¹³lᴇ⁴⁵lᴇ²¹] 读若hū lái lāi。多指小孩子长得虎头虎脑。

【护霞们】[xu⁵³ɕia⁴⁵mən⁵³] 保护甚至偏袒孩子。

【护痒】[xu⁵³iɑ̃²¹³] 对别人挠自己的痒较为敏感，以致对方一有动作，就本能地做出肢体扭动或遮掩被挠部位的动作，故曰"护"。

【囫囵】[xu⁴⁵lən⁵³] 完整的、不受打扰的。如：睡个～觉、吃个～饭。

【花】[xua²¹] 交往多、轻浮、花心。

【花鼓溜秋】[xua²¹ku²¹³liu⁴⁵tɕʰiu²¹] 花里胡哨。"溜秋"读若"留秋"。

【化】[xua⁵³] ①米等在水中烧得过久以致溶散。近义：溶。②（伤口等）表面溃破。③技艺十分精湛。如："他学鸟叫～得之。"

【划廉】[xua⁴⁵liɛ̃⁴⁵] 借音词。划来、划算。反义：不划来、划不来。

【欢喜八了】[xũ²¹sʅ²¹³pɤ²¹liɔ²¹³] 高兴、喜爱得不得了。如："刚添个小厮，一家人～。"

【坏】[xuɛ⁵³] 食物等变质、腐坏。

【坏完之】[xuɛ⁵³ũ⁴⁵tʂə] ①产生极大的损坏。如："不能在这样暗的地方看书，不然把眼搞～！"②形容人的品质极差。如："这个东西～，连老人子的钱都敢骗！"

【荒】[xuã²¹] ①农田因不种植而抛荒，事业因不用心而衰败，技艺因不操练而荒废。②俗作"黄"，事情不成。《新方言》卷二：荒芜也，今山东谓事变坏曰荒，吴扬谓事不可收拾曰荒，音并如"黄"。

【慌】[xuã²¹]着急、急于做某事。如："你不～，我穿好衣裳再走。"

【慌不彻】[xuã²¹pə²¹tʂʰɛʔ⁵] 因急于去做别的事，而非常慌乱地急于了结手头工作。通"急慌急忙"。

【黄巴巴】[xuã⁴⁵pa⁵³pa²¹] 多形容人面色发黄。

【黄浓浓】[xuã²¹lən⁴⁵lən²¹] 黄澄澄的颜色。

【会拳】[xue⁵³tɕʰyi⁴⁵] 通拳术。

【会水】[xue⁵³sue²¹³] 会游泳。

【活伴】[xuɐʔ⁵pæ̃⁵³] 灵活。亦说"活盼、活泛"。

【活泛】[xuɐʔ⁵fæ̃⁵³] 灵活、不懒惰，一点就通、主动性强。

【活猴】[xuɐʔ⁵xɯ⁴⁵] 现世、不庄重的样子。

【活络】[xuɐʔ⁵lɔ⁵³]读若"活闹"。①灵活、善于交往、门路多。②手头较宽裕，与"手头紧"反义。如："他张手头有毫～，天天早上到集上吃油条。"

【滑迖】[xuɐʔ⁵tɤʔ⁵] 地面湿滑。

【滑嘶嘶】[xuɐʔ⁵tʂʰʅ⁵³tʂʰʅ²¹] 指地面泥滑，或物体表面油滑。

【滑激激】[xuɐʔ⁵tɕiə²¹tɕiəʔ⁵] 通"滑嘶嘶"。

【灰黗黗】[xue²¹tʂʰu⁴⁵tʂʰu²¹] ①（衣服）颜色灰暗。②灰尘较多。

【诙得之】[xue²¹tɛ²¹tʂə] 借音词。和别人比差得很远。如："他跟你比就～。"

【灰坌坌】[xue²¹pʰən⁴⁵pʰən²¹] 读若"灰砰砰"。物体表面落灰较多，或一定的空间里灰尘悬浮不散。

【灰直八黗】[xue²¹tʂə²¹pɤ²¹tʂʰu⁴⁵] 通"灰黗黗"。

【回饧】[xue⁴⁵iã⁴⁵] 硬而脆的食品因受潮而变软，泛指干燥脆硬的物品因潮气而变软。

【昏昏倒倒】[xuən²¹xuən²¹tɔ²¹³tɔ²¹³]①因身体原因而昏沉欲倒、踉踉跄跄的样子。②头脑昏聩、颠三倒四。

【火冒冒】[xʊ²¹³mɔ⁵³mɔ⁵³] 义如条目。

【和得之】[xʊ⁴⁵tɛ⁵³tʂə] 借音词。事情没有了下文、变糟、不成功、失败。

【和得千】[xʊ⁴⁵tɤʔ⁵tɕʰĩ²¹] 借音词，通"和得之"。如："这个不顶龙，事情交给他就～。"

【呵背】[xʊ²¹pe⁵³] 耸肩、勾背。"呵"读若"伙"。

【欢喜】[xʊ̃²¹sʐ²¹] 高兴、欣喜。

【货货勒勒】[xʊ⁵³xʊ⁵³lɤ²¹lɤʔ⁵] 借音词。不爽快、易反复，不知好歹、没有是非感、不太仗义。该词似为"糊糊拉拉"的变音。

【横】[xʊ̃⁴⁵] 恶狠狠、蛮不讲理，好欺压别人、侵占他人利益。

【急】[tɕiɔʔ⁵]①着急、茫然无措。如："野外跟大家走散，他一家伙～之。"②常用来指内急。如：屎～之。

【急吼吼】[tɕiə²¹xɯ⁴⁵xɯ²¹]义如条目。亦用"急鮈鮈"。

【急慌急燎】[tɕiə⁴⁵xuã²¹tɕiə²¹liɔ²¹³]非常慌忙。"燎"读若"了"。亦用"急急慌慌"。

【急慌急火】[tɕiə⁴⁵xuã²¹tɕiə²¹xʊ²¹³]通："急慌急燎"。

【急慌急忙】[tɕiə⁴⁵xuã²¹tɕiə²¹mã̃⁴⁵]通："急慌急燎"。

【急脾相/犟】[tɕiə²¹pʰʅ⁴⁵ɕiã⁵³/tɕiã⁵³]好发脾气的样子。

【激鼓鼓】[tɕiə²¹ku⁴⁵ku²¹]义如条目。

【激直鼓灿】[tɕiə⁴⁵tʂə²¹ku²¹³tsʰæ̃⁵³]借音词。通"激鼓鼓"。

【架手】[tɕia⁵³ʂɯ²¹³] 有点惧怕。如："他哪个都不怕，就有毫架小二子手。"

【假】[tɕia²¹³] 为人虚伪，招待别人时吝啬。

【家底枵】[tɕia²¹tsʅ²¹³ɕiɔ²¹] 家底薄。

【僵得之】[tɕiã²¹tɛ²¹tʂə]①人未发育好、长得矮小。②煮饭时因蒸汽流失而致米饭不香、不泡软或结生。

注：形容饭菜烧得不理想的短语还

有饭烧烂得之（水放多了）、饭煮硬之（水放少了）、烧糜（ｍｉ）汤得之（面条等烧得过久）、菜烧熟帮得之（蔬菜烧得时间过长）。

【僵头拐脑】[tɕiã̃²¹tʰɯ⁴⁵kuɛ²¹³lɔ²¹³] 人未发育好、长得矮小丑陋，或瓜果结得丑小。

【讲不清】[tɕiã̃²¹pəʔ⁵tɕʰin²¹] 有一种负面的、让人摸不透或令人讨厌的性格特点。

【焦心大】[tɕiɔ²¹ɕin²¹ta⁵³] 好思虑烦神、责任心强。

【浇严】[tɕiɔ²¹ĩ⁴⁵] 覆盖得严实。如：锅盖盖直～、炒米袋子口系之～。

【叫效】[tɕiɔ⁵³ɕiɔ⁵³] 灵验。

【譑】[tɕiɔ²¹³] 俗作"搅"。通过多言、缠搅而获取额外利益。亦指难缠。

【趹八缭舌】[tɕiə⁴⁵pɤ²¹liɔ⁴⁵sɤʔ⁵] 结结巴巴、说话不利索。"趹"读若"结"。

【结冚】[tɕiə⁴⁵kã⁵³] 借音词，读若"结杠"。身体尚强健。

【结生】[tɕiə⁴⁵sən²¹] ①因放水少或火候不够，而导致米饭未煮透、不泡软。②事情未办彻底且造成后续工作更难办。

【结苗】[tɕiə⁴⁵tʂuɤ⁵³] [tɕiə²¹tʂuɤ²¹] 身体安康、结实。旧时常为路遇老人时的问候用语，如："二婶可～啊？"

【趹】[tɕiəʔ⁵] 话多且不讲道理。

【趹舌】[tɕiə²¹səʔ⁵] 读若"结石"。语出《孟子·滕文公上》：今也南蛮趹舌之人，非先王之道。原意指南方人说话如鸟语，即南蛮之语，引申指不讲道理。"趹舌"是方言里主要针对妇女的一个很重的责骂词。意指不明礼、不讲理，多形容对人不客气、不知足，或在家里烦扰男人、胡搅蛮缠、满嘴歪理。

注："趹"后来俗作"夹"，在方言里有"夹杂、添乱、多言、乱插嘴、妨碍人"之意，如"夹直哄""夹搭啰唆"（读若"夹打螺蛳"）。吴语中有"缠夹""缠七夹八"的说法，今苏州方言"夹搭"一词，有"不好说话、不容易满足"之意，均与合肥话"趹舌"意义相近。一说源自"嚼舌"。

【趹舌歹乖】[tɕiə²¹səʔ⁵tɛ²¹³kuɛ²¹] 同"夹舌"。

【夹打螺蛳】[tɕiə²¹ta²¹³lʊ⁴⁵ʂɿ²¹] 在别人的工作场所碍手碍脚，或在别人忙碌时乱搭问、干扰。似为"夹搭啰唆"的音变。妨碍别人通行，亦可用"夹道螺蛳"形容。

【节敛】[tɕiə⁴⁵lĩ⁵³] 很节约。

【奸】[tɕiĩ²¹] 义如条目。

【奸头八兹】[tɕiĩ²¹tʰɯ⁴⁵pɤʔ²⁵tsɿ²¹] 奸猾。

【奸头巴斯】[tɕiĩ²¹tʰɯ²¹pa²¹³sɿ²¹] 同上。

【奸头滑脑】[tɕiĩ²¹tʰɯ²¹xuɤ²¹lɔ²¹³] 同上。

【奸头奸脑】[tɕiĩ²¹tʰɯ²¹tɕiĩ²¹lɔ²¹³] 同上。

【奸直八诧】[tɕiĩ²¹tʂə²¹pɤʔ²⁵tʂʰa⁵³] 同上。

【尖溜溜】[tɕiĩ²¹liɯ⁴⁵liɯ²¹] 物体呈尖细或尖锐状。

【尖头尖脑】[tɕiĩ²¹tʰɯ⁴⁵tɕiĩ²¹lɔ²¹³]① 通"尖溜溜"。②头部长得小而尖。义近：獐头鼠目。

【尖手尖脚】[tɕiĩ²¹ʂuɯ²¹³tɕiĩ²¹tɕyɤʔ²⁵] 怕脏、怕累、做事放不开，或持物不稳。

【贱】[tɕiĩ⁵³]①手脚乱动、乱摸。②嘴刁。③下贱。

【见饭】[tɕiĩ⁵³fæ⁵³] 同样的米能煮出较多的饭。

【见效】[tɕiĩ⁵³ɕiɔ⁵³] 灵验。

【紧】[tɕin²¹³] 牢。如：跟～之、巴（粘）～之。

【紧绷绷】[tɕin²¹³pəŋ⁴⁵pəŋ²¹] 义如条目。

【紧脚】[tɕin²¹³tɕyɤʔ²⁵] 鞋子尺码小而夹脚。

【浸潮】[tɕin²¹tʂʰɔ⁴⁵] 很潮湿，但未滴水。同义：渍潮。

【浸湿】[tɕin²¹ʂəʔ²⁵] 潮湿，且可能已在滴水。

【经用】[tɕin²¹iŋ⁵³] 用品、工具等不易磨损、耐用。偶指物品数量充足、不会轻易用完。

【精】[tɕin²¹]①小气。②精明。③瘦肉成分多。

【精淡无味】[tɕin²¹tæ⁵³u⁴⁵ue⁵³] 义如条目。

【精杠杠】[tɕin²¹kɑ̃⁴⁵kɑ̃⁵³] 身体、精神均佳。

【精神】[tɕin²¹ʂən²¹]①外表精干、聪明、反应快。②不倦怠、打起精神的样子。

【精酸】[tɕin²¹³səŋ²¹/sũ²¹]很酸。

【筋尿】[tɕin²¹səŋ⁴⁵] 劳累、被烦扰得很厉害。

【悭】[tɕin²¹] 小气。读若"精"。

【金贵】[tɕin²¹kue²¹] ①身体娇贵。②自我感觉高人一等。③人或物因稀少而显贵重。

【矜物】[tɕin²¹ue⁵³] 读若"精味"，原意是恃才傲物，《管子·法法》：凡论人有要，～之人，无大士焉。该词在方言里引申为小气、脾气怪、对人苛刻刁难、自以为了不起等多种意思。

【矜物郎当】[tɕin²¹ue⁵³lã⁴⁵tã²¹] 通"矜物"。

【矜物嘚瑟】[tɕin²¹ue⁵³tɤ²¹sɤ¹ʔ⁵] 通"矜物"。

【筋斗斗】[tɕin²¹tɯ⁴⁵tɯ²¹³] 通"精杠杠"。

【筋骨】[tɕin²¹ku²¹] 形容面条等烧煮后有韧性和弹性，不易烂。

【惊乍乍】[tɕin²¹tʂa⁴⁵tʂa⁵³] 自惊自扰、故弄玄虚。

【静雅】[tɕin⁵³ia²¹³] 环境安静，尤指清雅场所的静谧。如："此地很～，是读书的好地方。"

【净光】[tɕin⁵³kuã²¹] 义如条目。

【旧黲黲】[tɕiɯ⁵³tsʰæ⁴⁵tsʰæ²¹] 陈旧的样子。

【旧八勒兹】[tɕiɯ⁵³pɐ²¹lɐ²¹tsʅ²¹] 同上。

【旧八纳哄】[tɕiɯ⁵³pɐ²¹lɐ²¹xəŋ²¹] 同上。

【旧八烂黲】[tɕiɯ⁵³pɐ²¹læ⁵³tsʰæ²¹] 同上。

【赘】[tsyɪ⁵³]读若juì。犟、愚笨、头脑不灵光。通"倔、狷"。

【挙】[tɕiɯ²¹] 因收缩而变形、变小。《新方言》：方言挙，细也。郭璞音道，字亦作瘶；《广雅》：瘶，缩也……湖北谓缩小为瘶。可作动词。

【局细】[tɕyəʔ⁵sʅ⁵³]很细。

【狷】[tɕĩ⁵³] 犟、梗急、不听话。一说用"倔"，《新方言》：楚人谓倔为倦，倔即踞字，倦之。

【君】[tɕyn²¹] 借音词。俊俏。

【君嬲嬲】[tɕyn²¹liɔ²¹liɔ²¹³] 漂亮、聪慧。用"嬲"形容人美由来已久，《诗经》：佼人嬲兮（美人多漂亮啊）。或可通"僚"。《说文》：僚，好貌。

【卡巴拉萨】[kʰa²¹³pɐ²¹la⁴⁵sa²¹] 借音词。形容人的身体差或物品质量低劣。

【开味】[kʰɛ²¹ue⁵³]开心、有意思。

【㽘】[kʰã²¹] 空虚。通"康"。《尔雅》：㽘，虚也。《新方言》：江淮间谓萝蔔受冻中虚曰康。

【㽘阆】[kʰã²¹lã²¹] 形容物体内部空疏。如："萝卜搁时间长之，～得之。"

【㽘心】[kʰã²¹ɕin²¹]萝卜等因久放而失去水分，造成内部疏松乃至空心。

【炕】[kʰã⁵³]空气干热，使人感到热燥。

【炕气】[kʰã⁵³tsʰ²¹] 通"炕"。

【考究】[kʰɔ²¹³tɕiɯ⁵³] 讲究。

【靠直住】[kʰɔ⁵³tsə²¹tʂu⁵³] 可靠、可依赖。

【靠住】[kʰɔ⁵³tʂu⁵³] 肯定的、有把握的。如："西边云灿（云）黑咕隆咚的，～要打一暴（下一场雷阵雨）。"

【揞腰驼背】[kʰən²¹iɔ²¹tʰʊ⁴⁵pe⁵³]弯腰驼背。

【咳巴咳巴】[kʰɤ²¹pa²¹kʰɤ²¹pa²¹]形容某人经常发出咳嗽的声音，多指不甚剧烈的咳嗽。

【空穋穋】[kʰəŋ²¹lɔ⁴⁵lɔ²¹] 俗作并读若"空落落（lǎo lāo）"，意空荡荡。《吴下方言集》：吴中形器中无物曰～。喻指心里空怅或肚里没有学问，偶指衣被单薄，没穿裯冷褂裤或棉絮破薄，也可形容汤里没什么菜。

【抠】[kʰɯ²¹] 小气。

【抠巴巴】[kʰɯ²¹pa⁴⁵pa²¹]通"抠"。

【抠鼻凹眼】[kʰɯ²¹piəʔ⁵ua⁵³ĩ²¹³]义如条目。

【抠腮】[kʰɯ²¹sɛ²¹] 腮部凹陷。

【眍眼】[kʰɯ²¹ĩ²¹³] 眼眶凹陷。

【苦哀哀】[kʰu²¹³uɛ⁴⁵uɛ²¹]凄苦、落魄的样子。读若"苦歪歪"。"哀"字古音吾开切，正合于合肥读音。

【哭歪歪】[kʰuəʔ⁵uɛ⁴⁵uɛ²¹]哭脸、伤心的样子。

【柯柯拉拉】[kʰʊ²¹kʰʊ²¹lɤ²¹lɤʔ⁵]读若kūo kūo lē lé。没用的细碎树枝、杂草刺等。

【快和】[kʰuɛ⁵³xʊ²¹] 快活、舒服。

【阔】[kʰuɐʔ⁵] ①发财、发达了。②宽阔。

【蜷】[kʰuæ̃⁴⁵]借音词，读若kuán。①物体弯曲。②为人不正直、不公正，贪心强。如："这个干部～直很，国家拨到村里的钱都给他昧得之。"《韩非子·五蠹》：自～者谓之私。

【框阆】[kʰuɑ̃²¹lɑ̃²¹]内外不匹配、空隙大，衣物过大、不合身。

【框里框阆】[kʰuɑ̃²¹ŋ²¹³kʰuɑ̃⁴⁵lɑ̃²¹]通"框阆"。如："这伢子穿直他大的棉袄，罩在身上～之。"

【亏】[kʰue²¹] 可惜（表示后悔）。如："真～，那天我要是写老号码彩票就中大奖了！"

【亏心】[kʰue²¹ɕin²¹] 通"亏"。

【拉风】[la²¹fən²¹] 炫目、有派头。

【哪百天】[la²¹³pɤ˞ʔⁿ⁵tʰĩ²¹] 不知道到哪天，形容很遥远的未来。

【哪百代】[la²¹³pɤ˞ʔⁿ⁵tE⁵³] ①通"哪百天"。②式样很陈旧、存放时间很长。如："张还穿这个衣裳，～之样子！"

【褴㧖】[læ̃⁵³kʰuæ̃²¹] 借音词，读若làn kuàn。衣着肥大、破旧、不整、物体大而无当。此词可能音变自"躴躿"，本义指身材高。一说用"宽㝩"，《定海县志》：今谓器物徒占地位曰宽㝩。吴地读作"狼抗"，形容大而笨

重。《二刻拍案惊奇》：把家中细软尽情藏过，狼抗家伙什物，多将来卖掉。今合肥方言的用法是取其音，部分取其义。

【頪】[lE⁵³] 形容不聪明、层次低。《说文》：～，难晓也。一曰鲜白貌。从页，米声，从粉省。注：难晓亦不聪之意。合肥话里有"好～不分"的说法。

【来西】[lE⁴⁵sʅ²¹] 厉害、在某方面有超过常人的专长。来自吴语。另传由英文nice音译而来。

【难缠】[læ̃⁴⁵tʂʰæ̃⁴⁵/tʂʰĩ⁴⁵] 挑剔、好为难人。

【难过】[læ̃⁴⁵ku⁵³] 身体的难受、生病、不舒服，或心理上的怨气、舍不得。

【烂】[læ̃⁵³] ①物品破损的样子。②米饭放水过多，烧得稀软。③技艺、意志较弱。④路上很泥泞：路很～。

【烂泥狗糟】[læ̃⁵³mŋ⁴⁵kuu²¹³tsɔ²¹]形容下雨时间长了，踏得到处都是烂泥。

【烂癀】[læ̃⁵³lən⁴⁵] 懦弱、易受欺负且不敢抗争。

【浪】[lɑ̃⁵³] 借音词。①势头很

健。近通"当路"。②性格浮浪。

【浪漫】[lã⁵³mæ²¹]时髦、轻浮。

【眼桑】[lã⁵³sã²¹]天渐亮、天开始变晴。

【老百代】[lɔ²¹³pɤʔ⁵tɛ⁵³]形容很陈旧的样式，或物品过于老旧。

【老鼻子】[lɔ²¹³piəʔ⁵tsə²¹]①程度、规模非常大的。②肯定的。

【老不落路】[lɔ²¹³pəʔ⁵lɤʔ⁵lu⁵³]詈骂老年人的重话，意思是人老了还不检点、不自重，没有正经样，无正常生活状态。近义：老有老样。

【老大老实】[lɔ²¹³ta⁵³lɔ²¹³şəʔ⁵]老实、实在、不玩滑头。

【老到】[lɔ²¹³tɔ⁵³]老辣、周到。

【老好】[lɔ²¹³xɔ²¹³]温良谦恭、不敢抗争。近义：老实巴巴、老打老实、老实八兹。

【老格格】[lɔ²¹³kɤ²¹kɤʔ⁵]①形容小孩学做大人举止之貌。②通："头老、老倨"。

【老倨】[lɔ²¹³tsʮ²¹]不客气、不知礼让、端不合自己身份的架子。

注："倨"的本义是傲慢、不知躬身谦和。《说文》：倨，不逊也。《战国策》：嫂何前倨而后恭也？"倨"与"踞"同源，如"箕踞"指不合礼法的坐姿，也有轻慢傲视对方之意。

【老气】[lɔ²¹³tsʰʮ⁵³] 长相显老。偶指物品土气，式样、颜色等显得老旧。

【老戗】[lɔ²¹³tɕʰiã⁵³] 长相比实际年龄显老。反义：少相。

【老人精】[lɔ²¹³zən⁴⁵tɕin²¹] ①戏称小孩故意模仿大人言行的样子。②形容经常麻烦别人而没有歉意的心态。③小孩装老，或未经大人允许做某事。

【老人头】[lɔ²¹³zən⁴⁵tʰɯ⁴⁵] 不懂谦虚、谦让。主要指：①（小孩、年轻人）装年长者的样子。②年轻人没有礼貌、摆老资格。偶指成年人想当然地做了不恰当的事，或麻烦了别人而不知感激。

【老式】[lɔ²¹³şʮ⁵³]①过去的式样。②过时的东西。

【老外】[lɔ²¹³uɛ⁵³]外行。

【老油条】[lɔ²¹³iɯ⁴⁵tʰiɔ⁴⁵]①阅历多、圆滑。②做事不主动。③油滑。

【老远八远】[lɔ²¹³yĩ²¹³pɤʔ⁵yĩ²¹³]很远。如："真难为你了，～跑来帮我。"

【老早】[lɔ²¹³tsɔ²¹³] 很早。该词隐含慨叹或不赞成的语气，嫌对方"过早"。如："你家里没事啊？～跑到办公室来！"

【老早八早】[lɔ²¹³tsɔ²¹³pɤʔ⁵tsɔ²¹³] 太早。通"老早"。

【老扎】[lɔ²¹³tʂɤʔ⁵] 成熟、老成。

【老滋老味】[lɔ²¹³tsɿ²¹lɔ²¹³ue⁵³] 没有相应资历却摆出老资格的样子，言行超出自己的身份与地位。如："他是什么人？坐在领导椅子上～之！"

【孬】[lɔ²¹] ①怯懦。②傻。③物品质量差。如："别人给之礼物，～好都要感激。"

【孬头八兹】[lɔ²¹tʰɯ⁴⁵pɤʔ⁵tsɿ²¹] 通"孬"。

【奶声奶气】[lɛ²¹³sən²¹lɛ²¹³tsʰ̩⁵³] 形容小孩说话声音细柔、天真、可爱。

【辣】[lɛʔ⁵] 性格果决、强势。多指女性。

【辣凑凑】[lɛʔ⁵tsʰɯ⁵³tsʰɯ⁵³] 菜肴微辣、下饭。

【辣趏】[lɛʔ⁵sɔ⁵³] 读若 lē-sāo。厉害、敢作敢为。比较：嫩生（嫩、无经验）。

【落伍】[lɔ²¹u⁵³] 借音词。安心。

【邋嵩】[lɛʔ⁵sɤʔ⁵] 落魄穷困的样子。

【邋遢】[lɛʔ⁵tʰɤʔ⁵] 杂乱、肮脏、不修边幅。由古吴语演变而来。一说源于英语 litter(乱丢垃圾)的洋泾浜音。

【绿汤汤】[lə²¹tʰã⁴⁵tʰã²¹] 液体呈绿色。

【绿莹莹】[lə²¹in⁴⁵in²¹] 通"绿汤汤"。

【襰襶】[le⁴⁵te⁵³] 读若"雷对"。原指人穿衣臃肿、笨重、不合身、不合时，引申为累赘之物，喻指误事的人或事。其本词似为"累赘"，先为形容词，后可用作名词。

注：该词今人极少用，然而过去广泛地使用在江淮、江南一带。《当涂县志》：事物败坏曰垒堆。苏州地区叫"磊塳"，《吴下方言考》：磊塳，塳音堆……今吴人于行李重者曰磊塳。

【能】[lən⁴⁵] 能干。亦用于讽刺、斥责句，如：a. ～之像豆子一样！b. 人家都不敢搞，就你～？

【能过】[lən⁴⁵kʊ⁵³] 聪明能干、善于持家。

【能格格】[lən⁴⁵kɤ²¹kɤʔ⁵]多形容小孩子言行举止"能"得像大人一样。偶指成年人则表示讽刺，喻"瞧你能得那个样子"。通"能刮刮、能豆子样"。

【能毵】[lən⁴⁵sən²¹³]（蔑）能吃、饭桶。

【冷和】[lən²¹³xʊ²¹]借音词。暖和。似为其音变。

【冷兮兮】[lən²¹³sʅ⁴⁵sʅ²¹]读若并义同"冷丝丝"。

【嫩】[lən⁵³]资格嫩、经验不足，偶见于表达对别人的不服。如："还想管我，他还～之毫子（有点嫩）！"

【嫩生】[lən⁵³sən²¹]很年轻、人长得稚嫩。亦指资格、能力等方面不足和嫩弱。近同"嫩"。

【沥沥拉拉】[liə²¹liəʔ⁵la⁴⁵la²¹]形容事物（尤指雨雪）断断续续、不得停歇。引申为人做事不果断、不彻底。可作副词。

【利亮】[ʅ⁵³liã²¹]借音词。①做事利索、衣着清爽。与"缩乱"反义。②分得清、不搅和、不轻易再来往。如："以后他的归他，我们搞我们

之，跟他搞～毫子。"

【勚得之】[ʅ⁵³tE²¹tʂə]器物磨损得较厉害。如：刀口用～、衣裳领磨～。《说文》：勚，劳也，凡物劳剧则损。故今谓器物磨损为勚。也可喻人思维之艰，如："我头脑想～，也想不出办法。"

【蠡得之】[ʅ⁵³tE²¹tʂə]布料纤维朽碎。

【异怪】[ʅ⁵³kuE²¹]感到怪异、怀疑。

【异赖】[ʅ⁵³lE⁵³]恶心。为借音词。

【离谱】[ʅ⁴⁵pʰu²¹³]超越了规矩、底线。近义词：离直经。

【离手】[ʅ⁴⁵ʂɯ⁴⁵]婴幼儿已到了这种状态，即大人可以短暂离开出去做其他事。通"丢手"。

【离之刺】[ʅ⁴⁵tʂə²¹tsʰ⁵³]鱼已很不新鲜。指鱼肉与鱼刺欲分离、开始腐烂的样子。

【离之经】[ʅ⁴⁵tʂə²¹tɕin²¹]言行出格、离谱。如："都到中晌还在睡，（懒直）～！"

【离之筋】[ʅ⁵³tʂə²¹tɕin²¹]肉尤指连骨肉炖得很烂。亦称"离之骨"。

【烈】[liɤʔ⁵]①果劲、厉害，不

易被威逼、困苦所吓倒。如：a.合肥人～，什么东西都"好大事啊"。b.这霞子～，冬天就穿一条裤子。②性状强烈。

【烈趮】[liɤʔ⁵so⁵³] 读若liè-sào。脾气刚烈、厉害。近义：辣趮。

【灵动】[lin⁴⁵təŋ⁵³] 灵活、聪明。

【灵泛】[lin⁴⁵fæ̃⁵³] 通"灵动"。

【灵光】[lin⁴⁵kuã⁵³] ①活泼、灵活。同"灵泛"。②工具等好用。

【零谇】[lin⁴⁵se⁵³] 喜欢抱怨、不满足。亦俗称"嘴上零碎"。"谇"本义是极端言论，引申义是责骂、埋怨，"谇语"正是此义。《诗经》：夫也不良，歌以谇之。《庄子》：察士无零谇之事。

【炻得之】[lio⁵³tᴇ²¹tʂə²¹] 人品荒废了、无可救药。如："这霞子～，连他妈都敢噘（骂）！"《六书故》：今人谓筋骨弱，举足不随为炻掉。

【娘娘样】[liã²¹liã²¹iã⁵³] 弱不禁风、不能干活的样子。多形容女子。"娘娘"两字平声轻读。

【踉踉倒】[liã⁵³liã⁵³to²¹³] 踉踉跄跄，头晕、体弱、行而欲倒的样子。如："这霞子不孝，一搞（经常）

把他妈气直～。"

【踉踉跄】[liã⁵³liã⁵³tɕʰiã⁵³] 站立不稳、踉跄欲倒。如："一捶把他摁直～。"

【凉润】[liã⁴⁵yn⁵³] 凉快。读若"凉运"。

【亮铿铿】[liã⁵³tsən⁵³tsən²¹] 义如条目。

【黏得得】[lĩ⁴⁵tɤ²¹tɤ⁵³] 亦作"黏糊糊"。

【恋家】[lĩ⁴⁵tɕia²¹] 指未成年人离不开家庭，在外想家。

【念家】[lĩ⁵³tɕia²¹] 指在外挂念家庭。

【流气】[liɯ⁴⁵tsʰʅ⁵³] 轻浮、流里流气。

【聋聱石耳】[ləŋ⁴⁵pɤʔ⁵ʂəʔ⁵a²¹³] 读若"聋八石耳"。（贬义、责备用语）表示别人听力很差。

【乱七八糟】[ləŋ⁵³/lũ⁵³tɕʰiaʔ⁵pɤʔ⁵tso²¹] ①情况、关系复杂。②杂乱无章。③结果一团糟。

【乱人八参】[ləŋ⁵³/lũ⁵³zən⁴⁵pɤ²¹tsʰæ²¹] 形容各色人等及人众多而无序的样子。如："大堂里～，包要看好。"亦作名词。

【燶】[ləŋ⁴⁵] 原义指烧焦、烧糊，引申指（面条等）烧得时间过长而糜烂。

【蹭蹭踦】[ləŋ⁴⁵ləŋ⁴⁵tɕʰiã⁵³] 衰弱不堪、风都能吹倒的样子。

【脓包】[ləŋ⁴⁵/ləŋ²¹pɔ²¹]无能、懦弱、不中用。

【囊揣揣】[ləŋ⁴⁵tʂuᴇ²¹³tʂuᴇ²¹] 读若"脓跩跩"。懦弱、衰弱。由"囊揣"演变而来。王实甫《西厢记》：俺姐姐更做道软弱囊揣，怎嫁那不值钱人样貔豽。马致远《黄粱梦》：俺如今髯发苍白，身体囊揣，则恁的东倒西歪。

【囊膪】[ləŋ⁴⁵tʂuᴇ²¹]通"囊揣"。

【脓偬】[ləŋ⁵³səŋ²¹] 借音词，读若"弄送"。不利索、邋遢不整洁。通"缩乱、缩缩乱乱、惜弄、缩乱得弄"等。

【脓现】[ləŋ⁴⁵ɕĩ⁵³]借音词。原意指体弱，引申为有病、能力差。方言表达疾病时一般用委婉词，"脓"字有勉强、将就之意。顾起元《客座赘语》：家败而姑安之，事坏而姑待之，病亟而姑守之，凡皆曰脓。与"现"合用喻指步态迟缓、歪歪倒倒、能力

极差、艰难度日的样子。该词是典型的合肥方言，如：a.张～唭，一冬都在床上。b.这霞子～，到今个人冇人、房冇房（既谈不到对象，又买不起房子）。

【瘊歪歪】[ləŋ⁴⁵uᴇ²¹³uᴇ²¹] 通"脓现"，程度更重。

【瘊糟】[ləŋ⁵³tsɔ²¹] 肮脏。

【鲁】[lu²¹³] 通"彻鲁"，语气弱。

【啰唣】[lu⁵³tsɔ²¹] 借音词。吵闹、纠缠不清。

【啰落】[lu⁵³lɤʔ⁵/luɤʔ⁵]借音词，读若luò—lē。话多、啰唆、令人厌恶，引申义为"低能且话多"。

【麻】[ma⁴⁵] ①麻木。②有斑点、麻点。近义：花。

【麻缠】[ma⁴⁵tʂʰæ⁵³]麻烦、棘手。

【麻蛄癞癞】[ma⁴⁵ku²¹lᴇ²¹³lᴇ⁵³]物体表面不光滑，或有明显的斑点。

【麻酥酥】[ma⁴⁵su⁴⁵su²¹]牙齿或肢体有发麻的感觉。

【麻牙】[ma⁴⁵ia⁴⁵] 使牙齿发麻，引申指事情很棘手之感觉。这种"（动词）+牙"结构，亦可表示牙齿对某种物质的感受，如：砂牙、硌牙、粘牙。

【麻庄】[ma⁴⁵tʂuã²¹]借音词。将受到严厉惩处，有大麻烦。如："你把茶壶打坏之，这下不～吗？"通"皮脱、砸蛋"。

【慢趿趿】[mæ⁵³tɤ²¹tɤʔ⁵]慢腾腾。

【莽】[mã²¹³]声音低沉雄浑。

【蛮】[mæ⁴⁵]①过分客气。②好强迫别人、不怎么讲理。③贬指南方人外貌与语言之特异。

【毛】[mɔ⁴⁵]①发怒的样子。如："你要把他搞～之，他什么事都能干出来！"②脾气大。③做事马虎。

【毛糙】[mɔ⁴⁵tsʰɔ⁵³]做事马虎、说话粗俗。如："他嘴里～（常说出骂人的词）。"

【毛刺刺】[mɔ⁴⁵la⁴⁵la²¹]动物长着浓密体毛的样子，也指物体表面粗糙。通"粗刺刺"。

【毛眼眨眨】[mɔ⁴⁵ĩ²¹³tʂɤ²¹tʂɤʔ⁵]睫毛长且密。形容人精神、机敏、生扎。

【猫嫩】[mɔ²¹lən⁵³]借音词。十分脆嫩，一般形容含水量较多的蔬菜与幼瓜之口感。

【猫轻】[mɔ²¹tɕʰin²¹]非常轻。

【猫软】[mɔ²¹zən²¹³/zĩ²¹³/zũ²¹³]非常柔软。

【壠】[mən²¹]读若"门"之轻音。①瓦罐等产生裂纹、腐朽。《新方言》：器破而未离谓之壠，今淮南谓器裂曰壠，音如闷。引申为物体貌似完整，实际因存放过久已腐朽破败。②干草因受潮、存放时间过久而发软、腐败。③衣物纤维等因放置时间过长而出现轻度腐烂、败坏。如：衣服～得之。一作"殟"，此处"殟"亦读若"喂"或"闷"之轻音。w声母字古时多读m声母，而合肥方言时有两声母并存的情况。

【闷】[mən²¹]读轻音。①性格沉闷，不喜讲话、交往。②声音沉闷。

【闷独独】[mən²¹/mən⁵³tə²¹təʔ⁵]①性格内向、不喜说话。②不善与人分享，独自做某事。

【闷坏】[mən²¹/mən⁵³xuɛ⁵³]不形于色的坏，坏在心里。

【闷骚】[mən²¹/mən⁵³sɔ²¹]义如条目。

【懑】[mən⁵³]①气愤、怨恨的样子。②暗生闷气的心情。

【末末大】[mɤ²¹mɤʔ⁵ta⁵³]一点点大。"末"本义是树梢，《说文》：木上曰末。后引申为末端、最后、不重要的。又引申指很小的。

【末末秋】[mɤ²¹mɤˀ⁵tɕʰiɯ²¹]借音词。最小、排在最后。

【尛尛大】[mɤ²¹mɤˀ⁵ta⁵³]通"末末大"。很小。如："张个化肥、农药上直太多了，田里连～的泥鳅孙子也看不到了。"

【眯眯嘎嘎】[mɿ²¹mɿ²¹ka⁴⁵ka²¹]借音词。糊里糊涂、说话不明确、不果断、没有主见。

【糜糜汤汤】[mɿ⁵³mɿ⁵³tʰã²¹³tʰã²¹]糊涂、拖沓、不果断、办事犹豫。

【糜汤】[mɿ⁵³ tʰã²¹]①饭菜烧过头，汤与菜烧溶在一起。②糊涂、不果断。

【腻巴得之】[mɿ²¹pɤ²¹tɛ⁵³tʂə]菜叶被腻虫下卵或咬过之貌。"腻"读若mì。

【没清头】[məˀ⁵tɕʰin²¹tʰɯ⁴⁵]通"不清头"。

【木】[məˀ⁵]迟钝、无情商。

【木骨】[məˀ⁵/məkuəˀ⁵]借音词。过于老实，说话不知委婉，行事直接、唐突，不会为对方考虑，易伤害人。

【木头木脑】[·mətʰɯ⁴⁵mə²¹lɔ²¹³]

呆头呆脑、木骨的样子。

【霉哄哄】[me⁴⁵xəŋ⁵³xəŋ²¹]发霉、一股霉味。

【腻巴】[mɿ⁵³pa²¹] 读若"幂巴"。①像被腻虫咬过千疮百孔般朽坏。②虫子（虫卵）密密麻麻地覆盖。

【面】[mĩ⁵³]食物细、软、松，水分少。

【明憭】[min⁴⁵liɔ²¹³]知事理、贤惠。《说文》：憭，慧也，尞声。合肥人如说人"不明憭"，是相当重的批评。

【嚰】[mu²¹]动作迟缓、性格不果断。同义：嚰蛆；近义：晕。

【舝】[məŋ²¹³] 读若mǒng，俗作"满"，一作"棚"。形容庄稼、树木、草等植物或人的头发长得茂密，也可形容物体被排列得间距很密。《吴下方言考》：吴中谓草木茂密为～。

【满】[məŋ²¹³/məŋ]读若mǒng，或其轻读。意指装满了。如："不要再挑之，缸水～之。"

【萌细】[məŋ²¹/məŋ²¹³sɿ⁵³]形容物体很细。通"局细"。

【萌枵】[məŋ²¹³ɕiɔ²¹]很薄。

【冇钢火】[mu²¹³kã²¹xʊ²¹³]该显

示强硬、威严的时候没有行动。如："新来的领导～，人家一贯轻视他，他反而给他们加钱。"

【冇根】[mɯ²¹³kən²¹]①很、非常。如冷直～、甜直～、笨～。②没有定数、不一定。③没有界限，不知会到什么程度。如："这个机器用起来，花费～。"该词在表示程度上的近义词还有：伤之、伤心、伤直心、到家。

【冇好多】[mɯ²¹xɔ²¹³tʊ²¹]没有多少。

【冇家教】[mɯ²¹tɕia²¹tɕiɔ⁵³]义如条目。多形容（别人家）小孩没有教养。

【冇路数】[mɯ²¹lu⁵³su²¹]没有思路、言行不合常规，让人轻视。

【冇心素】[mɯ²¹ɕin²¹su⁵³]没有心眼、心机，疏于观察与思考。如："人到哪儿眼要管事，话不要多，嘴諸諸之人到哪儿都～。"

【排场】[pʰE⁴⁵tʂʰɑ̃⁵³]高大标致（一般指年轻女子）。

【绊手绊脚】[pʰæ⁵³ʂɯ²¹³pʰæ⁵³tɕɤʔ⁵]本义指草茎、荆棘、杂物等阻碍行走。引申指某人妨碍自己的事情。

"绊"读若"盼"。

【泼胚】[pʰɤʔ⁵pʰ²¹]读若"鲹皮、泼批"。形容耐活、适应力强。

【胖大牛粗】[pʰɑ̃⁵³ta²¹liɯ⁴⁵tsʰu²¹]义如条目。

【胖得得】[pʰɑ̃⁵³tɤ²¹tɤʔ⁵]胖乎乎。

【胖咕咕】[pʰɑ̃⁵³ku⁵³ku²¹]憨胖之貌。

【泡】[pʰɔ²¹]①表示物体组织松散、松软。②形容人不实在、好讲大话。

【泡泛】[pʰɔ²¹fæ²¹]一般指年轻人长得高大、身上肉多。

【泡鼓鼓】[pʰɔ²¹ku²¹³ku²¹]大而松软、占用空间较大。

【泡郎】[pʰɔ²¹lɑ̃²¹]借音词。松软、肿胀、体积变大。

【泡泡架架】[pʰɔ²¹·pʰɔtɕia⁵³tɕia⁵³]物品看起来体积大，实际质量不大；或其占用空间过大。如："菜饭～一大碗，吃之过一刻（一会儿）就饿之。"

【泡泡参参】[pʰɔ²¹·pʰɔtʂa⁵³tʂa⁵³]通"泡泡架架"。

【奅】[pʰɔ²¹]好说大话。

【配混】[pʰe²¹xuən⁵³]够朋友。通

"够处"。

【髼】[pʰən²¹]头发松散凌乱之貌。

【皮】[pʰɿ⁴⁵]①调皮、不服管。②疲沓、懒散，老油条的样子。③食物不酥脆。

【皮厚】[pʰɿ⁴⁵xɯ⁵³]脸皮厚，亦指小孩顽皮。

【皮脸】[pʰɿ⁴⁵liĩ²¹]（一般指小孩）调皮、顽劣、淘气。

【皮漏】[pʰɿ⁴⁵lɯ⁵³]即"纰漏"，形容事情搞坏了、有麻烦了。

【皮条干】[pʰɿ⁴⁵tʰiɔ⁴⁵kæ̃²¹]大半干。

【皮脱】[pʰɿ⁴⁵tɤʔ⁵]形容遇到非常棘手的任务，处于极麻烦的境地或面临严厉的责罚。

【皮抓得之】[pʰɿ⁴⁵tʂua²¹tɛ²¹tʂə²¹]通"皮脱"。

【姼】[pʰɿ²¹³]顽皮、不肖。

【痞】[pʰɿ²¹³]流气、不服管。

【痞头痞脑】[pʰɿ²¹³tʰɯ⁴⁵pʰɿ²¹³lɔ²¹³]义如条目。

【疲】[pʰɿ⁴⁵]①责任感、进取心弱。②因反复经受或刺激，对某种事物变得无应有反应、无所谓。③通"皮"，食物等因放置时间长或受潮而疲软不脆。

【疲沓】[pʰɿ⁴⁵tɤʔ⁵]散漫、拖沓。

【屁】[pʰɿ⁵³]①（与名词或形容词连用表示）根本没有，如"屁用""屁好处"。

【屁大】[pʰɿ⁵³ta⁵³]没有多大、没多少：～小孩、～事、～工夫等。

【屁殚精松】[pʰɿ⁵³tæ̃⁵³tɕin²¹³səŋ²¹]底层粗俗语。①累极、没劲、泄气的样子。②什么都没有、没剩下什么。

【屁急】[pʰɿ⁵³tɕiɔʔ⁵]感受程度较强烈：快乎～、忙直～。

【屁急急】[pʰɿ⁵³tɕiɔ²¹tɕiɔʔ⁵]①消化不良、不断放屁。②很急的样子。

【屁颠颠】[pʰɿ⁵³tiĩ⁵³tiĩ²¹]形容高兴、忙碌、巴结相。

【披兵披兵】[pʰɿ²¹pã²¹³pʰɿ²¹pã²¹]火势不烈。如："穰草烧锅就是慢，在锅洞里头～之。"

【劈风劈雨】[pʰiɔʔ⁵fəŋ²¹pʰiɔʔ⁵y²¹³]雨势与风势都很大。也指冒着风雨做某事。如："过去扒河（挖河）多辛苦啊，～也要叫你出去挑大埂。"

【劈满】[pʰiɔʔ⁵mən²¹]借音词。装得很满。如："他力气大，两个稻箩挑直～。"

【劈躁】[phiəʔ⁵sɔ⁵³] 借音词，读若"劈臊"。意指很快、性子很急、做事快而利落。

【蹁】[phia²¹³] 读若piǎ。歪、斜。《说文》：蹁，足不正也，从足扁声。

【漂浮】[phiɔ²¹fu⁵³] 没有正规营生、不务正业、轻浮。

【撇汤】[phiɤ̃ʔ⁵thã²¹]（贬义）同"撇腔"。一般指学说普通话但不纯正。亦可作动词。

【平和】[phin⁴⁵xʋ⁵³]①不猛烈、正常、没有刺激。如："这丸药还～，吃起来不糟心。"②事态趋稳。

【平展展】[phin⁴⁵tʂæ²¹³tʂæ²¹³] 义如条目。

【乒乓竖舞】[phin²¹phã²¹ʂu⁵³u²¹³] 形容雷厉风行地做某事。一作"乒乓十五"。

【碰香】[phʰəŋ⁵³ɕiã²¹] 音变借音词。喷香。

【跘跘拉拉】[phæ⁵³phæ²¹lə²¹ləʔ⁵] 读若"盼盼勒勒"。①形容荆棘等挂住人衣服之状。②拖人后腿、妨碍别人。

【吃干/白饭之】[tɕhiə²¹pɤʔ⁵/kæ̃²¹fæ̃⁵³tʂ̩ə] 不中用的、尸位素餐的。

【吃香】[tɕhiəʔ⁵ɕiã²¹] 流行、受欢迎。

【七股八杂】[tɕhiə²¹ku²¹³pɤ²¹tsɤʔ⁵]①表示各种各样、杂七杂八的东西。②形容凌乱。③作名词，意指零碎东西的总计。如："卖给你废报纸3毛一斤、油瓶5分钱一个，其他～算1块钱。"通"七股八搭、七股八零"。

【七荤八素】[tɕhiə²¹xuən²¹pɤʔ⁵su⁵³]①（按规矩把）菜肴搞得较丰富。②混乱、糊涂。传"七荤八素"打破了"七素八荤"这一传统菜肴搭配规矩，引申为把事情弄得一塌糊涂、不可收拾，或使人犯惑、昏乱。③整治别人达到的效果。

注：合肥方言中，"七"与"八"并列的组词，多表示秩序混乱、不合规矩，如：七股八杂、七拼八凑、七七八八、七手八脚等。

【七老八十三】[tɕhiə²¹lɔ²¹³pɤ²¹ʂɿ²ʔ⁵sæ̃²¹] 形容某人年事已高。如："现在不抓紧到外头玩玩，等到～就玩不动照。"

【七七八八】[tɕhiə²¹tɕhiəʔ⁵pɤ²¹pɤʔ⁵]①杂七杂八、这样那样的东西和事情。②零碎东西的总计。如："大人看病、霞们念书，今年～已经花之不少钱。"

【七死八活】[tɕʰiə²¹sʅ²¹³pɤ²¹xuɤ²⁵]身体状况或情绪表达达到极点：累直～、哭直～、爱直～。

【强】[tɕʰiã⁴⁵]横、犟、不讲理。

【强格格】[tɕʰiã⁴⁵kɤ²¹kɤ²⁵]性格、言行强横，不饶人。多用于描述女人、小孩。

【藃】[tɕʰiɔ⁴⁵]读若"乔"。因收缩等原因使得物体表面拱起不平。

【巧】[tɕʰiɔ²¹³]便宜。

【颏】[tɕʰiɔ⁵³]俗作"翘"，骄傲、看不起人。

【青气】[tɕʰin²¹tsʰʅ²¹]有青草等绿色植物的气味。

【青丝】[tɕʰin²¹sʅ²¹] 借音词。指人的外貌、着装清爽、整洁，指物时表示干净、整洁、赏心悦目。

【轻巧】[tɕʰin²¹tɕʰiɔ²¹]①活儿轻松。②重量轻。③简单、容易。如："说起来～，你自己做做看！"

【轻巧巧】[tɕʰin²¹tɕʰiɔ²¹³tɕʰiɔ²¹]"巧巧"读若qiǎo—qiāo。重量轻：～之一担草、～一篮子欢头。

【轻省】[tɕʰin²¹sən²¹]①重量轻。

如："这箱子看起来重，拎起来还～。"②轻松。

【轻微】[tɕʰin²¹ue]指礼品、礼节寒酸。

【清朗】[tɕʰin²¹lã²¹]干净、利落，不牵扯其他事物。如："在钱高头跟他搞～毫子。"词中的"朗"有时读若"量"。

注：合肥话中带"朗"的词多有清爽、舒服的含义，如：称朗、硬朗。

【清冷】[tɕʰin²¹lən²¹³]天气较冷。尤在湿度大时。

【清丝丝】[tɕʰin²¹sʅ⁴⁵sʅ²¹]通"清丝"。

【清死活冷】[tɕʰin²¹sʅ⁵³xuɤ²¹lən²¹³]很冷。

【清汤寡水】[tɕʰin²¹³tʰɑ²¹kua²¹³sue²¹³]义如条目。如："食堂里头神仙汤～，洪湖水浪打浪。"词中"寡"有时读若"国"。

【清清假假】[tɕʰin²¹³tɕʰin²¹tɕia²¹³tɕia²¹³](贬)矜持、假客气，或故作姿态、放不开架子。

【清光】[tɕʰin²¹kuã²¹]原指帝王风采或高贵形象，现贬指人故作矜持、斯文，看不起普通人、动辄显出高人一等的样子。

【清头】[tɕʰin²¹tʰɯ⁴⁵]头脑清楚、知道好歹。

【晴稳之】[tɕʰin⁴⁵uən²¹³tʂə]天气转晴且将持续一段时间。

【勤义】[tɕʰin⁴⁵ɤ⁵³]勤快。

【前沉】[tɕʰĩ⁴⁵tʂʰən⁴⁵]拉板车时的吃力感觉，表明货物装载不良，重心落在车轴前方。反义：后沉。

【钱心重】[tɕʰĩ⁴⁵ɕin²¹tʂəŋ⁵³]义如条目。

【欠】[tɕʰĩ⁵³]品行有缺损。主要为：①说话刻薄：嘴～。②手脚乱动，损坏、搞乱物品：手～、脚～。③言行轻佻：此人很～。

【㵾巴㵾巴】[tɕʰiu²¹pɤ²¹tɕʰiu²¹pɤ]灯火不明（尤指煤油灯芯火苗不稳），偶指烧煮时火力不强。

【駿黑麻乌】[tɕʰyɤʔ⁵xəʔ⁵ma⁴⁵u²¹]很黑。如："～之，晚上不要出去玩。"谑作：駿黑一麻乌。

【欽】[tɕʰyɤʔ⁵]借音词。可单独成句。①表示奇怪、少见、令人侧目。②讽刺对方自傲、炫耀、奇货可居，或拥有某物而得意。常见于大人逗小孩，如，甲：看！我伯伯给我买

个手枪。乙（答）：～！

【缺井】[tɕʰyɤʔ⁵tɕin²¹³]通"缺"。

【确薄】[tɕʰyɤʔ⁵pɤʔ⁵]借音词。①滑稽、狡狯。②奇怪、有意思。③（动物）聪明、神奇、有灵性。

【礙】[ʐɛ⁴⁵]借音词，方言读若rái。①确定、肯定的。如："这不是～之吗？他肯定能当选。"②呆板、愚笨、不灵活、迟缓。如："他～之很，不拘直（迫使）他，他根本不会去做。"一说作"佁"，《说文》：佁，痴貌。

【礙板】[ʐɛ⁴⁵pæ²¹³]通"礙"。

【礙板板】[ʐɛ⁴⁵pæ²¹³pæ²¹³]通"礙"。

【矮八愣僜】[ʐɛ²¹³pɤʔ⁵ləŋ⁴⁵təŋ²¹]（蔑称）人的矮小状。"愣僜"既是叠韵拟声词，也有实际词义。《集韵·宋韵》：愣，愣蠻，愚也，卢贡切；蠻……愚貌，或作僜。

注："愣僜""儱僜"与"儱侗"词源似同、意义相近，后两者分别意为低劣、弱小，行动不灵活、走路不稳当，均含负面意义。一作：矮僜僜、矮墩墩。"矮"读若rǎi。

【矮矲矲】[ʐɛ⁴⁵pʰa²¹³pʰa²¹]读若"矮趴趴"。形容人的矮短之貌。黄庭

坚《谢杨景山送惠酒器》：孈矮金壶肯持送，援莎残菊更传杯。

【安】[zæ̃²¹]安宁、不被骚扰。如：a.你要不把他搞好之，你还得～吗？ b.客不走主不～。"安"读若rān。

【偄】[zã⁴⁵]俗作并读若"瓤"。《说文》：偄，弱也。引申义主要指：①物体软、不坚硬。如："扁担～之毫子，挑不起来这两大箩。"②性格软弱。③身体弱。④能力差一点。④买卖时秤给得不足。反义：羡。

【瓤和】[zã⁴⁵xʊ⁵³]借音词。①软和、有弹性。②性格谦和。

【傲】[zɔ⁵³]读若rào。傲慢、傲气。

【懊懆】[zɔ⁵³tsɔ²¹]读若"懊糙"，烦忧。

【拗犟】[zɔ⁵³tɕiã⁵³]性格犟、顽固。"拗"读若rào。

【若干】[zəʔ⁵kæ²¹]少量。如："我张个手头也不宽裕，只能借给你～。"旧偶读若"阿干"。

【热烘】[zəʔ⁵xəŋ⁵³]热闹、兴旺。

【热络】[zɤʔ⁵lɤʔ⁵/luɤʔ⁵]关系好、走动勤。

【热呵呵】[zəʔ⁵xʊ⁴⁵xʊ²¹]义如条目。

【热潽热鲊】[zəʔ⁵pʰu²¹zəʔ²¹tʂa²¹³]饭菜现烧现吃、热气腾腾的样子。

【热头煌煌】[zəʔ⁵tʰu²¹xuã²¹³xuã²¹³]时辰上已日出三竿。或太阳从云间出来、若隐若现的样子。一说"日头晃晃"。

【热燥燥】[zəʔ⁵tsɔ⁵³tsɔ⁵³]燥热的感觉。

【恶兹兹】[zəʔ⁵tsɿ⁴⁵tsɿ²¹] 外表凶恶、不友善。

【人哄哄】[zən⁴⁵xəŋ⁴⁵xəŋ²¹]人声鼎沸之貌。

【人瘦毛长】[zən⁴⁵sɯ⁵³mɔ⁴⁵tʂʰã⁴⁵]义如条目。

【人五人六】[zən⁴⁵u²¹³zən⁴⁵ləʔ⁵]言行与其地位身份不符，引起别人反感。如："他只是个科长，开会时却～之瞎咋呼。"

【人直泛】[zən⁴⁵tʂəʔ⁵fæ̃⁵³]人很多。

【仁义】[zən⁴⁵ɿ⁵³]义如条目。

【认真着一】[zən⁵³tʂən²¹tʂuɤ²¹iəʔ⁵]认真、专心做某事。

【硬撅撅】[zən⁵³tɕyɤ²¹tɕyɤʔ⁵]质

地较硬。如："这伢子消化好，屙之屎～之。"

【硬气】[zən⁵³tsʰȵ²¹]刚强、不惧威吓，言行果敢、敢担当。

【硬扎】[zən⁵³tʂɤʔ²⁵]读若"认哲"。身体康健。尤指老年人身体状况尚好。通：扎杠、结杠。

【硬扎扎】[zən⁵³tʂɤ²¹tʂɤʔ²⁵]义如条目。

【硬之八磋】[zən⁵³tʂə²¹pɤʔ²tʂʰa²¹]质地粗硬。多形容食物或衣物。

【日鬼/怪】[zuəʔ²⁵kue²¹³]奇怪、出鬼。偶指别人做了令人意想不到的出格事。

【软八零当】[zən²¹³/zɿ̃²¹³/zũ²¹³pɤ²¹lin⁴⁵tã²¹]①指人体魄、性格软弱。②指物体不硬、没有支撑。"软"读若rǒng/rìn/ruōn。

【软得得】[zən²¹³/zɿ̃²¹³/zũ²¹³tɤ²¹tɤʔ²⁵]松软不硬。

【软和】[zən²¹³/zũ²¹³xu⁵³]泡松、绵软。常用来形容食物与棉絮、衣物。

【软和和】[zən²¹³/zũ²¹³xu⁴⁵xu²¹]软和的感觉。

【融】[zən⁴⁵]米粥经熬制，米煮得很化，汤和米融合的样子。

【肉】[zɯ⁵³]性子慢、没有主见、表态及行动均迟缓。

【肉咕咕】[zɯ⁵³ku⁵³ku²¹]肉多骨少之貌。

【肉癞癞】[zɯ⁵³lɛ⁵³lɛ²¹]借音词。肉长得多。

【肉头】[zɯ⁵³tʰɯ⁴⁵]性格痴愚、不通事理。

【如式】[zu⁴⁵ʂɿ⁵³]合意。

【三不知】[sæ̃²¹pɤʔ²tʂɿ²¹]借音词。偶尔、不是经常。如："过去人苦，～才能吃毫肉。"

【三根筋】[sæ̃²¹kən⁴⁵tɕin²¹]形容人极瘦。如："他张个瘦直～，一阵风能刮倒。"通：瘦直像虾子一样。

【散鲁鲁】[sæ̃²¹³lu⁴⁵lu²¹]借音词。松散、不黏结。

【散神】[sæ̃²¹³ʂən⁴⁵]①失眠。②精神不集中。

【散之架】[sæ̃²¹³tʂə²¹tɕia⁵³]结构或组织不再凝聚、倾塌。如："要不是奶奶深明大义，苦苦支撑，这个家早就～了。"

【丧德】[sã⁵³tɤʔ²⁵]极端缺德。多指损害弱者的行径。

【桑】[sã⁵³]借音词，读若sàng。

厉害、强健、势头猛、规模大。用法同"果劲"。该词来源不明，一说为"爽"，《扬子·方言》：爽，猛也；齐晋曰爽。又《广韵》：烈也。一说作"奘"，原义为粗大、健壮。《方言》：秦晋之间，凡人之大谓之奘，或谓之壮。古"奘、壮"义同，但何以演变为今音是个谜。郭璞曰：淮南呼壮为伤。

注：值得一提的是，汉字中带拼音 ɑng 韵母的，多含有"活跃、生猛"义，如：刚、强、杠、亢、慷、莽、颃等。

【飐】[sɔ⁵³]借音词，方言读若 sào。迅速、快，偶指脾气急、性格暴躁。如：a.搞～毫子，不然赶不上车子照！b.你要谅解他，他一贯脾气～。一说用"悛"或"趱"。

【飐当】[sɔ⁵³tã²¹]通"飐"。

【骚】[sɔ²¹]①好色，不要脸。②（下层人士用词）形容规格尺寸大：～个子（大个子）、～曲蟮（长而粗的蚯蚓）、～疙瘩（大的青春痘）。

【骚不弄】[sɔ²¹pɤʔ⁵ləŋ⁵³]通"不弄"，带强烈调侃语气。

【骚调】[sɔ²¹tʰiɔ⁴⁵]拿捏做派、装腔作势。亦作动词。

【骚得之】[sɔ²¹tɛ²¹tʂə]年龄过大而失去某种资格。多为年轻人用。如："我想考公务员，年龄～。"

【骚胍肧】[sɔ²¹ku²¹tɤʔ⁵]通"大胍肧"。年轻人用词。

【臊烘烘】[sɔ²¹xɤŋ⁴⁵xɤŋ²¹]一股骚腥味。

【臊猴子样】[sɔ²¹xɯ⁴⁵tsə²¹iã⁵³]多形容小孩乱窜、肮脏、使人厌烦。

【骚客气】[sɔ²¹kʰɤʔ⁵tsʰ⁵³]过分客气、假客气。

【色当】[sɤʔ⁵tã²¹]借音词。可怜、处于窘境。

【色开】[sɤʔ⁵kʰɛ²¹]借音词。不得了、麻烦大了。如："要不是他帮我们，就～之。"近通：麻庄。

【涩嘴】[sɤʔ⁵/suɤʔ⁵tse²¹³/tsue²¹³]义如条目。

【啬】[səʔ⁵/suəʔ⁵]"啬"读若 sé 或 suó，下同。表示吝啬、小气。这是个十分古雅的字。《方言》：荆汝江湘之郊，凡贪而不施……或谓之～。

【啬气】[səʔ⁵tsʰ⁵³]通"啬"。

【啬相】[səʔ⁵ɕiã⁵³]吝啬的样子。

【啬头啬脑】[sə²¹tʰɯ⁴⁵sə²¹lɔ²¹³]通"啬相"。

【撒马油腔】[sɤʔ⁵ma²¹³iɯ⁴⁵tɕʰiɑ̃²¹]油腔滑调、不守规矩。

【缩倨倨】[səʔ⁵tɕyə²¹tɕyəʔ⁵]读若 suē juī juì。通"啬相"。

【缩头缩脑】[[səʔ⁵tʰɯ⁴⁵səʔ⁵lɔ²¹³]①怕冷的样子。②吝啬。通"啬相"。

【省】[sən²¹³]节约。

【省心】[sən²¹³ɕin²¹]不用烦神。

【生呆/孬子】[sən²¹tᴇ²¹/lɔ²¹tsə²¹]十足愚蠢、活傻瓜。

【生】[sən²¹]①陌生、不熟悉。②野生、十足的，未经处理、未经加热的：～水、～米、～布、～盐。③借音词。因生气、贪婪等原因而怒目、紧盯，使眼珠呈异样。如："饿极之看见饭，眼都～得之。"

【生分】[sən²¹fən⁵³]见外、生疏。

【生疼】[sən²¹tʰən⁴⁵]较强烈的疼痛感，多指突发、短暂的疼痛。如：脸给他揪之～、手冻之～。

【生扎】[sən²¹tʂɤʔ⁵]（多指小孩）机敏、灵活、不吃亏。

【沙】[ʂa²¹]瓜瓤疏松、甜软、水分多，舌部有颗粒状感。

【砂牙】[ʂa²¹ia⁴⁵]食物里沙粒对牙齿造成的不适感。

【谝】[ʂæ̃²¹]借音词。吹牛、显摆、看不起人。

【谝矜】[ʂæ̃²¹/ʂæ̃⁴⁵tɕin²¹]借音词。显摆、傲气、看不起人的样子。

【谝矜国两】[ʂæ̃²¹tɕin²¹kuɤʔ⁵liɑ̃²¹³]通"谝矜"。

【谝矜海物】[ʂæ̃²¹tɕin²¹xᴇ²¹³ue⁵³]通"谝矜"。"物"读若"味"。

【谝侈】[ʂæ̃²¹ʂʅ⁴⁵]读若"山时"，通"谝矜"。

【谝头矜】[ʂæ̃²¹tʰɯ⁴⁵tɕin²¹]同"谝矜海物"。

【谝头六岗】[ʂæ̃²¹tʰɯ⁴⁵ləʔ⁵kɑ̃²¹]通"谝矜"。

【谝直谑直】[ʂæ̃²¹tʂə²¹ɕyɐʔ⁵tʂə²¹]显摆、傲气、好摆弄人的样子。

【上版子】[ʂɑ̃⁵³pæ̃²¹³tsə]行事中规中矩。

【上路子】[ʂɑ̃⁵³lu⁵³tsə]通"上版子"。与"不上路"反义。

【上瘝】[ʂɑ̃⁵³kuɑ̃⁵³]俗作"上惯"，值得宠爱。

【上好之】[ʂɑ̃⁵³xɔ²¹³tsə]①事情做得漂亮。②质量上乘。

【上天】[ʂɑ̃⁵³tʰĩ²¹]不服管教，不知天高地厚、肆意狂妄。

【上相】[ʂã⁵³ɕiã⁵³]①不给称赞者丢脸。②照相时易将外表优点表现出来。

【伤】[ʂã²¹³]很（一般形容消极意义）。同：伤心。

【伤蛋】[ʂã²¹³tæ̃⁵³]处境可怜。

【伤心】[ʂã²¹³ɕin²¹]①贫穷，处境十分困难、可怜。如："他张好～，又冇钱，又冇吃之，霞们又不管。"②作副词，表示非常的程度。如："这霞子笨～，一年级念之三年。"

【伤之】[ʂã²¹tʂə]被搞怕了、够了、筋疲力尽。

【烧】[ʂɔ²¹]自以为了不起、显摆。近通"韶"。

【烧包】[ʂɔ²¹pɔ²¹]通"烧"。一作"韶包"。

【烧脚】[ʂɔ²¹tɕyɤʔ⁵]因气候或鞋子原因，脚有热的感觉。

【烧心】[ʂɔ²¹ɕin²¹]食物使人上火、嘈胃。近通"嘈心"。

【少有】[ʂɔ²¹³iɯ²¹³]（贬）形容很奇葩。

【韶】[ʂɔ⁴⁵]借音词。①过于外向，注重修饰外表，穿着超前、时髦，言行浮躁、招摇、显摆。②做标新立异、节外生枝的事。

注："韶"与"烧"的不同，在于前者多为旁观者的判断，不一定是客体的主观所为；而后者则表示动作发出者的主观性较强，故贬义也较强。

【韶道】[ʂɔ⁴⁵tɔ⁵³]通"韶"，语气稍轻。①显摆、样子多。②过分客气。《醒世姻缘传》：这大舅真是～，雇个主文代笔的人，就许他这么些银子。

【韶经国两】[ʂɔ⁴⁵tɕin²¹kɯʔ⁵liã²¹³]借音词。通"韶"，语气稍重。

【韶气】[ʂɔ⁴⁵tʂɿ⁵³]通：韶道。

【折秤】[ʂɤʔ⁵tʂʰən⁵³]因损耗而使称量减少。

【杀骨】[ʂæʔ⁵kuɐʔ⁵]做某事成本或费用较高、让人舍不得。如："一个苹果手机要五六千，太～之！"

【神】[ʂən⁴⁵]漂亮、聪明、神气、精明。

【神叨叨】[ʂən⁴⁵tɔ⁵³tɔ²¹]神经质，言行诡秘、玄虚。

【神气】[ʂən⁴⁵tʂɿ⁵³]①外表精神、聪明、好看。②精明。

【神经】[ʂən⁴⁵tɕin²¹]①含精神病特征的。②神头鬼脸的。

【神经兮兮】[ʂən⁴⁵tɕin²¹sɿ⁴⁵sɿ²¹]超出常理的过分敏感、神秘、怪异状。

【神知吾知】[ʂən⁴⁵tʂɿ²¹u⁴⁵tʂɿ²¹]借音词。该词词义飘忽，有神秘兮兮、不靠谱、好出风头、不知天高地厚、邪痞撒泼、拿着鸡毛当令箭、乱作为等多种含义。如："不要在这块～之，你以为给局长开几天车就上天之？"

【身子重】[ʂən²¹tsə²¹tʂən⁵³]懒惰。

【屄】[sɿ²¹³]傻、笨、技能差。

【实打实】[ʂəʔ⁵ta²¹³ʂəʔ⁵]义如条目。

【实斗斗】[ʂə²¹tu²¹³tu²¹³]容器内装满的状态，或所装物质地密实、重量较沉。

【实屄】[ʂəʔ⁵sən⁴⁵]①筋疲力尽。②给某人搞得没办法。

【实心】[ʂəʔ⁵ɕin²¹]粑粑、包子等无馅。

【缩乱】[ʂəʔ⁵ləŋ⁵³]读若"拾乱"。混乱无序、办事不利索、能力差。《新方言》：又说文缩乱也……故今谓凌乱无绪为缩，亦读如蹭。近义：糟乱、弄送、惜弄。

【缩乱得乱】[ʂəʔ⁵ləŋ⁵³tɤʔ⁵ləŋ⁵³]通"缩乱"。

【缩缩乱乱】[ʂə²¹ʂəʔ⁵ləŋ⁵³ləŋ⁵³]通"缩乱"。

【湿渧渧】[ʂəʔ⁵tɤ²¹tɤʔ⁵]潮湿，欲滴水状。

【湿漉漉】[ʂəʔ⁵lu⁴⁵lu²¹]通"湿渧渧"。

【湿渍渍】[ʂəʔ⁵tsə²¹tsə⁴⁵]潮湿程度甚于"潮渧渧"。

【侈】[sɿ⁴⁵]读成"时"，义近于"谝"。①自高自大，盛气凌人。司马光《训俭示康》：以侈自败者多矣。②奢侈。

【势子正】[sɿ⁵³tsə²¹tʂən⁵³]（偏贬义）①名气、位置都无可挑剔。②财势大。③摆谱、端面子，不愿放低身架。

【手敞】[ʂu²¹³tʂʰã²¹³]手面阔绰、在花费方面控制较松。

【手毒】[ʂu²¹³tə²⁵/tuəʔ⁵]狠、毒，能下得了手。

【手辣】[ʂu²¹³lɤʔ⁵]通：手毒。偶指面对肮脏、复杂的东西敢于下手整理。

【手善】[ʂu²¹³ʂən⁵³/ʂĩ⁵³]下不了手。

【收入大】[ʂu²¹zəʔ⁵ta⁵³]收入

可观。

【收燥】[ʂɯ²¹sɔ⁵³]读若shōu-sào，阳光与空气干热、对流强烈、水分蒸发快，使潮湿的粮食和衣服等容易晒干、晾干。

【熟】[ʂu⁴⁵]认识、关系融洽。如："我跟她～，我来帮你找她。"

【熟帮得之】[ʂu²¹pã²¹tɛ²¹tʂə]借音词。①（蔬菜等）烧过了火。②果蔬因放置久而开始变质。

【熟门熟路】[ʂu²¹mən⁴⁵ʂu⁵³lu⁵³]义如条目。

【水】[ʂue²¹³]不靠谱。近义：奤。

【水滴滴】[ʂue²¹³tiə²¹tiə⁵³]义如条目。

【水滋滋】[ʂue²¹³tsɿ⁴⁵tsɿ²¹]潮湿的样子。如："梅雨天搞直地下（地面）～之。"

【耍】[ʂua²¹³]傻、鲁莽、易受欺。一作"甩"，似为"傻"之音变。

【耍货】[ʂua²¹³xu⁵³]愚傻、易被别人利用、欺骗的人，偶指不懂事、干傻事。一作"甩货"。

【甩手】[ʂuɛ²¹³ʂɯ²¹³]事情交给别人。也指没有事责、不负责任、无所事事的样子。

【甩头八兹】[ʂuɛ²¹³tʰɯ⁴⁵pɤ²¹tsɿ²¹]傻里傻气。

【纯善】[ʂuən⁴⁵ʂɯ⁵³/ʂən⁵³/ʂĩ⁵³]读若shún-shòu/shòng/shìn。①（小孩）听话、顺从、知礼、孝敬长辈。②忠厚善良。

【顺手】[ʂuən⁵³ʂɯ²¹³]①工具好用。②人听话、顺从。如："新领导来，都要提一班新人，用起来～。"

【顺汤顺水】[ʂuən⁵³tʰɑ²¹ʂuən⁵³ʂuɛ²¹³]事情进展得顺利、符合预期。

【顺绪】[ʂuən⁵³sɿ²¹]吉利、吉兆。

注：昔时先人常告诫：过年过节，不能讲不～之话，不能哭哭啼啼。图"顺绪"的说法还有：一家之主或男人们一辰（只要、一旦）出门，母亲就会在他荷包（口袋）里搁几个炮仗；男子汉的衣裳要单放，要晒高毫子，要搁高毫子；出门带毫糕，糕（"高"的谐音）来糕去。

【顺眼】[ʂuən⁵³ĩ²¹³]能接受、基本满意。如："她讲家（谈对象），这又看不上，那又不～，最后找个疟八眼（近视眼，引申为不怎么样的人）。"近义：如式。

【刷刮】[ʂuɤʔ⁵kuɤʔ⁵]借音词。做事利落。

【刷人】[ʂuɤʔ⁵zən⁴⁵]吃粗糙食品的感觉。亦形容刮去体内油脂的感觉。

【四方四正】[sʅ⁵³fɑ̃²¹sʅ⁵³tʂən⁵³]形容物体四四方方、很周正。

【斯文】[sʅ²¹uən²¹³]读若"斯稳"。指很有涵养，文质彬彬，懂得尊重人。还可形容小孩听话、不调皮。

【稀烂】[sʅ²¹læ̃⁵³]"稀"字作副词，有极端、非常的意义。

【稀碎】[sʅ²¹se⁵³]极细碎。

【稀巴巴】[sʅ²¹pa⁴⁵pa²¹]罕见、不常有。

【稀稀阆阆】[sʅ²¹sʅ²¹lɑ̃²¹³lɑ̃²¹³]稀疏。俗作"稀稀朗朗"。

【稀直八诧】[sʅ²¹tʂə²¹pɤʔ⁵tʂʰa⁵³]偶尔、很少出现的现象。如："你～来一趟，我俩好好喝一盅。"通：三不知。

【细靓靓】[sʅ⁵³liɑ̃⁵³liɑ̃²¹]形容物体细长，或人的身材为细高挑。如："张个厂家心黑，这～之铁管做板凳腿，能用几天？"

【细条条】[sʅ⁵³tʰiɔ⁴⁵tʰiɔ⁴⁵]通：细靓靓。

【细皮嫩肉】[sʅ⁵³pʰʅ⁴⁵lən⁵³zɯ⁵³]

义如条目。

【死不烂惭】[sʅ²¹³pəʔ⁵læ̃⁵³tsʰæ̃⁵³]要死不活、破罐破摔的样子。

【松泛】[səŋ²¹fæ̃²¹]不拥挤、没压力、有空闲，身体的不适感得到缓解。如：a.车子下去几个人，～多之！ b.这一程子（一段时间）还有毫～。c.给他捏一下，肩膀头～多之。

【松垮垮】[səŋ²¹kʰua²¹³kʰua²¹³]衣服大而下垂的样子。

【酸】[səŋ²¹/sũ²¹]（贬义）人品质上所体现的说不出的味道。主要指自傲、吝啬、心眼小、嫉妒、不肯帮人、怕丢面子等特性。

【酸八留兹】[səŋ²¹pɤʔ⁵liɯ⁴⁵tsʅ²¹]借音词。①食物呈酸的口感。②人品质、性格上令人反感的特性。通"酸"。

【酸八勒兹】[səŋ²¹pɤ²¹lɤʔ⁵tsʅ²¹]同上。

【酸味道】[səŋ²¹ue⁵³tɔ²¹]通"酸"。

【酸相】[səŋ²¹ɕiɑ̃⁵³]同上。

【酸样】[səŋ²¹iɑ̃⁵³]同上。

【酸滋滋】[səŋ²¹tsʅ⁴⁵tsʅ²¹]通"酸八留兹"。

【屄】[səŋ⁴⁵]（粗俗语）①胆

小、畏惧强暴、不敢反抗。②一说作"傱"。实力差，或在社会经济地位、个人技能等方面处于低层。

【尿八勒兹】[səŋ⁴⁵pɤ²¹lɤʔⁱ⁵tʂɿ²¹]同上。

【尿耷耷】[səŋ⁴⁵tə²¹təʔⁱ⁵]通"尿"。读若"尿得得"。

【尿人】[səŋ⁴⁵zən⁴⁵]让人厌烦、难受。如："他东西要直不歇，真～！"

【尿摊摊】[səŋ⁴⁵tʰæ⁵³tʰæ²¹]通"尿"。

【尿（得）之】[səŋ⁴⁵tɛ⁵³tʂə]①很累。②被麻烦到了极点。③因食物、动作长期单调而厌烦。如：累～、吃～。通：伤之、实尿。

【算狠直】[səŋ⁵³/sũ⁵³xən²¹³tʂə²¹]算厉害的。如："张个老头子～，车上霞们让位慢毫都嘛人。"

【算小】[səŋ⁵³/sũ⁵³ɕiɔ²¹³]小气。同义：啬；近义：精。

【送命】[səŋ⁵³min⁵³]非常、极端。可作副词。

【馊】[sɯ²¹]人的酸腐、显摆、猥琐等让人既发笑又反感的形象。如："你看他呵领导的样子，味道都～得之！"近通"酸"。

【瘦各郎肌】[sɯ⁵³kɤ²¹lɑ̃⁴⁵tʂɿ²¹]精瘦的样子。亦说"瘦各郎筋"。近义：三根筋。

【瘦筋筋】[sɯ⁵³tɕin⁵³tɕin²¹]精瘦的样子。

【瘦条条】[sɯ⁵³tʰiɔ⁴⁵tʰiɔ⁴⁵]瘦长的外表。

【酥】[su²¹]①酥软。②酥脆。③发麻的感觉。

【慝】[tʰE²¹]读若"胎"。难缠、阴坏、邪恶。如："这个人～直很，能办他巴巴（故意）卡直人不办。"

注：该词较古雅，《孟子·尽心下》：庶民兴，斯无邪～矣。《管子·小匡》：是故农之子常为农，朴野而不～。通：忒、奰。

【胎气】[tʰE²¹tsɿ²¹]通"棍气"。

【逮逮之】[tʰE²¹³tʰE²¹³tʂə]①缓缓、威严、心安理得的样子。《礼记·孔子闲居》：威仪～，不可选也。②泰然、高高在上的样子。现多贬义，如："这个驾驶员到哪～，把自己当领导了。""逮逮"读若"tǎi—tǎi"。

【抬人】[tʰE⁴⁵zən⁴⁵]衣服等给人长脸。

【汤心】[tʰã²¹ɕin²¹]借音词。称心。

【傥相】[tʰã⁴⁵ɕiã⁵³]吃东西不顾人、多吃且快。"傥"在此读第二声。

注："傥"的本意是洒脱不羁、不拘礼俗。合肥人素有用委婉词汇形容负面事物之俗，批评人亦如此。"傥"字之用，足见其雅。一说用"饕相"。

【烫嘴】[tʰã⁵³tse²¹³/tsue²¹³]食物温度较高，尝之口感很烫。

【讨神】[tʰɔ⁴⁵ʂən⁴⁵]令人烦神、伤脑筋。

【讨嫌】[tʰɔ⁴⁵ɕiĩ⁴⁵]令人讨厌。

【梼杌】[tʰɔ⁴⁵u⁵³]十分淘气，形容冥顽不化的、作恶胡闹的小孩。语出《左传》：颛顼有不才子……告之则顽，舍之则嚚，傲狠明德，以乱天常，天下之民，谓之～。

【塌肩】[tʰəʔ⁵tɕiĩ²¹]溜肩膀。

【沓皮】[tʰɤʔ⁵pʰ²⁵³]做事拖拉。通：皮沓。

【脱皮烂骨】[tʰɤʔ⁵pʰ⁴⁵læ⁵³kuəʔ⁵]形容物体（主要指有皮的食物）外形不整、表皮溃破。

【腿粗】[tʰe²¹³tsʰu²¹]有权势、有实力。

【疼兹兹】[tʰən⁴⁵tsʅ⁵³tsʅ²¹]轻微

疼痛的感觉。

【调和】[tʰiɔ⁴⁵xu⁵³]身体状况好。如："你妈爷这阵子身体不～，你要经常来家看看。"

【踢手绊脚】[tʰiəʔ⁵ʂɯ²¹³pʰæ⁵³tɕyɤʔ⁵]形容家里的东西乱放，妨碍人走动。"绊"读若"盼"。

【跳枝】[tʰiɔ⁵³tsʅ²¹]借音词。指在同类中表现突出、风采出众。古词似为"倜傥"，音转如此。《新方言》：今淮南谓人之有才者曰跳踢，或曰亭丈，即跌踢之转音，古语倜傥亦此字也。江南浙江谓人 曰倜傥。一说"跳"为"姚"或"宨"。

【贴心】[tʰiɤʔ⁵ɕin²¹]①属于自己心腹的感觉。②感情上亲、善解人意、会照顾人。如："养这个丫头～！"

【铁板】[tʰiɤʔ⁵pæ²¹³]质地紧密、板结。

【铁饱】[tʰiɤʔ⁵pɔ²¹³]吃得非常饱。

【天不好】[tʰiĩ²¹pəʔ⁵xɔ²¹³]不利于晾晒、收割及户外活动的天气，如天阴、下雨、下雪等。

【天干】[tʰiĩ²¹³kæ²¹]干旱。

【天好】[tʰiĩ²¹xɔ²¹³]天气晴好。

【甜八留兹】[tʰiĩ⁴⁵pɤ²¹liɯ⁴⁵tsʅ²¹]

甜的感觉。多贬义,如:"这菜～之,我吃不惯。"

【甜丝丝】[tʰĩ⁴⁵sๅ⁵³sๅ²¹]义如条目。

【亭当】[tʰin⁴⁵tã⁵³]①事情已安排妥当。②做事利落漂亮。《说文》:亭,民所安定也;今人谓物之安、事之定曰亭当。

【通】[tʰəŋ²¹]破。如:"头～得之"。

【通黄】[tʰəŋ²¹xuã⁴⁵]液体成深黄色。通:嗤黄。

【通浑】[tʰəŋ²¹xuən⁴⁵]液体非常浑浊。通:嗤浑。

【头大之】[tʰɯ⁴⁵ta⁵³tʂə]遇到非常麻烦、难以对付问题时的心情。

【头昏】[tʰɯ⁴⁵xuən²¹]头晕。"昏"与"晕"现分属声母中的"匣"母和"云"母,而这两者在上古是属于同一声母的,直到唐末才分家。故合肥话将"晕"读成"昏",循的是上古音。所以将"头发晕""晕头晕脑"分别读作"头发昏""昏头昏脑"。但是在"晕车""晕船"等词上用的是今音。

【头难剃】[tʰɯ⁴⁵læ⁴⁵tsʰๅ⁵³]难以满足、难对付。

【头老】[tʰɯ⁴⁵lɔ²¹³]自以为资

格老,言行不合身份。如:"他～之就跟蛋一样,我还没讲话他就坐上席!"

【头脑不做主】[tʰɯ⁴⁵lɔ²¹³pəʔ⁵tsu⁵³tʂu²¹³]①头脑昏聩、听信别人、易被操纵。②一时糊涂、冲动、思维错乱。如:"别老是在底坳(这里)烦我,烦直我～一巴掌刷屁得你!"

【透潮】[tʰɯ⁵³tʂʰɔ⁴⁵]非常潮湿,能自发地滴水。

【透熟】[tʰɯ⁵³su⁴⁵]①瓜果熟透。②非常熟悉、关系好。

【透鲜】[tʰɯ⁵³ɕyĩ²¹]瓜果或菜肴很鲜美。

【土八勒兹】[tʰu²¹³pəʔ⁵lɤʔ⁵tsๅ²¹]很土气。

【跎啰】[tʰʊ⁴⁵lʊ²¹]借音词。①话多且令人厌烦。②可作动词。如:"我们走我们之,别跟他～!"③用作形容词,表示麻烦事。

【巫精】[u²¹tɕin²¹]语义较难界定。大意包含乖张、怪异、好耍弄人、言行不合常规等。

【巫精乖跩】[u²¹tɕ²¹kuɛ²¹³tʂuɛ⁵³]通:巫精。

【五大三粗】[u²¹³ta⁵³sæ²¹tsʰu²¹]

高大粗胖的样子。一作：五斗三粗、五头三粗。

【五马羊西】[u²¹³mɑ²¹³iæ⁴⁵sʅ²¹]借音词。乱搞、搞糟，故意作乱、找茬。如："他嫌奖金拿直少，今个到单位～，还把主任茶杯掼得之。"

【五心烦躁】[u²¹³ɕin²¹fæ⁴⁵tsɔ⁵³]义如条目。

【恶懆】[u²¹tsɔ²¹][u⁵³tsɔ⁵³]读若"污糟"或"雾糟"。内心有说不出的烦躁、懊悔。

【乌糟】[u²¹tsɔ²¹][u⁵³tsɔ⁵³]肮脏、闷热。表示肮脏时亦读"雾燥"。吴语读"奥糟"。

【乌漆八黑】[u²¹tɕʰiəʔ⁵pɤ²¹xɤʔ⁵]天色、颜色很黑。

【雾气狼烟】[u⁵³tsʰʅ⁵³lɑ⁴⁵ĩ²¹]烟雾很大。

【雾雨撒撒】[u⁵³ɥ²¹³sɤ²¹sɤʔ⁵]下毛毛雨之貌。

【无千无万】[u⁴⁵tɕʰĩ²¹u⁴⁵uæ⁵³]数量非常多、成千上万。

【无远八远】[u⁴⁵yĩ²¹³pɤ²¹yĩ²¹³]很远，不知道有多远。近通"老远八远"。

【务心】[u⁵³ɕin²¹]放心、称心。

【歪歪倒】[uɛ²¹uɛ²¹tɔ²¹³]因疾病或劳累而踉跄欲倒。

【外骛】[uɛ⁵³u⁵³]①不专正事、在外面瞎混。如："他这个人～之很，家里头哄事（什么事）不管！"②在外搞婚外情。③小孩该回家不回。

【玩心重】[uæ⁴⁵ɕin²¹tʂəŋ⁵³]义如条目。

【尪瘰】[uɑ̃²¹ləŋ²¹]休弱多病、能力下降。

【忘性大】[uɑ̃⁵³ɕin²¹ta⁵³]记性差。

【王二麻子】[uɑ̃⁴⁵a⁵³ma⁴⁵tsə]不靠谱、靠不住、不会有下文、没指望了。如："你把钱交给他办事，那还不～之！"

【味道长】[uɛ⁵³tɔ²¹tʂʰɑ̃⁴⁵]①（贬）有说不清、道不明、令人不悦或反感的性格特点。如："他这个人讲不清，～之很哝！"近通：讲不清、酸。②有趣、有意思。

【味口重】[uɛ⁵³kʰuɯ²¹tʂəŋ⁵³]口味偏咸、甜、辣等。

【萎得之】[uɛ⁵³tɛ²¹tʂə]（形）衣服纤维等腐朽。通"殟得之"。"殟"亦读若"闷"之轻音。

【瘟】[uən²¹]借音词。①发瘟。②失去斗志。③头脑昏乱、无精打采、烦闷。

【瘟尿】[uən²¹səŋ⁴⁵]①十分懦弱。②很劳累、被纠缠得没办法。如："真给他搞直～，一天到晚找我要钱！"

【稳】[uən²¹³]①人品稳重、谨慎。②天气晴好而稳定。如：晴～之（能晴较长一段时间）、晴不～（天气暂时放晴，还有可能下雨下雪）。

【稳笃笃】[uən²¹³tɤ²¹tɤʔ⁵]读若"稳得得"。肯定、笃定之意。如："这回他～赢。"

【温汤热】[uən²¹tʰã²¹zɤʔ⁵]温热。如："这水烧直不脆，喝起来～。"一作：温暾热。

【膃臭】[uən²¹³tʂʰɯ⁵³]读若"稳臭"。气味或味道上的极臭或臭烘烘。《广韵》：膃，臭貌，乌孔切。

【膃气道】[uən²¹³tsʰɿ⁵³tɔ²¹]气味很刺鼻。如："尿桶不能搁房里，～之！"

【膃骚直】[uən²¹³sɔ²¹tʂə]有很刺鼻的骚臭味。

【膃腥气】[uən²¹³ɕin²¹tsʰɿ²¹]有很腥的气味。多指鱼、虾有腥气。

【恶苦】[uɐ²¹kʰu²¹³]（味觉）很苦。"恶"读若"握"。

【我家】[ʋ²¹³tɕia⁴⁵]家人、家庭的。如：～兄弟、～小妹、～屋。

【窝囊】[ʋ²¹lã²¹]①邋遢、不干净、外表不讲究。②感觉受窝囊气。③怯懦无能。

【窝里窝囊】[ʋ²¹ɿ²¹³ʋ⁴⁵lã²¹]通：窝囊。

【窝心】[ʋ²¹ɕin²¹]憋在心里不舒服。

【讹错】[ʋ⁴⁵tsʰʋ⁵³]有点问题、显然有错、显得出格。如："你这个事情做直有毫～哎！"

【习惯】[ɕiəʔ⁵kuɛ̃⁵³]义如条目。亦可作副词。对事物适应、偏好。如："我吃面食吃～了。"亦可简化为"惯"。如：打惯了、脏惯了、走惯了。

【惜弄】[ɕiəʔ⁵ləŋ⁵³]通"缩乱"，且疑为其音变。

【惜惜弄弄】[ɕiə²¹ɕiə²¹ləŋ⁴⁵ləŋ²¹]通"缩缩弄弄"。疑为其音变。

【吸】[ɕiəʔ⁵]凹进去。可作动词。

【虾膀子】[ɕia²¹pã²¹³tsə²¹]借音词。家禽因生病或受伤致使翅膀松开下垂。

【下饭】[ɕia⁵³fæ̃⁵³]菜（多指咸菜等小菜）能刺激味觉、使人多吃饭。

【下火】[ɕia⁵³xu²¹³]具有清热解火的功效。如："清炖猪心肺是～之。"

【下作】[ɕia⁵³tsɤʔ⁵/tsuɤʔ⁵]①自作、自贱。如："他～哎！好好之班不上非要辞职上街摆摊子。"②品行低劣、下贱。

【相当当】[ɕiã²¹³tã⁴⁵tã²¹]很有名、了不起。

【香】[ɕiã²¹]吃香、受欢迎。有时被用来要贫嘴，如：甲：干事（为何）挨我这样近？乙：你～嘛！

【香气】[ɕiã²¹tsʰ1²¹]受欢迎。

【孝】[ɕiɔ⁵³]孝顺。如："这霞子～直很！一放学就到田里帮他妈干活。"

【小】[ɕiɔ⁴⁵]兼作语气助词。意指"劣质的""不上提的""竟然"等。如："搞个～铁芯的冒充铜芯货糊我们。"

【小儿科】[ɕiɔ²¹³a⁴⁵kʰʊ²¹]方法、手段显得粗糙、稚嫩。如："跟我俩搞这一套，太～了！"

【小而不言】[ɕiɔ²¹³a²¹pɤ²¹ĩ⁴⁵]较少、较小，可以忽略的东西。

【小不言之】[ɕiɔ²¹³pɤ²¹ĩ⁴⁵tʂə²¹]通：小而不言。

【小毫毫】[ɕiɔ²¹³xɔ²¹xɔ⁴⁵]一点点、很小。如：～大霞们（很小的小孩）。

【小子子】[ɕiɔ²¹³tɕiə²¹tɕiəʔ⁵]方言读成"小节节"。表示身材瘦小，喻指吝啬、不大气。"子"字有"小"之义，《博雅》：子子，短也。音、义均与今合肥方言贴近。

【小矜矜】[ɕiɔ²¹³tɕin⁴⁵tɕin²¹]小气，谨小慎微。

【小筋筋】[ɕiɔ²¹³tɕin²¹tɕin²¹]通：小子子。

【小零三碎】[ɕiɔ²¹³lin⁴⁵sæ̃²¹se⁵³]零碎的。如："别看这些东西～，凑起来有（也）花不少钱。"

【小颛】[ɕiɔ²¹³ɻ53]读若"小义"，为人谦恭、客气、礼貌。如："这个人很～，不管见到哪个都点头、打招呼，客客气气。"《说文》：颛，谨庄貌。《辞源》：颛，一安静。

【枵】[ɕiɔ²¹]原指空虚，引申指轻纱、薄绢，再引申指片状或液态物的稀而薄：～粥、～纸、～布。

【枵薄薄】[ɕiɔ²¹pɤ²¹pɤʔ⁵]很薄、很稀的东西。

【枵粼粼】[ɕiɔ²¹lin⁴⁵lin²¹]很薄、很稀。"粼"有"薄"义。

【笑白得嗤】[ɕiɔ⁵³pɤʔ⁵tɤ²¹tʂʰ1̩²¹]借音词。①（贬）笑嘻嘻的样子。②做错事后准备接受责备的尴尬笑容。③形容套近乎的笑容、傻笑、不知耻的笑。

【笑眯眯】[ɕiɔ⁵³m1̩⁵³m1̩²¹]义如条目。

【笑人】[ɕiɔ⁵³zən⁴⁵]①有趣。②奇怪、不适合。

【笑嘻嘻】[ɕiɔ⁵³s1̩⁴⁵s1̩²¹]义如条目。

【笑死之】[ɕiɔ⁵³s1̩²¹tsə]很高兴。

【瞎】[ɕiɤʔ⁵]①形容看东西不清或不细心。如："他眼～直很，这样大字都看不清！"②作副词，加上动词表示"乱搞"，近同"糟"。如：～讲、～搞、～编。

注："瞎"和"糟"基本上可通用，意义稍有区别，前者侧重表示没有正确方向、正确手段的错乱作为，后者主观色彩更强，除"胡乱"意义外，还有"滥搞""不计后果地搞"等色彩。

【瞎眼子】[ɕiɤʔ⁵ñ²¹³tsə]形容某人视力很差，或注意力不集中。如："真是个～！人在跟前都看不见。"

【㦩】[ɕiE⁵³]借音词。愚笨。

【㦩头㦩脑】[ɕiE⁵³tʰɯ⁴⁵ɕiE⁵³lɔ²¹³]木讷、笨拙、愚痴的样子。

【蟹】[ɕiE⁵³]借音词。迟缓、穿着臃肿。

【蟹国】[ɕiE⁵³kuɐ²¹]借音词。行动迟缓、穿着臃肿、披挂过多。

【蟹直蟹国】[ɕiE⁵³tsə²¹ɕiE⁵³kuɐʔ⁵]通：蟹国。

【斜坯子】[ɕi⁴⁵pʰ1̩²¹tsə]坏种、品行不正。如：～货。

【邪劲】[ɕi⁴⁵tɕin⁵³]闲着无事造事、惹人烦的样子。

【邪瘩魖魖】[ɕi⁴⁵pʰ1̩²¹uã⁴⁵liã⁴⁵]品行邪僻、胡搞乱来。

【邪气】[ɕi⁴⁵tsʰ1̩⁵³]怪异、怪气。

【闲泛】[ɕiĩ⁴⁵fæ⁵³]清闲。

【咸增增】[ɕiĩ⁴⁵tsən⁵³tsən²¹]借音词。食品偏咸，但正常、可口。如："鸭肫腌过晒干吃起来～之，下饭。"

【险侧侧】[ɕiĩ²¹tsʰə²¹tsʰəʔ⁵]①差一点出事、很危险。②差一点未达到目标。如："他考试过得了，～之。"

【腥气】[ɕin²¹tsʰɿ²¹]散发鱼虾等水产品的气味；引申指类同鱼腥气的刺鼻味道。

【新鱻】[ɕin²¹ɕin²¹]方言所用乃古音，读若"新新"，今作"新鲜"。指鱼肉等食品为新近收获、加工，品质新鲜。《说文》段注：此释三鱼之意，谓不变其生新也；引申为凡物新者之称，凡鲜明、新鲜字皆作鱻……今则鲜行而鱻废矣。

【心粗】[ɕin²¹³tsʰu²¹]粗心，易忽视别人的感受，不会照顾别人。

【心大】[ɕin²¹ta⁵³]志向大、目标高、欲望多。如："心太大之！哪能借许多钱办厂？不倒才怪！"

【心定定的】[ɕin²¹tin⁵³tin⁵³tʂə]事情已有着落、心里踏实的感觉。

【心急火燎】[ɕin²¹tɕiə⁵xu²¹³liɔ²¹³]义如条目。

【心疼】[ɕin²¹tʰən⁴⁵]令人怜爱、同情。如："这霞子长直好～。"

【心疼人】[ɕin²¹tʰən⁴⁵ʐən⁴⁵]可爱。

【性子坦坦】[ɕin⁵³tsə²¹tʰæ²¹³tʰæ²¹³]性格不急躁。偶指某人动作迟缓。如："赶快催喝他，他～之，再不走就搭不上车照！"

【性子飐】[ɕin⁵³tsə²¹sɔ⁵³]做事快、性格急躁、易怒。如："你要原谅他，他～。"

【姓肿】[ɕin⁵³tʂən²¹³]借音词。①呆憨、易受欺蒙。如："人家糊他，他一毫毫都不晓顿，真是个大～！"②做事唐突，或不计后果。如："他～之不得了，疯犯起来连他大都敢打。"

【姓直八肿】[ɕin⁵³tʂə²¹pɤ²¹tʂən²¹³]通"姓肿"。语气稍强。

【行】[ɕin⁴⁵]关系好。通：中、照。

【凶巴巴】[ɕiŋ²¹pa⁴⁵pa²¹]义如条目。

【羞巴巴】[ɕiɯ²¹³pa⁴⁵pa²¹]害羞的样子。

【貅巴巴】[ɕiɯ²¹³pa⁴⁵pa²¹]借音词。①很馋、吃起东西不顾别人、狼吞虎咽的样子，近于"觉相"。②对某物有很强的欲望。③想取得某物，又不直说，却很容易被别人看出来的样子。④以某种近乎不顾脸皮、不管别人利益的方式取得私利。

【朽八得之】[ɕiɯ²¹³pɤ²¹tɛ⁵³tʂə]借音词。很老、很馋。

【羞头赧面】[ɕiɯ²¹³tʰɯ⁴⁵lɛ⁵mĩ⁵³]

害羞、动辄脸红的样子。

【絮叨】[sʅ⁵³tɔ²¹]话多。

【虚头巴脑】[sʅ²¹tʰɯ⁴⁵pɤ²¹lɔ²¹³]①虚伪、不实在，好讲空话、大话。②（菜肴里）无实质性的料。

【昫人】[ɕyəʔ⁵zən⁴⁵]借音词，读若"蓄人"。形容热浪熏人。

【雪白干净】[ɕyɐʔ⁵pɤʔ⁵kæ²¹³tɕin⁵³]面相又白又干净。同义：清亮干净相。

【雪白粉嫩】[ɕyɐʔ⁵pɤ²¹fən²¹³lən⁵³]义如条目。

【血糊拉兹】[ɕyɐʔ⁵xu²¹la²¹³tsʅ²¹]血糊糊、沾满鲜血的样子。

【血糊淋拉】[ɕyɐʔ⁵xu²¹lin⁴⁵la²¹]通"血糊拉兹"。

【鲜青】[ɕyĩ²¹³tɕʰin²¹]颜色非常翠绿。

【鲜清】[ɕyĩ²¹³tɕʰin²¹]（液体）很清澈。如："霞们烧恐怕退下去之，撒尿～之。"

【鲜飚】[ɕyĩ²¹³sɔ⁵³]特别快。

【鲜甜】[ɕyĩ²¹tʰĩ⁴⁵]义如条目。

【傿薄】[ɕyĩ²¹pɤ²¹]借音词。①刻薄。②读若"宣泛"，撒娇、拍马、骗磨。

【羡】[ɕyĩ²¹]读若"轩"，多一点。

如："把秤称～毫子（秤尾翘一点，可少称些重量）。"该字古有"多一点"之意。司马相如《上林赋》：德隆乎三皇，功～于五帝。《晏子春秋》：喜乐无～于赏，忿怒无～于刑。

【巽得之】[ɕyn⁴⁵tɛ²¹tsə]借音词，"巽"读若"寻"。精疲力竭，近于半休克、半昏迷状态。如："砍山（上山砍草）一天下来，人都～！"

【巽】[ɕyn⁵³]读若"迅"。意手气好、运气来了。常用于打牌赌局中，意思是兴旺发达。传手掌巽区隆起有财气，故得名。

【压秤】[iɤʔ⁵tʂʰən⁵³]物品比重大。

【鸭遑】[iɤʔ⁵xuɑ̃²¹³]借音词。不靠谱、失败了、没指望了。

【阳】[iɑ̃⁴⁵]（形，借音）不听话、性格乖戾、傲慢、故意为难人，偶指品行痞暴。

【阳货】[iɑ̃⁴⁵xu⁵³]（形，借音）通：阳。

【阳之三广】[iɑ̃⁴⁵tʂə²¹sæ²¹kuɑ̃²¹³]（形，借音）洋里洋气、痞头痞脑。

【养人】[iɑ̃²¹³zən⁴⁵]指食物有营养、有助于（恢复）健康。亦指环境对人健康有益。

【痒爬爬】[iã²¹³pʰa⁴⁵pʰa⁴⁵]义如条目。

【样子多】[iã⁵³tsə²¹tʊ²¹]①要求高、标准繁杂。如俗语：做鞋不中～。②易变。如："他一刻要这样搞、一刻要那样搞，～之有根！"

【要命】[iɔ⁵³min⁵³]非常、极端。可作副词。

【一把乱泛】[iəʔ⁵pa²¹³ləŋ⁵³fæ̃⁵³]形容很多、不值钱。如："张个研究生～，找个工作都难。"

【一百】[iəʔ⁵pɤʔ⁵]形容数量多、规模大等，多用于负面语气。如：a.～个人有～个人讲他不对。b.这个事，你～天都搞不好！

【一饱】[iəʔ⁵pɔ²¹³]吃得很饱的状况或感觉。

【一踹一晃】[iəʔ⁵tʂʰuɛ²¹³iəʔ⁵xuã⁵³]形容某人在某地很有势力。如："别看他抄个电表，在村里头可是～。"

【一当】[iəʔ⁵tã⁵³]正派、理智、善良、可信赖。如："隔壁二婶虽然不识字，头脑相当～"

【一笪巴子厚】[iəʔ⁵tɤʔ⁵pa²¹tsə²¹xuɯ³]形容两人间关系深厚。

【一滴格大】[iəʔ⁵tiə²¹kɤʔ⁵ta⁵³]借音词。外形或年龄很小。也说"一格格大"。

【一丁丁大】[iəʔ⁵tin⁴⁵tin²¹ta⁵³]很小。

【一肚子】[iəʔ⁵tu⁵³tsə²¹]满脑子：～坏水、～小九九。

【一毫毫】[iəʔ⁵xɔ²¹xɔ⁴⁵]一点点。

【一乎不乎】[iəʔ⁵xu²¹pɤ²¹xu²¹]无知、什么都不知道、没有一样专长。如："虽然在学校念了一堆书，到社会上还是～。"

【一惊一乍】[iəʔ⁵tɕin²¹iəʔ⁵tʂa⁵³]故弄玄虚地自作惊诧，或弄出让人吃惊的事情。如："他就是好神头鬼脸，经常搞直～之。"

【一口喝】[iə²¹kʰɯ²¹³xɤʔ⁵]形容水不冷不热，正好一口饮下。

【一码色】[iə²¹ma²¹³sɤʔ⁵]一色。

【一门不门】[iə²¹mən⁴⁵pɤ²¹mən⁴⁵]没有哪一样在行。通"一乎不乎"。

【一屁股屎】[iəʔ⁵pʰɿ⁵³ku²¹sɿ²¹³]形容某人劣迹斑斑，尤指经济上不廉洁。

【一瓢货】[iəʔ⁵pʰiɔ⁴⁵xʊ⁵³]一路货色。如："他跟他～。"

【一身劲】[iəʔ⁵ʂən²¹tɕin⁵³]①专

注于某事，搞得很有兴致。如："他讲起方言来～！"②（贬）自以为是或不自量力、不合身份地将某事搞得很起劲。如："你以为你是哪个啊？在这毫搞之～！"

【一搨平】[iə²¹tʰəʔ⁵pʰin²¹]很平整。亦用：一抹平。

【一塌平洋】[iə²¹tʰəʔ⁵pʰin²¹iã⁴⁵]非常平整。

【一天两天】[iəʔ⁵tʰĩ²¹liæ̃²¹³tʰĩ²¹]形容较短的一段时间。如："真佩服他，这种地方，蹲～还中，天天生活在这坳子（这里）不照（不行）。"

【一头火】[iə²¹tʰɯ⁴⁵xʊ²¹³]正在火头上。

【一团脔】[iə²¹tʰʊ̃⁴⁵lã²¹]原指一团块状食物。喻指人身材矮小。如："他家媳妇不见起，长直～。"

【一划平】[iə²¹tʂæ̃²¹³pʰin²¹]通"一搨平"。读若"一崭平"。

【一扎齐】[iəʔ⁵tʂɤ²¹tsʰ̩⁴⁵]很整齐。

【野】[i²¹³]粗野、厉害、蛮横、不讲理。

【野毛三秋】[i²¹³mɔ⁴⁵sæ̃²¹³tɕʰiɯ²¹]痞野、不好惹的样子。通：野。

【野性】[i²¹³ɕin⁵³]通：野。

【眼毒】[ĩ²¹³təʔ⁵/tuəʔ⁵]目光锐利。

【眼皮浅】[ĩ²¹³pʰ̩⁴⁵tɕʰin²¹³]见识短浅、眼界不高。"张人眼皮浅，田不要都往城里头跑。"

【严丝密缝】[ĩ⁴⁵s̩²¹miəʔ⁵fəŋ⁵³]板状物拼合很严密、缝隙极小。

【阴】[in²¹]①为人诡异、不坦诚，做事自私、损人、不露声色。②阴险。

【阴坏】[in²¹xuɤ⁵³]通：阴。

【阴死不活】[in²¹s̩²¹³pə²¹xuɤʔ⁵]①半死不活。②阴险、不流露真心。偶作"阴死阳活"。

【有】[iɯ²¹³]有家财。

【有板有眼】[iɯ²¹³pæ̃²¹³iɯ²¹³ĩ²¹³]①做事稳当、有章法、有效率。②像真的有那么一回事。如："他回来讲直～。"

【有力】[iɯ²¹³liəʔ⁵]食物（尤指炖制肉类的汤）有营养。亦称"有质量"。

【有下数】[iɯ²¹³ɕia⁵³/xa⁵³su²¹]做事有头脑、有分寸、心里有数。

【有心数】[iɯ²¹³ɕin²¹su⁵³]有心机、有分寸，不轻易表露内心想法。

【油】[iɯ⁴⁵]①对什么都无所谓、

不求上进。②对人不恭、对工作敷衍拖沓。③有少许流气、痞气。

【油滴滴】[iɯ⁴⁵tiə²¹tiə¹ʔ⁵]义如条目。

【油水好】[iɯ⁴⁵ʂue⁵³xɔ²¹]伙食好。

【愚拙】[ʮ⁴⁵tʂuɤʔ⁵]①太本分、节省。②过于客气、礼节过分。③思想落后、拘泥于旧俗。如："他这个人太～之，一件涤卡褂子穿之几十年还在穿！"

【迂】[ʮ²¹]迂腐、不灵活。

【圆泛】[yĩ⁴⁵fæ̃⁵³]①话讲得没有漏洞。②办事灵活、周全。

【圆八琉秋】[yĩ⁴⁵pɤ²¹liɯ⁴⁵tɕʰiɯ²¹]外形圆鼓鼓的。

【圆鼓鼓】[yĩ⁴⁵ku⁵³ku²¹]外形圆鼓鼓的。

【圆鼓琉秋】[yĩ⁴⁵ku²¹liɯ⁴⁵tɕʰiɯ²¹]通"圆八琉秋"。

【圆滚滚】[yĩ⁴⁵kuən²¹³kuən²¹³]义如条目。

【圆溜溜】[yĩ⁴⁵liɯ⁵³liɯ²¹]外形呈现或近似圆形或球形。

【月份大】[yɐʔ⁵fən⁵³ta⁵³]①用于同龄人出生月份的比较，指比对方早一个月份以上出生。②单独指小

孩的出生月份在一年中的前后位置，一般指四月以前的月份；而"月份小"一般指九月以后的月份。

【晕】[yn²¹]性子憨、做事磨蹭。

【晕跶跶】[yn²¹tɤ²¹tɤʔ⁵]通：晕。读若"晕得得"。

【熨帖】[yn⁵³tiɤ²¹]服帖。

【润】[yn⁵³]刚下过雨后空气的湿润感，在夏季可指凉爽。谐音且读若"运"。如笔者每当出门或回家时逢雨止，祖母会说："我大宝有运气。"

【鏨脸】[tsæ̃⁵³lĩ²¹]形容蚊子等飞虫密集。

【鏨腿】[tsæ̃⁵³tʰe²¹³]形容水里的鱼较多。

【杂冒】[tsɤʔ⁵mɔ⁵³]易怒、脾气火爆（稍嫌乖僻）。如："这小家伙脾气～之很，两句话不投机就要跟人家劈架。"一作"杂毛"。

【杂七八拉】[tsɤ²¹tɕʰiə²ʔ⁵pɤ²¹la²¹]杂七杂八、乱七八糟。

【砸蛋】[tsʅ⁴⁵/tsɤʔ⁵tæ̃⁵³]①完了、不好了。②麻烦。③可作副词，表示程度很深，效果、规模很大：快乎～、冻直～、人多之～。偶读若"滋

蛋"。

【作渴】[tsɤʔ⁵/tsuɤʔ⁵kʰɤʔ⁵]食物易使人口中发干，产生想喝水的感觉。"作"字在合肥，因有无u韵母存在两读，下同。

【作烧】[tsɤʔ⁵/tsuɤʔ⁵ʂɔ²¹]因被捂住不透气而产生燥热的感觉。如："穿人造革鞋～。"

【作孽】[tsɤ²¹/tsuɤʔ⁵liɤʔ⁵]可怜、伤心。该词在方言里鲜有"造孽、做坏事"义。

【作孽巴巴】[tsɤ²¹/tsuɤʔ⁵liɤʔ⁵pa⁴⁵pa²¹]可怜、落魄相。

【在行】[tsE⁵³xɑ̃⁴⁵]掌握专业技能、擅长做某种事情。

【在讲之】[tsE⁵³tɕiɑ̃²¹³tʂə]形容有一定地位和脸面的人或家庭。如："找到他（嫁给他）是她福气，人家之家也是～。"

【粲】[tsæ⁴⁵]读若"咱"。词义内涵丰富，主要有漂亮、美好、有趣之意：①形容人（多指小孩）长得好看。②人及事物有意思、可赞许。③对别人的行为表示不解、不满。④奇怪、不对头。"粲"字原指精米，后引申为美好之物。《国语·周语》：夫兽三为群，人三为众，女三为～……夫～，美之物也。

注：今中国东南部多地仍在用此音义，读若"展""简"等。

【脏】[tsɑ̃²¹]①肮脏。②利益分配上不透明、不公正。③管事或掌权者贪心大、贪腐。

【脏猪样】[tsɑ̃²¹tʂu²¹iɑ̃⁵³]多形容小孩因大人疏于管护或因玩耍而使外表肮脏。

【糟】[tsɔ²¹]①脏。②可作副词，意义近同"瞎"，与动词连用表示"胡搞"。

【糟鄙鄙】[tsɔ²¹pɳ⁴⁵pɳ²¹]脏乱、行事随便。"鄙"有粗俗、庸俗、丑陋、朴野等义。

【糟乱】[tsɔ²¹ləŋ²¹]通"缩乱""弄送"。

【早早】[tsɔ²¹³tsɔ²¹³]老早。

【咋咋呼呼】[tʂa²¹tʂa²¹xu⁴⁵xu²¹]形容某人虚张声势、到什么地方都说个不停。

【捽脚】[tsɔʔ⁵/tsuɔʔ⁵tɕyɤʔ⁵]紧脚。

【夯场子】[tʂa⁵³tʂʰɑ̃²¹³tsə]物体体积大占地方，或本不该占那么大的空间。

【踻】[tʂɛ⁵³]读若"寨"。倾斜。

【侧】[tʂɛ⁵³]读若"寨"。歪斜。

【扎扎齐】[tʂɤ²¹tʂɤ²¹tsʰɿ⁴⁵]整齐。通：一扎齐、齐扎扎、齐卓卓。

【崭刮】[tʂæ̃²¹³kuɤʔ⁵]读若"展国"。衣着装扮合身、得体，言行利索。如："她是个～老人子，粑粑头梳直一丝不乱。"对如此品貌的人可称为"崭刮佬"。

【胀肠子】[tʂã⁵³tʂʰã⁴⁵tsə]令人生气。通"胀肠子"。

【胀眼】[tʂã⁵³ĩ²¹³]①光线刺眼。②看了某人就不舒服、生气。

【招不住】[tʂɔ²¹pəʔ⁵tʂu⁵³]受不了。

【针脚粗】[tʂən²¹tɕyɤʔ⁵tsʰu²¹]缝得不密、不细致。

【针脚细】[tʂən²¹tɕyɤʔ⁵sɿ⁵³]与"针脚粗"反义，喻指针线活好。

【正经八百】[tʂən⁵³tɕin²¹pɤ²¹pɤʔ⁵]很正经、正式。

【正经八了】[tʂən⁵³tɕin²¹pɤ²¹liɔ²¹³]通：正经八百。

【整】[tʂən²¹³]该词可兼作形容词、副词。整个、全体齐整不零碎之意。

【阵得之】[tʂən⁵³tɛ²¹tʂə]形容数量多且声势大。

【直】[tʂəʔ⁵]公道、诚实、正直。偶喻头脑迂执、不知变通。

【直八优侗】[tʂəʔ⁵pɤʔ⁵lən²¹³tʰən²¹³]直白、直接说。俗作"直白笼统"，略带贬义，常指无策略、不顾及别人感受地直说、直接做某事。

【直肠子】[tʂə²¹tʂʰã⁴⁵tsə]介于形容词和名词之间，表示有话藏不住、有啥说啥。

【直嗤】[tʂəʔ⁵tʂʰʅ²¹]借音词。原指很快的直线运动，喻指工作进展快速、顺利（略带贬谑）。如："都讲他不学无术，他不干直～吗？"

【直性子】[tʂəʔ⁵ɕin⁵³tsə²¹]可作形容词与名词，表示耿直、性格直爽。婉指性格有点急躁、偶尔暴躁。

【直眼子】[tʂəʔ⁵ĩ²¹³tsə²¹]不注意观察四周。

【值当】[tʂəʔ⁵tã⁵³]值得、合算。

【肿头揾兹】[tʂən²¹³tʰɯ⁴⁵kuɤʔ⁵tsʅ²¹]借音词。动作粗鲁、言行欠考虑。通：姓肿。

【周正】[tʂɯ²¹tʂən²¹]人长得端正，物品外表完整、匀称、品相好。

【周五正六】[tʂɯ²¹u⁵³tʂən⁵³lə?⁵]
正式、郑重。可作副词。似为"周吴
郑王"的音变。

【周吴郑王】[tʂu²¹u⁵³tʂən⁵³uã⁴⁵]①
正经端庄的样子。②认真地从事某
项工作。

【㑇】[tʂɯ²¹³]读若"肘"。本意是
僵硬，喻指脾气执拗、固执。

【㑇手】[tʂɯ²¹³ʂɯ²¹³]①经济上
暂时局促。②形容某人脾气古怪，或
局面复杂疑难、难对付。

【㑇头揢兹】[tʂɯ²¹³tʰɯ⁴⁵kuɐ?⁵tsʅ²¹]
拗犟、不服从的样子。

【㑇头尥颈】[tʂɯ²¹³tʰɯ⁴⁵liɔ⁵³tɕin²¹³]
通：㑇头揢兹。

【㑇头㑇脑】[tʂɯ²¹³tʰɯ⁴⁵tʂɯ²¹³lɔ²¹³]
通：㑇头揢兹。

【扭】[tʂɯ²¹³]读若zhǒu。原意是
扭动身体。①得意状。通：跩、侈、
谝。②显摆状，多讽刺女子韶道、
招摇、不服管教、变化无常。通：
烧、韶道。③跟人戗着干的样子。通
"㑇"。④扭曲状。如："枇杷树长～
得之。"

【猪八勒兹】[tʂu²¹pɤ²¹lɤ?⁵tsʅ²¹]通
"猪哄哄"。

【猪大癞】[tʂu²¹ta²¹lɛ⁵³]肮脏、
耍赖、不讲理的样子。

【猪哄哄】[tʂu²¹xəŋ⁴⁵xəŋ²¹]性
格粗鲁、动作粗暴、言行没分寸。
表示"胡乱、鲁莽、浪费、肮脏、野
蛮"之意。

【猪癞癞】[tʂu²¹lɛ⁴⁵lɛ²¹][tʂu²¹lɛ²¹³lɛ²¹³]
通"猪哄哄"，语义稍弱。

【猪脑子】[tʂu²¹lɔ²¹³tsə]极其糊
涂、不懂道理。同：猎头八兹、猪头
猪脑。

【猪相】[tʂu²¹ɕiã⁵³]（詈骂语）
指懒惰、肮脏、无知、粗鲁无礼之
相。

【猪行】[tʂu²¹ɕin⁴⁵]（詈骂语）
极端粗鄙、凶暴之品行。

【主贵】[tʂu²¹³kue⁵³]会带来好运
的品行和行为特性。

【抓住】[tʂua²¹tʂu⁵³]关系好。尤
其指建立在共同兴趣与利益上的关
系状态。

【跩】[tʂuɛ²¹³]读第三声。①变
得发达、富足。尤指短时间内的暴
发。如："他张～之，搞矿两年就发
之。"②指手头的装备、人员十分
充足。③偶指摆谱、显风头的样子。

通"谝经"。作动词时，指摆弄、浪费时间。

【跩弄】[tʂuɛ²¹ləŋ²¹]拖延时间、做事不利索。偶指头脑迟钝、能力较差。

【跩跩弄弄】[tʂuɛ²¹tʂuɛ²¹ləŋ⁴⁵ləŋ²¹]通：跩弄。

【拽手拽脚】[tʂuɛ²¹ʂuɯ²¹³tʂuɛ²¹tɕyɤʔ⁵]①放不开手脚干事。②因寒冷而缩手缩脚、动作不灵便。如："天冷，～之。"

【奘】[tʂuã²¹³]方言读若zhuǎng。粗大、健壮。方言常称在一起饮酒、做事的长者为"老奘"，喻其老而强健。

【捉急】[tʂuɤ²¹tɕiəʔ⁵]处于负担重、财务困窘的状态中。

【抵饿】[tʂʅ²¹³ʊ⁵³]指食品耐消化或热量高。

【抵使】[tʂʅ²¹³ʂʅ²¹³]指物品有用、好用、经用。

【恣松】[tʂʅ²¹³səŋ²¹]舒服、自在。

【仔惜】[tʂʅ²¹³ɕiəʔ⁵]①细心。②对物品小心珍惜。③节省地使用。

【渍潮】[tʂʅ²¹tʂʰɔ⁴⁵]潮湿。

【兹酸】[tʂʅ²¹³səŋ²¹/sũ²¹]肢体因运动、劳累而酸痛。

【齜瘦】[tʂʅ²¹sɯ⁵³]读若zī—sòu，瘦小。《集韵》：齜，在礼切，音荠；弱也，亦短也。

【齑碎】[tʂʅ²¹³se⁵³/sue⁵³]非常碎。

【喞喞之】[tʂʅ²¹³tʂʅ²¹tʂə]①形容吮、嘬食物、饮料时的声音，亦可形容饮食者的贪婪相。②形容进展得顺利。如："都讲他干不好，他不干直～吗？"

【倨倨的】[tʂʅ²¹³tʂʅ²¹tʂə]与本人身份地位不相称的高傲相，或接受不够资格享受的服务时的坦然相。通"老倨"。

【嘴笨】[tse²¹³/tsue²¹³pən⁵³]义如条目。"嘴"有zěi和zhuǐ两种读音，下同。

【嘴不怂】[tse²¹³/tsue²¹³pɤ²¹səŋ⁴⁵]（贬义）①嘴上不服输、强词夺理。②只是嘴上厉害。

【嘴不稳】[tse²¹³/tsue²¹³pɤ²¹uən²¹³]喜欢串话、守不住秘密。

【嘴大】[tse²¹³/tsue²¹³ta⁵³]并非基于话语内涵的是非曲直，而是因说话者本身地位、官职等因素，使其所讲具有表面上的权威性。如："别跟他争，人家～！"

【嘴刁】[tse²¹³/tsue²¹³tiɔ²¹]吃东西挑剔。偶指口齿伶俐或说话刻薄。

【嘴狠】[tse²¹³/tsue²¹³xən²¹³]仅嘴皮子厉害，或明知有错嘴上不认。近通：嘴不尿。如："这个人没什么玩意，就落得个～。"

【嘴坏】[tse²¹³/tsue²¹³xuɛ⁵³]喜欢背后讲人坏话。

【嘴快】[tse²¹³/tsue²¹³kʰuɛ⁵³]（贬）不加考虑就说出意见。

【嘴辣】[tse²¹³/tsue²¹³lɐʔ⁵]对食物不挑剔。

【嘴硬】[tse²¹³/tsue²¹³zən⁵³]不认错、不让步。

【嘴悴】[tse²¹³/tsue²¹³se⁵³]俗称"嘴碎"，喜欢抱怨别人、讲人坏话。

【嘴甜】[tse²¹³/tsue²¹³tʰĩ⁴⁵]①小孩肯喊人。②善于甜言蜜语。

【嘴歪歪】[tsue²¹³/tsue²¹³uɛ⁴⁵uɛ²¹]孩童欲哭状。

【嘴稳】[tsue²¹³/tsue²¹³uən²¹³]保守秘密，讲话慎重。

【嘴谇谇】[tsue²¹³/tsue²¹³tʂa⁴⁵tʂa²¹]俗称"嘴喳喳"。喜欢叽里呱啦不停地讲话。喻指只有嘴上功夫，没有实际能力。

【皱襞纳哄】[tsɯ⁵³pɻ²¹lɐʔ⁵xən²¹]借音词。很皱。如："他不晓顿在哪搞到一张证明，～之。"亦作：皱八纳哄、皱八勒兹。

【钻心】[tsən²¹/tsuəŋ²¹ɕin²¹]形容甜、苦、酸等味觉非常强烈。

【左】[tsu²¹³]乖僻、犟、有差错。

五、虚词、代词、量词、拟声词等

【二回】[a⁵³xuɛ⁴⁵]（序数词）第二次、下一次。

【哎】[ɛ²¹³]（助）也。通：有、又，为"也"的音变。

【把】[pa²¹³]（量、介）①次序上的"次"：头～（上一次）、二～饭锅。②抽象量词：两～劲、一～火。③作数量名词性词组的后缀或中缀，表示"多一点""相当多"：斤～（米）、个～（人）、百～（两）百、千～（两）千。③方位介词，表示"靠最……侧"：～头、～右手、～尾。④句首助词，表示某种情势"造成"了某种情绪。如："～他俩逼直没法子。"⑤隐含被动意义。如："他～她搞急死之。"⑥比。

【把把】[pa²¹³pa²¹³]（频率副词）每一次。

【巴巴】[pa⁵³pa²¹]（情态副词）读若"霸巴"。有意、特地、存心。"巴"字本义指大蛇。《山海经》：巴蛇食象，三岁而出其骨。又引申为尾巴，喻指生殖器，所以"巴"组成的词多带有贬义。至于为何又有"故意"之义，可能是古巴蜀一直被中原当作化外之地，其民亦被想当然地认为是霸蛮粗野、不讲道理，所以"巴巴"有有意刁难别人的意思。《红楼梦》：家常送东西的家伙也多，～的拿这个去。一作"霸霸、霸意"。

【掰】[pɛ⁴⁵]（借音副词）别。

【掰慌】[pɛ⁴⁵xuɑ̃²¹]（借音副词结构）读第二声。暂不要、不要急着做某事。

【掰讲】[pɛ⁴⁵tɕiɑ̃²¹³]（连）①更何况。如："我们连老警都不怕，～你一个小保安！"

【办讲】[pæ̃⁵³tɕiɑ̃²¹]（借音连词）①做感叹句首语气词。怪不得、就是讲、所以、不然人家不会这样讲。②因此。如："现在吃的人多、做事的人少，～东西只见贵。"

【板】[pæ̃²¹³]（量）①用来计量豆腐成品。一～豆腐，指在豆腐制作过程中，通过泡豆、磨浆、煮浆、点浆（点石膏或盐卤）、缩浆，初得豆腐脑，再用纱布包好，经板压滤水后，成形于木模板上的一整块豆腐。其被划开切出的一小块曰"一厢"。②用于表示晒制于长条状木板（主要是门板）上物品的数量。如：一（门）～袼褙、一（门）～冬米、一（门）～山芋屑。

【板倒】[pæ²¹³tɔ²¹³]（语气副词）从此、决然（不做某事）。如："上次她给他难看，他～就不睬她了。"

【板定】[pæ²¹³tin⁵³]（表示肯定意义的副词）一定、必定。

【帮】[pa²¹³]（动词虚化介词）读若"把"。为、为了、帮某人忙、为某某做某事。如：a. ～他盛碗饭。b. ～他带一截（让他搭乘一段路）。

【包】[pɔ²¹]（借音助词）肯定、保证。如："你听我之，～不害你。"

【抱】[pɔ⁵³]（量）一捆左右的草或庄稼。

【报】[pɔ⁵³]借音助词。①不知道、不确定。这个字似为"包"（肯定义）的疑问义读音，或方言"不晓得"的连读省略音。如："天这么晚，

他～可来嗷？"②做句尾疑问词，俗作"不"。表示大概、差不多。如：a. "你吃之～？"b. "他不会害我们～？"③劝说。通"啵"。如："你还是跟她复婚～？"

【百啊百】[pɤ²¹a²¹³ pɤʔ⁵]（量）一百多。通：百把百。

【八百辈】[pɤ²¹pɤʔ⁵pe⁵³]（语气副词）需要很长时间地、不可能地。如："像你这个样，～也讨不到人（娶不到老婆）！"

【八辈子也/都】[pɤ²¹pɤʔ⁵pe⁵³tsɤ²¹iu²¹³/tuɪ²¹]（语气副词）永远（也不）。

【八了】[pɤʔ⁵liɔ²¹³]（借音程度副词）非常、相当地。似为"不了"之音变。如：精神～、聪明～、欢喜～。

【辈】[pe²¹³]（借音比较介词）"比"的变音，读若běi，有时读若pěi。如："～他有（也）不晓顿强好多倍！"

【葖茏】[pə²¹/pəʔ⁵lən²¹]（借音量词）读若"不拢"，意为一丛、一挂。如一～草、一～葡萄。《说文》：葖，草盛。"茏"字有葱茏、丛集之意。

【不】[pəʔ⁵/pə²¹]（助）①不是……吗？②接近于、不完全是，不伦不

类。如：土～土、洋～洋，圆～圆、方～方，上～上、下～下。③用于假性疑问句中，表示"肯定会"。如："不给她坐主席台，她～蹦翻之天（大吵大闹）？"

【不彻】[pə²¹tʂʰɐʔ²⁵]（副）与动词连用。①来不及、做不完：吃～、做～、穿～。②比不过、跟不上、搞不过别人。③急于、慌忙地做：（热得衣服）脱～、讲～（急于表达）。

【不提】[pə²¹tʂʰɿ⁴⁵]（递进关系连词）何况、还不算。

【不到】[pəʔ⁵tɔ⁵³]（比较介词结构）不及、不如。如："种田他～他哥哥。"

【不得】[pə²¹/pəʔ⁵tɤʔ⁵]（结构助词）因客观原因不能。如："我这两天忙直很，～来。"

【不得过】[pə²¹tɤʔ⁵kʊ⁵³]（程度副词）非常、很。

【不得活】[pə²¹tɤ²¹xuɤʔ²⁵]通"不得过"。

【不得了】[pə²¹/pəʔ⁵tɤ²¹liɔ²¹³]（程度副词）很、非常。如忙着～、累直～、咸直～。通"不得活"，语气稍弱。

【不得手】[pə²¹tɤ²¹ʂɯ²¹³]（形

副）没有时间。如："这程子割稻，我～来。"

【不得歇】[pə²¹tɤ²¹ɕiɤʔ²⁵]（副）不停地、断断续续地：下直～、讲直～、忙直～。

【不给】[pə²¹/pəʔ⁵ke²¹³]（助词结构）不被允许。如："他～去。"

【不怪】[pəʔ⁵kuɛ⁵³]（语气副词）怪不得、难怪。

【不假】[pə²¹tɕia²¹³]（转折关系连词）虽然……但是。如："我来过～，但我没看见。"

【不讲】[pə²¹ɕiɑ̃²¹³]（递进关系连词）况、况且。如："～你是个领导，就是老百姓也应该讲理"。

【不蛮】[pə²¹mæ⁴⁵]（借音副词）不经常。如："退二线后，他就～来之。"

【不盼】[pəʔ⁵pʰæ⁵³]（借音副词）难道、恐怕、也许。如："～他还要我们客人来埋单？"

【不怕】[pəʔ⁵pʰa⁵³]（借音副词）通：不盼。

【不算】[pəʔ⁵səŋ⁵³/sũ⁵³]（递进关系连词）且不论、何况、就算不考虑……、何止这一点……还有。如：

"他偷之人家东西～，还把人打伤之。"

【不要讲】[pəʔ⁵iɔ⁵³tɕiã²¹³]（递进关系连词）①不在话下。如："～这个小屁精，就是他家老大来，老子有（也）不怕！"②何况。如："人家是诚心帮我们，～他自己有困难。"

【不要提】[pəʔ⁵iɔ⁵³tsʰʅ⁴⁵]（递进关系连词）①没有必要提起。②通：不提、不讲、不算、不要讲。

【不相干】[pə²¹ɕiã⁴⁵/ɕiã²¹³kæ̃²¹]（转折关系连词）不经意、想不到。如："过去念书笨之，～个个变成大老板。"另"不相干的"亦指普通的人。如："张（现在）人搞两个钱就跩（显摆），～之都搞个车开。"

【不歇】[pə²¹ɕiɤʔ⁵]（副）通"不得歇"。

【嫑】[piɔ⁵³]（助）不要。方言音读若"鳔"。

【比方】[pʅ²¹³fã⁵³]（虚词结构）比如。

【比方讲】[pʅ²¹³fã⁵³ɕiã²¹³]（虚词结构）比如。

【半拉拉】[pəŋ⁵³la²¹³la²¹]（副）事情只进展到一半、有头无尾。

【半天】[pəŋ⁵³tʰĩ²¹]（副）较长地、超过正常的时间地。

【才】[tsʰɛ⁴⁵]（时间副词）①刚才。读第二声。②所以。读平声轻音。如："天很冷了，他～开始加衣裳。"③才开始的时候。

【造成】[tsʰɔ⁵³tʂʰən⁴⁵]（结构虚词）以致、乃至。

【随】[tsʰe⁴⁵/se⁴⁵]（副）"随"读若cuí或séi，下同。随便、任由、立即。如：～你、～吃、～手。

【随讲】[tsʰe⁴⁵/se⁴⁵tɕiã²¹³]（副、连）无论如何、不管怎么讲。如："～也不能让霞们不上学。"

【随他】[tsʰe⁴⁵/se⁴⁵tʰɤʔ⁵]（副）由他便、任他去搞、看他能怎样。如："这事～讲搞！"意思是"这件事让他去搞好了"。该词隐含反感语气。

【撑】[tsʰən²¹]（虚化动词）相当于。如："他一个人～三个人拿钱。"

【差不多】[tʂʰa⁴⁵pəʔ⁵tũ²¹]（副）几乎。

【叉伙】[tʂʰa²¹xʊ²¹³]（虚化动词）①合伙做某事。如："厂是他俩～开之。"②一起分享。如："这碗饭我俩

～吃。"

【茬】[tʂʰa⁴⁵]（量）庄稼的一次收获。

【朝】[tʂʰɔ⁴⁵]（介）①向：～我借钱。②对、对着……方向。

【朝上】[tʂʰɔ⁴⁵sã⁵³]（虚词结构）有余、以上。如："亩产一千斤～。"

【朝上跑】[tʂʰɔ⁴⁵sã⁵³pʰɔ⁴⁵]（虚词结构）通：朝上。

【超前】[tʂʰɔ⁴⁵tɕʰĩ²¹]（名、时间副词）先、先前、超先。"前"读若"千"。

【超先】[tʂʰɔ²¹/tʂʰɔ²¹³ɕĩ²¹]（名、时间副词）时间上的先前、赶在前面，方位上超过别人。

【成】[tʂʰən⁴⁵]（数）表示几分之几。

【趁手】[tʂʰən⁵³sɯ²¹³]（副词）立即、随手。

【冲】[tʂʰəŋ⁵³]（介）①冲着、针对。②方位上正对着。如：～门。

【除】[tʂʰu⁴⁵]（介）除了、除去。

【除掉这个】[tʂʰu⁴⁵tiɔ⁵³ti⁵³kə²¹]（虚词结构）此外。

【除火】[tʂʰu⁴⁵xʊ²¹³]（虚词结构）交易称量中减掉容器及包装物的重量。也称"去火"。

【除之】[tʂʰu⁴⁵tʂə]（介）①除……外。同义词有：扣掉、去直、不算。②除非。

【储心】[tʂʰu⁴⁵ɕin²¹]（语气副词）存心、故意、处心积虑。如："这货～不让我上来。"

【出劲】[tʂʰuəʔ⁵tɕin⁵³]（副）使劲地、用力地（去做某事）。如："～拉，不然上不了坡。"作为抽象意义的虚词，还表示认真、长时间、用心地做某事，如："～想，也想不出来好办法。"

【出奇】[tʂʰuəʔ⁵tsʰʅ⁴⁵]（副）非常、很：懒直～、冷直～。

【起来】[tsʰʅ²¹/tsʰʅ²¹³lᴇ²¹]（助动词）①表示正在、正在进行的动作：我望直～（我一直、正在望着）、这两天我忙着～（正忙着）。②表示可行、有用、适用：能装～（能安装上）、走不～（走不了）。③作助词后缀，表示状态，通"在"。如："底（这）鱼可活之～？"④用于祈使结构。如：走～、穿～、把鱼（于冰箱）搁～、把香（在脸上）搽～。

【从】[tsʰəŋ⁴⁵]（副）重新。似为

"重"的音变。

【从头到脚】[tsʰən⁴⁵tʰɯ⁴⁵tɔ⁵³tɕyɤʔ⁵]（范围副词）全身上下。

【从头到尾】[tsʰən⁴⁵tʰɯ⁴⁵tɔ⁵³ue²¹³]（时间副词）始终、一直。

【大】[ta²¹]（助）①用在"几个、几条"等不定数量词后作后缀，表示"没有多少"的意思。如：几个～钱、几条～枪、没几个～人。②与"这"连用，指"这么个……"，带埋怨语气。如：a.这～霞们一毫毫不懂事。b.这～东西搁在这坳（这里）都看不见。

【大差不差】[ta⁵³tʂʰa²¹pəʔ⁵tʂa²¹]（副）①数量上的差不多。②表示对情势的大致认可。如："找对象不能太挑剔，～就中之。"

【大生】[ta⁵³sən²¹]（借音情态副词）明明是。如："人家～在谈话，你非要跑过去诧！"

【大约莫】[ta⁵³yɤ²¹məʔ⁵]（副）大概。

【大儿】[ta⁵³tʂŋ²¹³]（数词后缀）一般与十位数连用，多表示年龄上"几十几"的意思。十位数一般用在5以下，个位数则通常指5以上。如

"30～"表示年龄在35岁以上。

【打】[ta²¹³]（介）①算，以某个数据为基点，或作为计算、计数标准。如："～五个人来吃，你这菜哪够呢？"②从、自从。如："～春上他就没回来过。"

【打紧】[ta²¹³tɕin²¹³]（副）抓紧。

【带】[tɛ⁵³]（连）①与、和、连同。如："这回到北京玩，～吃～买东西恐怕花直他千把千。"②加上、带上。如："～他我们一起是五个人。"③一边、同时、兼做：～干～玩。④允许。如："不～这样干的。"

【带毫子】[tɛ⁵³xɔ²¹/ɔ²¹tʂə]（副）数量、程度上的一点。此处"带"实为"得"之音变，一般与动词、形容词连用。如：吃～（吃掉一点）、多～（多了一点）、好～（好些了）、大～（大了一些）。

【带紧】[tɛ⁵³tɕin²¹³]（副）抓紧。同义：趱紧。

【带蛮（之）】[tɛ⁵³mæ⁴⁵tʂə]（副）①不讲理、强迫、糊弄。②勉强、强力推进。如："张个搞工程，不～不中。"

【带玩（之）】[tɛ⁵³uæ⁴⁵tʂə]（副）

很轻松地。

【逮到】[tɛ²¹³tɔ⁵³]（副）通"逮到就"。

【逮到就】[tɛ²¹³tɔ⁵³tɕiɯ⁵³]（副）立即、一下子、不经考虑地、猛烈地做某事。如："先把事情搞清楚之，不要～发火。"

【单】[tæ²¹]（副）①单单、单就。②与动词组成词组，如：～过、～烧、～溜、～睡。

【单单】[tæ⁴⁵tæ²¹]（副）单说、仅仅。如："～就烟一项，这顿饭就花之几百。"

【单另单】[tæ²¹lin⁵³tæ²¹]（副词结构）单个、特地。如："～就剩下他一个走在后头了。"

【掸上】[tæ²¹³ʂã⁵³]（副）一接触上、稍沾染上（就）。如："赌博不能碰，～就戒不掉。"

【掸眼】[tæ²¹³ĩ²¹³]（副）①一瞬间。如："他～就不见之。"②迅速看见。如："他进屋～看到不对账（不寻常的情况）就跑得之。"

【道】[tɔ⁵³]（量）如：头～门、二～贩子。

【叨】[tɔ²¹]（量）用筷子一次所夹的菜。如：一小～菜。

【刀】[tɔ²¹]①（量）一般指一刀切下的东西。如：一～肉，一～草纸。②次序量词。如：头～韭菜。

【到】[tɔ⁵³]①（介）离……有多远。②在道德、能力等方面的差距。如："他～他老头差太多之！"③（助动词）与动词组成词组，表示完成时：拿～、碰～、吃～、喝～。如："这一辈子太苦之，没吃～、没玩～。"句中"到"偶发dǎo音。

【到地】[tɔ⁵³tsɻ⁵³]（副）①已到"极端"程度。通：到功。②亦用"到底"，不隐瞒，说真心话、触及底线的话。如："讲～之话，你这个东西是不合标准的。"③到位、真实、全部的情况。

【到底】[tɔ⁵³tsɻ²¹³]（副）①一直：如："～都在用这个方法。"②最后。③究竟。

【到功】[tɔ⁵³kən²¹]（副）（人的品行、习惯等）已达到相当或极端的程度：坏～、懒～。

【到家】[tɔ⁵³tɕia²¹]（副）表示极端、极度的状态或感觉。方言中表示程度上"很、极其"的口语虚词还有：不得了、架不住、麻庄、砸蛋、伤之、伤得之、死得之、屁得之等。通：到地、到功。

【到阶个】[tɔ⁵³tɕE²¹kə]（借音副词结构）到今天。偶含有一定责问、揶揄口气。如："～可找到小丫头喳？"

【到尽】[tɔ⁵³tɕin⁵³]（副）到头、到极端。

【到哪】[tɔ⁵³la²¹³]（虚词结构）从哪儿、根本不可能。如："这么晚我～去找人？"通：在/自哪。

【到卯】[tɔ⁵³mɔ²¹³]（副）已到极端、无可救药的程度。通：到功、到地、到家。如："你～之噢，懒直吃饭都不想伸手！"

【到月】[tɔ⁵³yɤʔ⁵]（副）①逢月。如：～就有（每个月都有较固定的收入）。②怀孕足月。

【倒】[tɔ²¹³]①（助动词）读若"岛"，相当于"下"：睡～、坐～、搁～、蹲～。②（转折关系连词）表示"却"。如："他家之粮食多直生蛆，我们～一两没有。"③（虚词）都已经（表示一种对比关系）。如："你才来啊，我们～吃过之。"

【倒好】[tɔ⁵³xɔ²¹³]（转折性独立结构）①插入语，形容动作方行为乖张、离谱。如："男之在外累直要死，她～，在家连饭都不煮！"②反而。如："跟你讲不要跟这个人沾，你～，还把他带来家吃饭。"

【倒转】[tɔ⁵³tʂũ²¹³]（虚词结构）反过来、反倒。如："是他的错，他～过来怪我。"

【搭】[tɤʔ⁵]①（介）和、同、跟、与。如："他～他，都不能吃亏。"②（量）指台阶的"级"。偶喻指职务级别。

【得】[tɤʔ⁵]（助）①能、会。如：不～来、不～动。②将来的趋势与可能性：不～坏。

【得亏】[tɤʔ⁵kʰue²¹]（副）幸亏、多亏。

【得手】[tɤ²¹ʂɯ²¹³]（助）有空就做某事。如："我～就来。"

【得之】[tE²¹tsə²¹/tsə]（助）读若"带直/之"。构成完成时和被动语态。偶读若"得了""的了"。

【鬏】[tɤʔ⁵]（量）读若"得"。表示"一绺、一把"：一～头发、一～毛线。

【对】[te⁵³]（介）①正常、理应。可作形容词。②对于、对着、对于、朝向。如："他～西头去了。"

【对过】[te⁵³ku⁵³]（方位介词）对面：他坐我～。可作名词，指对家：打牌他是我～。

【对直】[te⁵³tʂəʔ⁵]（方位介词）朝着直线方向。如："走这条路～。"

【独亏】[təʔ⁵kʰue²¹]（语气副词）幸亏。

【顿】[tən⁵³]（抽象量词）一次。如：一～打之、讲之一～。

【这】[ti⁵³]（代、副、前缀及语气助词）读若"第"，一作"底"。①方言代词和构成名词的前缀助词，相当于英语的this或定冠词the。如：～人、～桌子、～毫子。其引申用法还可构成带粗俗意义的词组前缀"这倒妈""这倒姐"等等。②作副词，表示"这么的、如此地"等义。如："你讲搞～半天还不来啊？"③做句首语气助词。如："～讲搞？（这该怎么办）"、"～麻（这今后）就有之搞照。"

【这大】[ti⁵³ta²¹]（名词性结构语气虚词）表示"这样一个、都已经

这样大的一个/一些"等义，多含有不满的意义。如：a. ～霞子还来尿（尿床）！b. ～一个东西在你跟前都看不见？

【这毫】[ti⁵³xɔ²¹/ɔ²¹]（虚词结构）这一点。如："就～东西啊？"

【这麻】[ti⁵³ma²¹/ma⁴⁵]（借音连词结构）这下子、这以后。如："底霞子张就底样懒，～长大讲搞嗷？（这孩子现在就这样懒，以后长大怎么办呢？）"

【这歇子】[ti⁵³ɕiɤ²¹tsə]（独立虚词结构）这下。

【这样】[ti⁵³ã²¹]（连）便、于是。

【这吆】[ti⁵³iɔ²¹]（带有量词、代词意义的虚词结构）这一点点。如：～截子（这一点路程）。"吆"似为"一毫毫"之音变。

【的确】[tiəʔ⁵tɕyɤ̃ʔ⁵]（独立虚词结构，作转折词）虽然（固然、即使）……但是。

【顶】[tin²¹³]（副）最：～多、～好。

【顶多】[tin²¹³tʊ²¹]（副）①最多。②最差程度。如："不要有后怕，～再回老家种田。"

【丁丁】[tin⁴⁵tin²¹]（副、量）原指体积很小的一块东西，可作副词修饰形容词，表示"小"。如：～大、～高。

【丁裔】[tin²¹lã²¹]（量）读若"丁朗"。通"团裔"而略小，指一小块肉或其他的一小块块状食物。

【定规】[tin⁵³kue²¹]（副）必定。

【定下来】[tin⁵³ɕia²¹lɛ⁴⁵]（副）肯定。如："你这样疲疲沓沓，学习～不中。"

【丢手】[tiɯ²¹ʂɯ²¹³]（副）一不注意（就）、马上。通"脱手"。

【都】[tɯ²¹]（副、助）①就、已经。如：a.脚～走肿之。b.我多远～看到之，你还看不见？②也。如："打不过你，～要咬你一口。"③已然、竟然。如："真不是人，连这样之事～敢干！"④用在短句的句首，表示"非常、太、狠"的状语意义，带有较强的负面语气。如：a.（这个人）～厌死之！b.（今天）～热死之！⑤难道。用于反问句中，如："人家～是呆子！给你这样一糊就糊过去之？"

【都是】[tɯ²¹ʂʅ⁵³]（连）因为、

由于。如："～他做之太不像话，我才克之他。"

【都爽】[tɯ²¹ʂuã⁵³]（借音虚词结构）都说、都可以说、据说。如："到哪地要钱咪？厂子～倒得之。"

【都要】[tɯ²¹iɔ⁵³]（副）①将来要、有必要（去做）。如："天说冷就冷，我～去买件羽绒衫。"②极有可能，都快到某种程度了。

【斗】[tɯ²¹³]（量）①旧时容积计量单位。一斗为十升。②旧时田亩计量单位，一斗田（或称一斗种）等于十亩地。"斗"做名词亦指容纳谷物的藤制容器，俗称"笆斗"。

【多多之】[tʊ²¹³tʊ²¹tʂə]（副）相对来说多不少。

【多少】[tʊ²¹ʂɔ²¹³]（副、形）①不少、很多。如：a.连直～天都在下雨。b.～人都讲不能跟他沾（不能与他交往）。②疑问词。

【多远之】[tʊ²¹yĩ²¹³tʂə]（副）从较远处。如："他～就迎上来之。"

【多之】[tʊ²¹tʂə]（助、副）构成比较级。如："穿这个衣裳暖和～。"

【呃】[ɤ²¹]（助）呀、啊。①疑问句尾助词。②表示警告、戏谑、幸灾乐祸等多种意义。如：a. 你跟他搞～（搞到最后没有好果子吃）！b. 跟他哄～（哄到最后有你麻烦的）！

【呃（子）】[ɐ²¹tsə]（后缀助词）一下子。动词后缀，似为"（一）下子"的音变，与动词连用，表示临时、简单或非正式地做某事。如：歇～、坐～、讲～，等等。重读时读若"喝子"。

【发】[fɐʔ⁵]（抽象量词）次、回。如："上～你跟我讲之事办好之。"该词意古已有之，《后汉书·鲜卑传》：鲜卑寇边，自春以来，三十余～。

【发发】[fɐ²¹fɐʔ⁵]（抽象量词、副）每一次。

【法】[fɐʔ⁵]（动词后语气助词）可组成疑问句，或形式疑问句，表示疑问、诘问、训斥等意义。如："玩，把裤子都磨破之，看你去家跟你妈怎样个交代～？"

【番】[fæ⁵³/pʰæ⁵³]（抽象量词）一下子、一次。读若fàn或pàn，多用在词组"一番"中。"番"字古有"次、回"之意。杨万里《中秋与诸子果饮》：几年今夕一～逢，千古何人此兴同。

【翻之天】[fæ²¹tʂə ʔ⁵tʰĩ²¹]（副）达到极端的程度。如：臭～（极臭）、蹦～（闹得很厉害）。

【反而】[fæ²¹³a²¹³]（副、助）却。

【反过来】[fæ²¹³kʊ⁵³lɛ⁴⁵]（副）却。

【反正】[fæ²¹³tʂən⁵³]（副）无论如何、横竖。偶读若"反定"。

【放一边】[fɑ⁵³iə²¹pĩ²¹]（连）且不论、况且。通：不提、不讲、不算、不要讲、不要提。

【非】[fe²¹]（副）必须、一定要。如：a. ～要等他来才吃。b. 这事，～他来不行。

【非但】[fe²¹tæ⁵³]（副、连）不但、不仅。

【该】[kɛ²¹]（副）应该是（某某）、属于（某某）的权益、义务、轮次等。

【该因】[kɛ²¹in²¹]（副）注定、理应。如："这事～是我做之吗？"

【干】[kæ⁵³] [kæ²¹]（副、动）①读若gān。相关。②读若gàn，近似动词，稍显粗俗。花费、消耗：一件衣裳～得千把千。③读gān，强使、硬（做）：～想、～抗。④无奈地：～坐、

～等。⑤无效、假装地：～号、～瞪眼。⑥不带水分地：～吃、～炕。

【干干】[kæ²¹³kæ²¹]（副）光、仅仅。如："～一顿饭就要三斤米。"

【干事】[kæ²¹³ʂʅ⁵³]（虚词结构）读若"感四"，为"干哄么事"的合音，亦用"干么事"。①为什么。如：a.你～给他钱？ b.我想不明白他～不上班。②何事？

【赶】[kæ²¹³]（副）"赶快"的合音音变。

【赶紧】[kæ²¹³tɕin²¹³]（副）抓紧、连忙。

【赶忙】（副）[kæ²¹³mã⁴⁵]连忙。

【搞】[kɔ²¹³]（副、连、动）①导致。如：～一身汗。②造成某种结果。如："天阴就作疼，这麻（这以后）腿～不能走讲～（怎么办）？"③变化：天～阴之、人～瘦之。

【搞到阶个】[kɔ²¹³tɔ⁵³tɕɛ²¹kɔ²¹]（借音副词结构）直到今天。带有较强的不解、责备语气，如："你讲（搞）～才来？"

【搞搞】[kɔ²¹³kɔ⁵³]（副）有时、偶尔、往往、可能。如："他一般天天来，～又不来。"再如："东西不

能放外头，～就搞丢得之。"后一个"搞"读若"告"。

【搞之】[kɔ²¹³tʂə²¹]（句子结构虚词）①因果关系连词。造成、以致。如："你底样不争气，～我们跟后头丢脸。"②构成被动语气，多表示一种不佳的状态。如：a.事情～很难办。b.大家面子上都不好看。③用于不满、讽刺的语气：～像真之（真能做得出、也不知害臊）！

【搞（之）不好】[kɔ²¹³tʂə²¹pə²¹xɔ²¹]（虚词结构）或许、可能。如："～今个要下大雨。"作副词成分。

【高低】[kɔ²¹³tʂʅ²¹]（副）①就是（不）、坚持。如："好讲歹讲，他～就是不下来。"②终究（还是）。如："考之多少回，～还是通不过。"

【隔花】[kɤʔ⁵xua²¹]（副）间隔着。

【个】[kə/ku⁵³]（量、语气助词）①轻读若gē，多表示负面情绪。如：a.吃～饭都吃不安！b.请～假都这么啰唆！②做量词时，偶重读若guò。

【纥勾】[kə⁴⁵tɕiɯ⁵³]（量）草或质地较软纤维的一个结或一捆。

【隔】[kɤʔ⁵]（介）①同"离"。

离……有多远、多久。②每一段时间。

【隔三隔四】[kɤʔ⁵sæ̃²¹kɤʔ⁵sŋ̍⁵³]（副）经常、隔三岔五。

【搁】[kɤʔ⁵]（介）①如若是。如："～我，非把他捶屁得之！"②地点介词，表示"在、到、在……上面"。如：a.把书搬～房里头。b.把菜垛～桌子高头。③时间介词，表示"如放在……时候"：～往常、～昨个。④对于（某人）。如："底事，要是我们做之，要倒大霉；～他，一毫事没有。"

【搁一块】[kɤʔ⁵iəʔkʰuE⁵³]（副）放一起。

【合】[kɤʔ⁵]（量）读若"格"，俗作"角"。旧时容积与田亩计量单位。一合为十分之一升，一合"种"为一分田。

【给】[ke²¹³]（助、介、动）①作助词，构成被动意义。如："～狗咬直一家伙。"②让（作动词）。如："～他搞，看他能搞成怎样？"③作介词。要是、搁。如："～我，我不把他劈屁得之！"

【跟】[kən²¹]（介词、并列关系连词）和、对、与、同、比。如：a.他～她好。b.要～他讲！ c.他～他是弟兄伙。d.我最怕化学～政治。

【跟后头】[kən²¹xɯ⁵³tʰɯ/tɯ]（副）①随之、因此。如："阳正年一过，～就到春节之。"②接着、立即。如："你只要个人信息一填，～就能接到好多骗子电话。"

【跟勒】[kən²¹lɤ]（副）通"跟手、跟后头"，似为其音变、缩略词。

【跟前】[kən²¹tɕʰĩ²¹]（副、名）①在附近。如："霞们都在～。"②眼前、不远处。如："年关都到～之。"

【跟手】[kən²¹ʂu²¹³]（副）随手、立即。如："跟人借钱，回来～就要还。"通：趁手。

【跟直（后头）】[kən²¹tʂə²¹xɯ⁵³tʰɯ²¹]（副）①随即、马上。②随时、不停地。如："这霞子太费，～（把他）洗手都不中。"②必定、伴随着。如："西边天黑着，～要下大雨。"

【更何况】[kən⁵³xʊ⁴⁵kʰuã⁵³]（连词结构）何况。

【宫东】[kəŋ²¹təŋ²¹]（拟声）形容较沉闷的磕碰声音。如："将才车子～一声，肯定是轮子压到石头之。"表示突然的碰击、滚落声的词汇还有：訇稜、磕峒、崆砻、崆峒等。

【共统】[kəŋ⁵³tʰəŋ²¹³]（借音副词）从此、一直、完全（一般用于否定句中）。如："吵过一架后，他～就不来之。"

【共垄】[kəŋ⁵³ləŋ²¹³]（借音副词）①通：共统。②总共。如："各人交之钱不等，～就这些。"通：垄共（拢共）。

【共总】[kəŋ⁵³tsəŋ²¹³]（副）通：共统、共垄。对比：再搞（也不）。

【咕吱咕吱】[ku²¹tʂʅ²¹ku²¹tʂʅ²¹]（拟声）形容嘴里的咀嚼声。

【寡】[kua²¹³]（副）①仅仅。如："～酒就花得几百块。"②光、只是。如："～直接去吃饭。"

【寡手】[kua²¹³ʂɯ²¹³]（副）空手。

【拐拐旮旮】[kuɛ²¹³kuɛ²¹³kɤ²¹kɤʔ⁵]（副）到处、每一处。"旮"读若"格"。

【乖乖】[kuɛ²¹³kuɛ²¹]（副）①表示"顺从、无条件地"。②作短语。惊叹之意。

【乖乖老老】[kuɛ²¹³kuɛ²¹lɔ²¹³lɔ²¹³]（副）顺从、必须、无条件地。如：

"你～把东西还来，不然掰（别）怪我不客气。"

【光】[kuã²¹]（副）单说、仅仅、只是。

【归】[kue²¹]（介）属于、终究会。

【规规矩矩】[kue²¹kue²¹tsʅ⁴⁵tsʅ²¹]（副、形）真正地、实实在在的。如："他～念之大学。"

【棍打不动】[kuən⁵³ta²¹³pəʔ⁵təŋ⁵³]（副）确定、肯定、准时地。

【过】[kuʊ⁵³]（介）经过。

【过后】[kuʊ⁵³xɯ⁵³]（连词结构）然后、接着。

【过之】[kuʊ⁵³tʂə²¹]（助）构成完成或被动语态。

【果劲】[kuʊ²¹³tɕin⁵³]（情态副词）使劲、努力地：～干、～吃。通"出劲"。

【管】[kũ²¹³]①（连、介）不管、无论：～他、～他是哪个！②向：～他要200块钱。

【管阑】[kũ²¹³lɛ̃⁴⁵]（借音连词）①随便、不管、不管怎样。如："～哪个，都要守规矩。"②作短语。随便、请便。如：甲："中晌吃哄么？"乙："～。"似为"管他呢"之合音音变。

【管但】[kũ²¹³tæ̃⁵³]（借音连词）随便、不管。通"管阑"。

【关快】[kuæ̃²¹³kʰuE⁵³]（借音副词）"赶快"的音变。

【榾柮】[ku²¹lu²¹]（量）合肥话读若"轱辘"。原指一段未加工的原木，后引申为一小段圆滚滚的东西或滚动的动作，又俗作"骨碌"。如：一～山芋、一～屎。

【股】[ku²¹³]（量）①一份、一部分股权。如："这个厂在他村子开，他就非要插一～子。"②分数表达中的"分"。如：三～之一（三分之一）。通"成"。

【哈个】[xa²¹³kə²¹/ku⁵³]借音疑问代词。哪个。"哈"读第三声。

【哈马嘚瑟】[xa²¹ma²¹tɤ²¹sɤʔ⁵]（借音副词）不用心、不认真。如："他做事～之。"该词为"哈马阿笪撒"之缩略音。

【海】[xE²¹³]（副）无目的地、空泛地。

【啥】[xa²¹]（借音句尾助词）①（因对方的行为失去某种机会而）表示可惜、责备。如："你当初就认厌

～（也不至于到现在的境地）！"②劝说（语气比"啵"更强一些）。如："吃之～，不然底样搞下去身体搞坏完之！"

【好】[xɔ²¹³/xɔ⁴⁵/xɔ⁵³]（程度副词、疑问助词）①相当、非常、很：～大、～香、～丑。②与"多""高""大""些"等连用，构成对数量的疑问结构：～多人（有多少人）、～些钱（有多少钱）、～高（有多高）、～大（多大年龄）。③与"多""些"等连用，表示"多""久"的意思：～多人、～些天。④与动词连用，构成含"容易"意义的被动结构：～烧（容易被烧熟）、～烂（容易被煮得烂熟）、～讲（易被说服）、～讲话（容易接受别人意见）、～欺（易被欺负）、～打浪（易清洗）。⑤读去声，意"经常、倾向于"：～烦神、～下雨、～打架。

【好歹】[xɔ²¹³tE²¹³]（副）不管怎样。

【好多】[xɔ²¹³/xɔ⁴⁵tu²¹]（副、形）①很多。②疑问副词。多少。

【好好】[xɔ²¹³xɔ²¹³]（副）①偏偏、无缘无故。用"好好"构句，有

责备、威胁义,如:"你～跟他讲我干(gǎn)事?"②作为构词成分,有"为何、干吗"的意思,表示对方的行为没有意义。如:"他～又(在)作?!"③正常的状态无端受到干扰。如下句的前一个"好好":"我走路走直～之,他～给我一捶!"

【好几】[xɔ²¹³tsʅ²¹³](副)①大几:他三十～了。②较多次。如:"他是新搬来的吧?我～次在楼道碰到他。"

【好讲歹讲】[xɔ²¹³tɕiɑ̃²¹³tE²¹³tɕiɑ̃²¹³](副)反复讲、用心地劝说。

【好亏】[xɔ²¹³kʰue²¹](副)多亏。如:"～来之及时,不然就麻烦之。"

【好生】[xɔ²¹³sən²¹](疑问结构助词)干吗、为什么?如:"人家又没讲你,你～去嘎人干事?"

【好好生生】[xɔ²¹³xɔ²¹³sən⁴⁵sən²¹](疑问结构助词)通:好生。

【好些】[xɔ²¹³/xɔ⁴⁵sʅ²¹](副、代)①疑问词,表示"有多少?"。②修饰名词,表示"很多"。③名词化指代词,表示"没多少"。如:"吃不了～。"

【好在】[xɔ²¹³tsE⁵³](副)亏得。

【好张子】[xɔ²¹³tʂɑ̃⁵³tsə](时间副词)什么时辰、何时。

【毫】[xɔ²¹³](抽象量词)一点点。

【喝(子)】[xɤ⁵³tsə](助词)"呃(子)"的重读。一下子。

【合】[xɤʔ⁵](虚化动词)折算、达到。

【合讲】[xɤ²¹tɕiɑ̃²¹³](介词结构)按老话讲、按理、都这么讲。

【合他】[xɤ²¹tʰɤʔ⁵](虚词结构)①"搁他"的音变。②句首虚词,意为"就他来说、讲起他"。

【还】[xɤ⁴⁵](副、连、助)①而且、并且。做语气副词,如:a.他懒,～坏!b.风大,～下着雨。②反而。如:"他不但不赔礼,～狠之很(很凶)。"③句首助词。有可能、几乎、差不多、以致。多用于表达因别人的行为影响己方而产生的不快、怨恨等消极感受,如:a.～给他吃穷得之(对方太能吃)。b.～给他搞骇之(他这样能把人吓着)!④暂时(不行)。如:"(买这个东西),我钱～不够。"④根本不会,用于反问疑问句中。如:"我饭都吃不饱,～买衣裳呢?"⑤相当、有点。⑥难道：a. 我～怕你？　b. ～能让下属骑到你头上？⑦尚（没有）：钱～没带。⑧竟然。

【还能】[xɤ²¹lən⁴⁵]（句首疑问助词）作反问句用，表示"不可能"的意思。如：a. ～考不上？　b. ～给他超过之？

【还怕】[xɤ⁴⁵pʰa⁵³]（助、副）①通：还能。②是否、难道。如："让他上访，～他闹到天上去？"

【还有】[xɤ⁴⁵iɯ²¹³]（连）此外。

【还在】[xɤ⁴⁵tsE⁵³]（情态副词）①特别、真正、实在、真有那么一点。如：a. 雨下直～大！　b. 这人～犟，再跟他讲都不中。②相当、非常。多用在承接上句话的语意后。如："莴笋能连叶吃，叶子～嫩。"

【黑】[xɤʔ⁵]（副）胡乱、无目的、无意义地。通"糟"，语气稍轻。

【黑直黑得】[xɤʔ⁵tsə²¹xɤ²¹tɤʔ⁵]（借音副词）表示方式。①糊里糊涂地、无意义地。②不公开且无效地做某事。如："他都没摸清头绪，就～给人家杵钱。"

【很直】[xən²¹³tʂə²¹]（程度副词）①相当、非常。多用来表示主观的感受：热～、累～。②达到或超过一定的标准范围：够～（吃得够饱了）、慢～（速度过慢）。

【哄】[xəŋ⁵³]（借音疑问代词）什么。

【哄场子】[xəŋ⁵³tʂʰã²¹³tsə²¹]（借音疑问代词）什么地方。

【哄东】[xəŋ⁵³təŋ²¹]（借音疑问代词）什么、什么东西。如："里头～都没有之。"

【哄曩】[xəŋ⁵³lã²¹]（借音疑问代词、时间副词）①什么时候。如："我～跟你讲过这些？"②以该词一前一后重复使用，表示"一俟……就"。如："～把前面的欠钱还掉，～再借新钱。"

【哄么】[xəŋ⁵³mə²¹]（借音疑问代词、助词）什么、任何。

【哄人】[xəŋ⁵³zən⁴⁵]（借音疑问代词）什么人。

【哄张（子）】[xəŋ⁵³tʂã²¹tsə²¹]（借音疑问代词）通"哄曩"。

【后脚】[xɯ⁵³tɕyɤʔ⁵]（副）与"前脚"连用，表示"刚刚……就……"的意思。

【后了】[xɯ⁵³liɔ²¹³]（副）①后

来：～他就没来之。②最后：他俩～还是好上之。通：末了。

【后手】[xɯ⁵³ʂɯ²¹³]（副、连）接着、后来。

【划】[xua²¹/xua⁴⁵]（虚化动词）读若"花"。折合、单价相当于。如："加上运费，这些小鸭～一块钱一个。"

【恍】[xuã²¹]（副）有点、模模糊糊、隐隐约约。如：有毫急之～、有毫怕之～。

【慌】[xuã²¹]（副）①相当、很。比"恍"语气稍强，多表示难以忍受的感觉，如：急～～、热～得之、闹之～、②有点。累之～、咸之～。

【换】[xũ⁵³]（介、连词结构）要是。如："～我，才不睬他那九点哦！"近义：搁。

【会】[xue⁵³]（虚化动词）懂得。如：～水、～拳、～搞直吃。

【回】[xue⁴⁵]（抽象量词）次。

【回回】[xue²¹xue⁴⁵]（抽象量词、副）每次。如："不能～都叫你买单。"

【忽嘞】[xu⁴⁵lɤ²¹]（借音副词）忽然、突然间。

【忽嘞一下】[xu⁴⁵lɤ²¹iə²¹ɕia⁵³]（借音副词）突然、极短时间内。

【横直】[xũ⁴⁵tʂəʔ⁵]横竖、好坏（都这样）。

【伙】[xu²¹³]（副）一同、合伙、一起，和别人分享。如：～吃、～用、～穿。通：叉伙。

【和斗】[xu⁴⁵tɯ⁵³]（借音虚词结构）①回头、等会儿。②假如、万一。如："不带伞～要下雨讲搞呢？"③据此、就以为。如："你跟他笑呃！～他还以为你对他有意呢。"该词似为"回头"的音变。

【及】[tɕiəʔ⁵]（介）到、如、相当。

【急慌急了】[tɕiəʔ⁵xuã²¹tɕiə²¹liə²¹³]（副）着急慌乱的样子。如："你底样～要到哪块去啊？"

【急死】[tɕiə²¹sʅ²¹³]（副）达到非常紧急、痛苦的程度。如：热直～、打直～、累直～。

【急直】[tɕiəʔ⁵tʂə²¹]（副、虚化动词结构）在情势紧迫下的急迫心境。①"急直+（代词/嘛）"表示着急得六神无主的样子。如："霞们上学有钱，～他妈眼都（急）瞎得之。"②"急直+（代词/嘛）+动词"结构表示在急迫情况下，所采取的无奈、临时的救急行动。如："～他抓到哪个就叫哪个上。"

【家伙】[tɕia²¹xʊ²¹]（抽象量词）如："在我身上捶几～你就称朗了？"

【假马】[tɕia²¹³ma²¹³]（虚化动词）假装、虚张声势地干某事。

【假使】[tɕia²¹³sɿ²¹³]（连）假若。

【架】[tɕia⁵³]（借音虚词）"这下"之连读音变。

【架不住】[tɕia⁵³pɤ²¹tʂu⁵³]（副）表示程度上的"相当、非常"义。通"不得了"。

【架住】[tɕia⁵³tʂu²¹]（副）受得了。

【将】[tɕiɑ̃²¹]（副、助）刚刚。构成过去时或完成时，表示"刚完成"之意。如："我～开门，就看见你了。"有趣的是，普通话表示未来时的"将"，却被方言借音成表示过去意义，而方言里的将来意义是由其他词，如"要、准备、马上、会、望直望"等表示。另该词可用作助动词，表示动作"已经开始，正在进行"，如：吃～起来、打～起来。还可表示抓紧、猛做某种动作，如：直～做、直～吃。也可指恰巧、碰上，如：

"我～到家，雨就下下来之！"

【将才】[tɕiɑ̃²¹tsʰE⁴⁵]（副）刚才。

【将好】[tɕiɑ̃²¹xɔ²¹³]（副）正好、刚好、碰巧。

【将将】[tɕiɑ̃⁴⁵tɕiɑ̃²¹]（副、助）①刚刚，刚完成。构成完成时态，通"将"。②语气虚词。偏偏、碰巧。如："怕是他，～就是他。"③正好、有幸、正相配。通"将将好"。如：a. 打牌三缺一，～你来之正好。b. ～能赶上这班车。③仅仅、紧巴巴。如："饭煮之～够吃。"

【将将才】[tɕiɑ̃²¹tɕiɑ̃tsʰE⁴⁵][tɕiɑ̃²¹tsʰE⁴⁵]（副）读若"将一才"，"将"与"才"均读轻声，前者稍有拖音，构成完成时。如："我～睡倒，你就来电话之。"

【将将好】[tɕiɑ̃²¹tɕiɑ̃²¹xɔ²¹³]（副）①正好、正相配。如："他这个脚穿这个鞋～。""将"现代俗作"刚"。"将"在古代有"大、美"之意。②偏偏、恰巧。

【将巧】[tɕiɑ̃²¹tɕʰiɔ²¹³]（副）刚巧。

【讲】[tɕiɑ̃²¹³]（连、借音疑问副词）①关于、至于。②如何。如：～

吃？～走？～搞？③怎么、为什么。如：a.你～到张个（现在）还不来嗷？人都在等你！b.你～跟他讲那些干事？

【讲不】[tɕiã²¹³pɤ²¹]（虚词结构）可不、正是、非常。用于类似反义疑问句的答语或附和语句首。如：甲：北方冷直很吧？乙：～冷呢？耳朵都冻掉得之！

【讲不是】[tɕiã²¹³pɤ²¹ʂʅ⁵³]（虚词结构）哪里不是呢。多用于接别人的话荏，如："～呢？他是累成病之！"

【讲到】[tɕiã²¹³tɔ⁵³]（介、连）关于、对于、至于、而。通"讲"。

【讲这样】[tɕiã²¹³ti⁵³iã²¹]（副、虚词结构）①为什么是这个样？如："～走啊？（为什么走这条路？）"②多用于"讲这样+（形容词）"结构，表示"是多么的……！"之意。如：～大啊！～热啊！

【讲搞】[tɕiã²¹³kɔ²¹³]（疑问副词）①为什么：～要叫我去啊？②怎么办：a.底事～？b. 你教教他，办（不然）他不晓顿～。

【讲搞之】[tɕiã²¹³kɔ²¹³tʂə²¹]（疑问副词）为什么、怎么回事？

【讲是】[tɕiã²¹³ʂʅ⁵³]（转折关系连词）通"讲是讲"。

【讲是讲】[tɕiã²¹³ʂʅ⁵³tɕiã²¹³]（转折关系连词）①虽然……但是、理论上是这样……但是。如："～要下雪哎，到今个天都是好之。"②大家是这么讲的（但不知结果如何）。如："～给我们发加班补贴哎。"

【讲是底样讲】[tɕiã²¹³ʂʅ⁵³ti⁵³iã²¹tɕiã²¹³]（转折关系连词）通"讲是讲"①。

【浇】[tɕiɔ²¹]①（动作量词、副词）一次浇水、施肥。如：一～水、头～粪、二～肥。引申为其他动作的"次"。②作副词。全部、遍及。如：给雨淋～得之、锅盖之～严、拿薄膜把墒子盖～之。

【浇之】[tɕiɔ²¹tʂə²¹]（表示范围与程度的副词）很多次、全部（覆盖）。如：问～（问遍了）、吃～（都吃过）、人得罪～（把所有人都得罪了）。

【叫】[tɕiɔ⁵³]（副、助、连、虚化动词）①要、让。如："不能～他跑得之。"②正是。如："底个～不打不相识。"③读若"瞧""小"或"笑、秀"的合音，本是动词，用作语意虚词，起停顿或连词作用。如："昨个我问之～村主任""今个我找那个～道山的给我打之一把镬头。"

【见】[tɕiĩ⁵³]（表示方式的助词、介词）①只见、很快。如：～长、～老。②被（认为）。如：～外、～笑。③每个、按照（后一动作或现象取决于前一现象）。如：～样买一个、～人一份、～风就是雨。

【见样】[tɕiĩ⁵³iã⁵³]（介）按每一样计、取等。

【截】[tɕiə̃ʔ⁵]（量）一～路。

【节】[tɕiə̃ʔ⁵]（量）（长形物的）一小段，或自成一截的东西。如：一～甘蔗、一～竹竿、一～藕、一～袖子。山芋也是用"节"做量词，但横向切成段的山芋以"榾柮"计量。

【接（到）】[tɕiə̃ʔ⁵tɔ⁵³]（介、虚化动词）（粮食储备等能）接上、挨到某一时间。

【接小】[tɕiɤ̃ʔ⁵ɕiɔ²¹³]（介、连）自小。

【尐尐巴巴】[tɕiɤ̃²¹tɕiɤ̃ʔ⁵pa⁴⁵pa²¹]（借音副词）勉强、东西少、捉襟见肘。如："剩下的麦～能接到（吃到）新米（成熟的时候）。"

【经】[tɕin²¹]（介、虚化动词）①经久、耐用：～用、～吃（能吃较长时间）、～写（纸笔能写很长时间）、～打（耐得住打）、～拖（受得了艰苦环境消耗、磨砺）。②经过、通过。如："～他这样一讲，还真是这样的。"

【紧】[tɕin²¹³]（副）抓紧、老是、不停、下劲地做某事或出现某种现象，通"尽"。如：～讲、～吃、～做。有时表示说话者的某种态度，如：a. 叫你甭讲，你～讲。b. ～喊（他）也不晓得来吃饭！

【紧紧就就】[tɕin²¹³tɕin²¹³tɕiɯ⁵³tɕiɯ⁵³]（副）勉强、数量上紧紧巴巴。

【紧么】[tɕin²¹³mɤ]（副）通"紧"。

【劲】[tɕin⁵³]（借音语气助词）放动词后，在句尾表示办事之道、规矩，多用在否定句中。如："不考勤、不做账，开厂不是底样搞～之！"通"法"。但是"法"可用在疑问句里，其后不加助词"之"，如："看你怎样搞法？"而"劲"则一般不能。似为"劲头"之缩略。

【侭】[tɕin⁵³]（副、助）俗作"尽"。最大限度地满足之意。现主要有两种用法：①老是。如："天～下雨，稻都芽得之。"②有优先权利。如："饭煮少了，～他先盛。"

注：繁体字"盡"与"儘"原为两个字，前者只读去声，后者只读上声。后合并简化为"尽"，但在表达"尽量"的意思时，混淆了使动式与主动式的微妙区别。如："给他盡吃（让他吃多少算多少）"与"儘他吃（最大限度地满足他先吃、吃饱）"。"儘"的引申义是让某某有优先权或先进行某种动作（吃、穿、用等）。白居易《题山石榴花》：争及此花檐户下，任人采弄～人看。合肥话中还有"儘讲""儘吃""儘睡"等说法。现在都简化成一个"尽"字，俗作"紧"，造成了混乱。

【尽】[tɕin⁵³]（副）①总是、老是。②完全、彻底。如："话都讲～之，就是不听。"

【尽都是】[tɕin⁵³tɯ²¹ʂʅ⁵³]（副词结构）全是。

【尽讲】[tɕin⁵³tɕiɑ̃²¹³]（副词结构）只讲、老是讲。

【尽是】[tɕin⁵³ʂʅ⁵³]（副词结构）全都是。

【就】[tɕiɯ⁵³]（副、介、连、助）①伴随。②就是。带强调语气。如：

"～他真果劲！"③应该。如："讲几点钟～几点钟（到）。"④马上、立即。如："可是～走啊？～走我车子就在这坳（这里）等一刻子。"⑤而。如："我们都走了，～他一个人在后面摸。"⑥只有。如："～他一个人来。"还常用于抱怨、斥责语气中；～你能！～你事多！⑦只是。如："我～讲一句话，他就动手了。"可与"只是""是"连用，亦表示"只是"义。如："豹子就是猫，～（是/只是）大一毫毫子。"⑧伴随：～汤下面、～小菜下饭。⑨坚持、认死理。⑩竟然。如："她穷直饿死，～没有一个人帮她。"⑪就因为。⑫以"动词+就+动词"结构，构成转折句，多表示"这样也就算了，还……"意义，明显带有遗憾、责备的语气。如："吃～吃哈，他还带吃带糟直！"⑬迎合、伴随。⑭方言口语中的多余语法成分。

【就打】[tɕiɯ⁵³ta²¹³]（让步关系连词）就算，就以……为计数标准。通"打"。

【就是】[tɕiɯ⁵³ʂʅ⁵³]（让步关系连词）即使、尽管、纵然。如："～霞们有错，有不能打他头！"

【就是要】[tɕiɯ⁵³ʂŋ⁵³io⁵³]（助、副词结构）必定会、注定要、老是要、目的是、强索。如："他哄么啊？～作！"（他在干什么呀？就是在秒事、自作找霉倒！）

【就手】[tɕiɯ⁵³ʂɯ²¹³]（副）顺便、立即。

【就要】[tɕiɯ⁵³io⁵³]（连、副）表示语气。就是、有意。如："他～叫你们相互斗，他好控制。"

【就兹】[tɕiɯ⁵³tsŋ²¹³]（副）读若"就紫"，就此、顺便、索性。如："你已（把它）修好之，～帮我把它上毫油。"

【决定】[tɕyɤʔ⁵tin⁵³]（副）肯定、必定会。常为低文化层次的人用。如："你不把他呵好之，他～不会帮你。"

【橛】[tɕyɤʔ⁵]（量）一块。如：一～子屎。

【脚前脚后】[tɕyɤʔ⁵tɕʰĩ⁴⁵tɕyɤʔ⁵xɯ⁵³]（副）前不久、紧接着。

【绝八代】[tɕyɤʔ⁵pɤ²¹tɛ⁵³]（副）无论如何也（不）。表示一种决心。如："这种躯舌（不讲道理）女人，

我～有不会要！"

【看】[kʰæ⁵³]（介）了解、根据情况而采取相应行动。如：～天、～人、～钱（看看有无钱、有多少）。

【靠】[kʰɔ⁵³]（介）在……边上、附近、在……方向、朝向。如：他家屋～路边、～东走。

【靠不住】[kʰɔ⁵³pɤ²¹tʂu⁵³]（副）与"靠住"反义。

【靠直住】[kʰɔ⁵³tʂə²¹tʂu⁵³]（副）①肯定、一定。②可作形容词。

【靠住】[kʰɔ⁵³tʂu⁵³]（副）肯定、一定。如："这个事情～能办成。"

【可】[kʰə/kʰə⁴⁵]（结构助词）①构成疑问结构，意为"是否"：他～来？～能去？人～多？～好看？②形式上构成疑问结构，实际上是带感情色彩的反诘句或感叹句，表示"真正的、真是的"之意。如：～娄？、～得味？（意指"你真有意思、亏你想得出、不能这样搞！"）、～讨厌？（这个/那个人真讨厌！）、～呆！（你这个人真呆！）。但"可"在构成词组前缀，如"可能、可以"时，一般读kuō，可作助动词，构成含被动意义的形容词词组，如：～吃、～欺、

～恨。

【可给】[kʰə⁴⁵ke²¹³]（疑问虚词）①是否提供。②是否允许、是否给。如：门～进？～我们钱？

【可吗】[kʰə⁴⁵ma⁵³]（借音语气副词）"恐怕"的音变。

【可能】[kʰə²¹lən⁴⁵]（借音语气虚词）构成疑问句，多用作句首词。能否之意。其组句表示请求、商量、埋怨、斥责等多种意义。如：～帮我代买一张票（请求）、我们～早点走（商量）、～声音搞小毫子（埋怨）、～长毫记性（斥责）。

【肯】[kʰən²¹³]（助）能、原意。如："这芦花鸡～生蛋。"

【肯定要】[kʰən²¹³tin⁵³iɔ⁵³]（副）必须、应该。

【空手】[kʰəŋ⁵³ʂɯ²¹³]（副）通"寡手"。

【碰硐一下】[kʰəŋ²¹təŋ²¹³iə²¹ɕia⁵³]（副）碰硐一声地落下、敲击、摔倒等。"一下"可换作"一声"或"一家伙"。有相似意义的借音词组还有：訇辇一下（一家伙）、掴嗒一下（一家伙）、滑沰一下（一家伙），等等。

【口】[kʰɯ²¹³]（借音助词）疑问词"可有"的连读音变。

【扣掉】[kʰɯ⁵³tiɔ²¹]（介）除了。在称量、计数时常用。

【快乎】[kʰuᴇ⁵³xʊ²¹]（语气助词、副词）①哪里是这样、根本不是这回事。该词常用以反驳别人的陈述。如："他～有钱？都是装的！"②不认真、不当真地：讲直～。③就这样，有意、偏偏这样。亦用于反驳别人的意思，表示执拗地跟人较劲、炫耀。如：吃直～、玩直～、讲直～。

【亏】[kʰue²¹]（因果关系连词、语气助词）①幸亏。如："～他来之及时。"②你还好意思。如："～你是个大人，跟小霞们抢东西吃！"

【亏直】[kʰue²¹tʂə²¹]（因果关系连词）幸亏。

【那】[lᴇ⁵³/lɐ/ːlɐ²¹/lɐʔ⁵]（代、助）那、那里、那个。其组词方式与"哪"基本相同，可与后面以"哪"开头的词条换用，只是后者表示疑问和语气色彩。①语气词。用于句首，读若轻声或拖音，表示"啊、那么、这个"等感叹、肯定语意。如："～要么紧？"（那有什么关系）②代词。读若轻声。③构词前缀，读重音，所构词意义同"这"，用于谈论不在现场的第三方。如：～大霞们、～坳（子）、～场子、～毫（子）、～块/拐（子）等。④句首语气词。读若"勒"，构成疑问、诘问句。如："～你那时候干（gǎn）事之（为什么不做）？"

【那个】[lɛ⁵³kə²¹]（语气副词）表示无奈、不满等，如："天天吃～受气饭！"有时表示边说话、边思考时的停顿，此时"个"拉长音。

【哪】[lɛ²¹³/la²¹³]（代、助、副）①哪个、哪里、哪里会、任何、都。②哪里（会）、从哪里。表示疑问、否定义，通"到哪""自哪"。

【哪坳（子）】[lɛ²¹³ɔ²¹/iɔ²¹tsə]（代、副）读若nǎ-āo或nǎ-yāo。哪里。

【哪边】[lɛ²¹³pəŋ²¹]（代、副）读若"赖嘣"。

【哪场子】[lɛ²¹³tʂʰɑ̃²¹³tsə²¹]（代、副）哪里、哪一带、哪一块地方。

【哪发】[lɛ²¹³fɛʔⁿ]（代）哪次。

【哪拐（子）】[la²¹³kʰuɛ⁵³tsə]（代、副）"哪块"的音变。意为"哪里、哪里是、根本不是这回事"。如："瞎讲，～热？你懒直不想动！"通：哪地块、哪格子。

【哪个】[lɛ²¹³kə/kʊ⁵³]（代）谁。"个"读若gē或guò。

【哪毫】[lɛ²¹³xɔ⁵³]（借音代、副词）①哪里。如："～有卖烧饼的？"通：哪坳。②哪一点。如："～疼？"

【哪毫子】[lɛ²¹³xɔ⁵³tsə]（借音代、副词）通：哪毫。

【哪会】[lɛ²¹³xue⁵³]（副）表示否定意义。不会。

【哪会想】[lɛ²¹³xue⁵³ɕiɑ̃²¹³]（转折关系连词）然而、不料、岂知等。

【哪讲】[la²¹³tɕiɑ̃²¹³]（转折关系连词）不知为何。如："都约好今个都来吃饭，～他又不来之？"

【哪块（子）】[la²¹³kʰuɛ⁵³tsə]（代、副）哪里。偶读若"哪怪（子）"。

【哪盼】[lɛ²¹³pʰæ⁵³]（借音代词）哪阵子。亦叫"哪番"。

【哪是】[la²¹³ʂʅ⁵³]（否定意义副词）不会。

【哪天】[lɛ²¹³/la²¹³tʰĩ²¹]（代）同"改天"。

【哪想到】[lɛ²¹³ɕiɑ̃²¹³tɔ⁵³]（副词结构）然而、不料、岂知等。通"哪晓顿"。

【哪晓顿】[la²¹³ɕiɔ²¹³tən⁵³]（副

词结构）岂知。

【哪吆子】[lɛ²¹³iɔ⁵³/ɔ⁵³tsə]（代）
哪里。

【哪一发子】[la²¹³iə²¹fɐʔ⁵tsə]（代）
哪一段时间。近义：哪一阵子。

【哪张子】[lɛ²¹³tʂɑ̃⁵³tsə]（代）
哪时。

【哪地/去】[la²¹³tsɿ⁵³/tsʰɿ⁵³]（副）
表示一定的程度，多用于否定或疑
问句。如：天冷不到～、还能亏到
～？

【拿】[la⁴⁵]（介）用、以、对待。

【来】[lɛ⁴⁵]（助）①语气助词。
如：指望他～帮你、想～想去。②构
词助词，常与"去"连用，表示"反
复、无奈、厌恶"等多种意义。如：
吃～吃去、想～想去、打～打去。③
可做省略介词的动词。如：～（到）
家、～（到）厂。这种介于动词与介
词之间的词还有：去、上、下等。

【懒之】[læ²¹³tʂə]（副）不愿、
不屑于、觉得没必要做某事。如：～
睬他、～换衣裳。

【难盼】[læ⁴⁵fæ⁵³]难得、难道。
一作"难耍"，读"难贩"。

【拦头】[læ⁴⁵tʰɯ⁴⁵]（介）当头。

通：搂头、照头。

【趄趄】[lɑ̃⁴⁵tɑ̃²¹]（副、助）俗
作"郎当"。①指为人不严肃，衣着
随便、凌乱、肥大。②可作形容词或
名词后缀。亦可加在十位数（一般
于二十、三十）的年龄后，表示"多
一点"，如：二十～岁（二十多岁）。
通"望"。

【浪】[lɑ̃²¹] [lɛ⁵³ɑ̃²¹]（借音虚词）
那样、那么。似由古语"能尔""能
样"等合音演变而来。一说通"恁"，
亦读若"奈盎"。

【孬】[lɔ²¹]（副）胡乱、过分、
愚蠢地做某事：～喝（喝酒过多）、
～讲（讲得不得体或过多）、～等（没
有任何结果、指望或提示的等待）。
作状语用，近似"猪"，语气稍弱。

【孬好】[lɔ²¹xɔ²¹³]（副）凑合是、
不管如何。

【老】[lɔ²¹³]（副）①非常、很。
多用于表示时空的广大：～远、～
早、～长。②总、总是：～借我东
西、～感冒。③可作形容词，构成名
词词缀，表示排行最小的。以"老"
作构词词素，偶也表示一定的感情
色彩：～屁儿子、～巴子、～丫头、

～窝子、～友、～人（相处时间长的人或同事）。

【老么】[lɔ²¹³məʔ⁵]（副）经常、屡次、总、总是。

【老是】[lɔ²¹³ʂʅ⁵³]（副）通"老么"。

【老牌子】[lɔ²¹³pʰɛ⁴⁵tsə]（副）肯定地。如："他学习底样果劲（这样厉害），底发～能上一本。"

【嘞】[lɛ²¹]（语气助词）常放在形容词后，表示提醒。如"热～！你要防止中暑。"

【能】[lən⁴⁵]（助）能够、可以。

【能以】[lən⁴⁵ʅ²¹³]（助）能够。

【轮换转】[lən⁴⁵xũ⁵³tʂũ²¹³]（副）轮流地。

【你】[lɛ²¹]（语气助词）①在句首可有可无地作前缀，组成以下结构：～看、～看我（如何做）、～像我、～像、～像他们，等等。表示"你看看我这样做""你瞧他们是在那样做"等意思。如："～像他们家里头就有好多房子，哪会管房价涨多少？！"②我、一般人。如："遇到这样的人，～都给他气死之！"

【你还】[lɛ²¹³xɤʔ²⁵]（句首语气虚词）构成揶揄、斥责等语气。如："～七扭八扭（挑三拣四），不看看自家是什么条件！"

【你还讲】[lɛ²¹³xɤʔ²⁵tɕiã²¹³]（虚词结构）用于训斥语气，插入让步句子结构中。如："夏天～热直不去，张个不冷不热你干（么）事不去？"

【你讲】[lɛ²¹³tɕiã²¹³]（虚词结构）譬如、例如、讲到。如："～，他哪样之人，能跟哪个处好？"

【沥沥拉拉】[liə²¹liə²¹ʔ⁵la⁴⁵la²¹]（副）①断断续续、不得停歇。②做事不果断、不彻底。

【里外里】[ʅ²¹³uɛ⁵³ʅ²¹³]（副）里里外外、反正是这样、索性。

【离】[ʅ⁴⁵]（介）离着……有多远、多久。

【离手】[ʅ⁴⁵ʂɯ²¹³]（连、副词结构）一旦……就会、瞬间就。通：丢手。

【谅】[liã⁵³]（语气虚词）①想必：～你不敢！②借音词，"你望"之音变。你看、你看这。常用于感叹句式。如："～，他们就是底样搞之！"

【两天】[liæ̃⁴⁵tʰĩ²¹]（副）两三

天、短时间地。

【连】[lĩ^{45}]（副）"连忙"的略读音。赶忙、连续。

【连火】[lĩ^{45}xʊ^{21}]（副）交易的货品总重量中包括容器及包装物部分。与"除火"反义。

【连忙三】[lĩ^{45}mɑ̃^{53}sæ̃^{21}]（借音副词）赶忙。

【连头搭尾】[lĩ^{45}t^{h}ɯ^{45}tɤ^{21}ue^{213}]（副）义如条目。亦用"连头带尾"。

【连直】[lĩ^{45}tʂə^{21}]（副）接连、频繁。如："最近忙之很，检查团～来。"

【垄】[ləŋ^{213}]（量）在田里通过培土、挖浅沟，使之特地隆出地面的条状土垒，用于种植山芋等。偶指土地的一小墒。

【垄共】[ləŋ^{213}kəŋ^{53}]（副）总共、共。或作"拢共"。

【搂头】[lɯ^{21}t^{h}ɯ^{45}]（介、副）对准头部：～一拳。

【路】[lu^{53}]（量）表示房屋的排数：三～屋。亦用"进"。

【麻】[ma^{45}]（借音语气助词、名词）今后、明天。

【麻哄张】[ma^{45}xəŋ^{53}tʂɑ̃^{21}]（借音语气助词、名词）以后、今后某个时间（不确定）。

【麻怕】[ma^{45}p^{h}a^{53}]（借音虚词结构）明天或今后有可能。如："她底个样，～连我们都要被挤走噢！"

【麻庄】[ma^{45}tʂuɑ̃^{21}]（借音副词）①相当、非常。②可作形容词。非常麻烦、难逃惩罚。

【嘛】[mɐ^{21}]（助）读若方言"麦"，语气助词和停顿语。如："我饿直～，头都发昏！"

【马（盎）】[ma^{213}] [ma^{213}ɑ̃^{21}]（借音副词）马上。

【马刻】[ma^{213}k^{h}ɤʔ^{5}]（副）立刻、马上。该词多为底层妇女用，似为"马上""立刻"的合音。

【卖山帽】[mᴇ^{53}ʂæ̃^{21}mɔ^{53}]（状态副词）满处（找）。

【慢】[mæ̃^{53}]（副）①不急、暂不要。如：～走、～讲、～写。②通"慢慢"，为其缩略词。

【慢慢】[mæ̃^{53}mæ̃]（副）构成不同场合的方言谦辞：～吃（自己先吃完或起身离桌时用）、～走（客人离开时用）。

【末后】[mɤʔ^{5}xɯ^{53}]（时间副词）

后来。

【末了】[mɤʔ^{5}liɔ^{213}]（时间副词）最后。

【末末了】[mɤ^{21}mɤ^{21}liɔ^{213}]（时间副词）通“末了”。

【没得手】[mɤ^{21}tɤ^{21}ʂɯ^{45}]（虚词结构）通：不得手。

【没讲】[me^{53}tɕiɑ̃^{213}]（虚词结构）构成责备语气。为什么不、连……都不知道（去做）。如：“～早毫来，来底么迟到哪搞到饭吃？！”

【冒毫子】[mɔ^{53}xɔ^{21}tsə]（副）数量上超出一点。

【冒头】[mɔ^{53}tʰɯ^{45}]（副）物体的数量、体积或人的年龄上比整数超出一点。如：“他三十冒毫头。”

【冒直冒通】[mɔ^{53}tʂəʔ^{5}mɔ^{53}tʰəŋ^{21}]（借音方式副词）突然、突兀。如：“他～跑来，我一毫准备都没有。”亦作：冒不咚。

【满】[məŋ^{213}] 整体、全部、到处：～月、～门、～打～算、～地跑。

【满天】[məŋ^{213}tʰĩ^{21}]（时间副词）整天。

【满头】[məŋ^{213}tʰɯ^{45}]（副）到处。如：～跑。通：满地。

【满地】[məŋ^{213}tsɿ^{53}]（副）在地上到处行动、一地上都是。

【满地方】[məŋ^{213}tsɿ^{53}fæ̃^{21}]（副）到处。

【冇】[mɯ^{213}]（借音助词）无。合肥方言读若“末、偶”之合音。

【冇根】[mɯ^{213}kən^{21}]（副）很、非常。如：多直～、好吃～、冷直～、笨直～。

【磨屁股就】[mʊ^{53}pʰɿ^{53}ku^{21}tɕiɯ^{21}]（副）很快、转身就、眨眼就：～跑之、～不见之。

【讹险】[ʊ^{45}ɕĩ^{213}]（表示程度的副词）差一点、危险。如：～给他骗之、～就没考上。

【窝】[ʊ^{21}]（量）表示动物的一窝。如：一～鸡。

【碗】[ʊ̃^{213}]（量）菜的道数。

【怕】[pʰa^{53}]（语气副词）恐怕、也许。如：“～不是他请客还要我们付账吧？”

【脬】[pʰɔ^{45}]（量）屎、尿的一次、一摊。

【譬讲】[pʰe^{53}tɕiɑ̃^{213}]（虚词结构）譬如、比如。此处“譬”读若“配”。

【碰巧】[pʰəŋ^{53}tɕʰiɔ^{213}]（副）偏

偏。如："本来今个想休息，～单位又要我去加班。"

【劈】[pʰiəʔ⁵]（借音副词、介词）意"迅疾""很""很准地"。如：～躁（读若"劈臊"，很快、性子很急、做事利索）、～满（装得很满）、～脸（对着脸）一巴掌。

【屁得之】[pʰɿ⁵³tɛ²¹tʂə]（程度副词）主观意识程度上的极度、非常。如：热～、累～、快活～。

【凭】[pʰin⁴⁵]（介）凭着、凭借。

【平白无故】[pʰin⁴⁵pɤʔ⁵u⁴⁵ku⁵³]（语气副词）义如条目。

【稱】[pʰu²¹]（量）割好的一把蔬菜，或一抱、一捆摊开的草、庄稼或其他纤维。

【掐】[tɕʰia²¹]（数量词）①长度单位，表示"拇指与食指围成圆径的粗细"，如：两～粗。②次数。表示对菜薹、花朵等的一次掐采。如：一～韭菜。

【前】[tɕʰĩ²¹]（副）读若"千"，超前、先、先前。如：超～走（意超头走，先走）。

【前脚】[tɕʰĩ²¹tɕyɤʔ⁵]（副）刚刚。可单用，也可与"后脚"连用。

【强末】[tɕʰiã⁴⁵mɤ²¹]（借音副词结构）帮着做某事。可能由"抢忙"音变而来。①姑且帮一手。②帮忙。

【强之】[tɕʰiã⁴⁵tʂə]（连词结构）①就算、强似。如："在底块打工苦是苦毫子，～在外头讨饭。"②比没有好。如："就知足了吧，～比没有好。"

【瞧（瞧）】[tɕʰio²¹/tɕio²¹]（助）用于动词后，大多读单音若"巧"，有时弱读成"浇"，表示"看、试试、尝试一下"。如：吃～、问～、做～、开～、试～。

【清】[tɕʰin²¹]（副）彻底。如：（病）好～、（账）算～。

【清早上】[tɕʰin²¹tsã²¹³]（副）义如条目。

【庆庆乎】[tɕʰin⁵³tɕʰin⁵³xu²¹]（借音副词）仅仅乎。

【恰恰】[tɕʰyɤ²¹tɕʰyɤʔ⁵]（副）偏偏。读若"确确"。

【去】[tɕʰɿ⁵³]（助、介）到某个地方去做某事，准备、意欲、或被动地做某事。多表示抽象义，如：～吵、～吃、～受罪、～发财。

【去火】[tɕʰ ʮ⁵³xʊ²¹³]（虚词结构）通：除火。

【去直】[tɕʰ ʮ⁵³tʂə]（介）除去。

【挨】[ɛ²¹/zʮ²¹]（介）按顺序。如：～个、～排。

【绕末经】[zɔ⁵³mɤ²¹tɕin²¹]（借音副词）简单地（搞一下）。如："地下不脏，～扫喝子。"

【硬】[zən⁵³]（副）①勉强：～撑、～睁着眼不睡。②强迫、强行：～哭、～搞、～学。③硬是、硬生生。如："他～作之感冒。"

【认真着一】[zən⁵³tʂən²¹tʂu²¹iə ʔ⁵]（副）静下心来、投入精力去干某件事。

【日头】[zɤ²¹/zɤʔ⁵tʰɯ²¹]（抽象量词）一次日晒。如："这花生三个～恐怕都晒不干。"

【如若】[zu⁴⁵zuɐ ʔ⁵]（连）假如。

【三不知】[sæ²¹pə ʔ⁵tʂɤ²¹]（借音频率副词）偶尔。似由吴语中的"三不时"音变而来。如："这些东西只能～吃一家伙。"

【三天不到】[sæ²¹tʰĩ²¹pə ʔ⁵tɔ⁵³]（时间副词）形容时间很短。方言中以"三天"构建的词大都有此义，如：三天不得到晚、三天不打上房揭瓦、三天狗屎新新。亦作"三天不（得）到晚"。

【三天不（得）到晚】[sæ²¹tʰĩ²¹pə ʔ⁵tə ʔ⁵tɔ⁵³uæ²¹³]（时间副词）通：三天不到。

【三天两头】[sæ²¹tʰĩ²¹liæ²¹³tʰɯ⁴⁵]（频率副词）经常。

【三一三十一】[sæ²¹iə ʔ⁵sæ²¹sɔ²¹iə ʔ⁵]（状态副词）表示均分。

【省直】[sən²¹³tʂə ʔ⁵]（连词）以免、省得。

【生】[sən²¹]（副）很、硬、简单地。如：～冷、硬～～。部分通"死"，可互换。

【随手】[se⁴⁵ʂɯ²¹³]（副）①顺手、顺便。②立即。通：趁手、跟手。

【上把】[ʂɑ̃⁵³pa²¹³]（代、副）上次、最近的一次。

【上发】[ʂɑ̃⁵³fɤ ʔ⁵]（代、副）上一回。

【上好】[ʂɑ̃⁵³xɔ²¹³]（程度副词）相当。常与"有毫"连用，如：～有毫冷、～贵、～有毫坏。

【上哪】[ʂɑ̃⁵³la²¹³]（副）通"到哪""自哪"。

【上来】[ṣã⁵³lɛ⁴⁵]（状态副词）
①一开始。如："他～就讲大道理。"
通"一上来、头上来"。②突然、猛
然。如："哪晓顿他～就给他一拳。"

【上来一家伙就】[ṣã⁵³lɛ⁴⁵iə??⁵
tɕia²¹xʊ²¹tɕiuu²¹]（状态副词）才开始
就、猛然就。

【上去】[ṣã⁵³tsʰʅ²¹]（状态副词）
通：上来。

【伤心】[ṣã²¹³ɕin²¹]（程度副词）
（贬指人的能力、条件等方面）非常
差、很不堪：笨直～、穷～。表示主
观感受。

【伤直】[ṣã²¹tʂə]（程度副词）非
常、很：笨～、累～、瞌睡～。表示
主观与客观感受。

【伤直心】[ṣã²¹tʂə²¹ɕin²¹]（程度
副词，多作贬义）非常、很。如：丑
～、笨～。通"伤心"，近通"伤直"。

【少少之】[ṣɔ²¹³ṣɔ²¹³tʂə]（副）
主动义。少少的。如：穿～、晚上要
吃～。

【身】[ṣən²¹]（量）衣服的套数。
如：一～换洗衣裳。

【升】[ṣən²¹]（量）①可作名词，
指旧时掭取谷物的木制容器，也称
"升子"。②容积计量单位，约两斤稻
米的容量。③旧时田亩计量单位，一
升种（田）等于一亩地。

【是】[ṣʅ⁵³]（目的关系连词、介
词、结构助词、语气词）①随情况而
认可某种状态，或采取相应行动。
如：a. 吃多少，～多少。b. 逮到哪
个～哪个(找到、碰到谁就叫谁去充
任某角色或做某事)。②做代词。每
个、凡是、只要是（就）；如：a. ～
人都会做。b. ～个老东西都值钱。
这是合肥方言中一个很古老的用法。
王力《汉语史稿》：在先秦时代，主
语后面往往用代词"是"字复指，然
后加上判断语……如："富与贵，
是人之所欲也。"③达到某种标准。
如：做一个东西，～一个东西。④
姑且。如：要一个钱、～一个钱。⑤
慢慢来、试试看。如：走一步、～一
步。⑥什么都。似由"什么"音变而
来，如：～神不烦、～钱都要。⑦尽
管、的确、纵然、就是。《红楼梦》：
我给～给你，你若得了他的谢礼，可
不许瞒我的。⑧不管、任凭你。如：
a. （元宵）～搁糖，～搁盐，你自
己放。b. 明天～下雨，还是下雪，我

们都要去。⑨因为、由于。如："讲搞我们这样瘦？～天天（吃的东西）没油水。"⑩为了。如："我这次来，～他搞直太不像话！"⑪限定某个目标。如：（菜）叨哪块，～哪块（不要乱翻）。⑫表示"抓紧"：连赶～赶、连吃～吃。

【是东】[ʂʅ⁵³təŋ²¹]（代）任何东西。如："～到他手里头都马上搞坏。"

【是人】[ʂʅ⁵³zən⁴⁵]（代）人人、每个人。如："～都能想直到，独你一个人没想到！"

【是为】[ʂʅ⁵³ue⁴⁵]（连）表示目的关系。

【什】[ʂəŋ⁵³]（前缀助词）什么、任何。

【十有八九】[ʂəʔⁱⁱⁱⁱⁱⁱⁱⁱ]
（副词结构）几乎、差不多。

【甩】[ʂuE²¹³]（介）①对着：～脸给他一捶。类似以动词作为方向介词的还有：搂、捺、冲、顺等。②表示"靠最……侧"。如：～头。

【甩起来】[ʂuE²¹³tsʰʅ²¹lE⁴⁵]（副）猛然、剧烈地：～一大碗（盛了满满一碗）、～一脚（猛然踢了一脚）。

【墒】[ʂuã²¹]（量）一墒为一块整田由数条沥水沟做平行分割后的一小块，一般呈长方形。偶读若"双"。

【墺上】[ʂuã²¹ã²¹]（地点副词）田里、到田里（劳作）。"到～"多指到种植蔬菜、旱作物的田里去播种、除草、浇水、采摘等。一说"墺"俗作"墒"。

【霜】[ʂuã²¹]（抽象量词）经历一次霜冻。

【爽】[ʂuã⁵³]（借音句首助词、连词）读若shuàng，据说、人们说。如："～泥鳅马集卖之巧。"

【爽讲】[ʂuã⁵³tɕiã²¹³]（借音句首助词、连词）同"爽"。

【水】[ʂue²¹³]（抽象量词）衣服浸湿或洗涤的次数。

【顺】[ʂuən⁵³]（介）顺着。

【顺手】[ʂuən⁵³ʂɯ²¹³]（副）顺便、立即。

【说】[ʂuɤʔ⁵]（副、助）①立即：～走就走。②无预兆地、瞬间就：～下雨就下雨、～翻脸就翻脸。③从此：他～不来就不来了。

【说一下就】[ʂuɤʔ⁵iəʔ⁵ɕia⁵³tɕiu⁵³]

（副）形容突然。如："夏天暴雨来之快，将才天还好好的，～跟倒之一样下来了。"该短语似为"说来就来"与"一下子就"的混用，也可能将此处的"说"作为拟音字用，似通"倏"。

【死】[sɿ²¹³]（程度副词）①极端、非常。如：～懒、～省、～硬、～戾、～要面子、～冷、睡～之。偶用于反讽、斥责。如：累～之？②硬、肆意、程度很深，通"生"，可互换。如：～吃、～疼、亏～之、后悔～之、～拉硬拽、～不改悔。

【死个人】[sɿ²¹³kə²¹zən⁴⁵]（程度副词）已到了非常的程度。如：笨～、咸～、热～。

【死活】[sɿ²¹³xuɤʔ⁵]（副）无论如何都要、都不。

【死人】[sɿ²¹³zən⁴⁵]（程度副词）非常、极端。如：冷～、胆子大～。

【死之】[sɿ²¹³tʂə²¹]（程度副词）表示客观事物性质上的非常、极度、不可容忍。根据语气强弱，方言口语中的同类词还有：直很、伤之、砸蛋、不得了、架不住、不得活、屁得之等。"死之"但如读轻声，则表示程度一般。

注：表示人品质或主观认知上的程度副词还有，有毫、上好有毫、伤心、伤之、砸蛋、到位、到功、到卯等。

【使劲】[sɿ²¹³tɕin⁵³]（副）猛地、老是。偶用"死"，乃"使劲"之音变。

【戾之】[sən⁴⁵tʂə²¹]（状态与程度副词）因经受过多而厌烦、疲惫。如：吃～、走～、累～。

【送命】[sən⁵³min⁵³]（程度副词）非常、极端。

【所以】[su²¹³ɿ²¹³]（连）为什么、因为。亦用"之所以"，如："（之）～我们来要钱，是他差我们几年之。"这是古语在方言里的遗留。《孟子·滕文公上》：则三代共之，皆～明人伦也。《庄子·齐物论》：道之～亏，爱之所以成。

【他】[tʰɤʔ⁵/ta²¹]（借音语气助词）①句首语气词，发长音，有时发音若"大（轻声）"。主要用在表述不满、失望、无奈、后悔等意义的句子前。如："～，要是年轻20岁，哪个会吃他底个受气饭？！"该词似由"大姐姐之"等詈骂句缩略而成。②

在表示强烈语气色彩时，指"你"。此处第三人称作第二人称用，即人们在表示不满、抱怨时，即便只有两人在场，一方也会下意识地在嘴中蹦出个"他"。如："车子快开之，～非要在这坳子慢慢摸！"

【摊】[tʰæ²¹]（介）碰上、人均。该词兼有动词与介词的特点。

【摊到】[tʰæ²¹tɔ²¹]（介词结构）轮到、处于某境地。

【躺倒】[tʰɑ²¹³tɔ²¹³]（副）①下决心一心一意、长久地和某某争斗。如："你得罪之他，他放风要～跟你搞。"②静下心来在某个地点尽情娱乐。如："底个周末，我们找个包厢掼蛋，～直干！"

【趟】[tʰɑ⁵³]（抽象量词）一段路。如：半～街（半条街）。

【倘】[tʰɑ⁴⁵/iɑ⁴⁵]（连）假若。该字有两读。一读普通话音"倘"，为"倘几"的缩略形式。二是音变读若"洋"，意指"也许、说不定"。如："座位不慌撤，～他还来呢？"

【倘几】[tʰɑ⁴⁵/tʰɑ²¹³tsʅ⁵³]（连）通"倘"。读若"倘自"。

【倘之】[tʰɑ⁴⁵tʂə²¹]（连）①倘

若。②通"强之"，且为其音变。就当、聊胜于无。如："丫头不孝不要当回事，～没生她！"

【庹】[tʰɤʔ⁵]（量）俗称"托"，伸开双臂所能达到的最大长度。

【脱手】[tʰɤʔ⁵ʂu²¹³]（副）一不注意、立即、一当……就会。通"丢手"。如："底个天，～就能搞冻之。"

【特特】[tʰɤ²¹tʰɤʔ⁵]（语气副词）①通"特地"。②恰恰、就是、很巧就是、有特殊性。③独独、只有。如："人都来了，～他不来！"

【特地】[tʰɤʔ⁵tsʅ⁵³]（语气副词）专门为了某事物而（行动）。

【褪后】[tʰən⁵³xɯ⁵³]（时间副词）过一会儿、过一段时间、马上。如："你超先走，我～就来。"

【天天】[tʰĩ²¹/tʰĩ²¹³tʰĩ²¹]（语气与频率副词）成天、经常。

【挑】[tʰio²¹]（量）一担东西。

【通】[tʰən²¹]（介）朝、连接。

【团脔】[tʰən⁴⁵/tʰũ⁴⁵lɑ²¹]（量）能用筷子叨起来塞入口里的一块肉或其他块状食品，比"丁脔"略大。

【头】[tʰɯ⁴⁵]（助、副、量词前

缀、名词及后缀）①序数助词，表示"第一、前一次、先前的"。如：～胎（小孩）、～发、～码、～把。②时间助词。表示"前一"，如：～晚、～年。③副词。表示"一开始、一定要"等，如：～上来、～一（一定要）。④作名词，指纵向方位的一端。如：东～、西～。⑤作名词，指抽象意义上的"方面""情况""范畴"。如："这～还八字不见一撇，那～就催直要命。"⑥作名词后缀，界定事物或动作的价值或效用：看～、搞～、吃～、啰唆～。⑦在量词前，表示将近或达到十个：～十个人、～十道菜。

【头把】[tʰɯ⁴⁵pa²¹]（序数词）第一回、上一回。

【头到】[tʰɯ⁴⁵tɔ⁵³]（借音时间副词）当、等到。如："～你晓顿，人家早就跑之。"

【头搭尾】[tʰɯ⁴⁵tə²¹ue²¹³]（范围副词）时间上的连头连尾。如："这次去，～蹲了四天。"一作"头带尾"。

【头带尾】[tʰɯ⁴⁵tɛ⁵³ue²¹³]（副）通：头搭尾。

【头发】[tʰɯ⁴⁵fɐʔ⁵]第一次、上一次。

【头码】[tʰɯ⁴⁵ma²¹³]（借音序数词）上一次。

【头上来】[tʰɯ⁴⁵ṣã⁵³lɛ⁴⁵]（副）一开始（就）。通"上来"。

【头一】[tʰɯ⁴⁵iəʔ⁵]（副）一定要（做）。如："冬天～要把胃焐好！"

【无时无刻】[u⁴⁵ʂʅ⁴⁵u⁴⁵kʰɤʔ⁵]（时间副词）时时刻刻。

【歪好】[uɛ²¹xɔ²¹³]（语气副词）同"孬好"。

【望】[uã⁵³]（介、助）①介词。对着。②标音助词，做数词后缀，用于表示物质数量或人年龄"超过一点"，如：二十～斤、三十～岁。

【望毫子】[uã⁵³xɔ²¹tsə]（助）通"望"，意"多一点"，可代替所修饰的中心数量词。如"三十望岁"可说成"三十～"。

【望像】[uã⁵³ɕiã²¹]（副词结构）好像、似乎要。如：a. ～要下雪之。b. ～要吃人（极度愤怒、贪婪的样子）。作语气副词。

【望直望】[uã⁵³tʂə²¹uã⁵³]（时间副词）很快、很接近于。如：a. ～

就过年之。b. ～快到之。

【望直望直就】[uã⁵³tʂə²¹uã⁵³tʂə²¹tɕiu²¹]（时间副词）即将来临。通：望直望。

【往账（子）】[uã²¹³tʂã⁵³tsə]（借音时间代词）从前。

【为之】[ue⁵³tʂə²¹]（介）即为着、为了之意。如："天下父母累来累去，不都是～小家伙吗？"

【未曾】[ue⁵³tsʰən⁴⁵]（副）并没有、尚未……就。如："她～开口，眼水就下来之。"

【问】[uən⁵³]（介）跟、向。如：～他要人、～单位要钱。

【下把】[ɕia⁵³pa²¹]（序数词）下次。

【下发】[ɕia⁵³fɐʔ⁵]（序数词）下次。

【下劲】[ɕia⁵³tɕin⁵³]（副）通"出劲""果劲"。

【想不到】[ɕiã²¹³pə²¹to⁵³]（语气副词）居然、然而、不料、岂知等。

【想起来】[ɕiã²¹³tsʰ̩²¹lɛ²¹]（连、副）当时要是……就好了。如：a.～哪时候买毫房子，张（现在）就发财之。b.～不给他吃，这东西坏通得之。

【厢】[ɕiã²¹]（量）豆腐的一块。

【像】[ɕiã⁵³]（介、连）至于、如果是。如："～我们，就不会干那种事。"

【小】[ɕio⁴⁵]（语气助词与副词）读若"啸"。①置部分亲属称呼前，表示"最小的"，如：～妹、～舅。②为"叫"的变音。表示轻蔑、愤怒，如：a. 你这个～东西！b. 捶你这个～坏种！③表示"有点、相当"。如：a. 今个天相当有毫～冷！b. 这个人有毫～得僵!④在句子中起停顿作用，表达不屑、反感、戏谑等情绪。如："张个人，不像个样子之都搞个～车子开之。"

【晓顿】[ɕio²¹³tən⁵³]（副）词性介于动词与副词之间。①晓得，主动去做。②善于。如："他～搞吃之（会寻找食材或善于烹饪）。"

【歇】[ɕiɐʔ⁵]（介）表示时间空当的动词化介词。如："你已经～三年没回家了。"

【现】[ɕiĩ⁵³]（副）开始做、从零开始。如：～做、～学、～开户。

【心心念念】[ɕin²¹ɕin²¹lĩ⁵³lĩ⁵³]（副）惦记着、一心想做某事。

【熏熏之】[ɕyn²¹³ɕyn²¹³tʂə²¹]（借音副词）慢慢、不慌不忙地。

【丫】[ia²¹]（借音量词）圆形物体的径向的一部分。

注：发"丫"音的多表示物体的部分、分支等，在田埂上为"阙丫"，在树木上叫"枝丫（或桠丫）"，瓜果被切下的一块称"一丫"。

【呀】[ia⁵³]（借音副词）一下子、突然、一旦。"呀"似为"一下子"的音变。

【亚搞】[ia⁵³kɔ²¹]（副词、转折关系连词）假如、一下子出现某种情况（怎么办）。如："车子在跑之时候～没有油讲搞？"作连词。

【要】[iɔ⁵³]（连）①如果。如："我～不去，他们都不会去。"②要是。如："～我就坚决不给他。"

【要不然】[iɔ⁵³pəʔⁱ⁵zæ⁴⁵]（连）否则。①通"不然"，表示如不这样的话，就会怎么样。②或者这么办。

【要不是】[iɔ⁵³pəʔⁱ⁵ʂʅ⁵³]（句首连词结构）如果不是……的话。作连词。

【要给我】[iɔ⁵³ke²¹³u²¹³]（连）要是我的话，会……。一作"要搁我"。

【要命】[iɔ⁵³min⁵³]（副）十分、非常、急切。

【要就】[iɔ⁵³tɕiɯ⁵³]（连）要么就、要么不（去做某事）。

【业已】[yɐ²¹/yɐʔⁱ²¹³]（副）已经。读若"月已"。

【已经】[ŋ²¹³tɕin⁵³]（副）既然。如："你～来之，就坐下来一块吃。"

【已经到】[ŋ²¹³tɕin⁵³tɔ⁵³]（副）①某事态已到了一定（不可挽回）的程度。如："我接手时，厂子～快倒之。"②表示后悔。如："～要成功之，可惜没坚持住。"③抱怨。如："人家～给你赔礼了，你还这样凶！"

【一】[iəʔⁱ⁵]（介、助、连、副）表示程度、范围、语气等。①每当、只要（就）。如：a. ～讲就是钱！b.（雨）～下就是一天。c. ～来就要喝酒. d. ～洗一大盆衣裳。②感情及语义色彩助词：～声不吭、～去不回。③稍微。如："～动就要花好多钱。"④一旦、只要。如："～有信，就跟我讲。"⑤全部、所有：～冬（整个冬天）、～屋都香、～家都不识字、～国都是老人。⑥多：～屋人、～手泥。⑦两个相应动作同时发生。如：～走～晃、～吃～撒。⑧不停地、间歇性地、带有某种动作特征的。～动～动、～歪～歪。⑨前后两个动作连贯有序。如：～搋～抹（瓦工抹灰泥）、～推～拽（摔跤动作）。⑩自从：～小、～工作就带这块手表。⑪猛然、一下子：～拳摁死他、～猛子吃下去、把它～甩。⑫也。为其音变。

【一把】[iə²¹pa²¹³]（语气及方式副词）①一次性全部地：～（将事情）交给他、～付清（款项）。②一次性地做：～把它做好。③描述（用手、手臂）突然、迅猛地做出某种动作。如：～抱住他、～把他掼到地下、～把钱捋走。

【一饱】[iə²¹pɔ²¹³]（副）形容吃饱的状态。

【一（起）了】[iə²¹tsʰɿ²¹³liɔ²¹³]（时间副词）一开始（到现在）。如："两人关系～就疙里疙瘩。

【一齐拢共】[iə²¹tsʰɿ⁴⁵ləŋ²¹³kəŋ⁵³]（副）共计、合起来。

【一大趔趄】[iəʔ⁵ta⁵³lɑ̃⁴⁵tɑ̃²¹]（副）

①可作名词，形容一大队人及其声势。如："你不打招呼，搞～人来，我菜都买不彻。"②物体大而无当。多指衣着臃肿、不合身。如："这个妈讲（怎么）当之？霞们穿直～之！"

【一大意】[iəʔ⁵ta⁵³ŋ⁵³]（连词或语气副词）稍不留神、想不到。如："学校门口做小生意之，你掰（别）看不起眼，果劲直很，～两年都能买几套房。"亦说"一不大意"。

【一程】[iə²¹tsʰən⁴⁵]（借音连词、副词）一旦、每当。或作"一辰"。

【一笪捆子】[iə²¹tə²¹kuɣʔ⁵tsə²¹]（借音副词）全部、总体。

【一番】[iəʔ⁵fæ̃⁵³/pʰæ̃⁵³]（时间副词）读若yì—fàn或yì—pàn。①极短的时间。如："这么多事，我们～工夫就把它搞完了。"②一阵（迅猛的批评、教训等）。如："这老几太不像话，给老板～摢（责骂）之。"

【一赶劲】[iə²¹kæ̃²¹³tɕin⁵³]（副）一门心思。似俗作"一根筋"。

【一搞】[iə²¹kɔ²¹³]（频率副词）易于、动辄、经常做某事或出现某种现象。多负面义。如：a. 他～搞一大堆人来哄。b.今年天气特殊，冬天～就打雷。

【一搞就】[iə²¹kɔ²¹³tɕiɯ²¹]（频率副词）通"一搞"。

【一个】[iə⁴⁵kə²¹]（语气副词、助词）①多接形容词后，与短句前的另一个副词"好"联袂使用，表示"很、多么的"之义。如：好热～、好坏～、好苦～、好快活～。这种用法很有意思，"好"本身意指"很、非常"；而"一个"也有此修饰义，如："那叫一个热/苦/爽/咸！"故该词似乎是将南北方言里的"好"与"一个"两个词混用在一起的结果，是在口语中的自然融合，也是方言在形容词使用方面存在重复修饰的体现。②接动词后，无实际语义，仅起语气作用。如：带我玩～、滚你～蛋！

【一个算两个】[iə²ʔ⁵kə²¹sən⁵³liɑ̃²¹³kə²¹]（副词成分）很在行、厉害。如："在外头尿瘫得之，在家搞～！"

【一榾柚】[iə²ʔ⁵ku²¹lu²¹]（副词成分）形容迅速、滚动的动作：～滚下去、～爬起来。

【一毫】[iə²¹xɔ²¹/ɔ²¹]（副）一点。如：吃～、好～。

【一毫毫】[iə²ʔ⁵xɔ²¹xɔ⁴⁵]（副）通"一毫"。

【一花】[iə²ʔ⁵xua²¹]（副）表示时间一下子就过去了。如：～快到过年、～人到中年。作时间与语气副词。

【一喝子】[iə²ʔ⁵xɐ⁵³/ɐ⁵³/iɤ²ʔ⁵tsə²¹]（借音副词）一下子。因音变，还可读若"一呃子""一歇子"或"一叶子"。作时间与语气副词。

【一家伙】[iə²ʔ⁵tɕia²¹xʊ²¹]（量词、名词、语气副词）①立即。如："你情况还没搞清楚，哪能上来～就发表观点？"②一次、一下、一块。如：a.给他～（打他一下）。b.把底些东西分成两家伙（两份）。③猛然、一下子就。如："墙那样高，他～就蹿上去之。"

【一家伙就】[iə²ʔ⁵tɕia²¹xʊ²¹tɕiɯ²¹]（副）一下子就。

【一浇】[iə²ʔ⁵tɕiɔ²¹]（范围副词）一遍、遍及。如："我问直～，都没问到。"

【一刻】[iə²ʔ⁵kʰɤ²ʔ⁵]（副）①一会儿，马上：～就来、～就好之。②动辄：～这样～那样。作时间与语气副词。

【一刻就】[iə²¹kʰɤʔ⁵tɕiɯ⁵³]（副）
马上就。

【一刻工夫】[iə²¹kʰɤʔ⁵kəŋ²¹fu]
[iə²¹kɤʔ⁵kũ²¹]（副）很快。

【一刻功】[iə²¹kʰɤʔ⁵kəŋ²¹]（副）
通：一刻工夫。

【一块】[iəʔ⁵kʰuɛ⁵³]（副）一道。

【一脸】[iə²¹liĩ²¹³]（副）满
脸。如：～挂（读若"挎"）相、～
不高兴。

【一了】[iə²¹liɔ²¹³]（副）一向、
从来。

【一辰】[iə²¹ʂən²¹³]（借音连词）
读若"一审"。一旦、一当。如："～
天气变凉，我这个手胳子就酸。"

【一身】[iəʔ⁵ʂən²¹]（副）用于指
一身上、满身的东西，如：～衣裳、
～泥、～疮。亦可指抽象的东西，
如：～圈气（圈养家畜的气味）、～
畜气。有时带一定的感情色彩，如：
～病、～衣裳都搞脏之。

【一时三刻】[iəʔ⁵ʂ̩⁴⁵sæ̃²¹kʰɤʔ⁵]
（时间副词）短时间内。如："这个事
情～我搞不好。"

【一起】[iə²¹ʂ̩²¹³]（范围副词）

读若"一死"，总共、全部之意。如：
"我们队小，锹搁在～没有几把。"

【一上来】[iəʔ⁵ʂɑ̃⁵³lɛ⁴⁵]（时间
及语气副词）。一开始就。通：上
来、头上来。

【一身劲】[iəʔ⁵ʂən²¹tɕin⁵³]（语
气副词）十分投入、卖力状。

【一霎功】[iə²¹ʂɐʔ⁵kəŋ²¹]（副）
通：一刻功。

【一天到晚】[iəʔ⁵tʰĩ²¹tɔ⁵³uæ̃²¹³]
（时间及语气副词）①成天。②不
停地。

【一天揽】[iəʔ⁵tʰĩ²¹læ̃²¹³]（借音
时间及语气副词）似为"一天到晚"
的音变融合。如："这个头子真是不
近人情，～就晓顿叫人家干活。"

【一天晚】[iəʔ⁵tʰĩ²¹uæ̃²¹]（时间
及语气副词）成天。通：一天揽。似
为"一天到晚"的缩略。

【一头劲】[iəʔ⁵tʰɯ⁴⁵tɕin⁵³]（副）
①通：一身劲。②只有一方的积极
性。

【一塌】[iəʔ⁵tʰɤʔ⁵]（副）很、非
常。似为"一塌糊涂"之缩略。

【一塌糊涂】[iəʔ⁵tʰɤʔ⁵xu²¹tu²¹]
（副，非正式）通：一塌。

【一小】[iə²¹ɕiɔ²¹³]（介、副）自小。

【一歇子】[iə?⁵ɕiɤ⁵³tsə²¹]（副）一次、一下子、一次就成功地。"歇"乃"下"之音变。

【一早（晌）】[iə²¹/iə?⁵tsɔ²¹³ʂã⁵³]（介词、时间副词）清早。同类词：一大早、大清早、一大清早、清早上（读若"清zǎng"）。可做名词，表示"一上午"。

【一阵】[iə?⁵tʂən⁵³]（副）一起、一块、一道。如："你俩～去，好有个伴。"

【一准】[iə²¹tʂuæn²¹³]（副）肯定、一定。如："他讲话算话，讲来～来。"

【一自一个】[iə?⁵tsʅ⁵³iə?⁵kə²¹]（副）按顺序做某事。

【一总】[iə²¹tsən²¹³]（副）总共。

【矣包（有）】[i⁴⁵pɔ²¹iɯ²¹³]（借音程度副词、叹词助词）十分、很、达到非常的程度。该词似为"亦不晓顿（有）"之音变，形为疑问结构，实为感叹虚词，常与"多""好"字连用，如：～好多人、～多深、～多漂亮、～好咸、～好烫。

【亦】[i⁴⁵]（借音副词）一下子、猛然地。

【亦包可】[i⁴⁵pɔ²¹kʰə²¹]（借音程度副词）不知、是否。如："他们～来噢？""亦"可读若"有"。

【亦表顿】[i⁴⁵piɔ²¹³tən⁵³]（借音程度副词、叹词助词）①也不知道。②通"矣包"。非常、难以言表。如："新高铁站～有多大！"该词一般形容超乎寻常的程度或规模。

【亦怕】[iə?⁵pʰa⁵³]（语气副词）暂时或一下子恐怕不行。如："～在经理那块子过不了关？"

【依】[ŋ²¹]（介）按照、依据。

【依得】[ŋ²¹tɤ²¹]（虚）应该、活该。

【依讲】[ŋ²¹tɕiã²¹³]（介）按说。

【离了】[ŋ⁴⁵liə/tʂə²¹]（介、副、连）没有、除了、离开某种条件。如："～他，你还能干什么事？"

【以】[ŋ²¹³]（介）凭。

【夜】[ŋ⁵³]（时间副词）在夜里。

【沿】[ĩ⁴⁵]（介）沿着。

【迎】[in⁴⁵]（介、副）①一开始。如："～春三场雨，遍地出黄金。"②对着：～面路上、～着队伍走去。

【由由之】[iɯ⁴⁵iɯ⁴⁵tʂə]（副）慢慢、悠悠地。如："这活多，～做，不能急。""由由"古有"愉悦、宽舒、迟疑、犹豫"义。《孟子·万章下》：与乡人处，由由然不忍去也。合肥方言里的"由由"基本上保留了古义。

【有】[iɯ²¹³]（借音助词）为"也、又"之音变。①也。如："你不来，他～不来，这事讲做（如何做）？"②表示埋怨语气。如："日头这样大，～不晓顿把被褥拿出去晒晒?"③又。实际上，"又"古读上声，音同"有"；如："他～不吃、～不喝，不晓顿在想哄么（什么）？"方言音合古音。

【有当无】[iɯ²¹³tã²¹u⁵³]（副）①不认真、不当一回事去做。②虽尽力但不抱希望地做。

【有毫】[iɯ²¹³xɔ⁴⁵/ɔ²¹]（连）一旦、只要出现某苗头（就）。如："～冷就要加衣裳。"亦说"曼（读若'照'）有毫"。

【有毫小】[iɯ²¹³xɒ⁴⁵ɕiɔ²¹]（副词成分）有点、相当有点。如："这个人～躺舌。"

【有要】[iɯ²¹³iɔ⁵³]（助）也要。

【又】[iɯ⁵³]（连、助）①（作用若序数词）第一、第二。如："～有样子，～有才，她干事（为何）要跟他？"②既、也。如："他～不还钱，～不见面，不晓顿搞哪去了？"③转折关系连词，然而、而、但是。如："我们是熟人，～不是亲戚，干么事非要借给你钱？"④也。为其音变。

【于】[ʮ²¹³]（介）对于。《论语》：不义而富且贵，～我如浮云。现今合肥话也常说："～我来讲，……"

【遇】[ʮ⁵³]（动词化介词、连词）①待人、与人交往。如："在外～人，诚实为本。"合古义，《史记·魏公子列传》：公子遇臣厚。②当。如：～身体不调和，要休息。

【月已】[yɛ²¹ʮ²¹³]（借音副词）业已、已经。

【约莫】[yɛ²¹mɒ²⁵]大概、估摸。

【在】[tsɛ⁵³]（助、介）①语法上的后缀助词，构成进行时：锅里头炖之肉～、他还气之～。②地点介词，起句子倒装作用。如：柜子里头装之书～。

【在……直起来】[tsɛ⁵³…tʂə²¹tʂʰ²¹lɛ²¹]（助词结构）构成进行时态。如：饭在烧直起来、衣裳在晒直起来。

【在家】[tsɛ⁵³tɕia²¹]（副）本义指"在家里"，但在实际使用中多作为副词成分，常表示一种情绪。如：一天晚（成天）～吵、～很、～缩着头。

【在哪】[tsɛ⁵³la²¹³]（地点及语气副词）从哪里、怎么、又如何。如："你不想之讲！我～搞那些钱给你？"通：到哪、上哪、自哪。

【再】[tsɛ⁵³]（副）反复、无论如何。"再+动词"多表示"反复、再三……（也不行）"。如：～讲也不中、～吃有（也）长不胖。

【再搞】[tsɛ⁵³kɔ²¹³]（副词，一般用于否定句中）无论如何（努力）也……通"再"。

【再讲】[tsɛ⁵³tɕiã²¹³]（副、连）况且、何况、再一点、进一步说。如："你怎能不付工钱还打人？～都是家门口口人！"

【再一个】[tsɛ⁵³iə²¹kə²¹]（副、连）另一个、何况、而且。

【趱么】[tsæ²¹³mɐʔ⁵]（副）赶紧。

【脏得之】[tsã²¹tɛ²¹tsə]（副）与动词连用，表示动作无效用、无意义、纯属浪费，或动作发出者不配做某种事。如：吃～、穿～、男人当～。

【糟】[tsɔ²¹]（副）乱、大肆、肆意、浪费地：～讲（胡乱说、背后讲人坏话）、～穿（乱穿、随便穿、穿贵重衣服干粗活）、～噘（骂人很随意、难听）。

【早不早】[tsɔ²¹³pə²¹tsɔ²¹³]（时间副词）多指某项工作没必要搞那么早。

【早晚】[tsɔ²¹³uã²¹³]（时间副词）迟早。

【撮】[tsɤʔ⁵]（量）读若"则"。如：一～髦、一～子头发、一～屎。

【最后】[tse⁵³xɯ⁵³]（时间副词）后来。

【拃】[tʂa²¹]（量）手掌伸展后手指尖所能达到的最大长度。

【乍】[tʂa⁵³]（频率副词）偶尔、突然：～来、～到、～冷受不住。

【乍不乍】[tʂa⁵³pəʔⁿtʂa⁵³]（频率副词）偶尔。比较：三不知。通"乍"。

【乍回】[tʂa⁵³xue⁴⁵]（时间副词）暂时。

【乍会】[tʂa⁵³xue²¹]（时间副词）过一会儿。

【乍和头】[tʂa⁵³xʊ⁴⁵tʰɯ²¹]（时间副词、连词）过一会儿、也许。该词与"乍会"的不同之处是，它涉及的前后事物往往有因果联系。如："你不慌把饭盛起来，～他来吃讲搞？"

【乍一】[tʂa⁵³iəʔ⁵]（副）①偶尔。②突然。

【乍一刻】[tʂa⁵³iə²¹kʰɤʔ⁵]（时间副词）过一会儿。

【嗻】[tʂɛ²¹]（拟音词）"之哎"的合音。如："那时候你干事～？"

【张】[tʂã²¹]①（副、量）现在。偶读若"帐"。②度量词。旧时以吃饭人数计的铁锅规格。常见的有"四～锅"（即可煮供四五个人吃饭的锅）、"八～锅"（可供八九人饭）等。

【张个】[tʂã²¹kə²¹]（时间副词）现在。

【仗】[tʂã⁵³]（动词化介词）①依仗。②以为。如："我～你不来之呢！"

【照】[tʂɔ⁵³]（介、连、助）①朝着、对准：～头给他一下（对着他的头打一下）。②照样、还是，照做不误。如："再讲都不中，他～干。"③可以、行、准许。如：a. 这样搞可不～。b. 甲：这样行不行？乙：～！（通：中、行）④尽管、只管、不要管我们。如："你～看你的电视，我们正好聒聒。"⑤能够。⑥按照。如："～他这样糟搞下去，我们都要喝西北风。"⑦只要、每当。如："～一有人来，他就来瑟之（搞得很起劲）。"⑧在句尾表示完成意义的借音助词，似为"之了"之合音。如："戏已经散得～。"

【照讲】[tʂɔ⁵³tɕiã²¹³]（转折关系连词）按说。如："～他们没出五服，应该客客气气才对。"

【曼】[tʂɔ⁵³]（连）只要、一旦。方言音读若"照"。

【曼有毫】[tʂɔ⁵³iɯ²¹³xɔ²¹]（连）通：曼、有毫。如："～声音他就睡不着。"

【招不住】[tʂɔ²¹pəʔ⁵tʂu⁵³]（副）通"架不住"。

【找】[tʂɔ²¹³]（介）向、朝。如：～老板要钱、～他要发票。

【找不到】[tʂɔ²¹³pəʔ⁵tɔ⁵³]（副、

形）①难得。②同"少有"。如："他这样不孝，世上～！"

【正】[tʂən⁵³]（助）构成进行时态。

【正赶巧】[tʂən⁵³kæ²¹³tɕʰiɔ²¹³]（副）正碰巧。

【正好】[tʂən⁵³xɔ²¹³]（副）①正在。②恰恰、偏偏。如："他正愁找不到人训，你～迟到找霉倒。"③正巧。④不巧。

【正好……在】[tʂən⁵³xɔ²¹³…tsE⁵³]（助词结构）构成进行时态。

【正（在）……起来】[tʂən⁵³tsE²¹…tsʰŋ²¹³lE²¹]（助词结构）构成进行时态。

【正巧】[tʂən⁵³tɕʰiɔ²¹³]（副）偏偏。

【真粲】[tʂən²¹tsæ⁴⁵]（副）偏偏。

【阵】[tʂən⁵³]（抽象量词）①一段时间：这～、过一～。②指人群。如：一大～人。

【之】[tʂə²¹]（后缀助词）读若且亦用"直"。这是合肥方言最重要，也是最常用的虚词之一，基本上每一句较完整的方言句子里都有该词。它是古音、古用法在方言里存续

最明显的痕迹。①表示"的"。其主要语法含义，一是表示所有关系，如：我～书、他～家人；二是名词后缀，如：男～、吃～（食品）、垫～（垫被）；三是作动词、名词、形容词的补足语，带有较强烈的感情色彩。如：写～（看你写的什么东西）、讲～（哪像你讲的）、大热天～、看你头发乱～、瞧把你高兴～。②表示"着"，构成状语或间接宾语结构，如：给～他钱、淋～雨、吃～亏。③表示"得"。多用在单音节动词、形容词与表示状态、程度的补语之间，如：甜～钻心、修～好、拿～动、爬～上去、好～很、穿～很格式、打～他清叫唤。④加动词后作状语，如：（把他）打～哭、讲～讲、笑～笑（有人在讲、有人在笑）。⑤加在动词（多为单音动词）后构成"完成时"，如：吃～（吃过了）、走～（已走了）、晓顿～（知道了）。⑥与"得"组成语法搭配"得之"，读若"带直"，放在动词后，意义基本同"之"之单用，表示句子的"完成时"结构，表示"已经""确定"等意义，如：吃得～（已吃过、吃完了）、考

得～、定得～（已确定或通过）。⑦介词。接着、连续。如：睡～吃、吃～睡（形容人很懒）。

【之毫（子）】[tʂə^{21}xɔ^{21}tsə]（后缀助词）一点、有点。动词、形容词之后的修饰成分，如：吃～（吃了一点）、冷～（有点冷）、笨～（笨了一点）。

【直】[tʂəʔ^{5}]（后缀助词）通“之”，基本上可互用，为其重读音。

【直八】[tʂə^{21}pɤʔ^{5}]（中缀助词）如：灰～黜、傻～兹、啰～唆。

【直毫（子）】[tʂə^{21}xɔ^{21}]（后缀助词）有点、一点。通：之毫（子）。

【直很】[tʂə^{21}xən^{213}]（程度后缀副词）非常、相当。义通并对应“很直/之”。多用来表示客观情况对主观的影响。如：热～（天气确实很热）、累～（的确累人）。而相应的“热很直”“累很直”则倾向于表达主观的感受，意思分别为“（我）被热得够呛”“（我）非常累”。

【直将】[tʂə^{21}tɕiã^{21}]（状态副词）抓紧、高频率、快速、一个劲地猛做某种动作，如：～吃、～走、～写。

【直仗】[tʂəʔ^{5}tʂã^{53}]（虚化动词）以为、期望。通“仗”。如：“～他不来之呢，哪讲又来之。”一说为“指仗”。

【指示】[tʂʅ^{213}ʂʅ^{53}]（虚化动词）以为、依赖。如：“你～他帮你，等到明年你也别指望。”

【只不过】[tʂʅ^{213}pə^{21}kʊ^{53}]（转折关系连词）只是、不过。

【只见】[tʂʅ^{213}tɕĩĩ^{53}]（频率与状态副词）①经常、总是这样。如：～他来、～来收钱。②快速进展、变化。如：缸里头米～少、霞们～长。

【只有】[tʂʅ^{213}iɯ^{213}] [tʂɯ^{213}]（副）快读若“肘”。只好、不得不。如：“他眼底都生之（因急于得到某物、焦躁、愤怒等原因而使得眼珠异样地睁大、发红等），～给他钱。”

【中】[tʂəŋ^{21}]（虚）行、能够、可以。

【种】[tʂəŋ^{213}]（抽象口语量词）表示田亩的面积，一般以斗、升、合计。

【周吴郑王】[tʂɯ^{21}u^{213}tʂən^{53}uã^{45}]（副）郑重其事、严肃认真地。

【猪】[tʂu^{21}]（副）表示胡乱、鲁莽、浪费、肮脏、野蛮地做某事。

如：～吃（吃得过多）、～叫（使劲、不顾一切地叫唤）、～打（没轻没重地打）、～睡（无节制地睡懒觉）等。

【捉住】[tʂuɤʔ⁵tʂu⁵³]（副）肯定。如："这事～是他干之。"

【着】[tʂuɤʔ⁵]（虚化动词）睡着、着火。

【着重（是）】[tʂuɤʔ⁵tʂən⁵³ʂʅ⁵³]（副）主要是。

【转】[tʂũ⁵³]（量）表示"趟"。

【几次一搞】[tʂʅ²¹³tsʰʅ⁵³iə²¹kɔ²¹³]（副词结构）简单、不经意地尝试就会迅速产生某种结果。如：a. 不能骗人，不然～就有人跟你玩了。b. ～你就晓顿他之味道了（只要接触几次你就知道他是什么样的人了）。

【几次三番】[tʂʅ²¹³tsʰʅ⁵³sæ²¹³fæ²¹]（副）三番五次。

【子】[tsə²¹]（构词后缀助词）多轻读。①构成名词。②构成连词、代词、形容词等词类。如：底样～、哪样～、底毫～、哪毫～。

【第一个】[tʂʅ⁵³iəʔ⁵·kə]（副）首先。

【自打】[tʂʅ⁵³ta²¹³]（介）自从。

【自蛋】[tʂʅ⁴⁵tæ⁵³]（程度副词）"砸蛋"的音变。相当、非常、极其。多用于助词"直"或"之"后，如：饿直～、好直～、穷直～、快活～。

【自家】[tʂʅ⁵³tɕia²¹]（代）自己。

【自井】[tʂʅ⁵³tɕin²¹³]（借音代词）"自家"之音变。多用于第二、第三人称。

【自哪】[tʂʅ⁵³la²¹³]（介）从哪里（得到）、几乎很难（做某事）。如："都是上班拿死工资，我～搞钱来投股？"因连读，有时读若"咋"。通：到哪、上哪、在哪、走哪。

【纪】[tʂʅ²¹³]（量）纤维状物品的一小捆、一束。"纪"原指丝束。《埤雅》：书云蚕之所吐为忽，十忽为丝，四十丝为纪。后"纪"俗作"子"。今合肥话"子"表示较整齐的一绺线状物，如：一～头发、两～毛线、一大～电线等。

【秭】[tʂʅ²¹³]（量）通"秿、纪"，指一铺割下来没有捆的农作物。古即为计量刈禾的把数，四把为秭。《诗经·小雅·大田》：彼有不获稚，此有不敛～；彼有遗秉，此有滞穗……

【钻心】[tsən²¹ɕin²¹]（副）表示

感觉之强烈：甜直～、疼直～。

【怎】[tsəŋ²¹³]（疑问代词）怎么、如何。

【总】[tsəŋ²¹³]（副、助）总、总是、怎么。

【总之讲】[tsəŋ²¹³tʂə²¹tɕiã²¹³]（承接关系连词）总之、一般来说。

【走】[tsɯ²¹³]（介）从、经。如：～公家预支毫钱。

【走哪】[tsɯ²¹³la²¹³]（介词结构）从哪里、怎么办。如："张个我～搞钱哎！"

【走上来】[tsɯ²¹³ʂã⁵³lɛ⁴⁵]（时间关系连词）一开始（就）。

【最起码】[tse⁵³tsʰɻ²¹³ma²¹³]（副）起码。

【左次】[tsʊ²¹³tsʰɻ⁵³]（频率副词）屡次。

【左次三番】[tsʊ²¹³tsʰɻ⁵³sæ̃²¹³fæ̃²¹]（频率副词）老是、频繁。近通"几次三番"。

【左左】[tsʊ²¹tsʊ⁴⁵]（副）干脆、索性。如："人也找了、钱也花了，～还在这坳子等等瞧。"亦作"左已"。

【坐】[tsʊ⁵³]（肯定意义副词）笃定。如：～赢、～输。

【坐定】[tsʊ⁵³tin⁵³]（肯定意义副词）通"坐"。如："他阶（今）没事，～来。"

【坐家坐（之）】[tsʊ⁵³tɕia²¹³tsʊ⁵³tʂə]（语气及地点副词）在家里。如："人要走运板门都挡不住，～都会有好事。"

【做】[tsʊ⁵³]（动词化介词）作、分为，表示预定行动的步骤。如：这杯酒，～两次喝。

卷三　常用习语、惯用语

【啊】[a⁵³/a⁴⁵/a²¹³/·a/a:]①读若
à，答应。亦用ào。②读á。表示不相
信或未听清。③读长音ā或ā—n,表示
不同意、不赞成；在推辞别人好意
如礼物和建议时亦用。④读ǎ。表示
惊讶、未听懂，意思是要对方再说一
遍。⑤读轻声、单独用长音或作它词
后缀，多表示不屑、不以为然。如：
a.～，你搞你的（不理他）。b.就是
他～！（我还以为是谁呢？）c.就
是这个～，搞得神乎其神的！

注：有一定意义的标音、借音词还
有：欸、哎（ǎi、ài）、耶、啵、唻、呃、
喳、嗯、呔、哈、哈（读若hàn）、喀（读若
kà、kān）、照、唶、噘、嘛（读若mān轻
声）、叨、大（读若dā轻声或dà）、肺（读
若fè）、哎吆、乖乖、嗷嘻、喓嘻等。

【啊啰啰啰啰】[aː²¹³lɔ²¹lɔlɔ²¹lɔ]
拟声唤猪音。"啊"发长声，第一个
叠音"啰啰"后稍作停顿，再发另一
组"啰啰"。以此循环。

【啊诏诏诏诏】[aː²¹³tʂɔ²¹tʂɔtʂɔ²¹tʂɔ]
拟声唤鸭音。"啊"发长声，第一个
叠音"诏诏"发音后稍作停顿，再发
另一组"诏诏"音，以此往复。

【二八月乱穿衣】[a⁵³pɤ²¹yɤ²⁵lǝŋ⁵³/

luõ⁵³tʂʰũ²¹lɿ²¹]俗语。表示初春和仲秋气
候和气温变化无常，人们因体质不
同着衣厚薄差异较大。

【二一添作五】[a⁵³iǝʔ⁵tʰĩ²¹tsɤ²¹u²¹³]
对钱物作平分。俗语，取自珠算口
诀。

【二月二龙抬头大家小户使耕
牛】[a⁵³yɤʔ⁵a⁵³lǝŋ⁴⁵tʰᴇ⁴⁵tʰɯ⁴⁵ta⁵³tɕia
²¹ɕiɔ²¹³xu⁵³se²¹³kǝn²¹liɯ⁴⁵]农谚。农
历二月初二,为传统节日"春龙节",
或曰"青龙节",又称"龙抬头",由于
"龙"与"农"谐音,提示一年的农事
活动即将开始，家家户户开始使用
耕牛。

【耳道生老茧】[a²¹³tɔ⁵³sǝn²¹tɔ²¹³tɕĩ²¹]
表示对某句话、某个道理听得多、听
烦了。偶可用于说话者指自己的话
已说了无数遍仍不起作用。

【耳道听勘得之】[a²¹³tɔ⁵³tʰin²¹·⁵³tᴇ²¹tʂǝ]
通：耳朵生老茧。

【耳道底吵炸得之】[a²¹³tɔ⁵³tʂɿ²¹
³tʂʰɔ²¹³tʂa⁵³tᴇ²¹tʂǝ]形容噪声极大、震
耳欲聋。

【耳风昭昭】[a²¹³fǝŋ²¹tʂɔ²¹³tʂɔ²¹]
某件事情已被若隐若现地散布流传,
或广为人知。一说"耳闻昭昭"。

【耳根子发热】[a²¹³kən²¹tsə²¹fɛ²¹ʐɤʔ⁵]听到别人的批评而耳赤、有羞愧感。旧传感知有人在背后骂自己。

【儿不嫌母丑狗不嫌家贫】[a⁴⁵pə²¹çĩ⁴⁵məŋ²¹³tʂʰɯ²¹³kɯ²¹³pə²¹çĩ⁴⁵tɕia²¹pʰin⁴⁵]义如条目。

【儿多是福】[a⁴⁵tu²¹ʂʅ⁵³fəʔ⁵]义如条目。

【儿女心重】[a⁴⁵ɥ⁵³çin²¹tʂəŋ⁵³]对子女十分关爱、照顾。"儿女"多读若"阿玉"

【诶】[ɛ²¹³]单音语气句,发第三声。①故意逗人、耍弄人时用(亦可发第二声)。如:"～,就不给你!"②表示不以为然。如:"～,他可不能这么干!"③话语中的逻辑转折,多表示某人行动的匪夷所思。如:"按讲工程一完就要给钱,～,他就是赖着不给。"④句中插入词,表示提醒与诧异。如:"都晓顿不能出卖朋友,～,有你们这样的人吗?"⑤表示招呼或同意。

【哎呦肺】[ɛ⁵³iɔ²¹fɛ⁵³/uɛ⁵³/ue⁵³]拟声句,表示遭受猛然撞击、烫伤、割伤等而感觉非常疼痛时瞬间本能发出的声音。

【诶诒】[ɛː²¹³iɛ²¹/iə²¹/iɛ²¹³/iə²¹³]拟声句,读若"矮一""矮也"。"诶"拖长音。①释放重担刹那的歇息声。②表示失望、不满,或表示后悔的声音。《说文》释之为"可恶之词"。

【嗷】[ɔ²¹/ɔ⁵³/ɔ²¹³]①别人说话时,表示正专注听讲或答应。②读第四声,表示"是吧?"或吃惊。或用于回应别人时,说话中的插入语,多表示自己的不满。如:"你们有事,我们都帮忙;～,到我们有事时候,你们都讲没空?"③读第三声,表示恍然大悟。

【嗷嚆】[ɔ⁵³xɔ²¹]拟声句。表示惊讶、惶恐。如:"～,你把他东西搞坏之,这不砸蛋吗?"

【把出去之丫头庠出去之水】[pa²¹³tʂʰuəʔ⁵tʂʰɥ⁵³tʂəia²¹tʰɯ²¹xu²¹³tʂʰuəʔ⁵tʂʰɥ⁵³tʂəʂue²¹³]意指女儿嫁出去后,如覆水难收,好坏都随她去,娘家不应过多干预其生活。

【把人卖得之】[pa²¹³/pɤ²¹zən⁴⁵mɛ⁵³tɛ⁵³tʂə]出卖别人,或因自己无意的言行,而使相关人的事情或名誉受损。

【把人送到水里头】[pa²¹³/pɤ²¹z

ən^{45}sən^{53}tɔ^{21}ʂue^{213}ɻ^{21}tʰɯ^{21}]由于自己的言行（如泄露秘密、不好的主意等）而致使某人遭遇不利的境地。

【把人子】[pa^{213}zən^{45}tsə^{21}]嫁女、出嫁的婚礼。

【把他铳多远之】[pɤ^{21}tʰɤ^{21}ʔ^{5}tʂə ŋ^{53}tʊ^{21}yĩ^{213}tʂə^{21}]狠狠地熊他、断然拒绝他。

【把我笑直嘛】[pɤ^{21}/pa^{213}ʊ^{213}ɕiɔ^{53} tʂə^{21}mɤ]句中插入短语，表示非常好笑、快乐。

注：这种"把＋（代词）＋（动词）＋嘛"结构，是整个句子的前半部分。作为铺垫，引导出下半句，表示"非常、很"的意义。如：a.他讲这话，把她们笑直嘛，肚子都疼。b.他太毒，把她打直嘛，在地下直滚！

【巴巴拎人一把】[pa^{53}pa^{21}lin^{21}zə n^{21}iə^{21}pa^{213}]故意卡人、为难人，让人难受、焦虑一下。

【摆二铺三】[pE^{213}a^{53}pʰu^{21}sæ^{21}]不嫌麻烦、将东西摆出来、搞得很复杂。

【掰睬他】[pE^{45}tsʰE^{213}tʰɤ^{2}⁵]不理会他、不买他账。"掰"为借音，实为"别"，下同。同类语：别管他、别搭

（理）他。

【掰岔】[pE^{45}tsʰa^{53}]别乱插嘴、不要转移话题。

【掰慌】[pE^{45}xuɑ̃^{21}]暂不要、不要急着做某事。可单独成短句，亦可以"别慌＋（动词/形容词）词组"结构出现。

【掰讲之】[pE^{45}tɕiɑ̃^{213}tʂə^{21}]①更何况。如："我们下馆子眼都不眨，～买你一个烂西瓜！"②（无奈语气）不必提、不屑提。如：甲：他这个人太差劲，借东西从来不还。乙：～，他哪个不晓顿？

【掰搞错之哎】[pE^{45}kɔ^{213}tsʰʊ^{53}tʂE^{21}]①提醒别人别把对象、数字、方向等搞错。②与人龃龉、争吵时警示对方，意指"我可不是好惹的！"一作"别搞错得之"。

【掰搞讹错之哎】[pE^{45}kɔ^{213}ʊ^{45}tsʰ ʊ^{53}tʂE^{21}]通"掰搞错之哎"。

【掰跟我俩花经】[pE^{45}kən^{21}ʊ^{213} liæ^{213}xua^{21}tɕin^{21}]别绕弯子、别骗我、别跟我耍滑。

【拜码头】[pE^{53}ma^{213}tʰɯ^{45}]义如条目。

【办嗤得之】[pæ̃^{53}tsʰɻ^{21}tE^{21}tʂə^{21}]借

音句。事情未办好。

【办讲（哩）】[pæ̃⁵³tɕiã²¹³lĩ²¹]借音句。①就是啊、就是这样讲啊，因而，正如前人、道理所说的。该词似为"不然人家不会讲"的缩略快读变音；还可再缩略为单字"办"。也可用于附和别人的话。如：a.办人家讲，人平时要积德。b.甲：他要是早习恨、下劲干，哪会考不上?乙：～哩! ②怪不得呢。如：甲：下雨，我帮你把被子收回去之。乙：～，我到处找不到。

【板上钉钉】[pæ̃²¹³ʂã⁵³tin⁵³tin²¹]肯定。

【膀根硬之】[pã²¹³kən²¹zən⁵³tʂə]①能独立,经济等方面有一定的基础。②不再听从有恩于自己的人，喻指忘恩负义。

【帮人擦屁股】[pã²¹zən⁴⁵tsʰɤʔ⁵pʰʅ⁵³ku²¹]弥补别人的过失，或收拾别人（尤指前任）留下的不利局面。

【帮人帮到底】[pã²¹zən⁴⁵pã²¹tɔ⁵³tsʅ²¹³]义如条目。

【宝贝】[pɔ²¹³pe⁵³]用于熟人之间或对晚辈的轻微斥责语、戏谑语。其意义多样、隐约且微妙，主要有：

看你那熊样、这样简单的事都不懂不会做、亏你想出来、讲得正合我意（但搞得我不好意思）等。

【饱汉不知饿汉饥】[pɔ²¹³xæ̃⁵³pəʔ⁵tʂʅ²¹ʋ⁵³xæ̃⁵³tsʅ²¹]义如条目。

【饱时需记饥时艰】[pɔ²¹³ʂʅ⁴⁵sʅ²¹tsʅ⁵³tsʅ²¹ʂʅ⁴⁵tɕĩ²¹]义如条目。

【抱人大腿】[pɔ⁵³zən⁴⁵ta⁵³tʰe²¹³]怀有目的去巴结某人、攀附有权势的人物。

【白天吃个猪不如一觉呼】[pɤʔ⁵tʰĩ²¹tɕʰiəʔ⁵kətʂu²¹pə²¹zu⁴⁵iəʔ⁵tɕiɔ⁵³xu²¹]形容睡眠的重要性。

【白眼果直泛】[pɤʔ⁵ĩ²¹³ku²¹³tʂəʔ⁵fæ̃²¹]"白眼果"即"白眼珠"，"泛"乃"翻"之音变。表示两层意思：①形容人长得一脸痴（chì）相。如："这孩子长大怕不聪明，～（白眼果多、黑眼果少）。"②处于惊恐、挨打窘态。如："他给人家掐直～。"

【八竿子也打不到】[pɤʔ⁵kæ̃²¹³tsə²¹iə²¹ta²¹³pəʔ⁵tɔ⁵³]指没有一点关系。

【八老归山】[pɤʔ⁵lɔ²¹³kue²¹ʂã²¹]婉指去世。

【八抬大轿也请不去】[pɤʔ⁵tʰE⁴⁵ta⁵³tɕiɔ⁵³iə²¹tɕʰin²¹³pəʔ⁵tsʰʅ⁵³]很难请

得动。也指无论对方提供什么优越条件，自己也不愿去。

【八抬大轿抬不动】[pɤʔ⁵tʰE⁴⁵ta⁵³tɕiɔ⁵³tʰE⁴⁵pəʔ⁵təŋ⁵³]①通"八抬大轿也请不去"。②形容人懒。

【八字不见一撇】[pɤʔ⁵tsə²¹pə²¹tɕĩ⁵³iə²¹pʰiɤʔ⁵]事情还没有任何眉目。

【不把他当数】[pəʔ⁵pɤ²¹/pa²¹tʰɤʔ⁵tã²¹³su⁵³]不尊重他，不把他的话当一回事。

【不保险】[pə²¹pɔ²¹³ɕĩ²¹³]不一定、靠不住。

【不睬他九点】[pə²¹tsʰE²¹³tʰɤʔ⁵tɕiɯ²¹³tin²¹³]不听他的，不随他的动作而做相应的行动。

【不睬他那一套】[pə²¹tsʰE²¹³tʰɤʔ⁵lE⁵³iəʔ⁵tʰɔ⁵³]义如条目。

【不存在】[pə²¹tsʰən⁴⁵tsE⁵³]不客气，没有这回事。回应别人致谢或反驳别人针对自己的论点时用。

【不出头】[pə²¹tʂʰuə²¹tʰɯ⁴⁵]性格内向、不敢出面担当。

【不气愤】[pə²¹tsʰŋ̩⁵³fən⁵³]不服气。

【不凑巧】[pə²¹tsʰɯ⁵³tɕʰiɔ²¹³]婉拒语，多表示在时间、财力、身体条件等方面不能配合或帮助对方。偶隐指身体方面的轻微疾病。

【不凑手】[pə²¹tsʰɯ⁵³ʂɯ²¹³]人手、时间、财物恰巧不够（因而不能帮助对方）。

【不错很照】[pəʔ⁵tsʰu⁵³xən²¹³tʂɔ²¹]借音句。依现有的情况看已经很好了，不能有进一步的奢望。

【不带这样之】[pəʔ⁵tE⁵³ti⁵³iã²¹tʂə]不合规矩、这样可不行。

【不带人玩】[pəʔ⁵tE⁵³zən⁴⁵uæ̃⁴⁵]轻视别人、把某人排除在行动或交往圈外。

【不搭他】[pə²¹tɤʔ⁵tʰə²¹/tʰəʔ⁵]不理他。

【不搭他睃】[pəʔ⁵tɤ²¹tʰə²¹su⁴⁵]不理他、不听他的。

【不得手】[pə²¹tɤ²¹ʂɯ²¹³]没有空。

【不得安】[pə²¹tɤʔ⁵zæ̃²¹/æ̃²¹]①陷入麻烦的纠缠。②得不到平静、正常的生活。

【不得动】[pə²¹tɤʔ⁵təŋ⁵³]①卧床或身体不能动弹。②形容某人四体不勤、极端懒惰。

【不得安生】[pə²¹tɤ²¹zæ̃²¹/æ̃²¹sən²¹]通"不得安"。

【不得安稳】[pə²¹tɤʔ⁵zæ̃²¹/æ̃²¹uən²¹³]
通"不得安"。

【不得了】[pəʔ⁵tɤ²¹/tɤʔ⁵liɔ²¹³]①
事情变得非常麻烦。②嘲讽某人自
以为了不起。③形容某人易怒、不
能碰。

【不单讲这个】[pə²¹tæ̃²¹tɕiɑ̃²¹³ti⁵³kə]
不仅如此、不仅仅是这个。一般用于
承接上一句话。

【不当个事】[pəʔ⁵tɑ̃²¹³kə²¹sŋ⁵³]看
不上眼、不上心。

【不当家不知柴米贵】[pə²¹tɑ̃²¹³
tɕia²¹pəʔ⁵tsŋ²¹tʂʰE⁴⁵mŋ²¹³kue⁵³]义如条
目。

【不对锅】[pəʔ⁵te⁵³kʊ²¹]借音句。
①不正常、有毛病。②两人关系不
融洽。

【不对劲】[pəʔ⁵te⁵³tɕin⁵³]不正常、有
异常的端倪。如:"看这个架势～,
我赶忙退到屋外。"

【不对账】[pəʔ⁵te⁵³tʂɑ̃⁵³]不正常、
不对劲、数量等对不上号。

【不顶龙】[pəʔ⁵tin²¹³lən⁴⁵](训
斥语)意指"笨蛋、窝囊废、浑蛋"。
对家人或较熟悉的人说时,语气较
轻;对其他人说时,则语气很重。

【不发猪头疯过不了扬子江】
[pə²¹fɤʔ⁵tʂu²¹tʰɯ⁴⁵fən²¹kʊ⁵³pə²¹liɔ²¹³i
ɑ̃⁴⁵tsə²¹tɕiɑ̃²¹]意指不采取非常手段办
不了事。

【不犯着】[pə²¹fæ̃⁵³tʂuɤʔ⁵]①没
有资格做某事、没有成功的可能。②
没有必要去较真、去做某事。

【不服夯】[pə²¹fə²¹sən⁴⁵]不认输、
不服老。同义:不认夯。

【不给脸】[pə²¹ke²¹³lĩ²¹³]不给
面子。

【不干不净吃之没病】[pəʔ⁵kæ̃²¹
pəʔ⁵tɕin⁵³tɕʰiəʔ⁵tʂə²¹mɯ²¹³pin⁵³]自我
与相互安慰俗语。指在吃的方面现
有条件如此,不能过分讲究洁净。

【不敢讲】[pə²¹kæ̃²¹³tɕiɑ̃²¹³]①窃
以为、或许是。如:"他没来、～是
不想来喽?"②不一定、难预测。
如:"明天下不下(雨),～哎!"③
不堪设想。

【不敢龇牙】[pə²¹kæ̃²¹³tsŋ²¹ia⁴⁵]
(慑于权威)不敢开口、不敢说话。

【不格(世)人】[pə²¹kɤʔ⁵sŋ⁵³zən⁴⁵]
借音句。表现怪异、不与人交往。

【不够塞牙缝】[pəʔ⁵kɯ⁵³sE²¹ia⁴⁵fən⁵³]
嫌东西太少。

【不顾人】[pəʔ⁵ku⁵³zən⁴⁵]只顾自己，不管别人。多指吃饭时吃得快且多，或专拣好的吃，吃了超过自己的份额。

【不关风】[pə²¹kuæ̃²¹³fən²¹]①门窗不严漏风。②嘴不严，好传话、泄密。③形容门牙缺失，说话走音。

【不管不问】[pə²¹kũ²¹³pəʔ⁵uən⁵³]义如条目。

【不管经】[pə²¹kũ²¹³tɕin²¹]不起作用、没有必要。

【不活之】[pəʔ⁵xuɤʔ⁵tʂə²¹]（反讽）表示相形于别人，自己简直无颜立足。如："你成绩底样好都讲不照，我们都～哎！"

【不慌】[pə²¹xuɑ̃²¹]承接或应对别人话语时用。①宽慰别人不要着急。②要求别人不要急，等自己把手头上的事了掉。

【不讲话】[pə²¹tɕiɑ̃²¹³xua⁵³]两人之间的关系变坏，互相不理睬。

【不讲嘛】[pə²¹tɕiɑ̃²¹³mɛ²¹]句中插入独立成分。表示后面所说的内容是有道理、有根据的，多在劝说别人时用。亦用"我不讲（之）嘛""人不是讲（之）嘛"。

【不经一事不长一智】[pəʔ⁵tɕin²¹iəʔ⁵sʅ⁵³pəʔ⁵tʂɑ̃²¹³iəʔ⁵tʂʅ⁵³]义如条目。

【不接那（话）茬】[pəʔ⁵tɕiəʔ⁵lɛ⁵³tʂʰa⁴⁵]不搭理别人，或不按照对方的话语逻辑去说话。

【不就讲嘛】[pəʔ⁵tɕiɯ⁵³tɕiɑ̃²¹³mɛ²¹]就是啊、别人都这么说啊、谁让他不听我们的呢。

【不就讲呢】[pəʔ⁵tɕiɯ⁵³tɕiɑ̃²¹³lĩ²¹]通"不就讲嘛"，语气稍强。

【不觉得】[pə²¹tɕyɐʔ⁵tɤ²¹]插入语，意指"（你）没在意、没注意到、不要以为无所谓"。如："一天花两个，一年下来就是一大笔，你～！"

【不快乎】[pəʔ⁵kʰuɛ⁵³xʊ²¹]①不舒服、不高兴。②对某某有意见。

【不抻他】[pəʔ⁵ʯ²¹tʰɤʔ⁵]别睬他。近义：不肉（轻声）他、不得他睃、不睬他九点。

【不拿正相看人】[pə²¹la⁴⁵tʂən⁵³ɕiɑ̃⁵³kʰæ̃⁵³zən⁴⁵]以轻视、厌恶、鄙视的态度对待某人。

【不拿正眼望他】[pə²¹la⁴⁵tʂən⁵³ɲĩ²¹³uɑ̃⁵³tʰɤʔ⁵]鄙视、厌恶某人。

【不能把锅背搁身上】[pə²¹lən⁴⁵pa²¹kʊ²¹pe²¹kɤ²¹ʂən²¹ʂɑ̃²¹]留人食宿

的常用客套话。

【不能混】[pə²¹lən⁴⁵xuən⁵³]①混不下去。②在一个地方、某个圈子里没有人愿意与之交往。

【不能讲】[pə²¹lən⁴⁵tɕiɑ̃²¹³]①插入语。表示难以启齿。②事情达到令人非常懊悔、难堪的程度。如："底件事情我后悔直～。""生意亏直～。"

【不能碰】[pəʔ⁵lən⁴⁵pʰən⁵³]形容某人脾气很大、一触即发。

【不论理】[pəʔ⁵lən⁵³l̩²¹³]指某人言行过分。

【不啰唆】[pəʔ⁵lu²¹su²¹]割断关系，不与对方交往。如："打上次吵过嘴，我跟他就～之。"

【不蛮去】[pə²¹mæ⁴⁵tsʰɿ⁵³]借音句。不经常去。

【不怕】[pəʔ⁵pʰa⁵³]①（轻微疑问）该不是？②也许是。

【不怕慢就怕站】[pə²¹pʰa⁵³mæ⁵³tɕiɯ⁵³pʰa⁵³tsæ⁵³]指工作只要动起来就好，哪怕进度慢一点，但不能停滞。

【不盼（讲）】[pəʔ⁵pʰæ⁵³tɕiɑ̃²¹³]借音句。难道、该不是、恨不得。

如："他开了好几个店还不知足，～要买下一条街？"

【不配混】[pəʔ⁵pʰe⁵³xuən⁵³]没有信义、为人差劲、不可交往。

【不吃】[pə²¹tɕʰiəʔ⁵]家禽家畜生病、不吃食。

【不吃劲】[pəʔ⁵tɕʰiəʔ⁵tɕin⁵³]钉子等钉不进木头里、螺丝与螺母咬合不紧、柱子等支撑物不受力等。

【不吃馒头——争（蒸）口气】[pə²¹tɕʰiəʔ⁵mən⁴⁵tʰɯ⁵³tsən²¹kʰɯ²¹³tsʰɿ⁵³]谐音歇后语。表面义是争气，隐指做不了某事，也要有个样子。

【不认得家】[pə²¹zən⁵³tɤʔ⁵tɕia²¹]赔得昏天黑地，多指赌博输得很惨。同义：（输直）找不到家、裤子都当得之。

【不肉他】[pəʔ⁵zɯ²¹tʰɤ²¹]借音句。不理他、不服从他。"肉"读轻声。

【不生】[pəʔ⁵sən²¹]①庄稼、蔬菜等植物的种子不发芽。②人不生育。

【不伸手】[pəʔ⁵sən²¹/tʂʰən²¹suɯ²¹³]不帮忙、不做家务事。

【不识货】[pə²¹səʔ⁵xu⁵³]①买卖

中卖家对买家砍价不耐烦时的常用语。②指某人对好的人与物没有鉴别能力。

【不是东西】[pəʔ⁵ʂʅ⁵³təŋ²¹sʅ²¹]詈骂句。①表示在某件事情上某人故意阻挠，或表现得过分、恶劣。②指某人品行恶劣。

【不是凡角】[pəʔ⁵ʂʅ⁵³fæ⁴⁵tɕyɤʔ⁵]非等闲之辈。

【不是搞直玩之】[pəʔ⁵ʂʅ⁵³kɔ²¹³tʂə²¹uæ⁴⁵tʂə]可不是开玩笑、要认真对待、要谨慎一点。

【不是跟你讲……】[pəʔ⁵ʂʅ⁵³kən²¹li²¹³tɕiã²¹³]埋怨语气。我不是已经跟你说过了吗？你怎么还……？

【不是讲直玩之】[pəʔ⁵ʂʅ⁵³tɕiã²¹³tʂə²¹uæ⁴⁵tʂə]通：不是搞直玩之。

【不是那块料】[pəʔ⁵ʂʅ⁵³lE⁵³kʰuE⁵³liɔ⁵³]不具有做某种事情的能力、资质。近义：不是……坯子。

【不是生意经】[pəʔ⁵ʂʅ⁵³sən²¹ȵ⁴⁵tɕin²¹]不是做正经事情的人。

【不是省油之灯】[pəʔ⁵ʂʅ⁵³sən²¹³iɯ⁴⁵tʂə²¹tən²¹]不是可以轻易摆布、满足的人。

【不是善茬】[pəʔ⁵ʂʅ⁵³sən⁵³/ʂʅ⁵³tʂʰa⁴⁵]不是好人，不是好对付的人。

【不是（个）事】[pəʔ⁵ʂʅ⁵³kə²¹sʅ⁵³]①不是正常的做法。②不能老是这样搞。

【不是一家人不进一家门】[pəʔ⁵ʂʅ⁵³iə²¹tɕia²¹zən⁴⁵pəʔ⁵tɕin⁵³iəʔ⁵tɕia²¹mən⁴⁵]表面意思是只有相同或相近素质、癖好、品位的人才能生活在同一屋檐下。具有赞扬、讽刺、自嘲等多种含义。如："一个好赌，一个懒货，真是～！"

【不是正经胎子】[pəʔ⁵ʂʅ⁵³tʂən⁵³tɕin²¹tʰE²¹tsə]人品本质上有问题，偶喻指言行上不合规。

【不思礼】[pəʔ⁵sʅ²¹ȵ²¹³]不讲理、不可理喻。

【不死也要脱层皮】[pəʔ⁵sʅ²¹³iɯ²¹iɔ⁵³tʰɤʔ⁵tsʰən⁴⁵pʰʅ⁴⁵]①即使能渡过眼前的难关，也要付出极大的代价。②表示面临以下境况的心态：承担异常艰难、复杂或繁重的任务，或遇到很大麻烦，或将受到严厉责罚。同类短语：皮（给）扒得之、皮脱得之、脱一层皮。

【不汤心】[pə²¹tʰã²¹ɕin²¹]不如意、心里不顺畅。

【不听话】[pə²¹tʰin²¹xua⁵³]小孩、下属不听从指令，不服管理。

【不听老人言吃苦在眼前】[pəʔ⁵tʰin²¹lɔ²¹³zən⁴⁵ĩ⁴⁵tɕʰiəʔ⁵kʰu²¹³tsE⁵³ĩ²¹³tɕʰĩ⁴⁵]义如条目。

【不像】[pəʔ⁵ɕiã⁵³]不像话、不合规矩。如："人家都去拜年，你不去～。"

【不像个干】[pəʔ⁵ɕiã⁵³kə²¹kæ̃⁵³]没有认真或投入地做某事。

【不像个干事样子】[pəʔ⁵ɕiã⁵³kə²¹kæ̃⁵³sɿ⁵³iã⁵³tsə²¹]做某事时三心二意、不按规矩。如："上班时工作服都不穿，～！"

【不像个样子】[pəʔ⁵ɕiã⁵³kə²¹iã̃⁵³tsə²¹]①言行、外表不注意、不合常规。②通：不像个干事样子。③责骂用语，指对方言行过分、出格、不守规矩。

【不像话】[pəʔ⁵ɕiã⁵³xua⁵³]义如条目。

【不像样】[pəʔ⁵ɕiã⁵³iã⁵³]通：不像个样子。

【不想好】[pəʔ⁵ɕiã²¹³xɔ²¹³]①好吃懒做、不求上进。②上级批评下属的常用语，意"你不想进步了""你想倒霉了"。

【不晓顿】[pəʔ⁵ɕiɔ²¹³tən⁵³]①不知道。②昏迷、失去意识。如："他摔一跤摔直～之。"

【不晓顿丑】[pəʔ⁵ɕiɔ²¹³tən⁵³tsʰu²¹³]①厚着脸皮做某事。②恬不知耻。同义：脸皮八丈厚。

【不晓顿从哪下叉】[pəʔ⁵ɕiɔ²¹³tən⁵³tsʰən⁴⁵la²¹³ɕia⁵³tsʰa²¹]不知道从哪里入手，完全摸不到边际。

【不晓顿好歹】[pəʔ⁵ɕiɔ²¹³tən⁵³xɔ²¹³tF²¹³]分不清是非，不知感恩，不知道照顾上人。此短句是方言里责备人的一句重话。义同"不清头""忘恩负义"。

【不晓顿哪到哪】[pəʔ⁵ɕiɔ²¹³tən⁵³la²¹³tɔ⁵³la²¹³]不辨方位、不知道往哪走。

【不晓顿（自己）吃儿碗干饭】[pəʔ⁵ɕiɔ²¹³tən⁵³tsɿ⁵³tsɿ²¹³tɕʰiəʔ⁵tsɿ²¹³ũ²¹³kæ̃²¹fæ̃⁵³]形容某人没有自知之明。

【不晓顿自己有多大多粗】[pəʔ⁵ɕiɔ²¹³tən⁵³tsɿ⁵³tsɿ²¹³iɯ²¹³tʊ²¹³ta⁵³tʊ²¹³tsʰu²¹]不自量力、自以为很了不得。

【不要紧】[pəʔ⁵iɔ⁵³tɕin²¹]问题不严重、没关系、可以这样做。

【不喷声】[pə²¹tsɤʔ⁵sən²¹]①不

讲话。②不告知、不打招呼。③逃避矛盾，遇到问题不敢发表意见。

【不喷声不喷气】[pə²¹tsɤʔ⁵sən²¹ pə²¹tsɤʔ⁵tsʰɿ⁵³]借音句。①不声不响。如："平时在底下一天到晚发牢骚，一开会都～。"②（不打招呼）悄悄行动。如："吃过饭找不到人，哪晓顿他～走之。"③不敢发声，不敢主持正义。

【不作数】[pə²¹tsɤʔ⁵su⁵³] 得不到重视，不把人当回事，言行不能起作用。

【不长个脑子】[pə²¹tsɑ̃²¹³kə²¹lɔ²¹³tsə](训斥语）做事怎么没有头脑？

【不长心】[pə²¹tsɑ̃²¹³ɕin²¹]没有记性，老不吸取教训。

【不长眼】[pə²¹tsɑ̃²¹³ñ²¹³]不注意观察。

【不招边】[pə²¹tsɔ²¹³pĩ²¹]说话不着边际。

【不照人家】[pəʔ⁵tsɔ⁵³zən⁴⁵tɕia²¹]不像别人。如："这霞子能吃苦，～一干活就喊累。"

【不知不为过】[pəʔ⁵tsɿ̩¹pə²¹ue⁴⁵ku⁵³]俗语。义如条目。

【不知事】[pə²¹tsɿ̩²¹sɿ̩⁵³]不懂事、傻瓜。

【不照】[pəʔ⁵tsɔ⁵³]不行。表示不可行、不同意、不认可，亦可表示对人评价不高。

【不至于】[pəʔ⁵tsɿ̩⁵³ʮ²¹³]①尚未到某种程度。②插话短语，意不苟同对方对某事态的判断。

【不中】[pəʔ⁵tsən²¹]①表示不同意。②人能力或品质不行。③事情没有结果，方法不行、工具不好用等。

【不着边】[pəʔ⁵tsuɤʔ⁵pĩ²¹]不现身、不接近、逃避义务或责任。

【不吱声】[pə²¹tsɿ̩⁵³sən²¹]通"不喷声"。不讲话、不发声、不告知。

【诐】[pe²¹]骗人、别骗我。读若"杯"。近义：贼诐。

【笨冇根】[pən⁵³muɯ²¹³kən²¹]非常笨。同类词：笨到家、笨伤之、笨伤心、笨伤直心。

【本事真大】[pən²¹³sɿ̩⁵³tsən²¹ta⁵³]①责备语，意"你胆子够大的！"。②讽刺语，意"你真有本事！"。

【笔杆黄鳝马蹄鳖】[piə²¹kæ̃²¹³xuɑ̃⁴⁵sən⁵³/sĩ⁵³ma²¹³tsʰɿ̩⁴⁵piɤʔ⁵]指如笔杆一般粗的黄鳝和马蹄一般大小的鳖味道正鲜美。

【鼻子不是鼻子眼睛不是眼睛】[piəʔ⁵tsə²¹pəʔ⁵ʂʅ⁵³piəʔ⁵tsə²¹ñ²¹³tɕin⁵³pəʔ⁵ʂʅ⁵³ñ²¹³tɕin⁵³]①被人讨厌，动辄得咎。②自我感觉良好、自信心膨胀的样子。

【鼻子翘直像大象】[piəʔ⁵tsə²¹tɕʰiɔ⁵³tʂə²¹ɕiã⁵³ta⁵³ɕiã⁵³]自以为了不起、不理别人、看不起人的样子。

【闭直眼睛也能】[pʅ⁵³tʂə²¹ñ²¹³tɕin⁵³iə²¹lən⁴⁵] 轻而易举就能做好某事。

【闭直眼睛瞎讲】[pʅ⁵³tʂə²¹ñ²¹³tɕin⁵³ɕiɤ²¹tɕiã²¹³]瞎讲。

【逼之汗】[piəʔ⁵tʂə²¹xæ⁵³]汗出不来的难受感觉。

【边打边样】[pĩ²¹ta²¹³pĩ²¹³iã⁵³]心里没底，边做边参照边修改。近义：边打边相、摸着石头过河。

【摽吃摽喝】[piɔ²¹tɕʰiəʔ⁵piɔ²¹xɤʔ⁵]（瞅机会）不请自来到别人家混吃混喝。摽读若biāo。

【表底样烈】[piɔ²¹³ti⁵³iã⁵³liɤʔ⁵]借音句。不知为什么会这样厉害。此处的"表"为"不晓顿"的缩略音变。这种"表底样＋形容词"结构，用以表达"搞不清为何会如此地＋（形容

词）"意思。

【表多桑】[piɔ²¹³tʊ²¹sã⁵³]借音句，"桑"读若"丧"。非常厉害。"表多＋形容词"表示"多么、非常＋（形容词）"意思。

【表讲搞之】[piɔ²¹³tɕiã²¹³kɔ²¹³tʂə²¹]借音句。不知为什么。

【别马胯】[piɤ²¹ma²¹³kʰua²¹³]掣肘、捣乱。近义：戳整脚。

【别直劲】[piɤʔ⁵tʂə²¹tɕin⁵³]①（因位置不利）使不上劲。②因关系不好而不配合。

【鳖瞅蛋】[piɤʔ⁵tsʰɯ²¹³tæ⁵³]（讽）眼老盯一个地方。

【兵屎尿一个将屎尿一窝】[pin²¹səŋ⁴⁵səŋ⁴⁵iəʔ⁵kʊ⁵³tɕiã⁵³səŋ⁴⁵səŋ⁴⁵iəʔ⁵ʊ²¹]义如条目。

【蹦翻之天】[pəŋ⁵³fæ²¹tʂə⁴⁵tʰñ²¹]吵闹得极厉害。如："你要扣她钱，她不～？"

【财是人之胆人是屋之胆】[tsʰE⁴⁵ʂʅ⁵³zən⁴⁵tʂə²¹tæ²¹³zən⁴⁵ʂʅ⁵³uəʔ⁵tʂə²¹tæ²¹³]指人有钱才会有底气，房屋住人才不会颓圮。

【苍蝇不敢抹鼻子】[tsʰã²¹ñ²¹pə²¹kæ²¹³mɤ²¹piəʔ⁵tsə²¹] 形容谁也不敢

惹。

【苍蝇扒不上蚊子翻跟头】[tsʰɑ̃²¹ĩ²¹pa²¹pə⁴⁵ʂɑ̃⁵³uən⁴⁵tsə²¹fæ²¹³kən²¹tɯ²¹]形容表面极光滑。可谑指对方头发梳得油光发亮。

【撮整脚】[tsʰɤʔ⁵piɤ²¹tɕyɐʔ⁵]亦用"戳整脚"或"拣整脚"，找毛病、捣乱之意。"整脚"一词，一说是"躄脚"之误，指"病脚"。"躄"古通"蹩"，《释文》：蹩，两足不能行也。明知别人足有疾，非要去戳或拣，不是添乱、害人是什么？一说是由英语bilge(舱底)经洋泾浜英语撇音而来。舱底又往往是廉价货物和偷渡客、穷光蛋藏身之所，故引申为"劣质、下三烂、不上台面"。所以"撮整脚"也指揭别人的老底、出别人的丑。

【随你】[tsʰe⁴⁵li²¹³]①听你的。②你看着办（带不快语气）。③好坏都听之任之。

【随你讲】[tsʰe⁴⁵li²¹³tɕiɑ̃²¹³]①你讲什么就是什么。②你尽管乱讲，我不反驳、不插嘴。

【随他】[tsʰe⁴⁵tʰɤʔ⁵]①不要干涉，让他去做某事。②不去管他、支持他，让他去搞（带不快语气）。③不

要管、听天由命。该词偶含"看他又如何收场"的反感语气。

【差他二百钱】[tsʰa²¹tʰɤ²¹ɑ⁵³pɤ²¹tɕʰĩ⁴⁵]形容无端地给人难看的脸色。如："你看他垮丧个脸，像人家～样子！"

【（我）差他之】[ʋ⁴⁵tsʰa²¹tʰɤ²¹tsə²¹]本义指又不欠他的，干吗为他去做某事，喻指不屑、没必要对某人做某事。如甲："你还不送毫东西给他?"乙："～！"

【差（之）一大截(子)】[tsʰa²¹tsə²¹iəʔ⁵ta⁵³tɕiəʔ⁵tsə]差了许多。既可指事物的数量规格，也可指人品素质。

【差一毫毫子】[tsʰa²¹iə²¹xɔ²¹xɔ⁴⁵tsə]只差了一点点。

【差一屁股搭两胯债】[tsʰa²¹iəʔ⁵pʰ̩⁵³ku²¹tɤ²¹liæ²¹³kʰua²¹³tsɛ⁵³]欠了外面许多债。

【差之不是一毫毫】[tsʰa²¹tsə²¹pəʔ⁵ʂ̩⁵³iəʔ⁵xɔ²¹xɔ⁴⁵]差了很多。带较强烈的语气。

【蹅到人裤裆】[tsʰa²¹tɔ²¹zən⁴⁵kʰu⁵³tɑ̃²¹]形容某人才智能力不行，说话办事动辄落入别人话题陷阱或被动的窘境。

【茶壶装元宵/饺子——有货倒不出】[tʂʰa⁴⁵xu⁴⁵tʂuã²¹yĩ⁴⁵ɕiɔ²¹/tɕiɔ²¹³tsə²¹iɯ²¹³xʊ⁵³tɔ⁵³pə²¹tʂʰuə²⁵]歇后语。

【茶七饭八酒十分】[tʂʰa⁴⁵tɕʰiə?⁵fæ̃⁵³pɤ?⁵tɕiɯ²¹³sə?⁵fən²¹]待客风俗。招待客人时，茶不能倒得太满，最好是七分满，以免"茶满欺人"，热茶烫着客人手。所谓"饭八"，就是给客人盛饭时，只盛八成满，少了有小气之嫌，太满则易掉饭粒、不雅观、不好搛菜入碗。至于"酒十分"，表示酒要倒满，以示敬意和诚意。

【插一杠子】[tʂʰɤ²¹iə²¹kã⁵³tsə]①在某人说话时插话。②在别人的事务中插上一手。同义：插一脚。该短语带少许贬义。

【馋朽八带直】[tʂʰæ̃⁴⁵ɕiɯ²¹³pɤ?⁵tɛ⁵³tsə²¹]借音句。非常饿，对别人的食物垂涎欲滴。"馋"字也可作动词，如："你别～我！"

【馋咬舌头饿咬腮】[tʂʰæ̃⁴⁵iɔ²¹³sɤ?⁵tʰɯ⁵³ʊ⁵³iɔ²¹³sE²¹]义如条目。

【敞头搞】[tʂʰã²¹³tʰɯ⁴⁵kɔ²¹³]钱物控制较松，任由他人领用、消费。

【敞直风】[tʂʰã²¹³tsə⁴⁵fəŋ²¹]外感风寒而致感冒。

【常将有日思无日莫到无时想有时】[tʂʰã⁴⁵tɕiã²¹iɯ²¹³zə?⁵sʅ²¹u⁴⁵zə?⁵mə?⁵tɔ⁵³u⁴⁵sʅ⁴⁵ɕiã²¹³iɯ²¹³sʅ⁴⁵]俗语。

【巢湖里的米虾——白忙(芒)】[tʂʰɔ⁴⁵xu⁵³ʅ²¹tʂə²¹mɿ²¹³ɕia²¹pɤ?⁵mã⁴⁵]谐音歇后语。白忙乎。

【扯连阴】[tʂʰE²¹lĩ⁴⁵in²¹]下连阴雨。

【抻朗八了】[tʂʰən²¹lã²¹pɤ²¹liɔ²¹³]很舒服。

【伸把手】[tʂʰən²¹pa²¹³sɯ²¹³]帮忙。"伸"读若"称"，下同。

【伸手不打笑脸人】[tʂʰən²¹sɯ²¹³pə²¹ta²¹³ɕiɔ⁵³lĩ²¹³zən⁴⁵]义如条目。

【诚心实意】[tʂʰən⁴⁵ɕin²¹sə?⁵ʅ⁵³]同"诚心诚意"。

【称二两棉花到边上纺纺】[tʂʰən²¹a⁵³liã²¹³mĩ⁴⁵xua²¹tɔ⁵³pĩ²¹sã²¹fã²¹³fã⁵³]简作"纺纺"。"纺"为"访"的谐音。短语带威胁、炫耀意味，意为"你不认识我？""你到处问问敢不敢做这个事？"。

【称羡毫】[tʂʰən²¹ɕyĩ²¹xɔ²¹]顾客要卖者让点秤。"羡"读若"轩"，反义词是"颜毫（秤）"。

【秤砣一样】[tʂʰən⁵³tʰʊ⁴⁵iã⁵³]形

容小孩长得好、较重，抱在或背在身上有秤砣般下坠的感觉。

【赤巴脚】[tʂʰəʔ⁵pɤ²¹tɕyɤʔ⁵]赤着脚。

【赤版赤版咬之不得到晚土公土公咬之不得到中】[tʂʰɭ²¹pæ²¹³tʂʰɭ²¹pæ²¹³iɔ²¹³tʂəʔ⁵pə²¹tɤʔ⁵tɔ⁵³uæ²¹³tʰu⁴⁵kəŋ²¹tʰu⁴⁵kəŋ²¹³iɔ²¹³tʂəʔ⁵pə²¹tɤʔ⁵tɔ⁵³tʂəŋ²¹]形容合肥地区两种常见毒蛇的毒性。"赤版"指赤练蛇，"土公"指蝮蛇。喻指早上被这两种蛇咬到，分别挨不到中午或晚上。

【痴相生在脸上】[tʂʰɭ⁵³ɕiɑ²¹sən²¹tsE²¹lĩ²¹³sɑ̃⁵³]（责备语）义如条目。

【痴长几岁】[tʂʰɭ²¹tʂɑ²¹³tsɭ²¹³se⁵³]（自谦语）表示岁数大对方几岁。

【嗤人吃亏/上当】[tʂʰɭ²¹zən⁴⁵tɕʰiəʔ⁵kʰue²¹/sɑ̃⁵³tɑ̃⁵³]借音句。引诱、支人上当。

【虫疤枣子先红搅家婆子先穷】[tʂʰən⁴⁵pa²¹tsɔ²¹³tsə²¹tɕʰĩ²¹xəŋ⁴⁵tɕiɔ²¹³tɕia²¹pʊ⁴⁵tsə²¹tɕʰĩ²¹tɕʰiŋ⁴⁵]俗语。意指不贤惠的妇女会败家。"先"读若"千"。

【重阳无雨看十三十三无雨一冬干】[tʂʰən⁴⁵iɑ̃⁵³u⁴⁵ɥ²¹³kʰæ̃⁵³ʂəʔ⁵sæ²¹ʂəʔ⁵sæ̃²¹u⁴⁵ɥ²¹³iəʔ⁵təŋ²¹kæ̃²¹]气象谚语。旧传农历九月九日及十三日皆宜雨，不然预示有冬旱。

【重三倒四】[tʂʰən⁴⁵sæ²¹tɔ⁵³sɭ⁵³]说话没有条理、重复啰唆。

【铳直八丈远】[tʂʰən⁵³tʂə²¹pɤ⁵tʂɑ̃⁵³ɥɤ²¹³]不留情面地断然拒绝、狠狠地斥责某人。如："他要来跟我讲，我把他～！"

【丑出尽之】[tʂʰɯ²¹³tʂʰuəʔ⁵tɕin⁵³tʂə]义如条目。

【丑话讲在先】[tʂʰɯ²¹³xua⁵³tɕiɑ̃²¹³tsE⁵³tɕʰĩ²¹]将不好听的、得罪人的话先讲出来，起防备、打预防针作用，以免此后大家争议、尴尬。

【丑女贤妻家中宝】[tʂʰɯ²¹³ɥ²¹³ɕĩ⁴⁵tʂʰɭ²¹tɕia²¹tʂəŋ²¹pɔ²¹³]义如条目。

【丑人多作怪】[tʂʰɯ²¹³zən⁴⁵tʊ²¹tsɤʔ⁵/tsɯʔ⁵kuE⁵³]义如条目。

【丑伤直（心）】[tʂʰɯ²¹³sɑ̃²¹tʂəʔ⁵ɕin²¹]亦讲"丑直伤心"，形容极丑。

【丑媳妇总要见公婆】[tʂʰɯ²¹³ɕiəʔ⁵fu⁵³tsəŋ²¹³iɔ⁵³tɕĩ⁵³kəŋ²¹pʊ⁴⁵]义如条目。

【臭鱼烂虾】[tʂʰɯ⁵³ɥ⁴⁵læ⁵³ɕia²¹]表示鱼虾稍变味仍可食用。

【踹脚印】[tʂʰuE²¹³tɕʏʏʔ⁵in⁵³]按照、借鉴前者的成功路线发展。

【吹牛不犯死罪】[tʂʰue²¹liɯ⁴⁵pəʔ⁵fæ̃⁵³sⁿ²¹³tse⁵³]（戏谑或自嘲语）意指对方尽管吹牛吧，没人会相信，或我就吹牛有什么大不了的。近义：吹牛不上税。

【吹弹鼓轧】[tʂʰue²¹tʰæ̃⁴⁵ku²¹³ia⁵³]形容戏台上各种乐器演奏之热闹状。亦指对各种乐器的技能掌握。

【曲蟮上墙——腰杆不硬】[tɕʰyʔ⁵ʂəŋ⁵³/ʂĩ⁵³ʂɑ̃⁵³tɕʰiɑ̃⁴⁵iɔ²¹kæ̃²¹³ pəʔ⁵zən̩⁵³]歇后语。

【出气】[tʂʰuəʔ⁵tsʰɿ⁵³]（训斥语）窝囊废、没用！同类语：宝贝、耍、耍货、不顶龙！

【出气带冒烟】[tʂʰuəʔ⁵tsʰɿ⁵³tE⁵³mɔ⁵³ĩⁿ]通"出气"。

【出门给车撞死】[tʂʰuəʔ⁵mən⁴⁵ke²¹³tʂʰE²¹/tʂʰe²¹tsuɑ̃⁵³sɿ²¹]发誓、赌咒用语。

【春东夏西秋不论】[tʂʰuən²¹təŋ²¹ɕia⁵³sɿ²¹tɕʰiɯ²¹pəʔ⁵lən⁵³]农谚。指风向与降雨的关系。

【春天大雾伏天旱】[tʂʰuən²¹tʰĩ²¹ta⁵³u⁵³fəʔ⁵tʰĩ²¹xæ̃⁵³]气象谚语。

【春雾雨夏雾热秋雾凉风冬雾雪】[tʂʰuən²¹u⁵³ɥ²¹³ɕia⁵³u⁵³zɤʔ⁵tɕʰiɯ²¹u⁵³liɑ̃⁴⁵fəŋ²¹təŋ²¹u⁵³ɕʏʏʔ⁵]气象谚语。

【春雪赛马跑】[tʂʰuən²¹ɕʏʏʔ⁵SE⁵³ma²¹³pʰɔ⁴⁵]形容春天里下的雪化得很快。

【穿球得之】[tʂʰʊ̃²¹tɕʰiɯ⁴⁵tE⁵³tʂə]形容穿得过多，衣服包裹在身上像个圆球。

【穿团得之】[tʂʰʊ̃²¹tʊ⁴⁵tE⁵³tʂə]通"穿球得之"。

【（伙）穿一条裤子】[xʊ²¹³tʂʰʊ̃²¹iə²¹tʰiɔ⁴⁵kʰu⁵³tsə]关系紧密、狼狈为奸。如："他俩好直～。"同义：好直像一个人；反义：坐不到一条板凳上。

【穿直像和盾】[tʂʰʊ̃²¹tʂə²¹ɕiɑ̃²¹xʊ⁴⁵tən⁵³]借音句，通"穿球得之"。"和盾"似由"河豚"音变而来，后者遇威胁则鼓气致身体陡然膨胀如球，人着衣过多外形有类似处。

【妻贤夫祸少子孝父心宽】[tsʰɿ²¹ɕĩ⁴⁵fu²¹xʊ⁵³ʂɔ²¹³tsɿ²¹³ɕiɔ⁵³fu⁵³ɕin²¹³kʰʊ̃²¹]俗语，义如条目。

【起个大早赶个晚集】[tsʰɿ²¹³kə²¹

ta⁵³tsɔ²¹³kæ²¹³kə²¹uɑ̃²¹³tɕiəʔ⁵]较早觉醒，较晚行动；或指虽见事、行动较早，但进展效果不如人。同义：醒之早起之迟。

【起来】[tsʰʅ²¹³lE²¹]起床。

【起苗不伤根栽树要挖坑】[tsʰʅ²¹³miɔ⁴⁵pə²¹sɑ̃²¹kən²¹tsE²¹ʂu⁵³iɔ⁵³uɑ²¹kʰən²¹]农谚，全句为："～；苗要放得正土要踩得紧。"

【起早带晚】[tsʰʅ²¹³tsɔ²¹³tE⁵³uɑ̃²¹³]亦用"起早搭黑"。

【奇有】[tsʰʅ⁴⁵iɯ²¹³]（训斥语）真少有！

【奇出怪样】[tsʰʅ⁴⁵tʂʰuəʔ⁵kuE⁵³iɑ̃⁵³]（训斥、戏谑语）指对方形象、言行怪异。

【骑马找马】[tsʰʅ⁴⁵ma²¹³tʂɔ²¹³ma²¹³]①心不在焉，东西就在跟前却到处寻找。②已经有了某种东西，还要锦上添花，寻求更好的。

【气不打一处来】[tsʰʅ⁵³pə²¹ta²¹³iəʔ⁵tʂʰu⁵³lE⁴⁵]对方的眼前过错勾起了对他的其他过错的愤恨，一起迸发出来。

【气笃得之】[tsʰʅ⁵³təʔ⁵/tɯəʔ⁵tE⁵³tʂə²¹]非常生气、被气得难以忍受。"笃"可读若"毒"，来自古吴语"豚"，旧指生殖器，原本也是粗俗语。同义：气伤之。

【气愤不过】[tsʰʅ⁵³fən⁵³pəʔ⁵ku⁵³]不服、气愤。

【气貐得之】[tsʰʅ⁵³pʰu²¹tE²¹tʂə]极为气愤。"貐"读若"铺"。《新方言》：貐，豕息也，芳无切；安庆扬州皆谓发怒大息为貐，读如"铺"。

【气愫】[tsʰʅ⁵³su²¹]（借音训斥语）指对方懦弱、没用、行为不合常规。

【气直啊貐啊貐】[tsʰʅ⁵³tʂə²¹a⁴⁵pʰu²¹a²¹³pʰu²¹]被气得胸部起伏、直喘粗气的样子。

【气之直夯】[tsʰʅ⁵³tʂə²¹tʂəʔ⁵xɑ̃²¹]被气得气直喘、很气愤。

【从小看大三岁知老】[tsʰəŋ⁴⁵ɕiɔ²¹³kʰæ⁵³ta⁵³sæ²¹se⁵³tʂʅ²¹lɔ²¹³]俗语。一说"三岁看大，七岁看老"。

【从小偷针长大偷金】[tsʰəŋ⁴⁵ɕiɔ²¹³tʰɯ²¹tʂən²¹tʂɑ²¹³ta⁵³tʰɯ²¹tɕin²¹]俗语。

【聪明相生在脸上】[tsʰəŋ²¹min²¹ɕiɑ̃⁵³sən²¹tsE²¹lĩ²¹³ʂɑ̃⁵³]①一看就知道很聪明。②表面上聪明，实际上愚蠢，不懂得"大智若愚"。

【粗细都中】[tsʰu²¹sʅ⁵³tɯ²¹tʂəŋ²¹]

形容某人文的武的都行。

【锄地锄到秋锄把顺手丢】[tsʰʊ⁴⁵tsɿ⁵³tsʰʊ⁴⁵tɔ⁵³tɕʰiɯ²¹tsʰʊ⁴⁵pa⁵³ʂuən⁵³ʂɯ²¹³tiɯ²¹]农时谚语。到秋天就不需要锄草了。

【大】[·ta²¹/ta²¹/ta⁵³]句中插入短语。①读dā（轻声）。背后表示轻度不满、无奈。近义：哼、唉、呻吟。②读dā或dà，戏谑词，常用来逗弄小孩，或不便于回应小孩子的童稚问话时用，含有"嚯，了不起""噫，哪能这样"等微妙意思。举例来说，如舅舅教导外甥要好好学习，外甥说："学习管哄经？妈妈讲你小时候念书笨伤心，现在不也发大财？"舅舅的回应很可能是："～！"③读dà，表示不服、不满、不屑。

【大矮矮一个妈矮矮一窝】[ta²¹ʐㄝ²¹³ʐㄝ²¹³iə?⁵kə²¹ma²¹ʐㄝ²¹³ʐㄝ²¹³iə?⁵ʊ²¹]形容父母各自的身高对子女的不同影响。

【大差不差】[ta⁵³tʂʰa²¹pə²¹tʂʰa²¹]差不多。

【大暑前小暑后两暑之间种绿豆】[ta⁵³tʂʰu²¹³tɕʰiⁱ⁴⁵ɕiɔ²¹³tʂʰu²¹³xɯ⁵³liæ²¹³tʂʰu²¹³tʂʂəŋ⁴⁵tɕiⁱ²¹tʂʂəŋ⁵³lə?⁵tɯ⁵³]农时谚语。

【打之忘仗心】[ta²¹³tʂə²¹uɑ̃⁵³tʂㄚ⁵³ɕin²¹]打消了痴心妄想。

【大牯牛掉到井里头——有力无处使】[ta⁵³ku²¹³liu⁴⁵tiɔ⁵³tɔ²¹tɕin²¹³ʐ̩²¹³tʰɯ²¹iɯ²¹³liə?⁵u⁴⁵tʂʰu⁵³se²¹³]歇后语。

【大姑娘上轿——头一回】[ta⁵³ku²¹liɑ̃²¹ʂɑ̃⁵³tɕiɔ⁵³tʰɯ⁴⁵iə²¹xue⁴⁵]①头一回做某事。②表示首次做某事时诚惶诚恐的心情。

【大姑娘做媒——先人后己】[ta⁵³ku²¹liɑ̃²¹tsʊ⁵³me⁴⁵ɕyⁱ²¹ʐən⁴⁵xɯ⁵³tsɿ²¹³]歇后语。

【大个子不呆是个宝】[ta⁵³ku⁵³tsə²¹pə?⁵tㄷ²¹ʂɿ⁵³kə²¹pɔ²¹³]俗语。

【大哥不讲二哥】[ta⁵³ku²¹pə²¹tɕiɑ²¹³a⁵³ku²¹]①指某个组织中没有权威人物。②都有毛病，你不（敢）讲我，我也不讲你。③祈使、建议句，意思是"都有错，就这样吧"。

【大哥二哥麻子哥】[ta⁵³ku²¹a⁵³ku²¹ma⁴⁵tsə²¹ku²¹]①都差不多。②就这样马马虎虎算了。使用时偶接下半句"生意买卖差不多"。

【大姐姐之】[ta⁵³tɕi²¹tɕi⁴⁵tʂə]（较粗俗）表示不满、骂人的口头语。又称"叨姐姐之"。

【大路朝天各走一边】[ta⁵³lu⁵³
tʂʰɔ⁴⁵tʰĩ²¹kɤ²¹tsɯ²¹³iəʔ⁵pĩ²¹]各 行 其
道、不冲突。亦可用作两人绝交、分
道扬镳的绝情话。

【大门不出二门不进】[ta⁵³mən
⁴⁵pə²¹tʂʰuəʔ⁵a⁵³mən⁴⁵pəʔ⁵tɕin⁵³]① 很
少出门。②自谦语。表示自己无用、
与世无争、两耳不闻窗外事。

【大门都不跨】[ta⁵³mən⁴⁵tɯ²¹
pəʔ⁵tɕʰia⁵³]责备对方不来自己这里。
"跨"读若qià。

【大门下得之】[ta⁵³mən⁴⁵ɕia⁵³tɛ²¹tʂə]
成年人取笑小孩换门牙时的常用语。

【大年初一拜年——你好我也
好】[ta⁵³lĩ⁴⁵tʂʰu²¹iəʔ⁵pᴇ⁵³lĩ⁴⁵li²¹³xɔ²¹
ʋ²¹³iɯ²¹xɔ²¹³]歇后语。表示大家不要
争斗,以和为贵。

【大钱换小钱】[ta⁵³tɕʰĩ⁴⁵xũ⁵³
ɕiɔ²¹³tɕʰĩ⁴⁵]做赔本买卖。喻指君子
与小人斗划不来、不值得。

【大人望做田霞们望过年】[ta
⁵³zən²¹uã⁵³tsʊ⁵³tʰĩ⁴⁵ɕia⁴⁵mən⁵³uã⁵³
kʊ⁵³ lĩ⁴⁵]俗语。

【大人有大量】[ta⁵³zən²¹iɯ²¹³ta⁵³lĩã⁵³]
劝人消除怒气,不要与某人计较时

用。

【大胯翘二胯】[ta⁵³kʰua²¹³ tɕʰiɔ²¹
a⁵³kʰua²¹³]倨傲、吊儿郎当、不做事、
不问事的样子。

【大先生唻】[ta⁵³ɕĩ²¹sən²¹lᴇ²¹]
表示无奈、请求、抱怨和稍微责备的
戏谑语。同类:活/小祖宗唻、亲大
哎、活老子哎!

【大眼看小眼】[ta⁵³ĩ²¹³kʰæ⁵³ɕiɔ²¹³ĩ²¹³]
面面相觑、傻了眼、想不出对策。

【大鱼吃小鱼小鱼吃虾子虾子吃
泥巴】[ta⁵³ɥ⁴tɕʰiəʔ⁵ɕiɔ²¹³ɥ⁴⁵ɕiɔ²¹³ɥ⁴⁵
tɕʰiəʔ⁵ɕia²¹tsə²¹ɕia²¹tsə²¹tɕʰiəʔ⁵mɻ⁴⁵
pa²¹] 说明自然界生物链的丛林
法则。

【大字不能描一描就像葫芦瓢】
[ta⁵³tsɻ⁵³pə²¹lən⁴⁵miɔ⁴⁵iəʔ²¹miɔ⁴⁵tɕiɯ⁵
³ɕiã⁵³xu⁴⁵lu⁵³pʰiɔ⁴⁵]昔时小学生练习
毛笔字时的相互嬉笑语,表示笔画
写过后不可修饰,不然越描越难看,
会歪斜如葫芦瓢。过去从水缸取水
一般人家用的是木制铁箍舀子,而
穷人家则用剖开取瓢晾干的半个葫
芦。而晾干后的葫芦外形多歪斜,故
葫芦瓢被用以形容歪斜难看、不上
档次的东西,如"嘴齜之像葫芦瓢"。

【打包票】[ta²¹³pɔ²¹pʰiɔ⁵³]义如条目。

【打滚放赖】[ta²¹³kuən²¹³fã⁵³lE⁵³]原指小孩子行为，引申指欲达个人目的而无理取闹、撒泼耍赖的行径。

【打哈哈】[ta²¹³xa²¹xa²¹]和稀泥、哼哼哈哈、不明确表态。

【打老粗】[ta²¹³lɔ⁴⁵tsʰu²¹]干粗活、脏活。

注：该短语还可加名词构成复合名词，表示用于做粗活、脏活的东西，如：～衣裳、～手、～命。

【打猫吓贼——虚张声势】[ta²¹³mɔ²¹xɐʔ⁵tse⁴⁵sʅ²¹tʂã²¹sən²¹sʅ⁵³]歇后语。

【打破头】[ta²¹³pʊ⁵³tʰɯ⁴⁵]形容争夺得很厉害。

【打屁股】[ta²¹³pʰʅ⁵³ku²¹]比喻受到批评、责罚。如："还不赶紧写作业，写不完到时候不～吗？！"

【打人不打脸】[ta²¹³zən⁴⁵pə²¹ta²¹³lï²¹³]做事要给别人留脸面。尤指批评别人或与人吵架时，不要揭别人的短。

【打他短】[ta²¹³tʰɐʔ⁵tən²¹³/tʊ²¹³]借音句。打断别人话、（好意）阻止别人的行动。

【打小算盘】[ta²¹³ɕiɔ²¹³sən⁵³/sʊ⁵³pʰæŋ²¹]义如条目。同义：算小九九。

【呆人有呆福】[tE²¹zən⁴⁵iu⁴⁵tE²¹fəʔ⁵]义如条目。

【呔】[tE⁵³]熟人之间的招呼语、说话起始语或建议开头语，常用来引起对方注意、提出建议、申述不同意见或表示一定程度的不满。如：a.～，今晚我们去吃龙虾。b.～，张（现在）跑运输来钱，我俩叉伙买个车怎样？　c.～，不能底样搞吧？

注：一说"呔"由赶牲口的声音"嘚"演变，似为粗俗语，不可用于对年长者、身份高者或陌生人说。如不慎用之于生人，则被认为带挑衅语气，易招致强烈反感。年长者招呼小青年，有时可用"小呔"，但显然也是不够礼貌的。

【待不得】[tE⁵³pə²¹tɐʔ⁵]通"待不住"。装不住、容纳不下、忍耐不住。形容人器量小、承受力差，经不住刺激。如："捉小鸡跑得一个，回去不要跟她讲，她～事。"

【待不得话】[tE⁵³pə²¹tɐʔ⁵xua⁵³]对关于自己的负面的话或传言很敏感，易被激怒。

【待不得气】[tE⁵³pə²¹tɐʔ⁵tsʰʅ⁵³]

容易生气、忍不住气。

【待不得事】[tɛ⁵³pə²¹tɤʔ⁵sๅ⁵³]通
"待不得"。

【带爸斗进祠堂——冒充大头
鬼】[tɛ⁵³pa²¹tɯ²¹tɕin⁵³tsʰๅ⁴⁵tã⁵³mɔ⁵³tʂ
ʰəŋ²¹ta⁵³tʰɯ⁴⁵kue²¹³]歇后语。

【带干带歇之】[tɛ⁵³kæ̃⁵³tɛ⁵³ɕiɤʔ⁵tʂə]
①不是全身心地投入事业，边工作
边休息、旅游。②从事的工作不稳
定，有时没事干。

【带坏得之】[tɛ⁵³xuɛ⁵³tɛ²¹tʂə]将
不好的品质、习惯传染给他人。

【带讲】[tɛ⁵³tɕiɑ̃²¹³]有道理、可
以这样说。同义：在讲。

【带吃带不吃】[tɛ⁵³tɕʰiəʔ⁵tɛ⁵³
pə²¹tɕʰiəʔ⁵]不专心吃饭、不喜欢食
物、边吃边浪费。

【带你养儿子还带你养孙子】[tɛ⁵³
li²¹³iɑ̃²¹³a⁵³tsə²¹xɤ²¹tɛ⁵³li²¹³iɑ̃²¹³sən²¹
tsə²¹]（形式疑问句，带不满语气）表
示自己已尽了义务，不会再出力帮
你了。

【带转弯】[tɛ⁵³tʂũ²¹³uæ²¹]还不止。
如："他拿之钱比她多一半还～。"

【带做带玩之】[tɛ⁵³tsu⁵³tɛ⁵³uæ̃⁴⁵tʂə]
①不把目前工作当作生存要务，边

工作边玩耍。②形容能轻松地完成
某事。③骑马找马、不专心从事某
行当。

【带做之】[tɛ⁵³tsu⁵³tʂə]兼做、利
用零散时间去做。

【待暖和毫子】[tɛ⁵³lən²¹³/
lũ²¹³xʊ⁵³xɔ⁵³tsə]注意保暖、多穿点衣
服。此为方言常用短语，体现了家人
或亲朋间的相互关爱。

【怠人意思】[tɛ⁵³zɛn⁴⁵ๅ⁵³sๅ²¹]故
意抹人脸面、给人脸色、让人难堪。
如：a.他讲话非要占上风，好～。
b.我带客人已经等了二十分钟，他
冇事巴巴不出来见，真是～！

【胆子比鸡小】[tæ̃²¹³tsə²¹pๅ²¹³tsๅ²¹ɕiɔ²¹³]
义如条目。

【掸眼一看】[tæ̃²¹³ĩ²¹³iəʔ⁵kʰæ̃⁵³]
快速地一瞥、只瞥一眼（即可极迅速
地做出判断或行动）。

【当鳖捉】[tɑ̃²¹piɤʔ⁵tʂuɤʔ⁵]将某
人当成傻瓜捉弄或当成肉头榨取其
利益。

【当得起家】[tɑ̃²¹tɤ²¹tsʰๅ²¹³tɕia²¹]
能做主。说"当得起某某的家"指能
对某人施加有效的或决定性的影响。
如："找她跟他讲冇用，她又当不起

他之家。”

【当官之一开口底下人跑断腿】
[tã²¹kũ²¹tʂə²¹iəʔ⁵kʰE²¹kʰɯ²¹tsɿ²¹³ɕiəʔ⁵
zən⁴⁵pʰɔ⁴⁵təŋ⁵³/tũ⁵³tʰe²¹]义如条目。

【当面教子背后教妻】[tã²¹mĩ⁵³
tɕiɔ²¹tsɿ²¹³pe⁵³xɯ⁵³tɕiɔ²¹³tsʰɿ²¹]此俗语
源于《朱子家训》：堂前教子，枕边
教妻。意思是对孩子的错误，要及时
指出并纠正；而对妻子的错处不能
当孩子的面指责她。其用意是维护
父母在孩子面前的整体形象，有利
于养成孩子的人格完整。

【当面锣对面鼓】[tã²¹mĩ⁵³lu⁴⁵
te⁵³mĩ⁵³ku²¹³]当面对质、辩议或商
量。

【挡三挡四】[tã²¹³sæ̃²¹tã²¹³sɿ⁵³]
①物体摆放不当，阻碍行动。②有意
阻拦别人的行动。

【挡事】[tã²¹³sɿ⁵³]①妨碍别人
行动。②物品摆放位置不对，妨碍人
走动。

【到锅末口去】[tɔ⁵³ku²¹mən²¹
kʰɯ²¹³tsʰɿ⁵³]（讽斥）这儿没你的事、
你没资格掺和。如："盛毫饭～！"
该短语由对妇女的训斥演变而来。
旧时妇女没有决策参与权，吃饭不

上桌，只能到门边、锅灶间等僻道地
方吃。

【到阶个】[tɔ⁵³tɕiE²¹kə]借音句。
一直到现在。

【到茅肆把嘴擦擦】[tɔ⁵³mɔ⁴⁵sɿ²¹
pɤ²¹tse²¹³tsʰɔ⁵³tsʰɔ⁵³]"擦擦"读若cáo—
cáo，叫别人不要讲不吉利的话、停
止污秽的骂语或闭上"臭嘴"。

【到哪找】[tɔ⁵³la²¹³tʂɔ²¹³]①指
人或事物很珍贵，求之不得、来之不
易。②指钱挣得轻松而正当。如：
"看大门月月四五千，～？"偶指意
想不到的财运。

【到卯之】[tɔ⁵³mɔ²¹³tʂə²¹]达到极
致的程度。如："底个东西坏～！"
可单独成句，如：甲："他连他妈
爷都敢嘛。"乙："～。"

注：近义：到功/到家/到地/到位/
到边。

【到舒城】[tɔ⁵³ʂu²¹tʂʰən²¹]喻指
刚刚睡了一个好觉。常用来戏谑某
人在上课、开会时打瞌睡。

【到他那块子】[tɔ⁵³tʰɤ²ʔ⁵lE⁵³kʰuE⁵³tsə²¹]
（只要）涉及他、经他手。如："事情
只要～，总是疙疙瘩瘩。"

【到他手里】[tɔ⁵³tʰɤ²ʔ⁵ʂɯ²¹³ɻ²¹]

只要涉及他、是他办的事就会有不好的情况。近义：到他那块子。

【到之爪哇国】[tɔ⁵³tʂɤ²¹tʂɔ²¹³ua²¹kuŋ²⁵]精神意识已完全不自主，不知飘到什么地方了。多指走神、上课开小差、打瞌睡。"爪哇国"喻指不知所在的荒僻乌有之乡。

【到底是驴不走还是磨不转】[tɔ⁵³tsʅ²¹³ʂʅ⁵³ʮ⁴⁵pə²¹tsɯ²¹³xuæ⁴⁵ʂʅ²¹mu⁵³pɔʔ²⁵tʂũ⁵³]埋怨性俗语。责问某停滞局面问题到底出在哪里。

【刀子嘴豆腐心】[tɔ²¹tsɤ²¹tse²¹³tɯ⁵³fu²¹ɕin²¹]义如条目。

【叨妈东西】[tɔ²¹ma²¹³təŋ²¹sʅ²¹]（借音粗俗语）表示不满、骂人的口头语。语气比"叨/大姐姐""叨姐东西"强。

【倒插门】[tɔ⁵³tʂʰɐ²¹mən⁴⁵]入赘。

【得到之】[tɤʔ²⁵tɔ⁵³tʂɤ²¹]贪婪、稍有借口猛干某事、拿鸡毛当令箭、给三分颜色就开染坊。同义：逮到之。

【得到风就是雨】[tɤʔ²⁵tɔ⁵³fəŋ²¹tɕiɯ⁵³ʂʅ⁵³ʮ²¹]①反应过快。②乱传播消息。③前提条件还没有，就急吼吼地做某事。同义：见到风就是雨。

【得理不饶人】[tɤ²¹ʮ²¹pɔʔ²⁵ʐɤ²⁵ʐən⁴⁵]义如条目。

【得上劲】[tɤʔ²⁵ʂã⁵³tɕin⁵³]①开始拉动板车等、柱子等撑起了劲、螺丝钉子等吃上劲。②开始起作用、有收入，能帮助家里。通"得上济"。

【得上济】[tɤʔ²⁵ʂã⁵³tsʅ⁵³]①开始起作用。②新收获的粮食开始接上茬。③孩子刚刚能在经济等方面独立，减轻家庭负担或能接济家里。

【得把劲】[tɤʔ²⁵pa²¹³tɕin⁵³]帮上、撑起一把劲。

【搭把手】[tɤʔ²⁵pa²¹³ʂɯ²¹³]通"搭把劲"。

【搭不上襻】[tɤʔ²⁵pə²⁵ʂã⁵³pʰæ⁵³]①没有交往上的关系、因没有门路而交往不上。②喻指两个事物之间没有联系。

【搭上线】[tɤʔ²⁵ʂã⁵³ɕĩ⁵³]中间人使双方有了接触。

【沰潮带直】[tɤʔ²⁵tʂʰɔ⁴⁵tɛ⁵³tʂɤ]被雨水打湿。

【沰生雨】[tɤʔ²⁵sən²¹ʮ²¹³]淋雨。

【柚桶一样】[tɤʔ²⁵tʰəŋ²¹iə²¹iã⁵³]形容较重。如："底霞子像～，抱不住。"

【掉不了爪】[tiɔ⁵³pə²¹liɔ²¹³tʂɔ²¹³]在责任或事务方面丢不开、脱不了干系。如："出之这样大事，你肯定～。"近义：脱不了手。

【独柴难烧独子难教】[tə²¹tʂʰE⁴⁵lɛ⁴⁵ʂɔ²¹tə²¹tsɿ²¹³lɛ⁴⁵tɕiɔ²¹]俗语。

【独木顶千斤】[tə²¹məʔtin²¹³tɕʰiʔtɕin²¹]俗语。形容一根柱子只要立得正，就能撑起很大的重量。

【碓嘴砸碓窝——实打实】[te⁵³tse²¹³tsɐʔʂʅ⁵³ʋ²¹ʂəʔʂʅ⁵³ta²¹³ʂəʔʂʅ⁵]歇后语。

【对直讲】[te⁵³tʂə²¹tɕiɑ̃²¹³]与人辩驳、针锋相对地争论。多指下人对上人语言上的不敬。

【蹲不住】[tən²¹pə²¹tʂu⁵³]待不住。

【蹲不安】[tən²¹pəʔʂzɛ̃²¹]此句多为主人留客时，客人的推辞，意思是有客人在家，主人就不能安心过平常生活。

【蹬鼻子上脸】[tən²¹piəʔtsɿ²¹ʂɑ̃⁵³lĩ²¹³]得寸进尺。近义：拿着鸡毛当令箭、给他三分颜色就开染坊。

【扚直耳朵】[tiəʔtʂə²¹a²¹³tɔ⁵³]①竖起耳朵听。②被人紧盯着、逼迫着做某事，或逼着某人做某事。

【这个摸到那个】[ti⁵³kə²¹mʊ²¹

tɔ⁵³lE⁵³kə²¹]①形容无教养，主要指手欠，如乱摸东西、瞎摆弄。②浪费时间、办事无效率、无章法。

【这个小东西】[ti⁵³kə²¹ɕiɔ⁴⁵təŋ²¹sɿ²¹]句中"小"读若"淆"，詈骂句，带轻蔑的愤懑意味，当面或背后均可用。有时气急了，家长也会用之于小孩。"这个小"加上贬义名词可以组成许多带强烈感情意义的短句，大多能充作骂人的先导语。如：这个小不顶龙货、这个小坏种、这个小臊猪！等等。"这"读若dì，或作"底"，下同。

【这讲讲呢】[ti⁵³tɕiɑ̃⁴⁵tɕiɑ̃²¹³lĩ²¹]借音句。第一个"讲"作副词，意"如何"。①真是无从说起、不好讲。②事情真是搞不透。③让人失望，真是不好讲他。④表示后悔。⑤世事难料、一切皆有可能。如："～，小时候七戳八捣的废霞们张一个个混之比念书的霞们好。"

【这就叫呆】[ti⁵³tɕiɯ⁵³tɕiɔ⁴⁵tE²¹]指责对方的行为不智。

【这哪想到】[ti⁵³la²¹³ɕiɑ̃²¹³tɔ⁵³]谁会想到。

【这山望直那山高】[ti⁵³ʂɛ̃²¹uɑ̃⁵³tʂə²¹lE⁵³ʂɛ̃²¹kɔ²¹]不满足已有的、好

高骛远。

【这下好】[ti⁵³ɕiɤ²¹xɔ²¹³]转折意义的短语。表示事物的发展与原定的或期望的结果相反，意指这下可好、这下就麻烦了。

【这样那样】[ti⁵³iɑ̃⁵³lɛ⁵³iɑ̃⁵³]样子多、烦人、摆弄人。

【这样那样那样这样】[ti⁵³iɑ̃²¹³lɛ⁵³iɑ̃²¹lɛ⁵³iɑ̃²¹³ti⁵³iɑ̃²¹]通：这样那样。

【这坳跑到那坳】[ti⁵³iɔ²¹phɔ⁴⁵tɔ⁵³lɛ⁵³ɔ²¹]到处走动，为某事辛苦奔波。

【这桩岔到那桩】[ti⁵³tʂuɑ̃²¹tʂha⁵³tɔ²¹lɛ⁵³tʂuɑ̃²¹]说话没有重点、思路混乱，行动缺乏计划、东一榔头西一棒子。如："做事要有条理，不能～。"

【这地场跑到那地场】[ti⁵³tsɿ⁵³tʂhɑ̃²¹phɔ⁴⁵tɔ⁵³lɛ⁵³tsɿ⁵³tʂhɑ̃²¹]到处跑。如："他好快乎，当个干部，～玩。"

【点点戳戳】[tiɿ²¹³tiɿ²¹³tʂhuɤ²¹tʂhuɤʔ⁵]背后评论、指责。

【跌倒也是坐把式】[tiɤʔ⁵tɔ²¹³iɔ²¹sɿ²¹tsu⁵³pa²¹³sɿ⁵³]表示即使遇到不利或失败局面，也要保持尊严和面子。

【跌倒也要马步式】[tiɤʔ⁵tɔ²¹³iɔ²¹iɔ⁵³ma²¹³pu⁵³sɿ⁵³]通：跌倒也是坐把式。

【跌相】[tiɤʔ⁵ɕiɑ̃⁵³]指丢面子。如："舞会上冇一个人愿跟他跳，可～？"

【垫呃子】[tiɿ⁵³ɤ²¹tsə]在下一餐前简单吃点东西垫肚子。

【垫呃肚子】[tiɿ⁵³ɤ²¹tu⁵³tsə²¹]通：垫呃子。

【垫个底】[tiɿ⁵³kə²¹tsɿ²¹³]①先吃点东西垫垫肚子。②先拿出一点启动资金。③先完成部分工作。

【店埠西瓜——红到边】[tiɿ⁵³pu²¹sɿ²¹³kua²¹xəŋ⁴⁵tɔ⁵³piɿ²¹]歇后语。

【叮咯隆咚锵】[tin²¹kɤʔ⁵ləŋ⁴⁵təŋ²¹tɕhiɑ̃²¹]拟声词。表示戏曲的热闹，无实际意义，有时伴随插科打诨或逗小孩用。

【丢八辈祖宗脸】[tiɯ²¹pɤʔ⁵pe⁵³tsu²¹³tsəŋ⁵³liɿ²¹³]义如条目。

【丢不了手】[tiɯ²¹pə²¹liɔ²¹³ʂuɤ²¹³]①手头事务脱不了手。②烫手山芋丢不掉，脱不了干系。

【东扯葫芦西扯瓜】[təŋ²¹tʂhɛ²¹³/tʂhe²¹³xu⁴⁵lu⁵³sɿ²¹tʂhɛ²¹³/tʂhe²¹³kua²¹]这个讲到那个，谈话无主题、无意义。偶指编造谎言。同"东扯西拉"，贬义更强烈。

【东扯西拉】[təŋ²¹tʂhɛ²¹³/tʂhe²¹³

sʅ²¹³la²¹]长时间、无主题地说话。偶指编造谎言、骂人。

注："东、西"两字组词，有"到处、处处、（漫无目的地）努力"的意思：东讲西讲、东借西借、东拼西凑等。

【东虹日头西虹雨南虹北虹晒河底】[təŋ²¹xəŋ⁴⁵zə̃²¹tʰɯ²¹sʅ²¹xəŋ⁴⁵ʮ²¹³læ̃⁴⁵xəŋ⁴⁵pɤ²¹xəŋ⁴⁵ʂE⁵³xʊ⁴⁵tsʅ²¹³]气象谚语。意指东方出虹天将晴朗，西边有虹将下雨，天南北边现虹预示大旱。

【东拉西拽】[təŋ⁴⁵la²¹sʅ²¹tʂuE⁵³]①为留住众人的动作。②凑数、勉强实施，或为勉强达到某一标准而尽力凑数、编造数据。

【东西从哪儿拿往哪儿搁】[təŋ²¹sʅ²¹tsʰəŋ⁴⁵la²¹³la⁴⁵uã²¹³la²¹³kɤʔ⁵]俗语。指要有将东西摆放整齐有序的好习惯。多为大人教育孩童用。

【东一个西一个】[təŋ²¹iə²¹kə²¹sʅ²¹iə²¹kə²¹] ①东西摆放的凌乱状态。②谈话没有主题或逻辑。③形容事情没有计划，或心中挂念的事情较多。

【东一个碗西一个碟】[təŋ²¹iə²¹kə²¹ũ²¹³sʅ²¹iə²¹kə²¹tiɤʔ⁵]吃过饭后碗碟乱放，不洗也不收拾。

注：这种"东一个+名词+西一个+名词"结构形容东西乱放、办事逻辑混乱。如："他们从小冇家教，吃过饭～之，也不晓顿洗洗。"

【东一榔头西一棒子】[təŋ²¹iə²¹lã⁴⁵tʰɯ²¹sʅ²¹iə²¹pã⁵³tsə]①说话缺乏逻辑与条理。②做事没有章法。

【冬天上金子春天上银子】[təŋ²¹tʰĩ²¹ʂã⁵³tɕin²¹tsə²¹tʂʰuən²¹tʰĩ²¹ʂã⁵³in⁴⁵tsə]表示在田间施肥的效果上，冬天比春天要好。

【冬雨暖春雨寒】[təŋ²¹ʮ²¹³ləŋ²¹³/lũ²¹³tʂʰuən²¹ʮ²¹³xæ̃⁴⁵]气象谚语。

【端人家碗受人家管】[təŋ²¹/tũ²¹zən⁴⁵tɕia²¹ũ²¹³ʂɯ⁵³zən⁴⁵tɕia²¹kũ²¹]意指在别人手下干活，就要受对方的管理。

【动筷子】[təŋ⁵³kʰuE⁵³tsə]搛菜。为昔时劝客人叨菜的客套语。

【冻脚疼】[təŋ⁵³tɕyɤʔ⁵tʰən²¹]形容较冷，一会儿不动弹脚就冻得疼。

【冻手冻脚】[təŋ⁵³ʂɯ²¹³təŋ⁵³tɕyɤʔ⁵]形容气温较低，手脚不灵便。

【冻拽带之】[təŋ⁵³tʂuE²¹tE²¹tʂə]因天气寒冷致使手脚不灵便。

注：根据程度不同，表示寒冷的短语可依次用，上好有毫冷、真冷、冻直直抖、亦不晓顿有好冷、表有多冷、冷直钻心、耳朵/脚爪头/手/鼻子冻掉得之。

【都不敢讲】[tɯ²¹pə²¹kæ²¹³tɕiã²¹³]可能有难以预测的问题或很严重的麻烦。如："能不能抢救过来，～哎。"

【都坏在他身上】[tɯ²¹xuE⁵³tsE⁵³tʰɤʔ⁵ʂən²¹ʂa²¹]全怪他。这种"都坏在（代词）身上"结构，用于埋怨语气，表示此代词所代表的人或事造成了眼下的不利局面。

【豆腐掉到青灰里吹又吹不得打又打不得】[tɯ⁵³fu²¹tioʔ⁵³tɔ²¹tɕʰin²¹xue²¹ŋ²¹tʂʰue²¹iɯ⁵³tʂʰue²¹pə²¹tɤʔ⁵ta²¹³iɯ²¹ta²¹³pə²¹tɤʔ⁵]原义如条目，引申义指对于不争气的人或不如意的事情哭笑不得、无从下手，陷入尴尬境地。

【豆腐盘成肉价钱】[tɯ⁵³fu²¹pʰəŋ⁴⁵tʂʰən⁴⁵zɯ⁵³tɕia⁵³tɕʰĩ²¹]一些本来不值钱的东西经过多环节而变得昂贵。多形容无谓增高成本的行为。

【豆腐渣上船——不是货】[tɯ⁵³fu²¹tʂa²¹ʂã⁵³tʂʰʊ⁴⁵pəʔ⁵ʂəʔ⁵xʊ⁵³]歇后语。

①不是所要的东西。②詈骂对方不是个东西。

【豆腐渣贴门对——两不粘】[tɯ⁵³fu²¹tʂa²¹tʰiɤ²¹mən⁴⁵te⁵³liæ²¹³pəʔ⁵tʂən²¹/tʂæ²¹/tʂĩ²¹]歇后语。指与对方划清界限，不再有利益等方面的纠葛，或决定与对方不接触、不来往。

【斗大的字认不到一箩筐】[tɯ²¹³ta⁵³tʂə²¹tsɿ⁵³zən⁵³pə²¹tɔ²¹³iə²¹lu⁴⁵kʰuã²¹]形容某某认不了几个字，没文化。

【抖起来】[tɯ²¹³tsʰɿ²¹³lE²¹]因一时暴富、出名等而自以为了不得，或显摆、看不起人。同类语：跩起来、扭起来、侈起来。

【肚子长圆得之】[tɯ⁵³tsə²¹tʂã²¹³yɤ⁴⁵tE⁵³tʂə]长得很胖、肚子很大。

【肚子里头蛔虫】[tu⁵³tsə²¹ŋ²¹tʰɯ⁴⁵xue⁴⁵tʂʰəŋ⁴⁵]用于否定句，表示不可能知情。如："我是你～啊，我哪晓顿？！"

【嘟直嘴】[tu²¹tʂə²¹tse²¹³]生气的样子。表示"生气"的短语还有：拉/绷/垮/板直脸、矕直眼、垮丧个脸、差他二百钱似的、气豿得之。

【多烦神】[tu²¹fæ⁴⁵ʂən⁴⁵]意指别

人管不该管的事，或干涉自己的事。同类：没事干！

【多长两斤肉】[tu²¹tʂʅ²¹³liæ²¹³tɕin²¹ʐu⁵³] 多用于抱怨、指责的语气，意指对方的行为并没有给他带来实际的益处。如："你干事非要他来赔礼，～？"

【躲得之初一躲不过十五】[tu²¹³ tɛ⁵³tʂə²¹tsʰu²¹iə⁵tu²¹³pə⁵ku⁵³ʂə⁵u²¹³]义如条目。

注：过去讨债，一般都在年底，但除夕日贴过门对至初一、初二一般不再逼债；但欠债人此前出去躲债，十五过小年又还得回来，终究躲不了债，故有此俗语。一说是待宰的家畜虽然逃掉了春节前的屠宰（初一上桌），但难躲过小年（十五）的奉献。一说是农历初一的晚上没有月亮，容易躲藏，而十五的月亮下，躲藏起来比较难。

【发得之】[fɐʔ⁵tɛ⁵³tʂə²¹]发财、获取很大的利益（多指因偶然因素或在短时间内）。如：a.二子到天津炸大油条炸～。b.打下县城，土匪底歇子（这下）～。

【发狠心】[fɐ²¹xən²¹³ɕin²¹]下决心。

【发魂之】[fɐ²¹xuən⁴⁵tʂə²¹]①训斥别人不自量力地挑战强者。如："你～，连老子也敢嘚？"一作"发浑"。②通"发昏"，干匪夷所思的事。

【发缺舌】[fɐʔ⁵tɕiə²¹ʂəʔ⁵]读若"发结石"。不讲道理、无事生非，无端地挑起争吵、冷战等。多形容女性的暴躁与不贤惠。

【发神经】[fɐʔ⁵ʂən⁴⁵tɕin²¹]①犯精神病。②行为（尤指涉及别人时）过分、异常，让人受不了。常指某人猛然间、间歇性的失常行为，但未到精神病层面。如："经埋今个～之，那么多表格叫我们一天填好！"

【发猪头疯】[fɐʔ⁵tʂu²¹tʰɯ⁴⁵fəŋ²¹]不讲理、争强耍横或狂乱、横冲直撞的样子。

【翻过来搭过去】[fæ²¹ku⁵³lɛ⁴⁵ tɤʔ⁵ku⁵³tsʰʅ⁵³]①说话反复，没有逻辑。②操纵事态，反复利用某件事、某个理由上下其手。

【翻穿皮袄——装羊(佯)】[fæ²¹ tʂʰu²¹pʰʅ⁴⁵zə²¹³tʂuæ²¹iæ⁴⁵]歇后语。假装不知情、欺骗别人。

【翻老账】[fæ²¹lɔ²¹³tʂæ⁵³]提过去的事情。多指揭对方的伤疤或翻出双方间负面的经历。

【翻屎】[fæ²¹ʂʅ²¹³]通"翻老账"。

【反直来】[fæ²¹³tʂəʔ⁵lɛ²¹]言行故意跟别人教导、规定的相反。如："这小家伙太烦神，总是跟人～。"

【犯病】[fæ⁵³pin⁵³]又开始显露不好的性格、做派。

【犯踌躇】[fæ⁵³tʂʰɯ⁴⁵tʂu⁵³]犯愁。

【放二十四个心】[fɑ̃⁵³a⁵³ʂəʔ⁵sʅ⁵³kə²¹ɕin²¹]①告知对方尽可放心。②讽刺、不满语气。如："你～，我不会跟你抢那个位子！"亦用：放一百/一百二十/一百二十四/二百四十个心。

【放差子】[fɑ̃⁵³tʂʰa²¹tsə]不会说话、乱讲话、乱插话。如："今个是家里兄弟们喜庆的日子，你倒在这地方～，翻老账？"

【放个响爆竹】[fɑ̃⁵³kə²¹ɕiɑ̃²¹³pʰɔ⁵tʂu²¹]①做事干脆。②做个人情、放人一马。

【放赖打滚】[fɑ̃⁵³lɛ⁵³ta²¹³kuən²¹³]义如条目。

【放羊】[fɑ̃⁵³iɑ̃⁴⁵]放任、不管。

【放一百个心】[fɑ̃⁵³iəʔ¹pɤʔ⁵kə²¹ɕin²¹]通"放二十四个心"。

【放一百二十四个心】[fɑ̃⁵³iə²¹p

ɤʔ⁵a²¹ʂəʔ⁵sʅ⁵³kə²¹ɕin²¹]通"放二十四个心"。

【放（撂）一句话搁这块搁之】[fɑ̃⁵³iɔʔ⁵tsʅ⁵³xua⁵³kɤʔ⁵ti⁵³kuɛ²¹kɤʔ⁵tʂə]①这是我说的，谁敢反对？②这是我的判断，日后会证明（我是对的）。

【分灶单过】[fən²¹tsɔ⁵³tæ²¹³ku⁵³]分家。

【肺】[fɛ⁵³]借音词，读若fe。因突然接触过热、过冷之物，或受伤而下意识所发之声。有时发若fe-sɑ̀i。

【粪堆都有发热时】[fən⁵³te²¹tu²¹iɯ²¹³fe²¹zɤʔ⁵sʅ⁴⁵]不起眼的东西偶尔也会表现一下，任何人都有得势的一天。

【凤凰落毛不如鸡】[fən⁵³xuɑ̃²¹hɤʔ⁵/luɤʔ⁵mɔ⁴⁵pə²¹zu⁴⁵tsʅ²¹]义如条目。

【该因】[kɛ²¹in²¹]活该、自作自受、命中注定、没瓜皮哨。

【盖直盒子（黑）摇】[kɛ⁵³tʂə²¹xɤʔ⁵tsə²¹xəʔ⁵iɔ⁴⁵]暗箱操作。

【干不干三餐饭】[kæ⁵³pəʔ⁵kæ⁵³sæ²¹tsʰæ²¹fæ⁵³]"大跃进"和"大食堂"时期，农民对大呼隆集体劳动方式中普遍出现的出工不出力现象的讽刺。

【干事】[kæ̃²¹³sɿ⁵³]疑问句，读若"感四"。该句似为"干么事？"的音变连读，意思是"什么事？""为什么这样？"。

【干事啊】[kæ̃²¹³sɿ⁵³ɐ²¹]作为独立、插入结构的疑问句，常用于一段话中间，是一种貌似问句的自言自语式肯定或炫耀式的反诘，表示对所获利益既想夸耀又想掩盖的心态，有"就是这样、难道不是吗、还能有什么想不通的"等多种微妙意思。如"我贩猪贩菜，这两年赚了不少，～？一不偷、二不抢！"。

【赶不上趟】[kæ̃²¹³pəʔ⁵sɑ̃⁵³tʰɑ̃⁵³]原意是指赶不上人群或班车，引申为跟不上时代。

【赶鸭子上树】[kæ̃²¹³n̩ʔ⁵tsə²¹sɑ̃⁵³su⁵³]指勉为其难，或叫别人做专业不对口的事。

【赶直讲】[kæ̃²¹³tsəʔ⁵tɕiɑ̃²¹³]指结婚前一方条件优越，另一方有追求的姿态。同义：上赶直讲。

【擀面杖吹火——一窍不通】[kæ̃²¹³miĩ⁵³tsɑ̃⁵³tsʰue²¹xʊ²¹³iəʔ⁵tɕʰiɔ⁵³pə²¹tʰəŋ²¹]歇后语。

【干苍蝇水蚊子】[kæ̃²¹tsʰɑ̃²¹n̩ĩ²¹ʂue²¹³uən⁴⁵tsə²¹]干旱时节苍蝇多，潮湿的时候蚊子多。

【干打雷不下雨】[kæ̃⁵³ta²¹³le⁴⁵pəʔ⁵ɕia⁵³ʮ²¹³]只有声响、没有动作。

【干起来之】[kæ̃⁵³tsʰɿ²¹³lE⁴⁵tsə²¹]被逮起来了。

【干到之】[kæ̃⁵³tɔ⁵³tsə²¹]获得意外、超过应有的利益。

【干事不中吃饭冲锋】[kæ̃⁵³sɿ⁵³pə²¹tʂəŋ²¹tɕʰiəʔ⁵fæ̃⁵³tʂʰəŋ²¹fəŋ²¹]俗语。

【干一个是一个】[kæ̃⁵³iəʔ⁵kə²¹sɿ⁵³iəʔ⁵kə]意指做事要认真如一，做一个、成一个。

【夹热哄】[[kæ̃²¹zɤʔ⁵xəŋ⁵³]跟着别人后面起哄、干扰。读若"干热哄"。

【缸穿裙大雨淋】[kɑ̃²¹tʂʰũ²¹tɕʰyn⁴⁵ta⁵³ʮ²¹³lin⁴⁵]气象谚语。意指潮气如上渗到水缸的外壁上，则大雨将至。

【高不成低不就】[kɔ²¹pə²¹tʂʰən⁴⁵tsɿ²¹pə²¹tɕiɯ⁵³]义如条目。通"东不成西不就"。

【高山打鼓——名声在外】[kɔ²¹³

ʂæ̃²¹ta²¹³ku²¹³min⁴⁵ʂən²¹tsE⁵³uE⁵³] 歇后语。

【高兴】[kɔ²¹³ɕin⁵³] 我就这样！能拿我怎样？此句带有不讲理的挑衅语气。如，甲：“你这样下去不把钱败完之吗？”乙：“～！”

【高一头阔一膀】[kɔ²¹iə?⁵tʰɯ⁴⁵kʰuɤ?⁵iə²¹pã²¹] 相对显得又高又壮。

【高低不中】[kɔ²¹³tʂʅ²¹pə²¹tʂəŋ²¹] 就是不行。

注：这种“高低不”加形容词、动词的结构，表示“就是不……”意思。

【搞长之】[kɔ²¹³tʂʰã⁴⁵tʂə] 老是这样、经常、时间久了。一般作为插入语。如：“三不知（偶尔）底样搞还照，～就有人睬你之。”

【（讲）搞到张还在搞这个嗷】[tɕiã²¹³kɔ²¹³tɔ⁵³tʂã²¹ʑɤ?⁵tsE⁵³kɔ²¹³ti⁵³kə²¹ɔ²¹] ①指对方已落伍、跟不上形势。②不解对方怎么又（还在）纠缠某个问题。

【搞得之】[kɔ²¹³tE⁵³tʂə] 丢掉了。如：“东西搞～。”

【搞呃搞之】[kɔ²¹³ʽɤ²¹kɔ²¹³tʂə] 意义微妙，主要表示不间断、随意、骚扰性、试探性、不知后果地做着某

事，如：“你不要在底坳子~，搞长之你吃不了兜着走！”

注：这种“(动词)+呃+(动词)+之”结构能组成大量类似短句，如：讲呃讲之、吵呃吵之、走呃走之。

【搞翻得之】[kɔ²¹³fæ̃²¹tE⁵³tʂə²¹] 因争吵、利益纠纷等而致关系变僵、翻脸、不来往。

【搞个东西像个东西】[kɔ²¹³kə²¹təŋ²¹sʅ²¹ɕiã⁵³kə²¹təŋ²¹sʅ²¹] 因认真尽心，做事的结果令人满意。

【搞轰轰之】[kɔ²¹³xəŋ⁴⁵xəŋ²¹tʂə] 搞得动静很大。

【搞哄得之】[kɔ²¹³xəŋ⁵³tE⁵³tʂə] 搞得很热闹、声势很大。

【搞哄么家伙】[kɔ²¹³xəŋ⁵³mə²¹tɕia²¹xu²¹] ①你在干什么？②你搞什么名堂？

【搞搞得之】[kɔ²¹kɔ²¹³tE⁵³tʂə] 把东西搞丢了。

【搞搞瞧】[kɔ²¹³kɔ⁴⁵tɕʰio⁴⁵]（警告语）你搞啊！走着瞧！还能怕你？

【搞哪去之】[kɔ²¹³la²¹³tsʰʅ⁵³tʂə] 疑问句。①问对方到哪儿去了，语气不太客气。②问东西放、丢在什么地方了。

【搞来家】[kɔ²¹³lE⁴⁵tɕia²¹] 把庄

稼等收回来，把外面的东西搞到自己家里来。

【搞人】[kɔ²¹³zən⁴⁵]①整、打击、诬陷别人。②通"玩人"，琢磨人事，通过拉拢、升迁、奖惩、挑拨、分治、制造事端等手段来操纵、驾驭别人。

【搞趱毫子】[kɔ²¹³sɔ⁵³xɔ²¹tsə²¹]搞快点！"趱"读若sào。

【搞伤之】[kɔ²¹³ṣã²¹tsə]被某人或某事纠缠、烦扰得没办法。

【搞屁之】[kɔ²¹³sən⁴⁵tsə]工作得太劳累、被事情搞得很厌烦。

【搞屁瘫得之】[kɔ²¹³sən⁴⁵tʰæ²¹tᴇ²¹tsə]通：搞屁之。语气强。

【搞通之】[kɔ²¹³tʰən²¹tsə]①把东西搞破了。②通过了解、对质等，使事情的原委展现出来。③使隐秘事情暴露、尴尬地公开化。

【搞直踢董踢得】[kɔ²¹³tsə²¹tʰiə²¹təŋ⁴⁵tʰiə²¹tɤʔ⁵]借音句。搞出噪音。如："你在楼上～，叫人家讲（怎）睡啊？"

【搞务得之】[kɔ²¹³u⁵³tᴇ⁵³tsə]借音句。①人很多、场面很乱。②搞得动静太大。"务"字在古代方言里有"关卡、集市"之义。似由"务"转代指

"喧嚷、吵闹"。一说用"鹜"，该字本指野鸭，词有"趋之若鹜""鹜行"等，取如野鸭般群集、乱飞之意。

【搞一个】[kɔ²¹³iəʔ⁵kə]通过捷径或不花成本获取某种东西。如："张个考个驾照底样难，那张子没想起来叫公安局他们给我～。"

【搞一身劲】[kɔ²¹³iəʔ⁵ṣən²¹tɕin⁵³]形容某人非常专注、致力于某事；也用于谴指或训斥某人很起劲地做着某种不合适的事情。如："自己的事情不上心，管旁人的事～！"

【搞糟】[kɔ²¹³tsɔ²¹]有意不守规矩、捣乱、作脏、破坏别人的事情。

【搞炸得之】[kɔ²¹³tṣa⁵³tᴇ²¹tsə]①噪声、声势很大。②因内情外泄、公开，而引发的喧哗与群情激愤。

【搞阵得之】[kɔ²¹³tṣən⁵³tᴇ²¹tsə]借音句。通：搞哄得之。

【搞直吃】[kɔ²¹³tsə²¹tɕʰiəʔ⁵]搞吃的。将助词放在两个复合谓语之间，是合肥方言的语法特点之一，如：想直讲、睡直吃、盖直睡、坐直讲。

【搞直跟甄三一样】[kɔ²¹³tsəʔ⁵kən²¹tṣən²¹³sæ²¹iə²¹iã⁵³]借音句。意为"搞得像真的一样"。多用于对某人

言行所表现出的煞有介事表示反感。

【搞直哄起来哄】[kɔ²¹³tʂəʔ²⁵xəŋ⁵³ tsʰ̩²¹³lɛ⁴⁵xəŋ⁵³]通：搞哄得之。

【搞直哪地】[kɔ²¹³tʂəʔ²⁵la²¹³tʂ̩⁵³]万一出现某种不利情况。如："不要跟他七掏八掏（打闹），万一～不得了。"

【搞直务起来务】[kɔ²¹³tʂəʔ²⁵u⁵³tsʰ̩²¹³lɛ⁴⁵u⁵³]通：搞务得之。

【搞直哇哇叫】[kɔ²¹³tʂə²¹ua²¹³ua²¹tɕiɔ⁵³]因工作负担重、分配不公平或内幕泄密等，而致使众人叫苦连天、愤怒喧哗的状态。

【搞直筋尿】[kɔ²¹³tʂəʔ²⁵tɕin²¹səŋ⁴⁵]通：搞尿之，语气稍强。

【搞直实尿】[kɔ²¹³tʂəʔ²⁵sə²¹səŋ⁴⁵]通：搞尿之，语气较强。

【搞直瘟尿】[kɔ²¹³tʂəʔ²⁵uən²¹səŋ⁴⁵]通：搞尿之。语气很强。

【搞直像真之】[kɔ²¹³tʂəʔ²⁵ɕiɑ̃⁵³tʂən²¹tʂə]讽刺或斥责语。意指某人头脑简单，一身劲地做着某事，或不自量力、考虑不周全，做损害别人利益的事。

【搁不住话】[kɤʔ²¹pəʔ²⁵tʂu⁵³xua⁵³]①有话藏不住、直话直说。②没心数、存不住秘密。

【搁烂得之】[kɤʔ²⁵lɛ̃⁵³tɛ²¹tʂə]①表示东西放久了腐坏，或失去原有的效用。②遗忘、保守秘密。如："底事他搁在头脑里～也不会跟人讲。"

【搁他】[kɤʔ²⁵tʰɤʔ²⁵]句中插入语。要是他的话、从他的角度讲。如："～，他才不会这样干呢！"这种"搁＋人称代词"的结构所表达的，均为说话人从自己的认知角度忖度别人应该有的思维与行为。

【（我）搁心讲】[u²¹kɤʔ²⁵ɕin²¹tɕiɑ̃²¹³]心里想、心里忖度、在心中对自己说。如："我～，你又不是厂长，干事听你之？"

【隔层肚皮隔层山】[kɤ²¹tsʰən⁴⁵tu⁵³pʰ̩⁴⁵kɤ²¹tsʰən⁴⁵sæ̃²¹]原指不是亲生的孩子，在感情上就是不如己出的。引申指人心难测。

【隔肚皮】[kɤʔ²⁵tu⁵³pʰ̩⁴⁵]①不是亲兄弟。②各有各的盘算，不会全交一片心。通"人心隔肚皮"。

【隔条心】[kɤ²¹tʰiɔ⁴⁵ɕin²¹]通"隔肚皮"。

【各唱各之调】[kɤʔ²⁵tʂʰɑ̃⁵³kɤʔ²⁵tʂə²¹tiɔ⁵³]义如条目。

【各顾各】[kɤʔ⁵ku⁵³kɤʔ⁵]意如条目。

【各人】[kɤʔ⁵zən⁴⁵]因人而异。如：甲："胖子一般喜欢吃荤之。"乙："～。"

【格厌】[kɤʔ⁵ĩ⁵³]讨厌。似为"膈应"的音变。

【胳膊肘朝外拐】[kɤʔ⁵pʔʔⁿ⁵tʂuɯ²¹³tʂʰɔ⁴⁵uE⁵³kuE²¹³]帮外人（不利自家人）。

【给你好看】[ke²¹³li²¹³xɔ²¹³kʰæ̃⁵³]威胁语，意为"有你好看的。"如："再不听话，～！"

【给你三分颜色就开染坊】[ke²¹³li²¹³sæ̃²¹fən²¹ĩ⁴⁵sɤʔ⁵tɕiɯ²¹kʰE²¹zəŋ²¹³fɑ̃⁴⁵]稍微给点笑脸、稍放松管束或稍给点由头，对方就乘机不守规矩、忘乎所以，搞得不像话。

【给脸不要】[ke²¹³lĩ²¹³pəʔ⁵iɔ⁵³]义如条目。

【给你/他搞伤之】[ke²¹³li²¹³/tʰɤʔ⁵kɔ⁴⁵sɑ̃²¹tʂə]真给你/他搞得没办法！

【给你/他搞屄得之】[ke²¹³li²¹³/tʰɤʔ⁵kɔ²¹³sən⁴⁵tE⁵³tʂə]某人或某件事缠得自己既劳累、烦恼，又难出成效。近义：给（代词）搞直精俋（语气稍强）、给（代词）搞直实俋（语气较强）、给（代词）搞直瘟俋（语气强）。

【跟不上趟】[kən²¹pəʔ⁵sɑ̃⁵³tʰɑ̃⁵³]通：赶不上趟。

【跟你讲】[kən²¹li²¹³tɕiɑ̃²¹³]独立语，用于句尾，表示规劝、愤怒、警告等意思。如："你再要去赌，就不要归家，～！"通"我俩再讲""跟你讲清楚"。

【跟你讲清楚】[kən²¹li²¹³tɕiɑ̃²¹³tɕʰin²¹tsʰʊ²¹³]通"跟你讲"。

【跟你讲直玩之】[kən²¹li²¹³tɕiɑ̃²¹³tʂə²¹uæ̃⁴⁵tʂə²¹]形式上的疑问式独立成分，放在句后，表示"不是跟你开玩笑""我是严肃的""你要认真对待"等意思。

【跟你们搞】[kən²¹li²¹³mən⁴⁵kɔ²¹³]①你们是什么人！哪能跟你们比？②不跟你们纠缠。

【跟人（家）不一样】[kən²¹zən⁴⁵tɕia⁴⁵pə²¹iəʔ⁵iɑ̃⁵³]表示某人言行怪异。

【跟人反之来】[kən²¹zən⁴⁵fæ̃²¹³tʂə²¹lE²¹]通：反之来。

【跟人家反之讲】[kən²¹zən⁴⁵tɕia²¹fæ̃²¹³tʂə²¹tɕiɑ̃²¹³]讲话中故意逆着别

人的论点，或隐驳其论据。

【跟手过重】[kən²¹ʂɯ²¹³ku⁵³tʂəŋ⁵³]原义指立即过秤称重、以验明买卖货物重量，引申指立刻将剩下的事情做完，不留尾巴。

【跟他搞】[kən²¹tʰɤ²¹ko²¹³]独立语，一般用在句尾。①他很厉害。②他异于常人，不要跟他比。③看他能怎搞。④让他搞，等着他出洋相。

【跟他讲】[kən²¹tʰɤ²¹tɕiɑ̃²¹³]强烈地当面埋怨或训斥与自己关系紧密的人时用。此处的"他"实际上指的是"你"；而如若当众人面，则常在前面加"你"，表示的却是"我"，这是合肥话里典型的人称降格现象。如："叫你（我）～不要贪凉，他就是不听！张个冻出来毛病了吧！"

【跟我俩搞】[kən²¹ʋ²¹/ʋ⁴⁵liæ̃⁵³ko²¹³]①我你不在一个档次上，你哪有资格和我比。②别跟我搞，跟我搞没好果子吃。"俩"字读若去声。

【跟我俩搞这个】[kən²¹ʋ²¹/ʋ⁴⁵liæ̃⁵³ko²¹³ti³kə]意思微妙，主要有：①你行啊，竟然和我对着干。②我还能怕你吗？你那个东西在我跟前是小儿科、不值一提！③在对较

亲近的人用，意指你竟和我玩起了这个套路。如朋友提着重礼来访，对方会说："你真韶道，还～！"

【跟我俩讲经】[kən²¹ʋ²¹/ʋ⁴⁵liæ̃⁵³tɕiɑ̃⁴⁵tɕin²¹]别骗我、你忽悠不了我。"讲经"原指讲故事。

【跟我俩讲空】[kən²¹ʋ²¹/ʋ⁴⁵liæ̃⁵³tɕiɑ̃⁴⁵kʰəŋ²¹]忽悠我，和我说空话，讲不靠谱或不实际的话。

【跟之后头（搞）】[kən²¹tʂə²¹xɯ⁵³tɯ²¹ko²¹³]（多带有抱怨语气）指因别人的行为而使自己不停地忙碌。如："这霞子太费，一刻工夫拕一衣裳灰，大人～洗。"句中"跟"字重读，"头"读若"斗"。

【公鸡头上肉——大小是冠（官）】[kəŋ²¹tsɿ²¹tʰɯ⁴⁵ʂɑ̃⁵³zɯ⁵³ta⁵³ɕiɔ²¹³ʂɿ⁵³kʋ²¹]歇后语。

【狗】['kɯ⁴⁵]驱赶狗的拟声句（短促音，伴随手势及身体假动作）。

【狗肉不上秤】[kɯ²¹³zɯ⁵³pəʔ⁵ʂɑ̃⁵³tʂʰən⁵³]无价值、没讲头。亦可形容某人某事不值得计较。

【狗眼】[kɯ²¹³ĩ²¹³]以外表的东西或对方权势财富是否于己有利而明显有差别地对待人。亦可用以斥

责某人待人不公或骂其巴结他人。

【狗眼看人】[kɯ²¹³ĩ²¹³kʰæ⁵³zən⁴⁵]通"狗眼"。

【狗眼看人低】[kɯ²¹³ĩ²¹³kʰæ⁵³zən⁴⁵tʂʅ²¹]骂某某轻视人、待人不公。

【够喝一壶】[kɯ⁵³xɐʔ⁵iə²¹xu⁴⁵]①形容工作极为艰巨。②有大麻烦、将受到严厉责罚。

【够狠之】[kɯ⁵³xən²¹³tʂʅ²¹]足够了。多指别人给自己盛的饭已足够，或自己已吃得过饱。

【够呛】[kɯ⁵³tɕʰiã⁵³]①够受。②难以达到某个标准。

【够上饭碗】[kɯ⁵³ʂã⁵³fæ⁵³ũ²¹]指孩子已长大能自食其力。

【够种】[kɯ⁵³tʂəŋ²¹³]①对朋友不讲困难讲义气。②面对对手讲规则不退让。③不怕危难压力。

【谷雨前后种瓜种豆】[kuə²¹ɥ²¹³tɕʰĩ⁴⁵xɯ⁵³tʂəŋ⁵³kua²¹tʂəŋ⁵³tɯ⁵³]农时谚语。

【骨头都散之架】[kuəʔ⁵tʰɯ⁵³tɯ²¹sæ²¹³tʂə²¹tɕia⁵³]形容极度劳累的样子。

【寡话连篇】[kua²¹³xua⁵³liĩ⁴⁵ pʰĩ²¹]讲大话，讲不切题、没有用的话，

（废话）讲个不停。

【寡吃菜】[kua²¹³tɕʰiəʔ⁵tsʰE⁵³]光吃菜。

【寡吃饭】[kua²¹³tɕʰiəʔ⁵fæ⁵³]光吃米饭不吃菜。

注："不要～啊"或"不要吃寡饭"是昔时合肥人席间劝客人多搛菜的常用语。有意思的是，"饭"字在古代多是作为动词用的，意思是"吃"，如《论语·述而》：～疏食饮水，曲肱而枕之，乐亦在其中矣。辛弃疾《永遇乐·京口北固亭怀古》：廉颇老矣，尚能～否？但"饭"字当作名词使用也源远流长，《说文》：～，食也。从食，反声。北方方言将"饭"视作广义的一顿饭，现普通话里的"饭"字义既包括主食，也包含菜肴。但古时作名词用的"饭"仅指主食，如李渔《闲情偶寄》：～犹舟也，羹犹水也。《水浒传》里也有店小二"官人吃甚下～？"的问句。今本地方言的"饭"犹循古义，说的也是主食，但意义更窄，一般仅指米饭。

【挂老龙】[kua⁵³lɔ²¹³ləŋ⁴⁵]形容小孩淌鼻涕且不揩净。

【怪不倒哩】[kuE⁵³pə²¹tɔ⁵³li²¹]难怪呢！近义：办讲哩？就是啊！

【怪事情】[kuE⁵³sʅ⁵³tɕʰin²¹]真奇

怪！

【怪尿相】[kuɛ⁵³sən⁴⁵ɕiɑ̃⁵³]（戏谑、责怪语）形容某人为难别人、摆弄别人、过分讲究、自恋、故弄玄虚等令人反感、厌恶的表现。

【乖乖】[kuɛ²¹³kuɛ²¹³][kuɛ⁵³ kuɛ⁵³][kuɛ²¹kuɛ⁴⁵]①读若guǎi—guǎi（一般用在正句前），表示惊讶、感叹、庆幸。如：a. ～，长底样高喳！ b. ～，差一毫毫上之当。②读若guài—guài，表示讶异、不满、抗议等情绪。③读若guāi—guái，除了表示讶异、不满外，另带有少许嘲讽，如："～，张膀根硬之，不睬我们之。"

【乖乖来菜】[kuɛ⁵³kuɛ²¹lɛ⁵³tsʰɛ²¹]拟声惊叹短语。通：乖乖龙东锵。

【乖乖龙东】[kuɛ⁵³kuɛ²¹ləŋ⁴⁵təŋ²¹]拟声惊叹短语。①不得了、少见。如："～，雨下直底样大！"②通：乖乖龙东锵。

【乖乖龙东锵】[kuɛ²¹kuɛ²¹ləŋ⁴⁵təŋ²¹tɕʰiɑ̃⁵³]（讽）了不起、怎能这样做。如："～，奖金都给你一个人！"通"乖乖"。

【乖乖弄里东韭菜炒大葱】[kuɛ²¹kuɛ²¹ləŋ²¹li²¹³təŋ²¹tɕiɯ²¹³tsʰɛ⁵³tʂʰɔ²¹³

ta⁵³tsʰən²¹]拟声俗语。指气势很盛，一般表示含贬义或戏谑义的"可了不得！"。

【乖弄】[kuɛ²¹ləŋ²¹]通：乖乖。

【关公面前耍大刀】[kuæ̃²¹kən²¹mĩ⁵³tɕʰĩ⁴⁵ʂua²¹³ta⁵³tɔ²¹]献丑。

【瘩子不孝肥田出瘪稻】[kuæ̃⁵³tsɿ²¹³pəʔ⁵ɕiɔ⁵³fe⁴⁵tʰĩ⁴⁵tʂʰuə²¹piɤʔ⁵tɔ⁵³]俗语。正如过于肥沃田地里只会使水稻疯长、产出大量瘪谷一样，过于娇惯的孩子长大后一般也不会对父母孝顺。

【龟孙子】[kue²¹sən²¹tsɿ²¹]①詈骂语，通"孬种"。②胆子过小。如："吓直像～一样。"

【鬼画符】[kue²¹³xua⁵³fu⁴⁵]写字潦草、别人认不出来，做事敷衍、极不认真。

【鬼不生蛋】[kue²¹³pəʔ⁵sən⁵³tæ̃⁵³]指荒僻无人之地。

【鬼影子都没有】[kue²¹³in²¹³tsə²¹tu²¹mɯ²¹³]①荒无人烟，或一个人都不见。②某件事情八字不见一撇，或根本就没有可能性。

【光急不淌汗急死扯卵蛋】[kuã²¹tɕiəʔ⁵pəʔ²¹tʰã²¹³xæ⁵³tɕiə²¹sɿ²¹³tʂʰɛ²¹³

ləŋ²¹³tæ⁵³]光是心里急、不实干苦干没有用。

【横胡子】[kuã⁵³xu⁴⁵tsə²¹]原指刮胡子。引申指批评。

【棍打不动】[kuən⁵³ta²¹³pəʔ⁵təŋ⁵³]①有长期固定、不会轻易改变的个人习惯。②对约定的事项绝不改动。

【棍子都打不到人】[kuən⁵³tsə²¹tɯ²¹ta²¹³pəʔ⁵tɔ⁵³ʐən⁴⁵]人烟稀少、行人很少。偶指遇事找不到人。

【滚】[kuən²¹³]（略显粗俗语）多用于对同龄人、玩伴所说的事表示不同意，有时为关系亲密的人之间的亲昵反语，意思是"你讲得不对/瞎扯/去你的吧"。

【聒人空】[kuɐ²¹ʐən⁴⁵kʰəŋ²¹]讲别人的坏话。

【聒《山海经》】[kuɐʔ⁵ʂæ²¹xE²¹³tɕin²¹]讲故事、讲大话。

【掴鼻子】[kuɐ²¹piəʔ⁵tsə]批评。

【掴洈一下】[kuɤʔ⁵tɤʔ⁵iə²¹ɕiɐ²¹]借音、拟声句。突然、猛然一下子。如："下雨地下滑，他在门口～掼之一跤。"

【官塘漏官马瘦官养老子不长肉】[kũ²¹tʰã⁴⁵lɯ⁵³kũ²¹ma²¹³sɯ⁵³kũ²¹iã²¹³lɔ²¹³tsə²¹pə²¹tʂã²¹³ʐɯ⁵³]意指凡公家的事情没有人真正上心、公家的设施容易损坏，大部分人无公德心。亦说"公塘漏、公马瘦、公养上人两头趔（凑合、敷衍）"。

【管哄经】[kũ²¹³xəŋ⁵³tɕin²¹]有什么用？分别表示疑问和否定义。

【管快】[kuæ²¹³kʰuE⁵³]借音句。赶快。

【管阑】[kũ²¹³læ⁴⁵]随便、随他。亦用"管""管得"。

【管你那个神】[kũ²¹³li²¹³lE⁵³kə²¹ʂən⁴⁵]①我才不管你呢。②你自作自受，好坏都是你的。

【管么经】[kũ²¹³mɐʔ⁵tɕin²¹]有什么用？表示"没有用、没必要"。

【管他呢】[kũ²¹³tʰɤʔ⁵lĩ²¹]①不去管他、帮他、干涉他。②随他去搞，好坏都由他。

【管我呢】[kũ²¹³ʊ²¹³lĩ²¹]不要管我的事！

【过个底】[kuʊ⁵³kə²¹tsʅ²¹³]悄悄地告诉实情、透个底线。

【过宴】[kuʊ⁵³ĩ⁵³]昔时招呼客人搛菜的雅词。

【过之桥比你走之路还长】[kʊ⁵³tʂə²¹tɕʰiɔ⁴⁵pŋ²¹³li²¹³tsɯ²¹³tʂə²¹lu⁵³xɐʔ⁵tʂʰɑ̃⁴⁵]长者在年轻人面前摆资格、树权威的常用口头禅，带训斥味。如："哪能叫我听你的？我～！"

【哥哥姐姐】[kʊ²¹kʊ²¹tɕi²¹³tɕi⁵³]嘻嘻哈哈、狎昵懈怠。如："别跟小家伙们～的，搞长之，他们不畏惧你。"一般情况下，"哥哥""二哥"等称呼的后一个"哥"字发第二声若guó。

【哥哥不大兄弟不小】[kʊ²¹kʊ²¹pəʔ⁵ta⁵³ɕiŋ²¹tsŋ²¹pəʔ⁵ɕiɔ²¹³]一个组织内没有权威和规矩。

【哈个】[xa²¹³kə²¹]哪个。

【嗨哟】[xɛ²¹iɔ²¹]拟声句。①表示无奈、轻度责备之意。②读轻声，表示不要这样做、放他一马等。

【害病】[xɛ⁵³pin⁵³]生病。

【害脓耳】[xɛ⁵³ləŋ⁴⁵a⁵³]生中耳炎。

【害人呃】[xɛ⁵³zən⁴⁵ɐ²¹]别人给自己造成了麻烦。通"真～""害死人"。

【害伢子】[xɛ⁵³ia⁴⁵tsə²¹]一般指妇女怀孕初期有反应，且别人能看

出来的样子。

【害直一大家人】[xɛ⁵³tʂə²¹iə²ʔ⁵ta⁵³tɕia²¹zən⁴⁵]因为某一个人的迟缓、迷路、犯错等过失，而影响组织内的其他人。

【憨么得瑟】[xæ²¹mɐ²¹tɤ²¹sɤʔ⁵]麻痹大意、行动缓慢，以致失去机会和利益。似为"哈马阿笪撒"之音变。

【喊人不折本舌头打个滚】[xæ²¹³zən⁴⁵pə²¹ʂə²¹pən²¹³ʂəʔ⁵tɯ⁵³ta²¹³kə²¹kuən²¹]表示遇见人特别是长辈时要主动打招呼，或遇事、不知路向时要勤问人，这些行为并没有成本。

【汗直批】[xæ⁵³tʂəʔ⁵pʰŋ²¹]形容大汗淋漓。同义：汗冒雨淋。

【寒火不清】[xæ⁴⁵xʊ²¹³pəʔ⁵tɕʰin²¹]源于中医理论中因心肾不交而造成的上焦火下焦寒症状。民间认为外受风寒而内必生热。多指生疮、感冒、发烧等病症。

【寒露油菜霜降麦】[xæ⁴⁵lu⁵³iɯ⁴⁵tsʰɛ⁵³ʂuɑ̃²¹tɕiɑ̃⁵³mɐʔ⁵]农时谚语。指此两种庄稼的点播时间。

【含在嘴里头怕化之，捧在手里头怕冻之】[xæ⁴⁵tsɛ²¹tsɛ²¹³ŋ²¹³tʰɯ⁴⁵pʰa⁵³xua⁵³tʂə²¹pʰəŋ²¹³tsɛ²¹ʂɯ²¹³ŋ²¹³tʰɯ⁴

⁵pʰa⁵³təŋ⁵³tʂə²¹]过于娇惯小孩，一步不敢离开，怕他受一点点苦。

【吭经】[xã⁵³tɕin²¹]借音句。有什么关系？通"要么经？"。

【杭不郎桑/当】[xã⁴⁵pə²¹lã⁴⁵sã²¹/tã²¹]借音句。包括杂七杂八、细枝末节在内的所有东西。亦说"哈巴拉萨、哈巴拉桑"。

【行家一伸手，便知有没有】[xã⁴⁵tɕia²¹iəʔ⁵tʂʰən²¹ʂɯ²¹³pĩ⁵³tʂʅ²¹iɯ²¹³mə²¹iɯ²¹³]原指在习武者之间，一搭上手就知道对方有无功力。引申指一个人到底有无本事，言行一动便可判定。偶指解决某问题，专业人士一出手便不同凡响。

【好大事】[xɔ²¹³ta⁵³sʅ⁵³]没有什么大不了的、没关系。

【好狗不拦路】[xɔ²¹³kɯ²¹³pəʔ⁵lã⁴⁵lu⁵³]（粗俗语）吵架用语。叫对方不要挡住自己的路。

【好汉无好妻赖汉娶仙女】[xɔ²¹³xã⁵³u⁴⁵xɔ²¹³tsʰʅ²¹lE⁵³xã⁵³tsʰʅ²¹³ɕyĩ²¹ɣ²¹³] 义如条目。

【好好之干事……】[xɔ²¹³xɔ²¹³tʂə²¹kæ²¹³sʅ⁵³]不知某人为何无缘无故要去做某事。此句常被用来指责某人的非正常行为。如："你这霞子吃饭吃之～又要去捣他一下？"

【好讲不好听】[xɔ²¹³tɕiã²¹³pə²¹xɔ²¹³tʰin²¹]语言不中听。

【好借好还，再借不难】[xɔ²¹³tɕi⁵³xɔ²¹³xuæ⁴⁵tsE⁵³tɕi⁵³pə²¹læ⁴⁵]义如条目。

【好吃精】[xɔ⁵³tɕʰiəʔ⁵tɕin²¹]训斥小孩子用语。指吃个不停、吃相不好。近义：馋相！

【好事不出门，坏事传千里】[xɔ²¹³sʅ⁵³pə²¹tʂʰuə²¹mən⁴⁵xuE⁵³sʅ⁵³tʂʰũ⁴⁵tɕʰĩ²¹ʅ²¹³]义如条目。

【好事花大姐坏事秃丫头】[xɔ²¹³sʅ⁵³xua²¹ta⁵³tɕi²¹xuE⁵³sʅ⁵³təʔ⁵ia²¹tʰɯ²¹]所有的好事都无例外地归功于某人，坏事都想当然地归罪于另外一个人。表示某人对己不公、好偏袒别人。

【好事做到底】[xɔ²¹³sʅ⁵³tsu⁵³tɔ⁵³tsʅ²¹³]义如条目。

【好人不长寿坏人活千年】[xɔ²¹³zən⁴⁵pə²¹tʂʰã⁴⁵ʂɯ⁵³xuE⁵³zən²¹xuɣʔ⁵tɕʰĩ²¹lĩ⁴⁵]俗语。

【好昔子】[xɔ²¹³ɕiəʔ⁵tsə²¹]借音句，好一点了。

【好心好意】[xɔ²¹³ɕin²¹xɔ²¹³ʐ̩⁵³]义如条目。

【好心当作驴肝肺】[xɔ²¹³ɕin²¹tã⁵³tsuɤ²¹ɻ̩⁴⁵kæ²¹³fe⁵³]不被人领情。一说"好心当作烂杂碎"。

【好之很】[xɔ²¹³tʂəʔ⁵xən²¹³]①很好。②状态正常、能用。

【还把人吓倒之】[xɐ²¹pa²¹³zən⁴⁵xɐʔ⁵tɔ²¹³tʂə²¹]（反问句）吓不倒我，我还能怕你？

【还能讲错吗】[xɐ²¹lən⁴tɕiã²¹³tsʰʊ⁵³mɐ²¹]指自己所讲或将要讲的话是不会错的。

【还能跑得之吗】[xɐ²¹lən⁴⁵pʰɔ⁴⁵tɛ⁵³tʂə²¹mɐ²¹]形式疑问句，表示肯定义。①某个论点是不应该被忽略的。②某人的责任是推卸不掉的。③某项荣誉、成果、收益等是笃定的，是别人所抢不走的。

【还一个】[xɐʔ⁵iə²¹kə]还有、况且。作句首语或插入语。

【吓死人】[xɐ²¹sɿ²¹³zən⁴⁵]表示惊讶，或因对方行为突兀、粗鲁而受到惊吓。"吓"读若"喝"。通：吓魂得之、吓屁得之、吓直滴尿。

【吓直一纵】[xɐʔ⁵tʂə²¹iəʔ⁵tsəŋ⁵³]吓了一跳。

【喝直白露水，烂直蚊子嘴】[xɐʔ⁵tʂə²¹pɤʔ⁵lu⁵³ʂue²¹³læ⁵³tʂə²¹uən⁴⁵tʂə²¹tse²¹³/tsue²¹³]意指到了白露时节，蚊子就衰亡了。旧传此时蚊子的喙会开花，再也不能叮咬人了。

【合他讲】[xɐʔ⁵tʰɤ²¹tɕiã²¹³]正如他所说的。这种"合+人称代词+讲"结构，表示"的确如某某所言"。

【黑杆得之】[xəʔ⁵tʂʰu²¹tɛ⁵³tʂə]白费了钱财。主要指没找到关键人物就乱送钱物，或虽行贿给关键人但其没有起到作用。偶指在不合适的事情上花了冤枉钱。

【黑讲】[xəʔ⁵tɕiã²¹³]瞎讲。同义：乱讲、瞎扯。近义：糟讲。

【黑闷黑闷】[xəʔ⁵mən²¹xəʔ⁵mən²¹]借音句。意为装腔作势、狐假虎威、故弄玄虚地做某事，亦可戏谑某某出人意料地轻易获得成功。如："东门那个小二子，小时候脓鼻得乎、笨伤心，张个～在当什么局长。"句中"闷"似为"蒙"的音变。

【黑梓得之】[xə²¹tsəʔ⁵/tsuaʔ⁵tɛ⁵³tʂə]通：黑杆带直。

【哼哧哼哧】[xən²¹tʂʰʐ̩²¹xən²¹tʂʰ

ʅ²¹]原指人挑担负重时的低沉号子或喘息声，引申为做一点事情就喊累、诉苦。

【哼直哈直】[xən²¹tʂə²¹xa²¹tʂə]①发出劳累吃力的呻吟、呈现不愿再干的样子。②敷衍别人。

【恨你一个洞（深）】[xən⁵³li²¹³iəʔ⁵kə²¹təŋ⁵³ʂən²¹]非常痛恨你。

【红配绿丑直哭】[xəŋ⁴⁵pe⁵³lə ʔ⁵tʂʰɯ²¹³tʂə²¹kʰuəʔ⁵]衣服颜色上如果以红、绿搭配则很难看。

【訇辚一声】[xəŋ²¹ləŋ²¹iəʔ⁵ʂən²¹]拟声句，一作"訇稜一声"。形容车声、雷声、炮声等较大的一次性声响。

注：类似的叠韵句组还有硠峒一声、崆砉一声、崆峒一声、宫东一声等。

【唝嗃诈骗】[xən²¹³xɐʔ⁵tʂa⁵³pʰĩ²¹]通过威吓、欺骗手法，控制、损害别人以取得非分利益。"唝嗃"读若"哄喝"，俗作"哄吓"，其本义是欺诈、不实。

【哄浪经】[xən⁵³lã⁵³tɕin²¹]借音句。没关系，有什么关系？

【猴子不上树，多打三遍锣】[xɯ⁴⁵tsə²¹pəʔ⁵ʂã⁵³ʂu⁵³tu²¹ta²¹³sæ²¹pʰĩ

⁵³lʊ²¹]俗语。

【胡扯】[xu⁴⁵tʂʰE²¹³/tʂʰe²¹³]斥责或断然否决别人意见的短语。

【糊大糊二】[xu⁴⁵ta⁵³xu⁴⁵a⁵³]说话不算数、不践诺、好骗人（轻微），糊弄、做事不牢靠。

【糊呆子】[xu⁴⁵tE²¹tsə²¹]用于反问句。意思是"你糊弄谁呀""不要把别人当呆子"。

【糊个嘴】[xu⁴⁵kə²¹tse²¹³]收入仅够吃饭。

【糊鬼】[xu⁴⁵kue²¹³]通"糊呆子"。

【糊霞们】[xu⁴⁵ɕia⁴⁵mən⁵³]通：糊呆子。亦用：糊小家伙。

【糊涂胆大】[xu⁴⁵tɯ⁵³tæ²¹³ta⁵³]义如条目。同义：胆子大死人。

【话都讲勚得之】[xua⁵³tɯ²¹tɕiã²¹³ʅ⁵tE⁵³tʂə]表示某句话、某种道理已说过无数遍（仍不起作用）。

【话讲出去是直之】[xua⁵³tɕiã²¹³tʂʰuəʔ⁵tsʰʮ⁵³ʂʅ⁵³tʂəʔ⁵tʂə]说出的话武断、不中听、不婉转。如："到底还是木骨人，～。"

【话讲到尽】[xua⁵³tɕiã²¹³tɔ⁵³tɕin⁵³]话已讲尽、讲到位（仍没有用）。通"话都讲尽之"。

【花之开】[xua²¹tʂə²¹kʰɛ²¹]会交际（含轻微贬义）。

【花篮淘泥鳅——跑之跑溜之溜　】[xua²¹læ⁴⁵tʰɔ⁴⁵mȵ⁴⁵tɕʰiɯ²¹pʰɔ⁴⁵tʂə²¹pʰɔ⁴⁵liɯ²¹tʂə²¹liɯ²¹]歇后语。

【画虎画猫难画骨，知人知面不知　心　】[xua⁵³xu²¹³xua⁵³mɔ²¹læ⁴⁵xua⁵³kuəʔ⁵tʂ ʅ²¹zən⁴⁵tʂʅ²¹miĩ⁵³pə²¹tʂʅ²¹ɕin²¹]义如条目。

【坏滰阆得之】[xue⁵³kʰã²¹lã²¹tɛ⁵³tʂə]表示某人品行极坏。"滰阆"原指萝卜空心，此词形容该人坏到了心里。

【坏事】[xue⁵³ʂʅ⁵³]独立语。表示事情不妙、有麻烦了。

【坏淌得之】[xue⁵³tʰã²¹³tɛ⁵³tʂə]形容某人极坏。

【坏通得之】[xue⁵³tʰəŋ²¹tɛ⁵³tʂə]通"坏淌得之"。

【坏透顶】[xue⁵³tʰɯ⁵³tin²¹³]通：坏通得之。

【坏完之】[xue⁵³ũ⁴⁵tʂə]通"坏淌得之"。另可表示事物已经或将会产生极大的损害。

【坏直坏子】[xue⁵³tʂə²¹pʰʅ²¹tsə²¹]

养成了坏习惯。如："霞们不能太瘝（疼爱放纵），瘝～麻（今后）改都改不回来。"

【还给老师】[xuæ̃⁴⁵ke²¹³lɔ²¹³ʂʅ²¹]所学的东西全忘记了。

【慌么失张】[xuã²¹mɐ²¹ʂəʔ⁵tʂã⁵³]惊慌失措。词中"张"读若"丈"。古人有用"失张失智"来形容因慌乱而失去心智。《醒世恒言》：陆五汉已晓得杀错了，心中懊悔不及，失张失智，颠倒在家中寻闹。合肥话将"失张"拆出，与"慌么"连用，更能表现其语义色彩。

【慌直大爪】[xuã²¹tʂə²¹ta⁵³tʂə²¹³]极其慌忙。

【晃趟子】[xuã⁵³tã⁵³/tʰã⁵³tsə]散步。俗作"晃趟子"。趟读若dàng或tàng。

【黄瓜敲锣——一遍头】[xuã⁴⁵kua²¹tɕʰiɔ²¹lʊ⁴⁵iəʔ⁵pʰĩ⁵³tʰɯ⁴⁵]与人交往搞不讲信义的短期行为。

【黄给褪得之】[xuã⁴⁵ke²¹³tʰən⁵³tɛ⁵³tʂə]失去了珍贵的东西（如贞操等）。

【灰得之】[xue²¹tɛ⁵³tʂə]借音句。形容相形见绌、灰溜溜。如："别看他在家门口人五人六的，出去跟人家一比就～。"

【会搞】[xue⁵³kɔ²¹³]形容某人做事会动头脑、点子多，效果比别人好。如："还是你～，出门带个杯子（这样不至于在路上口渴没水喝）。"

【昏得之】[xuən²¹tE⁵³tʂə]遇到急难险重的事情显得手足无措。

【魂带直】[xuən⁴⁵tE⁵³tʂə]吓死了、不辨方向、不知所措。如："一下车，他就～，不晓顿哪到哪。"

【混之开】[xuən⁵³tɤ²¹kʰE²¹]（多为贬义）在社会上有一片天地、活得很滋润。

【混混急】[xuən⁵³xuən⁵³tɕiəʔ⁵]姑且找个事情做以打发时间。

【姡丑】[xuɤʔ⁵tʂʰɯ²¹³]俗作"活丑"。"姡"原义指面貌丑陋，《释文》：姡，面丑也。后引申为羞愧、厚颜不知耻、狡诈貌。因其有猥琐之义，故现今说人、事"姡丑"，主要指某人事情做得不大气、摆不上台面或结果远不遂人愿。

【活猪】[xuɤʔ⁵tʂu²¹]斥责短语。指责对方不懂忠孝节义等基本道理，或行事极其糊涂。

【活倒带直】[xuɤʔ⁵tɔ⁵³tE⁵³tʂə²¹]（指责、赌咒或自责）白活了这么大岁数！

【或东或西】[xuɤʔ⁵təŋ²¹xuɤʔ⁵sʅ²¹]言行易变、没有主见。

【滑汰一下】[xuɤʔ⁵tɤʔ⁵iə²¹ɕiɐʔ⁵]一下子。亦说"滑汰一家伙"。"滑汰"原指滑倒状，喻指极短的时间或突然的动作，引申指一不留意的、极短的时间引发了超出意料的结果。如：a.～，人就跑光之。b.～，就到年关了。c.～，公司的盈余给他搞掉一大半。

【横膀子走路】[xũ⁴⁵pũ²¹³tsə²¹tsɯ²¹³lu⁵³]称霸一方、不把一切放在眼里的样子。

【横鼻子竖眼】[xũ⁴⁵piəʔ⁵tsə²¹ʂu⁵³ĩ²¹³]发怒状，多用于描述见不得某人、训斥某人之状。

【横叉竖舞】[xũ⁴⁵tʂʰa²¹ʂu⁵³u²¹³]形容小孩子肢体大幅度乱动，或不停地做让人担心、烦心的动作。

【何仙姑走娘家——云来雾去】[xu⁴⁵ɕyĩ²¹ku²¹tsɯ²¹³liã⁴⁵tɕia²¹yn⁴⁵lE²¹u⁵³tsʰʮ⁵³]歇后语。

【阿直跶起来跶】[xu²¹tʂə²¹tɤʔ⁵

tsʰɻ²¹³lɛ⁴⁵tɤʔ⁵]（低俗语）"呵卵脬"的形象描绘。形容对某人的阿谀奉承和巴结到了极点。

【和得千】[xʊ⁴⁵tɤʔ⁵tɕʰĩ²¹]①不行了。②黄了。

【和得之】[xʊ⁴⁵tɛ⁵³tʂə]同"和得千"。语气稍弱。

【伙家（介）】[xʊ²¹tɕia²¹/tɕiɛ²¹]哎呀、伙计呀、不能这样吧。该词内涵丰富，多由下层百姓使用。一说似由蒙古语"呼扎"（对汉族人的贬称，意指"家伙"）演变而来。主要有两种用法：①可作称呼，于身份相当的平民间使用，带亲昵、随便味，表示"伙计呀"。下辈对上辈、生人和男女之间不可用。②读"伙介"时，可作句子引语，偶尔略带提醒或警告意味，表示"你看看""这样搞，就会……"。

【火到猪头烂】[xʊ²¹³tɔ⁵³tʂu²¹tʰu⁴⁵læ̃⁵³]功夫到位时事情自然有着落。

【火气上来】[xʊ²¹³tsʰi⁵³ʂɑ̃⁵³lɛ²¹]身体上火。

【火烧眉毛】[xʊ²¹³ʂɔ²¹me⁴⁵mɔ⁵³]①遇到不得不应对的急事。②平时不做准备，以至于事到临头着急。

【急不彻】[tɕiəʔ⁵pə²¹tsʰɐʔ²⁵]急于、慌张做某事。如："天太热，他一卸扁担，就～之钻到塘里头。"

【急惊风碰到慢郎中】[tɕiə²¹tɕin²¹³fəŋ²¹pʰəŋ²¹tɔ⁵³mæ̃⁵³lɑ̃⁴⁵tʂəŋ²¹]义如条目。

【急人】[tɕiə²¹zən⁴⁵]①事态紧急、局面复杂困难。②因别人磨蹭导致自己烦躁。如："望他那样子真～！"

【急直（他）冇法子】[tɕiəʔ⁵tʂə²¹tʰɤʔ⁵muɯ²¹³fɐʔ⁵tsə²¹]因情势所迫而不得不采取较为极端的行动。"急直＋（代词）＋冇法子＋（动词结构）"，表示所采取的非常行动，是出于急迫和无奈。如："霞们上学要钱，又借不到，～，只好去卖血。"

【急直手直爹】[tɕiəʔ⁵tʂə²¹ʂɯ²¹³tʂəʔ⁵tʂa²¹]急得手足无措。一说"急直慌了大爪"。

【急直头直抓】[tɕiəʔ⁵tʂə²¹tʰɯ⁴⁵tʂəʔ⁵tʂua²¹]很着急、急得没办法。

【急直直转】[tɕiəʔ⁵tʂə²¹tʂəʔ⁵tʂũ⁵³]形容非常着急、手足无措。

【家败】[tɕia²¹³pɛ⁵³]倒霉、面临麻烦或财物损失的局面。

【家不和外人欺】[tɕia²¹pə²¹xʋ⁴⁵uE⁵³zən⁴⁵tsʰʅ²¹]义如条目。

【家财万贯架不住鱼汤泡饭】[tɕia²¹tsE⁴⁵uæ⁵³kuæ⁵³tɕia⁵³pəʔ⁵tʂu⁵³ʮ⁴⁵tʰã²¹pʰɔ⁵³fæ⁵³]形容鱼汤泡饭能引发人胃口大开多吃饭。

【家门口狠】[tɕia²¹mən⁴⁵kʰɯ²¹³xən²¹³]在自家的范围内狠。隐指到外面去就会很怂。

【家门口塘哪个不晓顿深浅】[tɕia²¹mən⁴⁵kʰɯ²¹³tʰã⁴⁵la²¹³kə²¹pə²¹ɕiɔ²¹³tən⁵³şən²¹tɕʰĩ²¹³]意思指在同一单位、同一地方的人都知道彼此的能耐。

【家认不得】[tɕia²¹zən⁵³pə²¹tɤʔ⁵]形容赌博输光或沉溺于玩耍。如："在外头玩直家都认不得。"同类语还有：赌直～/裤子当得之。

【家无常礼】[tɕia²¹u⁴⁵tʂʰã⁴⁵ʅ²¹³]家人之间平常无须拘于礼节。

【家有千口主事一人】[tɕia²¹iɯ²¹³tɕʰĩ²¹kʰɯ²¹³tʂu²¹³sʅ⁵³iəʔ⁵zən⁴⁵]指众人必须有一个人领头。

【家有老人强之一把锁】[tɕia²¹iɯ²¹³lɔ²¹³zən⁴⁵tɕʰiã⁴⁵tʂə²¹iə²¹pa²¹³su²¹³]昔时孝老俗语。意指老人总比一把锁强。

【家有万两黄金，不如薄技在身】[tɕia²¹iɯ²¹³uæ⁵³liã²¹³xuã⁴⁵tɕin²¹pə²¹zu⁴⁵pɤʔ⁵tsʅ⁵³tsE⁵³şən²¹]义如条目。

【家有一老赛过一宝】[tɕia²¹iɯ²¹³iə²¹lɔ²¹³sE⁵³ku⁵³iə²¹pɔ²¹³]家里有老人，则呈现和谐吉祥。

【家找不到】[tɕia²¹tʂɔ²¹³pə²¹tɔ⁵³]通"家认不得"。

【架（他）手】[tɕia⁵³tʰɤʔ⁵şɯ²¹³]含糊、害怕某人。亦说"架他势"。

【架不住】[tɕia⁵³pəʔ⁵tʂu⁵³]超过自己的财力、体力或耐受程度而受不了。如："乍不乍来个人招待还中，要是天天这样～。"亦说"架不起"。

【架不住劝】[tɕia⁵³pəʔ⁵tʂu⁵³tɕʰyĩ⁵³]经不起劝。

【架不住呵】[tɕia⁵³pəʔ⁵tʂu⁵³xʋ²¹]经不起别人的奉承、巴结。

【讲不倒】[tɕiã²¹³pəʔ⁵tɔ⁵³]不听话。

【讲不到一块（去）】[tɕiã²¹³pəʔ⁵tɔ⁵³iəʔ⁵kʰuE⁵³]话不投机、意见不一致。

【讲不范】[tɕiã²¹³pəʔ⁵fæ⁵³]对人

（主要指小孩）的不合规言行进行训导、规劝、责骂等但不起作用，或只管住一时，过后又常犯。如："东西就是乱搁，用之时候又找不到，跟你就是～！"同"讲不信"，语气稍重，略显无奈。

【讲不好】[tɕiã²¹³pə²¹xɔ²¹³]不好讲、有意思、搞不懂。

【讲不尽】[tɕiã²¹³pəʔ⁵tɕin⁵³]讲不清、讲不完。

【讲不（是）呢】[tɕiã²¹³pəʔ⁵ʂʅ⁵³lĩ²¹]反诘式肯定，意思为"哪里不是呢？可不是吗？"

【讲不清】[tɕiã²¹³pəʔ⁵tɕʰin²¹]①通"讲不尽"。②形容某事物难以界定是非。③形容某人有说不出的味道（做派）。

【讲不清之味道】[tɕiã²¹³pəʔ⁵tɕʰin²¹tʂə²¹ue⁵³tɔ²¹]①指某人为人处世有令人反感的做派。②某个事物或环境难以描述，令人不安、不放心。

【讲不通】[tɕiã²¹³pəʔ⁵tʰəŋ²¹]说话对方不听、听不懂或听不进去。

【讲不去就不去】[tɕiã²¹³pəʔ⁵tsʰʅ⁵³tɕiɯ⁵³pəʔ⁵tsʰʅ⁵³]坚决不会去。

【讲不信】[tɕiã²¹³pəʔ⁵ɕin⁵³]通：

讲不范。语气稍弱。

【讲不要呢】[tɕiã²¹³pəʔ⁵iɔ⁵³lĩ²¹]反诘式肯定，用于附和别人对于数量、规模、程度的判断，意为"可不是吗？正是（需要）那么多"。

【讲起来是……】[tɕiã²¹³tsʰʅ²¹³lɛ⁴⁵ʂʅ⁵³]①说起来是这样、做起来会很复杂。②名义上是，但实际上不是或不一定是。

【讲起来想起来】[tɕiã²¹³tsʰʅ²¹³lɛ⁵³ɕiã²¹³tsʰʅ²¹³lɛ⁵³]独立插入语。用于交流对话中，表示刚好说到这里就引发自己想起来另一个话题。

【讲到天边】[tɕiã²¹³tɔ⁵³tʰĩ²¹pĩ²¹]无论讲到哪里。如："底事～你都有理。"

【讲到地之话】[tɕiã²¹³tɔ⁵³tsʅ⁵³tʂɔ²¹xua⁵³]讲到位的话、讲真话、按最极端的情况讲。

【讲趸头话】[tɕiã²¹³tən²¹³tʰɯ⁴⁵xua⁵³]说的话不委婉、不礼貌、不中听。

【讲底样搞啊】[tɕiã²¹³ti⁵³iã⁵³kɔ²¹³ɐ²¹]①不同意别人的言行。②警告、威胁语。意思是"你能这样搞吗？""少跟我来这套！"。

【讲翻带之】[tɕiã²¹³fæ̃²¹tɛ⁵³tʂə]①没有达成一致或妥协。②吵起来了。

【讲搞】[tɕiã²¹³kɔ²¹³]借音句。①为什么。如："（他）～这样得味哟？"②怎么办？如："底事～？"

注："讲搞"这个短语成分在不同的语境和发音中意义有所变化。如：～呢（带有商量、无奈的语气）？～这样子（带不解、责备语气）？～咋（疑问、惊讶中带威胁口气）？

【讲搞到你那坳就……】[tɕiã²¹³kɔ²¹³tɔ⁵³li²¹³lɛ⁵³ɔ²¹tɕiɯ⁵³]为什么（物品、事情）一到你那里就（变坏、变麻烦了）呢？

【讲搞呢】[tɕiã²¹³kɔ²¹³lĩ²¹]（无奈语气）怎么办呢？没办法！同义：怎搞呢？

【讲搞之】[tɕiã²¹³kɔ²¹³tʂə²¹]疑问句，意为"怎么回事、怎么啦"。

【讲哄东西就哄东西】[tɕiã²¹³xəŋ⁵³təŋ²¹ʂʅ²¹tɕiɯ⁵³xəŋ⁵³təŋ²¹ʂʅ²¹]①诚信、守诺。②说话算数，有权威、蛮横。

【讲话不打稿子】[tɕiã²¹³xua⁵³pə²¹ta²¹³kɔ²¹³tsə]①形容某人思维敏捷、张口就来。②意指讲话不经思考、乱说话。

【讲话像切葱一样】[tɕiã²¹³xua⁵³ɕiã⁵³tɕʰiɤ²ʔ⁵tsʰəŋ²¹³iə²¹iã⁵³]说话干脆利落。

【讲讲听听】[tɕiã²¹³tɕiã⁵³tʰin²¹tʰin²¹]①他讲他的，我可听可不听。②姑且说之、姑且听之。

【讲狡理】[tɕiã²¹³tɕiɔ²¹³ɻ²¹³]义如条目。

【讲句难听话】[tɕiã²¹³tsʅ⁵³læ̃⁴⁵tʰin²¹xua⁵³]形容下面的话真不好讲、不好比喻（如果要自己讲实话的话）。

【讲空】[tɕiã²¹³kʰəŋ²¹]①净讲大道理、讲不实际的东西。②意图诓骗别人。

【讲难过话】[tɕiã²¹³læ̃⁴⁵kʊ⁵³xua²¹]因对方的歧视或不公，而表达一种埋怨、伤感或委屈。

【讲你胖你就吭】[tɕiã²¹³li⁴⁵pʰã⁵³li⁴⁵tɕiɯ⁵³xã²¹³]（讽刺或戏谑语）意指某人稍受表扬，即自满、得意忘形。"吭"读第三声。

【讲你张搞这东西嗷】[tɕiã²¹³li⁴⁵tʂã²¹kɔ²¹³ti⁵³təŋ²¹ʂʅ²¹ɔ²¹]你现在干吗要做这事？偶用来规劝对方不要把

事情搞糟、胡作非为。

【讲屁】[tɕiɑ²¹³pʰɿ⁵³]①讲空话。②讲这个东西没有什么用。

【讲馋直】[tɕiɑ²¹³tɕʰiɑ̃⁵³tʂə]话不投机或言语冲突。近义：讲翻带之。

【讲千讲万】[tɕiɑ²¹³tɕʰĩ²¹tɕiɑ²¹³uæ̃⁵³]①无论怎么说。②讲到底。近义：讲一千、道一万。

【讲清楚】[tɕiɑ²¹³tɕʰin²¹tsʰʊ²¹³]表达说话者一种责令、不满的情绪。多用于祈使句中，语气居高临下。

【讲三讲四】[tɕiɑ²¹³sæ̃²¹tɕiɑ²¹³sɿ⁵³]①讲条件。②这里讲到哪里。通：七岔八岔。

【讲生姜不辣】[tɕiɑ²¹³sən²¹tɕiɑ²¹pə²¹lɤʔ⁵]当众驳议别人刚提出的观点或依据，削弱对方讲话的权威性和可信度。一说"人家讲生姜他讲不辣"。近义：撮蹩脚、跟人家反直讲。

【讲是讲】[tɕiɑ²¹³sɿ⁵³tɕiɑ²¹³]①据说、大家都这么说。多用于承接并呼应别人的话，如甲：天这样闷，恐怕要下（雨）。乙：～今个要下雨。②按理说是这样，但结果不一定如此。

【讲是这样讲】[tɕiɑ²¹³sɿ⁵³ti⁵³iɑ̃⁵³tɕiɑ²¹³]转折句的前半部分。主要意思为：①虽然道理是这样，但实际情况不是这样。②按道理是应该这样做，但现实不能（完全）按此做。

【讲在搞】[tɕiɑ²¹³tsE⁵³kɔ²¹³]借音句。你在做什么、事情目前是个什么状况？

【讲喋喋（理）】[tɕiɑ²¹³tʂɤʔ⁵tʂɤʔ⁵ɿ²¹³]借音句，读若"讲哲哲"。唠叨、好批评人，对人苛刻、讲大道理。

【讲喋聒子】[tɕiɑ²¹³tʂɤʔ⁵kuɐʔ⁵tsə²¹]通"讲喋喋"。

【讲直快乎】[tɕiɑ²¹³tʂə²¹kʰuE⁵³xʊ²¹]非认真地谈及某事、不负责任地说人和事。近通：讲直玩。

【讲直玩】[tɕiɑ²¹³tʂə²¹uæ̃⁴⁵]随便讲讲、开玩笑、轻微地骗人。反义：想直讲。

【讲直像唱直】[tɕiɑ²¹³tʂə²¹ɕiɑ⁵³tʂʰɑ̃⁵³tʂə²¹]①忽悠别人，把事情描述得比事实好。②把事情想得太简单。

【讲直嘴唇生老茧】[tɕiɑ²¹³tʂə²¹tse²¹³tɕʰyn⁴⁵sən²¹lɔ²¹³tɕĩ²¹³]就某一话题已说得够多了，连说话者自己都感觉无趣了。

【将将好】[tɕiɑ²¹tɕiɑ²¹xɔ²¹³]正好、

恰好。

【江无底海无边】[tɕiã²¹u⁴⁵tsʅ²¹³ xɛ²¹³u⁴⁵pĩ²¹]谚语。

【酱缸倒之架子还在】[tɕiã⁵³kã²¹ tɔ²¹³tsə²¹tɕia⁵³tsə²¹xɤʔ⁵tsɛ⁵³]通：跌倒也是坐把式。

【酱缸酱碓嘴——一盐(言)难尽】[tɕiã⁵³kã²¹tɕiã⁵³te⁵³tse²¹³iəʔ⁵ĩ⁴⁵læ⁴⁵tɕin⁵³]谐音歇后语。

【教会徒弟饿死师父】[tɕiɔ²¹xue⁵³tʰu⁴⁵tʅ⁵³ʊ⁵³sʅ²¹³sʅ²¹fu²¹]俗语。旧时学徒出师后，有的另立门面经营。鉴于同行间存在互相竞争关系，故传师父带徒弟时要留一手。

【浇树要浇根，交人要交心】[tɕiɔ²¹su⁵³iɔ⁵³tɕiɔ²¹³kən²¹tɕiɔ²¹zən⁴⁵iɔ⁵³tɕiɔ²¹³ɕin²¹]义如条目。

【狡直讲】[tɕiɔ²¹³tʂəʔ⁵tɕiã²¹³]狡辩、讲狡理、故意跟人反着说。

【嚼舌头】[tɕiɔ⁵³sɤʔ⁵tʰɯ⁵³]搬弄是非。

【叫花子唱山歌——穷开心】[tɕiɔ⁵³xua²¹tsə²¹tʂʰã⁵³sæ²¹³kʊ²¹tɕʰiŋ⁴⁵kʰɛ²¹³ɕin²¹]歇后语。

【叫花子做皇帝——快活一时是一时】[tɕiɔ⁵³xua²¹tsə²¹tsʊ⁵³xuã⁴⁵tsʅ⁵³ kʰuɛ⁵³xʊ²¹iəʔ⁵ʂʅ⁴⁵ʂʅ⁵³iəʔ⁵ʂʅ⁴⁵]歇后语。一说"半夜爬起来做皇帝，快活一时是一时"。

【叫人不折本，舌头打个滚】[tɕiɔ⁵³zən⁴⁵pə²¹ʂɤ²¹pən²¹ʂɤʔ⁵tʰɯ⁵³ta²¹³kə²¹kuən²¹³]意思是主动尊称别人，于己又无损失。通：喊人不折本，舌头打个滚。

【(你)叫他东他（非要）到西】[tɕiɔ⁵³tʰɤʔ⁵təŋ²¹tʰɤ²¹tɔ⁵³sʅ²¹]拗犟、非要和别人反着十。

【叫向东不敢向西】[tɕiɔ⁵³ɕiã⁵³təŋ²¹pə²¹kæ²¹³ɕiã⁵³sʅ²¹]迫于权威，不敢不服从其所有的指令。

【接不上济】[tɕiəʔ⁵pəʔ⁵ʂã⁵³tsʅ⁵³]尚未成年，不能对家有贡献。

【接稻】[tɕiɤʔ⁵tɔ⁵³]春季余粮可（勉强）吃到新稻成熟。

【接麦】[tɕiɤʔ⁵mɤʔ⁵]冬春余粮可（勉强）坚持到新麦成熟。

【夹道螺蛳】[tɕiəʔ⁵tɔ⁵³lʊ⁴⁵sʅ²¹]可用作动词或名词性短语，意为碍手碍脚、给别人添忙。同义：夹打螺蛳、螺蛳挡道。

【夹直打岔】[tɕiəʔ⁵tsə²¹ta²¹³tʂʰa⁵³]在别人谈话时，不得要领地乱插话。

同义：夹打螺蛳、螺蛳打岔。

【阶个三麻个四】[tɕiE²¹kə⁴⁵sæ²¹ma⁴⁵kə²¹sๅ⁵³]借音句。反复无常，不断地提出新想法、新要求，频繁交代、变动新任务。亦说"今朝三明朝四"。

【阶这样麻那样】[tɕiE²¹ti⁵³iã²¹ma⁴⁵lE⁵³iã²¹]通：阶个三麻个四。

【尽讲】[tɕin²¹³tɕiã²¹³]俗作"紧讲"。使劲、不停地讲。如："叫你别讲，你～！"亦说"尽直讲"。这种"尽+（单音动词）"结构表示"老是、不停地做某事"。

【紧讲慢讲】[tɕin²¹³tɕiã²¹³mæ⁵³tɕiã²¹³]①急着要把话讲完。②反复、有耐心地劝说、恳求。

【紧睁眼慢开口】[tɕin²¹³tsən²¹ĩ²¹³mæ⁵³kʰE²¹kʰw²¹³]注意观察、不轻易开口。这是昔时人们保身免祸的经验之谈。

【经得起扔踹】[tɕin²¹tɤ²¹tsๅ²¹³lE⁵³tʂʰuE⁵³]借音句。经得起困难磨炼、生命力强。如："农民工最～，无论多累的活、多差的生活都能适应。"该短语或许最初用于形容顽强的野草或庄稼；"扔、踹"两字本义为"拔、

踩"。

【经拖】[tɕin²¹tʰʊ²¹]器物经得起在粗劣环境里长时间、重负荷地使用。如："这个车子～，这么多年又没保养还照跑。"

【经用】[tɕin²¹iŋ⁵³]能经久地使用。

注："经"作为助动词，可与多个单字动词连用，表示经得起消耗、打击、磨砺之意，引申为合用。如经吃（能吃较长时间）、经烧（不容易很快烧尽）、经打（身体结实、抗得住击打）、经磨（耐磨）、经冻（不怕冻）等。

【精车工慢钳工吊儿郎当是电工】[tɕin²¹tʂʰE²¹/tʂʰe²¹kəŋ²¹mæ⁵³tɕʰĩ⁴⁵kəŋ²¹tiɔ²¹³ã²¹lã⁴⁵tã²¹sๅ⁵³tĩ⁵³kəŋ²¹]本短句是对上述几个工种工作状态的描述与调侃。

【精屁股】[tɕin²¹pʰๅ⁵³ku²¹]光屁股。

【筋胀之】[tɕin²¹tʂã⁵³tʂə]有劲没处使、无事找事、自找麻烦。如："你底个人～啊，冇事好好出劲攮我家狗干么事（为什么无缘无故使劲地攮我家养的狗）？"

【金窝银窝不如自己之狗窝】

[tɕin²¹ʋ²¹in⁴⁵ʋ²¹pə²¹zu⁴⁵tsʅ⁵³tsʅ²¹³tʂə²¹kɯ²¹³ʋ²¹]义如条目。

【见不得人好】[tɕĩ⁵³pə²¹tɤʔ⁵zən⁴⁵xɔ²¹³]看不惯、嫉妒别人的好事，心胸狭窄，嫉妒、压制别人。

【见到风就是雨】[tɕĩ⁵³tɔ⁵³fəŋ²¹tɕiɯ⁵³ʂʅ⁵³ʮ²¹³]同"得到风就是雨"。

【见到事】[tɕĩ⁵³tɔ⁵³sʅ⁵³]①知道自己该干什么，不偷懒，做事有计划。②通"看到事""望见/到事"。

【见风】[tɕĩ⁵³fəŋ²¹]打牌时借对过的牌势得以出牌。

【见风硬】[tɕĩ⁵³fəŋ²¹zən⁵³]形容小孩子如春风吹拂的幼苗，长得很快、很健康。也说"见风长"。

【见风长】[tɕĩ⁵³fəŋ²¹tʂã²¹³]长得很快。

【见人说人话，见鬼说鬼话】[tɕĩ⁵³zən⁴⁵ʂuɤ²¹zən⁴⁵xua⁵³tɕĩ⁵³kue²¹³ʂuɤʔ⁵kue²¹³xua⁵³]义如条目。

【见长】[tɕĩ⁵³tʂã²¹³]长得很快，一段时间一个样。"见"在此是"只见"的缩略。

【尖手尖脚】[tɕĩ²¹ʂuɤ²¹³tɕĩ²¹tɕyɤʔ⁵]①蹑手蹑脚地走。②做事不泼辣。③抓持物品不牢靠。

【尖直脚】[tɕĩ²¹tʂə²¹tɕyɤʔ⁵]踮着脚。

【捡之鸡毛当令箭】[tɕĩ²¹³tʂə²¹tsʅ²¹mɔ⁴⁵tã⁵³lin⁵³tɕĩ⁵³]借着上级或别人的某一点指令或意思，就擅自发挥、狐假虎威，以逞个人目的或私利。

【拣精拣肥】[tɕĩ²¹³fe⁴⁵tɕĩ²¹³tɕin²¹]挑剔，或工作上避重就轻。

【久病床前无孝子】[tɕiɯ²¹³pin⁵³tʂʰuã⁴⁵tɕʰĩ⁴⁵u⁴⁵ɕiɔ⁵³tsʅ²¹³]俗语。

【久晴必有久阴】[tɕiɯ²¹³tɕʰin⁴⁵piɔʔ⁵iɯ²¹³tɕiɯ²¹³in²¹]俗语。

【久晴大雾阴，久阴大雾晴】[tɕiɯ²¹³tɕʰin⁴⁵ta⁵³u⁵³in²¹tɕiɯ²¹³in²¹ta⁵³u⁵³tɕʰin⁴⁵]气象谚语。意即无论是久晴还是久阴，只要起雾就会变天。

【久晴东风下，久下西风晴】[tɕiɯ²¹³tɕʰin⁴⁵təŋ²¹fəŋ²¹ɕia⁵³tɕiɯ²¹³ɕia⁵³sʅ²¹fəŋ²¹tɕʰin⁴⁵]气象谚语。冬季另有：久晴西风雨久雨西风晴。

【九斤猫镇住千斤鼠】[tɕiɯ²¹³tɕin²¹mɔ²¹tʂən⁵³tʂu⁵³tɕʰĩ²¹tɕin²¹tʂʰuəʔ⁵]俗语。本义是说老鼠再多，也会被一只猫震慑。引申指"关键少数"的威慑力和重要性。

【酒老爷当家】[tɕiɯ²¹³lɔ²¹³i⁴⁵tɑ̃²¹³ tɕia²¹]超量饮酒后头脑不做主。

【就不错之】[tɕiɯ⁵³pəʔ⁵tsʰʋ⁵³tʂə] 已相当可以了、够意思了。如："不 打他～了，还跟我俩讲三讲四！"

【就不能讲之】[tɕiɯ⁵³pə²¹lən⁴⁵ tɕiɑ̃²¹³tʂə]表示程度上的非常、事情 结果的尴尬。

【就这毫不好】[tɕiɯ⁵³ti⁵³xɔ²¹pə²¹ xɔ²¹³]①（当面、委婉对某人提意见） 你就这一点不太好，需要纠正、改 进。②（埋怨，语气较强烈）你就这 方面特别不好。

【就这样搞你不服气啊】[tɕiɯ⁵³ ti⁵³iɑ̃²¹kɔ²¹³li²¹³pə²¹fəʔ⁵tsʰ ʅ⁵³a]（蛮横 不讲理之口气）我就这样做，你还能 咋的？

【就这一堆】[tɕiɯ⁵³ti⁵³iəʔ⁵te²¹] 我就这样了，能拿我怎么着？形容 某人不思进取、不求改善的心态，或 欠债、闯祸后放瘫耍赖的样子。近 义：猪大肠一堆。

【就好之】[tɕiɯ⁵³xɔ²¹³tʂə]那就 麻烦了，正中其下怀了。

【就讲（嘛）】[tɕiɯ⁵³tɕiɑ̃²¹³]①对 了，正如刚才说的、正是这样。②这

下就不奇怪了。通"怪不倒哩"。③好 了，这下你就讲对了、做对了。④埋 怨"都是因为这个才导致那个结果"。 除"嘛"外，该短句还可带另两个后 缀"嗷""哎"，前者多表示附和、肯 定、醒悟等，后者有时带有责备、不 满的意味。

【就讲啥】[tɕiɯ⁵³tɕiɑ̃²¹³xæ²¹]多 表示无奈，意思是"就是啊"。同义： 哪个不讲呢。

【就来之】[tɕiɯ⁵³lɛ⁴⁵tʂə]① 表 示对方所说，正是自己所预料并 不以为然或反感的。如："你看你 看，～！"②指事情一到某人手里， 就会闹出很大动静和麻烦。通：事 情就来之。

【就你嘴不尿】[tɕiɯ⁵³li²¹³tse²¹³/ tsue²¹³pə²¹sən⁴⁵]（申斥语）叫对方不 要插嘴、不要乱出主意。

【就落个嘴厉害】[tɕiɯ⁵³lɤʔ⁵/ luɤʔ⁵kə²¹tse²¹³ʅ⁵³xɛ⁵³]①指某人只是 能说会道、做实事不行。②只是嘴上 厉害、不敢真动手或打不过别人。

【就是讲（嘛）】[tɕiɯ⁵³ʂʅ⁵³tɕiɑ̃²¹³] 同"就讲（嘛）"。

【就是（嘛）】[tɕiɯ⁵³ʂʅ⁵³]① 早

该这样了。②这就对了。③同"就是讲"。

【就（是）这个账】[tɕiɯ⁵³ʂʅ⁵³ti⁵³kə²¹tʂã⁵³]就是这个意思，就是这么个结果。

【就是命】[tɕiɯ⁵³ʂʅ⁵³min⁵³]①珍爱某种东西，十分投入做某件事情。如：书～、孩子～、钱～。②无奈地表示自己就是做某事的命，或事物的发展是注定的。

【就汤下面】[tɕiɯ⁵³tʰã²¹ɕia⁴⁵mĩ⁵³]①借坡下驴，顺势利用现成局面做某事。②将就地根据现有条件做某事。

【就他能干到】[tɕiɯ⁵³tʰɤʔ⁵lən⁴⁵kæ̃⁵³tɔ⁵³]（贬）①只有他才能做出这样的事。②他做的事真是匪夷所思。③就只有他能撕下脸皮、不顾情面。

【就像逮不到之】[tɕiɯ⁵³ɕiã⁵³tE²¹³pə²¹tɔ²¹³tʂə]抓住某个机会使劲做某事，如猛吃、不停地说、贪婪地攫取某种东西、乘机加紧挑拨等。

【救急不救穷】[tɕiɯ⁵³tɕiəʔ⁵pəʔ⁵tɕiɯ⁵³tɕʰiŋ⁴⁵]义如条目。

【脚踩西瓜皮】[tɕyɤ²¹tʂʰuE²¹³ʂʅ²¹³kua²¹pʰʅ⁴⁵]歇后语的前半句，后

半句是"滑到哪里是哪里"。主要有两层意思。①心态超然、随遇而安。②对事敷衍、没有计划性和主动性。

【嘁翻得之】[tɕyɤʔ⁵fæ²¹tE²¹tʂə²¹]骂人骂得很厉害。

【嘁人】[tɕyɤ²¹zən⁴⁵]①骂人。②赠送礼物或付钱时遭对方客气推辞不受时的回应短语：你这不是～吗？！

【绝八代】[tɕyɤ²¹pɤʔ⁵tE⁵³]①骂人短语。②表示决心，无论如何也不做某事。

【圈圈叫】[tɕye⁴⁵tɕye²¹tɕiɔ⁵³]借音句，读若"juì—juì—jiào"。原指猪饥饿时的叫声，引申形容不满、受惊或一触即蹦时发出的声音，带强烈贬讽色彩。

【喀】[kʰa⁵³/kʰæ̃²¹]读若kà 或kān，似为"可是的啊"之连读音变，属句中独立成分，多用于劝导话语中，表示"看、是不是、对吧"等意思；或用于边说话、边见风使舵，使自己的要求和语气层层加码。

【开不了口】[kʰE²¹pə²¹liɔ²¹³kʰɯ²¹³]不好意思开口。

【开水不响，响水不开】[kʰE²¹ʂu

e²¹³pə²¹ɕiã²¹³ɕiã²¹³ʂue²¹³pəʔ⁵kʰE²¹] 生活谚语。意指烧水过程中水壶正在响的时候壶内水尚未烧开；而水烧开直冒蒸汽时反倒没有多大声响。

【开国际玩笑】[kʰE²¹kuɤʔ⁵tsɿ⁵³uæ⁴⁵ɕiɔ⁵³]通"开玩笑"，语气较强。

【开玩笑】[kʰE²¹uæ⁴⁵ɕiɔ⁵³]接别人话茬时的开头插入语，意"可不是吗、的确如此"。如甲："我要不去，他们搞不好都输了。"乙："～，要不是你去，他们裤子都给人家扒得之！"

【开洋荤】[kʰE²¹iã⁴⁵xuən²¹]①首次享受、尝试。②开别人玩笑。③用洋货、到海外旅游等。

【开之瓢】[kʰE²¹tʂə²¹pʰiɔ⁴⁵]头被打破了。

【揩屁股】[kʰE²¹pʰɿ⁵³ku²¹]擦屁股。喻指收拾烂摊子。

【看贬之】[kʰæ̃⁵³pĩ²¹³tʂə]把人看低了。俗作"看扁了"。

【看到就跟没看到一样】[kʰæ̃⁵³tɔ²¹tɕiɯ⁵³kən²¹me⁵³kʰæ̃⁵³tɔ⁵³iəʔ⁵iã⁵³]路上故意不理睬别人，或形容某某骄傲、自大相。近义词：头扛直、眼朝天上看。

【看到事】[kʰæ̃⁵³tɔ²¹sɿ⁵³]①能发现事情、知道该做的事。②看到事物的本质。③能预知将要发生的事情，晓得下一步该干什么。通：见到事、望到/见事。

【看到魂之】[kʰæ̃⁵³tɔ²¹xuən⁴⁵tʂə]用于戏谑或斥责对方。①讽刺别人认错了自己。②斥责对方并没有看到该看见的东西。

【看花之眼】[kʰæ̃⁵³xua²¹tʂə²¹ĩ²¹³]形容某人对人或对事物挑来挑去、无主见。

【看那个架势】[kʰæ̃⁵³lE⁵³kə²¹tɕia⁵³ʂʅ²¹]瞧他那个劲头、看这个情势。如："～，不怕要打人？"

【看你那味道】[kʰæ̃⁵³li²¹³lE⁵³ue⁵³tɔ⁵³]（讽斥）瞧你那个德行！此句表示对某人的表情和做派很不以为然。其中"味道"可换成"样子"，可加形容词来修饰。

【看你能蹦到天上】[kʰæ̃⁵³li²¹³lən⁴⁵pəŋ⁵³tɔ⁵³tʰĩ²¹sã²¹]我就这样，看你又能怎样（找谁都不行）。

【看乔了】[kʰæ̃⁵³tɕʰiɔ⁴⁵tʂə]①看低了人。②看错了人。

【看人】[kʰæ̃⁵³zən⁴⁵]①区别对待。

②根据相关人的情况采取相应行动。

【看人家吃豆腐嘴快】[kʰæ⁵³zən⁴⁵tɕia²¹tɕʰiəʔ⁵tɯ⁵³fu²¹tse²¹³/tsue²¹³kʰuE⁵³]看别人做事容易就以为很简单，其实不是那样。一说"看人家吃豆腐牙齿快"。

【看人下碟】[kʰæ⁵³zən⁴⁵ɕia⁵³tirʔ⁵]原义是根据来客身份准备菜肴，引申指根据情况的不同来待人接物，包括说话、办事。一说"看人下菜"。

【看山跑死马】[kʰæ⁵³ʂæ²¹pʰɔ⁴⁵sɿ²¹³ma²¹³]俗语。

【看他呆之】[kʰæ⁵³tʰɤʔ⁵tE²¹tʂə²¹]他是多么的呆傻、愚蠢啊！此句语义比"他真呆"更强烈。

注：这种"看（代词）+形容词/动词+之"结构多用于表达观看者对于别人行为的贬义评判，如：看他穿之、看他做之、看他脏之。

【看我不……】[kʰæ⁵³ʋ²¹³pəʔ⁵]此短语后加动词主要表达两层意思。①作威胁性用语，意"你等着受惩罚吧"。如："你搞啊，看我回来不克你！"②自我表现、逞能时的用语。

【看戏掉眼泪——替古人担忧】[kʰæ⁵³sɿ⁵³tiɔ⁵³ñ²¹³le⁵³tsʰᴉ⁵³ku²¹³zən⁴⁵tæ²¹³iɯ²¹]歇后语。

【看样学样】[kʰæ⁵³iã⁵³ɕyɤʔ⁵iã⁵³]跟着什么人学做什么人。

【糠箩跳到米箩里】[kʰã²¹lʊ⁴⁵iɔ⁵³tɔ⁵³mᴉ²¹³lʊ⁴⁵ᴉ²¹³]从一个较差的环境一下子到一个好很多的环境，或社会地位陡然得到提升。如："霞们考上学校，能变成城市户口，真是从～！"

【扛大头】[kʰã⁴⁵ta⁵³tʰɯ⁴⁵]承担主要的责任或大部分开支。

【扛头女子低头汉】[kʰã⁴⁵tʰɯ⁴⁵ᴉ²¹³tsᴉ²¹³sᴉ²¹tʰɯ⁴⁵xæ⁵³]指从走路姿态看，这两种人比较精明、厉害，是难对付的角色。"扛头"即昂头。

【靠住】[kʰɔ⁵³tʂu⁵³]没问题。反义：不靠住。

【可对啊】[kʰəʔ⁵te⁵³ɐ²¹]句中插入语，没什么实际意义，主要是用于强调语句，或提醒对方、保持对话语言流的顺畅。

【（你）可能哪】[kəʔ⁵lən⁴⁵lɐ²¹]你能否不要这样做（以免产生对自己或第三方的尴尬、不利局面）。多用于对别人话语的劝诫或恳求。

【（你）可能做毫好事】

[kʰə²⁵lən⁴⁵tsʊ²¹ɔ²¹xɔ²¹³sɿ⁵³]行 行 好，不要这样做。用于对别人言行的劝诫或恳求。通"你可能哪"，语气更明确。

【可听到喳】[kʰə²⁵tʰin²¹tɔ²¹³tʂa²¹]此句是父母、上司等身份较高者在叮嘱身份较低者时，句中所缀挂的独立短语，尤其是在严肃交代、催促所办事项时常用。如："玩直不归家了！快去家吃饭，～？"同类句：可晓顿哪、可记住哪？

【可是喳】[kʰə²⁵sɿ⁵³tʂa²¹]①是吗？是这样的吗？②（反问句）哪里是这样？你别骗我！

【可笑人】[kʰə²⁵ɕiɔ⁵³zən⁴⁵]感叹短句，表示对别人言行的不同意、批评。

【可要紧】[kʰə²⁵iɔ⁵³tɕin²¹]有无关系、问题怎么样、能否这样做？

【可以得】[kʰʊ²¹ɿ²¹³tɤʔ⁵]尚可以、结果相当不错。"可"读若kuō，"得"重读。

【可粲】[kʰə²¹tsæ⁴⁵]你真是的、真有意思！表示责怪之意。同类语：得味、真得味、讲底样得味喽！

【可作厌唵】[kʰə²⁵tsɤʔ⁵/tsuɤʔ⁵ĩ⁵³æ²¹]这样做难道不令人讨厌吗？

【可中】[kʰə²⁵tʂən²¹]行不行。同义的短语有：可照？

【瞌睡来很之】[kʰɤʔ⁵ʂue⁵³lɛ⁴⁵xə n²¹³tʂə²¹]很困。

【瞌睡（虫）来之】[kʰɤʔ⁵ʂue⁵³lɛ⁴⁵tʂə]形容某人睡意渐强。

注：说某人犯困、打瞌睡的短语还有冲（chòng）死之、头直冲、眼皮睁不开、眼皮打架、瞌睡来很之、张口连天、倒到床上就扯呼。

【瞌睡太大】[kʰɤʔ⁵ʂue⁵³tʰɛ⁵³ta⁵³]睡意很强或睡得很沉。如："他～，一黑到床，一觉睡到中。"再如："他～，觉睡直死，雷打不醒。"

【咳巴咳巴】[kʰɤʔ⁵pa²¹kʰɤʔ⁵pa²¹]咳嗽不停。多指不太严重、断断续续的咳嗽。

【客不走主不安】[kʰɤʔ⁵pə²¹tsɯ²¹³tʂu²¹³pə²⁵zæ²¹]旧时客人谢绝主人挽留的客套话。

【客气不如服气】[kʰɤʔ⁵tsʰɿ⁵³pə²¹zu⁴⁵fə²⁵tsʰɿ⁵³]对别人的客套，自己心安理得地接受时的谑语。

【锁头锁脑】[kʰən⁵³tʰɯ⁴⁵kʰən⁵³lɔ²¹³]低着头。多指谦卑神态或专注于某事。如："他一天到晚～在那垃看书。"句中"锁"读kèn或qìn。

【揞腰驼背】[kʰən⁵³iɔ²¹tʰʋ⁴⁵pe⁵³] 弯腰驼背。

【崆峒一声】[kʰəŋ²¹təŋ²¹iəʔ⁵ʂən²¹] 忽然一声（巨）响。"崆峒"原指山高空廓，在此环境里，山幽鸟更鸣，一点声音都显得洪大。《徐霞客游记·粤西游日记二》：山下有水穴东北向，潴水甚满，而内声崆峒。

【空口讲白话】[kʰəŋ²¹kʰɯ²¹³tɕiã²¹³pɤʔ⁵xua⁵³]①讲没有诚意、没有根据的话。尤指不带礼物请托别人办事。②空口无凭。

【空坐坐】[kʰəŋ²¹tsu⁵³tsu²¹]客人来了没吃饭就走。亦指到某个地方只是干坐坐，连口水都没喝。

【孔夫子搬家尽是输】[kʰəŋ⁴⁵fu²¹tsʅ²¹³pəŋ²¹tɕia²¹tɕin⁵³ʂʅ⁵³ʂu²¹]谐音歇后语。

【孔夫子蛋皮文绉绉】[kʰəŋ⁴⁵fu²¹tsʅ²¹³tæ̃⁵³pʰʅ⁴⁵uən⁴⁵tsɯ⁵³tsɯ⁵³]（粗俗）谐音歇后语。

【快乎】[kʰuE⁵³xʋ²¹]我就这样！能拿我怎样？该短句多因反感对方说出涉及自己的话语，而不友好地做此回应，带有挑衅味。通：高兴。

【快乎屁激】[kʰuE⁵³xʋ²¹pʰʅ⁵³tɕiəʔ⁵]（讽刺）高兴、喜形于色的样子。

【快乎伤之】[kʰuE⁵³xʋ²¹ʂã²¹tʂə]感觉很舒服、日子过得很舒坦。同类语：快乎死之、快乎自（砸）蛋、快乎屁得之。

【攌在身上】[kʰuæ̃⁵³tsE⁵³ʂən²¹ʂã²¹]①过多衣服束缚在身上，或累赘物坠在身上。②把责任、困难等揽在自己身上。句中"攌"读kuàn。

【亏心】[kʰue²¹³ɕin²¹]（为失去较大利益）痛心、后悔。

【拿不出】[la⁴⁵pə²¹tʂʰuəʔ⁵]①不敢抛头露面，不善于在外交往。通"不出头"。②因礼物寒酸拿不出手。③经济拮据拿不出钱，或出不起自己该分摊的那份子钱。亦用"拿不出手"。

【拿脚就走】[la⁴⁵tɕyɤʔ⁵tɕiɯ⁵³tsɯ²¹³]行动方便、没有拘束。如："老年人在城市里蹲不住，没地方跑；不像在农村，到哪去～。"

【拿胯就走】[la⁴⁵kʰua²¹³tɕiɯ⁵³tsɯ²¹³]①形容没有羁绊，行动方便。②一看势头不对，立即离开。

【拿龙捉虎】[la⁴⁵ləŋ⁴⁵tʂuɤʔ⁵xu²¹³]表示某人能力极强、本事通天。

【拿腔作调】[la⁴⁵tɕʰiɑ̃²¹tsɤʔ⁵tiɔ⁵³]义如条目。

【拿人不吃劲】[la⁴⁵zən⁴⁵pə²¹tɕʰiəʔ⁵tɕin⁵³]不重视某人、不把他当回事。

【拿人嘚瑟】[la⁴⁵zən⁴⁵tɤ²¹sɤʔ⁵]戏谑、作弄别人。

【拿人开味】[[la⁴⁵zən⁴⁵kʰE²¹ue⁵³]拿人开玩笑。

【拿人家东西做人情】[la⁴⁵zən⁴⁵tɕia²¹təŋ²¹sʅ²¹tsu⁵³zən⁴⁵tɕʰin⁴⁵]义如条目。

【哪（个）不讲呢】[la²¹³pəʔ⁵tɕiɑ̃²¹³lĩ²¹]正是这样啊、谁不说哩。用于接、回应别人的话，表示无奈的意思。

【哪个】[la²¹³kʊ⁵³]是谁、在干什么？

【哪个对/归哪个】[la²¹³kʊ⁵³teE⁵³/kue²¹la²¹³kʊ⁵³]表示事物要分类、对应得清楚、有条理。

【哪（个）讲嘛】[la²¹³tɕiɑ̃²¹³tʂəʔ⁵]诘问、威胁短句。①不是的、不是这样。②否定对方话语，意"谁说的？"含有一定的威吓语气。

【哪壶不开提哪壶】[la²¹³/lE²¹³xu⁴⁵pəʔ⁵kʰE²¹tsʰʅ⁴⁵la²¹³/lE²¹³xu⁴⁵]不够机敏，专门提不该提的话题、干不合时宜的事。偶指专门拆某人的台。

【哪讲哪了】[la²¹³/lE²¹³tɕiɑ̃²¹³la²¹³/lE²¹³liɔ²¹³]讲了就算了、不外传。此句的"了"重读。

【哪脱哪搁】[la²¹³/lE²¹³tʰɤʔ⁵la²¹³/lE²¹³kɤʔ⁵]衣服脱在什么地方，就放在什么地方。

注：这种"哪（儿）+（动词一）+哪（儿）+（动词二）"句子结构，常用来形容某人没有条理，或行事邋遢、没有章法。如：哪想哪讲、哪吃哪拉。

【哪晓顿呢】[la²¹³ɕiɔ²¹³tən⁵³lĩ²¹]表示后悔，意思是"谁知道是这个结果呢、那时谁知道呢、哪个有前后眼呢？"多用于接别人的话茬。如甲："那时候你真不如早辞职做生意算之。"乙："～？"

【拉虾须过河——牵须（谦虚）过渡（度）】[la²¹xia²¹sʅ²¹kʊ⁵³xu⁴⁵tɕʰĩ²¹sʅ²¹kʊ⁵³tu⁵³]谐音歇后语。

【来不彻】[lE⁴⁵pə²¹tsʰɐʔ⁵]①来不及。②通"搞不彻"。意思是搞不定某人、（出手）没他快、搞不过他。

【来道是非者必是是非人】[lɛ⁴⁵
tɔ⁵³ʂŋ⁵³fe²¹tʂE²¹piəʔ⁵ʂ⁵³ʂŋ⁵³fe²¹zən⁴⁵]
俗语。

【来家】[lɛ⁴⁵tɕia²¹]回家。

【来尿】[lɛ⁴⁵se²¹]尿床。

【来现之】[lɛ⁴⁵ɕĩ⁵³tʂə²¹]现金交
易、马上行动。

【来之早不如来之巧】[lɛ⁴⁵tʂə²¹
tsɔ²¹³pə²¹zu⁴⁵lɛ⁴⁵tʂə²¹tɕʰiɔ²¹³]义 如 条
目。

【癞癞蛄不吃人相难看】[lE⁵³lE⁵³
ku²¹pəʔ⁵tɕʰiə²¹zən⁴⁵ɕiã⁵³lǽ⁴⁵kʰǽ⁵³]外
在表现形式恶于实际内容或后果，
给人以恶心和反感。近通：猪尿脬
打人不疼人怄人。

【南耳晴北耳阴，两耳同出扯连
阴】[lǽ⁴⁵a²¹³tɕʰin⁴⁵pɤʔ⁵a²¹³in²¹liǽ²¹³
a²¹³tʰəŋ⁴⁵tʂʰuəʔ⁵tʂʰE²¹³/tʂʰe²¹³lĩ⁴⁵in²¹]
气象谚语。"耳"指虹。

【男不拜月女不祭灶】[lǽ⁴⁵pə²
¹pE⁵³yɤʔ⁵ɥ²¹³pəʔ⁵tsŋ⁵³tsɔ⁵³]俗 语。 传
月神是嫦娥，因偷吃仙药而成精，故
忌男子叩拜。一说农历七月初七逢
牛郎织女节，又称"女儿节"或"乞巧
节"，为妇女之节，男子不宜参与。
又传因灶王爷长着个小白脸，怕女

人祭灶有想法，故不许女的祭之。

【男不露脐女不露皮】
[lǽ⁴⁵pə²¹lu⁵³tsʰŋ⁴⁵ ɥ²¹³pəʔ⁵lu⁵³pʰŋ⁴⁵]旧
时对衣着礼仪的要求。

【男过四十一枝花，女过四十豆
腐渣】[lǽ⁴⁵kuʋ⁵³sŋ⁵³səʔ⁵iə²¹tʂŋ⁴⁵xua²¹
ɥ²¹³kuʋ⁵³sŋ⁵³səʔ⁵tɯ⁵³fu⁵³tʂa²¹]义 如 条
目。表示女子比男子老得快，也隐含
对妇女的歧视。

【男过十六当家汉，女过十六当
家婆】[lǽ⁴⁵kuʋ⁵səʔ²¹ləʔ⁵tã²¹tɕia²¹xǽ⁵³
ɥ²¹³kuʋ⁵səʔ²¹ləʔ⁵tã²¹tɕia²¹pʰuʋ⁴⁵]俗语。旧
时无论男女，年过十六就被当作家
里的主劳力了，因而该句常被用来
激励那些懒惰无为的年轻人。

【难看】[lǽ⁴⁵kʰǽ⁵³]难为情，难
堪、面子上过不去。

【难为你】[lǽ⁴⁵ue⁵³li²¹³]对帮助
自己的人表示感谢,意"麻烦你了"。
同类语：叫你烦神、叫你吃亏、亏待
你、不过意。

【懒牛上场尿屎多】[lǽ²¹³liɯ⁴⁵ʂ
ɑ⁵³tʂʰɑ²¹³se²¹ʂŋ²¹³tuʋ²¹]形容懒人或不
愿做事的人，一遇到事情就找出种
种理由来逃避、敷衍。一指平常懒惰
稀松惯了的人遇到事就会出这样那

样的毛病。

【懒婆娘望过小年，好吃婆娘望过大年】[læ̃²¹³pʰʊ⁴⁵liã⁵³uã⁵³kʊ⁵³ɕiɔ²¹³lĩ⁴⁵xɔ⁵³tɕʰiə?⁵pʰʊ⁴⁵liã⁵³uã⁵³kʊ⁵³ta⁵³liĩ⁴⁵]因为小年一过就到正月十七，该日是专为儿媳们设立的"媳妇节"，只有这一天，辛苦劳作一年的媳妇们才可以稍作休息。宽松一点的家庭，加上小年，做儿媳的可以歇息三天，正是不够勤快的女人们盼望的日子。而过年期间食物相对丰盛，"吃货"儿媳们自然更青睐三天大年。

【懒之成精】[læ̃²¹³tʂə²¹tʂʰən⁴⁵tɕin²¹]极懒惰。

【烂泥扶不上墙】[læ⁵³mɿ⁴⁵fu⁴⁵pə?⁵ʂã⁵³tɕʰiã⁴⁵]形容某人无能、低素质，不堪大任，无任何改进的可能性，也没有必要去帮他。

【烂泥狗糟】[læ⁵³mɿ⁴⁵kɯ²¹³tsɔ²¹]（因下雨过久而导致）到处是烂泥、无处下脚、肮脏不堪。

【孬尿】[lɔ²¹səŋ⁴⁵]胆小鬼、无能！近义词：孬种。

【脑子有屎】[lɔ²¹³tsəiɯ²¹³ʂɿ²¹³]斥责语。指某人头脑极其糊涂。近义：脑子进水、脑子进糨糊。

【老鼠啃书——咬文嚼字】[lɔ²¹³tʂʰuə?⁵kʰən²¹³ʂu²¹iɔ²¹³uən⁴⁵tɕyɤ?⁵tsɿ⁵³]歇后语。

【老鼠拖木锨——大头在后头】[lɔ²¹³tʂʰuə?⁵tu²¹mə?⁵ɕĩ²¹ta⁵³tʰɯ⁴⁵tsE⁵³xɯ⁵³tɯ²¹]歇后语。

【老鼠尾巴熬汤——油水不大】[lɔ²¹³tʂʰuə?⁵ue²¹³pɤ?⁵zɔ⁴⁵tʰã²¹iɯ⁴⁵ʂue⁵³pə?⁵ta⁵³]歇后语。

【老人吃柿子——专拣软之捏】[lɔ²¹³zən⁴⁵tɕʰiə?⁵sɿ⁵³tsətʂu²¹tɕĩ²¹³zəŋ²¹/zũ²¹³/ʐĩ²¹³tʂəliɤ?⁵]歇后语。

【老牌子】[lɔ²¹³pʰE⁴⁵tsə]插入语，意指"笃定的、一点问题都没有"。

【老实人木骨】[lɔ²¹³ʂə?⁵zən⁴⁵mə?⁵kuə?⁵]借音俗语。指老实人比较实在，有什么说什么，不会转弯抹角、甜言蜜语，容易得罪人。也指这些人情商不高、不灵活，不会眼观六路、照顾别人。

【老要轻狂少要稳重】[lɔ²¹³iɔ⁵³tɕʰin²¹kʰuã²¹ʂɔ⁵³iɔ⁵³uən²¹³tʂəŋ⁵³]俗语。意指年轻人血气方刚,容易冲动,因而要稳重,遇事需斟酌；而对于老年人,体魄退化,最忌消极悲观、有迟暮气,因而不妨张狂、俏皮一点。这两种情况都是人们能理解和宽容的。

【腊月心穿裤头——抖起来了】[lɐʔ^{5}yɤʔ^{5}ɕin^{21}tʂ^{h}ʊ̃^{21}k^{h}u^{53}t^{h}ɯ^{45}tɯ^{213}ts^{h}ʅ^{213}lᴇ^{21}lɔ]歇后语。“抖”有“跩、显摆、暴富后得意”之意。

【捺鼻捺眼】[lɐʔ^{5}piəʔ^{5}lɐʔ^{5}ĩɪ^{213}]认真，不留情面。

【那随你哎】[lɐʔ^{5}ts^{h}e^{45}/se^{45}li^{213}ᴇ^{53}]（带不悦或少许威胁性语气）随便你搞，看你能搞成什么样！

【那你这……是吓】[lɐʔ^{5}li^{213}ti^{53}…ʂʅ^{53}tʂᴇ^{21}]略显委婉的批评句。表示某人所面临的（不利）情势是其行为的应得结果。多用于较熟悉的人之间。

【那你浪盎干事嘛】[lɐʔ^{5}li^{213}lɑ̃^{53}ɑ̃^{21}kæ̃^{213}sʅ^{53}tʂɐʔ^{5}]借音句。那时你又在做什么（为什么不去做、现在后悔又有什么用）？通：那你那张子干事嘛？“浪盎”一作“曩”。

【那你那张子干事嘛】[lɐʔ^{5}li^{213}lᴇ^{53}tʂɑ̃^{21}tsəkæ̃^{213}sʅ^{53}tʂɐʔ^{5}]疑问形式的责备句。那你那时候为什么不去做？“那”读若“勒”。

【那中照】[lɐʔ^{5}tʂəŋ^{21}tʂɔ^{21}]借音句。对不利境地的感叹和可能的不利结果的警示。有“那就麻烦了、不可控了、完了、正中他下怀、不能这么搞”等诸多含义。如：“你不管霞们，又给他那么多零花钱，～，要不到多长时间他就尥得之（毁了）。”

【内行看门道，外行看热闹】[le^{53}xɑ̃^{45}k^{h}æ̃^{53}mən^{45}tɔ^{53}uᴇ^{53}xɑ̃^{45}k^{h}æ̃^{53}ʐɤʔ^{5}lɔ^{53}]义如条目。

【雷雨隔牛背】[le^{45}ʮ^{213}kɤ^{21}liɯ^{45}pe^{53}]牛背这样狭窄的界线也能成就左边雨、右边晴的风景。形容夏季雷雨的区域局限性，常有“东边日头西边雨”之特异现象。

【擂/霉直一头包】[le^{45}/me^{45}tʂə^{21}iə^{21}t^{h}ɯ^{45}pɔ^{21}]作主动或被动语态。(受到)严厉的批评。

【累瘕很之】[le^{53}xa^{213}xən^{213}tʂə]因劳累而非常疲劳。“瘕”读若“哈”。

【累散之架】[le^{53}sæ̃^{213}tʂəʔ^{5}tɕia^{53}]极度劳累。同义：累之骨头痛。

【累㞞之】[le^{53}səŋ^{45}tʂə]感觉很累。

【累瘫得之】[le^{53}t^{h}æ̃^{21}tᴇ^{21}tʂə]通“累散之架”。

【嫩之毫子】[lən^{53}tʂə^{21}xɔ^{21}tʂə]指某人资格、资历还不行，尚不能任

事、服人。偶用于表示对别人的轻蔑，如："跟我搞，你还～！"。

【能讲个子丑寅卯】[lən⁴⁵tɕiã²¹³kɔ²¹tsɿ²¹³tʂʰɯ²¹³n̆i²¹³mɔ²¹³]对某事能讲出个道道。喻指有点口才。

【能餸】[lən⁴⁵səŋ²¹³]（挖苦讽刺）能吃。

注：表示能吃的贬义或低俗词还有：能吞、能肿（标音）、能劈（借音）、能扫、能啖（音若"代"）等。

【能直像豆子】[lən⁴⁵tʂə²¹ɕiã⁵³tɯ⁵³tsə]（讽刺、戏谑）形容对方逞能，表现得很能干，动辄提出新奇而不切实际的主意。多用于逗耍小孩。

【能做得到】[lən⁴⁵tsʊ⁵³tɤʔ⁵tɔ⁵³]贬义。①某人将会做这样匪夷所思的事。②某人竟然做了这样的事。

【冷尿饿屁穷扯谎】[lən²¹³se²¹ʊ⁵³pʰɿ⁵³tɕʰiŋ⁴⁵tʂʰE²¹³/tʂʰe²¹³xuã²¹³]底层俗语。意指冷时尿多、饿时屁多、穷困时就会撒谎。

【沥沥拉拉】[liə²¹liəʔ⁵la⁴⁵la²¹]①事情办得不彻底，同"滴滴答答"。②形容人行事优柔寡断，同"啰啰落落"。

【你把他头砍得之啊】[li²¹³pa²¹³

tʰɤʔ⁵tʰɯ⁴⁵kʰæ²¹³tE⁵³tʂa²¹a²¹]你拿他有什么办法？

【你把我（人）吓之】[li²¹³pa²¹³ʊ²¹³xɤʔ⁵tʂə²¹]（反讽）回应对方：你吓唬不了人。

【你掰搞错嘛】[li²¹³pE⁴⁵kɔ²¹³tsʊ⁵³tʂE²¹]①别把东西搞错、搞混了。②（隐含威胁）提醒对方别错判了对象或情势。"掰"乃借音，指"别"，下同。

【你掰讲】[li²¹³pE⁴⁵tɕiã²¹³]插话句首语。①表示同意，意"正是这样"。如："～，还真是之。"②加强的附和语气。"～他不干事，不造事就好之。"③岔开话题。

【你掰看他……】[li²¹³pE⁴⁵kʰæ⁵³tʰɤʔ⁵]别小瞧某人、某事物。如："～那个学校门口摊子，（赚钱）过劲之很哪！"

【你不觉得】[li²¹³pəʔ⁵tɕyɤʔ⁵tɤʔ⁵]句尾语。意指你不要看轻某事情，或不把某事物不当一回事。

【你（又）不能把他打死之】[li²¹³pə²¹lən⁴⁵pɤ²¹tʰɤʔ⁵ta²¹³sɿ²¹³tʂə]对于别人的食言、不履行义务、不承担责任等恶劣行为，你也拿他没办法。

【你不是嘅人吗】[li²¹³pəʔ⁵ʂʅ⁵³ tɕʏʔ⁵zən⁴⁵mɐ²¹]其潜台词是"你把我看成什么人了？"一般在以下两种场合用：①刺激坚持不收礼的对方必须收下自己的礼物（意"你在骂我——嫌我所带礼物寒酸"），或拒收来求助的熟人所带的礼（意"我难道是见利才仗义的吗？"）②在关系好的人之间产生钱物交易时，一方要给钱，另一方不收钱时说。

【你不找我我不找你】[li²¹³pəʔ⁵tʂɔ²¹³ʊ²¹³ʊ²¹³pəʔ⁵tʂɔ²¹³li²¹³]相互不干涉、不找麻烦。如："我张个又没下岗、又没买断、又不上班、也不拿钱，跟单位是～。"

【你倒好】[li²¹³tɔ⁵³xɔ²¹³]句中转折短语。你偏偏跟人相反、真有你的、你起了反作用。如："人家都能完成；～，到今个还没开头。"

注：类似的短语有，你们倒好、他倒好、他们倒好等。这种"（代词）＋倒好"结构，表示主语行为人做了与众人判断与期望相反的事。

【你这个嘴啊】[li²¹³ti⁵³kə²¹tse²¹³/tsue²¹³ɐ⁵³]埋怨、批评语。意指对方管不住自己的嘴，乱说话或说了不该说的话。

【你搞嗨】[li²¹³kɔ²¹³xɛ⁵³]你真拿他没办法、他真能做得到、他的行为及造成的结果超出常人的想象。

注：这也是一种合肥方言里常见的字面上为第二人称，实际上指的是第三人称的现象。

【你跟他搞】[li²¹³kən⁴⁵tʰʏʔ⁵kɔ²¹³]①某人的才能、财富、资质等常人所不及。②做问句时，是建议对方不要跟某人较劲。③表示某人我行我素，其行为已超越常规、不可理喻。如："他底个人冇讲头，借人钱从来不还，～！"

【你滚吧】[li²¹³kuən²¹³pʏʔ⁵]斥责语。胡说。通"滚、滚你的吧"，语气较强。

【你管他呢】[li²¹³kõ²¹³tʰʏʔ⁵lĩ²¹]意思是别管他、随他怎么搞（后果由他自担）。

【你还不晓顿在哪个腿膊肚转筋呢】[li²¹³xɐʔ⁵pə²¹ɕiɔ²¹³tən⁵³tsɛ⁵³la²¹³kə²¹tɕ²¹³pʏʔ⁵tɯ⁵³tʂũ⁵³tɕin²¹lĩ²¹]那时，你还没投胎、你的父母还不知道是谁呢。形容对方还小，不可能也没资格参与某件事。

【你还怎讲】[li²¹³xɤʔ⁵⁵tsən²¹³tɕiɑ̃²¹³]①我已经尽力了，你难道还不满意？②已到了现在这个境地，你不应该再有过高的要求。③责问句。你还能找出什么借口？

【你好我好大家好】[li²¹³xɔ²¹³ʋ²¹³xɔ²¹³ta⁵³tɕia²¹xɔ²¹³]俗语。①形容圆滑者或老好人的心态。②不讲原则、只求和谐的局面。

【你狠（嘛）】[li²¹³xən²¹³]算你狠、走着瞧。

【你敢】[li²¹³kæ²¹³]警告语。

【你讲这个】[li²¹³tɕiɑ̃²¹³ti⁵³kə²¹]①与人争论时的插入语，意思是"关于这个""对于你所说的"。如："～，我不同意。"②同意、附和别人所说时的插入语。如："～，还真是那回事。"

【你讲啥】[liː²¹³tɕiɑ̃²¹³xæ⁵³]确实、哪个不是说呢。接别人话茬、表示完全赞同时用，"你"字拖长音。

【你讲讲搞】[li²¹³tɕiɑ̃²¹³tɕiɑ̃²¹³kɔ²¹³]字面意思是"你说怎么办？"。①（升调时）逞强、对峙时的威胁语。②（降调）表示无奈、没办法，兼有无望地求助别人意见之义。

【你讲可是之】[li²¹³tɕiɑ̃²¹³kʰəʔ⁵ʂʅ⁵³tʂə²¹]①形式上为反问句，实际上用于引起别人同感，意为"我讲得对不对？"。②附和别人的话，表示强烈的同感。

【你讲就是官的】[li²¹³tɕiɑ̃²¹³tɕiɯ⁵³ʂʅ⁵³kũ²¹tʂə]形式上的疑问句，实际上表现的是不服与对抗。意思是：难道你（想当然地认为）自己讲的就是对的、应该的、权威的？

【你讲之】[li²¹³tɕiɑ̃²¹³tʂə²¹]这种半疑问、半诘问的句式，是以简洁的提示语，代替了说话者本人所要表达的内容，语气反而得到了加强，表示十分的肯定或否定。一般用在答话、附和或否定别人的话中。主要意思为：①是啊、的确是这样、还用说吗！②根本不是这样、怎么可能、你怎么能说这样的话？如："～，他能来？"③表示事情不是如对方所说的那样轻松。

【你敬我一尺，我敬你一丈】[li²¹³tɕin⁵³ʋ²¹³iə²¹tʂʰəʔ⁵ʋ²¹³tɕin⁵³li²¹³iəʔ⁵tʂɑ̃⁵³]俗语。

【你觉得之】[li²¹³tɕyɤʔ⁵tɤʔ⁵tʂə]形式疑问式短语，实为肯定，意为

"难道不是吗" "你应该知道"。

【你可怕……】[li²¹³kʰəʔ⁵pʰa⁵³]形式疑问句，实为警告、奚落用语，似为"你恐怕……"之音变。如：a. ～有毫呆哦？　b. ～皮作痒啊？

【你客气他服气】[li²¹³kʰɤʔ⁵tsʰ̩⁵³tʰə²¹fəʔ⁵tsʰ̩⁵³]①你只是客套一番，对方当真地接受。②形容一方心安理得地消费另一方的客气善意。③自己一谦让，对方却得寸进尺。

【你浪（家）】[li²¹³lɑ̃²¹³tɕia²¹]借音句，为"你老人家"的连读。合肥方言里有"你浪无大小"之说，意在称呼上尊重对方，而非基于对方的年龄大小。

【你可能吧】[li²¹³kʰə²¹lən⁴⁵pa²¹]用以规劝或恳求别人不要再这样取闹了。

【你听他讲】[li²¹³tʰin²¹tʰɤʔ⁵tɕiɑ̃²¹³]疑问形式反诘语，意"他讲的你也能相信？"。

【你问他可】[li²¹³uən⁵³tʰɤʔ⁵kʊ²¹³]不要管他、让他自作自受好了。近于"你管他呢？"，如甲："你要跟他讲，再这样搞下去就冇日子过了。"乙："～？他自作自受！"

【你问他呢】[li²¹³uən⁵³tʰɤʔ⁵lĩ²¹]你管他干什么？别管他！同"你问他可？"。

【你问我呢】[li²¹³uən⁵³ʊ²¹³lĩ²¹]你管（我）呢？不要管我的事。

【你想讲搞就讲搞】[li²¹³ɕiɑ̃²¹³tɕiɑ̃²¹³kɔ²¹³tɕiɯ⁵³tɕiɑ̃²¹³kɔ²¹³]语气比"那随你哎"更强。用作反诘句时，意为"难道你可以为所欲为吗？"。

【你想直讲】[li²¹³ɕiɑ̃²¹³tʂɤʔ⁵tɕiɑ̃²¹³]（反驳用短语）你简直在瞎讲！

【你像他（们）】[li²¹³ɕiɑ̃⁵³tʰɤʔ⁵]句中插入短语，举例用。

【你像我就……】[li²¹³ɕiɑ̃⁵³ʊ²¹³tɕiɯ⁵³]要是我的话就（会如何去做）。

【你晓顿虾子从哪放屁】[li²¹³ɕiɔ²¹³tən⁵³ɕia²¹tsʅ²¹tsʰən⁴⁵la²¹³fɑ̃⁵³pʰ̩⁵³]（戏谑、斥责）你知道什么？这是长者、地位相对高的人常用来训斥听者的口头禅。意思是你还嫩着点，根本不懂事物的机理、奥妙。

【你心就安稳之】[li²¹³ɕin²¹tɕiɯ⁵³æ̃²¹uən²¹³tʂə]形式疑问句，多用作抱怨。这下你就如愿了、高兴了。

【你心就抻朗之】[li²¹³ɕin²¹tɕiɯ⁵³tʂʰən²¹lɑ̃²¹tʂə]形式疑问句。通"你心

就安稳之"。

【你也是】[li²¹³iɯ²¹³ʂ̩⁵³]用以批评、劝导别人。意指：你不该这样、你何必这样做？

【（你）早干事之】[li²¹³tsɔ²¹³kæ²¹³ʂ̩⁵³tʂə]（责备语）你为什么不早说、早做（现在已经迟了）？

【你真是之】[li²¹³tʂən²¹ʂ̩⁵³tʂə]①劝诫、批评别人，表示"你哪能这样？"。②用于客气或推辞别人礼物、好意的场合，表示"太客气了、不必要这样"等意义。

【你走你之阳关道，我走我之独木桥】[li²¹³tsɯ²¹³li²¹³tiə²¹iɑ̃⁴⁵kuæ²¹tɔ⁵³ʋ²¹³tsɯ²¹³ʋ²¹³tiə²¹tə⁴⁵/tuə⁴⁵məʔ⁵tɕiə⁴⁵]义如条目。近通：大路朝天各走一边。

【你做初一我做十五】[li²¹³tsʋ⁵³tsʰʋ²¹iəʔ⁵ʋ²¹³tsʋ⁵³ʂəʔ⁵u²¹³]原指夫妻两人的家务分工。后多负面意义，指你（能）这样做，我也能（相应地）那样做。一作"你做得了初一，我做得了十五"。

【你疑惑之】[li²¹³ŋ⁴⁵xuɤʔ⁵tʂə²¹]表面为反问句，实为肯定，意"是这样""的确到了这个程度""你能不

信？"

【衣之人的脸，钱是人之胆】[ŋ²¹ʂ̩⁵³zən⁴⁵tiə²¹lĩ²¹³tɕʰĩ⁴⁵ʂ̩⁵³zən⁴⁵tiə²¹tæ²¹³]义如条目。

【依到哪坏到哪】[ŋ²¹tɔ⁵³la²¹³xuɛ⁵³tɔ⁵³la²¹³]越迁就对方，对方会得寸进尺，越来越放纵、不守规矩。多指小孩。

【依直清明打柳枝】[ŋ²¹tʂə²¹tɕʰin²¹min²¹ta²¹³liɯ²¹³tʂ̩²¹]原义是趁着清明节戴柳、插柳的风俗，乱采折别人家的柳树枝。引申指乘机做某事，或以某事为借口，别有用心地行别事之实。

【离之经】[ŋ⁴⁵tʂə²¹tɕin²¹]太不像话。

【疑心病重】[ŋ⁴⁵ɕin²¹pin⁵³tʂəŋ⁵³]对什么都不太相信、不放心。

【疑疑似似】[ŋ⁴⁵ŋ⁴⁵ʂ̩⁵³ʂ̩⁵³]疑惑、拿不定主意。

【犁不到你也要耙你一家伙】[ŋ⁴⁵pəʔ⁵tɔ⁵³li²¹³iɯ²¹³iɔ⁵³pa⁵³li²¹iə²¹tɕia²¹xʋ²¹]通"打不过你也要咬你一口"。

【犁田打耙】[ŋ⁴⁵tʰĩ⁴⁵ta²¹³pa⁵³]喻指做主要的技术性农活。

【礼多人不怪】[ŋ²¹³tʋ²¹zən⁴⁵pəʔ⁵

kuε⁵³]俗语。

【里外里】[ʅ²¹³uε⁵³ʅ²¹³]①一反一正地计算。②无论怎样都是一样、无所谓。

【以疯作邪】[ʅ²¹³fəŋ²¹tsɤ²¹/tsuɤ²¹ ɕi⁴⁵]凭借莫须有的借口或机会，装疯卖傻、胡搅蛮缠。

【两不粘】[liæ̃²¹³pəʔ⁵tʂən²¹/tʂ̩ĩ²¹]与对方不产生互动、不交往。

【两不找】[liæ̃²¹³pə²¹tʂɔ²¹³]①货款两清。②互相不找麻烦，与对方暂时相安无事。

【两搞三不搞】[liæ̃²¹³kɔ²¹³sæ̃²¹pə²¹kɔ²¹³]不经意地、断断续续地、轻易地做成某事。

注：句中的"搞"可由多个动词代替，是个多产句型，如，两讲三不讲、两穿三不穿等。例句："我们指仗（以为）这个事很难，哪晓顿你～就办成之。"

【两个菜待客，三个菜待鳖】[liæ̃²¹³kə²¹tsʰE⁵³tE⁵³kʰɤ²¹sæ̃²¹kə²¹tsʰE⁵³tE⁵³piɤʔ⁵]俗语。旧俗桌上的菜必须是双数，不能是奇数，尤其忌讳吃三个菜，传只有死囚临刑前才吃三个菜。

【两徊之间】[liæ̃²¹³xuε²¹³tʂ̩⁴⁵tɕĩ²¹]①事情的发展趋势在两种可能性之间。

②在两者间摆动。③犹豫，暂下不了决心。

【两就就】[liæ̃²¹³tɕiɯ⁵³tɕiɯ⁵³]①使两方各让点步，两方都靠近一点，以达成共识、妥协。②两边各照顾一点。③在使两个物体发生关联（如焊接）时，让两者都让出或承担一点（间隙）。相关歇后语："大舅二舅——两舅舅（就就）"。

【两头跑】[liæ̃²¹³tʰɯ⁴⁵pʰɔ⁴⁵]在两个有一定距离的地点间轮流生活、经常走动。

【谅】[liɑ̃⁵³]借音句。句中插入独立成分，表示"是这样的、所以、因而、听我讲"等意义。似为"奈盎（那样）""奈坳（那里）"或"浪讲（那样讲）"的变异合音，起提高听者注意力作用。

【谅你不敢】[liɑ̃⁵³li²¹³pə²¹kæ̃²¹³]争吵时的话。

【谅瞧瞧】[liɑ̃⁵³tɕʰiɔ²¹tɕʰiɔ²¹]借音句。①表示提醒、惊异，意思是"你看看"。②对别人感叹的话表示附和、同情。

【了不起香油炒瓜子】[liɔ²¹³pəʔ⁵tsʰʅ²¹³ɕiɑ̃²¹iɯ⁴⁵tʂ̩ɔ²¹³kua²¹tsʅ²¹³]带戏

谑义的俗语。常用来逗弄小孩子。

【敕几针】[liɔ²¹³tsʅ²¹³tʂən²¹]在织物上简单缝合一下。

【𤏲胯就走】[liɔ⁵³kʰua²¹³tɕiuɯ⁵³tsuɯ²¹³]通"拿胯就走"。

【𤏲得之】[liɔ⁵³tE²¹tʂə²¹]不成器、不可救药，做出离谱的事情。多形容不争气的孩子。

【撂倒水里不响一声】[liɔ⁵³tɔ²¹ʂue²¹³ʅ²¹³pə²¹ɕiɑ̃²¹³iɔʔ⁵ʂən²¹]白白浪费了钱财。一说：撂到水里不打一个水花。

【撂句话搁这块】[liɔ⁵³tsʅ⁵³xua⁵³kɤʔ⁵ti⁵³kʰuE²¹] 立此话为证。

【捏直鼻子不吱声】[liɤʔ⁵tʂə²¹piɔʔ⁵tsʅ²¹pəʔ⁵tsʅ⁵³ʂən²¹]①不敢坚持自己的观点、提出反对意见。②原先讲的话不敢承认、不敢承担责任。

【拎起来一大挂放下来一大摊】[lin²¹tsʰʅ²¹³lE⁴⁵iɔʔ⁵ta⁵³kua⁵³fɑ̃⁵³ɕia²¹lE²¹iɔʔ⁵ta⁵³tʰæ²¹]指无上进心、无责任与义务意识，对外界批评与刺激无动于衷。喻义：猪大肠一堆。

【宁扶青竹竿，不扶猪大肠】[lin⁴⁵fu⁴⁵tɕʰin²¹tʂuɔ²¹kæ²¹³pə²¹fu⁴⁵tʂu²¹ta²¹tsʰɑ̃⁴⁵]对那些扶不起来的、素质低的

人，没有必要去帮他。

【宁可男大十，不可女大一】[lin⁴⁵kʰʊ²¹³læ⁴⁵ta⁵³ʂəʔ⁵pə²¹kʰʊ²¹³ɳ²¹³ta⁵³iəʔ⁵]旧时婚嫁年龄观。

【宁卯一村不卯一店】[lin⁴⁵mɔ²¹³iɔʔ⁵tsʰən²¹pəʔ⁵⁵mɔ²¹³iɔʔ⁵tĩ⁵³]即使得罪全体，也不得罪个人。"卯"作"漏"义。

【宁欠阎王债，不差小鬼钱】[lin⁴⁵tɕʰĩ⁵³ĩ⁴⁵uɑ̃⁵³tʂE⁵³pəʔ⁵tʂʰa²¹ɕiɔ²¹³kue²¹³tɕʰĩ⁴⁵]意思与"宁愿得罪君子、不可得罪小人""阎王好见、小鬼难缠"通。

【宁养败子不养膪子】[lin⁴⁵iɑ̃²¹³pE⁵³tsʅ²¹³pəʔ⁵iɑ̃²¹³tʂʰuE⁵³tsʅ²¹³]"膪子"指颟顸无能、受人欺负的儿子。养了这样的后代只能招致屈辱，故有此义。

【宁愿得罪君子，不可得罪小人】[lin⁴⁵yĩ⁵³tɤʔ⁵tse⁵³/tsue⁵³tɕyn²¹tsʅ²¹³pə²¹kʰʊ²¹³tɤʔ⁵tse⁵³/tsue⁵³ɕiɔ²¹³ʐən⁴⁵]义如条目。

【宁做蚂蚁腿，掰学麻雀嘴】[lin⁴⁵tsu⁵³ma²¹³ʅ⁵³tʰe²¹³pE⁴⁵ɕyɤʔ⁵ma⁴⁵tɕʰyɤʔ⁵tse²¹³/tsue²¹³]意指要多做少说。

【宁做鸡头，不做凤尾】[lin⁴⁵tsʊ⁵³

tsŋ²¹tʰɯ⁴⁵pəʔ⁵tsʊ⁵³fəŋ⁵³ue²¹³]义如条目。

【零头聚个趸头】[lin⁴⁵tʰɯ⁴⁵tsʮ⁵³kə²¹tən²¹³tʰɯ⁴⁵]积少成多。

【连赶带（是）赶】[liĩ⁴⁵kæ̃²¹³tE⁵³kæ̃²¹³]一刻不停地赶路或追赶。

【连滚带跑】[liĩ⁴⁵kuən²¹³tE⁵³pʰɔ⁴⁵]形容很着急地奔跑。

【连火】[liĩ⁴⁵xʊ²¹³]指加上容器、包装物的物品总重量。源于古代的"火耗"。

【脸皮八丈厚】[liĩ²¹³pʰŋ⁴⁵pɤʔ⁵tṣɑ̃⁵³xɯ⁵³]俗语。形容某人的脸皮极厚、不知羞耻。

【牛角涂油——又尖(奸)又滑】[liɯ⁴⁵kɤʔ⁵tʰu⁴⁵iɯ⁴⁵iɯ⁵³tɕiĩ²¹iɯ⁵³xuɐʔ⁵]谐音歇后语。

【踉踉跄】[ləŋ⁴⁵ləŋ⁴⁵tɕʰiɑ̃⁵³]身体很差、踉踉跄跄的样子。

【脓鼻得乎】[ləŋ⁴⁵piəʔ⁵tɤʔ⁵xu²¹]鼻涕常年挂在脸颊的样子。形容小孩不强健、肮脏。如："这霞们一天到晚～，糊直两个袖子就像袼褙一样。"

【聋子会打岔】[ləŋ⁴⁵tsəxue⁵³ta²¹³tṣʰa⁵³]斥责、埋怨别人插话，尤其是问刚才未听清的话。

【聋子不怕雷】[ləŋ⁴⁵tsəpəʔ⁵pa⁵³le⁴⁵]胆子大。多为大人训斥孩子胆大妄为时用。

【龙多作旱】[ləŋ⁴⁵tu²¹tsɤʔ⁵xæ⁵³]亦称"龙多乃旱"。表示主事的人一多，事情往往搞砸。与"三个和尚没水吃"相通。

【龙生龙凤生凤，老鼠生儿会打洞】[ləŋ⁴⁵sən²¹ləŋ⁴⁵fəŋ⁵³sən²¹fəŋ⁵³lɔ²¹³tṣʰuɤʔ⁵sən²¹a⁴⁵xue⁵³ta²¹³təŋ⁵³]义如条目。

【路多踩不死草】[lu⁵³tu²¹tṣʰuE²¹³pəʔ⁵sŋ²¹³tsʰɔ²¹³]指做事要专一，不然一事无成。

【路在嘴上】[lu⁵³tsE²¹tse²¹³/tsue²¹³ṣɑ̃⁵³]指人在外路不熟，只要嘴勤也无碍。

【鹭鸶腿上劈精肉】[lu⁵³sŋ²¹te²¹³ṣɑ̃⁵³pʰiɤʔ⁵tɕin⁴⁵zɯ⁵³]语出元无名氏散曲《醉太平》：鹌鹑嗉里寻豌豆，～，蚊子腹内剌脂油……本义是讥讽搜刮小利者，引申指贪婪之人剥削起穷人来毫无善心与仁义可言。

【螺蛳撞鼍】[lʊ⁴⁵sŋ²¹tṣʰuɑ̃²¹³tṣɔ⁵³]"鼍"读若"罩"，是一种类似龟的动物，捕食鱼虾、螺蛳等小型水生物。喻指无事生非、不自量力地触碰或挑战比自己强的人物。

【螺蛳壳里做道场】[lʊ⁴⁵ʂʅ²¹kʰɤʔˤʅ²¹³tsu⁵³tɔ⁵³tʂʰɑ̃²¹³]在很小的空间里做排场很大的事。喻指故意做出大场面，或条件不够时难以做成某事。

【萝卜白菜各有所爱】[ləʔˤ/lʊ⁴⁵pu⁵³pɤʔˤtsʰE⁵³kɤ²¹iɯ²¹³sʊ²¹³zE⁵³]义如条目。

【锣鼓听声讲话听音】[lʊ⁴⁵ku²¹³tʰin²¹ʂən²¹tɕiɑ̃²¹³xua⁵³tʰin²¹in²¹]不能光听字面上的意思，要理解说话者的真实意图。

【驴屎蛋子外面光】[ʅ⁴⁵ʂʅ²¹³tæ⁵³tsə²¹uE⁵³mĩ⁵³kuɑ̃²¹]义如条目。

【女人当家一盘散沙】[ʅ²¹³zən⁴⁵tɑ̃²¹²tɕiɑ²¹iəʔˤpʰəŋ⁴⁵sæ̃²¹³ʂa²¹]义如条目。

【（我）妈唻】[ma²¹lE⁴⁵]独立结构，常用于句首，表示心疼、同情、惊异等。

【麻秆打狼——两头怕】[ma⁴⁵kæ̃²¹³ta²¹³lɑ̃⁴⁵liæ̃²¹³tʰɯ⁴⁵pʰa⁵³]歇后语。

【麻雀跟着瘪蝠飞——熬眼带受罪】[ma⁴⁵tɕʰɤɤʔˤkən²¹tsə²¹piɤ²¹fu⁵³fe²¹zɔ⁴⁵ĩ²¹³tE⁵³ʂɯ⁵³tse⁵³]歇后语。"瘪蝠"指"蝙蝠"。

【麻雀去腿尽是嘴】[ma⁴⁵tɕʰɤɤʔˤ

tsʮ⁵³te²¹³tɕin⁵³ʂʅ⁵³tse²¹³/tsue²¹³]讽刺某人只有嘴上功夫。类似：茶壶打碎把子只落个嘴。

【马屄被人骑，人屄被人欺】[ma²¹³səŋ⁴⁵pe⁵³zən⁴⁵tsʰʅ⁴⁵zən⁴⁵səŋ⁴⁵pe⁵³zən⁴⁵tsʰʅ²¹]义如条目。

【买得之】[mE²¹³tE⁵³tʂə]已付钱。常在乡间中巴班车上听闻，亲友间抢买车票后，多高声说："我把你～。"

【买——嗨嗨……】[mE:²¹³xE²¹xE²¹]唤羊声。"买"字发长音。

【买之就买之】[mE²¹³tʂə²¹tɕiɯ⁵³mE²¹³tʂə]主要有两层意思：①买过就算了，不要责备或后悔。②某些平时舍不得买的东西，下决心买了也就买了，不会对今后生活产生多大影响。③某件事做了就做了，没有什么大不了的。这种"（动词）＋之就＋（动词）＋之"结构，多表示这个含义。

【卖布不带尺——居心不量（良）】[mE⁵³pu⁵³pəʔˤtE⁵³tʂʰəʔˤtsʮ²¹ɕin²¹pə²¹liɑ̃⁴⁵]谐音歇后语。

【卖个人情】[mE⁵³kə²¹zən⁴⁵tɕʰin⁴⁵]（因第三方的因素）就势给对方某种

利益或台阶下。偶见于卖者给予买者价格优惠时的说辞。

【卖狗皮膏药】[mE⁵³kuɯ²¹³pʰ˞⁴⁵kɔ²¹yɣ²¹]说话不靠谱、吹牛、骗人。

【卖关子】[mE⁵³kuæ̃²¹tsə]话说到重要处，故意不说或不说透，留下悬念、吊人胃口。

【卖嘴皮子】[mE⁵³tse²¹³/tsue²¹³pʰ˞⁴⁵tsə]耍嘴皮功夫。引申指说话不算话、骗人。

【慢毫子】[mæ̃⁵³xɔ²¹tsə]①与人道别时的常用语。义近：您走好！②祈使句，意思是"别急、等一会"。

【慢慌】[mæ̃⁵³xuã²¹]不急、等一会。

【漫讲】[mæ̃⁵³tɕiã²¹³]①可作虚词。别说。如："～他来，就是老板来也要不到钱。"②漫无边际地乱讲。

【慢慢吃】[mæ̃⁵³mæ̃⁵³tɕʰiə²⁵]主人招待客人用膳时的客套语。亦用作某人先吃完离桌前对同桌其他人的告别语。

【慢慢走】[mæ̃⁵³mæ̃⁵³tsɯ²¹³]主人在客人告辞、离开时的客套语。也可于熟人路遇告别时用。

【忙不彻】[mã⁴⁵pə²¹tʂʰɐ²⁵]①忙不过来。②（有点反应过分地）连忙做某事。

【忙（直）不歇】[mã⁴⁵tʂə²¹pə²¹ɕiɣʔ²⁵]忙个不停、忙忙碌碌、为某件事忙得腾不出空。

【忙搁顿之】[mã⁴⁵kɣʔ²⁵tən⁵³tʂə]把手头事情忙得告一段落、待稍清闲时（再说）。

【忙昏得之】[mã⁴⁵xuən²¹tE²¹tʂə]忙得昏天黑地。

【忙清朗之】[mã⁴⁵tɕʰin²¹lã²¹tʂə]（待）手头事情完全结束（再说）。

【忙清头之】[mã⁴⁵tɕʰin²¹tʰɯ⁴⁵tʂə]通"忙清朗之"。

【忙挓得之】[mã⁴⁵tʂa²¹tE²¹tʂə]非常忙、忙得手足无措。同义：忙挓之爪（zhǎo）。

【忙直屁都冇工夫放】[mã⁴⁵tʂə²¹pʰ˞⁵³tɯ²¹mɯ²¹³kən²¹fu²¹fã⁵³]极忙、一点时间都挤不出来。

【忙直屁都没放一个】[mã⁴⁵tʂə²¹pʰ˞⁵³tɯ²¹me⁵³fã⁵³iə²⁵kə²¹]极忙、无任何空。

【忙直像狗癫子】[mã⁴⁵tʂə²¹ɕiã⁵³kɯ²¹³tĩ²¹tsə]非常忙碌、疲于奔波劳累。

【忙之好】[mã⁴⁵tʂə²¹xɔ²¹³]恭维别人的事业或其家庭经营得好。

【咩】[:mᴇ²¹³]唤羊声。

【猫来穷狗来富，猪来头上顶白布】[mɔ²¹lᴇ⁴⁵tɕʰiŋ⁴⁵kɯ²¹³lᴇ⁴⁵fu⁵³tʂu²¹lᴇ⁴⁵tʰɯ⁴⁵ʂã⁵³tin²¹³pɤʔ⁵pu⁵³]谚语。传谁家里来了猫，这家要穷困；如狗跑到这家住着不走，这家要富裕；若猪跑到这家不走，这家要遭灾。

【猫三狗四】[mɔ²¹sæ²¹kɯ²¹³sʅ⁵³]原义分别表示猫、狗的怀孕周期。喻指低贱者与常人之异处。

【猫洗脸狗吃草，不三天雨就到】[mɔ²¹sʅ²¹³liĩ²¹³kɯ²¹³tɕʰiə²⁵tsʰɔ²¹³pəʔ⁵sæ²¹³tʰĩ²¹ɥ²¹³tɕiɯ⁵³tɔ⁵³]气象谚语。

【猫有九命】[mɔ²¹iɯ²¹³tɕiɯ²¹³min⁵³]形容猫命大，不会轻易被摔死。

【瞀乱天花】[mɔ⁴⁵ləŋ⁵³/lũ⁵³tʰĩ⁴⁵xua²¹]行事急躁莽撞、易闯祸出纰漏。"瞀"的本义指昏乱、眩惑。

【毛抹顺直】[mɔ⁴⁵mɤʔ⁵ʂuən⁵³tʂə]得到安抚或利益后，不再造事或起反面作用。

【茅缸里的石头——又臭又硬】[mɔ⁴⁵kã²¹ŋ²¹³tiə²¹ʂəʔ⁵tʰɯ⁵³iɯ⁵³tʂʰɯ⁵³iɯ⁵³zən⁵³]歇后语。

【卯时雷饭后雨】[mɔ²¹³ʂʅ⁴⁵le⁴⁵fæ⁵³xɯ⁵³ɥ²¹³]气象谚语。指春季清晨打雷，午后有雨。

【抹不开面子】[mɤʔ⁵pəʔ⁵kʰᴇ²¹miĩ⁵³tsə]不好意思去得罪人，不得不给人面子。也说"抹不开脸"。

【抹直笔直】[mɤʔ⁵tʂə²¹piə²¹tʂəʔ⁵]把某人伺候、贿赂得很到位。

【抹桌不干】[mɤʔ²¹tʂuəʔ⁵pə²¹kæ²¹]本义指招待客人宴席桌面所溅沾的酒、油渍，跟着后面抹也抹不完，形容主人人缘好，宾客盈门、一波没走又来一波。

【木匠怕漆匠，漆匠怕光亮】[məʔ⁵tɕiã⁵³pʰa⁵³tɕʰiəʔ⁵tɕiã⁵³tɕʰiəʔ⁵tɕiã⁵³pʰa⁵³kuã²¹liã⁵³]行业谚语。指前道工序的质量如何，到后道工序就能判断出来。漆匠上场，一看家具接缝的严密程度便知木匠的手艺高低；而漆工手艺要看上漆后漆面的均匀度，透过光线折射便一目了然。

【木偶上戏台——幕后有人】[məʔ⁵ɯ²¹³ʂã⁵³sʅ⁵³tʰᴇ⁴⁵mʊ⁵³xɯ⁵³iɯ²¹³zən⁴⁵]歇后语。

【没讲……】[me⁵³tɕiã²¹³] 多为责备语气。①指责别人不按特定人预期或符合常理的方式行事。如：
"～多穿两件衣裳出来！天这样
冷你还不晓顿啊？"②批评对方
为何没有或没想到这样做。如：
"～早毫起来？！"意思是"你迟
到了怪谁？"

【没讲想直讲】[me⁵³tɕiã²¹³ɕiã²¹³
tʂəʔ⁵tɕiã²¹³]抱怨别人讲话不动头脑、
乱讲。

【没吃过猪肉还没见过猪跑】
[me⁵³tɕʰiəʔ⁵ku⁵³tʂu²¹zɯ⁵³xɐʔ⁵me⁵³tɕĩ⁵³
ku⁵³tʂu²¹pʰɔ⁴⁵]反问式俗语。本义是
某事、某物自己虽没有亲自做过、没
有资格享受过，但是也还是见过、知
道的。表示一种淡然、不屑或牢骚。
《红楼梦》第十六回：孩子们这么大
了，没吃过猪肉，也见过猪跑。

【没轻没重】[məʔ⁵tɕʰin²¹məʔ⁵tʂəŋ⁵³]
（打孩子）下手过重。"没"读若"木"。

【没头没脑】[məʔ⁵tʰɯ⁴⁵məʔ⁵lɔ²¹³]
做事不能善始善终，或言行突兀、缺
乏条理。近义：没头没尾。"没"亦
读若"木"。

【没学会爬就想学走】[me⁵³ɕyɤ
ʔ⁵xue⁵³pʰa⁴⁵tɕiɯ⁵³ɕiã²¹³ɕyɤʔ⁵tsɯ²¹³]
超越了必要的阶段。形容某人脾气

急、志大才疏。

【没有一个人这样】[məʔ⁵iɯ²¹³i
əʔ⁵kə²¹zən⁴⁵ti⁵³iã²¹]责备对方的行为
不合常理。

【没长头脑】[me²¹tʂã²¹³tʰɯ⁴⁵lɔ²¹³]
（斥责语）没有主见、做事欠考虑。
近义：冇主脑（语气轻）、头脑给屎
糊之（语气重）。

【没长腿还能飞得之】[me²¹tʂã²¹³
tʰe²¹³xɐ⁵lən⁴⁵fe²¹tɛ²¹tʂə]俗语。意
"不翼而飞"，表示东西本该在此，为
何找不到。

【眉盘之】[me⁴⁵ã²¹tʂə]借音句。
皱眉、不高兴的样子。

【门板下得之】[mən⁴⁵pɐ²¹³ɕia⁵³
tɛ²¹tʂə]戏谑小孩换门牙的常用语。

【懑伤直】[mən⁵³ʂã²¹tʂə]气极了。

【闷得之】[mən²¹tɛ²¹tʂə]借音句。
①钱物打了水漂、贿赂别人没起到
作用。②私吞了钱物。"闷"读轻声。
近义：梓得之、杵得之、糟得之。

【闷声大发财】[mən⁵³ʂən²¹ta⁵³fɛ²¹tsʰ
ɛ⁴⁵]①不动声响地发财。②不出声。

【溮倒】[mŋ²¹tɔ²¹³]借音句。用财
物将某人贿赂好为己所用。

【眯一刻】[mŋ²¹iə²¹kʰɤʔ⁵]小睡

片刻。通：冲/歪/靠一刻。

【泥鳅兴捧，霞们兴哄】[m̩⁴⁵tɕʰiɯ²¹ɕin⁵³pʰən²¹³ɕia⁴⁵mən⁵³ɕin⁵³xən²¹³]比兴用法俗语。要想小孩子听话，必须用"哄"的方法。

【泥瓦工干活——拖泥带水】[m̩⁴⁵ua⁵³kən²¹kæ⁵³xuɤʔ⁵tʰʊ²¹m̩⁴⁵tɛ⁵³ʂue²¹³]歇后语。

【庙小妖风大，池浅王八多】[miɔ⁵³ɕiɔ²¹³iɔ²¹fəŋ²¹ta⁵³tʂʰɤʰⁱ⁴⁵tɕʰĩ²¹³uɑ̃⁴⁵pɤʔ⁵tu²¹]俗语。形容一个地方或单位虽小，却很复杂，捣蛋造事的人不少。

【喵……】[miɔːʔ²¹³]拟声唤猫音。发若"喵"（长音）后，还伴随着发连续的唇齿间反向"咪"音（类似短促的内吸唇齿破擦音）。

【筷丝穿豆腐——不上提】[miɤʔ⁵s̩²¹tʂʰʊ̃²¹tɯ⁵³fu²¹pəʔ⁵sɑ̃⁵³tsʰ̩⁴⁵]歇后语。不上提、没有谈及的价值。

【名字倒写】[min⁴⁵tsətɔ⁵³se²¹³]发誓、打赌、赌咒用语。

【明人不做暗事】[min⁴⁵zən⁴⁵pəʔ⁵tsu⁵³æ̃⁵³s̩⁵³]义如条目。

【命给他送得之】[min⁵³ke²¹³tʰɤʔ⁵sən⁵³tɛ⁵³tʂə]①指某事处理起来非

常难。②形容某事、某人真是害人，把自己累伤、烦死了，使自己的精力、财力受到极大的损耗。

【命就是钱钱就是命】[min⁵³tɕiɯ⁵³ʂ̩⁵³tɕʰĩ⁴⁵tɕʰĩ⁴⁵tɕiɯ⁵³ʂ̩⁵³min⁵³]①形容挣钱不易，要出力拼命。②喻指某人将钱财看得过重，为了钱可以不要命（地干活）。

【命中只有八合米，走尽天下难满升】[min⁵³tʂən²¹tʂ̩²¹³iɯ²¹³pɤ²¹kɤʔ⁵m̩²¹³tsɯ²¹³tɕin⁵³tʰĩ²¹ɕia⁵³læ⁴⁵mən²¹³ʂən²¹]宿命论俗语。认为一个人若命里注定穷困，无论他怎么努力也改变不了命运。

【冇大粪臭哪来稻米香】[mɯ²¹³ta⁵³fən⁵³tʂʰɯ⁵³la²¹³lɛ⁴⁵tɔ⁵³m̩²¹³ɕiɑ̃²¹]农谚。"冇"读若mǒu，下同。

【冇大冇小】[mɯ²¹³ta⁵³mɯ²¹³ɕiɔ²¹³]不遵守"长幼有序"的规矩。具体表现为年轻者不尊重长者，或年长者在年轻人面前没有长者风范。

【冇挡手】[mɯ²¹³tɑ̃²¹³ʂɯ²¹³]①没有对立面、做事没有阻碍。②建筑物前方没有光线遮挡和视线阻隔。

【冇得讲】[mɯ²¹³tɤʔ⁵tɕiɑ̃²¹³]很好、没有什么缺陷。一说"没有讲"。

【冇耳性】[mɯ²¹³a²¹³ɕin⁵³]老是不长记性、听不进去别人的教诲、记不住教训。

【冇法子】[mɯ²¹³fɛʔ⁵tsə]处于困境。如："他张（现在）～，霞们多。"

【冇法子想】[mɯ²¹³fɛʔ⁵tsəɕiã²¹³]①没办法。②（对于某些人）不可理喻、拿他没办法。如："（对）底霞们（这孩子）～，一天到晚就晓顿玩。"

【冇瓜皮啃】[mɯ²¹³kua²¹pʰɻ⁴⁵kʰən²¹³]①找不到任何破绽、理由来责怪、纠缠别人或采取进一步的行动。②占不到任何便宜。

【冇话讲】[mɯ²¹³xua⁵³tɕiã²¹³]指某人的品行或做法很好、没的说的。

【冇家教】[mɯ²¹³tɕia²¹³tɕiɔ⁵³]没有教养。多指孩子言行没有礼貌、不合常规。

【冇家贼引不来外鬼】[mɯ²¹³tɕia²¹tse⁴⁵in²¹³pəʔ⁵lɛ⁴⁵uɛ⁵³kue²¹³]俗语。义如条目。"贼"另读若"则"。

【冇讲头】[mɯ²¹³tɕiã²¹³tʰɯ⁴⁵]①对某事没有必要去深入谈及。②某人素质差、不值得去谈论。

【冇劲攒】[mɯ²¹³tɕin⁵³tsæ̃²¹³]①有力使不上。②没有借口、办法和能力来生事、作怪、反抗。

【冇那个肚子吃不了那个脯子（斧子）】[mɯ²¹³lɛ⁵³kə²¹tu²¹³tsətɕʰiəʔ⁵pəʔ⁵liɔ²¹³lɛ⁵³kə²¹fu²¹³tsə]比喻要有自知之明，没有特定的本事或本钱就不要去做相应的事。

【冇料理】[mɯ²¹³liɔ⁵³ɻ²¹³]家当得不好。多指女的不会操持、安排家务，婉指其好吃懒做、玩心重。

【冇路数】[mɯ²¹³lu⁵³su²¹]行事不上道道。

【冇门】[mɯ²¹³mən⁴⁵]①不可能。②没有办法。

【冇皮猴子玩】[mɯ²¹³pʰɻ⁴⁵xɯ⁴⁵tsəuæ̃⁴⁵]没辙了，或贬指某人再也没有本钱来炫耀、没有花招来玩弄了。

【冇轻重】[mɯ²¹³tɕʰin²¹³tʂəŋ⁵³]做事、说话没有分寸。近义：没清头。

【冇谱】[mɯ²¹³pʰu²¹³]心里没底。

【冇钱有个言】[mɯ²¹³tɕʰĩ⁴⁵iɯ²¹³kə²¹ĩ⁴⁵]意为欠债还钱、没有钱还也要有个说法（如告之一声请求顺延等）。

【冇日子过】[mɯ²¹³zəʔ⁵tsəku⁵³]

①很麻烦、不得安生。②相形见绌的心态，常用于接别人的话茬。如："你混那样好还哭穷，我们都～嘛！"

【冇事】[mɯ²¹³sɿ⁵³]没关系、不要紧。

【冇事干】[mɯ²¹³sɿ⁵³kæ⁵³]①表明自己不愿、不屑干某事。用于否定熟人的提议。②提醒、批评别人正在做不该干的事。③如在此短语前加"吃饱了"三个字，则语气更强，表示某人"吃饱饭撑的"，或"我才不会干那种事呢"。

【冇天】[mɯ²¹³tʰĩ²¹]没剩多少时间了。如："还不赶紧把衣裳洗洗，到年底～之。"

【冇头绪】[mɯ²¹³tʰɯ⁴⁵sɿ⁵³]①头脑里尚没有思路。②事情还没有任何进展。

【冇玩意】[mɯ²¹³uæ⁴⁵ɿ⁵³]①饭菜里没有什么吃头、没剩下什么。②事物没有实质内容、意义。③指某人没什么了不起的。

【冇望相】[mɯ²¹³uã⁵³ɕiã⁵³]形容人的外貌差、没有品位。

【冇相水】[mɯ²¹³ɕiã⁵³ʂue²¹]借音句。①没剩下什么，饭菜里没有什么好东西。如："汤里头～。"②某事没有实质性的利益、不值得去做。

【冇下文】[mɯ²¹³ɕia⁵³uən⁴⁵]没有后续的安排、消息或结果。

【冇歇手】[mɯ²¹³ɕiɤ²¹ʂɯ²¹³]（农忙时段）没有时间休息。

【冇心数】[mɯ²¹³ɕin²¹³su⁵³]没有心机、直肠子、傻乎乎的样子。

【冇样子】[mɯ²¹³iã⁵³tsə]①某人言行缺乏应有的品位、风度。②很差。如："食堂的菜～。"

【冇影子】[mɯ²¹³in²¹³tsə]①事情没有可能性。②某事尚没有任何头绪或信息。近义：冇头绪、八字不见一撇。

【冇正相】[mɯ²¹³tʂən⁵³ɕiã⁵³]言行不合规矩。此短句常被用来训斥乱动、不听话、不严肃的小孩。

【冇主脑】[mɯ²¹³tʂu²¹³lɔ²¹³]没有主见。同类语：冇头脑、也不长个头脑、脑子长在人家头上。

【冇地方下脚】[mɯ²¹³tsɿ⁵³fã²¹ɕia⁵³tɕyɤʔ⁵]形容某地方太脏，或面积太小。如："他家屋小，一来人都～。"

【摸】[mʊ^{21}]借音句。行动太慢。近义：晕、挨、慢慢摸。一作“嚒”。

【摸蛆】[mʊ^{21}ts^{h}ʮ^{21}]通“摸”。

【磨】[mʊ^{53}]读若mòu，扯谎。

【磨不开身】[mʊ^{53}pə^{21}k^{h}ᴇ^{45}ʂən^{21}]①抽不出时间。②空间狭小，转不开身。

【磨屁股就走】[mʊ^{53}p^{h}ʅ^{53}ku^{21}tɕiɯ^{53}tsɯ^{213}]转身就走。尤指刚到某地就离开，或一察觉到某种不正常、不合适的情况就立即闪人。

【啾——哇……】[ɔː^{45}ua^{21}]唤牛拟声音。连续发音，“啾”发长音。

【嗡】[əŋ^{21}/əŋ^{45}/əŋ^{213}/əŋ^{53}]方言读若零声母词ong。①读第一声，表示听到、应允。②读第二声，表示惊讶、警告、不解。③读第三声，为不赞成、不理解、不满意。④读第四声，意恍然大悟、称心、放松、舒坦。

【讹（错）多之】[ʊ^{45}tʊ^{21}tʂə^{21}]与前一种情形相比变化很大。如：a.“这件夹袄添上，～”。b.“有他帮忙，那～。”

【讹险】[ʊ^{45}ɕĩĩ^{213}]差一点点就达到某种负面的境地。如：“～！差一毫毫没坐上车子。”

【讹一毫毫子】[ʊ^{45}iə^{21}xɔ^{21}xɔ^{45}tsə]①差一点就……。②还差一点。

【挝胸一捶】[ʊ^{21}ɕiŋ^{21}iə^{21}tʂ^{h}ue^{45}]对人胸口猛打一拳。

【屙肚子】[ʊ^{21}tu^{53}tsə]拉肚子。

【我这个天唻】[ʊ^{45}ti^{53}kət^{h}ĩĩ^{21}lᴇ^{21}]惊异于对方的不合理行为或其对自己的影响。如：“～！你哪能这样搞？”

【我把头剁下来（给你）】[ʊ^{213}pa^{213}t^{h}ɯ^{45}tʊ^{53}ɕia^{21}lᴇ^{21}ke^{213}li^{213}]发誓、赌咒用语。多表示某事不可能。如：“你要能赢，～！”

【我不讲之吗】[ʊ^{213}pə^{21}tɕiɑ̃^{213}tʂə^{21}mɐ]意指事物发展正如自己先前所说。

【我（要是）火起来就……】[ʊ^{213}iɔ^{53}ʂʅ^{21}xʊ^{213}tsʅ^{21}lᴇ^{45}tɕiɯ^{21}]见某人（主要是下属、下人）做蠢事，或其言行造成不利后果时的恼怒之语。如：“～给你一巴掌！”

【我（之）乖乖】[ʊ^{213}/ʊ^{45}tʂə^{21}kuᴇ^{21}kuᴇ^{21}]感叹句。表示惊叹、受到强烈刺激、自己的身体或财力受不了等情绪。“我”可读若wó（下同）。通“乖乖”，语气稍强。

【我这个乖乖】[ʋ²¹³/ʋ⁴⁵ti⁵³kə²¹kuɛ²¹kuɛ²¹]通"乖乖"，语气更强。

【我这个腮】[ʋ²¹³/ʋ⁴⁵ti⁵³kə²¹sɛ²¹]借音句，通"我这个乖乖"。多用于身体受到击打或强烈刺激时。

【我都怕】[ʋ²¹³tɯ²¹pʰa⁵³]与其他动词连用，表示：①想想都后怕。②因他人的不靠谱、不合常规的言行而担心、厌恶或鄙视。如："望之他讲话～！"（生怕他跑题、漏嘴或出丑等）

【我疯犯之】[ʋ²¹³/ʋ⁴⁵fəŋ²¹fɛ̃⁵³tʂə]表示自己不会去做某事。通"我头脑坏得之"。

注：这种句子结构既可作独立成分用，也可接下一句（意指"只有自己发昏才会去做该事"）。如："～，班上直好好之来辞职！"

【我还讲错之嘛】[ʋ²¹³/ʋ⁴⁵xɐʔ⁵tɕiɑ̃²¹³tsʊ⁵³tʂə²¹mɐ²¹]这种半诘问、半自夸的句式，表示自己完全正确，早早地预料到了某事。

【我讲之嘛】[ʋ²¹³tɕiɑ̃²¹³tʂə²¹mɐ²¹]①自夸。通"我不早讲之吗"。"我还讲错之吗"。②埋怨、奚落语气。如："～，你不吃毫亏不晓顿我讲之

对。"③正是这样。④这就是不听我话的结果。

【我就不姓】[ʋ²¹³tɕiɯ⁵³pəʔ⁵ɕin⁵³]发誓、打赌、赌咒用语。句中"姓"字后常接说话者的姓氏。如："这个事情不办好，～张！"

【我就猜到之】[ʋ²¹³/ʋ⁴⁵tɕiɯ⁵³tsʰɛ²¹tə⁵³tʂə]通"我讲之嘛"。多用于批评别人的话。①早就料到。②这就是你自作主张、胡乱作为、不听我话的结果。

【我就是讲（嘛）】[ʋ²¹³/ʋ⁴⁵tɕiɯ⁵³ʂ̩⁵³tɕiɑ²¹³mɐ²¹]①正如我以前所说的。②怪不得呢，我怎么没想到？

【我就算到之】[ʋ²¹³tɕiɯ⁵³səŋ⁵³/sʊ̃⁵³tə⁵³tʂə]通："我就猜到之"。

【我就在想】[ʋ²¹³tɕiɯ⁵³tsɛ²¹ɕiɑ̃²¹³]表示思索、恍然大悟。①这是什么情况？对方是什么意思呢？②这正是我所想（料）到的，原来是这样。

【（这事）我俩讲搞】[ti⁵³ʂ̩⁵³ʋ²¹³liɛ̃²¹³tɕiɑ̃²¹³kɔ²¹³]此短语意思复杂，原指"我俩的事怎么办？"，引申为"剩下的事情如何处理？"。这是熟人之间、目光交接的对话。如若此句在生人之间出现，则多是出现

了难解的矛盾，可被解读为下通牒或威胁——这事到底怎么办？往往伴随着说话者侧着脸、僵斜着脖颈、头直点、双目圆睁或封住对方衣领的动作。

【我俩再讲】[ʋ²¹³/ʋ⁴⁵liæ²¹³/liæ⁵³tsE⁵³tɕiɑ̃²¹³]警告性语气，意思是"你若是……我回头再批评你/找你算账！"。

【我们吃我们的】[ʋ²¹³mən⁵³tɕʰiəʔ⁵ʋ²¹³mən⁵³tɤ]我们吃饭，不等他们，不管他们。

注：这种"人称代词+动词+人称代词+的"结构，表示己方不管对方而自主行动，或不在意别人的行为。

【我头脑坏得之】[ʋ²¹³/ʋ⁴⁵tʰɯ⁴⁵lɔ²¹³xuE⁵³tE²¹tʂə]通："我疯犯之"。句中主语既可用"我"，亦可用"他""他们"，一般不用"你"，表示根本不愿去做某事。

【我晓顿】[ʋ²¹³ɕiɔ²¹³tən⁵³]意思分别有"知道""不要再说了""不要你管"等，多带有不耐烦意味。同类语：多烦神。

【我心咪】[ʋ⁴⁵xin²¹E²¹]上人看到孩子饥饿、劳累、受苦时发出的怜爱心声。此处"我"声调变成wó。

【饿死鬼投胎】[ʋ⁵³sʅ²¹³kuE²¹³tʰɯ⁴⁵tE²¹]比喻某人能吃或吃相难看。

【饿通得之】[ʋ⁵³tʰəŋ²¹tE⁵³tʂə]表示饿极了。

【爬起来】[pʰa⁴⁵tsʰʅ²¹³lE⁵³]起床。语气稍显粗俗，多用于自己或熟悉的人。

【爬高上低】[pʰa⁴⁵kɔ²¹sɑ̃⁵³tsʅ²¹]形容半大孩子到处乱攀爬、乱钻角落的情景。

【（恐）怕不是】[kʰɔ²⁵pʰa²¹pəʔ⁵sʅ⁵³]①表示不同意。如甲："他人老实，在外收一分钱都交到队里。"乙："～之吧？你又没一天到晚跟他屁股后头。"②是不是……。③自问句。意为"该不是……吧？"。

【怕丑】[pʰa⁵³tʂʰɯ²¹³]①害羞。②怕出丑。

【怕踹死蚂蚁】[pʰa⁵³tʂʰuE²¹³sʅ²¹³ma²¹³ʅ⁵³]埋怨别人走路过慢时的口头语。

【怕你】[pʰa⁵³li²¹³]形式反问句。常用于双方对峙、剑拔弩张时，意思是：我根本不怕你！

【怕你不给】[pʰa⁵³li²¹³pə²¹ke²¹³]

你肯定会给的。

注：这种貌似反问句的"怕你不+（动词）"结构，实际上是"难道我还怕……"的缩略，表示"我不怕你不会做某事"。

【旁人放个屁都是香的】[pʰɑ̃⁴⁵ẓən⁵³fɑ̃⁵³kə²¹pʰŋ⁵³tuɯ²¹ʂ̩⁵³ɕiɑ̃²¹tɤ]指某人盲从、盲信别人（对自己的话却不听），认为别人的一切都是好的。

【拍拍屁股（走人）】[pʰɤ²¹pʰɤ⁵pʰŋ⁵³ku²¹tsuɯ²¹³zən⁴⁵]离开。喻指丢下烂摊子自己开溜。

【拍桌子弄板凳】[pʰɤ²¹tʂuɤ²⁵tsə²¹ləŋ⁵³pæ̃²¹³tən⁵³]形容某人发大火或两个人激烈争吵的情形。此处"弄"也可以用"打"代替。

【跑不掉】[pʰɔ⁴⁵pə²¹tiɔ⁵³]肯定无异议的、有充足理由的、板上钉钉的。

【跑红】[pʰɔ⁴⁵xəŋ⁴⁵]走红运、官运亨通。

【纰漏】[pʰŋ⁴⁵luɯ⁵³]独立结构短语。①出了差错、犯了错。②这下麻烦了、要倒霉了。

【皮扒得之】[pʰŋ⁴⁵pa²¹tɛ²¹tʂə]面临繁重任务或很大困境，或将受到严厉责罚。通"皮脱得之""脱一层

皮""不死也要脱层皮"。

【皮扒得之也认得】[pʰŋ⁴⁵pa²¹tɛ²¹tʂə²¹iɛ²¹³zən⁵³tɤʔ⁵]表示永远不会忘记仇人，其躲到哪里也不会被饶恕。

【皮脱】[pʰŋ⁴⁵tɤʔ⁵]将面临重任、大麻烦、严厉惩罚。通"不死也要扒层皮"。

【皮有八丈厚】[pʰŋ⁴⁵iuɯ²¹³pɤʔ⁵tʂɑ̃⁵³xuɯ⁵³]形容对方脸皮极厚。

【皮作痒】[pʰŋ⁴⁵tsɤ²¹/tsuɤ²¹iɑ̃²¹³]威吓对方的话。义同"你想讨打啊"。

【骗磨】[pʰŋ⁴⁵mʊ⁵³]读若pí mòu。扯谎、骗人、骗取额外利益。

【屁】[pʰŋ⁵³]独立结构短语，较粗俗。义"根本不是、一点没有用"。

注：方言中"屁"字在底层口语中灵活性很强，在许多短语里都有体现。如：～大的事、轻得像～一样，管～经、～用（没有用）旁人放个～都是香的等等。

【屁淡精松】[pʰŋ⁵³tæ̃⁵³tɕin²¹³səŋ²¹]借音句。没有生气、没有起色，处于放任、松懈状态。

【屁得之】[pʰŋ⁵³tɛ⁵³tʂə]（贬）死了。同类：翘得之、翘辫子。

【屁都不放一个】[pʰŋ⁵³tuɯ²¹pəʔ⁵

fɑ̃⁵³iəʔ⁵kə]①吓得不敢出声、不敢出头主持正义。②有意忽视、纵容某种事态,故意不发声。

【屁都不敢放(一个)】[pʰŋ̩⁵³tɯ²¹pə²¹kæ²¹³fɑ̃⁵³iəʔ⁵kə]①处于一种被吓住的状态,不敢吱声、不敢表达己见。②在上级等强势人物面前唯唯诺诺。

【屁都待不得】[pʰŋ̩⁵³tɯ²¹tɛ⁵³pə²¹tɤʔ⁵]涵养、忍耐力均差。形容某人任何事情都容忍不得,稍遇刺激便怒形于色。

【屁股一撅就晓顿你拉哄么屎】[pʰŋ̩⁵³ku²¹iə²¹tɕyɤʔ⁵tɕiɯ⁵³ɕiɔ²¹³tən⁵³li²¹³la²¹xəŋ⁵³mɤ²¹ʂŋ̩²¹³](嘲讽)你那点小把戏还能骗得了人?你那点小心思我能不知道?你任何一个举动和动机都逃不过我的眼睛。

【屁股有屎】[pʰŋ̩⁵³ku²¹iɯ²¹³tʂʰŋ̩²¹³]不廉洁。

【屁你是小狗】[pʰŋ̩⁵³li²¹³ʂŋ̩⁵³ɕiɔ²¹³kɯ²¹³](低俗)发誓、赌咒用语,常伴随着手势,即四指弯曲、单独伸出小指,意思是"我绝对不会骗你"。

注:类似的赌咒语还有屁你不是人/不姓……/名字倒写/顺地下爬(三转)/

出门给车撞死/把头剁下来给你。此处的"屁"为"骗"之音变。

【屁你不是人】[pʰŋ̩⁵³li²¹³pəʔ⁵ʂŋ̩⁵³zən⁴⁵]旧时同年龄层熟人间的常用语,义"是真的""不骗你",赌咒色彩较淡。

【劈三年刨三年,学会剜锯大半年】[pʰiəʔ⁵sæ²¹lĩ²¹pɔ⁵³sæ²¹lĩ²¹ɕyɤʔ⁵xue⁵³ʂa²¹tsʮ⁵³ta⁵³pəŋ²¹lĩ²¹]行业谚语。感叹木匠学徒期的枯燥、漫长与辛苦。

【辟种】[pʰiəʔ⁵tʂəŋ²¹³]读若"劈种",詈骂词,意为"贱种、该杀的"。《新方言》:方言凡骂庸贱或谓之辟。多为妇女用。

【漂着】[pʰiɔ²¹tʂə²¹]①尚未安居立业。②事情还没有着落。

【碰都不能碰】[pʰəŋ⁵³tɯ²¹pəʔ⁵lən⁴⁵pʰəŋ⁵³]通"挨都不能挨"。

【碰碰瞧】[pʰəŋ⁵³pʰəŋ⁵³tɕʰiɔ⁴⁵]试试看、碰碰运气。

【碰一鼻子灰】[pʰəŋ⁵³iəʔ⁵piəʔ⁵tsə²¹xue²¹]遭到拒绝、难堪。

【破麻袋做裙子——不是那块料】[pʰu⁵³ma⁴⁵tɛ⁵³tsu⁵³tɕʰyn⁴⁵tsə²¹pəʔ⁵ʂŋ̩⁵³lɛ⁵³kʰue⁵³liɔ⁵³]歇后语。

【吃儿子亏】[tɕʰiə²¹a⁴⁵tsə²¹kʰue²¹

是因为儿子的缘故，自己才吃了这个亏、忍的这口气。该短句常被婆婆用以抱怨儿媳妇对自己不孝顺。

【吃百信之】[tɕʰiəʔ⁵pɤʔ⁵ɕin⁵³tʂə]借音句。吃够、吃厌了。

注：这种"动词＋百信"结构均表示对某种频繁的行为产生厌烦，如：跑百信之、讲百信之。

【吃不了苦中苦，做不了人上人】[tɕʰiəʔ⁵pɔ²¹liə²¹³kʰu²¹³tʂəŋ²¹kʰu²¹³tsu⁵³pə²¹liə²¹³zən⁴⁵sã⁵³zən⁴⁵]俗语。

【吃不穷穿不穷，算计不到一世穷】[tɕʰiəʔ⁵pɔ²¹tɕʰiŋ⁴⁵tʂʰũ²¹pə²¹tɕʰiŋ⁴⁵səŋ⁵³/sũ⁵³tsʂ²¹pəʔ⁵tɔ⁵³iəʔ⁵ʂɿ⁵³tɕʰiŋ⁴⁵]俗语。

【吃不上劲】[tɕʰiəʔ²¹pə²¹sã⁵³tɕin⁵³]螺丝、钉子等与客体之间不能产生有效的咬合或摩擦力。

【吃粗毫子】[tɕʰiəʔ⁵tsʰu²¹xɔ²¹tsə]吃多一点。常用于劝客人多吃菜。

【吃呆亏】[tɕʰiəʔ⁵tE²¹kʰue²¹]吃了不该吃的亏。

【吃独食】[tɕʰiəʔ⁵tə²¹səʔ⁵]一个人独占、独吞。

【吃东西没品】[tɕʰiəʔ⁵təŋ²¹sɿ²¹muɯ²¹³pʰin²¹³]吃东西的行为没有品位，

贪吃、多吃、乱吃、没有吃相。

注：类似的表述还有吃起来不顾人、只将吃（只顾自己快吃）、寡吃菜、嗍筷子、筷子指人、筷子（在菜里）乱翻、吃饭吧嗒嘴（发出声音）、吃东西挖根（吃完算数）等。

【吃饭像车水样】[tɕʰiəʔ⁵fã⁵³ɕiã⁵³tʂʰE²¹/tʂʰe²¹ʂue²¹³iã⁵³]形容某人能吃且快，或众人一会儿将一锅饭吃完。如："这些半桩子霞们正在长身体，～。"同类语还有：一甩一大碗（吃得又多又快）、一搲（wò）一大碗、堆起来一大碗（盛饭过满）、像灌老鼠洞样。

【吃寡饭】[tɕʰiəʔ⁵kua²¹³fæ̃⁵³]①主人谦辞。形容所备的菜肴不多。②光吃饭、不吃菜。③偶指不做事、吃闲饭。

【吃过之吧】[tɕʰiəʔ⁵⁵³kʊ⁵³tʂəpa²¹]合肥地区人相遇时最常用的问候语。

【吃喝扒拿】[tɕʰiəʔ⁵xɤʔ⁵pʰa⁵³la⁴⁵]义如条目。泛指不走正道的行为。

【吃家饭屙野屎】[tɕʰiəʔ⁵tɕia²¹fæ̃⁵³ʊ²¹i²¹³ʂɿ²¹³]耗着自家的资源，却胳膊肘朝外拐，将利益给了外面。

【吃亏是福】[tɕʰiəʔ⁵kʰue²¹ʂɿ⁵³fəʔ⁵]

俗语。

【吃老鼻子亏】[tɕʰiəʔ⁵lɔ²¹³piəʔ⁵tsə kʰue²¹]吃了许多亏。

【吃老底子】[tɕʰiəʔ⁵lɔ²¹³tsɿ²¹³tsə]义如条目。

【吃臁住】[tɕʰiəʔ⁵lɔ⁵³tʂu²¹]因吃了过于油腻或又甜又黏的食物，或吃得过多、过快而一下子没了胃口。

【吃闷亏】[tɕʰiəʔ⁵mən⁵³kʰue²¹]吃了说不出口的大亏。近义：吃哑巴亏。

【吃气都吃饱之】[tɕʰiəʔ⁵tsʰɿ⁵³tɯ²¹tɕʰiə²¹pɔ²¹³tʂə]（刚生气恰逢吃东西时说的话）表示被气得吃不下饭。亦说"气都气饱之"。

【吃日本人亏】[tɕʰiəʔ⁵zə̥²¹pən²¹³zən⁴⁵kʰue²¹]吃想不到的人的亏，或吃自己一贯看不起的人的亏。

注：此短语在肥东南部、庐江北部沿巢湖一带多用，似源于清末中日甲午战争。当年遭日本偷袭沉没的运兵船"高升号"上搭载的淮军，大多出自该地区。史载遇难士兵逾千，其中来自肥东六家畈的子弟兵超过八百，故有此句。

【吃细毫子】[tɕʰiəʔ⁵sɿ⁵³xɔ²¹tsə]节约点吃。多指要少吃点菜。

【吃五谷想六谷】[tɕʰiəʔ⁵u²¹³kuəʔ⁵ɕiã²¹³ləʔ²¹kuəʔ⁵]得到了一个东西，又想着另一个。喻指人的欲望永不会得到满足。

【吃香之喝辣之】[tɕʰiəʔ⁵ɕiã²¹tʂəxɐ²¹lɐʔ⁵tʂə]义如条目。

【吃闲饭】[tɕʰiəʔ⁵ɕiĩ⁴⁵fæ̃⁵³]①光吃饭不干活。②指某人不是劳动力，靠别人养活。

【吃一饱】[tɕʰiəʔ⁵iəʔ⁵pɔ²¹³]吃饱了。偶指在长期饥饿的情况下吃了一顿饱饭，或猛吃了一顿不容易吃到的东西。

【吃一亏长一智】[tɕʰiəʔ⁵iəʔ⁵kʰue²¹tʂã²¹³iəʔ⁵tsɿ⁵³]义如条目。

【吃一望二眼观三】[tɕʰiəʔ⁵iəʔ⁵uã⁵³a⁵³ñĩ²¹³kũ²¹³sæ²¹]形容吃饭时的贪婪相，吃着碗里、盯着锅里、比着别人，恨不得饭菜都让自己一个人吃。

【吃直饼子套直颈子】[tɕʰiəʔ⁵tʂə²¹pin²¹³tsə²¹tʰɔ⁵³tʂə²¹tɕin²¹³tsə]吃了人家的东西，就会被别人牵制。喻指得到一点好处，就要承担相应的责任。

【吃直鹬蛋】[tɕʰiəʔ⁵tʂə²¹uã⁵³tæ̃⁵³]谐音句。指人忘性大。"鹬"读若

"忘"。

【吃直碗里霸/望直锅里】[tɕʰiə̃ʔ⁵tʂə²¹ũ²¹³ɻ²¹³pa⁵³tʂə²¹kʊ²¹ɻ²¹³]只许自己吃，不让别人吃。喻指多占、贪婪、蛮横。

【吃直睡睡直吃】[tɕʰiə̃ʔ⁵tʂə²¹ʂue⁵³ʂue⁵³tʂə²¹tɕiə̃ʔ⁵]形容某人像猪一样懒惰。

【吃之端午粽，才把棉衣送】[tɕʰiə̃ʔ⁵tʂə²¹təŋ²¹u⁵³tsəŋ⁵³tsʰE⁴⁵pɤ²¹mĩ⁴⁵ɻ²¹səŋ⁵³]谚语。春季气温多变，直至端午节前都有可能冷上几天，因而不可轻易收起厚衣服，加之当地有"春捂"之说，故有此谚。

【吃之炮药】[tɕʰiə̃ʔ⁵tʂə²¹pʰɔ⁵³yɤʔ⁵]形容某人脾气悍戾。一说"吃之枪药"。

【吃之腰】[tɕʰiə̃ʔ⁵tʂə²¹iɔ²¹]扭伤了腰肌。合肥先人有古训：搬重东西时，腰要抻直，腿要叉开，不然会～。

【吃之盐比你吃之饭还多】[tɕʰiə̃ʔ⁵tʂə²¹ĩ⁴⁵pɻ²¹³li²¹tɕiə̃ʔ⁵tʂə²¹fæ̃⁵³xɤʔ⁵tu²¹]通"过之桥比你走之路还长"。

【吃住之】[tɕʰiə̃ʔ⁵tʂu⁵³tʂə²¹]借音句。一下子愣住，想不起对方姓名，

或记不起熟悉的东西。

【七不出八不归】[tɕʰiə̃ʔ⁵pə²¹tʂʰuəʔ⁵pɤʔ⁵pə²¹kue²¹]俗传忌正月初七、初八出门动步；更严格的规矩是初九也不能走。故有"七不出，八不归，初九出门惹是非"之说。

【七岔八岔】[tɕʰiə̃ʔ⁵tʂʰa⁵³pɤʔ⁵tʂʰa⁵³]东扯西拉，或故意岔开话题。

【七扯八拉】[tɕʰiə²¹tʂʰE²¹³/tʂʰe²¹³ pɤʔ⁵la²¹]①说黄色、低级的东西。②说话无主题、啰唆。通"七岔八岔"。

【七戳八搞】[tɕʰiə²¹tʂʰuɤʔ⁵pɤ²¹tɤ²¹³]①小孩不安分、爬高上低、惹是生非。②挑拨是非。

【七搭八搭】[tɕʰiə²¹tɤ²¹pɤ²¹tɤʔ⁵]①好在外与人搭讪。②喻指不正经、乱交往。

【七掸八掸】[tɕʰiə²¹tæ̃²¹³pɤ²¹tæ̃²¹³]到处占小便宜。

【七搞八搞】[tɕʰiə²¹kɔ²¹³pɤ²¹kɔ²¹³]①未经同意、非正式地做某事。如："这是机关，不能让他们在这块～之！"②漫不经心、不经意地就会达到某种效果。如："他本来只是个代课的，给他～，竟然当上了县

长。"

【七个三八个四】[tɕʰiəʔ⁵kə²¹sæ̃²¹pɤʔ⁵kə²¹sŋ̍⁵³]①唠唠叨叨说个没完。②不断地提出各种要求。③喻指各色各样的关系和人。

【七糊八糊】[tɕʰiəʔ⁵xu⁴⁵pɤ²¹xu⁴⁵]为人做事敷衍、糊弄、不靠谱。

【七讲八讲】[tɕʰiəʔ⁵tɕiã²¹³pɤʔ⁵tɕiã²¹³]不间断地、不经意地讲、游说。如:"这件事他在我跟前～,还真之给他讲之有毫犯惑。"

【七拉八拽】[tɕʰiəʔ⁵la²¹pɤʔ⁵tʂuɛ⁵³]①费很大工夫才请来客人或送出礼品。②采用模糊、变通等手法,将就达到相关标准与上下限,以达标或勉强通过。

【七屁八磨】[tɕʰiəʔ⁵pʰŋ̍⁵³pɤʔ⁵mʊ⁵³]为达到某种目的而忽悠、哄骗乃至欺诈。

【七谝八谝】[tɕʰiəʔ⁵sã²¹pɤʔ⁵sã²¹]吹牛、摆架子。

【七韶八韶】[tɕʰiəʔ⁵sɔ⁴⁵pɤʔ⁵sɔ⁴⁵]热衷打扮、显摆招摇。多形容不够稳重的女孩子。

注:合肥有古训,丫头们到哪儿不能～,要站有站相,坐有坐相,笑不露齿,坐不夯胯,不准坐在门槛高头。

【七扭八扭】[tɕʰiəʔ⁵tʂɯ²¹³pɤʔ⁵tʂɯ²¹³]①招摇、韶道。原指女子走姿不正、摆臀顾盼,不符合旧时"行不摆裙""行莫回头"的规范,后引申为举止行为不端庄、招蜂引蝶。②不顺从、过于挑剔、难以满足要求。"扭"读若"肘"。

【掐掐腿膊肚子】[tɕʰia²¹tɕʰia²¹tʰe²¹³pɤʔ⁵tuɯ⁵³tsə]①掂量自己的实力。②喻指与强者对峙时,不可轻举妄动。

【墙倒众人推,破鼓一齐捶】[tɕʰiã⁴⁵tɔ²¹³tʂʂəŋ⁵³zən⁴⁵tʰe²¹pʰʊ⁵³ku²¹³iə²¹tsʰŋ̍²¹tʂʰue⁴⁵]谚语。指物品的颓坏和人的失败乃众人之力;喻指人一旦失势倒霉,会遭到众人的欺侮。

【枪都打不到人】[tɕʰiã²¹tuɯ²¹ta²¹³pəʔ⁵tɔ⁵³zən⁴⁵]见不到人,或人都不知跑哪儿去了。通"撂棍子都打不到人"。

【抢钱啊】[tɕʰiã²¹³tɕʰĩ⁴⁵a²¹]形式疑问句,实为感叹语,指某件事或营生赚钱十分容易。如:"开这个店桑之砸蛋(赚钱很厉害),坐家坐一天起码千把千,～?"

【翘得之】[tɕʰiɔ⁵³tE²¹tʂə]（贬）死了。

【桥归桥路归路】[tɕʰiɔ⁴⁵kue²¹tɕʰiɔ⁴⁵lu⁵³kue²¹lu⁵³]①账应分开算。②一码事归一码事，不可混淆。

【千差万差，来人不差】[tɕʰĩ²¹tʂʰa²¹uæ⁵³tʂʰa²¹lE⁴⁵zən⁴⁵pəʔ⁵tʂʰa²¹]来的都是客，都要好好招待。一说"千差万差，情礼不差"。

【千恩万谢】[tɕʰĩ²¹zən²¹uæ⁵³ɕi⁵³]义如条目。

【先一个】[tɕĩ²¹iəʔ⁵kə²¹]前一个。

【钱不当钱】[tɕʰĩ⁴⁵pəʔ⁵tã²¹tɕʰĩ⁴⁵]浪费、乱花钱。

【钱（多之）没地方送啊】[tɕʰĩ⁴⁵tʊ²¹tʂə²¹mɯ²¹³tsʅ⁵³fã²¹səŋ⁵³ɐ]责备别人乱花钱。

【钱借到是仇人】[tɕʰĩ⁴⁵tɕi⁵³tɔ⁵³sʅ⁵³tʂʰɯ⁴⁵zən⁴⁵]俗语。指不要轻易借钱给别人，以免对方不还反目成仇。

【钱就是命，命就是狗屎】[tɕʰĩ⁴⁵tɕiɯ²¹sʅ⁵³min⁵³min⁵³tɕiɯ⁵³sʅ²¹kɯ²¹³sʅ²¹³]①形容将钱财看得过重。偶指老板只顾赚钱，不顾工人死活。②做苦力者的自嘲。意为挣两个钱，累得要搭上小命。

【钱是人挣的】[tɕʰĩ⁴⁵sʅ⁵³zən⁴⁵tsən⁵³tɣ]表示人的健康和生命比金钱更重要。

【前不巴村，后不巴店】[tɕʰĩ⁴⁵pəʔ⁵pa²¹³tsʰən²¹xɯ⁵³pəʔ⁵pa²¹³tiã⁵³]形容到了荒僻无人之地。

【前朝讲到后汉】[tɕʰĩ⁴⁵tʂʰɔ⁴⁵tɕiã²¹³tɔ⁵³xɯ⁵³xæ⁵³]前后不搭，走题了。

【前脚后脚】[tɕʰĩ⁴⁵tɕyɣʔ⁵xɯ⁵³tɕyɣʔ⁵]一前一后，紧接着。

【前掴金后掴银】[tɕʰĩ⁴⁵kuɣʔ⁵tɕin²¹xɯ⁵³kuɣ²¹in⁴⁵]意指"前掴"（脑壳前凸）大脑发达，"后掴"（脑壳后凸）小脑发达，掴头者头脑较聪明、主贵，且"前掴"比"后掴"更好。

【前心贴后背】[tɕʰĩ⁴⁵ɕin²¹tʰiɣʔ⁵xɯ⁵³pe⁵³]形容肚子饿瘪了。

【亲上加亲】[tɕʰin²¹sã⁵³tɕia²¹³tɕʰin²¹]原本是亲戚关系的人又结成姻亲。

注：一般在近亲范围之外，少数有辈分的冲突，称"反亲"。合肥人第一代表亲不联姻。

【亲兄弟明算账】[tɕʰin²¹ɕiŋ²¹tsʅ⁵³min⁴⁵səŋ⁵³/sũ⁵³tʂã⁵³]义如条目。

【青菜豆腐保平安】[tɕʰin²¹tsʰE⁵³

tɯ⁵³fu²¹pɔ²¹³pʰin⁴⁵zæ̃²¹]表示每日有这两样最廉价的食物，就能维持生存了。一说作为老百姓，不要有过多奢求，有此两样就足够了。

【清叫唤】[tɕʰin²¹tɕiɔ⁵³xũ²¹]使劲、高声、不断地叫喊。

【清明不插柳，死后变黄狗】[tɕʰin²¹min²¹pə²¹tʂʰe²¹liɯ²¹³sɿ²¹³xɯ⁵³pĩ⁵³xuã⁴⁵kɯ²¹³]俗语。意指清明不祭祀会变成畜生。

注：民谚还有"清明不插柳，红颜变皓首"。清明插柳戴柳的风俗源远流长，传戴柳是为了纪念介子推——当年晋文公祭拜介子推时，发现被烧毁的老柳树长出新枝，便将柳条戴在头上，以示怀念，民间效仿，相沿成习。柳枝插在屋檐下，传可以预报天气。

【清凉干净相】[tɕʰin²¹lã²¹³kæ̃²¹tɕin⁵³ɕiã⁵³]词中的"凉"一读为"朗"。①干脆利落地处理某事。②不跟别人有瓜葛、不拖泥带水。③索性做某事，以免后续麻烦或引起别人尴尬、猜疑。

【清嘶鬼叫】[tɕʰin²¹sɿ²¹kue²¹³tɕiɔ⁵³]厉声、反复与烦人的喊叫。如："你搞快毫子，省之他在这块子～之催。"

【晴带雨伞，饱带干粮】[tɕʰin⁴⁵tɛ⁵³y²¹³sæ̃²¹³pɔ²¹³tɛ⁵³kæ̃²¹liã²¹]表示人要有忧患意识，以备不时之需。

【晴冬烂年】[tɕʰin⁴⁵təŋ²¹læ̃⁵³liĩ⁴⁵]气象谚语。指冬季如果以晴为主，则到年关前后天气一般不会太好。

【穷不与富斗，富不与官争】[tɕʰiŋ⁴⁵pə²¹y²¹³fu⁵³tɯ⁵³fu⁵³pəy²¹³kũ²¹tsən²¹]俗语。

【穷帮穷】[tɕʰiŋ⁴⁵pã²¹tɕʰiŋ⁴⁵]指穷人之间互相帮助。

【穷对得】[tɕʰiŋ⁴⁵te⁵³tɤ⁷⁵]条件有限，只好尽量来凑合、应付。如："过关那几年，我们只好～，到处找山芋秧子、稻糠、麦麸子、树皮吃。"

【穷烧包】[tɕʰiŋ⁴⁵sɔ²¹pɔ²¹]①显摆。②不惜花费钱财，硬摆排场。同类：瘦驴子拉硬屎。

【穷争饿吵】[tɕʰiŋ⁴⁵tsən²¹ʊ⁵³tʂʰɔ²¹³]指贫穷、饥饿时会争吵。

【穷直当裤子】[tɕʰiŋ⁴⁵tsɔ²¹tã⁵³ku⁵³tsə]已到了赤贫的境地。

【穷锅间富井缸】[tɕʰiŋ⁴⁵kʊ²¹ĩ²¹fu⁵³tɕin²¹³kã²¹]意指锅灶间柴草要少放，而井缸水要挑满，以防火灾。

【求不得】[tɕʰiɯ⁴⁵pə²¹tʴʔ²⁵]十分想（做某事）。类似这种包含"不"的短语，实际上是省略后的复合宾语结构。如劝人多吃，会说："多吃毫子，（平常）吃不到嗷！"

【求爹爹拜奶奶】[tɕʰiɯ⁴⁵ti²¹ti²¹pɛ⁵³lɛ²¹³lɛ⁵³]到处求人、恳求帮助。

【去】[tsʰŋ̍⁵³]常用来表示不耐烦、驱赶别人。为"去你的"之缩略用法，语气稍弱。

【确记得】[tɕʰyʴʔ²⁵tsŋ̍⁵³tʴʔ²⁵]很清楚地记得。亦用"切记得"。

【缺】[tɕʰyʴʔ²⁵]借音句。做独立短语。①（戏谑语）意思是"嗷，了不起"，多用来逗弄得意、自满的小孩。②（讽刺）谁稀罕？有什么了不起？同义：缺紧。

【缺宝】[tɕʰyʴ²¹po²¹³]做独立短语。讽刺自以为是的人。

【缺紧】[tɕʰyʴ²¹tɕin²¹³]借音独立短语。了不起（含讽刺、不以为然之意）。

【拳头把子硬】[tʂʰyĩ⁴⁵tʰɯ²¹pa⁵³tsə²¹zən⁵³]打架厉害，身体强壮，有动粗的本钱。

【全像】[tɕʰyĩ⁴⁵ɕiã⁵³]几乎完全相似。如："他跟他大～。"

【挨都不能挨】[zɛ²¹tɯ²¹pəʔ²⁵lən⁴⁵zɛ²¹]①形容某人脾气坏或对某事过于敏感，不可去惹他或提起该事。②告诉别人远离某种不好的事物，绝不可染指。"挨"读若rāi。通"碰都不能碰"。

【挨肩擦背】[zɛ²¹tɕĩ²¹tsʰʴʔ²⁵pe⁵³]形容某场合人很多。

【矮了矮一肚拐】[ʐɛ²¹³tsə²¹ʐɛ²¹³iəʔ²⁵tu⁵³kuɛ²¹³]表示个子矮的人一般都比较精明、难缠或有一肚子小九九。

【爱睬不睬】[zɛ⁵³tsʰɛ²¹³pə²¹tsʰɛ²¹³]爱理不理。

【热脸蹭到冷屁股】[zʴʔ²⁵lĩ²¹³tsʰã⁵³to⁵³lən²¹³pʰŋ̍⁵³ku²¹]一头兴致地去献计，联络、巴结某人，却受到冷遇、轻慢或排斥。

【热脸蹭人冷屁股】[zʴʔ²⁵lĩ²¹³tsʰã⁵³zən⁴⁵lən²¹³pʰŋ̍⁵³ku²¹]①明知可能遭到拒绝或羞辱，却主动地示好或摆出合作姿态。②通"热脸蹭到冷屁股"。

【热直犯痧】[zʴ²¹tsə²¹fæ̃⁵³ʂa²¹]天气很热，以至于中暑。

【热直淌油】[zɤ²¹tʂə²¹tʰã²¹³iɯ⁴⁵]形容气温很高。多指烈日当空、干热难耐。

【惹不起躲得起】[zɤ²¹pə²¹tsʰ̩²¹³tʊ²¹³tɤtsʰ̩²¹³]义如条目。

【忍人让人，切莫害人】[zən²¹³ʐən⁴⁵zã⁵³zən⁴⁵tɕʰiɤʔ⁵mɐʔ⁵xE⁵³zən⁴⁵]俗语。

【人不人鬼不鬼】[zən⁴⁵pə²¹zən⁴⁵kue²¹³pəʔ⁵kue²¹³]①形容品德上有问题的人，类似"当面是人背后是鬼"。②因极度劳累、贫困、长期受折磨或虐待而致的状态。

【人不死债不烂】[zən⁴⁵pə²¹sŋ²¹³tʂE⁵³pəʔ⁵lɑ̃⁵³]指欠人的钱一定要还，终生逃避不了。一说"人死债不烂"，即下辈人也有义务偿还先人的债务。

【人比人气死人】[zən⁴⁵pŋ²¹³zən⁴⁵tsʰŋ⁵³sŋ²¹³zən⁴⁵]俗语。

【人到四十四，眼睛就长刺】[zən⁴⁵tɔ⁵³sŋ⁵³səʔ⁵sŋ⁵³ĩ²¹³tɕin⁵³tɕiɯ⁵³tʂã²¹³tsʰŋ⁵³]谚语。指人到中年眼会老花。

【人到屋檐下，不得不低头】[zən⁴⁵tɔ⁵³uə²¹ĩ⁴⁵ɕia⁵³pə²¹tɤʔ⁵pə²¹tsŋ²¹tʰɯ⁴⁵]俗语。

【人多好干活，人少好吃饭】[zən

n⁴⁵tʊ²¹xɔ²¹³kɐ̃⁵³xuɤʔ⁵zən⁴⁵ʂɔ²¹³xɔ²¹³tɕʰiəʔ⁵fɐ̃⁵³]义如条目。

【人好还是钱好】[zən⁴⁵xɔ²¹³xɐʔ⁵sŋ⁵³tɕʰĩ⁴⁵xɔ²¹³]形式疑问句，劝说或责备对方用语。①启发对方要注重考察某人的人品，而不要在意他的财富。②敦促对方要舍得拿出钱财，尤其是包括其在内的特定人遇到困难或生病时，这样才能挽救其生命或保住亲情友情。

【人活一张脸，树活一张皮】[zən⁴⁵xuɤʔ⁵iəʔ⁵tʂã²¹liĩ²¹³ʂu⁵³xuɤʔ⁵iəʔ⁵tʂã²¹pʰ̩⁴⁵]俗语。表示人应该将荣誉（脸面）看作与生命同等重要，正如树皮之于树一样。

【人阿有的，狗咬丑的】[zən⁴⁵xʊ²¹iɯ²¹³tɤ²¹kɯ²¹³iɔ²¹³tʂʰɯ²¹³tɤ]表示人一般都嫌贫爱富，好攀结有钱的人，连狗都会咬外表寒碜的人。"阿"读若huō，意为巴结、奉承。

【人家把他往堂屋拽，他非要往牛屋挣】[zən⁴⁵tɕia²¹pɤ²¹tʰɤʔ⁵uã²¹³tʰã⁴⁵uəʔ⁵tʂuE⁵³tʰɤʔ⁵fe²¹iɔ⁵³uã²¹³liɯ⁴⁵uəʔ⁵tsən⁵³]不领别人的好意，非要往差的方向跑。喻指某人不识抬举、不知好歹、拗犟。

【人家是什么人】[zən⁴⁵tɕia²¹ʂʐ̩⁵³ xəŋ⁵³mɤ²¹zən⁴⁵]此"（代词）＋是什么人"反问句结构主要表示：①话语对象非等闲之辈。如："我是什么人？也不去打听打听！"②对某人来说，事情是小菜一碟。如："他是什么人？这毫事还能难倒他吗？"

【人讲东门楼子，他讲马屁股头子】[zən⁴⁵tɕiɑ̃²¹³təŋ²¹mən⁴⁵lɯ⁴⁵tsə²¹tʰ ɤʔ⁵tɕiɑ̃²¹³ma²¹³pʰ⁵³kuʔ²¹tʰɯ⁴⁵tsə]（讽刺、戏谑）在插话、应答、讲话中不切前面的话题或内容，且多为乱说、胡诌，没有品位。

【人敬我一尺，我敬人一丈】[zən⁴⁵ tɕin⁵³ʊ²¹³iə²¹tʂʰəʔ⁵ʊ²¹³tɕin⁵³zən⁴⁵iəʔ⁵tʂ ɑ̃⁵³]义如条目。

【人靠衣裳马靠鞍】[zən⁴⁵kʰɔ⁵³ʐ̩²¹ ʂɑ̃²¹ma²¹³kʰɔ⁵³zæ²¹]义如条目。

【人能不如命能】[zən⁴⁵lən⁴⁵pə²¹ zu⁴⁵min⁵³lən⁴⁵]指命运的力量远远大于个人的能力。

【人情大似债，头顶锅铁卖】[zə n⁴⁵tɕʰin⁴⁵ta⁵³ʂʐ̩⁵³tʂɛ⁵³tʰɯ⁴⁵tin²¹³ku²¹tʰi ɤʔ⁵mɛ⁵³]指欠别人的人情，如同负债一样，是一定要还的。

注：合肥人讲究信义，别人给自己

的情礼，视若借贷，无论时间长短，非还不可，故有"欠人情"一说。至于欠债，更是"人不死债不烂"。但也有极少数"老赖"利用别人的善良或年节风俗躲债。因为本地区忌在年节索款、逼债，一般在别人家贴过门对、放过炮仗后不再讨要欠债，即使专程讨债已入别人家门的人，也要立即退出，改贺欠债者新年快乐。故民间流传有应付债主年关讨债的顺口溜："二十八，我设法，二十九，有有有，三十躲起不露面，初一相见拱拱手。"

【人穷志不穷】[zən⁴⁵tɕʰin⁴⁵tʂʐ̩⁵³ pə²¹tɕʰin⁴⁵]俗语。

【人上一百，形形色色】[zən⁴⁵ ʂɑ̃⁵³iə²¹pɤʔ⁵ɕin⁴⁵ɕin⁴⁵sɤ²¹sɤʔ⁵]俗语。

【人屎一样】[zən⁴⁵ʂʐ̩²¹³iə²¹iɑ̃⁵³]指某人不自量力，霸占了其不配的职位或做了不合身份的事。有时用来戏谑小孩学做大人时的可笑又可爱的行为。一说"猪屎一样"。

【人是铁饭是钢】[zən⁴⁵ʂʐ̩⁵³tʰiɤʔ⁵ fæ⁵³ʂʐ̩⁵³kɑ̃²¹]义如条目。

【人是屋中胆，财是人的胆】[zə n⁴⁵ʂʐ̩⁵³uəʔ⁵tʂəŋ²¹tæ²¹³tsʰɛ⁴⁵ʂʐ̩⁵³zən⁴⁵tə tæ²¹³]意指房屋必须有人住，才不会

颓圮；财大方可气粗。

【人尻被人欺，马尻被人骑】[zə
n⁴⁵səŋ⁴⁵pe⁵zə̩n⁴⁵tsʰ̩²¹ma²¹³səŋ⁴⁵pe⁵³z̩
ən⁴⁵tsʰ̩⁴⁵]俗语。

【人尻嘴厉害】[zə̩n⁴⁵səŋ⁴⁵tse²¹³
̩⁵³xɛ²¹]嘴皮子狠，实际上很无能、懦
弱。

【人托人】[zə̩n⁴⁵tʰɤʔ⁵zə̩n⁴⁵]即通
过"人找人"办事。

【人五人六】[zə̩n⁴⁵u²¹³zə̩n⁴⁵ləʔ⁵]①
装模作样，故作了不起状。②不安分
守己，有不配自己身份的言行。③小
孩装作大人样。

【人无过头力】[zə̩n⁴⁵u⁴⁵kʊ⁵³tʰɯ⁴⁵
liəʔ⁵]本义指人的胳膊超过头顶，其
力量必不能持久。引申指人不能做
超过自己能力的事。

【人无横财不发，马无夜草不肥】
[zə̩n⁴⁵u⁴⁵xũ⁴⁵tsʰɛ⁴⁵pə²¹fɤʔ⁵ma²¹³u⁴⁵ỹ⁵³
tsʰɔ²¹³pə²¹fe⁴⁵]俗语。

【人无十全，树无九丫】[zə̩n⁴⁵u⁴⁵
sə̩ʔ⁵tɕʰyĩ⁴⁵su⁵³u⁴⁵tɕiɯ²¹³ia²¹]义如条
目。

【人无前后眼】[zə̩n⁴⁵u⁴⁵tɕʰĩ⁴⁵
xɯ⁵³ĩ²¹³]俗语。

【人误地一时，地误人一年】[zə̩

n⁴⁵u⁵³tsɿ⁵³iə²¹s̩⁴⁵tsɿ⁵³u⁵³zə̩n⁴⁵iə²¹lĩ⁴⁵]
农谚。指要不误农时，按季节时令栽
种庄稼。

【人心隔肚皮】[zə̩n⁴⁵ɕin²¹kɤʔ⁵
tu⁵³pʰ̩⁴⁵]通"隔肚皮"。

【人心都是肉长之】[zə̩n⁴⁵ɕin²¹t
u²¹s̩⁵³zɯ⁵³tsɑ̃²¹³tʂə]人都有人性、感
情、恻隐之心。引申指在对某人的处
罚上下不了手。

【人有脸，树有皮】[zə̩n⁴⁵iɯ²¹³l
ĩ²¹³su⁵³iɯ²¹³pʰ̩⁴⁵]通"人活一张脸，
树活一张皮"。

【人在人情在】[zə̩n⁴⁵tsɛ⁵³zə̩n⁴⁵
tɕʰin⁴⁵tsɛ⁵³]义如条目。

【人嘴两张皮】[zə̩n⁴⁵tse²¹³/
tsue²¹³ liæ²¹³tʂɑ̃²¹pʰ̩⁴⁵]①形容人的口
头说法不可靠，可以轻易改变说法。
②形容人言可畏，什么话都能讲。

【人嘴一张皮，翻过来搭过去】
[zə̩n⁴⁵tse²¹³/tsue²¹³iəʔ⁵tʂɑ̃²¹pʰ̩⁴⁵fæ²¹k
ʊ²¹lɛ⁴⁵tɤʔ⁵kʊ⁵³tshɿ⁵³]通"人嘴两张
皮"。

【认得你之】[zə̩n⁵³tɤ²¹li²¹³tʂə]①
记住你了，你跑到哪里都会找你算
账。②算你狠，不与你纠缠了，惹不
起你躲得起。

【硬碰硬】[zən⁵³pʰəŋ⁵³zən⁵³]真做、凭真本事、不走捷径、敢于碰硬。如："哪个学驾驶的不把教练拽好？只有他～学了年把年。"

【硬直像屎橛子】[zən⁵³tʂə²¹ɕiã⁵³ʂ̩²¹³kuɤʔ⁵tsə]（讽）硬气、不变通、不妥协。

【硬直像肫样】[zən⁵³tʂə²¹ɕiã⁵³tɕyn²¹iã⁵³]（讽）表现得很硬气，不退让，不畏惧对手。形容自以为是的强势与自负。此处"肫"读成"军"。

【任您】[zən²¹lĩ]标音叹词、埋怨句，意义多种，主要是没办法、小东西、哪能这样讲/做等。

【日翻弄怪】[zəʔ⁵fæ²¹ləŋ⁵³kuɛ²¹]（贬）标新立异、乱折腾。

【日落乌云长，半夜听雨响】[zəʔ²¹lɤʔ⁵/luɤʔ⁵u²¹yn⁴⁵tʂʰã⁴⁵pəŋ⁵³ɳ̩⁵³tʰin²¹ɳ̩²¹³ɕiã²¹³]气象谚语。

【日晕雨，月晕风】[zəʔ⁵yn²¹ɳ̩²¹³yɤʔ⁵yn²¹fəŋ²¹]气象谚语。一说"日晕长江水，月晕草头风"。

【日图三餐，夜图一宿】[zəʔ²¹tʰu⁴⁵sæ²¹³tsʰæ²¹ɳ̩⁵³tʰu⁴⁵iə²¹səʔ⁵/suəʔ⁵/ɕiɯ²¹³]①表明饮食和睡眠对人很重要。②表示身外之物对人并不重要，

人之基本需求无非是一日三餐和一张睡床。

【染匠生得憨，打湿又晒干】[zəŋ²¹³/zɿ²¹³tɕiã⁵³sən²¹tɤ²¹xæ²¹ta²¹³səʔ⁵iɯ⁵³ʂɛ⁵³kæ²¹]调侃染匠染布过程中看似矛盾而又辛苦的两道工序。

【肉烂在锅里】[zɯ⁵³læ⁵³tsɛ⁵³ku²¹ɳ̩²¹]①虽然部分有损失，但总体上不亏（损失的利益落到了自家的范围内）。②肥水没有流到外人田。

【怄肠子】[zɯ⁵³/u⁵³tsʰã⁴⁵tsə]让人愤懑。

【入鬼】[zuəʔ⁵kuɛ²¹³]奇怪。

【三锤打不出一个闷屁】[sæ̃²¹tʂʰuɛ⁴⁵ta²¹³pə²¹tʂʰuəʔ⁵iəʔ⁵kə²¹mən⁵³pʰ̩⁵³]话不多、性格沉闷、反应十分迟钝。一说"三棍子打不出一个闷屁"。

【三代不念书，不如一窝猪】[sæ̃²¹tɛ⁵³pəʔ⁵lĩ⁵³ʂu²¹pə²¹zu⁴⁵iə²¹u²¹tʂu²¹]表面上指一个家庭里如长期都不念书，就如野人、畜生般，不知教化，实际上表示的是一种对文盲和贫困家庭的鄙视。

【三分人才，七分打扮】[sæ̃²¹fən²¹zən⁴⁵tsʰɛ⁴⁵tɕiəʔ⁵fən⁵³ta²¹³pəŋ⁵³]在外人眼中是否一表人才，衣饰打扮

很重要。

【三个女人一台戏】[sæ²¹kə²¹ɥ²¹³zən⁴⁵iə²¹tʰE⁴⁵sʅ⁵³]①女人凑到一起就会很热闹。②几个女的搞到一块即会生出许多是非、闹剧。

【三句话不离本行】[sæ²¹tsʅ⁵³xua⁵³pə²¹ʅ⁴⁵pən²¹³xɑ̃²¹]俗语。

【三年不开张，开张吃三年】[sæ²¹liĩ⁴⁵pə²¹kʰE²¹³tʂɑ̃²¹kʰE²¹³tʂɑ̃²¹tɕʰiə?⁵sæ²¹liĩ⁴⁵]某事较难成功，一旦成功其效益很大。

【三请四邀】[sæ²¹tɕʰin²¹³sʅ⁵³iə²¹]邀请了很多次，多喻指被邀请的人摆架子。

【三缺一】[sæ²¹tɕʰyɐ²¹iə?⁵]打牌少一人。

【三天不（得）到晚】[sæ²¹tʰiĩ⁴⁵pə²¹tɤ?⁵tə⁵³uæ²¹³]形容时间很短。如："这霞们废直很，什么玩具到他手里～就搞坏之。"

【三天不打上房揭瓦】[sæ²¹tʰiĩ⁴⁵pə²¹ta²¹³ʂɑ̃⁵³fɑ̃⁴⁵tɕiə²¹ua²¹³]指小孩如不经常管教就容易胆大妄为。

【三天不吃青，眼睛冒火星】[sæ²¹tʰiĩ⁴⁵pə²¹tʂʰiə?⁵tɕʰin²¹ĩ²¹³tɕin⁵³mɔ⁵³xʋ²¹³ɕin²¹]意指不经常吃蔬菜就会上火。

【三天狗屎鲜鲜】[sæ²¹tʰiĩ⁴⁵kɯ²¹³sʅ²¹³ɕin²¹ɕin²¹]做事只有短时间的热度和兴趣。如："不要给霞们买太多玩具，什么东西到他手里只有～！"句中"鲜"读若"新"。

【三文不当二文】[sæ²¹uən⁴⁵pə?⁵tæ²¹a⁵³uən⁴⁵]把钱财不当回事，浪费、乱花钱。

【三一三十一】[sæ²¹iə?⁵sæ²¹sə²¹iə?⁵]（平均）分掉东西。

【三下五除二】[sæ²¹ɕia⁵³u²¹³tʂʰu⁴⁵a⁵³]迅速、不拖泥带水地处理事务。

【三月三，荠菜赛金丹】[sæ²¹yɐ?⁵sæ²¹tsʅ⁵³tʂʰE⁵³sE⁵³tɕin²¹³tæ²¹]形容春天荠菜的独特营养。

注：农历三月初三，是传统的"上巳节"，又称"荠菜节"，众人郊游踏青，挖取荠菜等，做成饺子馅、包子馅，味美且营养丰富。另，郊游可使礼教社会里的男女有机会碰面，相互交流，沐浴于充满生机的春光里，对身心大有裨益。故有此说。

【散扯】[sæ²¹³tʂʰE²¹³/tʂʰe²¹³]独立短语。用以打断或回应别人话语，表示对方刚才所说的没根据，属于乱讲。

【散之板】[sæ²¹³tʂəʔ⁵pæ²¹³]①旧式脚盆、水桶等箍制木质容器因铁箍锈烂等原因而解体。②喻指家庭或组织解体、失散。

【散之架】[sæ²¹³tʂəʔ⁵tɕia⁵³]①物体因自身纽带或支撑结构损坏，而致整体失去连接，倾圮。②人因劳累、疾病等原因，不能保持原来的身架、神态，显得异常虚弱、憔悴。

【散之神】[sæ²¹³tʂəʔ⁵ʂən⁴⁵]因巨大的压力、焦虑等因素而失眠、六神无主或不能集中精神考虑问题。

【丧门星】[sã⁵³mən⁴⁵ɕin²¹]詈骂语。本义指带来霉运的害人精。

【骚得之】[sɔ²¹tɛ²¹tʂə]（底层粗俗语）年龄超过了。

【骚客气】[sɔ²¹kʰɤʔ⁵tsʰɿ⁵³]过分客气、假客气。

【臊猪】[sɔ²¹tʂu²¹]詈骂语。又脏又臊的猪。多用于妇女之间的互骂。通："臊母（méng）猪""瘟猪"。

【撒泡尿照照】[sɤ²¹pʰɔ⁴⁵se²¹tʂɔ⁵³tʂɔ⁵³]（底层粗俗语）提醒对方要有自知之明。

【撒尿不睃人，睃人撒不成】[sɤʔ⁵se²¹pəʔ⁵su⁴⁵zen⁴⁵su⁴⁵zen⁴⁵sɤʔ⁵pə²¹tʂʰən⁴⁵]俗语。意指解小手时你看别人，别人就会看你，容易产生类似强迫症的心理阴影，导致有人在旁往往解不出来。

【撒歪尿】[sɤʔ⁵uɛ²¹³se²¹]歪曲事实、嫁祸于人。

【虱多不痒，债多不愁】[sɤʔ⁵tu²¹pə²¹iã²¹³tʂɛ⁵³tu²¹pə²¹tʂʰɯ⁴⁵]麻烦多也就麻木了。

【塞到水里】[sɛ²¹tɔ²¹ʂue²¹³ɿ²¹]①白浪费了钱财。②陷别人于困境、危难境地。亦说"把某人甩到水里"。

【缩头缩脑】[səʔ⁵/suəʔ⁵tʰɯ⁴⁵səʔ⁵/suəʔ⁵lɔ²¹³]①长得矮小、形象猥琐。②因寒冷而缩着脖颈与身体。③因贫困、自卑等原因不敢社交，或与人交往时逃避、不主动、舍不得花钱。

【使牛】[se²¹³liɯ⁴⁵]用耕牛做犁田打耙、打场等农活。

【生不带来，死不带走】[sən²¹pəʔ⁵tɛ⁵³lɛ⁴⁵sɿ²¹³pəʔ⁵tɛ⁵³tsɯ²¹³]俗语。

【生活水平高】[sən²¹xuɤ²¹ʂue²¹³pʰin⁴⁵kɔ²¹]物价高。

【生是某家人，死是某家鬼】[sə

n²¹ʂ̩⁵³mʊ²¹tɕia²¹zən⁴⁵ʂ̩²¹³ʂ̩⁵³mʊ²¹tɕia²¹kue²¹³]旧时做媳妇的表示忠贞于夫家的俗语。有"嫁鸡随鸡，嫁狗随狗"之意。

【生意不成仁义在】[sən²¹ŋ²¹pə²¹tʂʰən⁴⁵zən⁴⁵ŋ⁵³tsɛ⁵³]生意场上交易不成时的俗语，起缓和气氛、找台阶下的作用。

【生蟒子】[sən²¹iɯ⁴⁵tsə]谷物尤其是米、麦面等因存放时间较长，里面长出一种小黑虫（米象）。

【孙猴子逃不出如来佛手掌心】[sən²¹xɯ⁴⁵tsə²¹tʰɔ⁴⁵pə²¹tʂʰuəʔ⁵zu⁴⁵lɛ⁴⁵fəʔ⁵ʂɯ²¹³tʂɑ̃²¹³ɕin²¹]俗语。一说：孙猴子七十二变/孙悟空一个跟头十万八千里，逃不出如来佛掌心。

【省酒待客】[sən²¹³tɕiɯ²¹³tɛ⁵³kʰɤʔ⁵]旧时传统的待客之道，即自己少饮酒而劝客人多饮。过去轻易不设酒席，饮酒也是讲究礼仪，小壶小盅细饮，不像今日动辄豪饮，非把人灌醉才罢休，故省酒待客是旧日美德。今日如客人对主人说这个话，多半是嫌主人舍不得酒、不够朋友。

【省事了事】[sən²¹³ʂ̩⁵³liɔ²¹³ʂ̩⁵³]不追究，不扩大事端，息事宁人。

【尿胈子打人，不疼人怄人】[se²¹pʰɔ²¹tsə²¹ta²¹³zen⁴⁵pəʔ⁵tʰən⁴⁵zən⁴⁵zu⁵³/ɯ⁵³zən⁴⁵]指某人的言行虽不能对别人的身体造成多大伤害，却在精神上令人愤懑、生闷气。

【随意】[se⁴⁵ŋ⁵³]独立短语。多用于宴席上回应别人给自己夹菜，含答谢并婉拒双重意义。

【随嘴议】[se⁴⁵/tsʰe⁴⁵tse²¹³tsue²¹³tʂʰa⁵³]随嘴、没有根据地乱插嘴、瞎讲。

【随嘴沓】[se⁴⁵/tsʰe⁴⁵tse²¹³tsue²¹³tʰɤʔ⁵]"沓"通"諮"，本义是形容话多的样子。《说文》：语多沓沓也。徐铉解：语多沓沓，若水之流，故从水，会意。现义为不经考虑地乱讲、乱附和，义近同"随嘴议"。

【杀猪杀屁股，各有各的杀法】[ʂɤʔ⁵tsu²¹ʂɤʔ⁵pʰi⁵³ku²¹kɤʔ⁵iɯ²¹³kɤʔ⁵təʂɤʔ⁵fəʔ⁵]意指每个人都有自己合适的做事方法，故不要轻易批评别人的做法。一说"杀猪杀到屎，各有各的杀法"。

【谝经海物】[ʂæ̃²¹tɕin²¹xɛ²¹³ue⁵³]吹牛、看不起人、摆架子、不靠谱。"物"读若"卫"。

【山外有山，人外有人】[ʂæ̃21uᴇ53iɯ213ʂæ̃21ʐen45uᴇ53iɯ213ʐən45]义如条目。

【山芋不嫌早，越早越好】[ʂa213/ʂæ̃213ɥ53pə21ɕĩɪ45tsɔ213yɤʔ5tsɔ213yɤʔ5xɔ213]农谚。指山芋的栽培时间宜早。

【上不巴天，下不巴地】[ʂɑ̃53pə21pa21tʰĩɪ21ɕia53pə21pa21tsɿ53]到了荒无人烟的地方，或遽然被置于十分无助的境地。

【上凑凑下凑凑】[ʂɑ̃53tsʰɯ53tsʰɯ53ɕia53tsʰɯ53tsʰɯ53]通过变通、妥协、改进或模糊化处理等灵活手段，努力达成一致或满足相关要求。通：“七拉八拽”。

【上顿不接下顿】[ʂɑ̃53tən53pə21tɕiəʔ5ɕia53tən53]粮食缺乏、十分贫困。

【上房揭瓦】[ʂɑ̃53fɑ̃45tɕiə21ua213]指人（特指小孩）没有家教、无法无天。

【上好之】[ʂɑ̃53xɔ213tʂə]①对事物的品质、效果等较满意。②讽刺语，表示“你真可以啊、能这样干吗、你现在翅膀硬了啊、等着瞧吧”等多种微妙意义。如：“你张（现在）～啊！不带我们玩了！”

【上梁不正下梁歪，中梁不正倒下来】[ʂɑ̃53liɑ̃45pəʔ5tʂən53ɕia53liɑ̃45uᴇ21tʂəŋ21liɑ̃45pəʔ5tʂən53tɔ213ɕia53lᴇ21]义如条目。

【上天】[ʂɑ̃53tʰĩɪ21]目中无人、肆无忌惮。如：“再不管他，他就～了！”

【伤脑筋】[ʂɑ̃21lɔ213tɕin21]①事情难办、费心思。②遇到麻烦。

【少年夫妻老来伴】[ʂɔ53lĩɪ45fu21tsʰɿ21lɔ213lᴇ45pəŋ53]下半句为：一天不见清叫唤。指夫妻间的感情在一生的不同阶段有不同的表现；感情好的夫妇相互间依赖感强，尤其到年老时不可须臾分离。

【少有】[ʂɔ213iɯ213]（训斥人或表示不满时用）形容对方为人行事不合常理。

【韶】[ʂɔ45]（斥责用语）招摇、惹是非、烦琐、画蛇添足。

【舌头讲干得之】[ʂɤʔ5tʰɯ53tɕiɑ̃213kæ̃21tᴇ21tʂə]为某事、某道理已经讲得够多的了。

【舌头讲勚得之】[ʂɤʔ5tʰɯ53tɕiɑ̃213ʅ53tᴇ21tʂə]讲得那么多（对方也不听）。

【舍得为人】[ʂE²¹³tɤʔ⁵ue⁴⁵zən⁴⁵]招待宾客大方、慷慨。

【晒直淌油】[ʂE⁵³tʂə²¹tʰã²¹³iɯ⁴⁵]烈日当空、阳光直接照射下的炎热感觉。

【蛇有蛇路，鳖有鳖路】[ʂE⁴⁵iɯ²¹³ʂE⁴⁵lu⁵³piɤʔ⁵iɯ²¹³piɤʔ⁵lu⁵³]每个人都有各自的生存环境与生存技能。喻指不管好坏，各人都有自己的门道。

【深一脚浅一脚】[ʂən²¹iə²¹tɕyɤʔ⁵tɕʰĩ²¹³iə²¹tɕyɤʔ⁵]在泥泞或厚雪覆盖的道路上艰难行走之貌。

【甚讲】[ʂən⁵³tɕiã²¹³]不同意别人意见或接过别人话茬时的开头语。意为"讲的什么话？"或"怎么讲话呢？"。

【神神道道】[ʂən⁴⁵ʂən⁴⁵tɔ²¹³tɔ²¹]故弄玄虚、不太正常的样子。

【神直像鏊子】[ʂən⁴⁵tʂə²¹ɕiã⁵³tsæ̃⁵³tsə²¹]形容自以为是、神气活现而又忘乎所以的人。

【神直像肘子】[ʂən⁴⁵tʂə²¹ɕiã⁵³tʂɯ²¹³tsə²¹]同上。

【身大力不亏】[ʂən²¹ta⁵³liə²¹⁵pəʔ⁵kʰue²¹]义如条目。

【身体打岔】[ʂən²¹tsʰ²¹ta²¹³tʂʰa⁵³]讳指生病。

【身上有事】[ʂən²¹ʂã²¹iɯ²¹³s²¹³]处于怀孕初期，尚看不出身形变化。

【身子重】[ʂən²¹tsə²¹tʂən⁵³]懒惰。

【呻吟】[ʂən²¹lĩ²¹]拟声句。读若"身令"或"润令"，多用作开头语、转折语，表示轻微程度的不满、埋怨、事后的无奈。有时仅作为应答或附和，意为"是吗、真是的"。有时纯粹是一个语气词，表明相对于对方，说话者的年龄、资格、地位处于优势地位。

【十层单不如一层棉】[ʂəʔ⁵tsʰən⁴⁵tæ̃²¹pə²¹zu⁴⁵iə²¹tsʰən⁴⁵mĩ⁴⁵]指还是棉絮能御寒，单衣穿得再多也没用。

【十个手指头还有长短】[ʂəʔ⁵kə²¹ʂɯ²¹³tʂ²¹³tʰɯ⁴⁵xəʔ⁵iɯ²¹³tʂʰã⁴⁵təŋ²¹³/tũ²¹³]人在品格、能力等方面不可能都一样。一说"手指头伸出来还有长有短"。偶指一个人处理事务不可能做到完全公正。

【十网打鱼九网空，一网打到就成功】[ʂəʔ⁵uã²¹³ta²¹³ɥ²¹³tɕiɯ²¹³uã²¹³kʰəŋ²¹iəʔ⁵uã²¹³ta²¹³tɔ⁵³tɕiɯ⁵³tʂʰən⁴⁵kəŋ²¹]义如条目。

【嘘】['ʂʅ / ʂʅ꞉²¹]拟声句。驱赶鸡的声音（多伴随手臂动作）。

【（世上）找不到】[ʂʅ⁵³ʂã²¹tʂɔ²¹³ pəʔtɔ⁵³]指异于常人、十分奇葩的人或行为。可作形容词。

【势子正】[ʂʅ⁵³tsə²¹tʂən⁵³]指某人有形象、有气势。偶指故意摆架子。

【是大还大，是小还小】[ʂʅ⁵³ta⁵³xuæ⁴⁵ta⁵³ʂʅ⁵³ɕiɔ⁵³xuæ⁴⁵ɕiɔ²¹³]有礼貌、遵守长幼尊卑的次序。"还（huán）"义为"按特定礼仪对待"。

【是福不是祸，是祸躲不过】[ʂʅ⁵³fəʔpəʔʂʅ⁵³xʊ⁵³ʂʅ⁵³xʊ⁵³tʊ²¹³pəʔkʊ⁵³]俗语。该来的必定要来，表示人要坦然面对祸福得失。

【是匠不是匠，手头拿三样】[ʂʅ⁵³tɕiã⁵³pəʔʂʅ⁵³tɕiã⁵³ʂɯ²¹³tʰɯ⁴⁵la⁴⁵sæ²¹iã⁵³]行业谚语。意思是一个人到底是不是师傅、有没有本事，要看他手里有无三样特定的工具家伙。一说一个学徒能不能出师，要看他现场能否做出三样合格的东西。至于"三样"是何种工具或作品，现暂无从考证。

【是照】[ʂʅ⁵³tʂɔ²¹]借音句。是的、

知道了。常作为没好气、嫌别人啰唆的回答。

【是蒸（真）的不是鲊（假）的】[ʂʅ⁵³tʂən²¹tʂə²¹pəʔʂʅ⁵³tʂa²¹³tʂə]谐音俏皮话。意为：是真的，不是假的。

【是嘛】[ʂʅ⁵³tʂE²¹]是这样的、可不是吗、那又怎样。该短语含多种微妙意义，"嘛"读若"寨"。

【什么人】[ʂʅ⁵³/xəŋ⁵³mɐ²¹zən⁴⁵]（形式疑问句，表示赞赏或讽刺）你/人家是什么人（所以才这么厉害、才这么奇葩等）。

【什么人什么待】[ʂʅ⁵³/xəŋ⁵³mɐ²¹zən⁴⁵ʂʅ⁵³/xəŋ⁵³mɐ²¹tE⁵³]市井俚语。常与"什么人什么菜"连用。意思是对不同的人用不同的方式来招待、对待。

【世上冇后悔药卖】[ʂʅ⁵³ʂã⁵³mɯ²¹³xɯ⁵³xue²¹³yɤʔmE⁵³]义如条目。

【手不稳】[ʂɯ²¹³pə²¹uən²¹³]好小偷小摸。

【手到擒来】[ʂɯ²¹³tɔ⁵³tɕʰin⁴⁵la⁴⁵]意指做某件事情易如反掌。

【手贱】[ʂɯ²¹³tɕiĩ⁵³]手闲不住，好乱摸。

【手心手背都是肉】[ʂɯ²¹³ɕin²¹

ʂɯ²¹³pe⁵³tu²¹ʂʅ⁵³zɯ⁵³]处两难境地，对属于自己家庭或阵营的任何成员都不好偏爱或偏责。尤指内部发生问题需要处罚时下不了手。

【手爹着】[ʂɯ²¹³tʂa²¹tʂə]无所事事、无所适从。偶指很着急的样子。

【手爪头不抻一个】[ʂɯ²¹³tʂɔ²¹³tʰɯ⁴⁵pəʔ⁵tʂʰən²¹iəʔ⁵kə²¹]不帮忙、袖手旁观。

【收不了汤】[ʂɯ²¹pəʔ⁵liɔ²¹³tʰã²¹]收不了场。

【受八辈子罪】[ʂɯ⁵³pɤʔ⁵pe⁵³tsə²¹tse⁵³/tsue⁵³]受了莫大的罪。隐含受此苦难是注定的、逃脱不掉的。

注：因为"八"在合肥方言里代表"多、久"，"八辈子罪"指的是前世多少辈留下的业障。同类的短语还有倒八辈子霉、吃八辈子苦等。

【受洋罪】[ʂɯ⁵³iã⁴⁵tse⁵³/tsue⁵³]活受罪、适应不了特定的际遇或环境。这种不适之感觉一般难以言表、也往往怪不得别人。

【受罪】[ʂɯ⁵³tse⁵³/tsue⁵³]该短语较有意思，既评判别人的感受状态，又可投射自己的感受。①受苦。②因身体、技能等原因，造成处事能力与效率低下，易为人取笑。③看别人的尴尬困境连自己都感到着急。如："看他那不顶龙样子都～！"④形容某人受苦、难堪的可怜相。

【熟不熟只看四月十六】[ʂu⁴⁵pə²¹ʂu⁴⁵tʂʅ²¹³kʰæ⁵³ʂʅ⁵³yɤʔ⁵ʂəʔ²¹ləʔ²⁵]意指庄稼年成要看四月十六。传该日宜有阴云，晚上月出须于太阳落下地平线后为佳。

【㞞】[ʂua²¹³]借音句。意为：笨蛋、不争气!

【㞞货】[ʂua²¹³xu⁵³]通"㞞"。

【㞞讲】[ʂua²¹³tɕiã²¹³]不合规矩、不上套套地胡讲、乱讲。

【甩水里不响一声】[ʂuE²¹³ʂue²¹³ʅ²¹³pəʔ⁵ɕiã²¹³iəʔ⁵ʂən²¹]白费钱了。

【甩直八丈远】[ʂuE²¹³tʂə²¹pɤʔ⁵tʂã⁵³yĩ²¹³]①在行路或赛跑中大幅领先对方。②对某种物品不感兴趣、断然弃之不用。

【拴牛桩都能绊倒人】[ʂuæ²¹liɯ⁴⁵tʂuã²¹tu²¹lən⁴⁵pʰæ²¹³tɔ⁵³zən⁴⁵]意指不要看不起那些不起眼的小人物或细枝末节，他们有时会有惊人之举，或可以造成很严重的后果。

【爽讲】[ʂuã⁵³tɕiã²¹³]借音句。据

说、人们说。"爽"读若第四声，"爽讲"偶缩略音变为单音"爽"。

【霜前冷雪后寒】[ʂuã²¹tɕʰĩ⁴⁵lən²¹³ɕyɤʔ⁵xɯ⁵³xæ⁴⁵]义如条目。

【睡床来尿——不想好】[ʂue⁵³tʂʰuã⁴⁵lE⁴⁵se²¹pə²¹ɕiã²¹³xɔ²¹³]歇后语。

【睡梦中笑醒之】[ʂue⁵³məŋ⁵³tʂəŋ²¹ɕiɔ⁵³ɕin²¹³tʂə]形容对某件事情称心、高兴得不得了。

【睡眠掉】[ʂue⁵³mĩ⁴⁵tiɔ⁵³]睡得昏沉，失去知觉、意识。此处"眠"读mīng，为久睡不动意，如动物的"冬眠"。

【睡魇住】[ʂue⁵³ĩ²¹³tʂu⁵³]（浅睡中）失去意识、似被无名力量控制；或虽有意识，但躯体、动作暂时不受人本体控制，近于睡眠麻痹症。"魇"读若yǐn。

【睡猪槽盖冰冻】[ʂue⁵³tʂu²¹tsʰɔ⁴⁵kE⁵³pin²¹lən²¹]没有一毫毫热气。形容很凄凉困苦、得不到一点温暖。

【顺地下爬三转】[ʂuən⁵³tʂŋ⁵³ɕiɤ²¹pʰa⁴⁵sæ²¹tʂũ⁵³]发誓、赌咒用语。表示绝不可能（是这样、做某事）。

【顺杆爬】[ʂuən⁵³kæ²¹³pʰa⁴⁵]①迎合别人的意思、心思来说话办事。

②利用别人的话头与语义的模糊空间去说过头话、做过头事，以实现其私利。③借坡下驴、利用别人提供的条件做自己的事。

【顺汤顺水】[ʂuən⁵³tʰã²¹ʂuən⁵³ʂue²¹³]事情办得较顺利。

【顺着毛抹】[ʂuən⁵³tʂə²¹mɔ⁴⁵mɤʔ⁵]①与脾气暴躁、古怪的人打交道时，避免刺激他。②不硬做，先照顾到某人的脾性，再布置工作或进行劝说。

【说不上口】[ʂuɤ²¹pəʔ⁵ʂã⁵³kʰɯ²¹³]①不便、不好意思开口。通：开不了口。②对负面的东西难以启齿。③不值得对别人说。

【说曹操曹操到】[ʂuɤʔ⁵tsʰɔ⁴⁵tsʰɔ⁵³tsʰɔ⁴⁵tsʰɔ⁵³tɔ⁵³]意为很巧，正说着，某人、某事就来了。

【说买就买】[ʂuɤʔ⁵mE²¹³tɕiɯ⁵³mE²¹³]立即、果断地采购。

【失之家教】[ʂəʔ⁵tʂə²¹tɕia²¹tɕiɔ⁵³]训斥小孩，意指其言行太不像话，没规矩、没教养。近通：离直经！此短语一般不用于别家孩子，尤其是其家长在场的情况下。

【事情就来之】[sŋ⁵³tɕʰin²¹tɕiɯ⁵³lE⁴⁵tʂə]埋怨、责怪对方用语。①无端

造事、把事情搞复杂。②偏偏在对方这里出现问题。如："讲搞人家都能做好，到你这地块～！"

【嘬】[sʅ<] 拟声句，通过舌齿间倒吸气流产生的声音。为人的下意识反应，表示惊诧、为难。在肢体局部猛然接触到冰寒、热烫物时也多发此声。

【思思谟谟】[sʅ²¹sʅ²¹mɤ²¹mɤʔ⁵] 一心一意、时刻都在想。通"心心念念"。

【思想好】[sʅ²¹ɕiã²¹³xɔ²¹³]"文革"时期用语。通"觉悟高"。

【撕破脸皮】[sʅ²¹pʰʊ⁵³liⁿ²¹³pʰʅ⁴⁵]①与某人翻脸。②不顾情面地做某事。

【洗不出来】[sʅ²¹³pəʔ⁵tʂʰuəʔ⁵lE⁴⁵]指衣服太脏洗不干净了，或洗不出原有的样子。

注："动词+不出来"结构常用来表示一个动作没有产生应有的效果。

【西山骡子学马叫】[sʅ²¹ṣã²¹lʊ⁴⁵tsə²¹ɕɤʔ⁵maʔ²¹³tɕiɔ⁵³]东施效颦、学得不像。偶用来讽刺学外语者。

【死讲活讲】[sʅ²¹³tɕiã²¹³xuɤʔ⁵tɕiã²¹³]使劲地要求、说明、争辩等。

【死皮百赖】[sʅ²¹³pʰʅ⁴⁵pɤʔ⁵lE⁵³]纠缠、赖皮、厚着脸皮地要求。

【死了张屠户，不吃混毛猪】[sʅ²¹³lɤ²¹tʂã²¹tʰu⁴⁵u⁵³pə²¹tɕʰiəʔ⁵xuən⁵³mɔ⁴⁵tʂu²¹]离了某个人或某种条件，照样能办成某事。

【死要面子活受罪】[sʅ²¹³iɔ⁵³miⁿ⁵³tsə²¹xɐuʔ⁵ṣɯ⁵³tse⁵³/tsue⁵³]俗语。

【死在那垃搞】[sʅ²¹³tsE⁵³lE⁵³ɔ²¹kɔ²¹]死劲、卖力、老是在做某事。

注：这种"死在那垃+动词"结构，是一个能产组句模式，多贬义。

【细水长流吃穿不愁】[sʅ⁵³ṣue²¹³tʂʰã⁴⁵liɯ⁴⁵tɕʰiəʔ⁵tʂʰũ²¹pə²¹tsʰɯ⁴⁵]俗语。

【碎碎平安】[se⁵³se⁵³pʰin⁴⁵zæ̃²¹]"碎碎"谐音"岁岁"，打碎东西时的安慰语。

【屄到家】[sən⁴⁵tɔ⁵³tɕia²¹]胆小、衰弱、窝囊之极。同义：屄到卯/到功/伤直心/屄得之。

【屄瘫得之】[sən⁴⁵tʰæ²¹tE²¹tʂə]极其无能、懦弱。偶指在技术、生产力、贫富水平或战斗力上极其低下。

【（真）屄人】[sən⁴⁵zən⁴⁵]（粗鄙语）意为真烦人、事情不好办。

【尻相】[sən⁴⁵ɕiɑ̃⁵³]（粗鄙语）看你那（狼狈）样子！

【算老几】[sən⁵³/sũ⁵³lɔ²¹³tʂʅ²¹³]指某人没有资格做某事。

【算你本事大】[sən⁵³/sũ⁵³li²¹³pən²¹³ʂʅ⁵³ta⁵³]算你狠。

【算你狠】[sən⁵³/sũ⁵³li²¹³xən²¹³]①算你厉害，我让着你。②你等着瞧。

【算盘打直滴溜溜转】[sən⁵³/sũ⁵³ pʰən⁴⁵ta²¹³tʂə²¹tiəʔ⁵liɯ⁵³liɯ²¹tʂũ⁵³]精于算计、善打小九九。

【算卵子】[sən⁵³/sũ⁵³lən²¹³/lũ²¹³tʂ ə²¹]（粗俗语）意同"算老几"。

【算之】[sən⁵³/sũ⁵³tʂə²¹]①索性、就这样了。②就此拉倒、不再行动了（不说了、不做了、不再追诉权利等）。如："～～，我算你狠，钱我不要之！"

【送伕子】[sən⁵³fu²¹tʂə²¹]旧时承担挑运徭役。

【送命】[sən⁵³min⁵³]真要命。

【瘦脱之形】[sɯ⁵³tʰɤʔ⁵tʂə²¹ɕin⁴⁵]消瘦得变了样子，难以辨认。

【它兑它】[tʰɤʔ⁵te⁵³tʰɤʔ⁵]还是这样、没有用、抵消掉了。如："想养

猪生两个活络钱，除饲料、猪秧子、打针钱，两年下来还是～。"

【他倒好】[tʰɤʔ⁵tɔ⁵³xɔ²¹³]句中插入语。起转折作用，表示两相对比之反差，或意指某人的行为与众人的预期或期待相反。

【他就好……】[tʰɤʔ⁵tɕiɯ⁵³xɔ⁵³]对别人的习惯性做法不赞成。如："～吃饭时间端个碗到人家唠门子！"

【他快乎……】[tʰɤʔ⁵kʰuE⁵³xʊ²¹]他根本没有……。如"～有钱！"（他有个屁钱）。

【他浪】[tʰɤʔ⁵lɑ̃²¹]快速说"他讲"时的变音，还可变为"他盎"。

【抬（竹）杠】[tʰE⁴⁵kɑ̃⁵³]争辩。

【抬死尸一样】[tʰE⁴⁵sʅ²¹³ʂʅ²¹iəʔ⁵iɑ̃⁵³]形容所抬的东西沉重。

【抬头不见低头见】[tʰE⁴⁵tʰɯ⁴⁵pəʔ⁵tɕiĩ⁵³tʂʅ²¹tʰɯ⁴⁵tɕiĩ⁵³]俗语。

【太阳从西边出】[tʰE⁵³iɑ̃²¹tsʰən⁴⁵ʂʅ²¹pĩ²¹tʂʰuəʔ⁵]表示事情很稀罕或根本不可能。如："呦，～，你今个讲来咋（你今天怎么能来）？"

【叹气连天】[tʰæ⁵³tsʰʅ⁵³liĩ⁴⁵tʰĩ²¹]唉声叹气（带着某种埋怨、愤怒）。

【叹气哼天】[tʰæ⁵³tsʰŋ⁵³pʰu⁴⁵tʰĩ²¹] 读若"叹气铺天"。埋怨、唤声叹气得很厉害。

【汤是汤米是米】[tʰɑ̃²¹ʂŋ⁵³tʰɑ̃²¹mŋ²¹³ʂŋ⁵³mŋ²¹³] 稀饭中米未能烧得充分融化、不黏稠。

【趟孬】[tʰɑ̃²¹lɔ²¹] 认尿服输，或不敢直面对手与困难。

【趟趟瞧】[tʰɑ̃²¹tʰɑ̃²¹tɕʰiɔ⁴⁵]（威胁语气）试试看！

【趟炮子子】[tʰɑ̃²¹pʰɔ⁵³tsŋ²¹³tsə] 挨枪子的。常用于轻骂自己不听话、做错事的孩子，或熟人间的调侃。

【趟之鬼】[tʰɑ̃²¹tsə²¹kue²¹³]①真算倒了霉。②事情出奇、很奇怪，碰到了想不到的消极事物。

【蹚浑水】[tʰɑ̃⁴⁵xuən⁴⁵ʂue²¹³] 卷入麻烦中。

【躺倒搞】[tʰɑ̃²¹³tɔ²¹³kɔ²¹³] 下决心、豁出时间、认真地做某事。

【躺着床上拉屎】[tʰɑ̃²¹³tsə²¹tsʰuɑ̃⁴⁵ʂɑ̃⁵³la²¹ʂŋ²¹³] 不想好、破罐子破摔。亦作俗语"睡床上屙屎 —— 不想好"。

【桃三杏四梨五年，枣子当年就还钱】[tʰɔ⁴⁵sæ²¹ɕin⁵³sŋ⁵³ŋ⁴⁵u²¹³lĩ⁴⁵tsɔ²¹³tsɑ̃²¹tɑ̃²¹lĩ⁴⁵tɕiɯ⁵³xuæ⁴⁵tɕʰĩ⁴⁵] 农谚。表示果树的不同挂果树龄。

【讨打】[tʰɔ²¹³ta²¹³] 欠打。

【讨狗肉账】[tʰɔ²¹³kɯ²¹³ʐɯ⁵³tsɑ̃⁵³] 向别人讨要零碎的、久未归还或难以要回的欠款。

【讨嫌】[tʰɔ⁴⁵ɕĩ⁴⁵] 讨厌（语义稍轻）。

【踏人步眼】[tʰɤ²¹ʐən⁴⁵pu⁵³ĩ²¹³] 本义是跟着别人先前在烂泥、积雪路上踏出的脚印行走，引申指按照兄长、前辈的路径取得成功。如："他踏他哥哥步眼，也考上了学校。"

【塌鼻子短颈子，好吃无影子】[tʰɤ²¹piəʔ⁵tsə²¹təŋ²¹³/tũ²¹³tɕin²¹³tsə²¹xɔ⁵³tɕʰiəʔ⁵u⁴⁵in²¹³tsə] 表示此长相的人好吃。

【脱不开身】[tʰɤʔ⁵pə²¹kʰE⁴⁵ʂən²¹] 没有空、走不开。

【脱裤子放屁】[tʰɤʔ⁵kʰu⁵³tsə²¹fɑ̃⁵³pʰŋ⁵³]①做不必要的事。②歇后语，谜底为"多此一举"。

【特殊】[tʰɤ²¹tsʰu⁴⁵] 埋怨、斥责语。指对方与众不同。

【秃子头上存不住二两油】[tʰəʔ⁵/tʰuəʔ⁵tsə²¹tʰɯ⁴⁵ʂɑ̃⁵³tsʰən⁴⁵pəʔ⁵tʂu⁵³a⁵

³liã²¹iɯ⁴⁵]形容某人肤浅，没有耐心与气量，财富和想法都容易暴露。类似短语：叫花子存不住隔夜粮。

【推三阻四】[tʰe²¹sæ²¹tsu²¹³sʅ⁵³]不答应、借口拖延、阻挠。

【腿一抻】[tʰe²¹³/tʰue²¹³iəʔ⁵tʂʰən²¹]喻指"死"。

【踢寡妇门，挖绝户坟】[tʰiəʔ⁵kua²¹³fu⁵³mən⁴⁵ua²¹tɕyɤʔ⁵xu⁵³fən⁴⁵]旧时只有最坏的人才做这样的事，比喻某人品质恶劣、缺德到了极点。

【踢手绊脚】[tʰiəʔ⁵ʂɯ²¹³pʰæ̃⁵³tɕyɤʔ⁵]形容物品乱摆放，妨碍别人的行动。

【挑三拣四】[tʰiɔ²¹sæ̃²¹tɕĩ²¹³sʅ⁵³]义如条目。

【挑着花样吃】[tʰiɔ²¹³tʂə²¹xua²¹iã⁵³tɕʰiəʔ⁵]食物不断变换花样。

【诮人神经】[tʰiɔ²¹³zən⁴⁵ʂən⁴⁵tɕin²¹]故意卖关子，引发对方无谓的兴奋、好奇或担忧。《说文》释诮：相呼诱也。

【天戳通得之】[tʰĩ²¹tʂʰuɤʔ⁵tʰən²¹tɛ²¹tʂə]旧时成年人取笑小女孩在头顶扎个独辫子。

【天干饿不死手艺人】[tʰĩ²¹kæ

²¹ʊ⁵³pə²¹sʅ²¹³ʂɯ²¹³ʅ⁵³zən²¹]旧时表示一技在身、吃穿不愁，即使灾年也饿不到。

【天黄有雨，人黄有病】[tʰĩ²¹xuã⁴⁵iɯ²¹³ʅ²¹³zən⁴⁵xuã⁴⁵iɯ²¹³pin⁵³]义如条目。

【天上下石头，儿子打老头】[tʰĩ²¹ʂã²¹ɕia⁵³ʂəʔ⁵tʰɯ⁵³a⁴⁵tsə²¹ta²¹³lɔ²¹³tʰɯ⁴⁵]表示下人若不孝，上天都要动怒惩罚。一说下人打上人世所罕见，如同遇到天上下起陨石雨。

【天上鱼鳞鳞，地下水淋淋】[tʰĩ²¹ʂã²¹ʅ⁴⁵lin⁴⁵lin⁴⁵tsʅ⁵³ɕiɤ²¹ʂue²¹³lin⁴⁵lin⁴⁵]气象谚语。

【天庭饱满，地阁方圆】[tʰĩ²¹tʰin⁴⁵pɔ²¹³mən²¹³/mũ²¹³tsʅ⁵³kɤʔ⁵fã²¹yĩ⁴⁵]此为看相人恭维客人所常用，形容其前额饱满、下巴方正圆润，长得一脸富贵相。

【天外有天，人外有人】[tʰĩ²¹uE⁵³iɯ²¹³tʰĩ²¹zən⁴⁵uE⁵³iɯ²¹³zən⁴⁵]俗语。

【天下通得之】[tʰĩ²¹ɕia⁵³tʰən²¹tɛ²¹tʂə]形容连续下雨时间过长。

【天涯无家】[tʰĩ²¹ia⁴⁵u⁴⁵tɕia²¹]借音句。意指即使到了最坏的境地、考虑到最差的情况（也会有相应的办法，也没有什么可怕的）。

【天要变】[tʰĩ²¹iɔ⁵³pĩ⁵³]要下雨、下雪或变阴。

【天要灭人】[tʰĩ²¹iɔ⁵³miɤ²¹zən⁴⁵]俗语。遇旱涝、极冷、极热等极端天气时，人们有所感悟之口头禅。其隐含义是因为人对天不敬或做了缺德事，遭到了上天的惩罚。

【天作有雨，人作有祸】[tʰĩ²¹tsɤʔ⁵/tsuɤʔ⁵iɯ²¹³ɿ²¹³zən⁴⁵tsɤʔ⁵/tsuɤʔ⁵iɯ²¹³xʊ⁵³]义如条目。

【添个人多双筷子】[tʰĩ²¹kə²¹zən⁴⁵tʊ²¹ʂuɑ²¹kʰuE⁵³tsə²¹]中华传统文化以人多为善，不把人当作负担，而是当作世间最大的福分之源。本句的原意是一锅饭人多是吃、人少也是吃。其引申义主要有三层意思：①"来的都是客"，对临时多来一个客人吃饭表示欢迎的客气语，尤指事先未邀请的客人，所谓"千差万差来人不差"。②不在乎多生养一个小孩，欢迎"多生的"孩子出世。③不在意、不嫌弃别人来家里吃住，表现主人的好客、善良之心。

【铁匠无样边打边相】[tʰiɤʔ⁵tɕiɑ

⁵³u⁵³iɑ̃⁵³pĩ²¹ta²¹³pĩ²¹ɕiɑ̃⁵³]行业谚语。

【听话听音】[tʰin²¹xua⁵³tʰin²¹³in²¹]义如条目。

【通打】[tʰəŋ²¹ta²¹³]没有敌手、阻碍。引申指到处吃得开。

【通人性】[tʰəŋ²¹zən⁴⁵ɕin⁵³]畜生通人性。俗传家畜通人语，故当着猪、牛的面，不要讲"杀"字。

【同年相仿】[tʰəŋ⁴⁵liĩ⁴⁵ɕiɑ̃²¹fɑ̃²¹³]年龄相仿。

【头顶一个字】[tʰɯ⁴⁵tin²¹³iəʔ⁵kə²¹tsʅ⁵³]同姓。

【头顶生疮，脚底淌脓】[tʰɯ⁴⁵tin²¹³sən²¹tʂʰuɑ̃²¹tɕyɤʔ⁵tsʅ²¹³tʰɑ̃²¹³ləŋ⁴⁵]坏透了。

【头伏萝卜二伏菜，三伏荞麦顶锅盖】[tʰɯ⁴⁵fəʔ⁵lʊ⁴⁵pu⁵³a⁵³fəʔ⁵tsʰE⁵³sæ²¹fəʔ⁵tɕʰiɔ⁴⁵mɤʔ⁵tin²¹³kʊ²¹kE⁵³]农时谚语。

【头扛直】[tʰɯ⁴⁵kʰɑ̃⁴⁵tsʅ²¹]头昂着。形容某人得意或看不起人的样子。

【头难剃】[tʰɯ⁴⁵læ⁴⁵tsʰʅ⁵³]形容某人难对付，难管理，对人对事挑剔，难以满足。

【头脑不做主】[tʰɯ⁴⁵b²¹³pəʔ⁵tsu⁵³tʂu²¹³]

容易听信别人或一时头脑糊涂。

【头脑给屎糊之】[tʰɯ⁴⁵lɔ²¹³ke²¹ ʂʅ²¹³xu⁵³tʂə]做事（一时）糊涂。

【头脑进水】[tʰɯ⁴⁵lɔ²¹³tɕin⁵³ʂue²¹³]一时头脑糊涂。

【头脑想空得之】[tʰɯ⁴⁵lɔ²¹³ɕiã²¹³ kʰən²¹tɛ²¹tʂə]苦苦思索了许久（也没有想出方法或答案）。一说"头脑想勳得之"。

【头上长角，身上长刺】[tʰɯ⁴⁵ʂã ⁵³tʂã²¹³kɤʔ⁵ʂən²¹ʂã²¹tʂã²¹³tsʰʅ⁵³]表示某人不服管，是刺头。

【头削尖之……】[tʰɯ⁴⁵ɕɣʔ⁵tɕĩ²¹tʂə]极力图谋挤入某组织、参与某事务、获取某种资质或利益。如："张人～都要往机关跑。"

【头长在人家颈子高头】[tʰɯ⁴ ⁵tʂã²¹³tsɛ⁵³zən⁴⁵tɕia²¹tɕin²¹³tsə²¹kɔ²¹ tɯ²¹]没有主见、易受别人影响。

【头直抓】[tʰɯ⁴⁵tʂəʔ⁵tʂua²¹]形容遇到困境手足无措。如："年底都来要债，他急直～。"

【偷吃扒拿】[tʰɯ²¹tɕʰiəʔ⁵pʰa⁴⁵la⁴⁵]对品行不端者行为之总称。

【兔子不拉屎之地方】[tʰu⁵³tsə pə²¹la²¹ʂʅ²¹³tʂə tsʅ⁵³fã²¹]荒僻无人之

地。通"鬼不生蛋的地方"。

【土靛染色要讲规章】[tʰu²¹³tin⁵³ zən²¹³/zĩ²¹³sɤʔ⁵iɔ⁵³tɕiã²¹³kue²¹³tʂã²¹]印染行业谚语。全句为："～；无碱不上，无灰（草木灰）不亮。"反映了传统植物染色的技艺诀窍。

注：昔时民间染布，包括扎染、蜡染等工艺，是采用植物根茎、皮、叶、花等原料，借助草木灰、明矾、矿石等助剂，进行手工染色的。其中，土靛是过去染坊或家庭染布的一种主要染料，具耐久不脱色的特点。《诗经小雅·采绿》中"终朝采蓝，不盈一襜"一句里"蓝"就是一种可做天然还原氧化染料的蓝草，用以染靛蓝。如染红，多用红花或朱砂、赭石；染淡黄色，用柿子、冬青叶等；再用青矾媒染，就会染黑。碱作为还原染料色浆助剂，主要起软化、固色作用，红花、地黄、冬青叶等都是碱性染料。而草木灰的主要成分是富含碱性的碳酸钾。过去农村用大锅煮染自纺的土布、衣物，是一个家庭难得的大事，此时人手忙碌、蒸汽腾腾、色味扑鼻，不失为一道独特风景，也是自给自足农耕文明的重要一环。

【拖老龙】[tʰʊ²¹lɔ²¹³lən⁴⁵]旧时

成年人取笑小孩子用语，形容其鼻子底下拖挂着鼻涕。

【拖油瓶】[tʰʊ²¹iɯ⁴⁵pʰin⁴⁵]另立家庭时一方带着与原配所生的小孩。

【驼子跌街心——卖俏(翘)】[tʰʊ⁴⁵tsə²¹tiɤʔ⁵tɕiɛ²¹³ɕin²¹mɛ⁵³tɕʰiɔ⁵³]谐音歇后语。

【驼子背菱角——里戳外捣】[tʰʊ⁴⁵tsə²¹pe²¹lin⁴⁵kɤʔ⁵ɻ²¹³tʂʰuɤʔ⁵uɛ⁵³tɔ²¹³]歇后语。

【乌纱帽一戴嘴就歪】[u²¹ʂa²¹mɔ⁵³iəʔ⁵tɛ⁵³tse²¹³/tsue²¹³tɕiɯ⁵³uɛ²¹]比喻一当上官便颐指气使，讲出的话就不再和气、公正。

【乌龟看王八——对不上眼】[u²¹kue²¹kʰæ̃⁵³uã⁴⁵pɤ²¹te⁵³pəʔ⁵ʂã⁵³ĩ²¹³]歇后语。

【乌龟爬门槛——还有一跌在后头】[u²¹kue²¹pʰa⁴⁵mən⁴⁵tɕĩ⁵³xɤʔ⁵iɯ¹³ieʔ⁵tiɤʔ⁵tse⁵³xɯ⁵³tʰɯ²¹]歇后语。

【乌龟吃大麦——糟蹋粮食】[u²¹kue²¹tɕʰiəʔ⁵ta²¹mɤʔ⁵tsɔ²¹tʰɤʔ⁵liã⁴⁵ʂəʔ⁵]歇后语。

【蜈蚣见不得鸡】[u⁴⁵kəŋ⁵³tɕĩ⁵³pə²¹tɤʔ⁵tsɿ²¹]两者天性为敌。引申指一方不能容忍另一方的任何举动。

【无话不谈】[u⁴⁵xua⁵³pə²¹tʰæ̃⁴⁵]形容关系十分密切。

【无酒不成席】[u⁴⁵tɕiɯ²¹³pə²¹tʂʰən⁴⁵ɕiəʔ⁵]俗语。

【无事八三】[u⁴⁵sɿ⁵³pɤʔ⁵sæ̃²¹]借音句。无缘无故、无事生非。似为"无事参干"之音变。

【无事参干】[u⁴⁵sɿ⁵³tsʰæ̃²¹kæ̃²¹]①无事生事。②没有缘由（去做某事）。"参干"的原义是干预、过问。《后汉书·孝仁董皇后纪》：后每欲～政事，太后辄相禁塞。

【无事担僔】[u⁴⁵sɿ⁵³tæ̃²¹³tsʰæ̃²¹]无缘无故担责。

【无事阑干】[u⁴⁵sɿ⁵³læ̃⁴⁵kæ̃²¹]似为"无事参干"之音变。

【舞马羊西】[u²¹³ma²¹³iã⁴⁵sɿ²¹]借音句。本着借口、酒劲或别人一般不敢惹的名声等撒泼、胡闹。如："我们正在谈正事，你喝过酒不要在这块～之！"

【五百年前是一家】[u²¹³pɤʔ⁵liĩ²¹tɕʰiĩ⁴⁵ʂɿ⁵³iəʔ⁵tɕia²¹]同姓。多指隔得较远的亲房，或遇到同姓不同宗之人时的戏称。

【五心烦躁】[u²¹³ɕin²¹fæ̃⁴⁵tsɔ⁵³]

内心极度烦躁不安。

【五月南风发大水，六月南风井底干】[u²¹³yɤʔ⁵læ̃⁴⁵fəŋ²¹feʔ⁵ta⁵³ʂue²¹³ləʔ⁵yɤʔ⁵læ̃⁴⁵fəŋ²¹tɕin²¹³tsʅ²¹³kæ̃²¹]气象谚语。俗传六月南风不可过大。

【务心】[u⁵³ɕin²¹]放心、满足。

【雾雨撒撒】[u⁵³ʮ²¹³sɤ²¹sɤʔ⁵]天上下着蒙蒙细雨。

【歪瓜裂枣周正梨】[uE²¹kua²¹liɤ²¹tsɔ²¹³tʂɯ²¹tʂən⁵³ʅ⁴⁵]本义指这几种外形的瓜果较甜。隐含义指衡量事物好坏，没有统一标准，不可一概而论。

【歪好歪好】[uE²¹xɔ²¹³uE²¹xɔ²¹³]遇到一点小毛病时的安慰语。

【弯木头直木匠】[uæ̃²¹məʔ⁵tʰɯ⁵³tʂə²¹məʔ⁵tɕiã⁵³]行业谚语。在手艺好的木匠手中没有废料，弯木也能直用。

【弯腰撅屁股】[uæ̃²¹iɔ²¹tɕyɤʔ⁵pʰʅ⁵³ku²¹]表示辛苦劳作的样子。

【玩不到一块去】[uæ̃⁴⁵pə²¹tɔ²¹³iəʔ⁵kʰuE⁵³tsʰʮ⁵³]志趣不相投，交往不起来。

【玩花头精】[uæ̃⁴⁵xua²¹tʰɯ⁴⁵tɕin²¹]骗人。

【玩忘世得之】[uæ̃⁴⁵uã⁵³ʂʅ²¹tE²¹tʂə]在外面玩得忘记时间、忘记回家。

【玩直不归家】[uæ̃⁴⁵tʂə²¹pə²¹kue⁴⁵tɕia²¹]在外玩得快活以至于不想回家。

【玩直认不得家】[uæ̃⁴⁵tʂə²¹zən⁵³pə²¹tɤʔ⁵tɕia²¹]通：玩直不归家。

【万人不遇】[uæ̃⁵³zən⁴⁵pəʔ⁵ʮ⁵³]怪异、不与人交往。

【王八写字王八认】[uã⁴⁵pɤ²¹se²¹³tsʅ⁵³uã⁴⁵pɤ²¹zən⁵³]讽刺别人字写得不好或潦草，只有他自己能认得。

【王二麻子】[uã⁴⁵a⁵³ma⁴⁵tsə]①事情黄了、没有机会了。②事情没有着落、不靠谱、遥遥无期、不可能有结果。

【王小二过年，一年不如一年】[uã⁴⁵ɕiɔ²¹³a⁵³kʊ⁵³liĩ⁴⁵iəʔ⁵liĩ⁴⁵pə²¹zu⁴⁵iəʔ⁵liĩ⁴⁵]喻指走下坡路。

【往那高头讲】[uã⁵³lE⁵³kɔ²¹tʰɯ²¹tɕiã²¹³]朝那个话题上说。

【望到就厌】[uã⁵³tɔ²¹³tɕiɯ⁵³ĩ⁵³]十分讨厌、烦某人。

【望到事】[uã⁵³tɔ⁵³sʅ⁵³]①明晰事理。②能事先预测或从细微处发现问题，并应对得当。

【望都不望】[uã⁵³tɯ²¹pəʔ⁵uã⁵³]形容对某种东西看不上眼、不感兴趣。

【望人呆】[uã⁵³zən⁴⁵tɛ²¹]不尊重别人的利益，把人家当呆子，尽打自己的小九九。如："他这个人好～，出来跟人家吃饭从来不掏钱。"

【望人好】[uã⁵³zən⁴⁵xɔ²¹³]不嫉妒、希望别人好。

【望直办】[uã⁵³tʂə²¹pæ̃⁵³]①告诉别人根据情况办、随机应变。②（带怨气、无奈、少许警告语气）要别人看着办，不可太过分。③同"望着搞"，（威胁性口吻）你搞搞看！

【望直（他）就够之】[uã⁵³tʂə²¹tɕiɯ²¹kɯ⁵³tʂə]对某人、某物（多指食物）很不喜欢，看到就讨厌、恶心、不想接触。一作"望直都厌"。

【忘五失六】[uã⁵³u²¹³ʂə²¹ləʔ⁵]记性差、丢三落四。

【往后一缩】[uã²¹³xɯ⁵³iə²¹səʔ⁵/suəʔ⁵]遇到问题不担当、不帮忙。

【为人不做亏心事，半夜不怕鬼敲门】[ue⁴⁵zən⁴⁵pəʔ⁵tsu⁵³kʰue²¹ɕin²¹ʅ⁵³pəŋ⁵³ʅ⁵³pəʔ⁵pa⁵³kue²¹³tɕʰiɔ²¹mən⁴⁵]

义如条目。

【味道长】[ue⁵³tɔ²¹tʂʰã⁴⁵]为人处世有一股说不出来的做派。主要包含小气、畏缩、怯懦、反复、阴鸷、嫉妒、敷衍塞责、为难别人等特质。

【问个信】[uən⁵³kə²¹ɕin⁵³]亦说"托人问个信"，意指通过第三者向某人问好、带个口信或打听、询问特定消息，并非真的捎带一封信。如："麻烦你把我～，霞们讲人（谈对象）之事那边是什么个想法？"

注：此处"信"字，是十分古老的用法。因为现今的"信"，古时叫"书"；而古时之"信"，乃今日"信使"之意。如《世说新语·雅量》：俄而谢玄淮上信至，看书竟默然无言。此句中，"书""信"两字并用。直到唐朝杜甫的诗中，还能看到这种区分，如"诗好几时见，书成无信将。"故合肥话里的"问信"乃循古法，即通过信使询问、问候之意。

【问浇之】[uən⁵³tɕiɔ²¹tʂə]借音句。问遍了。方言"浇"有"遍及""整个过一遍"的意思。如：看浇之、吃浇之、得罪浇之、洗一浇、上一浇粪等。

【问客杀鸡】[uən⁵³kʰɤʔ⁵ʂɤʔ⁵tsʅ²¹]故作姿态、假客气。

【问路不施礼，多走二十里】[uən⁵³lu⁵³pə⁵²ʂʅ²¹ʅ²¹³tu²¹tsɯ²¹³a⁵³ʂə²¹ʅ²¹³]问路时不懂礼仪、不客气，就不易得到详尽而准确的方向。

【问谵得之】[uən⁵³tʂa²¹tɛ²¹tʂə]被问得不知如何回答、无法自圆其说。"谵"于此读若"渣"（zhā），本义是"说话失去条理"。

【文不能测字，武不能撮狗屎】[uən⁴⁵pə²¹lən⁴⁵tsʰɐ²¹tsʅ⁵³u²¹³pə²¹lən⁴⁵tsʰɐ⁵²kɯ²¹³ʂʅ²¹³]文不能文、武不能武，什么事情都做不了。

【闻风及至】[uən⁴⁵fəŋ²¹tɕiə⁵²tʂʅ⁵³]一得到消息就赶来、急忙赶去凑热闹。近义：闻风而动。

【蚊子打锣】[uən⁴⁵tsə²¹tɑ²¹³lu⁴⁵]形容蚊虫聚集飞舞时的声貌。

【蚊子叮菩萨——认错人】[uən⁴⁵tsə²¹tin²¹pʰu⁴⁵sɤ²¹zən⁵³tsu⁵³zən⁴⁵]歇后语。

【蚊子薨薨】[uən⁴⁵tsə²¹xəŋ²¹³xəŋ²¹]通"蚊子打锣"。"薨"可用来形容蚊虫群集振翅时的声势，《诗经·周南·螽斯》：螽斯羽，薨薨兮。

注：表示"薨薨"作响的叠韵词还有哄哄、訇訇、浤浤、耾耾、輷輷等，分别形容人群、水流、车轮等的声响。

【蚊子起阵】[uən⁴⁵tsə²¹tsʰʅ²¹³tʂən⁵³]傍晚蚊子起聚、成群飞舞的状态。同"蚊子薨薨"。

【嬉吱搭聉】[ɕi²¹tʂʅ²¹tɤ²¹kuɐ⁵²]借音句。放弃长幼之序和长者应有的严肃形象。主要指放纵孩子、任其撒娇，与之嬉闹、开玩笑。昔时合肥人信奉：不能跟霞们～，要有一个人（使他们）惧。

【斜/车到二角】[ɕi⁴⁵tə²¹a⁵³kɤ⁵²]借音句。形容十分倾斜的样子。如："你看他欢喜之，嘴都笑车到二角上了！"

注："二角"这个词来历不明，似与旧时农民犁田有关。犁田时，除了鞭打偷懒的耕牛外，对犁土不走直线的牛，农民往往还厉声责骂，仿佛它们能听懂。"斜到角上去了"是常骂的句式之一。

【斜坏子货】[ɕi⁴⁵pʰʅ²¹tsəxʊ⁵³]詈骂句。指某人品行不端、不走正道。

【閪直风】[ɕia²¹tʂə⁵²fəŋ²¹]受了风寒。

【霞们屁股三把火】[ɕia⁴⁵mən⁵³pʰʅ⁵³ku²¹sæ²¹pa²¹³xʊ²¹³]原指小孩子的屁股天性不怕冷。引申指小孩子没必要穿得太多。

【霞们有十年洪福】[ɕia⁴⁵mən⁵³iɯ²¹³ʂə²¹lĩ²¹xəŋ⁴⁵fə²⁵]俗语。表示孩童们的年幼岁月，都有父母护佑的福气。

【下大】[ɕia⁵³ta⁵³]表示雨雪下得大。反义：下小。

【下漂得之】[ɕia⁵³pʰiɔ²¹tE²¹tʂə]形容雨势很猛且下得时间很长。

【下深水】[ɕia⁵³ʂən²¹ʂue²¹³]舍得投入、很深入地做某事。喻指为办成某事对某个人的贿赂很大。如："这个事要找人，不～不照哎！"

【下停】[ɕia⁵³tʰin⁴⁵]雨雪刚停止。

【下作】[ɕia⁵³tʂɤʔ²⁵/tsuɤʔ²⁵]活该、瞧你干的坏事！

【下直不歇】[ɕia⁵³tʂəpəʔ²⁵ɕiɤʔ²⁵]雨雪下个不停，或断断续续地下。

【夏至栽秧昼夜分，早晨插秧晚扎根】[ɕia⁵³tʂɻ²¹tsE²¹iɑ̃²¹tʂɯ⁵³ŋ⁵³fən²¹tsɔ²¹³ʂɑ̃⁵³tʂʰɤʔ²⁵iɑ̃²¹uæ²¹³tʂɤʔ²⁵kən²¹]农谚。表示夏至时分秧苗长得快。

【夏至种黄豆，长死一榔头】[ɕia⁵³tʂɻ²¹tʂəŋ⁵³xuɑ̃⁴⁵tɯ⁵³tʂɑ̃²¹³ɻ²¹³iə²¹lɑ̃⁴⁵tʰɯ⁵³]农时谚语。意指迟至夏至才种黄豆则豆苗长不高。

【想鳖法子】[ɕiɑ̃²¹³piɤ²¹fɛʔ²⁵tsə]（底层鄙俗语）想尽一切办法和招数。如："你放心，我～也要到月底把钱还给你。"该短语有承诺口气，强调自己的行动决心。

【想打】[ɕiɑ̃²¹³ta²¹³]斥责语。你想挨打不成？通"作打"。

【想到哪讲到哪】[ɕiɑ̃²¹³tɔ³la²¹³tɕiɑ̃²¹³tɔ⁵³la²¹³]说话无章法、散扯、随嘴诸。意指某人心无城府，说话随心所想。

【想方子】[ɕiɑ̃²¹³fɑ̃²¹tsə]想法子、找理由做某事。

【想好事】[ɕiɑ̃²¹³xɔ²¹³sɻ⁵³]（讽刺语）想入非非。

【想尽神方】[ɕiɑ̃²¹³tɕin⁵³ʂən⁴⁵fɑ̃²¹]绞尽脑汁思索方法，想尽一切办法应对问题。

【（脑筋）想空带直】[ɕiɑ̃²¹³kʰəŋ²¹tE²¹tʂə]苦苦思索、穷尽脑筋（也没法子）。

【想干之心】[ɕiɑ̃²¹³kæ²¹tʂəʔ²⁵ɕin²¹]朝思暮想某件事情，极度渴望得到某样东西、极度期望实现某想法。

【想神方】[ɕiɑ̃²¹³ʂən⁴⁵fɑ̃²¹]努力想出灵感、妙招来应对困境。

【想心事】[ɕiã²¹³ɕin²¹sŋ⁵³]①想心思。②思考问题。

【想直讲】[ɕiã²¹³tʂəʔ⁵tɕiã²¹³]（插话短语）不可能、不要乱讲。如："～！这东西我哪能给你？"通"你想直讲"。

【响屁不臭，臭屁不响】[ɕiã²¹³pʰŋ⁵³pəʔ⁵tʂʰɯ⁵³tʂʰɯ⁵³pʰŋ⁵³pə²¹ɕiã²¹³]（底层鄙俗语）义同题条。

【响水不开，开水不响】[ɕiã²¹³ʂue²¹³pə²¹kʰE²¹kʰE²¹ʂue²¹pəʔ⁵ɕiã²¹³]（习语）通过水蒸气的响声来判断水烧得开不开。

【享清福】[ɕiã²¹³tɕʰin²¹fəʔ⁵]义如条目。

【像逮不到样子】[ɕiã⁵³tE²¹³pə²¹tɔ²¹³iã⁵³tsə]（贬）形容某人乍见到、遇到某种其认为机会难得的事物，即全力、猛烈、持续地采取相应的行动。多指猛吃、快吃、吃多，通"觉相"。

【像独得之】[ɕiã⁵³təʔ⁵tE⁵³tsə]非常相像。

【像掇桶一样】[ɕiã⁵³tɤʔ⁵/tuɤʔ⁵tʰəŋ²¹³iə²¹iã⁵³]①比喻小孩抱起来沉、长得敦实。②讽刺某人懒惰，长时间坐在一个地方不干事。

【像个事情样子】[ɕiã⁵³kə²¹sŋ⁵³tɕin²¹iã⁵³tsə]①真正负责、认真地投入某件事情中。②做事靠谱、按规矩。

【像鬼一样】[ɕiã⁵³kue²¹³iə²¹iã⁵³]形容某人神头鬼脸、得意忘形，或做事鬼鬼祟祟的。

【像你】[ɕiã⁵³li:²¹³]讽刺语。意为：能像你那样吗？像你就完了！

【像一脬屎】[ɕiã⁵³iə²¹pʰɔ⁴⁵ʂŋ²¹³]①形容人懒。②指占着某个位置妨碍别人。③令人厌恶的人，多指在一个组织内德才差、不做事还自以为是的人。

【像野人一样】[ɕiã⁵³i²¹³zən⁴⁵iə²¹iã⁵³]多形容小孩玩心大、活泼好动、浑身脏兮兮的样子。

【像甄三一样】[ɕiã⁵³tʂən²¹³sæ²¹iə²¹iã⁵³]①自以为是，做不符合自己身份、角色的事。②指不自量力、逞能的人。

【像猪屎（一）样】[ɕiã⁵³tʂu²¹ʂŋ²¹³iə²¹iã⁵³]①自不量力、不知天高地厚。②（谑语）瞧你那样子。

【相跌之干干净净】[ɕiã⁵³tiɤʔ⁵tʂ əkæ²¹kæ²¹tɕin⁵³tɕin⁵³]面子丢大了。

【消得之】[ɕiɔ²¹tɛ²¹tʂə]事情黄了、取消了。

【晓顿（得）好歹】[ɕiɔ²¹³təŋ⁵³xɔ²¹³tɛ²¹³]知道好坏、感恩。

【晓顿你姓丘】[ɕiɔ²¹³tən⁵³li²¹³ɕin⁵³tɕʰiɯ²¹]（讽刺）谁知道你是谁？本义指你若不通报姓名、不作为，别人不会知道你是谁。

【（可）晓顿我是哪个啊】[kʰəʔ⁵ɕiɔ²¹³tən⁵³ʊ²¹³ʂ̩⁵³la²¹³kə⁴⁵ɐ²¹]（警告语气）你知道我是谁吗？

【小不言之】[ɕiɔ²¹³pə²¹ĩ⁴⁵tʂə²¹]枝枝节节的东西、微小的事物（可以忽略、不计）。

【小葱拌豆腐——青青（清清）白白】[ɕiɔ²¹³tsʰəŋ²¹pəŋ⁵³tɯ⁵³fu²¹tɕʰin²¹tɕʰin²¹pɤ²¹pɤʔ⁵]谐音歇后语。

【小洞不补大洞二尺五】[ɕiɔ²¹³təŋ⁵³pə²¹pu²¹³ta⁵³təŋ⁵³a⁵³tʂʰəʔ⁵u²¹³]喻指问题要消弭在萌芽状态，不然以后会失控或难以处理。

【小和尚念经——有口无心】[ɕiɔ²¹³xɯ⁴⁵tʂɤ⁵³lĩ⁵³tɕin⁵³iɯ²¹³kʰɯ²¹³u⁴⁵ɕin²¹]歇后语。

【小满不满，芒种不管】[ɕiɔ²¹³məŋ²¹³pə²¹məŋ²¹³mã⁴⁵tʂəŋ⁵³pə²¹kũ²¹³]农谚。旧传小满日宜雨。

【小满家把家芒种普天下】[ɕiɔ²¹³məŋ²¹³tɕia²¹pa⁴⁵tɕia²¹mã⁴⁵tʂəŋ⁵³pʰu⁴⁵tʰĩ²¹ɕia⁵³]农谚。指割麦的时令。

【小时偷针，大时偷金】[ɕiɔ²¹³ʂ̩⁴⁵tʰɯ⁴⁵tʂən²¹ta⁵³ʂ̩⁴⁵tʰɯ⁴⁵tɕin²¹]小时候的恶习如不加以管束，成年后将变成大恶。

【小腰（给他）下得之】[ɕiɔ²¹³iɔ²¹ke²¹³təʔ⁵ɕia⁵³tɛ²¹tʂə]原意指身体要害部分被别人攥住、控制或废掉，只好眼睁睁地遭受其控制和损害。引申为因自己的弱点被人窥破、攻击，或因其他原因，自己陷于无法扭转的、极度痛苦的困境，或面临决定性的败局。

【小直小一肚拐】[ɕiɔ²¹³tʂəʔ⁵ɕiɔ²¹³iəʔ⁵tu⁵³kue²¹³]指小个子的人大多滑头、精明、点子多。

【笑白得嗤】[ɕiɔ⁵³pɤ²¹tɤʔ⁵tʂʰ̩]借音句。遭到斥责、戏谑，或自己有错时却笑嘻嘻、不知耻。也指某人做错事后没有惶恐，却有近乎谄媚的傻笑。

【笑死人】[ɕiɔ⁵³sʅ²¹³zən⁴⁵]表示对方所说的站不住脚。

【瞎搭】[ɕiɤ²¹tɤʔ⁵]乱说、乱搭话、在外乱交往。

【瞎搞】[ɕiɤ²¹/ɕiɤʔ⁵kɔ²¹³]不知/计后果、胆大乱为地胡搞。语气比"黑搞"强。

【瞎讲】[ɕiɤ²¹/ɕiɤʔ⁵tɕiɑ̃²¹³]独立语或插入语。①表示别人讲得不对或乱讲。②对别人语气与感情色彩较浓的话语表示附和。隐含"这不是瞎讲的"义。③自己讲到兴头上时，表示对前句肯定的插入语。

【瞎猫碰到死老鼠】[ɕiɤʔ⁵mɔ²¹pʰəŋ⁵³tɔ⁵³sʅ²¹³lɔ²¹³tʂuəʔ⁵]俗语。

【瞎嗙】[ɕiɤʔ⁵pʰɑ̃²¹]夸夸其谈。

【瞎咋呼】[ɕiɤʔ⁵tʂa²¹xu²¹]①无章法、无道理地高声乱讲。②炫耀。

【瞎子看戏——图热闹】[ɕiɤʔ⁵tsə²¹kʰæ̃⁵³sʅ⁵³tʰu⁴⁵zɤʔ⁵lɔ⁵³]歇后语。

【歇得之】[ɕiɤʔ⁵tE⁵³tʂə]①事情办不成了、黄掉了。②完蛋了。③关系断了。④不知所措。

【歇干干净净之】[ɕiɤʔ⁵tʂə²¹kæ̃²¹kæ̃²¹tɕin²¹tɕin⁵³]①根本没有可能性。②能力、本事等差得太远。如："你

到他跟前～。"

【解不开】[ɕiE⁵³pə²¹kʰE²¹]放不下包袱、恩怨或陈旧知识，理解不了事理，跟不上时代。"解"读若"蟹"。

【咸菜烧豆腐——有言（盐）在先】[ɕiĩ⁴⁵tsʰE⁵³sɔ²¹tɯ⁵³fu²¹iɯ²¹³ĩ⁴⁵tsE⁵³ɕyĩ²¹]谐音歇后语。

【咸吃萝卜淡操心】[ɕiĩ⁴⁵tɕʰiə²¹lɔʔ⁵/lʊ⁴⁵pu⁵³tæ̃⁵³tsʰɔ²¹³ɕin²¹]瞎操别人的心。

【咸鱼淡肉】[ɕiĩ⁴⁵ʮ⁴⁵tæ̃⁵³zɯ⁵³]指烧鱼时可多放点盐，烧肉宜少放点。

【嫌人富笑人穷】[ɕiĩ⁴⁵zən⁴⁵fu⁵³ɕiɔ⁵³zən⁴⁵tɕʰiŋ⁴⁵]形容一种阴暗的市侩心理。

【现烧热卖】[ɕiĩ⁵³sɔ²¹zɤʔ⁵mE⁵³]现做，或事先没有准备、临时仓促地做某事。如："人家请他做报告，他这高头一毫不懂只好突击看书，上台～。"

【现世】[ɕiĩ⁵³sʅ⁵³]①丢人现眼。②因财力、技能、体能等方面的不济而尴尬。

【心不抻朗】[ɕin²¹pə²¹tʂʰən²¹lɑ̃²¹]心里不舒服。

【心不在肝上】[ɕin²¹pəʔ⁵tsE⁵³kæ̃²¹sɑ̃²¹]没有心思、心神不定。

【心大】[ɕin²¹³ta⁵³]目标大、志向大或欲望高。

【心定之】[ɕin²¹tin⁵³tʂə]事情有了着落的感觉。

【心坏】[ɕin²¹xuɛ⁵³]心地不善。

【心急吃不了热豆腐】[ɕin²¹tɕiə ʔ⁵tɕʰiəʔ⁵pəʔ⁵liə²¹³zɤʔ⁵tɯ⁵³fu²¹]心急成不了事。

【心揪之】[ɕin²¹tɕiɯ²¹tʂə]心里焦虑、非常担心某件事。

【心拎之】[ɕin²¹lin²¹tʂə]通"心揪之"。

【心细】[ɕin²¹sɿ⁵³]细心。

【心疼人】[ɕin²¹tʰən⁴⁵zən⁴⁵]爱护人、照顾人。

【心玩野得之】[ɕin²¹uæ̃⁴⁵i²¹³tɛ⁵³tʂə]在外面玩得不想归家。

【心像猫抓之】[ɕin²¹ɕiã⁵³mɔ²¹tʂua²¹tʂə]心情极度焦虑、不宁。

【心小】[ɕin²¹ɕiɔ²¹³]①欲望低、易满足。②气量小、易怒、好计较。

【心心念念】[ɕin²¹ɕin²¹liɛ̃⁵³liɛ̃⁵³]渴望、时刻在想、一直挂在心上。

【心里头空落落】[ɕin²¹ɣ²¹³tʰɯ²¹kʰən²¹lɔ⁴⁵lɔ²¹]惘然若失、心里空虚。此处"落落"读若"劳劳"。

【心里头冒通冒通】[ɕin²¹ɣ²¹³tʰɯ²¹mɔ⁵³tʰəŋ²¹mɔ⁵³tʰəŋ²¹]因惊慌、压力而心绪不定、焦虑、心跳加快。

【心里头嚅咕嚅咕】[ɕin²¹ɣ²¹³tʰɯ²¹zuəʔ⁵ku²¹/ku⁵³zuəʔ⁵ku²¹]心里不解、不服、犯嘀咕。

【心里头有事】[ɕin²¹ɣ²¹³tʰɯ²¹iɯ²¹³sɿ⁵³]头脑中有焦虑、烦恼的事项。中国人何以将思考之功能赋予"心"？其实是一个误会。据研究，先人们最初将"心"写成象形字𠙶，实际上指现代意义的囟门与头脑。孟子曰：心之官则思。说的是其本义。而"囟"的象形字，指的即是今天的"心"。由于焚书坑儒及后来对《说文解字》的不断改编，将两者搞混了。据今本《说文》：囟，头会，脑盖也，象形。完全搞颠倒了，以至于后来将错就错、谬种流传。

【新来乍到摸不到锅灶】[ɕin²¹lɛ⁴⁵tʂa⁵³tɔ⁵³mɯ²¹pəʔ⁵tɔ⁵³ku²¹³tsɔ⁵³]俗语。表示才到一个新地方摸不清情况。

【新老大旧老二，缝缝补补是老三】[ɕin²¹lɔ⁴⁵ta⁵³tɕiɯ⁵³lɔ⁴⁵a⁵³fəŋ⁴⁵fəŋ⁵³pu²¹³pu⁵³sɿ⁵³lɔ²¹³sæ̃²¹]旧时贫穷家

庭孩子的衣服按长幼顺序轮流穿。即老大穿过的衣服老二接着穿，轮到老三穿时已经很破旧了，以此类推。

【新三年旧三年，缝缝补补又三年】[ɕin²¹sæ̃²¹liĩ⁴⁵tɕiɯ⁵³sæ̃²¹liĩ⁴⁵fəŋ⁴⁵fəŋ⁵³pu²¹³pu⁵³iɯ⁵³sæ̃²¹liĩ⁴⁵]形容过去做件新衣服不易，不穿烂不离身。一说此句与"新老大旧老二，缝缝补补是老三"相契合。

【性子坦坦】[ɕin⁵³tsə²¹tʰæ̃²¹³tʰæ̃²¹³]性格和缓、不慌不忙。

【性命交关】[ɕin⁵³min⁵³tɕiɔ²¹³kuæ̃²¹]性命攸关。

【寻死寻活】[ɕin⁴⁵sɿ²¹³ɕin⁴⁵xuɤʔ⁵]为某件事情想不开或为达到某种目的而豁出脸皮乃至性命的歇斯底里状。

【秀才遇见兵，有理讲不清】[ɕiɯ⁵³tsʰE²¹ɥ⁵³tɕiĩ⁵³pin²¹iɯ²¹³ɿ²¹³tɕiã²¹³pəʔ⁵tɕʰin²¹]义如条目。

【学车】[ɕyɤʔ⁵tʂʰE²¹]学习自行车或汽车的驾驶技术。

【学好三年，学坏三天】[ɕyɤʔ⁵xɔ²¹³sæ̃²¹liĩ⁴⁵ɕyɤʔ⁵xuE⁵³sæ̃²¹³tʰiĩ²¹]学坏容易学好难。

【学会猪头疯，能过扬子江】[ɕyɤʔ⁵xue⁵³tʂu²¹tʰɯ⁴⁵fəŋ²¹lən⁴⁵ku⁵³iã⁴⁵tsɿ⁵³tɕiã²¹]指有一技在身，就不怕任何困难；即使临时学会猪头疯，也能挤上船过江。

【循喝子】[ɕyn⁴⁵xɔ⁵³tsə]借音句。歇一会。

【鸦鸦乌】[ia²¹ia⁴⁵u²¹]借音句。没有声息、事情没有结果、无疾而终，或在第三方不知情的情况下事态、真相就悄无声息地结束、湮灭了。

【伢子唉】[ia⁴⁵tsE²¹]合音读若"伢在"。常作为教训别人的开头语。如："～，你还嫩直毫子！"

【牙齿敲敲一大捧子】[ia⁴⁵tʂʰɿ⁵³kʰɔ²¹kʰɔ²¹iəʔ⁵ta⁵³pʰəŋ²¹³tsə]形容吃（闲）饭人多。"敲"读若kāo。

【牙都不敢龇】[ia⁴⁵tu²¹pə²¹kæ̃²¹³tsɿ²¹]在强势人物或别人的淫威前不敢有丝毫异议、反抗。

【牙缝里省之】[ia⁴⁵fəŋ⁵³ɿ²¹³sən²¹³tsə²¹]省吃俭用节约下来的。

【衙门门口槌棒三年会讲话】[ia⁴⁵mən⁵³mən⁴⁵kʰɯ²¹³tʂʰue⁴⁵pã⁵³sæ̃²¹liĩ⁴⁵xue⁵³tɕiã²¹³xua⁵³]原意指听人说话

时间长了也会跟着说两句。常被老师用来批评过于愚笨的学生。

【洋不洋广不广】[iã⁴⁵pə²¹iã⁴⁵kuã²¹³pə²¹kuã²¹³]不伦不类、难看。

【洋讲】[iã⁴⁵tɕiã²¹³]①邪讲，故意开玩笑地讲。②故意东扯西拉地为难别人。

【养卵晒蛋】[iã²¹³lən²¹³/lũ²¹³ʂɛ⁵³tɛ̃⁵³]形容四脚朝天、养尊处优、懒散、不服管教。

【养猪不赚钱，回头看看田】[iã²¹³tʂu²¹pəʔ⁵tʂũ⁵³tɕʰĩ⁴⁵xue⁴⁵tʰɯ⁴⁵kɛ̃⁵³kɛ̃⁵³tʰĩ⁴⁵]农谚。表示养猪的效益很大，仅看看猪粪对于肥田的作用有多大就知道了。

【仰仗大鼻失误事】[iã²¹³tʂã⁵³ta⁵³piəʔ⁵ʂəʔ⁵u⁵³sɿ⁵³]想当然地相信某个人而误事。

【样经喳】[iã⁵³tɕin²¹tʂa²¹]借音句。没关系、这有什么大不了的。有时在"样"字与"经"字之间可出现一个不明显的"盎"音。

【样子多】[iã⁵³tsə²¹tu²¹]对人要求多、苛刻，花样多、难以满足。

【吆】[iɔ⁵³/iɔː⁵³]借音句。①发短促音，表示惊异、忘记事情、想不到、猛然醒悟等意思，类同"吆嚆"。②发长音，表示揶揄、慨叹、同情、惊讶或不快，有"你看你那样子""我的乖乖""真可怜""能这样做吗"等多种意思。

【吆嚆】[iɔ²¹/iɔ²¹³xɔ²¹][iɔ²¹xɔ⁴⁵]借音句。①惊讶。读若yāo—hāo,通"嗷嚆"。②慨叹。读若yǎo—hāo。③表示愤怒、示警。读若yāo—háo。

【吆还真是之】[iɔː²¹³xɤ⁴⁵tʂən²¹sɿ⁵³tʂə²¹]①起初疑虑后而始信，相信中仍带三分疑惑。②"吆"拖长音，表示受冒犯、不高兴，意指对方"还真有意思、竟然真的做得出来"。

【腰都累断得之】[iɔ²¹tɯ²¹le⁵³tən⁵³/tũ⁵³tɛ⁵³tʂə²¹]累极了。

【腰里有两个】[iɔ²¹ʅ²¹³iɯ²¹³liɛ̃²¹³kə]金钱上较富裕、（身上）有不少钱。

【要么经】[iɔ⁵³məʔ⁵tɕin²¹]有什么关系？

【要吃人】[iɔ⁵³tɕʰiə²¹zən⁴⁵]①凶狠的样子。如："哪个敢沾他？一发起疯来样子～！"②贪婪、欲望强烈状。如："他看女人的眼光像～。"

【要死要活】[iɔ⁵³sɿ²¹³iɔ⁵³xuɤʔ⁵]

竭力、歇斯底里。

【要我讲】[iɔ⁵³ʊ²¹³tɕiã²¹³]依我讲、要是我的话。

【要有嗨】[iɔ⁵³iɯ²¹³xɛ⁵³]我哪里有（钱）啊？

【压不住坛】[iɤʔ⁵pə²¹tʂu⁵³tʰæ̃⁴⁵]掌控不了下属或局势。

【鸭遑】[iɤʔ⁵xuã²¹³]借音句。计划失败、没指望。

【鸭胧难剥，人心难抹】[iɤʔ⁵tɕy n²¹læ̃⁴⁵pɤʔ⁵zən⁴⁵ɕin²¹læ̃⁴⁵mɤʔ⁵]"抹"乃"摸"。表示人心善恶难辨，处世要谨慎。

【鸭卵】[iɤʔ⁵lən²¹³/lũ²¹³]（底层粗话，下同）读若yè—lǒng。①完了、没指望了。②就这样、随你、看着办。亦作"日卵"。

【鸭卵二十三】[iɤʔ⁵lən²¹³/lũ²¹³ a⁵³sə²¹sæ̃²¹]通：鸭卵。

【鸭卵送】[iɤʔ⁵lən²¹³/lũ²¹³sən⁵³]随他、不管他了、不行就拉倒。

【意欧——衣优优……】[i:⁴⁵ʊ:²¹ i²¹iɯ²¹iɯ²¹]唤鹅声。"意欧"发长声。

【亦不晓顿有多少】[iɔʔ⁵pə²¹ɕiɔ²¹³ tən⁵³iɯ²¹³tʊ²¹sɔ²¹³]（感叹语）好多啊！

【一儿半女】[iə²¹a⁴⁵pən⁵³ɣ²¹³]一双儿女。"半女"之称乃是对女性的歧视，隐含女儿终究要嫁出去，是人家的人，故只能算半个。偶指自己的子女过少。

【一把乱泛】[iə²¹pa²¹³lən⁵³/lũ⁵³fæ̃⁵³]数量很多、没有什么了不得的。

【一报还一报】[iəʔ⁵pɔ⁵³xuæ̃⁴⁵iəʔ⁵pɔ⁵³]报仇、必定到来的报应。

【一本清册】[iə²¹pən²¹³tɕʰin²¹tsʰɤʔ⁵]①对某件事的来龙去脉了解得清清楚楚。②账目等整理得一目了然。

【一本清账】[iə²¹pən²¹³tɕʰin²¹tʂã⁵³]同：一本清册。

【一笔糊涂账】[iə²¹piəʔ⁵xu⁴⁵tɯ⁵³tʂã⁵³]账目不清，对事态不了解、对要做的事糊里糊涂。

【一笔写不出两个字】[iə²¹piəʔ⁵ se²¹³pə²¹tʂʰuəʔ⁵liæ̃²¹kə²¹tsɿ⁵³]表示同姓。

【一步到台口】[iəʔ⁵pu⁵³tɔ⁵³tʰɛ⁴⁵ kʰɯ²¹³]①开门见山、一开始就涉及事情或话题的要点。②（做事）不留回旋余地、一下子解决问题。

【一唱一答】[iəʔ⁵tsʰã⁵³iə²¹tɤʔ⁵]

一唱一和。

【一场秋雨一场凉】[iə⁵tsʰɑ̃²¹³tɕʰiɯ²¹ʯ²¹³iə⁵tsʰɑ̃²¹³liɑ̃⁴⁵]立秋后，每下一场雨，气温就会下一台阶。

【一踹一晃】[iə⁵tsʰuɛ²¹³iə⁵xuɑ̃⁵³]（贬）在某个地方威名大、有势力。

【一次性成功】[iə⁵tsʰʅ⁵³ɕin⁵³tsʰən⁴⁵kəŋ²¹]一口气把事情做完、一次达到目的。

【一代亲二代表，三代四代就完了】[iə⁵tɛ⁵³tɕʰin²¹a⁵³tɛ⁵³piɔ²¹³sæ²¹tɛ⁵³ʂʅ⁵³tɛ⁵³tɕiɯ⁵³ʊ⁴⁵liɔ²¹³]俗语。指亲戚关系随时间推移会越来越淡薄。亦说"一辈亲，二辈表，三辈四辈认不到"。

【一澾喝子】[iə²¹tɤ⁵xɐ⁵tsə²¹]借音句。形容时间很短。"澾喝"读若dé—hè，其中"喝"是"一下"的合变音。

【一趚喝子】[iə⁵tsʰʯ²¹xɐ⁵tsə²¹]借音句。通：一澾喝子。"趚"读若"痴"。

【一稻箩长两稻箩粗】[iə⁵tɔ⁵³lʊ⁴⁵tsʰɑ̃⁴⁵liæ²¹³tɔ⁵³lʊ⁴⁵tsʰu²¹]形容人的身材极其短小，偶指矮胖。稻箩本身既矮又粗，更何况"两稻箩粗"。

【一笪笓子（厚）】[iə²¹tɤ⁵pa²¹tsə²¹xɯ⁵³]形容与某人关系好。

【一得手就……】[iə²¹tɤ²¹ʂɯ²¹³tɕiɯ⁵³]一有空就会去做某事。

【一柵桶长两柵桶粗】[iə⁵tɤ²¹tʰəŋ²¹³tsʰɑ̃⁴⁵liæ²¹³tɤ²¹tʰəŋ²¹³tsʰu²¹]形容人或物短粗。通"一稻箩长两稻箩粗"。柵桶本也是外形矮粗。

【一斗米养恩人，一担米养仇人】[iə²¹tɯ²¹³mʅ²¹³iɑ̃²¹³zən²¹zən⁴⁵iə⁵tæ⁵³mʅ²¹³iɑ̃²¹³tsʰɯ⁴⁵zən²¹]指过于慷慨的恩惠往往带来相反的结果。当某人饥寒困苦时，送给他少量米救急，是解决了其存活问题，其自然会感恩不尽。如若持续不断地赠给他米，或一下子给了他许多米，就会让他产生依赖，久之觉得理所当然，且一旦某日不再有此供应，必然突生怨恨。此俗语内含较深哲理。其另一层道理在于，长期施恩惠于某人，定会使其心理形成仰仗定势，养成懒惰寡义心理，没有危机感，造成素质能力降低，如遇变故则难以生存，故对施恩惠者徒生仇怨。定量来分析，一斗米约二十斤，辅以野菜粗粮，可供一个人勉强度过个把月的青黄不接时段。只有一斗米在手，将促使他全力在田间劳作，期盼收获庄稼、接上口粮。如若陡然间轻松获得一担（百把斤）米，能吃几个月，很有可能就会安于现状，浑浑噩噩中误了农时，到秋季田荒米尽，只有喝西北风。值得注意的是，该俗语前后两个半句的宾语所指，并非同一，前半句的宾语隐含曲折关系，实际上指的是动作主体，表示"一斗米所养的人将施予者当作恩人"。"养"涉及主宾两人，也是合肥方言语法的奥妙所在。

【一肚饱学】[iəʔ⁵tu⁵³pɔ²¹³ɕyɤʔ⁵]一肚子学问。

【一肚子老粗糠】[iəʔ⁵tu⁵³tsə²¹lɔ²¹³tsʰu⁴⁵kʰɑ̃²¹]形容某人肚里无货、没文化。

【一肚子小九九】[iəʔ⁵tu⁵³tsə²¹ɕiɔ²¹³tɕiɯ⁴⁵tɕiɯ²¹³]义如条目。

【一反一正】[iə²¹fæ²¹³iəʔ⁵tʂən⁵³]正向利益和反向损失加在一起来计。

【一竿子打倒一船人】[iə²¹kæ²¹³tsə²¹ta²¹³tɔ²¹³iəʔ⁵tʂũ⁴⁵ʐən²¹]用一个判断或一个标准，来牵涉、否定或贬低了所有的人。

【一竿子（插）到底】[iə²¹kæ²¹³tsə²¹tʂʅʔ²⁵tɔ⁵³tsʅ²¹³]不管或忽视中间层次与环节，直接将指令、意志施加到较低的执行层。

【一个】[iəʔ⁵kə⁵³]第一、首先。

【一个巴掌拍不响】[iəʔ⁵kə²¹pa²¹tʂɑ̃²¹pʰɤʔ⁵pə²¹ɕiɑ̃²¹³]某个负面结果非一人之过，当事双方都有责任。偶指某件事情非一人所能完成。

【一个手爪头就……】[iəʔ⁵kə²¹ʂɯ²¹³tʂɔ²¹³tʰɯ⁴⁵tɕiɯ²¹]表示可以很轻松地做某事。如："你不要在这块子谝，老子～就能把你放倒！"

【一个师父下山】[iəʔ⁵kə²¹sʅ²¹fu²¹ɕia⁵³ʂæ²¹]师出同门。

【一个算两个】[iəʔ⁵kə²¹səŋ⁵³/sũ⁵³liæ²¹³kə²¹]（贬）就只在某方面厉害。如：a.他成事不足，搬弄是非～。b.做事不照，吃饭～。

【一个算一个】[iəʔ⁵kə²¹səŋ⁵³/sũ⁵³iəʔ⁵kə²¹]（①做事、买东西等讲究效果与质量，不过滥。②表示心不能大，到手的东西才算数。

【一个萝卜一个凼】[iəʔ⁵kə²¹ləʔ⁵lu⁴⁵pu⁵³iəʔ⁵kə²¹tɑ²¹]①形容每个人都有自己的事情和职责。②没有空当了，每个岗位、每份利益都被占、有主了。

【一个天一个地】[iəʔ⁵kə²¹tʰĩ²¹iəʔ⁵kə²¹tsʅ⁵³]天壤之别。

【一毫不讹】[iəʔ⁵xɔ²¹³pə²¹ʋ⁴⁵]①没有任何差别、差错。②（同意别人的意见）完全正确、事情正是这样。

【一毫毫不错】[iəʔ⁵xɔ²¹xɔ⁴⁵pəʔ⁵tsʰʋ⁵³]通"一毫不讹"。

【一毫毫不能吃亏】[iəʔ⁵xɔ²¹xɔ⁴⁵pə²¹lən⁴⁵tsʰiəʔ⁵kʰue²¹]形容某人极其自私，丝毫不能容忍他人占其一点点便宜，或嫉妒别人所获取的任何利益。

【一忽一忽】[iə²¹xuɐʔ⁵iə²¹xuɐʔ⁵]一会是这样、一会是那样，不是很正常。

【一乎不乎】[iəʔ⁵xu²¹pə²¹xu²¹]①对某事情完全外行。②没有任何技能。

【一个接一个】[iəʔ⁵kə²¹/kʊ⁵³tɕiə²¹iəʔ⁵kə²¹/kʊ⁵³]形容很频繁。如："这程子忙屁得之，事情～。"

【一锅煮】[iəʔ⁵kʊ²¹tʂu²¹³]①将不同的或不是一起来的客人放在一起招待。②不分青红皂白地将不同层次和性质的事物搅和在一起。③将许多事情放在一块讨论、解决。

【一讲就是钱】[iəʔ⁵tɕiã²¹³tɕiɯ²¹ʂʅ²¹tɕʰĩ⁴⁵]①张口就要钱、掉进钱眼里；满口、满脑子里都是一个"钱"字。②谈论某件事情绕不开费用问题。③某项事情一动起来开支不会少。如："老乡聚会不是搞之玩之，这种事情～。"

【一讲一个白迹子】[iəʔ⁵tɕiã²¹³iəʔ⁵kə²¹pɤ²¹tɕiəʔ⁵tsə²¹]对某人的说教、批评不起作用，或只是暂时起作用。多形容某人悟性差、脸皮厚，把别人对自己的教诲不当一回事。

注："白迹子"原本指锤子、凿子等工具在石头等硬物上打、凿没有效果，只在硬物表面留下的白色印记。本短句的传神字眼在"白"字，它从两个角度形象地映射了句义——从说话者的视角看，自己的话是"白说"、无用的"白迹子"；对听者来讲，非但不羞愧，脸不"红"，倒是像顽石一样，听一次显出一个"白迹子"，不会有任何改变。故其脸皮亦可称作"八丈厚"，和石墙有一比了。

【一讲一个准】[iəʔ⁵tɕiã²¹³iəʔ⁵

kə²¹tʂuən²¹³]义如条目。这种"一＋动词＋一个＋形容词"结构可以组合大量短语，表示动作的有效性。

【一讲直蹦】[iə²⁵tɕiɑ̃²¹³tʂɔ²⁵pəŋ⁵³]敏感、易怒、听不得别人意见。

【一句话】[iə²⁵tsʅ⁵³xua⁵³]（表示承诺）没问题。

【一句话说得人笑，一句话说得人跳】[iə²⁵tsʅ⁵³xua⁵³suɤ²⁵tɤ²¹zən⁴⁵ɕiɔ⁵³iə²⁵tsʅ⁵³xua⁵³suɤ²⁵tɤ²¹zən⁴⁵tʰiɔ⁵³]说明是否会说话，对于听者的影响大不相同。

【一刻工夫】[iə²¹kʰɤ²⁵kũ²¹]很快。读若"一刻官"，此处"官"（guōng）为方言"工夫"的连读。

【一刻官东，一刻官西】[iə²¹kʰɤ²⁵kũ²¹təŋ²¹iə²¹kʰɤ²⁵kũ²¹sʅ²¹]表示某人的主意、要求不断地变化，或不停地烦扰别人。亦说"一刻这样、一刻那样"。

【一口水都没喝】[iə²¹kʰɯ²¹³sue²¹³tuu²¹me⁵³xɐ²⁵]多为主人用作对客人或帮忙者没享受到任何招待的歉意。

【一筐装】[iə²¹kʰuɑ̃²¹tʂuɑ̃²¹]将不同的事物不加区别地放在一起，或

一下子笼统考虑。

【一粒老鼠屎带坏一锅粥】[iə²¹liə²⁵lɔ²¹³tʂʰuə²⁵sʅ²¹³tE⁵³xuE⁵³iə²⁵kʊ²¹tʂuə²⁵]义如条目。

【一粒米过三关，三粒米翻过山】[iə²¹liə²⁵mʅ²¹³kʊ⁵³sæ²¹³kuɑ̃²¹sæ²¹liə²⁵mʅ²¹³fæ²¹kʊ⁵³sæ̃²¹]表示粮食来之不易且十分珍贵。一粒米从栽种到收割要历经辛劳，过数道关；而收上来的稻米只要一点点（三粒米象征）就足以使人产生翻山越岭的能量，故须节约每粒粮。

【一两二两饿不死队长，一钱二钱饿不死炊事员】[iə²¹liɑ̃²¹³a⁵³liɑ̃²¹³ʊ⁵³pə²¹sʅ²¹³te⁵³tʂɑ̃²¹³iə²¹tɕʰĩ⁴⁵a⁵³tɕʰĩ⁴⁵ʊ⁵³pə²¹sʅ²¹³tʂʰue²¹sʅ⁵³yĩ⁴⁵]指任何卑微职位，若缺少约束，都可能滋生极大的权力腐败。

【一两棉花——不上弹(谈)】[iə²¹liɑ̃²¹³mĩ⁴⁵xua²¹pə²⁵sɑ̃⁵³tʰæ⁴⁵]谐音歇后语。

【一年土二年洋，三年不认爹和娘】[iə²¹lĩ⁴⁵tʰu²¹a⁵³lĩ⁴⁵iɑ̃⁴⁵sæ²¹lĩ⁴⁵pə²⁵zən⁵³ti²¹xu⁴⁵liɑ̃⁴⁵]义如条目。

【一脸挞唠相】[iə²⁵lĩ²¹³tɤ²⁵lɔ⁵³ɕiɑ̃⁵³]一副该受批评的倒霉相。

【一朒穷二朒富】[iə²¹lʊ⁴⁵tɕʰiŋ⁴⁵a⁵³lʊ⁴⁵fu⁵³]旧时观察指纹预测命运的顺口溜。全句的版本较多，举一例：一朒（一个箕斗）穷、二朒富，三朒、四朒开当铺，五朒六朒挑柴卖，七朒八朒买柴烧，九朒到老享清福，十朒全，中状元。

【一码归一码】[iə²¹ma²¹³kue²¹iə²¹ma²¹³]将事物分开讨论，以作互不干扰的研判与结论。

【一抹不挡手】[iə²¹mɤʔ⁵pə²¹tɑ̃²¹³ʂu²¹³]形容某人的本事与办事能力十分厉害。

【一胖遮百丑】[iəʔ⁵pʰɑ̃⁵³tʂE²¹pɤ²¹tʂʰɯ²¹³]义如条目。昔时合肥人在人的长相上喜欢胖与白，故又有"一白遮百丑"之说。

【一屁二磨三扯谎】[iəʔ⁵pʰŋ̍⁵³a⁵³mʊ⁵³sæ̃²¹tʂʰE²¹³/tʂʰe²¹³xuɑ̃²¹³]借音句。撒谎、欺骗成性；在某件事情上连续说假话、谎话连篇。

【一屁不通】[iəʔ⁵pʰŋ̍⁵³pə²¹tʰəŋ²¹]近似白痴、什么都不知道。亦说"狗屁不通"。

【一屁股屎】[iəʔ⁵pʰŋ̍⁵³ku²¹ʂŋ̍⁵³]喻指某人不廉洁，存在或遗留的问题与错误极多。

【一屁三谎】[iəʔ⁵pʰŋ̍⁵³sæ̃²¹xuɑ̃²¹³]通：一屁二磨三扯谎。

【一瓢货】[iəʔ⁵pʰiɔ⁴⁵xʊ⁵³]一路货色。

【一日不多，十日许多】[iə²¹z̩ʔ⁵pə²¹tu²¹ʂə²¹z̩ʔ⁵sʮ²¹³tu²¹]每天虽只是一点点，日子一久累积数量会很可观。表示节俭的效果或浪费的后果，随着时间的推移都会很明显。

【一人不如百人意】[iə²¹zən⁴⁵læ⁴⁵zu⁴⁵pɤ²¹zən⁴⁵ŋ̍⁵³]俗语。全句为：～，百人难称一人心。

【一身劲】[iəʔ⁵ʂən²¹tɕin⁵³]①做某事很专注、劲头大。②（贬）在某事上不听劝、搞得越来越起劲。

【一是一，二是二】[iəʔ⁵ʂŋ̍⁵³iəʔ⁵a⁵³ʂŋ̍⁵³a⁵³]①对人对事有原则。②做事有条理。③对某件事情分得很清。

【一手托两家】[iə²¹ʂu²¹³tʰɤʔ⁵liæ²¹³tɕia²¹]①作为操控者或中间人，兼顾涉事两方面的利益。②与双方都有关系，故不会轻易得罪任何一方。

【一甩一大碗】[iə²¹ʂuE²¹³iəʔ⁵ta⁵³ʊ̃²¹³]吃饭时一盛一大碗，或一口气吃下一大碗。

【一顺来】[iəʔ⁵ʂuən⁵³lɛ⁴⁵]按方向前后、规格大小、标准高低等顺序，采取某种行动。

【一岁年纪一岁人】[iəʔ⁵se⁵³lĩ⁴⁵tsʅ⁵³iəʔ⁵se⁵³zən⁴⁵]（习语）①感叹时光如梭、岁月不饶人。②表示要服老，行动上不可勉强。

【一坛醋不晃，半坛醋乱晃】[iə²¹tʰæ⁴⁵tsʰu⁵³pəʔ⁵xuã⁵³pəŋ⁵³tʰæ⁴⁵tsu⁵³ləŋ⁵³/lũ⁵³xuã⁵³]真正有实力、有知识的人沉静不张扬，而不知谦虚的人，如"半坛醋"一样乱晃。

【一趟二十三】[iəʔ⁵tʰɑ̃⁵³a⁵³ʂəʔ⁵sæ²¹]①为了一件事来回奔波、跑很多次。②反反复复、一下子说很多话、出很多难题。③由于主观认知或客观能力问题，把某件事情搞得很复杂。

【一塌带一抹】[iə²¹tʰɤʔ⁵tɛ⁵³iə²¹mɤʔ⁵]（程度上的）非常。如：好的～、日子美之～。

【一天三变】[iəʔ⁵tʰĩ²¹sæ²¹pĩ²¹]事情的计划、个人的脾气等变化无常。

【一头黄水疮不搽(药)——作秃】[iə²¹tʰɯ⁴⁵xuã⁴⁵ʂue²¹³tʂʰuã²¹pəʔ⁵ʂʰa⁴⁵yɤʔ⁵tsɤ²¹/tsuɤ²¹təʔ⁵/tuəʔ⁵]自己有错误不改而招致麻烦，自作而致祸患。

【一头屎】[iə²¹tʰɯ⁴⁵ʂʅ²¹³]头脑极其糊涂。

【一头撅直，一头抹直】[iə²¹tʰɯ⁴⁵tʰɤʔ⁵tʂə²¹iə²¹tʰɯ⁴⁵mɤʔ⁵tʂə²¹]原指泥瓦工的两个不同工序动作，引申指两方面事情都不认真去做，或一方面事情去做，另一方面不做，结果导致两头落空，事情皆不成功。

【一五一十】[iə²¹u²¹³iə²¹ʂəʔ⁵]认真细致、准确地报告情况，无保留地说出原委。

【一碗水端平】[iə²¹ũ²¹³ʂue²¹³təŋ²¹/tũ²¹pʰin⁴⁵]在一定范围内，公正、平等地对待所有的人和事。

【一问三不知】[iəʔ⁵uən⁵³sæ²¹pəʔ⁵tʂʅ²¹]义如条目。

【一物降一物】[iə²¹uəʔ⁵ɕiã⁴⁵iə²¹uəʔ⁵]一种生物必对应于另一种能使其屈服的生物。说明每个人或每一种生物，无论他（它）多么强大或弱小，都有比他（它）更强大的天敌和更弱小的猎物。

【一席待百客】[iə²¹ɕiəʔ⁵tɛ⁵³pɤ²¹

kʰɤʔ⁵]摆一桌酒席宴请多位本该单独招待的客人。

【一下是一下】[iəʔ⁵ɕiɤ⁵³ʂ̩⁵³iəʔ⁵ɕiɤ⁵³]①做一件事，就把它做好。②按部就班，做成一个算一个。③抓住机会猛干某件事。

【一心挂两头】[iəʔ⁵ɕin²¹kua⁵³liæ̃²¹³tʰɯ⁴⁵]同时焦虑两方面的事情，喻指承担较大的精神压力。有时暗指用心不专可能误事。

【一夜思量千条路，明早还是磨豆腐】[iəʔ⁵ʅ⁵³ʂ̩²¹liɑ̃⁵³tɕʰĩ²¹tʰiɔ⁴⁵lu⁵³ma⁴⁵tsɔ²¹³xɐʔ⁵/xuæ̃⁴⁵ʂ̩⁵³mE⁵³tɯ⁵³fu²¹]比喻人的想象力比实际可行的要更丰富一些。对于生计问题的考虑，还是要实际一点。

【一只手招进来，两只手推不走】[iə²¹tʂə²¹ʂɯ²¹³tʂɔ²¹tɕin⁵³lE⁴⁵liæ̃²¹³tʂə⁴⁵ʂɯ²¹³te²¹pə²¹tsɯ²¹³]义同"请神容易送神难"。

【一抓一大把】[iəʔ⁵tʂua²¹iəʔ⁵ta⁵³pa²¹³]①昔时女主人给来自家做客的小孩小糖等副食品时，一次抓得较多，形容其大方、舍得。②数量多、不稀罕。如："张个大学生～。"

【一痣痣在腰，骑马又带刀】[iə

ʔ⁵tʂʅ⁵³tʂʅ⁵³tsE⁵³iɔ²¹tsʰ̩⁴⁵ma²¹³iɯ⁵³tE⁵³tɔ²¹]旧时相面术语，表示腰部长痣的人能成为武将。

【一自一个】[iəʔ⁵tsʅ⁵³iəʔ⁵kə²¹]按顺序一个个来。

【一嘴之嘴】[iə²¹tsE²¹³tʂə⁴⁵tsE²¹³]嘴会讲、善辩。

【一嘴就吃得之】[iə²¹tsE²¹³tɕiɯ⁵³tɕʰiəʔ⁵tE⁵³tʂə]食物分量极少。

【野马上岚岗】[i²¹³ma²¹³ʂɑ̃⁵³læ⁴⁵kɑ̃²¹]形容小孩子们像挣脱羁绊的野马一样，啸聚奔窜、放浪无拘束地在外玩耍。

【咦抱可中】[i⁴⁵pɔ⁵³kʰəʔ⁵tʂəŋ²¹]借音句。也不知道行不行。"咦抱"乃"亦不知"之音变连读。

【烟酒不分家】[ĩ²¹tɕiɯ²¹³pə²¹fən²¹³tɕia²¹]①无论是不是朋友，在一起抽根烟、喝杯酒，不应分你的我的。②酒桌上劝人抽烟的口头禅。

【烟头掉荷包——烧包】[ĩ²¹tʰɯ⁴⁵tiɔ⁵³xʊ⁴⁵pɔ²¹ʂɔ⁴⁵pɔ²¹]歇后语。意指炫耀、显摆。

【淹不死白菜，旱不死葱】[ĩ²¹pə²¹ʂ̩²¹³pɤʔ⁵tsʰE⁵³xæ⁵³pə²¹ʂ̩²¹³tsʰəŋ²¹]农谚。指白菜耐涝、葱耐旱。

【淹死会水的，打死会拳的】[ĩ²¹ʂʅ²¹³xue⁵³ʂue²¹³tɤ²¹ta²¹³ʂʅ²¹³xue⁵³tɕʰyĩ⁴⁵tɤ]俗语。意为人多栽在自己熟知的领域。

【言不压众，貌不惊人】[ĩ⁴⁵pə²¹iɤʔ⁵tʂəŋ⁵³mɔ⁵³pə²¹tɕin²¹zən⁴⁵]形容某人极其普通乃至平庸。

【阎王好见，小鬼难缠】[ĩ⁴⁵uɑ⁵³xɔ²¹³tɕĩ⁵³ɕiɔ²¹³kue²¹³læ⁴⁵tʂʰĩ⁴⁵]形容一个组织内往往是底层的小人物好利用手中的职权为难人。

【盐罐子油罐子都荡荡】[ĩ⁴⁵kũ⁵³tsə²¹iɯ⁴⁵kũ⁵³tsə²¹tɯ²¹lɑ̃²¹³lɑ̃⁵³]将所有的财力都拿出来了。如："供霞们上学，我～之哎。""荡"读若"朗"。

【迎风点火，背风撒尿】[in⁴⁵fəŋ²¹tĩ²¹³xʊ²¹³pe⁵³fəŋ²¹sɤʔ⁵se²¹]生活经验俗语。

【眼不管事】[ĩ²¹³pə²¹kũ²¹³ʂʅ⁵³]①眼光不敏锐。②不知道自己该干什么。③看不到事、对明显的事物（苗头）视而不见。

【眼不见为净】[ĩ²¹³pə²¹tɕĩ⁵³ue⁴⁵tɕin⁵³]①眼不见、心不烦。②看不到食物的肮脏准备过程，就不会担心其不净。

【眼不见心不烦】[ĩ²¹³pə²¹tɕĩ⁵³ɕin²¹pə²¹fæ⁴⁵]①看不到某事物，就不会有烦恼。②有意躲避某人、某事。

【眼都不眨】[ĩ²¹³tɯ²¹pə²¹tʂɤʔ⁵]丝毫不考虑（成本）等、很舍得。如："买那样贵的东西，他～。"

【眼都睬得之】[ĩ²¹³tɯ²¹təʔ⁵tᴇ⁵³tʂə]"睬"读若"毒"。因愤怒或急欲获取某物时瞪圆眼睛的样子。

【眼（底）都生之】[ĩ²¹³tsʅ²¹³tɯ⁴⁵sən²¹tʂə]借音句。形容某人因急欲得到某物、急于做某事或恼羞成怒接近爆发时的眼神。此处"生"似有"生猛、异样"之意。

【眼看不到人】[ĩ²¹³kʰæ⁵³pəʔ⁵tɔ⁵³zən⁴⁵]头昂着、看不起人的样子。

【眼蛮直】[ĩ²¹³mɑ̃²¹tʂə]不高兴、看不起人的样子。特指人头部斜仰、双眼半眯俯视、似看不看。

【眼一眨一个主意】[ĩ²¹³iə²¹tʂɤʔ⁵iəʔ⁵kə²¹tʂu²¹³ʅ⁵³]形容某人点子多、反应快。

【眼睁直像鸽子蛋】[ĩ²¹³tsən²¹tʂə²¹ɕiɑ̃⁵³kɤʔ⁵tsə²¹tæ⁵³]怒目圆睁或睁大眼睛的样子。

【眼长到头顶高头】[ĩ²¹³tʂɑ̃²¹tɔ⁵³

$t^hш^{45}tin^{213}kɔ^{21}tш^{21}$]头昂着。形容看不起人。

【厌】[$ĩ^{53}$]斥责吵闹、不懂事的小孩或驱赶家狗时的单音句。

【厌角】[$ĩ^{53}tɕyɤʔ^{5}$]斥责别人。意为讨厌。

【厌人】[$ĩ^{53}zən^{45}$]讨厌。

【迎秋三场雨，遍地出黄金】[$in^{45}tɕ^hiш^{21}sæ^{21}tʂɑ̃^{213}ɥ^{213}p^hĩ^{53}tsʅ^{21}tʂ^huə^{21}xuɑ̃^{45}tɕin^{21}$]农谚。说明初秋雨水的珍贵。

【迎头鏨】[$in^{45}t^hш^{45}tsæ^{53}$]面对面地相逢、正好碰头。如："我上集，他从集上回来，我俩在西头正好～上。"

【有】[$iш^{213}$]有钱。反义：没有。如："他腰里～两个。"

【有儿穷不久】[$iш^{213}a^{45}tɕ^hiŋ^{45}pə^{21}tɕiш^{213}$]义如条目。

【有当无】[$iш^{213}tɑ̃^{21}u^{45}$]①无所谓、不为所动，不当一回事。②形容某人对某物不知珍惜。③不认真地做某事。

【有多远滚多远】[$iш^{213}tu^{21}yĩ^{213}kuən^{213}tu^{21}yĩ^{213}$]①斥退别人时的用语。②通"滚你之吧"，语气更强。

【有根有祥】[$iш^{213}kən^{21}iш^{213}p^hæ^{53}$]①说的话有根据。②说得有鼻子有眼。

【有哄么讲哄么】[$iш^{213}xəŋ^{53}mɐ^{21}tɕiɑ̃^{213}xəŋ^{53}mɐ^{21}$]①讲真实情况，不添油加醋、无水分。②喻指性格直爽、搁不住话。

【有话快讲，有屁快放】[$iш^{213}xua^{53}k^huE^{53}tɕiɑ̃^{213}iш^{213}p^hʅ^{53}k^huE^{53}fɑ̃^{53}$]（粗俗语）催促、迫使别人赶快说话、表态。

【有借有还，再借不难】[$iш^{213}tɕi^{53}iш^{213}xuæ̃^{45}tsE^{53}tɕi^{53}pə^{21}læ^{45}$]义如条目。

【有老王怨老王，冇老王想老王】[$iш^{213}lɔ^{213}uɑ̃^{45}yĩ^{53}lɔ^{213}uɑ̃^{45}mш^{213}lɔ^{213}uɑ̃^{45}ɕiɑ̃^{213}lɔ^{213}uɑ̃^{45}$]义如条目。但此处的"老王"不知何指。

【有你不多，无你不少】[$iш^{213}li^{213}pəʔ^{5}tu^{21}u^{53}li^{213}pəʔ^{5}ʂɔ^{213}$]你的存在和作为无足轻重。

【有钱没钱，回家过年】[$iш^{213}tɕ^hĩ^{45}mш^{213}tɕ^hĩ^{45}xue^{45}tɕia^{21}kʋ^{53}lĩ^{45}$]俗语。

【有钱三十已称老，无钱六十正当时】[$iш^{213}tɕ^hĩ^{45}sæ^{21}ʂəʔ^{5}ʅ^{213}tʂ^hən^{21}$

lɔ²¹³u⁵³tɕʰĩ⁴⁵lə²¹ʂəʔ⁵tʂən⁵³tã²¹ʂʅ⁴⁵]有钱人年纪轻轻就可以享清福，而穷人年届花甲仍在当壮劳力用。

【有人】[iɯ²¹³zən⁴⁵]外面、上头有关系，能找得到人帮忙。

【有是之】[iɯ²¹³ʂʅ⁵³tʂə]"也是的"之音变，用于埋怨别人、替别人懊悔。如："你～！帮他管哄经？"

【有事】[iɯ²¹³ʂʅ⁵³]①有未解的事态、矛盾、祸患。②怀孕。③处于思虑或焦灼的心理状态。

【有数】[iɯ²¹³su⁵³]①心中有数。②对别人表示"知道了""放心""会（适时）帮你办事、说话"等意思。

【有头子】[iɯ²¹³tʰɯ⁴⁵tʂə]有主了。

【有下】[iɯ²¹³ɕia⁵³]乘班车用语，提示驾驶员或售票员要下车，先说地名，后用该句。

【有一把屎/横劲】[iɯ²¹³iɔ²¹pa²¹³ʂʅ²¹³/xũ⁴⁵tɕin²¹]生得有一把力气。

【有直搞】[iɯ²¹³tʂəʔ⁵kɔ²¹³]①形容事情很多、事态复杂，不知何时能解决好。②后续的事情将会很多。③某事将会长期耗费人力物力。④揶揄别人在某件事上的专注。如："他是个书呆子，你把他带到书店他

就～之！"⑤形容某人借某事纠缠、发挥，耗费别人精力。⑥（威胁语）意指"你摊上事了！"如："（车子）碰到人还跑？底下子我俩～之！"

【有之讲直无之】[iɯ⁴⁵tʂə²¹tɕiã²¹³tʂəʔ⁵u⁴⁵tʂə²¹]此句"有"读若"油"。长时间、翻来覆去、东扯西拉或编造事实地讲。

【有几把刷子】[iɯ²¹³tsʅ²¹³pa²¹³ʂuɤʔ⁵tsə]有本事、会办事。同义：有几手。

【油瓶倒之都不扶】[iɯ⁴⁵pʰin⁴⁵tɔ²¹³tʂə²¹tɯ²¹pə²¹fu⁴⁵]极懒惰，家务事一点都不伸手。

【油盐不进】[iɯ⁴⁵ĩ⁴⁵pəʔ⁵tɕin⁵³]好话、歹话都听不进，不通情理、分不清是非，十分愚钝、顽固。

【由直他】[iɯ⁴⁵tʂə²¹tʰɤʔ⁵]依从、顺着他。"由"字古有此义，《诗·大雅》：不愆不忘，率由旧章。

【又可怜又可嫌】[iɯ⁵³kʰʊ²¹³lĩ⁴⁵iɯ⁵³kʰʊ²¹³ɕĩ⁴⁵]形容某人既令人同情，又因其不争气而令人生厌。

【又……又不抵事之】[iɯ⁵³……iɯ⁵³pə²¹tsʅ²¹³ʂʅ⁵³tʂə]既不影响某事物、也不会妨碍其他事物。如："我

这个腿又能走，又不抵事之，干事要去手术？"

【又是龙灯又是会】[iɯ⁵³ʂʅ²¹ləŋ⁴⁵tən²¹iɯ⁵³ʂʅ⁵³xue⁵³]事情凑到一起了、很热闹。

【又想吃方块肉又怕死人】[iɯ⁵³ɕiã²¹³tɕʰiəʔ⁵fã²¹kʰuE⁵³zɯ⁵³iɯ⁵³pʰa⁵³sʅ²¹³zən⁴⁵]处两难境地，既想做某事，又不想涉及与之关联的负面或麻烦因素。方块肉为昔时葬礼宴席所备，故有此说。

【又怎讲】[iɯ⁵³tsən²¹³tɕiã²¹³]（你）又能说什么？

【雨过地皮湿】[ʮ²¹³kuʅ⁵³tsʅ⁵³pʰʅ⁴⁵ʂəʔ⁵]①形容短时的阵雨。②喻指做事不实，浮光掠影、走过场。

【雨下漂得之】[ʮ²¹³ɕia⁵³pʰiə²¹tE⁵³tʂə]形容雨下得很大。

【预备齐】[ʮ⁵³pe⁵³tsʅ⁴⁵]读若"预拜词"。提醒众人预备做同一动作的口令。

【原还原】[yĩ⁴⁵xuæ̃⁴⁵yĩ⁴⁵]恢复原样、放在原来位置。

【原放原位】[yĩ⁴⁵fã⁵³yĩ⁴⁵ue⁵³]放回原处。如："小孩子要养成好习惯，东西从哪拿、往哪搁，～。"

【业已归业已】[yɤ²¹ʅ²¹³kue²¹yɤ²¹ʅ²¹³]"业已"读若"月已"，为其音变。表示一茬事归一茬事；既然发生这样的事，就这样了（多表示无奈）。偶作"业已就业已"。

【月月有】[yɤ²¹yɤ²¹iɯ²¹³]指拿工资的人每个月都有固定收入。

【云掩中秋月，雨洒上元灯】[yn⁴⁵in²¹³tʂəŋ⁴⁵tɕʰiɯ²¹yɤʔ⁵ʮ²¹³sa²¹³ʂã⁵³yĩ⁴⁵tən²¹]气象谚语。旧传八月初一露重，次年必有收成；中秋日阴，来岁上元必雨。

【运气来之板门都挡不住】[yn⁵³tsʰʅ²¹lE⁴⁵tʂə²¹pæ̃²¹³mən⁴⁵tɯ²¹tã²¹³pə²¹tʂu⁵³]义如条目。

【咋中】[tsa²¹³tʂəŋ²¹]怎么行？

【栽秧栽到五月中，早晨不换中午工】[tsE²¹iã²¹tsE²¹to²¹u⁵³yɤʔ⁵tʂəŋ²¹tso²¹³ʂã⁵³pəʔ⁵xũ⁵³tʂəŋ²¹u²¹³kəŋ²¹]农谚。指中稻栽秧时的争分夺秒。

【宰相家的门房四品官】[tsE²¹³ɕiã⁵³tɕia²¹tɤmən⁴⁵fã⁴⁵sʅ⁵³pʰin²¹³kũ²¹]表面上指大官身边人的官阶不会低。隐指位高权重者的底下人也不容轻视。

【在跟前】[tsE⁵³kən²¹tɕʰiĩ²¹]（多

指孩子）在附近。如："霞们不～，我只有两头跑。"

【在家】[tsɛ⁵³tɕia²¹]原指在家里，引申指在家乡、在单位、在原地等。

【在家靠父母，出门靠朋友】[tsɛ⁵³tɕia²¹kʰɔ⁵³fu⁵³mən²¹³/mʊ²¹tʂʰua²¹mən⁴⁵kʰɔ⁵³pʰəŋ⁴⁵iɯ⁵³]俗语。

【在家千日好，出门一时难】[tsɛ⁵³tɕia²¹tɕʰĩ²¹zə̃ʔ⁵xɔ²¹³tʂʰua²¹mən⁴⁵iə²¹sɿ⁴⁵læ̃⁴⁵]指还是在家里舒服自在。通：金窝银窝不如自己的狗窝。

【在手】[tsɛ⁵³ʂɯ²¹³]接受别人敬烟时的客套话。

【在月子里头】[tsɛ⁵³yɤʔ⁵tsɔ²¹ɣ̍²¹³tʰɯ⁵³]在坐月子期间。

【再讲】[tsɛ⁵³tɕiã²¹³]①语调低，为拖延、推托、婉拒用语。②语调高时，为威胁性话语，意为"你敢再讲一遍！"。同类语：再搞、再不放手？

【再讲一遍】[tsɛ⁵³tɕiã²¹³iəʔ⁵pʰĩ⁵³]威胁性短句。如对方就此闭口，则局势趋缓；若对方果真再重复一遍刚刚说过或骂过的话，则双方动手在所难免。

【鏨死算之】[tsæ̃⁵³sɿ²¹³səŋ⁵³/sũ⁵³tʂə]刺激对方的话。指对方如此丢

脸、窝囊或跟不上趟，不如撞墙死算了。

【脏得之】[tsɑ̃²¹tɛ²¹tʂə]浪费掉了，或指动作发出者不配做某事。通"糟得之"。亦可作虚词词组，与其他动词连用，如：吃～、穿～、用～。

【脏水不脏人】[tsɑ̃²¹ʂue²¹³pəʔ⁵tsɑ̃²¹zən⁴⁵]旧时大澡堂里的常用俗语，起自我安慰作用，指不要嫌泡澡的大池子水脏，即使满池热水悬浮着体垢、水色浑浊得呈乳白色也无妨，照样能把人身上的脏垢洗下来。

【糟呔】[tsɔ²¹tɛ⁵³]乱讲。同义词：乱放、瞎讲、胡扯。

【糟得之】[tsɔ²¹tɛ²¹tʂə]①不相配、不配消费某物品。②浪费，同"脏得之"。

【糟搞】[tsɔ²¹kɔ²¹³]草率、敷衍、胡乱、不负责任地动作。如糟讲、糟扯、糟吃、糟穿等。

【糟吃糟长】[tsɔ²¹tɕʰiəʔ⁵tsɔ²¹tsɑ̃²¹³]吃东西不讲究照样长身体。多作自嘲、自我安慰。

【早出青霞，等水烧茶】[tsɔ²¹³tʂʰuəʔ⁵tɕʰin²¹ɕia⁴⁵tən²¹³ʂue²¹³ʂɔ²¹tʂʰa⁴⁵]气象谚语。全句为"～；晚出青霞，

干死蛤蟆。"表示早出青霞意味着干旱。一说："青霞白霞，无水烧茶。"这是由于朝晚霞的色彩鲜艳程度与空气中水汽含量有关。空中水汽多时，霞呈暗红色；水汽少时，呈青白色。

【早稻争日，晚稻抢时】[tsɔ²¹³tɔ⁵³tsən²¹zəʔ⁵uæ²¹³tɔ⁵³tɕʰã²¹³ʂʅ⁴⁵]农谚。早稻和晚稻栽插都需要抢时间，尤以晚稻为甚。

【早讲不讲】[tsɔ²¹³tɕiã²¹³pə²¹tɕiã²¹³]埋怨、后悔的话，意"为什么不早说？"

【早霞不出门，晚霞放心行】[ɕɔ²¹³ɕia⁴⁵pəʔ⁵tʂʰuə²¹mən⁴⁵uæ²¹³ɕia⁴⁵fã⁵³ɕin²¹ɕin⁴⁵]见朝霞预示有雨，晚霞预示晴好。

【作丑弄怪】[tsɤ²¹/tsuɤʔ⁵tʂʰɯ²¹³lən⁵³kuɛ⁵³]①行为乖僻、故意搞怪，搞出一些花哨的东西。②惹是生非，喻指阻挠、不配合。

【作打】[tsɤ²¹/tsuɤʔ⁵ta²¹³]指某人的言行是找打。通"想打"。

【作死】[tsɤ²¹/tsuɤʔ⁵sʅ²¹³]自找麻烦、引祸、找死。

【作天阴】[tsɤ²¹/tsuɤʔ⁵tʰĩ²¹/tʰĩ⁴⁵in²¹]（①身体里的未愈伤痛每逢天阴下雨前有所反应。②怨恨、发作时的口头禅，喻指某人莫名其妙地搞坏、干扰事情。

【作秃】[tsɤ²¹/tsuɤʔ⁵təʔ⁵/tuəʔ⁵]①做不可理喻的蠢事。如："他在～，好好的班不上，非要头脑发昏辞职炒股票。"同义：发昏。②(威胁性话语)找抽、找死。

【作有作无】[tsɤ²¹/tsuɤʔ⁵iɯ²¹³tsɤ²¹/tsuɤʔ⁵u⁴⁵]无所谓，对获得或失去某种东西不太计较。

【作之气】[tsɤ²¹/tsuɤʔ⁵tʂə²¹tsʰʅ⁵³]肚子里气包鼓胀、难受。

【砸得之】[tsɐʔ⁵tɛ⁵³tʂə]失败了、坏事了。

【砸黑石头】[tsɤʔ⁵/tsuɤʔ⁵xə²¹ʂəʔ⁵tʰɯ⁵³]（出于报复等原因）暗地袭击别人。通"砸黑砖头"。

【梓饱之】[tsəʔ⁵/tsuəʔ⁵pɔ²¹³tʂə]将某人贿赂好了、"喂"饱了。

【梓到水里头】[tsəʔ⁵/tsuəʔ⁵tɔ⁵³ʂue²¹³ʅ²¹³tʰɯ]花了钱未取得效果。

【梓得之】[tsəʔ⁵/tsuəʔ⁵tɛ⁵³tʂə]通"黑梓得之"。指白花了钱物，尤指找了关系没起作用。

【贼诐】[tse^{45}pe^{21}]读若“贼杯”。瞎扯、说谎之意。

【嘴不㞞】[tse^{213}/tsue^{213}pə^{21}səŋ^{45}]嘴硬、夸夸其谈。

【嘴撊之】[tse^{213}/tsue^{213}pĩi^{213}tʂə]因生气等原因而噘着嘴巴。

【嘴插到人家锅里】[tse^{213}/tsue^{213}tʂʰɐʔ^{5}tɔ^{21}ẓən^{45}tɕia^{21}kʊ^{21}ɿ^{21}]自己不开伙，到处蹭吃蹭喝。

【嘴大】[tse^{213}/tsue^{213}ta^{53}]权势人物强使自己所说的话显得权威、不容辩驳。

【嘴大吃四方】[tse^{213}/tsue^{213}ta^{53}tɕʰiəʔ^{5}sɿ^{53}fɑ̃^{21}]俗传嘴巴生得大的人能在外面四处吃喝。喻指嘴大的人有本事。

【嘴放在人家身上】[tse^{213}/tsue^{213}fɑ̃^{53}tsᴇ^{21}ẓən^{45}tɕia^{21}ʂən^{21}ʂɑ̃^{21}]成天责怪、评论别人。

【嘴会讲】[tse^{213}/tsue^{213}xue^{53}tɕiɑ̃^{213}]能说会道。

【嘴讲干之】[tse^{213}/tsue^{213}tɕiɑ̃^{213}kæ̃^{21}tʂə]（抱怨语）讲了很多话也不起作用。

【嘴讲勚得之】[tse^{213}/tsue^{213}tɕiɑ̃^{213}ɿ^{53}tᴇ^{21}tʂə]通“话都讲勚得之”。

【嘴讲嘴刁】[tse^{213}/tsue^{213}tɕiɑ̃^{213}tse^{213}/tsue^{213}tiɔ^{21}]不服气、嘴硬、对着讲。一般指下辈对上辈的不敬重。

【嘴生老茧】[tse^{213}/tsue^{213}sən^{21}lɔ^{213}tɕin^{213}]比喻经常对某人督促某件事、讲某个道理，但不起作用。

【嘴上无毛，办事不牢】[tse^{213}/tsue^{213}ʂɑ̃^{53}u^{45}mɔ^{45}pæ̃^{53}sɿ^{53}pə^{21}lɔ^{45}]喻指过于年轻的人办事难以让人放心。

【嘴上抹石灰——白讲】[tse^{213}/tsue^{213}ʂɑ̃^{53}mɐʔ^{5}ʂəʔ^{5}xue^{21}pɤ^{21}tɕiɑ̃^{213}]歇后语。

【嘴像镈刀样】[tse^{213}/tsue^{213}ɕiɑ̃^{53}pɤʔ^{5}tɔ^{21}iɑ̃^{53}]讲话语速快且尖锐、刻薄。

【嘴像屁股样】[tse^{213}/tsue^{213}ɕiɑ̃^{53}pʰɿ^{53}ku^{21}iɑ̃^{53}]喻指某人讲话不算话。

【嘴一抹】[tse^{213}/tsue^{213}iə^{21}mɤʔ^{5}]吃完饭不收拾碗筷。喻指吃了别人的饭不给办事。

【嘴长在人家身上】[tse^{213}/tsue^{213}tʂɑ̃^{213}tsᴇ^{21}ẓən^{45}tɕia^{21}ʂən^{21}ʂɑ̃^{21}]意指别人怎么说，自己是管不了的，任凭别人去说吧。

【嘴直哑】[tse^{213}/tsue^{213}tʂə^{21}tsɤʔ^{5}]

同情、后悔、畏难。见"动词"部分"唾嘴"条目。

【嘴龇直就像荷花】[tse²¹³/tsue²¹³ tʂ₁²¹tʂə²¹tɕiɯ⁵³ɕiã⁵³xʊ⁴⁵xua²¹]戏谑别人咧嘴大笑的样子。

【嘴龇直就像葫芦瓢】[tse²¹³/tsue²¹³tʂ₁²¹tʂə²¹tɕiɯ⁵³ɕiã⁵³xu⁵³lu⁵³pʰiɔ⁴⁵]通"嘴龇直就像荷花"。

【炸耳朵底子】[tʂa⁵³a²¹³tɔ⁵³tʂ₁²¹³tsə]讲话声音或噪声太大。

【炸罍子】[tʂa⁵³le⁴⁵tsə²¹]将大杯中或小壶中的酒一口喝完。亦用"放罍子"。"罍"音同"雷",本是古代的一种盛酒器。今合肥有"罍街"。

【乍买小猪筛细糠】[tʂa⁵³mɛ²¹³ɕiɔ²¹³tʂu²¹ʂɛ²¹ʂ₁⁵³kʰã²¹]对新来、新交往的人一下子给予较好的条件。如同一开始就给新捉来的猪苗喂食细糠,以后它不会吃粗糙的饲料一样,对新人过于照顾,可能会惯坏其坏子。

【乍膊弄胯】[tʂa²¹px̌²¹ləŋ⁵³kʰua²¹]形容某人在坐下或卧躺时手臂和腿肆意伸直、张开。此为不雅相。

【乍场子】[tʂa⁵³tʂʰã²¹tsə]①相对于其重量,其体积占用过多的空间。

②斥责性短语,指责对方占用空间,妨碍别人行动。

【乍直茅缸不拉屎】[tʂa⁵³tʂə²¹mɔ⁴⁵kã²¹pə²¹la²¹ʂ₁²¹³]①占着某一位置,却不采取相应的行动,别人也无法行动。②霸占某个职位不作为。

【斋牛叫,割早稻】[tʂɛ²¹liɯ²¹tɕiɔ⁵³kx̌²¹tsɔ²¹³tɔ⁵³]标音农谚,"斋牛"即知了(蝉)。整句为" ~ ;斋牛飞,堆草堆;斋牛死,吃新米;斋牛烂,吃年饭。"

【占上风】[tʂæ̃⁵³ʂã⁵³fəŋ²¹]①取得优势地位。②表现得强势,凡事非要倒巧、搞赢、占便宜。

【站有站相,坐有坐相,走路要有正相】[tʂæ̃⁵³iɯ²¹³tsæ̃⁵³ɕiã⁵³tsʊ⁵³iɯ²¹³tsʊ⁵³ɕiã⁵³tsɯ²¹³lu⁵³iɔ⁵³iɯ²¹³tʂən⁵³ɕiã⁵³]俗语。

【站直住】[tʂæ̃⁵³tʂəʔ⁵tʂu⁵³]①有充足、正当的理由。②能存活、立足或成功。

【瞟个猫】[tʂã²¹kə²¹mɔ²¹]借音句。俗作"张个猫"。即"点个卯",露个面、签个到就走。

【张讲管哄经】[tʂã²¹tɕiã²¹³kũ²¹³xəŋ⁵³tɕin²¹]现在讲这个有什么用?

【张口连天】[tʂɑ²¹kʰɯ²¹lĩ⁴⁵tʰĩ²¹]因疲劳、瞌睡而连续打哈欠或哈欠声打得很大。

【张三李四王二麻子】[tʂɑ²¹sæ²¹ɿ²¹³sɿ⁵³uɑ⁴⁵a⁵³ma⁴⁵tsə²¹]①指各色人等。②不点名地表示各人或有关人员，同义：甲乙丙丁。

【掌不住】[tʂɑ²¹³pəʔ⁵tʂu⁵³]支撑不住。如："伢子太小，头还～。"

【长毫心】[tʂɑ²¹³xɔ²¹ɕin²¹]①对某事要关注一点、注意一点。②（抱怨、训斥）能否把某事记住、细心一点？

【长僵八得之】[tʂɑ²¹³tɕiɑ²¹pɤ²¹tE²¹tʂə]未充分发育、长得瘦小或矮小。

【长瘝巴得之】[tʂɑ²¹³tɕiɯ²¹pɤ²¹tE⁵³tʂə]发育迟缓或长得矮瘦。通"长僵八得之"。

【胀到老颈把】[tʂɑ⁵³tɔ²¹lɔ²¹³tɕin²¹³pa⁵³]吃得过多。该句形容人吃得过多，像鹅吃食一样，食物撑到了颈部。

【胀肠子】[tʂɑ⁵³tʂʰɑ⁴⁵tsə]让人非常生气。

【胀人】[tʂɑ⁵³zən⁴⁵]非常气人。

【胀眼】[tʂɑ⁵³ĩ²¹³]①看着就气人。②光线过强而刺眼。

【招呲】[tʂɔ²¹tsɿ²¹]（斥责语）废话、啰唆、找骂。《说文》：呲，苛也。"苛"古同"诃"，谴责、责问之义。

【找不到】[tʂɔ²¹³pəʔ⁵tɔ⁵³]罕见、少见。如："底个人真～，自己霞们都不管！"

【找不自在】[tʂɔ²¹³pəʔ⁵tsɿ⁵³tsE⁵³]自找麻烦。

【罩不住】[tʂɔ⁵³pəʔ⁵tʂu⁵³]吃不消。同义：架不住。

【罩头不罩尾】[tʂɔ⁵³tʰɯ⁴⁵pəʔ⁵tsɔ⁵³ue²¹³]①对某事说不清楚，讲得人云里雾里的。②有始无终。

【照】[tʂɔ⁵³]①表示肯定、赞同。②与人争吵时的结束语，意为"行啊、你搞搞瞧"。通"中、行"。

【照葫芦画瓢】[tʂɔ⁵³xu⁴⁵lu⁵³xua⁵³pʰiɔ⁴⁵]照着既有的样子去做。引申指在模仿或执行的过程中敷衍、没有创造性。

【眨眼动眉毛】[tʂɤʔ⁵ĩ²¹³təŋ⁵³me⁴⁵mɔ⁵³]形容某人精明、反应快。

【真得味】[tʂən²¹tɤʔ⁵ue⁵³]①真是有趣。②（贬、反感）真有意思、真做得出。

【真会吃】[tʂən²¹xue⁵³tɕʰiəʔ⁵]哪有像你这样吃的。

注：这种"真会+动词"结构表示对动作发出者的揶揄、批评。

【真冇事干】[tʂən²¹muɯ²¹³sɻ⁵³kæ̃⁵³]通"冇事干"，语气较强烈。

【真怕他】[tʂən²¹pʰa⁵³tʰɣʔ⁵]一般用于一段话以后，作为句尾独立结构，表示对某某的行为、素质厌烦或担心。①被某人烦得厉害，意同"给他搞之实尿"。如："总之见面就要借钱，又不还，～！"②担心某某在某些事情上会出差错、丢人现眼。

【真人不露相】[tʂən²¹zən⁴⁵pəʔ⁵lu⁵³ɕiɑ̃⁵³]真正有本事的人不会轻易显露其技能。

【真人（面前）不说假话】[tʂən²¹zən⁴⁵pəʔ⁵ʂuɣ²¹tɕia²¹³xua⁵³]句首语，表示在自己所敬重的人面前说的是真话。

【真是之】[tʂən²¹sɻ⁵³tʂə]①他也真是有意思（不悦于对方竟然做得出某事）。亦用"也真是之"。②感到不可理解、埋怨。如："还～，一出门就下（雨），一到家就停！"

【针鼻大的眼斗大的风】[tʂən²¹piəʔ⁵ta⁵³tɤɻĩ²¹³tɯ²¹³ta⁵³tɤɻfəŋ²¹]形容冬季家里门窗处的一点点缝隙都会钻进能明显感知的寒风。

【正呆子二骀子三痴子】[tʂən²¹tɛ²¹tʂə⁵³aʔ⁵³ʑ̩ɛ⁴⁵tʂə²¹sæ̃²¹tʂʰɻ²¹tʂə]形容这三个农历月份里的白天越来越长。一说在此三个月里，因白昼长，人也越发容易感觉到饥饿，故在粮食短缺时，人们对该季节有着复杂的感情。

【正月二十阴，阴阴滴滴到清明】[tʂən²¹yɤ²¹aʔ²¹ʂəʔ⁵in²¹in²¹in²¹tiə²¹tiəʔ⁵tɔ⁵³tɕʰin²¹min²¹]气象谚语。旧俗正月二十忌雨，不然会断断续续下到清明节。

【正月雷打节，二月雨不歇】[tʂən²¹yɤ²¹le⁴⁵ta²¹³tɕiəʔ⁵a⁵³yɣʔ⁵ɥ²¹³pə²¹ɕiɣʔ⁵]气象谚语。全句为"～，三月缺秧水，四月地开裂。"

【正事不足，邪事有余】[tʂən⁵³sɻ⁵³pə²¹tsəʔ⁵/tsuəʔ⁵ɕi⁴⁵sɻ⁵³iɯ²¹³ɥ⁴⁵]俗语。

【知根知底】[tʂɻ²¹kən²¹tʂɻ²¹tʂɻ²¹³]①朋友之间知心亲密。②熟悉情况。

【知事】[tʂɻ²¹sɻ⁵³]①开始懂事。

②知道预料、安排事务。

【知心知己】[tʂ̩²¹ɕin²¹tʂ̩²¹tʂ̩²¹³]
相互间很熟悉，且有心心相印、守望
相助的亲密关系。

【支人下水】[tʂ̩²¹zən⁴⁵ɕia⁵³ʂue²¹³]
借音句。通：嗤人上当。

【栀子花么子花】[tʂ̩²¹tsə²¹xua²¹
məʔ⁵tsə²¹xua²¹]东扯西拉、编造理由、
耗费时间。

【指兔子给人撵】[tʂ̩²¹³tʰu⁵³tsə²¹
ke²¹³zən⁴⁵lĩ²¹³]①给别人指点不切实
际、耗费较多资源都难以实现的目
标。②对别人只有口惠之功、无实际
之助。

【指山卖磨】[tʂ̩²¹³ʂæ̃²¹mɛ⁵³mʊ⁵³]
（用空话、空洞目标、遥远利益来）
骗人、糊弄人。

【只愁不养，不愁不长】[tʂ̩²¹³tsʰ
ɯ⁴⁵pə²¹iã²¹³pəʔ⁵tsʰɯ⁴⁵pə²¹tʂã²¹³]为人
父母者，只怕养不活孩子，不愁孩子
长得不快。

【只出不进】[tʂ̩²¹³tsʰuəʔ⁵pə²¹tɕin⁵³]
形容只有花费，没有进项。

【只进不出】[tʂ̩²¹³tɕin⁵³pə²¹tsʰuəʔ⁵]
①形容某人吝啬。②旧时嘲笑妇女
不生育或诅咒其不育。③做生意人

的吉言，隐含只赚不赔。昔时过年
开大门时，有人会念祷："开门大发
财，元宝滚家来；滚进不滚出，滚到
三路屋。"讲的就是这个意思。

【只要不开口，神仙难下手】[tʂ̩
²¹³iɔ⁵³pəʔ⁵kʰE²¹kʰɯ²¹³ʂən⁴⁵ɕyĩ²¹læ⁴⁵ɕi
a⁵³ʂɯ²¹³]义如条目。

【只有错买，没有错卖】[tʂ̩²¹³
iɯ²¹³tsʰʊ⁵³mɛ²¹³mɯ²¹³tsʰʊ⁵³mɛ⁵³]俗
语。

【治直笔直】[tʂ̩⁵³tʂə²¹piə²¹tʂəʔ⁵]
把某某整得很厉害、很有效，治得其
没有脾气。

【治直服服帖帖】[tʂ̩⁵³tʂə²¹fə²¹
fəʔ⁵tiɤ²¹tiɤʔ⁵]通：治直笔直。

【治直瘟尿】[tʂ̩⁵³tʂə²¹uən²¹sən⁴⁵]
把某人整治得很厉害。

【直仗自己搞直好赞】[tʂəʔ⁵tʂã⁵³
tʂ̩²¹tʂ̩²¹³kɔ²¹³tʂə²¹xɔ²¹³tsæ⁴⁵]借音句。
言行已经过分、不合理而不自知；
或明知不改，并乐此不疲。如："他
大事干不了，小事不愿干，天天在单
位瞎混不讲，还七戳八捣，～，吃亏
在后头哟！"

【中】[tʂəŋ²¹]表示认可、同意。
意同"照、行"，此三字的使用明显有

年龄层次特点，年长者多用"中"。

【沾都不沾】[tʂən²¹/tʂĩ²¹tuɯ²¹pə ʔ⁵tʂən²¹/tʂĩ²¹]对某种事物不参与、不接触，或对其不屑、一点都不感兴趣。

【沾都不能沾】[tʂən²¹/tʂĩ²¹tuɯ²¹ pə²¹lən⁴⁵tʂən²¹/tʂĩ²¹]通：挨都不能挨、碰都不能碰。

【肿到颈子】[tʂən²¹³tɔ⁵³tɕin²¹³tsə]借音句。吃得太多。通：胀到老颈把。

【中之热毒】[tʂən⁵³tʂə²¹zɤ²¹təʔ⁵/tuəʔ⁵]中了暑热生病，或身上生疮、长疖子等。

【拗头拗脑】[tʂuɯ²¹³tʰɯ⁴⁵tʂuɯ²¹³lɔ²¹³]拗犟、与人对着干的样子。"拗"通"扭"，读若zhǒu。

【拗头撩颈】[tʂuɯ²¹³tʰɯ⁴⁵liɔ⁵³tɕin²¹³]自以为是、不服管理、浑身长刺的样子。一说"扭头犟颈"。

【猪大肠一堆】[tʂu²¹ta⁵³tʂʰɑ̃⁴⁵iəʔ⁵ te²¹]①形容某人无能、低素质、无改进意愿与可能性。近义：烂泥扶不上墙。②放赖。③放瘫、不履行责任和义务。

【猪懒卖钱，人懒卖田】[tʂu²¹ læ²¹³mE⁵³tɕʰĩ⁴⁵zən⁴⁵læ²¹³mE⁵³tʰĩ⁴⁵]俗语。同样是懒，一个增值，一个败钱，喻指人懒不如猪。一说"猪睡卖钱，人睡卖田"。

【猪尿脬打人，不疼人沤（怄）人】[tʂu²¹se²¹pʰɔ²¹ta²¹³zən⁴⁵pə²¹tʰən ⁴⁵zən⁴⁵zɯ⁵³zən⁴⁵]谐音俗语。指别人的行为虽然对自己没有造成表面上的伤害，但是令人非常气愤。

【主败】[tʂu²¹³pE⁵³]（感叹语）倒霉。

【煮成夹生饭】[tʂu²¹³tʂʰən⁴⁵tɕiəʔ⁵ sən²¹fæ⁵³]事情开头没搞好，不上不下、后续难处理。

【煮飞得之】[tʂu²¹³fe²¹tE²¹tʂə]因米放得过少，粥煮好后太稀以致看不到米粒。

【抓头】[tʂua²¹tʰɯ⁴⁵]焦急、急着想办法、急促不安。亦说"抓头挠屁股"。

【抓虾】[tʂua²¹xia²¹]因忙乱着急。一说"抓瞎"。

【抓药】[tʂua²¹yɤʔ⁵]①买（中）药。②咒骂人的话。意指某人节省下来的钱或赚的黑心钱将得不到好的用场。

【踓架子】[tʂuɛ²¹³tɕia⁵³tsə]借音句。摆谱、摆资格、端架子。此处"踓"读若zhuǎi。

【踓老味】[tʂuɛ²¹³lɔ²¹³uɛ⁵³]摆老资格。

【踓牌子】[tʂuɛ²¹³pʰɛ⁴⁵tsə]好显摆自己的地位、身份、名牌物品，或与大人物、大单位的关系。

【踓资格】[tʂuɛ²¹³tsʐ²¹kɤ²¹]摆老资格。

【拽直之不如抻直之】[tʂuɛ²¹³tʂəʔ⁵tsə²¹pə²¹zu⁴⁵tʂʰən²¹tʂəʔ⁵tʂə]"拽直"是被人拉直，"抻直"是自己伸直。意思是在某件事情上主动比被动好。

【转不过来弯】[tʂũ²¹³pəʔ⁵ku⁵³lɛ⁴⁵uæ²¹]①因情感、认知等因素想不通、接受不了现实。②因智力等因素理解不了。

【转弯子】[tʂũ²¹³uæ²¹tsə]做某人的思想工作使其改变认识或行为。

【庄稼一枝花，全靠肥当家】[tʂuɑ̃²¹tɕia²¹iəʔ⁵tʂʐ²¹³xua²¹tɕʰyĩ⁴⁵kʰɔ⁵³fe⁴⁵tɑ̃²¹³tɕia²¹]农谚。

【壮门面】[tʂuɑ̃⁵³mən⁴⁵mĩ⁵³]①装点门面、使自己的某个场合或行动更有声势和面子。②给别人捧场、撑面子。

【捉鸡捉鸭，各有公母】[tʂuɤʔ⁵tsʐ²¹tʂuɤʔ⁵iɤʔ⁵kɤʔ⁵iɯ²¹³kəŋ²¹məŋ²¹³/mʊ²¹³]旧时行业规矩。指在禽苗（主要是鸡鸭）买卖中，买卖双方都不会捉一窝纯公或纯母的。即使买者有此要求，因其一般分不清公母，卖者也会悄悄搭一只杂色的。似表示凡事不可做绝。

【捉屁一样】[tʂuɤʔ⁵pʰʅ⁵³iə²¹iɑ̃⁵³]形容手拿东西不稳、不牢靠。"捉"字有用手拿、拿稳之意。

【捉人吃亏】[tʂuɤʔ⁵zən³⁴tɕʰiəʔ⁵kʰuɛ²¹]让人吃亏。

【桌子板凳一般高】[tʂuɤʔ⁵tsə²¹pæ²¹³pæ⁵³/tən⁵³iəʔ⁵pæ²¹³kɔ²¹]①都差不多。②不好选择、取舍。③形容某场合或某组织内没有规矩、不讲究尊卑层级。

【饥一餐饱一顿】[tsʅ²¹iəʔ⁵tsʰæ²¹pɔ²¹³iəʔ⁵tən⁵³]义如条目。

【自己是花大姐，人家是秃丫头】[tsʅ⁵³tsʅ²¹³sʅ⁵³xua²¹ta⁵³tɕi²¹³zen⁴⁵tɕia²¹sʅ⁵³təʔ⁵/tuəʔ⁵ia²¹tʰɯ²¹]①好的事是自己干的，坏事都是别人的。②认为自己一切都是好的、别人不如自己。

【自顾自】[tsʅ⁵³kuᴇ²¹³tsʅ⁵³] 义如条目。

【自由自便】[tsʅ⁵³iɯ⁴⁵tsʅ⁵³piĩ⁵³] 请便，以各自感觉方便、自在的方式行事。

【自家伙参】[tsʅ⁵³tɕia²¹xu⁴⁵tsʰæ̃²¹] 为"这家伙三"音变，表示惊讶、惊叹意义。类同"这家伙""瞧这一下子"。

【自作】[tsʅ⁵³tsɤʔ⁵/tsuɤʔ⁵] 自作自受。

【自找】[tsʅ⁵³tʂɔ²¹³]通：自作。

【字写之像鳖爬之】[tsʅ⁵³se²¹³tʂə²¹ɕiã⁵³piə²¹pʰa⁴⁵tʂə]喻指某人字写得极丑或潦草。

【几凑头】[tsʅ²¹³tsʰɯ⁵³tʰɯ⁴⁵]几个负面因素或事件一下子叠加到一起。如："他身体本来不好，老婆下岗，又赶上单位发不出钱，～搞之病倒。"

【吱都不吱】[tsʅ²¹tɯ²¹pəʔ⁵tsʅ²¹]不吱声、不提某事、一点招呼都不打、没有勇气讲公道话。近通"不喷声"，语气更强。如：a.在外头吃之亏，他来家～。b.这个人真得味，到人家家里头拿东西，～！ c.人家打

他亲戚，他吱都不敢吱。

【挤眼动眉毛】[tsʅ²¹³ĩ²¹³təŋ⁵³me⁴⁵mɔ⁵³]精明的样子。通：眨眼动眉毛。

【怎讲呢】[tsəŋ²¹³tɕiã²¹³lĩ²¹]"怎"读若"总"。①（对于既成局面）无奈、没办法。②不好讲。③一时不知从哪里讲起。

【怎卖之】[tsəŋ²¹³mᴇ⁵³tʂə]问价语。这个东西是什么价钱？

【怎想起来……】[tsəŋ²¹³ɕiã²¹³tsʰʅ²¹ɭᴇ⁴⁵]这种"怎想起来+（动词）"结构主要表示：①说对方时，表示其不该做某事，做这个事是错的。②说自己时，有两层意思，一表示当时不应该这样做，如："我～走这条路走？"二是表达对事件关联方的强烈不满，如："我～借钱给你！"

【怎样个搞法】[tsəŋ²¹³iã⁵³kə²¹kɔ²¹³fəʔ⁵]重音落在"法"上，意思是看你怎么去做某事，带有一定程度的责备语气或幸灾乐祸的口气。如："叫你不要动这个机子，你非要逞能拆，张个（现在）看你怎样个装～！"

【钻到钱眼里头】[tsəŋ²¹/tsũ²¹tɔ²¹

tɕʰĩ²¹ĩ²¹³ɻ̩²¹tʰɯ²¹]（贬）满脑子都是钱，成天想着赚钱，为了钱不顾其他。

【钻山打洞】[tsən²¹/tsũ²¹sæ²¹ta²¹³təŋ⁵³]想尽办法去打听某事，或者去做某事。

【钻天觅缝】[tsən²¹/tsũ²¹tʰĩ²¹miə ʔ⁵fəŋ⁵³]想尽办法寻找门路去做某事。

【走磋得之】[tsɯ²¹³tsʰʊ²¹tᴇ²¹tʂə]走岔了路，或两人相对而行偏了方向造成碰不上面。

【走到哪讲到哪】[tsɯ²¹³tɔ⁵³la²¹³tɕiɑ̃²¹³tɔ⁵³la²¹³]喜欢讲、到处讲。

【走电】[tsɯ²¹³tĩ⁵³]漏电。

【走狗屎运】[tsɯ²¹³kɯ²¹³ʂ̩²¹³yn⁵³]（讽）走了运、得到了不配得的好处。

【走手】[tsɯ²¹³ʂɯ²¹³]出差错。

【走歪路】[tsɯ²¹³uᴇ²¹lu⁵³]义如条目。

【走牙缝里挤】[tsɯ²¹³ia⁴⁵fəŋ⁵³ɻ̩²¹tsɻ̩²¹³]为购买某件商品或为了某个事情，而千方百计地节省，或不惜降低生活标准来积攒钱物。

【祖坟冒青烟】[tsu²¹fən⁴⁵mɔ⁵³tɕʰin²¹ĩ²¹]喻指（因祖上阴德而）升官、

发达。

【左次三番】[tsʊ²¹³tsʰɻ̩⁵³sæ²¹³fæ²¹]三番五次。

【左讲右讲】[tsʊ²¹³tɕiɑ̃²¹³iɯ⁵³tɕiɑ̃²¹³]经常讲。

【左青龙右白虎】[tsʊ²¹³tɕʰin²¹ləŋ⁴⁵iɯ⁵³pɤ²¹xu²¹³]旧时建筑风水术语，源于"左青龙右白虎，前朱雀后玄武"之说。

注：青龙、白虎、朱雀、玄武，被称为四灵之物、四方之神，以四种颜色(青白赤黑)代表东西南北四个方位。"左青龙"所讲究的是以"坐北朝南""背山望水"来达到冬暖夏凉之目的。"右白虎"指站在自己居住的房屋地平线上，放眼右前方时，不能有障碍物。故有"～，宁让青龙高一丈，不让白虎抬头望"一说，即盖屋时忌右邻房舍高出或前出左邻房舍。

【左三发右四起】[tsʊ²¹³sæ²¹fɤ ʔ⁵iɯ⁵³ʂɻ̩⁵³tsʰɻ̩²¹³]①屡次。②反复地变化、折腾。

【左三右四】[tsʊ²¹³sæ²¹iɯ⁵³ʂɻ̩⁵³]通：左三发右四起。

【左一发右一发】[tsʊ²¹³iə²¹fɤʔ⁵iɯ⁵³iə²¹fɤʔ⁵]反复、不断地做某事。

如："他～讲，我给他搞之有法子，只好答应他。"

【左眼跳财，右眼跳祸】[tsʊ²¹³ĩ²¹³tʰiɔ⁵³tsʰ ᴇ⁴⁵iɯ²¹³ĩ²¹³tʰiɔ⁵³xʊ⁵³]俗语。

【左有不中，右也不中】[tsʊ²¹³iɯ²¹³pəʔ⁵tʂəŋ²¹iɯ⁵³iɯ²¹³pəʔ⁵tʂəŋ²¹] 就是不行。

【做嗷好事吧】[tsʊ⁵³ɔ²¹xɔ²¹³sʅ⁵³pa]因某人的话语或行动，使自己或在场的人难堪、不好意思、受不了，而打断其言行时用，意思是"不要再说了""手下留情吧"。

【做不彻】[tsʊ⁵³pə²¹tʂʰɤʔ⁵]来不及做完。

注："不彻"有"不胜、不及、时间不够"等义，合肥话中有东西多了"吃不彻、穿不彻"、事情多了"干/走不彻"、急于讲话"讲不彻"等说法。

【做得了初一，做得了十五】[tsʊ⁵³tɤ²¹liɔ²¹³tsʰʊ²¹iəʔ⁵tsʊ⁵³tɤ²¹liɔ²¹³ʂəʔ⁵u²¹³]①既然开了头，后面会顺理成章地去做。②通"你做初一我做十五"。你（能）这样做，我也（能）相应地那样做。

【做多做少，一样吃饱】[tsʊ⁵³tʊ²¹tsʊ⁵³ʂɔ²¹³iəʔ⁵iɑ̃⁵³tɕʰiə²¹pɔ²¹³]生产队大呼隆集体劳动和"大食堂"集中吃饭期间，民间私下流行的牢骚语。

【做花】[tsʊ⁵³xua²¹]在一件（小）事上过分讲究、浪费时间。

【做活】[tsʊ⁵³xuɤʔ⁵]①做事干活。②暗算某人。如："你在这坳子开店抢了他不少生意，当心他找人做你的活。"

【做结子】[tsʊ⁵³tɕiəʔ⁵tsə²¹]借音句。（与人）设局、设置迷雾骗别的人。

【做梦吃西瓜——想得甜】[tsʊ⁵³məŋ⁵³tɕʰiə²¹sʅ²¹³kua²¹ɕiɑ̃²¹³tɤʔ⁵tʰĩ⁴⁵]歇后语。

【做生活】[tsʊ⁵³sən²¹xuɤ²¹/xuɤʔ⁵]做事干活。

【做事累不死人】[tsʊ⁵³sʅ⁵³le⁵³pə²¹sʅ²¹³zən⁴⁵]俗语。

【做样子】[tsʊ⁵³iɑ̃⁵³tsə]①对某事敷衍一下。②做个姿态而已。

【做鞋不照样子多】[tsʊ⁵³ɕiᴇ⁴⁵pəʔ⁵tʂɔ⁵³iɑ̃⁵³tsə²¹tʊ²¹]做事不行，却花样不少、好摆弄人。"样子"指"鞋样"。

【坐不到一条板凳上】[tsʊ⁵³pə²¹tɔ²¹³iəʔ⁵tʰiɔ⁴⁵pæ̃²¹³pæ̃⁵³/tən⁵³ʂɑ̃²¹]形容双方关系极僵、不能沟通。

【坐不奓胯，笑不露齿】[tsu⁵³pə²¹tʂa²¹kʰua²¹ɕio⁵³pə²¹lu⁵³tʂʰʅ²¹³]昔 时女子的举止规范。"坐不奓胯"指坐下时双腿要并拢，不可分开。"笑不露齿"语出《女论语》:凡为女子，先学立身。立身之法，惟务清、贞，清则身洁，贞则身荣，行莫回头，语莫掀唇。"语莫掀唇"即笑不露齿。

注：旧时对女子的规范要求还有行不摆裙、语不大声；女人的裙、裤等，忌于高处晾晒，传男人从其下穿行会惹晦气；禁止女人从男人头上、扁担、衣帽等物上跨过；不得坐于门槛、被头、枕头等物上；不得以手摸男人的头、脸。在语言上，有些词语是女子禁用的，如：快乎、劲(大)、出劲、搞等等。

参考文献

黄凤显注释：《楚辞》，华夏出版社1998年版

何九盈：《音韵丛稿》，商务印书馆2002年版

胡安顺：《音韵学通论》，中华书局2002年版

王力：《汉语史稿》，中华书局2004年版

王力：《汉语语音史》，商务印书馆2000年版

朱晓农：《语音学》，商务印书馆2010年版

邓云乡：《清代八股文》，中华书局2015年版

[汉]杨雄撰，[晋]郭璞注：《方言》，中华书局2016年版

[汉]刘熙：《释名》，中华书局2016年版

[南朝宋]刘义庆：《世说新语》，中华书局2011年版

《尔雅》，宋刊十行本影印，中华书局2016年版

[汉]许慎撰，[清]段玉裁注：《说文解字注》，上海古籍出版社1981年
版

滕一圣译注：《礼记译注》，商务印书馆2015年版

[汉]郑玄注，[唐]孔颖达正义，吕友仁整理：《十三经注疏》，上海古
籍出版社2007年版

左辅纂修：《合肥县志》，黄山书社2006年版

章太炎：《新方言》，上海人民出版社2014年版

王光汉：《合肥方言考释》，安徽大学出版社2008年版

于石、王广汉等编：《简明常用典故词典》，上海辞书出版社1985年
版

苏宝荣、武建宇编著：《训诂学》，语文出版社2005年版

钱乃荣:《上海方言》,文汇出版社 2007年版

万献初:《说文字系与上古社会》,新世界出版社2011年版

班吉庆等校:《说文解字校订本》,凤凰出版社2004年版

徐超:《中国传统语言文字学》,山东大学出版社2000年版

闵家骥等编:《简明吴方言词典》,上海辞书出版社 1986年版

胡文英:《吴下方言考》,凤凰出版社2012年版

上海市嘉定县县志编纂委员会编:《嘉定县志》,上海古籍出版社2012年版

[清]陈其元等修,[清]熊其英等纂:《青浦县志》,光绪五年刊本,成文出版社1879年版

当涂县史志办公室整理点校:《当涂县志》,黄山书社2011年版

[宋]陆佃著,王敏红校:《埤雅》,浙江大学出版社2008年版

胡双宝:《汉字史话》,首都师范大学出版社2008年版

余和平:《舒城方言》,安徽人民出版社2015年版